主　　编　徐勇　李学通　罗存康
本册主编　郭鑫

卢沟桥事变史料全编

◇ 第五册 ◇

中华书局

目录

叁　七七之夜资料（1937年7月7日—7月8日）

一、七七夜日军演习……三八六九
（一）卢沟桥事件……三八六九
（二）中国驻屯步兵第一联队第三大队战斗详报……三八八一
（三）中国事变爆发前夕……三九六九
二、关于士兵「失踪」与「第一枪」两大问题资料……三九七五
（一）中国军队突然不法射击……三九七五
（二）应战不法射击　击沉苏联炮舰……三九八一
（三）长泽连治访谈录……三九八五
（四）卢沟桥畔深夜的枪声……四〇二九
（五）中国军队再度不法射击　陆军首脑部的重大协议……四〇六三
（六）卢沟桥的枪声……四〇七三
三、日军发动进攻与中方反应……四〇七九
（一）北平郊外的日中两军冲突……四〇七九
（二）卢沟桥事件……四〇八五
（三）某少佐日记《当初开战的真相》（七月八日部分）……四〇九九

（四）关于限制兵力行使之件……四一〇七
（五）卢沟桥作战命令（7月7日—7月8日）……四一一一
（六）1937年日华事变……四一二三
（七）中国共产党关于卢沟桥事变通电（日方报道）……四一二九
（八）中国军不法射击　日本也应战……四一三三
（九）日中军队的冲突……四一三七
（十）日中停战交涉成立，两军从第一线撤军……四一四一
（十一）华北事变情报……四一四五
（十二）从第一线见证卢沟桥事件……四一五一
（十三）卢沟桥事件解析……四一七九
（十四）卢沟桥事变中的国民政府和冀察政务委员会……四二〇三
（十五）卢沟桥事件·清水手记……四二四一
（十六）华北驻屯军第一联队卢沟桥附近战斗详报 1/4……四二八一

四、日军对于华北的占领规划、作战行动与宣传动员……四五八一

（一）华北驻屯军《七七宣传计划》……四五八一
（二）华北事变与占领地统治纲要……四六〇一
（三）牟田口政治谈话录音速记录（第一部分）……四六一五
（四）卢沟桥事件的真相（寺平忠辅）……四六四五
（五）牟田口手记：中国事变勃发时的真相及其前后事情……四七二七

五、日皇昭和实录摘选……四七八七

叁　七七之夜资料（1937年7月7日—7月8日）

一、七七夜日军演习

（一）卢沟桥事件

资料名称：蘆溝橋事件

资料出处：支駐步一会編《支那駐屯步兵第一聯隊史》（非壳品），内海通勝1974年印行，第8—17頁。

资料解说：日本华北驻屯军第一联队是卢沟桥事变的肇事方，战后该联队生存人员编写了这部联队史，其中记载：自1937年6月开始，日军在宛平城及卢沟桥地区连续进行大规模演习，河边旅团长、牟田口联队长等直接指挥。演练课目含「隐蔽接敌」、「薄暮接敌和夜间的攻击与筑城」以及「黎明攻击」等，具有明确的针对性。6月29日，演习日军曾枪击宛平城，7月3日冯治安师长曾向今井武夫做了抗议。七七事变当夜，该部日军和中方交涉的首要事件是寻找演习失踪的士兵，其后则纠缠「枪声」问题。但该联队史回避了这些行动记录。编撰者具有显著的史观倾向性和史实叙述选择性。总体而言仍具有参考价值。

蘆溝橋事件

第二次世界大戦の導火線となった本事件は昭和十二年七月七日夜、突発した。

連隊編成後一年三ケ月である。

戦闘前の彼我の状態

事件を起したのは第二十九軍（兵力三ケ師、師長・宋哲元）である。此の部隊は満洲事変の際、日本軍に抗戦し、事件後は察哈尔（ハイラル）方面に退避していたが、昭和十年、日本軍の了解のもとに京津地区に進出して来た。首脳部は政治的考慮から日本側に接近したが軍隊は排日・抗日の精神強烈で、前年、豊台事件を起したいわくつきの軍隊であった。当時は蘆溝橋（宛平県城）城内に一ケ大隊を駐屯せしめ、其の一部は城外竜王廟附近の夜間警備をしていた。

蘆溝橋附近は昔、永定河の河床地帯で小石混りの広々とした砂原で全然作物はなく、所々に背の低い楊柳が生えて、演習には好適な場所であったので、豊台の部隊（第三大隊及び歩兵砲隊）は常時蘆溝橋を演習場としていた。

北京の部隊（第一大隊）も屡々此処に来た。事件一週間程前、歩兵操典改正の説明のため陸軍省より歩兵学校の教官千田大佐が派遣せられ蘆溝橋に於いて実兵による教練が行われ、北京のみならず、天津からも多数の幹部が集り、之を見学した。その戦闘教練は所謂「対赤軍戦法」であった。

然し、蘆溝橋に居る二十九軍の将兵としては、日本軍の幹部が多数集り、毎日毎夜、眼前で演習する日本軍を見て、不安に感じたことは否めない。

事件の発端

七日夜豊台の第八中隊（長　清水節郎大尉）は夕刻部下中隊を率い、竜王廟東側に至り演習を開始した。仮設敵を大瓦窑西側に設け、之れに対し夜間の隠密なる接敵の訓練であった。

当時中国兵若干名が竜王廟附近堤防上を徘徊するのを認めたが意に介せず、彼等に背を向けて東進しつつ演習は開始せられた。午後十時三十分頃一段落して演習中止せんとした時、仮設敵の軽機が中止のこと知らす数発の空砲を発射した。すると背後より竜王廟附近の中国兵が十数発の射撃をして来た。之れは実弾である。中隊の頭上をかすめて飛んでいった。正に不意打である。中隊長は喇叭手に「演習止メ」「集合」を吹奏せしめた此の喇叭がなると、又しても竜王廟南方より中国兵が十数発発射して来た。窪地に中隊を集め人員点呼をすると兵一名不足。蘆溝橋附近は我が練兵場の如く連日教練演習をしているが、中国兵より射たれたことはない。これは何か中国側に企図があるのかも知れない。眼前の中国兵に一矢を酬いることはいと易いことではあるが、かねてより中国側に対し軽挙妄動すべからずと上司の訓示もあり、応射することなく事態の推移を観察することとし、中隊長は伝令をもって豊台の大隊長に状況を報告せしめた。報告を受けた大隊長は事態重大と判断し、大隊を率い現地に急進すべく決心し、非常呼集をかけ、北京の連隊長に電話を以て状況並びに決心を報告した。

ここで当時の第三大隊戦闘詳報　戦闘開始に至る迄の経緯についての記録を見よう。

一、大隊長直後ノ処置

(一)上司ヘノ報告

北平（北京）警備司令官演習出張不在ナルヲ以テ直チニ在北平連隊長官舎ニ電話ヲ以テ事件ノ概要ヲ報告シ併セテ連隊長ニ豊台駐屯隊ハ直チニ出動善処セントスノ意見ヲ具申ス

時ニ午前零時前後ナリ

(二)連隊長ノ指示

連隊長ハ同意セラレ「現地ニ急行シ戦闘準備ヲ整ヘタル後、営長（蘆溝橋ノ）ヲ呼出シテ交渉スヘシ」ト

(三)駐屯隊ノ出動

１七月八日午前零時七分非常呼集ヲ令シ逐次左記順序ニテ命令ヲ下達ス

イ、服装、駐屯警備ノ服装

ロ、集合ハ営内、勉メテ企図ヲ秘匿スヘシ

ハ、太田軍曹（大隊本部書記）ハ歩兵砲隊ニ連絡シ乗馬二ヲ供用シ又支那馬ニ依ル乗馬伝令ヲ準備スヘシ

ニ、亀中尉ハ副官ノ代理ヲナスヘシ

（副官荒田中尉ハ豊台官舎借上ノ件ニツキ北平松井機関ニ補佐官寺平大尉ヲ訪ヒ同地に宿泊シ

アリ）

ホ、小岩井中尉ハ北平トノ電話連絡ニツキ準備スヘシ

2午前零時二十分左記大隊命令ヲ下達ス

左　記

歩一ノⅢ作命第一号

大隊命令　七月八日午前〇時二十分
於豊台大隊本部

一、蘆溝橋支那軍ハ該地附近ニ於テ夜間演習中ノ第八中隊ニ対シ発砲ス

第八中隊ハ演習ヲ中止シ応戦ノ態勢ニアリ兵一名ハ行方不明ニシテ目下捜索中ナリ

二、大隊ハ警備小隊一小隊ヲ残置シ主力ヲ以テ蘆溝橋ニ向ヒ前進セントス

三、駐屯隊ノ服装ハ駐屯警備ノ服装ニシテ営内ニ集合スヘシ

機関銃ハ二銃ノ四小隊、歩兵砲ハ連隊砲二門大隊砲四門ノ編成トス

四、集合後ハ中島大尉之ヲ指揮シ長豊支線以北ノ地区ヲ蘆溝橋ニ向ヒ前進スヘシ

五、予ハ乗馬伝令ト共ニ演習中隊第八中隊ノ位置ニ先行ス

大隊長　一木少佐

下達法　各隊命令受領者ヲ集メ口達筆記セシム

3警備小隊長山田准尉ニ豊台直接警戒ヲ命シ特ニ南苑方向ニ対シ警戒スヘキヲ命ス

4豊台憲兵隊分駐所ニ連絡シ出動ヲ通報ス

5亀中尉、太田軍曹及乗馬伝令一ヲシテ斥候トシ第八中隊ニ連絡ノ任務ヲ以テ先行セシム

6小岩井中尉ノ意見具申ニ依リ豊台ヨリ蘆溝橋ニ向ヒ電話線ヲ架設スルニ決シ処置セシム、又無線班ヲ携行スルニ決ス

7大隊長ハ駐屯隊ノ集合ノ景況ヲ視察シ中島大尉ニ直接意図ヲ示シタル後、小岩井中尉及乗馬伝令（支那馬）通訳（憲兵隊ノ通訳）（駐屯隊ノ通訳ハ集合稍遅レシタメ）ヲ率ヒ先行ス、此際豊台憲兵分駐所長寺田軍曹ハ随行ス（戦闘後迄所長並通訳ハ終始行動ヲ共ニス）

連隊長は二日二晩天津の第二大隊の検閲を行い、北京に帰った直後であった。

連隊長の処置

連隊長は通州に野営中の第一大隊に戦備を整え、蘆溝橋に急進せしむべく命令し、大使館付武官、北京特務機

10

関、軍事顧問部（宋哲元軍に派遣せる将校）に状況を通報すると共に旅団司令部、軍司令部に報告した。

旅団長は当時出張不在のため北京の警備司令官は連隊長が代理していたので、直ちに現地に行くことは出来ない。連隊附森田徹中佐を現地に派遣することとし、次の要旨の命令を与えた。「貴官は速かに現地に至り一木大隊を指揮し其の一部を蘆溝橋城内に入れ主力は城外に待機せしめ事態の真相を調査すへし」

特務機関よりは補佐官寺平忠輔少佐及び中国側代表二名を派遣、森田中佐一行と同行した。

軍事顧問桜井徳太郎中佐は事件を聞くと共に二十九軍副軍長と接衝の上森田中佐より一歩早く現地に向った。

事件起るや、日本側は中国兵の不法射撃については飽くまで糾弾するが、事件は不拡大とする方針であった。

一木大隊長は午前二時三分、西五里店西端にて第八中隊長清水大尉と会し状況報告を受けた。

さきに行方不明であった兵は間もなく発見され全員無事なることが判った。

中島大尉の指揮する大隊主力は八日午前一時五十分に豊台兵営を出発し、急行軍にて午前二時四十五分五里店西端に集結を終った。

大隊長は直ちに附近の要点である一文字山附近を占領せんとして、野地少尉、高橋准尉に対し該地附近の敵情捜索の目的を以て潜入させた。

午前三時五分野地将校斥候より一文字山に敵兵を見ずとの報告に接し、大隊は右より第八、第九、第七中隊第一線、機関銃中隊第二線、歩兵砲隊第三線として一文字山に向い前進、午前三時二十分、一文字山を占領した（当時の態勢要図参照）。

午前三時二十五分竜王庙方向にて三発の銃声を聞く、玆に於いて大隊長は敵の対敵行動の確実なることが判ったので、払暁攻撃に備え第八中隊に機関銃二銃を配属して竜王庙北側堤防附近に進出待機させた。

午前四時〇分西五里店南端迄電話が敷設、豊台を経て北京の連隊本部と通話が可能になった。そこで大隊長は電話で連隊長に状況を報告し、「このままでは中国兵は益々増長し皇軍を侮辱するであろうから、眼前の中国兵に一撃を加えるを要する」と意見具申をした。

連隊長は暫く考えたが、過去に於ける紛争に於いて中国側の不誠意もあり、一度痛棒を与えておくことが将来のため有利と判断し、大隊長に対し「中国兵が屢々不法射撃をしてくることは我が軍に対する挑戦である。挑戦を

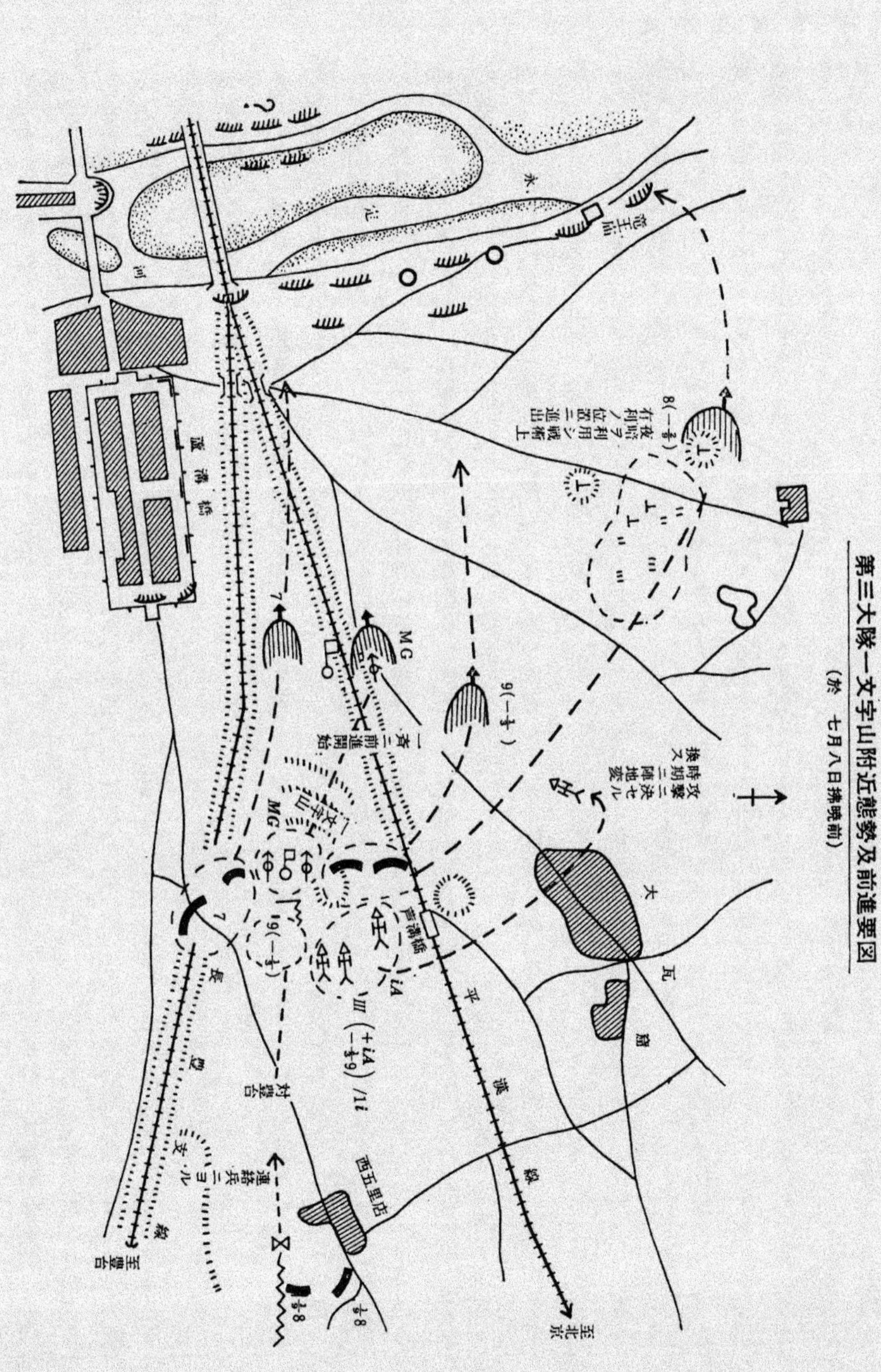
第三大隊一文字山附近態勢及前進要図
（於　七月八日拂曉前）
至北京
至豊台
西五里店
12

受けた以上、攻撃して可なり」と許可を与えた。

大隊長は意見具申したもの、事は重大である。

連隊長が恐らく止めるであろうと思ったがそれが許可されたので、更に念を押したところ、連隊長は「只今午前四時二十分、間違いなし」と断言した。日支正面衝突の幕は切って落されたのである。運命の日！

連隊長は更に「尚、既に森田中佐及び林交渉員、王県知事等自動車にて出発した」旨、付け加えられた。

一木大隊戦闘開始準備

大隊長は攻撃の案を策定中、軍事顧問桜井中佐が現場に来て「今さき中国側と接衝したが、蘆溝橋附近中国軍の最高上官たる第三十七師長馮治安の言うには、自分の部下は蘆溝橋城内に在り、城外には配兵していない。竜王廟方面から射撃したものあればそれは匪賊だ。部下でないから責任を負うことは出来ぬと。（これは詭辯であるが）蘆溝橋城外の中国兵に対しては勝手にやってもらってもよろしい。只、蘆溝橋の街には絶対攻撃せぬようにして欲しい。自分は今から蘆溝橋に行って、中国兵に絶対射撃せぬ様に処置する。城内には二千の住民も居ること故、くれぐれも弾丸を打ち込まぬように頼む」と云って別れた。

大隊長は蘆溝橋以北堤防上に陣地を構成せる中国軍を撃滅するため、第八中隊を大瓦窑以北より竜王廟に向い攻撃、主力は一文字山に展開し、鉄道線に沿い永定河左岸堤防に向い攻撃、歩兵砲は一文字山に陣地占領の命令を下した。時に東天に美しき日の出を見た。森田中佐一行一文字山に到着。

一木大隊戦闘経過

森田中佐が一文字山に着くと、目の前で歩兵砲が装塡し正に発射せんとするところであった。「撃方待て、大隊長は何処だ、大隊長を呼べ」と怒号した。このとき大隊は既に攻撃前進を始め第一線は敵前四、五百米に迫っている。

大隊長は歩兵砲に射撃開始を命じたに拘らず、なかなか発射しないのでイライラしているところへ伝命が森田中佐の来場を報告して来た。

大隊長は森田中佐が来ること及び其の任務を既に連隊本部より通報を受けているのでこれは困った。森田中佐が北京出発後状況は変化し、既に連隊長より攻撃の許可を受けているのだ。森田中佐に事態を説明するには時間がかかる。止むなく第一線に停止を命じ朝食（携行パン）をせしめんとした。このとき敵は我方の攻撃頓挫と誤ったのか、堤防上の中国兵は一斉に射撃を始め本格的に撃って出た。森田中佐ももはやこれまでと「攻撃前進」と大喝した。

歩兵砲が唸りを上げて竜王庙のトーチカを始め蘆溝橋北側の陣地に炸裂した。第一線歩兵は勇躍前進たちまち堤防の陣地に突入した。第八中隊は竜王庙を屠り、堤防に沿い南下しつつある。堤防上の敵は死体を遺棄し鉄橋を西に渡り、或いは蘆溝橋城内に遁入した。大隊長が堤防に来て見ると、敵は永定河の中ノ島に重機を有する部隊が占領し、永定河右岸にも敵が居り、堤防上に進出した我方を猛射している。一方蘆溝橋城内の中国軍は桜井軍事顧問寺平補佐官等の説得により、当初は発砲せず城壁上に白旗を掲げていたが、我大隊が堤防に進出するや制止に応ぜず城壁上より側射を加えて来た。一木大隊主力は敵の凹角内にある。

大隊長はこの隊勢で蘆溝橋を攻撃することは不利である、これは後続する友軍に任せ、眼前の中ノ島と右岸の敵を攻撃せんと歩兵砲を以て中ノ島の敵重火器を射撃せしめ、第一線に渡河前進を命じた。此の附近永定河は鉄橋の北側及び竜王庙附近は渇水期は渡渉が出来る個所がある。小隊長が鉄橋下に飛込むと深さ約八十糎、どうにか渡れる。流速は大したことはないが河床には泥の所もある。敵に直前して相当の障碍であったが、各隊善戦して中ノ島を屠り、更に西岸の敵を掃蕩し、大隊全部が集結したのは朝七時頃であった。大隊長は一先ず敵を膺懲するを得たので現在地点に止り、永定河西方地区の敵の動静を警戒しつつ死傷者の収容部隊の整頓を行った。此の戦闘に於いて戦死者准尉以下九名負傷約三十名。

連隊長戦場に進出

連隊長は一木大隊の戦闘報告を受け速やかに戦場に至らんとやきもきしていたが、経理業務で天津に出張していた連隊附岡村勝美中佐が事件を聞き急遽帰隊したので、北京警備司令官代理を命じ、連隊副官河野又四郎少佐及び本部書記二名を伴い、午後一時北京を発し蘆溝橋に向った。北京特務機関は本事件の収拾を如何にすべきやと軍司令部と協議し、中国側と必死の折衝をしていた。

連隊長午後二時一文字山に到着、森田中佐より状況報告を受け、蘆溝橋北方永定河堤防まで視察した。此の間右岸地区では時々銃声がしていた。堤防の下、青草茂る中にまだ収容していない我が戦死者の遺体があった。連隊長痛く哀悼せられ、暫時黙禱を行われた。

連隊長はここに於て、支那駐屯歩兵第一連隊作戦命令

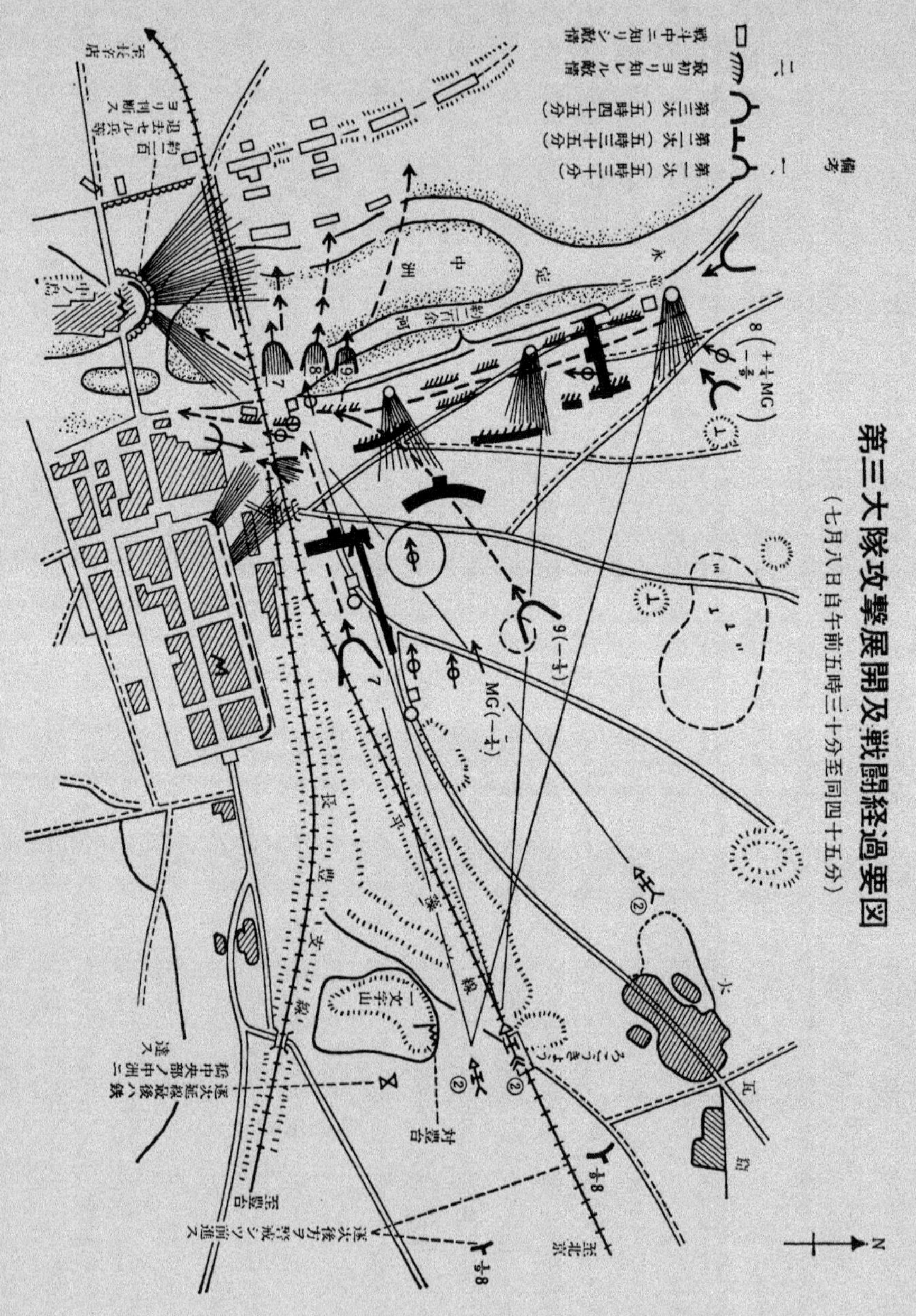
第一部 戦史篇
第三大隊攻撃展開及戦闘経過要図
（七月八日自午前五時三十分至同四十五分）
15

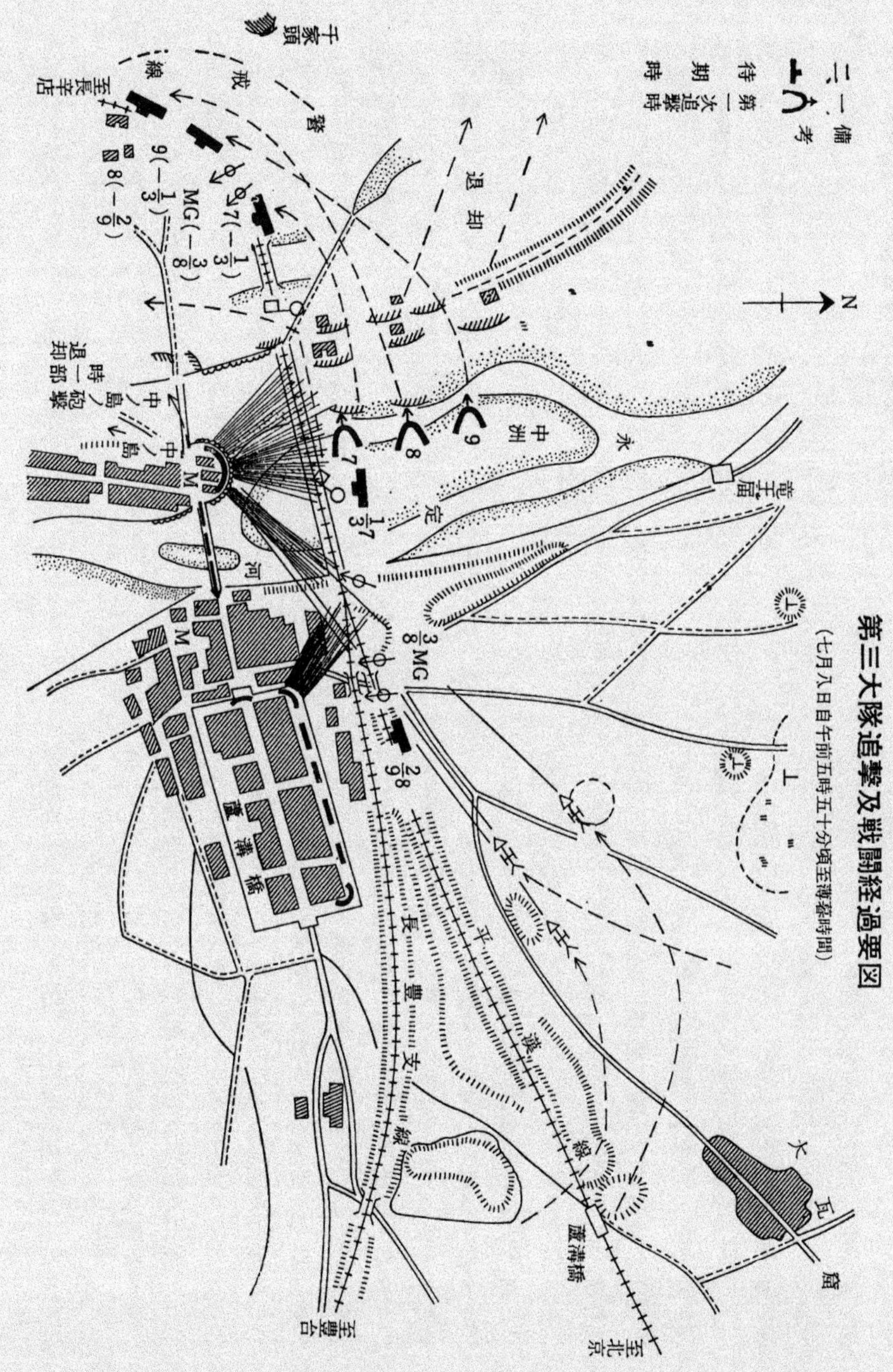
第三大隊追撃及戦闘経過要図
（七月八日自午前五時五十分頃至薄暮時間）
龍王廟
永定河
中洲
退却
平漢線
長豊支線
蘆溝橋
大瓦窯
至北京
至豊台
至長辛店
千家頭
16

第一号を下達した。

歩一作命第一号

連隊命令　七月八日午後四時十分　於蘆溝橋東側連隊本部

一、第三大隊及歩兵砲隊ハ爾今連隊長ノ指揮ニ入ル

二、連隊ハ第一大隊主力ノ一文字山附近ニ到着ヲ待ツテ主力ヲ以テ蘆溝橋東北角ニ向イ攻撃セントス

三、第三大隊（BiA 一小隊属ス）ハ午後六時現在地ヨリ転進ヲ開始シ竜王庙北方ニ於テ永定河ヲ渡河シ概シテ平漢鉄道停車場西方「シグナル」ヲ中央トシ攻撃準備ノ位置ヲ占ムヘシ、攻撃開始ノ時機ハ別命ス

四、第一大隊（BiA 一小隊配属）ハ一文字山ニ攻撃ヲ準備スヘシ

五、攻撃前進ノ時機ハ別命ス

六、歩兵砲隊ハ現在地ニ於テ第三大隊ノ転進ヲ掩護シ然ル後大瓦窑西端附近ニ陣地ヲ占領シ主攻撃点ニ対シ射撃シ且ツ第三大隊ノ転進ヲ援護スベシ

七、無線ハ停車場附近ニ通信所ヲ開設スヘシ

八、予ハ停車場附近ニアリ

連隊長　牟田口　廉也

下達法

各隊命令受領者ヲ集メ口達筆記セシム

通州より転進した第一大隊が炎暑を冒して急行軍で午後十一時十分到着したので、之れを直ちに一文字山に配置した。又、軍命令により連隊長の指揮に入るべく、第二大隊は天津より汽車輸送により豊台に下車した。一木大隊には日没後行動を起し永定河東岸に移り大瓦窑に集結を命じた。これで連隊長は部下全部を掌握することとなり、明九日蘆溝橋を攻略すべく考案中、旅団命令が出て日支主脳の折衝の結果、中国側は我方の要求を入れ、明朝五時蘆溝橋城内の部隊を永定河右岸に撤退せしむることを確約した。旅団は蘆溝橋附近に兵力を集結し、中国軍の協定履行を監視する。第一連隊は一部を一文字山に留め、主力は蘆溝橋駅附近に集結せよとの要旨である。明払暁あの城壁に突込まんと当夜は意気軒昂、準備中の各隊は本命令に舌打ち鳴らしたが止むを得ぬ。午前五時迄に所命の地点に集結した。然るに蘆溝橋城内の中国軍は撤退どころか、逆に我が方に対し迫撃砲も交えて射撃してきた。これがため我方に死傷も出た。

中国側の度重なる不誠意にいきり立ち、直ちに展開、城壁に対し応射、戦場は再び荒模様となった。連隊長は豊台に在る旅団長に対し現状を報告し、蘆溝橋攻撃の意見を具申した。

（二）中国驻屯步兵第一联队第三大队战斗详报

资料名称： 蘆溝橋事件に於ける支那駐屯步兵第一聯隊第三大隊戦闘詳報

资料出处： 本资料为非卖品档案资料，其原件及影印件现存日本神户大学图书馆等机构。

资料解说： 第三大队是华北驻屯军发动卢沟桥事变的责任部队，于 1936 年 5 月建成，并于同年 6 月、9 月两度发动丰台事变，强行进驻丰台。第三大队按驻屯军司令部部署，西进卢沟桥宛平城地区，长期进行非法演习。这份战斗详报由原第三大队第二小队第二分队分队长长泽连治于 1970 年刻印发布。长泽称，详报原制作于事变期间，战后经由长泽连治等复核「与原件无异」。文内对于军事演习的作战目标、挑衅活动多有掩饰。该详报总体上可以作为了解日方丰台驻军及其发动事变基本情况的第一手资料。作为「战斗详报」，其真实性待考。原件第 40 页末行文字暂缺。

盧溝橋事件に於ける

支那駐屯步兵第一聯隊第三大隊

戰鬪詳報

序

この小冊子を世に出すに当たり、これまでに至った経緯を述べ、読者各位の御参考に供するとともに、認認を深めたいものと思う。

昭和十一年五月、支那駐屯歩兵第一聯隊（初代聯隊長＝牟田口廉也大佐）が編成下令され、私の属する第三大隊（大隊長＝一木清直少佐）は、第七中隊（青森歩五）、第八中隊（秋田歩十七、主力は第二中隊で、中隊長は清水節郎大尉）、第九中隊（山形歩三十二）、および、第三機関銃中隊（前記、各聯隊から一箇小隊あての混成）からなっていた。

五月二十三日、私たちは任地に向かうため、新潟港を出帆、同月二十九日、北支河北省塘沽港に上陸、第三大隊は、五月三十日に通州着同地（ここは、冀東政府所在地＝十二年七月二十九日に通州事件の起きた場所）に駐留し、六月三十日には、豊台兵舎の完成で歩兵砲中隊とともに、同地に移った。

明けて、昭和十二年三月になると、徴集延期になっていた三年兵が除隊し、交代に関東地区から初年兵を迎えたわけで、日夜、その教育訓練に精励することとなった。その訓練と軍紀厳正なることは内地部隊以上のものがあったと思う。たまたま、当時、歩兵操典の改正があり、内地中央から普及教育のため、専門の指導官が現地派遣されることなども重なり、激しい訓練の連続であった。

この訓練の状況を、付近の住民がどう受けとめていたかは判断しかねるが、暇人はもちろんのこと、働いている農民も手を休めて、もの珍しげに見物していたのは事実である。農作物を荒らさないように細心の注意をはらい、許された範囲の、許された地域での演習であった。

かくて、初年兵教育も第一期検閲を終え、六月中旬になるや、翌月上旬予定の新操典による中隊教練の検閲を迎える訓練が、夜間演習を中心に行なわれるようになった。

これら一連の演習が、支那軍を刺激したものとみえ、本文 十二 頁にあるごとく、六月上旬ごろから、永定河岸のトーチカ（満州事変の際、日本軍の南進に備えて構築したと言われるトーチカ）を改築したり、左岸地区に散兵壕を掘ったり、歩哨や警戒兵を増員したり、その動きが活発になりだした。私たちはそれを見て、何を馬鹿げたことをしているのかと、せせら笑っていたものである。しかし、かれらにしてみれば、永定河畔で、外国軍隊が昼夜の別なく実施している軍事演習をまのあたりにしているのである。その目的は何だろうと、疑問を抱くのは当然であろうし、攻撃目標が自分たちでなかろうかと不安を覚えるのは無理からぬことであったと思う。特に夜間演習の際の仮設敵が行なう空包（中国軍には空包がなかった。）射撃は、銃口から火花を発することも手伝って、気味が悪かったものであろう。

このような状況下で、私たち第八中隊は、七月七日午後五時頃、夜間演習のために、夕食携行で豊台兵舎を出発したのである。そして、永定河左岸河原の支那軍散兵壕前、四・五十米（警戒配備兵力、二・三箇分隊～一箇小隊はいた）の場所に位置し、かれらに背を向けて叉銃した後、その場で夕食をとったのである。そうして、夕暮れを待ち、薄暮攻撃の演習に移ったのであるが、第一線を奪取し、陣地を確保しつつあった。その時である。後方、龍王廟付近から、突如、数発の小銃実弾射撃を受けたのである。中隊長は、とっさに普通事態ではないと判断したのであろう、直ちに演習中止を命令し、中隊を集結させるべく、各小隊にその旨を伝令させたのである。ところが、左第一線に出ていた第一小隊だけが、数十分を経ても集結しない。そこで、やむなく演習終了、集合のラッパを吹かせたところ、今度は、そのラッパを目標に、先刻よりはやや正確に、立っていたのでは危険と思われるほどに、十数発の実弾が頭上をかすめていったのである。中隊はラッパによって間もなく集結を終えたが、人員点検の結果、第二小隊へ向かった伝令の志村一等兵の姿が見えない。中隊長は、いよいよ事の重大さを感じたのであろう。直ちに中隊付岩谷曹長に兵をつけ、乗馬伝令で、その旨を豊台にいる大隊長に報告させたのである。そこで、大隊長のとった措置は本文のとおりである。

ところで、志村二等兵であるが、~~かれは、第一小隊への伝令の途中、暗夜に足をとられ、深さ十数米の砂利取り穴に転落、頭部を強打して、その場に昏倒、任務を果たし得ず、翌朝まで昏睡状態を続け、朝になって漸く意識を回復し、問題が悪化の一途をたどっている時、大瓦窯~~約廿分後の中隊に帰って来たのである。

さて、七月八日朝、われわれは戦斗隊形をとり、第八中隊は右第一線で敵の至近距離まで進出したのであるが、敵は何の抵抗の気配も見せない。そんな時「第八中隊は敵の真意を確かめつつ龍王廟の東方に進出せよ。」という大隊命令があり、私たち第二小隊も敵のトーチカ前二十米ぐらいまで達したのである。が、その時、急激な敵の猛射があり、しばし地面にへばりついて動かれない状態に落ちてしまった。さいわい、味方の重機関銃の正確な支援射撃があって助かった。われわれは敵のひるんだ機に乗じて、ただちに突撃にうつったのであるが、この時までひとりの負傷者もなかったのは、いかにも不思議なことであった。突撃して、敵兵壕を西から東に縦断する時、敵味方が錯綜したため、友軍の支援射撃が困難を極めたとのことであったが、壕の中に倒れている敵のほとんどが頭部の額に銃弾を受けていたのは、わが重機関銃の正確な射撃をもの語るものであった。

大隊砲の支援射撃は、射程延伸が間に合わず、私たち第一線突撃隊の前後左右に落下して、危険な状態であったし、また、宛平県城壁を利用する**左**側方からの猛烈な弾雨にも悩まされたが、それをものともせず、永定河に飛び込み、腰まで没する濁流と泥濘をおかし渡河進撃をして右岸に達したのである。その時、分隊員の掌握が全くできていないことに気づいたのであるが、致し方なく取り敢えず、友軍に最も損害と危険を与えている敵の制圧に当たることとし、見ると単身、チェコ式軽機を射撃しながら後退する敵を発見したので、発進停止を繰り返しつゝ、遂に近距離に至り刺突するといった状況であった。

私も敵を追うことに必死で部下を置き去りにしていたことは何とも恥ずかしいことであった。私たちのこんな戦いの最後の敵は、軍曹であったが、全く不利な状況の中にあって、ただひとり、追撃するわれわれにたちむかってきたのであるが、その勇敢な下士官に対して、今にして深い同情を覚えるのである。

さて、蘆溝橋付近での戦況の中、詳報には書き得なかった部分の説明はこれぐらいで止めることとし、この戦斗詳報が、三十三年後の今日まで、私の手もとに保存でき、心ある各位の御披見が得られることになったかを申し述べたい。

事件勃発後、数日してから大隊本部に対空班なるものが編成されることになり、私が部下四名と共に、その任務につくことになった。

その任についてから特にうれしかったのは、七月二十七日、南苑攻撃（この戦斗詳報も、私の手もとにある。）の際、友軍飛行機から敵情の空中写真や、わが方の状況を通信筒で受け、聯隊本部に報告して、敵の退路遮断に一役かうことができ、その役目を果たし得たことである。

八月八日には、居留民保護の任を受け、北平（北京）に入城、天壇に約一箇月、その後二箇月ほど師範大学で保護に当り、十一月初め、昌平県の警備に移った。ここで、警備のかたわら、蘆溝橋および南苑の戦斗詳報の作成に着手したのである。

当時、私たちの大隊長は抜群の文筆家で、原稿はすべて大隊長みずからがこれを書き、それを小原曹長が原紙をおこし、私たち若い者が印刷製本に当るというぐあいであった。

このようにして十二月末には百部の戦斗詳報が完成するに至ったわけである。それを聯隊長他各上司に必要部数を提出し、各中隊に数冊ずつ配布、残部を私たち本部下士官が一部ずつ、非公式ながら入手できたのである。越えて昭和十三年七月には第二十七師団（師団長＝本間雅晴中将）に武漢攻略戦出動の命令が出たのである。今度は今まで戦って来た宋哲元の二十九軍と異なり、中央直系軍との戦斗になるわけで、同僚は皆、生きて帰れぬものと覚悟をかため、幾ばくかの私物品は留守宅に送ることとした。私はその中に、当時違法ではあったが、支那駐屯歩一Ⅲ戦斗詳報第一号（蘆溝橋）と第二号（南苑）とを含めて軍事郵便で送ったのである。そのころ検閲も余り厳しくなかったとみえ、無事届いたのを、生家で保管していたわけである。私は、それを二十年六月に、右上肢に負傷し、帰還して、再び手にすることができたのである。

その後、敗戦の折、進駐軍が来て、調べられてはと、皆が心配し、すぐ焼却するようにすすめられたのであるが、心に残るまま、何度か焼却したことにしては隠しもってきたわけである。

この資料がきっと役に立つことがあると思いつつ大事に保管してきたのであったが、このたび、すすめられて、公にする機会を得たわけである。日華事変が、やがて太平洋戦争へと拡大したその一発の銃声の真相をさぐる上で、参考になればさいわいなことである。

なお、この戦斗詳報における、本文、諸表、要図はすべて、昭和十二年、昌平県において編集した原本と寸分異るものでないことをお断りしたい。

長沢連治

（4）

支那駐屯歩兵第一聯隊第三大隊戦闘詳報

目次

作戦第一日（七月八日）

第一、戦闘前ニ於ケル彼我形勢ノ概要
一、支軍ノ態勢
二、我軍ノ態勢
三、事變ノ發端
第二、戦闘開始ニ至ル迄ノ經緯
一、大隊長直後ノ處置
二、第八中隊長ノ處置
三、現地到着後ニ於ケル大隊長ノ處置ト部隊ノ行動
四、聯隊長ノ指導ト大隊長ノ決心
五、冀察政府並第二十九軍顧問タル櫻井少佐ト會見
六、展開ノ為ノ前進
七、敵發見ト射撃開始
第三、戦闘經過
一、攻撃前進ヨリ永定河左岸占領迄

二、永定河左岸ヨリ右岸ヘノ進出
三、永定河右岸ノ占領ト待機
四、永定河右岸ヨリ左岸ヘノ撤退
第四、天候気象及戰鬪地ノ特質
一、天候氣象
二、戰鬪地ノ狀況
第五、彼我兵力及敵兵團
一、豊台駐屯隊
二、支　軍
第六、給　養
一、朝　食
二、晝　食
三、夕　食

作 戰 第 二 日 （七月九日）

第一、戰鬪前彼我ノ態勢
一、敵軍ノ狀況
二、我軍ノ狀況

第二、天候、氣象、地形
一、天候
二、地形
第三、戰鬪經過
一、拂曉攻擊ニ關スル聯隊命令ノ受領
二、大隊命令下達ト連絡協定
三、展開
四、戰鬪
五、戰鬪經過
第四、彼我ノ兵力其他
一、大隊ノ編成
二、敵ニ就テ
第五、戰死傷者及射耗彈
一、戰死傷者
二、射耗彈
第六、戰場掃除
第七、所見

第八、各種附表及要圖

附表

第一、昭和十二年自七月八日至七月九日支那駐屯牟田口部隊第三大隊職員表

第二、昭和十二年自七月八日至七月九日支那駐屯牟田口部隊第三大隊死傷表

第三、昭和十二年自七月八日至七月九日支那駐屯牟田口部隊第三大隊武器彈薬損耗表

第四、昭和十二年自七月八日至七月九日支那駐屯牟田口部隊第三大隊鹵獲表

第九、戰闘上ノ教訓

第十、武功録

要圖

第一、蘆溝橋長辛店支那軍兵力配置要圖

第二、蘆溝橋附近支軍配備要圖

第三、一文字山附近態勢及前進要圖

第四、

其ノ一、豊台駐屯隊攻撃展開及戰闘經過要圖

其ノ二、豊台駐屯隊追撃及戰闘經過要圖

第五、Ⅲ/iLノ永定河右岸夜間ノ為ノ待機陣地偵察要圖

第六、Ⅲ/iLノ永定河右岸ヨリ左岸ヘノ撤退要圖

第七、Ⅲ(+BIA)/iL ノ蘆溝橋城拂暁攻撃準備位置占領要圖

第八、Ⅲ/iL ノ蘆溝橋附近ノ戰鬪ニ於ケル戰死傷者位置要圖

支那駐屯歩兵第一聯隊第三大隊戰鬪詳報

作戰第一日

第一、戰鬪前ニ於ケル彼我形勢ノ概要

一、支軍ノ態勢

(一) 蘆溝橋附近ノ支軍

最近增强セラレ其態度亦逐次不遜トナレリ、其變化ノ景況左ノ如シ

1 蘆溝橋附近支軍兵力增加ノ景況

イ、昭和十二年五月十日以降五月下旬ニ至ル景況(恒例ノ月報參照)

a、蘆溝橋城内　約一中ト營本部

b、蘆溝橋城外　約一中　} III/219i

c、中ノ島(俗称)　約二中

d、長辛店　騎兵約一中(五月八日ノ偵察ノ際ハ騎兵ノミナリ)

ロ、昭和十二年六月以降

a、蘆溝橋　兵力變化ナシ、迫擊砲ヲ有スルコトヲ確メタリ

b、長辛店　約二大隊ヲ新ニ增加ス(219i本部及I、II)

(增加ノ期日ハ五月下旬ヨリ六月上旬ニ至ル間ナリ六月三日大隊長長辛店ニ赴キタル際ハ既ニ多數ノ歩兵ヲ認メタリ)

2、防禦工事增強ノ景況

イ、長辛店北方高地　219i團駐屯後長辛店附近高地ニ散兵壕ヲ構築ス

ロ、蘆溝橋附近　主トシテ龍王廟附近ヨリ鐵道線路附近ニ亘ル間ノ提防ヲ上トシ其東方台地ノ既設散兵壕ヲモ改修增強シ而モ從來土砂ヲ以テ埋沒秘匿シアリシ「トウチカ」（橋頭堡ノ一部）ヲ堀開ス（夜間實施セルモノヽ如シ）

3、抗日意識及態度增濃ノ景況

イ、城内通過ノ拒否　最近再ヒ之ヲ拒否シ城内ヲ交通セシメス

ロ、演習實施ト抗議　恒例的地區（蘆溝橋附近）ノ演習ニ於テモ畑ヘノ侵入云々ト抗議シ或ハ夜間演習ニ就キテ事前ノ通報ヲ云々シ或ハ夜間實包射撃ヲナササルニ實施セリト抗議セルカ如シ

ハ、行動地區ノ制限　從來龍王廟附近堤防及同所南方鐵道「ガード」ハ行動自由ナリシニ不拘最近殊ニ六月下旬頃ヨリ之ヲ拒否シ兵力少キ時ハ裝填等ヲナシ不遜ノ態度ヲナス

4、警戒配置變化ノ景況

イ、既設陣地ノ守備　六月下旬ヨリ龍王廟附近以南ニ配兵シ警備ヲ嚴ニス、殊ニ夜間增強セルモノヽ如シ

ロ、一文字山ヘノ配兵　從來一文字山ニハ全ク警戒兵ヲ出サヽリシモ夜間我軍ニテ演習等實施セサル場合ニハ該地ヲ占領シ黎明時撤兵セルヲ見ル

（二）戰闘直前ノ態勢

1 夜間ハ著シク警戒ヲ嚴ニスルト共ニ增兵シ且補備作業ヲナス

2 龍王廟附近ト鐵道橋頭堡壁上トノ間ハ夜間火光信號（電燈）ニテ頻リニ連絡ヲナス（夜間演習部隊ノ報告）

（三）配備

1 蘆溝橋及長辛店支軍第二百十九團配置要図第一ノ如シ

2 蘆溝橋附近支軍配備要圖第二ノ如シ

所見

一、每夜工事ヲ實施シ其強度ハ日々增強セラレ其地区亦拡大セラレアリシ状況ニテ戰闘後永定河右岸堤防上址中州附近ノ柳林中ニモ散兵壕ノ構築セラレアルヲ知ル　之等ヨリ判断スルトキハ戰闘開始ノ早カリシハ寧ロ幸ナリシトモ思考セラル

二、蘆溝橋附近ノ增兵增強ハ幾多他ニ重要ナル原因アランモ假リニ我豊台附近駐屯軍ノ動静カ之ニ関係アリトセハ恐ラク五月末殊ニ六月ニ入リテノ駐屯軍ノ行事関係カ然ラシメシナランカ即チ次ノ如シ

1、演習計畫ノタメ五月豊台駐屯隊將校（大隊長、副官、及乘馬伝令計四名）カ長辛台附近ノ偵察ヲナセリ

（其直後ノ六月兵力增加、歩兵ノ駐屯ヲ見ル）

2、駐屯隊行事関係上中期（一般軍隊ノ第二期）トナリ従テ六月以降小、中隊教練殊ニ夜間演習ノ増加

3、軍ノ随時検閲ニテ蘆溝橋東側ニテ演習ヲ實施軍幕僚等ノ一文字山（俗称）ニ参集セル事.

（12）

4 旅団長ハ聯隊長カ教育視察ニテ此附近一帯ニテ実施セル演習ヲ視察セルコト

5 中期検閲計畫ノ為乗馬將校カ龍王廟東方地区一帯ヲ偵察セル事

6 歩校教官千田大佐ノ歩兵操典草案普及教育ニテ蘆溝橋城北方ニテ龍王廟南方地区ニ対シ防禦ノ研究ヲナシ北平及豊台部隊ノ幹部多数之ニ参加セル事等

二、我軍ノ態勢

（一）夜間演習ノ励行

七月九日、十日ハ豊台駐屯隊ノ中隊教練ノ検閲ナルヲ以テ各隊ハ演習ニ精進ス　殊ニ検閲課目ハ黎明薄暮及夜間ノ戦闘ニ重点ヲ置カレシヲ以テ之等課目ノ演練ニ重点ヲ置ク、即前夜及當夜ハ次ノ如シ

1 七月六日夜間演習ヲ実施セル中隊ハ次ノ如シ

第七中隊　自午后八時　至午后十時　砂利取場

第八中隊　自六日午前二時　至拂暁　龍王廟大瓦窑間

2 事変当夜夜間演習ヲ実施セル中隊次ノ如シ

第七中隊　一文字山東方地区ヨリ東ニ向ヒ（夜襲）（大隊長臨場ス）

第八中隊　龍王廟東方ヨリ大瓦窑ニ向ヒ（薄暮ヨリ拂暁迄）（大隊長ハ黎明時ヨリ臨場スルヲ指示ス）

（二）警備司令官（旅団長）並聯隊長ノ注意

逐次情勢悪化シ宣伝甚シク加フルニ抗日的策動濃好トナリツヽアリ　殊ニ蘆溝橋附近ノ情況ハ険悪ナルヲ以テ彼等ニ乗セラレサル如ク注意スヘシ」ト

依リテ各隊穏忍自重スルト共ニ萬全ヲ期ス

（三）事変前ノ態勢

1 第九中隊、第三機関銃中隊、歩兵砲隊ハ兵営ニ在リ

2 第七中隊ハ午後十時三十分演習ヲ終了シ帰営ノ途中ナリ

3 大隊長ハ第七中隊ノ夜間演習ニ対シ所見ヲ述ヘタル後帰営シ官舎ニ入リ就寝セントス

三、事変ノ発端

（一）支軍ノ動静

前夜タル七月六日第八中隊カ同所ニテ夜間演習間ニ目撃セル場合ヨリモ兵数ハ増加セラレアリシモノヽ如シ

（二）我軍ノ夜間演習

1 第八中隊ハ七月七日午後七時三十分ヨリ龍王廟附近ヨリ東方大瓦窑ニ向ヒ夜間演習ヲ実施ス（演習課目薄暮ヨリ敵主陣地ニ對スル接敵及黎明攻撃）

2 右演習中該中隊ハ午後十時四十分頃龍王廟附近支軍ノ既設陣地ヨリ突如数発ノ射撃ヲ受ク

3 之ニ於テ中隊長ハ演習ヲ中止シ集合ノ喇叭ヲ吹奏ス　然ルニ再ヒ蘆溝橋城壁方向ヨリ十数発ノ射撃ヲ受ク

4 此間中隊長ハ大瓦窑西方「トウチカ」附近ニ中隊ヲ集結セシム、然ルニ兵一名不在ナルヲ知リ断然膺懲スルニ決シ応戦ノ準備ヲナシツヽ、本件ヲ岩谷曹長及兵一名（共ニ支那馬ニ乗馬ス）ヲシテ在豊台大隊長

ニ急報ス

5　岩谷曹長ハ豊台西端附近ニテ夜間演習ヨリ歸還中ノ第七中隊ニ通報シツヽ大隊長官舎ニ至リ報告ス

時正ニ午後十一時五十七、八分頃ナリ

6　第七中隊長ハ駈歩ニテ大隊長官舎ニ来連絡シ演習歸還中ニ第八中隊ノ演習地区ノ方向ニテ疑ハシキ銃声ヲ聞キ不審ヲ懐キツヽアリシ處ナリト併セ報告ス

第二、戦闘開始ニ至ル迄ノ經緯

一、大隊長直後ノ處置

（一）上司ヘノ報告

北平警備司令官演習出張不在ナルヲ以テ直ニ在北平聯隊長官舎ニ電話ヲ以テ事件ノ概要ヲ報告シ併セテ聯隊長ニ豊台駐屯隊ハ直チニ出動善處セントスノ意見ヲ具申ス

時ニ正午前後ナリ

（二）聯隊長ノ指示

聯隊長ハ同意セラレ「現地ニ急行シ戦闘準備ヲ整ヘタル後営長（蘆溝橋ノ）ヲ呼出シテ交渉スヘシ」ト

（三）駐屯隊ノ出場

ノ　七月八日午前零時七分非常呼集ヲ令シ逐次左記順序ニテ命令ヲ下達ス

イ　服装、駐屯警備ノ服装

ロ、集合ハ営内ニ勉メテ企図ヲ秘匿スヘシ

ハ、太田軍曹（大隊本部書記）ハ歩兵砲隊ニ連絡シ乗馬二ヲ供用シ又支那馬ニ依ル乗馬伝令ヲ準備スベシ

ニ、亀中尉ハ副官ノ代理ヲナスヘシ

（副官荒田中尉ハ豊台官舎借上ノ件ニツキ北平松井特機関ニ補佐官寺平大尉ヲ訪ヒ同地ニ宿泊シアリ）

ホ、小岩井中尉ハ北平トノ電話連絡ニツキ準備スベシ

2、午前〇時二十分左記大隊命令ヲ下達ス

左　記

歩一ノⅢ作命第一號

大隊命令　七月八日午前〇時二十分
於豊台大隊本部

一、蘆溝橋支那軍ハ該地附近ニ於テ夜間演習中ノ第八中隊ニ対シ發砲ス

第八中隊ハ演習ヲ中止シ応戦ノ態勢ニアリ又兵一名ハ行方不明ニシテ目下捜索中ナリ

二、大隊ハ警備小隊一小隊ヲ残置シ主力ヲ以テ蘆溝橋ニ向ヒ前進セントス

三、駐屯隊ノ服装ハ駐屯警備ノ服装ニシテ営内ニ集合スベシ

四、集合後ハ中島大尉之ヲ指揮シ長豊支線以北ノ地区ヲ蘆溝橋北側ニ向ヒ前進スヘシ

機関銃ハ二銃ノ四小隊、歩兵砲隊ハ聯隊砲二門大隊砲四門ノ編成トス

五、予ハ乗馬伝令ト共ニ演習中隊第八中隊ノ位置ニ先行ス

大隊長　一木少佐

（16）

下達法　各隊命令受領者ヲ集メ口達筆記セシム

3、警備小隊長山田准尉ニ豊台直接警戒ヲ命シ特ニ南苑方向ニ對シ警戒スヘキヲ命ス

4、豊台憲兵分駐所ニ連絡シ出動ヲ通報ス

5、亀中尉、太田軍曹及乗馬伝令一ヲシテ斥候トシ第八中隊ニ連絡ノ任務ヲ以テ先行セシム

6、小岩井中尉ノ意見具申ニ依リ豊台ヨリ蘆溝橋ニ向ヒ電話線ヲ架設スルニ決シ處置セシム　又無線班ヲ携行スルニ決ス

7、大隊長ハ駐屯隊ノ集合ノ景況ヲ視察シ中島大尉ニ直接意圖ヲ示シタル後小岩井中尉及乗馬伝令（支那馬）通訳（憲兵隊ノ通訳）（駐屯隊ノ通訳ハ集合稍々遅レシ為）ヲ率ヒ先行ス　此際豊台憲兵分駐所長寺田軍曹ハ随行ス（戦闘後迄所長通訳ハ終始行動ヲ共ニス）

二、第八中隊長ノ處置

1 行衛不明ナリシ兵ハ間モナク發見シ集結ヲ終ル

2 爾後ハ行動ノ自由ト過早ノ戦闘惹起ヲ顧慮シ主力ヲ以テ西五里店附近ヲ占領シ待機ス

三、現地到着後ニ於ケル大隊長ノ處置ト部隊ノ行動

1 大隊長ハ午前二時三分西五里店西端ニテ第八中隊長ト會シ状況ヲ聴取シ又聯隊長ノ意図ニ大隊長ノ決心ヲ示シ直ニ附近ノ要点ナル一文字山附近ヲ占領セントシ且敵情捜索ノ為左ノ將校斥候ヲ潜入セシム

野地少尉　北部一文字山及同地北側附近

高橋准尉　南部一文字山及同地北側附近

又北平ヨリノ自動車ニ依ル連絡者ノ案内並警戒ノ為ニ西五里店東北本道上及同東南側ニ停止斥候各々一ヲ派遣ス

2. 駐屯隊ハ八日午前一時五十分中島大尉ノ指揮ヲ以テ屯営ヲ出發シ途中事故ナク午前二時四十五分西五里店西南端ニ集結ヲ終ル

3、午前三時五分野地將校斥候ヨリ一文字山ニ敵兵ナキノ報ヲ知リ駐屯隊ハ右ヨリ第八、第九、第七中隊第一線機関銃中隊第二線、歩兵砲隊第三線トシ歩兵中隊ヲシテ四周ヲ警戒セシメツヽ一文字山ニ向ヒ前進午前三時二十分、一文字山ヲ占領、無線班ヲ同所ニ開設セシム

4、當時ノ態勢要圖第三ノ如シ

5、午前三時二十五分龍王廟方向ニテ三發ノ銃聲ヲ聞ク、茲ニ於テ敵ノ對敵行動ノ確實ナルヲ知ルト共ニ単ナル戰鬪準備ニテハ不充分ナル場合アルヲ顧慮シ戰術上ノ判斷ニ基キ拂暁攻擊準備的配置ヲ必要トシ右方ニ位置スル第八中隊ニ左記命令ヲ下達ス

左　記

第八中隊（機關銃二ヲ配屬）ハアノ方向（大瓦窑西側）ヨリ龍王廟北側堤防ヲ戰鬪ヲ惹起セサル距離ニアリテ占領待機スヘシ

（所見）

此處置ニ依リテ戰鬪開始後敵ヲ側方ヨリ包囲攻擊シ有利ノ戰鬪ヲ交フルヲ得タリ

6 西五里店ニ電話到着

午前四時〇分西五里店南端迄電話ハ到着セルモ爾後ハ線ノ不足ニテ延線不可能ナルノ報ト聯隊長ハ大隊長ヲ召致ストノ報ニ接シ大隊長ハ西五里店ニ至ル

當時漸ク天明ナラントス

（所見）

本電話線ノ延線ニヨリ豊台ヲ經テ聯隊長ト連絡ヲナシ重大ナル決心ヲナシ得タリ（延線ノ件ハ小岩井中尉ノ意見具申）

四、聯隊長ノ指導ト大隊長ノ決心

電話ニテ状況ヲ報告セルニ聯隊長ハ敵二回モ發砲スルハ純然タル對敵行為ナリ、断乎戰闘スルモ差支ナシ

尚既ニ森田中佐及林交渉員王縣知事等自動車ニテ出發スト

大隊長ノ復唱ニ對シ聯隊長ハ「四時二十分」間違ヒナシト明言セラル　依リテ大隊長ハ攻撃ノ決心ヲ報告ス

大隊長ノ攻撃ニ関スル決心ハ茲ニ於テ堅確トナル

五、冀察政府並第二十九軍顧問タル櫻井少佐ト會見電話連絡ノ歸途西五里店西方本道東側畑地ニテ大隊長ト會見ノ為來合セタル櫻井少佐ト會見シ左ノ件ヲ知ル

イ、支軍ノ不法暴戻ニ對シ攻撃スルハ可ナルモ蘆溝橋ノ攻撃ニ就キテハ待タレタシ

今馮治安（第三十七師々長）ニ會ヒタルモ馮ノ部下ハ城外ニハ絶對ニ駐ラス支軍ニハ非ラサルヘシト言明セリト　又城内ニハ多数ノ良民アリ依リテ攻撃ハ待タレタシ

ロ、城外ニ配兵セラレアリトセハ攻撃ハ随意ニシテ恐ラクハ馮ノ部下ニハアラサルヘシ

又馮ノ部下トスルモ城外ニ在ラハ断乎攻撃シテ可ナラン

馮ハ「城外ニ居ルトセハ其レハ匪賊ナラン」ト附言セリ」ト、

所見

之等櫻井少佐ノ言ヨリ判断スルモ如何ニ支軍カ最初ヨリ責任ヲ回避シアリシカヲ知リ得ヘシ

依リテ大隊長ハ同少佐ニ城内ハ攻撃セス、然レトモ若シ城外ニ配兵アラハ直チニ断乎攻撃スルヲ以テ了

解セラレ度ト告ク、

櫻井少佐ハ之ヲ承諾ス　玆ニ會見ヲ終リ大隊長ハ一文字山ニ前進ス

六、展開ノ為ノ前進

1　大隊長ハ西五里店ヨリ帰来ノ途中馬上ヨリ歩兵砲隊長久保田大尉ニ攻撃ヲ豫想シ目標ヲ先ツ龍王廟トシ

之ニ對シ射撃準備ヲ命ス

2　次テ一文字山中央高地ニテ大聲ニテ機関銃中隊長中島大尉及第九中隊長安達大尉並命令受領者ニ左記ノ

方針及命令ヲ下達ス

左記

方針

大隊ハ蘆溝橋城内ハ攻撃セス　城外ニ居ル兵ニ對シテハ断乎之ヲ膺懲ス

要領

(20)

攻撃ハ拂暁攻撃ノ要領トス

歩一ノⅢ作命第二號

大隊命令　七月八日午前五時〇分
於一文字山中央大隊本部

一、大隊ハ龍王廟ヨリ鐵道線路間ヲ永定河ノ線ニ前進ス

二、各隊ハ現在ノ態勢ヲ以テアノ方向ニ前進

三、歩兵砲隊ハ龍王廟及其南方「トウチカ」ニ次テ鐵道橋頭附近ニ射撃準備

3、右命令ヲ下シタル後大隊長ハ斜右平漢線以北ノ地區ニ主力カ移動シ得ル如ク誘導前進ス

七、敵發見ト射撃開始

1 既ニ第八中隊ハ太田軍曹ノ連絡ニヨリ龍王廟北方堤防附近ニ達シアリ、大隊主力亦蘆溝橋驛ト鐵道橋頭トノ中間附近ニ達シ敵情ヲ視察スルニ龍王廟附近ヨリ鐵道線路ニ至ル一帶ノ既設陣地ニハ敵充滿シアル事明瞭トナル

茲ニ於テ第八中隊ニハ友軍戰鬪ヲ開始セハ直ニ敵ヲ側方ヨリ攻撃スヘク亀中尉ヲシテ連絡セシム　次テ先ツ歩兵砲ニ射撃ヲ命ス

然ルニ射撃ヲ開始セス　次テ歩兵砲隊ヨリ森田中佐（之ヨリ先聯隊長ヨリノ交渉員トシテ派遣セラレ此際ニハ既ニ一文字山ニ到着セラレタルヲ知ル）ノ命ニヨリ中止スト　依ツテ小岩井中尉ヲシテ了解ヲ得ル目的ニテ中佐ノ許ニ派遣ス

2 又一方中佐ト北京ヨリ同行セル大隊副官荒田中尉モ到着シ「依然演習的ニ前進セハ敵ハ必ス射撃スルナ

（21）

ラン」ト意見ヲ具申ス

依テ一躍進セシモ第九中隊方面ノ一部ハ敵前二、三百米ニ近接セルヲ以テ停止ヲ命シ再ヒ歩兵砲ニ射撃開始ヲ命セシモ射撃セス

3、依リテ更ニ意見ヲ具申セルト共ニ之カ了解ヲ得ル為ニハ稍々時間ヲ要スルナラント思考シテ部下ニ此間ヲ利用シ朝食ヲ喫スヘク命ス

4、朝食開始ノ為全員地形地物ヲ利用スルヤ支軍ハ攻撃頓挫セルモノト侮リシナランカ龍王廟方面ヨリ俄然我軍ニ射撃ヲ開始ス

5、茲ニ於テ大隊長ハ直ニ應戰攻撃前進ヲ命ス　歩兵砲亦機ヲ失セス龍王廟址「トウチカ」ニ射撃ヲ集中ス

6、時正ニ午前五時三十分、此時暗雲ヲ破リ旭日ハ燦トシテ輝ク

當時ニ於ケル大隊ノ攻撃態勢要図第四其ノ一ノ如シ

所見

當時大隊長ノ心境ハ攻撃ヲ急ケリ　其ノ理由ハ断乎一撃ヲ與ヘサレハ爾後ノ交渉及侮日ヲ矯正シ得ス而シテ之カ為ニハ須ク彼レノ城内退避前ニ膺懲スルヲ要ス（蓋シ櫻井少佐ノ勧告ニヨリ）又一旦攻撃スルトセハ天明前ニ近接シ拂暁攻撃ノ要領ヲ可トス　然ルニ既ニ午前五時ヲ經過ス依リテ大隊長ハ自ラ森田中佐ノ許ニ到リ直接状況等ヲ報告スル時ハ時機ヲ失スルヲ恐レタリ　蓋シ中佐カ聯隊長ノ命ヲ受ケ支那側交渉員ト共ニ北平ヲ出發セル當時トハ情況ヲ異ニセルト判断セシヲ以テナリ

第三、戰鬪經過

一、攻撃前進ヨリ永定河左岸占領迄

1、歩兵砲ノ射撃ハ最初ヨリ「トウチカ」ニ命中シ志気ヲ鼓舞ス

2 第八中隊ハ平時ノ演習ノ如キ態度ニテ既ニ主力ヲ以テ龍王廟北方堤防上ヲ占領シ戰鬪開始ト共ニ廟北方「トウチカ」ニ突入シ爾後主トシテ堤防ニ沿フ地区ヲ野地少尉先頭トナリ北方ヨリ南方ニ壓迫塹壕戰ヲナシツヽ攻撃前進ス　當時亀中尉ハ敵ノ陣地前ヲ乘馬ニテ馳駆シテ第八中隊ノ先頭ヲ示シ以テ友軍相撃ヲ未然ニ防ケリ

又大隊本部書記太田軍曹ハ亀中尉ニ先テ第八中隊ノ状況ヲ大隊長ニ報告ス

之ニ依リテ有利ノ態勢ニ展開シアルヲ知ル

所見

此等將校ノ率先陣頭ヲ前進セルハ將兵一同ノ志気ヲ振起セル事多大ナリキ

3、左第七中隊ハ左翼ヲ長豊支線ニ托シテ攻撃前進ス（理由ハ城壁ノ西部ニ白旗ヲ掲揚セラレアリシモ何時射射撃ヲ開始セルヤ不明ナレハナリ）攻撃前進後間モナク敵ノ一ニ散兵壕ヨリ鐵道橋方面ニ後退セル如キヲ目撃ス　又友軍歩兵砲鐵道橋附近ニ射撃ヲ轉移シ命中セルヲ目撃シ直チニ中隊長穂積大尉先頭トナリテ突撃ニ前進ス

當時歩兵砲彈ニ極メテヨク膚接シ先頭ノ阿部准尉及原曹長ハ砲彈ノ炸裂ノ風靡力ニヨリテ顚倒セル状態ニシテ歩砲ノ協同誠ニ理想的ニシテ平漢線路上ヨリ突入ヲ敢行シ橋頭ノ鐵橋監視所（平時約一小隊ヲ収容シ

得ルモノ）ヲ占領ス

之ヨリ先白旗掲揚中ナリシ蘆溝橋城壁上ノ支軍ハ自動小銃、軽機等ニテ射撃ヲ開始シ第一線ハ左側背ヨリ猛射ヲ受ケ漸ク死傷者ヲ出スニ至ル

又城外西側部落ヨリ約百ノ部隊逆襲シ来リ第七中隊左第一線小隊タル鹿内准尉ハ率先小隊ヲ指揮シ左後方城壁頭上ヨリスル敵弾ノ雨下ノ下ニ突撃ヲ敢行シ敵ヲ撃退シ左岸ヲ占領ス右地点占領後陣頭ニテ戦闘指揮中鹿内准尉ハ敵弾三発ヲ咽喉ニ受ケ茲ニ名誉ノ戦死ヲ遂ク

所見

鹿内准尉ノ勇敢犠牲的ナル行動ハ克ク敵ノ機先ヲ制シ其逆襲ヲ挫折セシメ以テ戦闘ノ危機ヲ転回シ得タルモノト認ム

4 第七中隊ト相前後シ野地小尉ヲ先頭トセル第八中隊ハ北方ヨリ敵陣ヲ縦貫席捲シ又第九中隊ハ正面ヨリ敵陣ニ突入、壮烈ナル格闘白兵戦ヲ交ヘ敵ヲ永定河ニ撃滅ス

機関銃中隊亦第一線ニ協力シ殆ント第一線ト相前後シテ陣地ヲ變換シ極力第一線ニ協力ス戦闘間終始陣頭ニアリテ敵陣ヲ北ヨリ南ニ突破セル野地少尉ハ鐵道線路北側五米附近ニテ遂ニ左腹部ニ貫通銃創ヲ受ケ名誉ノ重傷ヲ負フ

所見

野地少尉ノ勇敢ナル行動ハ前所見ニ同シ而モ全般ノ戦況ヲ有利ニ導キシ功績ハ極メテ大ナリ　又壕内突破ニ當リ小旗ヲ振ラセツヽ前進シ以テ其先頭ヲ明ニシ為メニ友軍トノ連絡ニ努メ、相撃ヲ豫防シ得タル細心

ノ注意ハ敬服スル處ナリ（細井一等兵ハ、赤小旗ノ分隊旗ヲ打振リツ、前進ス）

5、攻撃開始ヨリ鐵道橋頭附近ノ敵ヲ追撃スルニ至ル迄ニ要セル時間僅カニ七分ナリ

所見

本戰鬪ハ攻撃開始後敵軍ノ一部ノ動揺ニ乘シ敢然突入ヲ開始シ中央部附近ニテ頑強ニ抵抗スルモノヲ撃破シ又敵ノ逆襲ノ機先ヲ制シ而モ歩兵ハ砲弾ノ落下ノ景況ヲ目撃シ之ニ膚接シ突入シ操典ノ原則ヲ應用シ成果ヲ擧ケシモノト信ス

二、永定河左岸ヨリ右岸ヘノ進出

1 大隊長ノ決心

大隊長ハ當初永定河左岸ノ敵ヲ撃攘シテ爾後ノ交渉ニ任ンセントセシモ敵ハ蘆溝橋中ノ島（以下中ノ島ト稱ス）ヨリ猛烈ナル射撃ヲナスト共ニ同河右岸ヨリ射撃ヲナシ加フルニ城内守兵ノ不法行爲（白旗掲揚シアリテ後射撃セルカ如キ）等アリ之ヲ膺懲スルカ爲ニハ追撃シ敵ノ退路ヲ制スル位置ニ進出シ有利ノ態勢ニアリテ爾後ノ處置ヲ講スルヲ得策トシ直チニ同河右岸ニ追撃前進スルニ決ス

2 大隊長ハ第七中隊長ニ尾シテ第一線ニ突入シ敵情ヲ視察シ前記決心ヲナスト共ニ到着セル部隊ニ右岸ニ進出ヲ命シ之ヲ督励ス

當時ノ情況モ亦追撃前進スルヲ可トセリ、即チ敵カ退却ヲ開始セルヤ唯一ノ渡河点タル橋頭附近ニ我軍ハ蝟集シ而モ一二名ノモノハ立射ニテ追撃射撃ヲナス等ノ情況ナルト敵ノ迫撃砲ノ砲弾ハ時々附近ニ炸裂スル景況ナルヲ以テ大隊長ハ直チニ脚力追撃ヲ督励ス

3　同時第七中隊長穂積大尉ハ鉄橋上ヲ第八中隊長清水大尉ハ永定河中ヲ共ニ率先追撃ニ移リ全員茲ニ追撃ニ移リ第九中隊、機関銃隊亦渡渉ヲ開始シ機関銃隊上等兵土田義造ハ機関銃ヲ一人ニテ擔ヒ敢然永定河ノ濁流ニ跳込ミテ渡渉シ又戦友ノ河中ニテ負傷押流サレントスルヤ身ヲ挺シテ之ヲ救助セルカ如キ美シキ戦況ヲ現出ス

所見

當時第七中隊先頭小隊長タル山本少尉ハ永定河ニ先頭第一番ニ跳込ミシカ鉄橋下ハ一米四五十糎ニテ忽チ四、五米押流サル之ニ依リテ鐵橋直下ノ不可ナルヲ全員知リ之ヨリ稍々上流ニテ渡渉スルニ至レリ

同少尉ノ率先陣頭ニ立チシ果敢ナル渡河カ本渡渉上ニ及ホセル勲功ハ極メテ大ナリ

4、敵ニ追尾セル第一線部隊ニ比シ稍々遅レタル第二線ニ屬スル諸隊ハ中ノ島ヨリノ側防火器ノ爲前進困難トナリ死傷者ヲ生スルニ至ル　即チ大隊本部書記軍曹太田早苗（午前六時二十分）ハ速ニ第一線ノ状況ヲ視察シ歸來報告中ニ歩兵砲隊連絡者曹長阿部升蔵ハ歩兵砲陣地ニ関シテ大隊長ト連絡中遂ニ名譽ノ戰死ヲ遂ケタルカ如キ、機関銃隊分隊長以下ノ負傷セルカ如キ、此附近ニテ戰死五、戰傷四ヲ出ス

爾後大隊長及本部ハ中ノ島中央橋脚附近ニ位置シ連絡困難トナル又左ニテ逆襲部隊ト戰闘シテ渡河ヲ開始セル部隊ハ遂ニ中ノ島ニ位置スルノ止ムナキニ至レリ

5、中ノ島敵兵営ノ側防機関制圧

中ノ島ノ敵側防機関ハベトン製内ノ銃眼二、三個所ヨリ自動火器ヲ以テ射撃（鉄橋迄約二百米）セリ

右火力ト永定河ノ河流ノ障碍トニヨリ戰場ハ一時二分セラレシ形トナル

(26)

依リテ速ニ之ヲ制圧セントシ歩兵砲ニ連絡ヲナサントスルモ殆ント敵ニ制圧セラレテ目的ヲ達セサリシカ大隊本部伝令歩兵二等兵宮崎秀雄ノ勇敢ナル行動ニ依リテ中ノ島制圧ノ要求ヲ伝達スルヲ得タリ

次テ歩兵砲ハ射撃ヲ開始シ（午前六時五十分）命中良好ニシテ中ノ島附近支那兵及同地兵営内ノ守備兵ハ西方及蘆溝橋（マルコポーロ橋ニ依リ）ノ西方面ニ退却ヲ開始セルモ側防匣室内ヨリスル射撃ノ威力ハ遂ニ衰ヘサリキ

午前六時五十二分聯隊本部近藤中尉連絡ノ為来リ大隊長ト共ニ歩兵砲射弾ノ観測ヲ補助ス

所見

一、側防機関ノ威力ノ甚大ナルト其制圧ノ困難ナルヲ真ニ體験シ其價値ノ大ナルヲ自覚ス　又之カ制圧ノ困難ヲモ知ル

二、第一線ノ幹部ハ砲兵ノ射弾観測ヲナシテ之ヲ通報シ援助スルヲ可トス

本戦闘ニテ之ヲ實施シ命中ヲ更ニ良好ナラシメシモノト信ス

6．通信連絡

永定河ノ障碍ト敵火ノ側防トニ依リ戦場ハ両断セラレ加フルニ通信班ハ聯隊砲隊ノ線ヲ利用シ延線セルモ中州迄到着セルノミ而モ敵弾ノ為ニ電話機ノ一部破損シ線亦水中ニアルヲ以テ通話意ノ如クナラス通信班ノ班長軍曹田中勇太郎カ率先奮闘シ部下ノ傷者ヲ水流中ニ救助シ或ハ激励シテ任務ヲ全フセル其犠牲的崇高ナル精神ト努力ニ對シテモ甚タ遺憾トスル處ナリキ

7、経過ハ概ネ要図第四其二ノ如シ

三、永定河右岸ノ占領ト待機

1、第一線各中隊ハ午前六時前後ヨリ左岸ニ進出シ對岸陣地ノ敵ニ對シ突入ス

2、第七中隊ハ先頭第一ヲ以テ右岸ニ進出シ西部鉄道橋頭ノ鐵橋監視所ヲ占領シ多数ノ大刀ヲ鹵獲ス次テ鉄道線路ノ凸道ヲ占領シ南方ノ敵ニ対ス

3、第八中隊ハ中央ヲ深ク突破シ一挙長辛店北方高地ニ敵ヲ撃退シ堤防西方七百ノ鉄道湾曲部（工夫控所ノ家屋）ニ進出シ全般ノ関係上該地附近ヲ占領西南方ニ對ス

4、新ニ右第一線ニテ側方ヨリ進出セル第九中隊長安達大尉ハ努メテ上流ヨリ損害ヲ避ケ右岸ニ進出シ附近ニ一、二点在セル民家ニ據レル敵ニ突入シ窮鼠的抵抗ノ反撃ヲ受ケシモ之ヲ撃退シ逐次大隊主力方面タル鐵道線路ノ線ニ進出ス　本戰闘ニ於テ第九中隊小隊長會田中尉ハ二個所ニ負傷セルモ終始陣頭ニアリテ奮闘部下ノ儀表トシテ戰闘ス

本戰闘ノ際敵右岸散兵壕内ニテ戰死セル敵將校ノ胸章（第二十九軍ノ第二百十九團ニ営五連排長胡成金）ニ依リ平時長辛店ニ駐屯セル軍隊カ北上シアリテ参加セル事ヲ證明セリ

又此際七十有余ノ敵背負包（一列ニ整頓残置セラレアリ）ヲ占領ス（本鹵獲品ハ撤退ニ當リ残置セリ一部ハ死傷者ノ運搬材料ニ利用ス）

5、大隊副官荒田中尉ハ中州ニ在リシ大隊長ノ位置ヨリ連絡及指揮ノタメニ単身敵ノ狙撃的集中火ヲ犯シ右岸第一線部隊ノ線ニ至リ大隊長ノ意図タル右岸鉄道線路ヲ占領シ、長辛店北方高地及中島方向ニ對シ待機セシムルノ件ヲ伝達セリ　此挺進的行動ト各中隊長ノ協同トニ依リ敵ノ退路ヲ扼スルコトヲ得シト共ニ遂ニ

(28)

高地方面ヨリスル敵ノ逆襲ニ對シ其機ヲ與ヘサリシモノト判断セラル

6、通信連絡ニ任セシ小岩井中尉ハ西部橋頭ト大隊長ノ位置トノ中間ニアリテ連絡ニ任シ又後方電話ノ端末位置ノ間トヲ往復スル等其獻身的努力ニヨリテ大隊長ト第一線及後方ノ連絡維持ヲ遺憾ナカラシム

7、第三機関銃中隊長中島大尉ハ右岸中州及左岸ノ機関銃ヲ部署シ三銃ヲ以テ左岸ニ残置シ城壁ノ敵ニ對セシメ主力ヲ以テ逐次右岸ニ進出シ第一線中隊ノ間隙ニ進入シ主トシテ南方ノ敵ニ對ス

8、大隊長ハ電話ノ位置ニ歸リ後方トノ連絡ニ勉メシモ意ノ如ク連絡困難（森田中佐ノ位置ト豊台トノ通話及先方ヨリノ通話ハ明瞭ニ聴取シ得シモ當方ヨリノ話ハ通セス）ナリシヲ以テ電話ニヨル連絡ヲ断念シ再ヒ第一線ニ進出ス

9、大隊長ハ各中隊長ト共ニ右岸堤防上ノ敵ノ既設散兵壕ニ位置シ次テ更ニ西方ノ鉄道線路北側ニ位置ヲ移ス當時第八中隊ハ弾薬ノ補充（演習ノ際携行スル規定弾数（小銃 三〇　Lg 一二〇）ノミナリシヲ以テ）ヲ必要トシアリ（別ニ處置セス）
又長辛店高地ニハ敵兵ノ増加ヲ見ル、更ニ時々斜右後方千家頭（一萬分一地図参照）ニハ敵出没スルヲ目撃スルノ情況ナリキ

10、午前九時七分亀中尉ヲシテ全般ノ状況ヲ報告ノ為メ森田中佐ノ位置ニ歸還セシム

11、第九中隊ハ右岸戦闘ニテ戦傷死セル兵ノ収容ノ為一部ヲシテ戦場掃除ヲ実施セルニ僅々二三十分間ニ附近土民ナランカ戦死セル軽機関銃手ノ拳銃ヲ嚢共ニ鋭利ナル刃物ニテ切取リテ掠奪シアルヲ發見ス

（所見）

（29）

（将来大イニ注意ヲ要スル点ナラン）

依リテ第九中隊長ノ意見具申ニヨリ附近民家ノ家宅捜索及土民ノ検束等ヲナシ又一面彼等ヲ使用シテ湯茶ノ補給ヲナス

午前九時二十分各中隊人員検査及戦死傷ノ調査ヲ命シ各中隊共若干左岸及中洲ニ特別ノ任務（停止斥候背嚢監視）或ハ戦闘ノ関係上残置セラレタリト判断セラル、モノアレトモ其大部ハ概ネ集結セラレアリ

12、午前十時二十分、聯隊長代理森田中佐ヨリ支軍ニ對シ蘆溝橋城ヨリ撤退又ハ武装解除ニツキ交渉中ニシテ之ヲ承知セサレハ蘆溝橋ヲ攻撃スル意ナルノ通報ニ接ス

13、午前十時五十五分亀中尉帰来シ左ノ要旨ノ命令ヲ伝達サル

1、大隊ハ森田中佐ノ指揮ニ入ル

2、聯隊ハ蘆溝橋城内支軍ノ武装解除ヲナサントス

3、大隊ハ一部ヲ残置シ主力ヲ左岸ニ集結スヘシ

4、戦車隊ハ午後一時第一大隊ハ十二時ニ到着スル豫定ナリ

大隊ハ爾今森田中佐ノ指揮ニ在リテ戦闘ス

14、右ノ命令ヲ受領セルモ支軍トノ交渉又ハ攻撃ノ為ニハ現在ノ態勢ヲ最モ良好トシ而モ第一線方面ノ戦況ハ長辛店北方高地ノ敵逐次増強セラレアルト中ノ島附近ノ敵ノ火力更ニ衰ヘサルヲ以テ一部ヲ残置スルハ残置部隊トノ連絡困難ナル現況ニアル事及戦死傷者ノ収容未完了ノ現在トニテハ之カ實行不利ニシテ而モ至難ナリトノ意見ノ具申トヲナス　右意見具申ノタメ大隊副官荒田中尉ヲ派遣ス

（30）

時ニ午前十一時ナリ

15　午後零時五十分ヨリ各隊爾後ノ行動ヲ顧慮シ戰死傷者ノ収容ニ着手セルモ中ノ島ヨリノ側防ニテ中州ニアルモノハ収容殆ント不可能ナリ　依リテ中州ノモノハ逐次直直ニ北方ニ、支流ヨリ右岸ノモノハ交通壕ノ端末作業ヲ實施シ之カ収容ニ着手ス

當時判明セルモノ戰死十、重傷十五、軽傷十九ナリ

16、午後二時二十五分戰闘要報ヲ提出ス

17. 午後三時稍々過キ副官荒田中尉歸来シ左ノ如キ要旨ノ上司ノ意図ヲ知ル（森田中佐及鈴木参謀ノ言）

現在ノ第三大隊ノ態勢ハ蘆溝橋城ノ攻撃又ハ爾後ノ交渉ノ為ニモ價値アリ　依リテ其儘位置シテ可ナリ

（要スルニ意見具申ヲ容認セラル）

18. 依リテ午后四時ヨリ五時ニ亘ル間各中隊長及副官ヲ伴ヒテ本夜ノ為ノ待機陣地ノ偵察ヲナス

其ノ概要要図第五ノ如シ

所見

大隊ハ後刻後退ヲ命セラレ八日夜右岸ニ後退セシカ其直後敵ハ全線ヲ挙ケテ大隊カ晝ノ間位置セシ附近ヲ射撃セリ　之等ヨリ考フルモ晝夜ノ位置ヲ變スルノ着意ヲ必要トセシナリ

19　午後五時三分左記大隊命令ヲ下達シ爾後ノ準備ヲナサシム

左記

歩一ノⅢ作命第三號

大隊命令 七月八日午後五時三分
於盧溝橋鉄橋西端

一、我正面ノ敵ハ長辛店北方高地並中ノ島及盧溝橋ヲ占領シアリ

軍ハ午後六時ヲ期シ盧溝橋ヲ攻撃スル企圖ヲ有ス

聯隊ノ第一大隊ハ増援ノ為通州ヨリ行軍中ニシテ午後六時盧溝橋附近ニ達スルノ距離ニ在リ

又機械化部隊及第二大隊戦車隊並重砲一中隊ハ盧溝橋ニ概ネ同時頃到着スルノ距離ニ在リ

二、大隊ハ現在線ニアリテ聯隊主力ノ盧溝橋城攻撃ニ策應セントス

但シ現在ノ態勢ヲ以テ推移シ聯隊主力盧溝橋城ヲ攻撃セズシテ依然状況ニ變化ナキトキハ大隊ハ本夜行動ノ自由ヲ確保スル目的ヲ以テ永定河右岸堤防ノ線ニ後方機動ヲナシ該地附近ヲ堅固ニ守備シ敵ト對峙セントス

三、其時機ハ別命ス　各中隊ノ関係ハ右ヨリ第七、第八、第九、中隊トス　又機関銃中隊ハ第七中隊ニ一小隊、第九中隊一銃第八中隊ニ一小隊ヲ配置スヘシ

此ノ地区ニ関スル配備及兵力部署ハ現地ニツキ中隊長ニ示セル如シ

四、各隊ハ爾後戦闘ノ為前方ニ潜入斥候ヲ派遣シ敵ノ動静ヲ偵知スヘシ

特ニ後方機動ヲナス場合ニハ鉄道線路及右前方（アノ附近現地ヲ示ス）ニ潜伏（停止）斥候ヲ残置シ敵ト接觸ヲ保ツヘシ

五、本夜ノ相言葉ハ山ト川トス

六、予ハ依然現在地ニアリ　陣地占領ニ當リテハ中央後附近ニアリ

（32）

大隊長　一木清直

下達法

各隊命令受領ヲ集メ口達筆記セシム

20、菅沼軍醫大尉及倉本軍醫中尉等衛生部員午後六時二十分第一線ニ到着シ戦傷者ノ治療ニ任ス

21、午後六時四十分亀中尉連絡ヲ終リテ歸來シ左記聯隊命令ヲ受領ス

左　記

歩一作命第一號

聯隊命令　七月八日午後四時十分
於盧溝橋東側聯隊本部

一、第三大隊及歩兵砲隊ハ爾今聯隊長ノ指揮ニ入ル

二、聯隊ハ第一大隊主力ノ一文字山附近ニ到着ヲ待ツテ主力ヲ以テ蘆溝橋東北角ニ向ヒ攻撃セントス

三、第三大隊（BiA一小隊屬ス）ハ午後六時現在地ヨリ轉進ヲ開始シ龍王廟北方ニ於テ永定河ヲ渡河シ概シテ平漢鉄道停車場西方シグナルヲ中央トシ攻撃準備ノ位置ヲ占ムヘシ

攻撃開始ノ時機ハ別命ス

四、第一大隊（BiA一小隊配屬）ハ一文字山ニ攻撃ヲ準備スベシ

五、攻撃前進ノ時機ハ別命ス

六、歩兵砲隊ハ現在地ニ於テ第三大隊ノ転進ヲ掩護シ然ル後大瓦窑西端附近ニ陣地ヲ占領シ主攻撃点ニ對シ射撃シ且ツ第三大隊ノ転進ヲ援護スベシ

七、無線ハ停車場附近ニ通信所ヲ開設スヘシ

八、予ハ停車場附近ニアリ

聯隊長　牟田口大佐

下達法

各隊命令受領者ヲ集メ口達筆記セシム

注意

支那側ニ對シテハ「日本軍ハ自主的ニ永定河左岸地区ニ転進スヘキヲ以テ支那軍モ宜シク永定河右岸地区ニ撤退スヘシ、支那軍ニシテ若シ撤退セサルニ於テハ日本軍ハ直チニ攻撃ヲ開始スルニ付覚悟スヘシ」ト要求シ住民ハ可成速ニ撤退スヘシト警告セリ

本命令ニ依リ大隊ハ聯隊長ノ指揮下ニ入ル、又大隊ハ永定河左岸ニ撤退スヘキヲ知ル　之ト相前後シテ歩兵砲ノ中ノ島附近ニ對スル射撃ヲ開始セラル（戦闘後本射撃ハ我第三大隊収容ノ為ノ掩護射撃ナリシヲ知ル）然レトモ中ノ島附近ノ側防機関ニハ命中セス依然死傷者ノ収容ハ困難ナリ

22

午後ノ對峙間間断ナク敵ハ狙撃或ハ迫撃砲（中ノ島及斜右後方部落千家頭並長辛店高地）ノ射撃ヲ受ケ第九中隊及第八中隊ニハ二、三ノ重軽傷者ヲ出ス

又北方右岸堤防上（龍王廟對岸附近）ニ銃聲ヲ聞ク

四、永定河右岸ヨリ左岸ヘノ轉進

1、歩一作命第一號ニ基キ大隊ハ所命ノ地点ニ轉進スルニ決シ左記順序ニ各別命令ヲ下達シ準備ニ着手ス

(1) 大隊ハ薄暮ヲ利用シ永定河左岸ニ轉進セントス
之カ渡河点ハ龍王廟附近トス

(2) 各中隊ハ戰死傷者ヲ勉メテ速ニ區處シ龍王廟附近渡河点ニ搬送、機ヲ見テ左岸ニ護送スヘシ　之カ指揮官ハ第九中隊中島曹長トス
但シ第七中隊ハ永定河中州ノ戰死傷者ノ收容ニ任スルモノトス
而シテ之カ掩護ノ爲機関銃隊ヲシテ協力セシム
其陣地ハ西部鐵道橋頭附近

(3) 第八中隊ハ一部ヲ以テ龍王廟附近左岸ヲ主力ヲ以テ其對岸（右岸）ヲ占領シ大隊ノ轉進ヲ掩護スヘシ

(4) 機関銃中隊ハ薄暮ニ實施スル第七中隊ノ戰死傷者收容ニ協力掩護スヘシ
其陣地ハ西部鐵道橋頭附近トス

(5) 大隊長ハ大隊主力ノ後方ヲ渡河点ニ至ル

2、大隊長ハ敵ノ企圖及動靜ヲ視察スル目的ヲ以テ第一線部隊ノ一部ヲ機ニ先テ堤防北側ノ畑地ニ後退セシメ敵情ヲ監察セシム
然レトモ敵情ニ関シ何等変化ナク敵ハ企圖心ナキカ如ク無事轉進ヲナシ得ルノ確信ヲ得タリ
當時長辛店高地ノ敵ハ益々翼ヲ北方ニ延伸シツヽアリ　又龍王廟對岸第八中隊方面ニテハ時々銃聲ヲ聞ク
當時死傷者ノ收容後送ハ順調ニ進捗シツヽアルモ第七中隊擔任ノ永定河中州上ノ死傷者ノ爲ニハ多クノ犠性ヲ拂フ（第七中隊田島上等兵收容ノ爲ニ既ニ二三ノ重輕傷者ヲ出セリ）景況ナリ

3、午後八時二十五分薄暮ヲ利用シ更ニ一擧収容ヲ開始スルト共ニ第一線ノ轉進ヲ開始ス

敵ハ我カ企圖ヲ知ラス何等射擊及出擊ノ擧ニ出テス

4、轉進開始後橋梁北方約五百米附近ニテ聯隊トノ通信ニ任シアリシ小岩井中尉連絡ニ來リ左記報告ヲナス

左　記

本八日夕以来新ナル敵ハ八寶山附近ニ進出シ次テ南下シ既ニ衙門口ヲ經テ目下龍王廟北側ニ迫ラントシツ、アリ

依リテ渡河点ヲ龍王廟南方約四百附近ノ地区ニ変更シ各隊ニ之ヲ命ス

但シ第八中隊及中島曹長ノ収容班ハ依然龍王廟附近ヲ渡河シテ後退セシムヘク命ス

5、大隊主力及中州附近ノ死傷者ノ収容ハ支障ナク進捗シ午後九時五分乃至十時三十分ノ間ニ渡河ヲ終リ龍王廟南方約五百ノ地点ニ集結ヲ終ル

當時先頭ハ午後九時五分到着上陸セルモ永定河ハ本支流ニツアリ、而モ水深ノ大ナル部分ハ約一米二十糎ニ達シ而モ左岸ハ石疊ニテ多数ノ死傷者ノ運搬及揚陸ニハ多クノ人員ト時間トヲ要セリ　因ニ該地ニテ渡河セシメ数ハ死者八、傷者十二、内十名擔架ニテ搬送セリ

6、第八中隊ハ右岸地區ニテ兵力未詳ノ一部隊ヨリ時々射擊ヲ受ケシモ豫定ノ如ク中島曹長ノ収容班ヲ支障ナク渡河セシメ中隊主力亦午後十時四十分頃龍王廟南側ニ集合ヲ終ル　龍王廟北側附近ノ敵ハ攻擊シ來ラサリキ

7、大隊ハ死傷者全部運搬ノ為メニ各中隊ヨリ使役兵（約二十余名）ヲ差出サシメ菅沼軍醫大尉ニ之ヲ指揮セ

シメテ大隊ノ中央部ニ在リテ前進大隊ハ概ネ縦隊横隊ノ一線ニ準スル隊形ニテ蘆溝橋驛ニ向ヒ前進ス

8、第八中隊ハ之ニ伴ヒ大隊ノ左翼ヲ掩護シツヽ轉進ヲ開始ス　中島曹長ノ収容班ハ之ニ先テ轉進ヲ開始セシム　而シテ之カ實施ハ確實ニシテ何等ノ顧慮スルヲ要セサリキ

所見

戰死傷者ノ収容運搬殊ニ夜間敵弾下而モ渡河シテノ収容並整理ニハ豫想外ニ多大ノ時間ヲ要ス（本事件テハ約二時間ヲ要セリ）

9、前進開始後敵陣地帯ヲ通過セシニ敵陣地ハ單ニ堤防上ノミナラス約百米ノ縦深ヲ有シ而モ散兵壕又外壕ト思ハシキ壕ノ深サ大ニシテ又鉄線ニテ連絡施設（障碍トシテハ線数少シ）ヲナシアリシヲ知ル　之カ為死傷者運搬班ハ行動ヲ制肘セラレ大隊ノ運動従テ遅滞ス

10、午後十一時二十分主力蘆溝橋驛西方五百米附近ニ到着セル頃敵ハ永定河右岸一帯ノ陣地ニ次テ龍王廟北方方面等全線ニ亙リ俄然各種火器（迫撃砲ヲ含ム）ヲ以テ射撃ヲ開始ス　全隊將兵何事ノ惹起セルヤヲ懸念ス為之此附近ニ一時停止セルモ敵兵我夜襲ヲ虞ルヽ餘リ威嚇擾乱ノ射撃セルノミナルヲ知リ依然前進ヲ開始シ不良ノ地形ヲ克服シテ午後十一時四十分蘆溝橋驛南側ニ集結ヲ終リ且ツ大隊長ハ聯隊長ニ報告シ其直接指揮下ニ入ル

（是レ事変後最初ノ會見ナリ）

所見

一、轉進ニ當リ早ク集結ヲ要求セラレアル情況ニテハ出発ヲ急ク要アランモ非戰闘員等（患者収容者等ヲ

含ム）ハ原則ノ如ク良道ニ警戒兵ヲ附シテ先行セシメ假令戰鬪部隊ハ之カ為ニ其出發時刻ハ多少遷延スルモ別ニ後方ヨリ前進スルヲ可トス

12、經過要圖第六ノ如シ

第四、天候、氣象及戰鬪地ノ特質

一、天候、氣象

1、晴天、氣温高シ

2、本八日ノ黎明時期ハ午前三時二十分頃既ニ薄明爾後雲アリテ黎明長ク續キ午前五時三十分攻撃開始ト同時一擧暗雲晴レテ旭日燦ト輝ケルハ一大天佑ニテ接敵上極メテ好都合ナリキ

3、薄暮ハ敵ト相距ル二百米ノ我軍ノ為利用シ得タル時刻ハ午後八時二十五分ナリキ（陰暦六月一日）

二、戰鬪地ノ状態

1、戰鬪地一帯ハ砂礫地然ラサレハ砂土ニシテ處々ニ畑地アリ　殊ニ左岸攻撃前進ノ地區ニハ砂利ノ掘開ノタメニ砲弾痕ノ大ナル如キ凹地アリテ接敵及突撃ニ便ナリキ

2、砂上ノ部ハ工事其他ニ便ナリシモ砂礫地ハ工事困難ナリキ　即チ河岸砂上ノ傷者ヲ収容セントシテ壕ヲ端末作業ノ形式ニテ實施セシモ小円匙ノミニテハ不可能ノ情況ニテ多クノ時間ヲ要セり

3、附近ノ畑地ハ多ク南京豆ノ畑ニテ運動射撃ヲ妨ケサリキ又河床ノ中州及右岸ニハ高梁及唐蜀黍高ク繁茂シ又右岸堤防及右岸ノ河床中ニハ柳高ク繁茂シ行動秘匿ニ便ナリキ

4、鐵道

a、附近ヲ横断セル長豊支線（豊台、長辛店間ノ鉄道ニシテ北寧、平漢ノ両幹線ヲ連結セルモノ）及平漢線ハ共ニ長大ナル凸堤（河岸ニ近クニ從ッテ比高ヲ増ス即一文字山南北ノ地区ニテ四、五米鉄橋東側「ガード」附近ニテ六、七米アリ）ヲナシ路盤上ノ幅員ハ大（目下單線ナルモ必要ニ應シ復線トシ得ル路幅アリ）ニシテ軌道外側ノ行動（大隊砲程度ノ車輌迄）容易ナリ

b、鉄道ノ戰術上ノ價値

イ、蘆溝橋攻撃ニ當リテハ蔭蔽近接ノ容易ニシテ、而モ攻撃及突撃準備ノ線トシテ利用シ得、殊ニ歩兵ノ城壁ニ突入スル際ニ長豊支線上ヨリスル援護射撃ト突入トノ関係ハ良好ナリ（作戰第二日ノ拂曉突撃準備）

ロ、龍王廟鉄橋間ノ敵陣地攻撃ニ際シテハ左側ヲ此凸堤ニ托シテ側射害ヲ減シツヽ前進スルニ便ナリ（八日戰闘ニ於ケル第一線左部隊ノ前進及歩兵部隊ノ陣地変換）然レトモ戰場ヲ分断スルノ不利アリ

5、鉄橋

a、鉄橋ハ長豊、平漢ニ線ヲ通シ極メテ壮大頑丈ニシテ橋上ヲ通行シ得ル如ク設備セラレアリ（本戰闘ニテ追撃時左第一線部隊ハ之ヲ利用ス）

b、橋桁ハ之ヲ利用シ敵側防火ヲ防クニ便ナリキ

c、橋脚ハ中洲ヨリスル敵側防火ノ避難所タリ（但シ本戰闘ノ如ク對岸ヲ我レカ速ニ占領シ得タル場合ニ限ル）

(39)

三、永定河ノ狀況

1、第八中隊ハ將來ノ右岸進出ヲ顧慮シ龍王廟北側ニテ偵察シ渡渉困難ナリ即チ河幅約六百米、本流、支流ニ分レ共ニ幅約六十米、水深本流ハ平均八十糎、流速緩ナリ河床ハ泥土（数人通過スル時ハ掘レテ直ニ水深ヲ増ス）ナリ

2、右岸堤及中洲ニハ畑（唐黍及大豆繁茂）及柳ノ林アリ

3、龍王廟ヨリ鐵道橋ニ亘ル左岸ハ護岸工事實施セラレ大ナル石疊トナリ居レリ

4、永定河ハ本十二年ハ四、五月頃減水シ渡渉容易ナリシモ雨期ニ入リ特ニ最近降雨ノ為メ増水シ殊ニ第八中隊ハ戰鬪前龍王廟北側ヲ偵察セル處水深大ニテ渡渉困難ナリト思惟セラレシニ支那兵退却ニ方リ窮余ノ極永定河ニ跳入リテ渡河セルヲ目撃セシヲ以テ追撃ニ當リテハ敢然渡渉ヲ敢行シ得タリ

即チ必要ノ際ハ水深大、河床不良ナルモ渡渉ヲ敢行シ得ルノ信念ヲ大ナラシメタリ

第五、彼我兵力及敵兵團

一、豊台駐屯隊

1、駐屯隊全員

大隊本部　一
歩兵中隊　三
機関銃中隊　一
ニシテ

大隊本部ニハ乘馬傳令三、聯隊通信班ノ一部（豊台通信班ドシ無線班ヲ加フ）、

歩兵中隊ハ一小隊、三分隊（二分隊ト擲弾筒一分隊ヨリナル）

機関銃中隊[illegible]

步兵砲隊　一　⎱ 步兵砲隊ハ大隊砲二小隊、聯隊砲一小隊

尚當時豐台ニ在リテ教育中ナリシ銃、縫、裝蹄鉄工ノ修業兵ハ之ヲ既ニ配屬セル中隊ノ編成内ニ入レタリ

2、出動ハ豐台警備規定中ノ駐屯警備ノ場合ノ装備ナリ　從ツテ服装中特異ノ点ハ現時ノ衣袴ニ地下足袋、背負袋、携帯口糧甲乙各一日分ニシテ携行彈、一般中隊、一分隊二、四〇〇　⊖分隊三〇　手榴彈（中隊二）三〇〇　但シ第八中隊ハ小銃三十發、Lg八百二十発　機関銃　一銃　二四〇〇發　步兵砲　大隊砲一門六五發　聯隊砲　一門　四八發ナリ

二、支那軍

1、第二十九軍第二百十九團全員ナリシ如ク團長吉興文、後ニ至リ長辛店高地ニ逐次增强セラレシ部隊ハ詳ナラス

2、其裝備ハ優秀ニシテ自動小銃、拳銃、輕機及迫擊砲ヲ有セル事確實ナリキ　重機関銃ノ有無殊ニ使用ニツキテハ確證ナシ

第六、給養

一、朝食

朝食ハ豐台兵營ニテ調理セル分ヲ小畑主計大尉之ヲ乘合自動車（事変直後電話ニテ依頼セルモノ）ヲ利用シ搬送シ蘆溝橋城北側ヨリ「ガード」ヲ通リ（城壁ヨリ射撃セサリシ由）左岸ニ殘リアリシ步兵砲隊及第七、第八及機関銃中隊ノ一部ノモノニ給養ス

時ニ午前十時稍々過ナリ（次テ彈薬ノ補充ニ任セリ）第一線ハ携帯口糧乙ニヨル

二、晝　食

携帯口糧乙ニ依ル

三、夕　食

豊台ニテ調理シ自動車ニテ搬送シ龍王廟附近ニ前進シ第一線ニ連絡者來リ第一線所要ノ使役兵ヲ差出セルモ龍王廟ハ北方ヨリ射撃セラレ遂ニ分配困難ナルト聯隊命令ニ依リ大隊主力近ク後退スルヲ知リシヲ以テ午後七時頃蘆溝橋驛附近ニ後退シ大隊ノ到着ヲ待テ夕食及下給品ヲ給養ス

配給開始時ハ正子ニ垂々トセリ

作戦第二日（七月九日）

第一、戰鬪前彼我ノ態勢

一、敵軍ノ狀況

1、蘆溝橋城

交涉停頓シ敵ハ依然城壁上ヲ堅固ニ守備シ戰鬪意識ニ變化ナシ

2、永定河右岸

詳ナラス然レ共我ノ撤退ヲ偵知セハ必スヤ右岸近ク進出セシナラン

(42)

長辛店北方高地ハ逐次增強セラレツヽアリ

二、我軍ノ狀況

1、牟田口部隊ノ第一大隊（第二中隊欠）主力ハ既ニ到着シ一文字山附近ヲ占領シ拂曉攻撃ヲ準備シツヽアリ

2、歩兵砲隊ハ一文字山東北側附近ニ陣地ヲ占領シ同シク拂曉攻撃準備中ナリ

3、爾余ノ增援部隊タル機械化部隊及重砲部隊ハ未タ到着セス（昨八日夕刻到着セルモノト信シアリシモ夜半聯隊本部ニ到リ未到着ナルヲ知ル）

4、當第三大隊ハ正子概ネ蘆溝橋西南側附近ニ兵力ノ集結ヲ終リ夕食トシテ此時配當セラレタル、握飯（出動後始メテノ飯）ヲ喫シ鋭氣ノ恢復中ナリ

第二、天候、氣象、地形

一、天候

1、月ナク（陰暦六月二日）暗雲殊ニ深ク眞ニ暗黒黎明ノ長キヲ思ハシム

2、午前六時頃ヨリ遂ニ雨トナリ終日熄マス冷氣ヲ加フ

二、地形

1、平漢、長豐支線間ノ地區ニシテ砂礫地隱密ノ行動及工事ニ適セス而モ人工的起伏凹凸大

2、蘆溝橋城方面ニ對シテハ長豐支線平行ニ走リ該凸道ニ依リ隱蔽近接容易ナリ

鐵道橋頭方面ニ對シテハ右側面ノ暴露ス

3、兩鐵道線路ノ三角地帶ノ中央ニ敵ノ「トウチカ」（埋沒セラレアリシモノヲ新ニ利用スベク掘開セルモノ）
アリ

第三、戰鬪經過

一、拂曉攻擊ニ関スル聯隊命令受領
歩一作命第三號（聯隊ノ拂曉攻擊ニ関スルモノ）ヲ歩兵砲隊大高曹長来リテ午前一時稍過キ大隊長ニ通報
ス
所見
當時大隊本部ハ蘆溝橋驛西南五十米附近ノ凹地ニアリテ此命令ヲ受領シ重要ナル命令ナルヲ以テ直ニ自ラ
聯隊長ノ許ニ至リ或ハ副官ヲ派シテ意圖ヲ承知セントシ又ハ友軍第一大隊或ハ歩兵砲隊ニ連絡スルヲ至當
トシ此着意ヲ必要トセルハ當然ナリシモ本戰況ト殆ト同一ノ戰況ニテ大隊長ハ既ニ部下准士官曹長ニ現地
戰術ヲ實施シ加フルニ隊長以下熟知セル地形ナルヲ以テ特ニ部下ヘノ命令下達ヲ先ニシ此處置ヲ後ニセリ
殊ニ時間ニ余裕少カリシヲ以テナリ

二、大隊命令下達ト連絡協定
1、聯隊命令受領後直ニ大隊命令受領者ニ左記拂曉攻擊ニ関スル命令ヲ下達シ一方中隊長（歩兵砲小隊長含ム）
ヲ召致シ意圖ヲ示ス時ニ午前一時三十分
左記

歩一ノⅢ作命第四號

大隊命令　七月八日午前一時四十分
於盧溝橋停車場西端

一、敵ハ依然盧溝橋ヲ占領シ一部ハ八寶山附近ニアルモノヽ如シ
聯隊ハ明九日拂曉盧溝橋東北側ニ向ヒ砲兵ノ破壞射擊ヲ行ヒタル後突擊セントス

二、大隊（7(-1/3)欠、BiA一小隊ヲ附ス）ハ聯隊ノ右第一線トナリ長豐支線屈折部附近ニ展開シ午前二時マテニ攻擊準備ヲ完了シ砲兵ノ破壞射擊後突擊シ城内ヲ占領セントス
第一大隊BiA一小隊左第一線一文字山附近ニ展開ス

三、第八中隊右第一線第九中隊ハ左第一線トナリ長豐支線凸道ヲ占領スヘシ

四、機關銃隊ハ兩第一線ノ中央附近ニ陣地ヲ占領スヘシ

五、大隊砲ハ平漢線北側ニ陣地ヲ占領スヘシ

六、是等ニ關スル協定其他詳細ナル件ハ現地ニ於テ指示ス

七、第一線兩中隊ニ梯子三ヲ配當ス
各中隊ニ手榴彈百發配當ス

八、第七中隊（一小隊欠）予備隊トナリ長豐支線ト平漢線トノ中央第一線中間ニ位置スヘシ
特ニ一部ヲ以テ鐵道橋ノ方面並龍王廟方向ニ對シ警戒スヘシ

九、予ハ予備隊ノ位置ニアリ

大隊長　一木少佐

(45)

下達法

命令受領者ヲ集メ口達筆記セシム

2、大隊長ハ中、小隊長ニ左ノ如キ意圖ヲ示ス

イ、聯隊砲ハ右第一線タル第九中隊ニ直接協力シテ城壁東北角ニ突擊路ヲ作為

ロ、大隊砲ハ左第一線タル第八中隊ニ直接協力シ突擊路ヲ作為

ハ、大隊主力ノ突擊ハ状況ニ依リテ左右何レカ突擊容易ナル方面ヨリ前進ス

3、當時大隊砲小隊長川村准尉ヨリ砲車ノ轅輗折損シ運動困難ナルト昨八日ノ戰鬪末期ニ城壁ニ直角ニ約六十發直射セルモ殆ト效果ナク突擊路ノ開設困難ナリ依ツテ「現在地附近ニテ城内ニ對スル威嚇及破壞射擊ヲ可トス」トノ意見具申アリテ之ヲ採用ス　依リテ大隊砲ニ依ル砲壞射擊ハ取止ム

所見

隊長以下空腹ト睡魔ト暗黒トニ依リ下達者及受領者共ニ大ニ努力ヲ要セリ　蓋疲労少キトキノ一夜限リノ拂曉攻擊ノ演習ト大ニ趣ヲ異シ味フヘキモノアリキ

又事前ノ協定連絡等モ亦必ス出來得ルモノト考フヘカラス而シテ近時採用ノ二夜ノ拂曉攻擊部隊カ後方ヨリ一挙第一線ニ進出シ正面ノ状況ヲ充分ニ承知セスシテ展開セサルヘカラサル場合ニハ此ノ如キ場合ヲ生スルコトモアラント　判断セラル

三、展開

1、各中隊ハ直ニ所命ノ位置ニ分進ス（此間部隊ハ殆ト無休憩）

2、大隊長ハ聯隊本部ニ至リ森田中佐及聯隊副官ニ會シ意圖ヲ承知シ大隊ノ部署及要領ヲ報告シ次テ歩兵砲隊ノ陣地ニ至リ歩兵砲隊長ニ會シ打合ヲナス

當時歩兵砲陣地ハ主トシテ蘆溝橋驛南側ニアリテ北方ヨリスル大隊ノ予想突撃点ト砲弾ニ依ル城壁ノ破壊点トノ関係ハ稍一致ヲ欠キアルヲ知ル　大隊ノ北側ヨリ突撃スルハ城壁北側ニハ一連ニ砂丘アリテ突撃容易ナリ

而シテ歩兵砲ノ射撃ハ東北側ヨリナレハ北側斜面ヘノ突撃路開設ノ射撃ノ為ニハ「弾着角ノ関係上不適當」然レトモ陣地変換困難ノ現況ニテハ致シ方ナク勉メテ東北角ヲ射撃シ協力セラレタク要求協定ヲナス

3、各第一線中隊ハ夜暗ヲ利用シ長豊支線ニ沿ヒテ攻撃準備位置ニツク時ニ午前三時前後ナリ第七中隊ハ福田准尉ノ小隊ヲ聯隊予備隊トシテ聯隊本部ニ残置シ更ニ聯隊命令ニ依リ大瓦窑北側ニ熊澤軍曹ノ分隊ヲ残置シテ北方ニ對シ警戒ス

4、各隊ハ黎明時ヲ利用シ比隣ノ協定及準備位置ノ修正ヲナスト共ニ鐵道線路ノ斜面ニ工事ヲ開始ス

5、當時敵ハ再ヒ蘆溝橋鐵橋附近ニ進出シ我側背ヲ射撃ス第八、第七中隊ハ共ニ右側ニ對シ直接警戒ス

6、兩鐵道線路ノ中間ナル大隊本部ノ位置ニハ聯隊本部ヨリ電話到着シ連絡ハ確實トナル

所見

1、基準物体ノ價値

第一線部隊ハ暗夜突然命令ヲ受ケ至短時間ニ所命ノ地点ニ進出準備ヲ為シ得シハ一ニ長豊支線ナル延長物体ノ存在ニ負フ所大ナリ（熟地ナルモ夜間ハ彼此ノ比高過大視セラレ殊ニ現地ノ如ク凹凸多キ地

形ニテハ錯誤ヲ生シ易ク良体験ヲ各隊味フ）

2、陣外ニ斥候等ノ皆無及出撃ノ皆無ノ價値

敵ハ城内ヲ専守シ城外ニ斥候等ノ派遣全然ナカリシ為ニ容易ニ準備位置ヲ占領シ得タリ（單ニ時々射撃ヲ以テ妨害セラレシノミナリキ）

3、當時暗雲低ク黎明時ノ長カリシハ一ニ天祐トスルトコロナリ（從テ聯隊命令ノ配備時間ヨリ稍遅延セシモ何等支障ヲ生セサリキ

四、戦闘

1、拂暁後敵ハ我企圖ヲ察知シ時々迫撃砲ニテ射撃スルト共ニ傳令連絡兵ヲ狙撃ス

2、午前四時二十五分電話ニテ聯隊ハ軍ノ協定進行ヲ待ツ為ニ敵ヲ監視ス

第一線ノ攻撃開始ハ別命ストノ命令ヲ受ク

3、午前五時十五分同右ノ電話アリ

4、午前六時歩兵砲射撃開始シ城壁ノ東北角及城ノ東樓門ヲ射撃ス

5、午前七時四十分「敵ノ一部隊東五里店方面ニ進出ス」一部ヲ以テ之ヲ撃退スヘシトノ聯隊命令アリ依リテ豫備隊タル第七中隊山本少尉ノ小隊ヲ西五里店方面ニ派遣ス

次テ中隊長穂積大尉ヲ中隊主力カ盧溝橋驛及西五里店ニ位置スル結果トナリシヲ以テ状況ニ依リテハ之等部隊ヲ併セ指揮スルヲ便トシ該方面ニ派遣ス

此頃ヨリ降雨漸ク甚シ

6、戰闘部署及經過ヲ戰闘要報トシテ報告ス

7、午前八時卅分白旗ヲ揭揚セル支人來リ顧問櫻井少佐ノ手紙ヲ携行シ來ル（内容ハ射擊中止ノ件）依リテ傳令ヲ附シテ聯隊本部ニ派遣ス

8、午前九時二十五分顧問櫻井少佐及支軍周思靖參謀來リテ左ノ交渉ヲ受ク

左記

一、蘆溝橋城内ノ兵ハ直ニ撤退セシメントス

二、之カ為彼等ノ恐怖心ヲ去リ且撤退ヲ容易ナラシムル為日軍第一線モ亦蘆溝橋驛附近迄後退セラレ度（現在ノ如ク近ク對峙セラレアリテハ不安ニテ撤退セスト）

依リテ右要旨ヲ聯隊長ニ報告シ指示ヲ乞フ聯隊長ハ之ヲ承諾セラレ其旨ヲ櫻井顧問ニ通報ス

9、午前九時卅分聯隊長ノ命ニ依リ一擧大瓦窑ニ撤退ヲ開始ス

10、當時兵力ノ集結ノ為ニ、小隊（警戒等ニ任シアリシモノ）或ハ傳令等カ移動セシカ必ス蘆溝橋鐵橋附近ヨリ射擊ス又龍王廟方面ニ時々熾ナル射擊ヲ聽ケリ（之等射擊ノ中止ハ櫻井顧問ノ制止ニヨリテ逐次熄ム）

所見

彼我近ク相對峙シアル時交渉ノ結果彼ヲ撤退セントスルヤ彼ハ必ス交渉員ヲシテ我ニ我配備ヲ撤セヨ然レハ彼撤退セント而シテ我配備シアル間ハ不安ニテ不可能ナリト

之ハ昨十一年九月十八日ノ豊台事件ノ際ニ於テモ亦同様ノ經過ナリキ

之ニ依リテ如何ニ彼等カ彼等間ニテ彼此不信ナル交渉ヲナシツヽアルカヲ窺知スルニ足ラン

(49)

12、後退ハ出撃等ヲ顧慮セサリシヲ以テ全線一齊ニ後退ス

13、大隊長ハ蘆溝橋ニテ聯隊長及旅團長ニ報告シ次テ大瓦窑ニ至リ待機ニ関スル大隊命令ヲ下達ス（大隊長ハ此際始メテ旅團長ニ會シ大隊長ハ豊台駐屯隊長トシテ旅團長即チ北平警備司令官ニ對シ申告ヲナス

五、戰鬪經過

別紙要圖第八ノ如シ

第四、彼我ノ兵力其他

一、大隊ノ編成

作戰第一日ノ大隊ト概ネ同シ

配屬歩兵砲小隊ハ川村准尉ノ小隊ニシテ大隊砲二門

二、敵ニ就テ

1、城内ノ兵力ハ未詳ナリシモ迫撃砲ヲ有セシモノノ如シ

2、鐵道橋頭附近ニ少クモ一小隊進出シ逐次工事ヲ増強シ戰鬪意識旺ナリキ

3、龍王廟及其以東附近ノ敵情亦詳ナラス　然レトモ朝來増加セラレツヽアリシモノヽ如シ

第五、戰死傷及射耗彈

一、戰死傷者

（50）

ナシ

二、射耗彈

1、小銃輕機及重機ニナシ

2、配屬大隊砲小隊　榴彈　四十四發

第六、戰場掃除

一、大隊ハ大瓦窑ニ位置後聯隊命令ニ依リ戰場掃除ニ関シ指示セラレ（聯隊ニテ支軍ニ交渉ノ結果）午後三時五十五分命令ヲ下達シ各中隊ヨリ准尉若ハ下士官ヲ長トスル五名計二十名ヲ（掃除ノ目的ハ主トシテ機関銃隊ノ兵一名不明ナリシト遺失品捜索ニアリキ）機関銃隊佐々木准尉ニ指揮セシム

二、1、午後四時十五分佐々木准尉ハ戰場掃除隊ヲ指揮シ聯隊本部ニ至リ次テ「トラック」ニテ戰場ニ至リ支軍交渉員ヲ伴ヒ之ニ任ス

2、戰場ニハ彼我ノ遺留品殆ト一物モナキ現況ナリ（支那人カ掠奪セル結果ナラン）

3、此結果昨日來行方不明ナリシ機関銃中隊、長谷川二等兵（原所屬ハ第一機関銃中隊ノ兵ニシテ装工修業兵ナリ）ハ遂ニ發見スルニ至ラス（此件ニ付キテハ機関銃中隊長獨断ニテ既ニ二回モ捜索セルモ發見シ得ス）

4、攻撃當初龍王廟攻撃ニ當リテ突撃ヲ容易ナラシムル目的ヲ以テ背嚢ヲ脱シテ攻撃セル第八中隊ノ野地小隊ノ背嚢及同中隊ニ配屬セル機関銃小隊ノ駄馬ハ其監視兵（前記長谷川二等兵）等ト共ニ迫撃砲ニ依リ

撃ラレシモノヽ如ク龍王廟東方約三百ノ地區ニ背嚢及駄馬ノ破片並馬ノ死体ヲ發見ス然レ共前記ノ如ク其他ノ物品等ハ更ニナシ

所見

長谷川二等兵ハ右ノ事實ヨリシテ龍王廟附近ノ戰闘ニ於テ迫撃砲ノ射撃ニヨリ戰死シ次テ支軍ニ拉致セラレシカ或ハ永定河ニ流棄セラレシモノナラント判断ス

第九、戰闘上ノ教訓

本戰闘ハ大別左記ノ如キ種類ノ戰闘ニシテ之ニヨリ各種ノ教訓ヲ體験ス

(一)陣地攻撃(拂曉攻撃)
1、既設陣地(但シトウチカヲ有スルモ鐵條網ハナシ)
2、主要部ハ縱深百米
3、陣地ノ後端ハ渡河困難ナル永定河
4、側方ニ城壁アリテ側射背射ヲナス
5、城外西側ヨリ逆襲ヲナス

(二)陣内攻撃(渡河追撃)
1、陣内ト言フモ永定河ノ渡渉ナリ
2 中洲及對岸ニ陣地アリ
3 側防ハ既設(兵営)陣地ノ側防(距離二百米)匪室ヨリナス

(52)

（三）河川渡河及追撃

1、渡渉困難ナル河川ヲ有力ナル敵ノ側防火ノ下ニテ渡渉ス
2、一部ハ鉄橋上ヲ主力ハ河川ヲ渡河ス
3、河ハ本支流ニ分レ中央ニ中洲アリ、之ヲ利用シ移動シ得
4、橋脚ハ死角ニ利用シ得

（四）側防火ノ制壓

（五）追撃後ノ陣地占領

1、晝間
2、夜間

（六）戰死傷者ノ収容ト後退

（七）薄暮ノ戰鬪及夜間機動

以下列擧セルモノハ單ニ小部隊ノ為ノ参考ナリ而シテ本文及本文中ノ所感ト併セ研究セラレ度

一、計畫ト實施ノ不一致

本事變ノ突發當初ハ平素計畫セル如ク蘆溝橋城ヲ攻撃スル案ナリシモ交渉ノ結果ハ豫定外ノ城壁攻撃以外ナル城外攻撃トナル

又黎明又拂曉攻撃ノ案モ交渉等ノ關係上時機ヲ失スル如クナレリ

更ニ白旗掲揚中ノ敵カ射撃ヲナシ豫期セシモ多少損害ヲ被レリ

將來此種關係ハ多ク生スルナラン。故ニ此種戰鬪ト交渉トノ点顧慮シテ変通自在彈力性ヲ有セシムルヲ要ス

二、主力ノ關係殊ニ企圖及友軍ノ關係ノ明示

大隊ハ永定河右岸ニテ状況ノ通報ヲ受ケ既ニ乘車歩兵部隊及戰車隊並重砲隊カ到着セリト考ヘ居リシモ夜半

歸來シ之等カ到着セサリシヲ知リ左岸部隊ニシテ八寶山方面ヨリ敵ニ奇襲セラル、時ハ危険ナリシナラント

考ヘタリ　依リテ當時友軍ノ未到着ヲ知リシナラハ一部ヲ日没前ニ左岸ニ後退セシモノヲト考ヘタリ（敵カ

攻撃ヲ知ラナリシハ天佑ナリ）

三、戰闘前ノ基礎配置ノ必要（即展開ト兵力部署）

第八中隊ノ展開位置ト効果

四、敵ノ側背攻撃ノ價値

第八中隊ノ攻撃効果

五、幹部ノ率先奮闘

野地、庶内、山本、會田、ノ各將校ノ奮闘

六、陣内戰闘ト友軍標示

第一線標示ハ砲兵等ノミナラス他ノ友軍ノ為ニモ必要ノ事アリ　野地小隊ノ例

七、敵ノ動揺ノ機ニ乘スル戰力ノ集中發揚

敵ノ動揺点ニ向ヒ歩兵砲、機関銃ヲ集ヲ集中シ之ニ　然突入シ全線ヲ退却ニ導ク

第七、MG、及歩兵砲ノ攻撃

八、追撃射撃ト脚力追撃

鐵道橋頭附近奪取時ノ戰闘ノ例ノ如シ

（追撃射撃ヲ立射近シテ行ヒ脚ニヨル追撃ヲ忘レ脚力追撃遅レ勝ナリ、幹部ハ率先脚力追撃ヲ督励シ之ニ移
ラシムヘシ）

九、渡渉ノ難易

必要アレハ身長ヲ没セサル限リ可能

一〇、側防火器ノ威力

第一線ハ敵ニ尾セル為ニ損害少カリシモ第二線ニ前進セル部隊ハ殆ト之カ射撃ヲ受ケ行動ヲ制肘セラル　其
威力極メテ大

中島既設陣地ノ側防ノ例ト我ノ損傷

一一、側防火器ノ制壓ノ困難

1、之カ連絡通報ノ困難

2、目標指示ノ困難

3、射彈觀測ノ困難

中ノ島側防機関ノ制圧ノ例

一二、第一線幹部ノ觀測ノ補助

中ノ島ノ歩兵砲射撃ノ觀測ヲ補助ス

一三、通信連絡ノ困難ト有線無線

戦場ノ地帯内ニ障碍（地形地物ニ依ルモノ或ハ敵ノ制壓地帯等）アルトキハ戦場ハ殆ント二分セラル　而テ

此ノ際ノ連絡ハ優秀ナル傳令（本戰鬪ニテハ將校）ニヨルノミナリ
有線電話ハ故障ヲ生セリ　又長時間水中ニアリテハ機能ヲ害ス　携帶無線（六号）電話アリセハト痛感ス
本戰鬪ニテ永定河ト側防トノ二ツニヨリ戰場分断セラル

一四、待機間ノ死傷ノ豫防

追擊後ニ於テ敗殘兵或ハ附近ニ潜伏中ノ敵ヨリ狙擊セラレ負傷セルモノアリ
展望哨等ノ監視ニ於テ然リ注意ヲ要ス

一五、戰死傷（重傷）者ノ監視

戰鬪間殊ニ追擊ニ於テ（敵ト相混淆シ追擊スル場合ニハ）戰死傷ニ着意ヲ要ス　然ラサレハ敵（或ハ附近ノ土人）ニヨリ兵器及貴重品ヲ掠奪セラレ加之戰死者ヲ汚サルヽニ至ル
（追擊時最右側ヲ前進セル第九中隊ニ於テ其例アリ）

一六、晝夜配備ノ変更

特ニ支軍ニ對シテハ必要ナリ
（撤退後全線ヨリ舊陣地（晝間待機セル）ニ行ヘル射擊ノ如シ）
敵ハ逆襲ヲナササルモ晝間標定シ置キ夜間我ノ晝間ノ位置ニ對シ（？）射擊ヲ開始ス　依リテ無益ノ損害ヲ避クル為ニモ必要ナリ

一七、敵ノ夜間射擊ノ利用

敵ハ擾乱ノ意味カ不安ノタメカ一点ニテ射擊ヲ開始セシカ各方面殆ント全線擧ケテ乱射シ其配備ヲ暴露ス

之戰法ハ各種意味ニテ利用シ得ルナラン

一八、戰死傷者ノ收容ノ困難

敵ヲ全ク撃退シ得サル場合殊ニ其側防火ノ制壓下ニ於テハ多數ノ犠牲ヲ生ス（一名ノ傷者ノ收容ニ當リ三名ノ死傷者ヲ生セシ例アリ）着意スヘキナリ

依リテ壕ノ端末作業ニ依リ又薄暮ヲ利用セリ

一九、戰死傷者ノ收容運搬ト勞力及時間

極メテ多クノ時間ト勞力ヲ要ス

殊ニ敵彈下夜間渡渉シ河岸壁ヲ攀ケ整理シ運搬スル場合ニ於テハ豫想外ナリ（本文參照）

二〇、戰死傷者ノ收容隊ト主力ノ戰列部隊トノ行動

包圍セラレアル内ヲ夜中後退スルノ故ヲ以テ主力特ニ戰列部隊ニテ戰死傷者ノ收容班ヲ護衛シツヽ後退セルモ全般ノ行動制肘セラレ行進遲滯シ不可、別々ナルヲ要ス

二一、人員及戰死傷者ノ点検

時機ヲ得ル毎ニ部下ノ人員ヲ点検スルヲ要ス　然ラサレハ殘置シ或ハ任務ヲ與ヘシ儘ニテ放置シ不利ニ陷ラシム（戰鬪開始當初任務ヲ與ヘ其儘トセルモノヽ如シ）

又戰死傷者ヲ夜暗殊ニ危險ノ地區ヲ運搬スル時　又他中隊等ノ分ヲ搬送スル時ニ於テハ不斷人數ノ点検スルヲ要ス

（然ラサレハ危險ノ際ニ抛置シテ歸ルモノアリ）

(57)

第十 武功録

一、第八中隊

戰闘開始直前戰術上有利ナル龍王廟北側堤防上ヲ占領シ、開始セラルヽヤ速ニ前記ノ要点ヲ奪取シ一擧敵縦深陣地ノ後端地區ヲ北ヨリ南ヘ縦貫突破シ敵ニ退却ノ動機ヲ與ヘ且正面ノ抵抗ヲ牽制断念セシム

二、第七中隊

戰闘開始後左後方蘆溝橋城壁上ヨリスル側射及背射ヲ省ミス敵ノ退路タル鐵道橋頭附近ニ突入シ以テ退路ヲ遮断シ加フルニ左方城外西側ヨリスル逆襲ヲ撃退シ又永定河渡河ニ當リテハ先頭第一渡河急追ヲ開始シ敵ノ右岸既設陣地ヘノ占據及抵抗ノ機ヲ與ヘサラシム

三、將校准士官下士官略ス（但シ本文参照）

四、兵、美談集参照

附表第一

昭和十二年自七月八日至七月九日支那駐屯牟田口部隊第三大隊職員表

部隊別	中（砲）隊長	小隊長	指揮機関
本部	長 少佐 一木清直 副官 中尉 荒田武良 軍醫 大尉 菅沼傅 中尉 倉本統一 主計 大尉 小畑幸男	書記 曹長 小原春雄 軍曹 山口一男 同 太田早苗 同 川嶋日出男 衛生曹長 清宮喜七 主計伍長 研山一夫	
七	中隊長 大尉 穂積松年	第一小隊長 少尉 山本重作 第二小隊長 准尉 康内清 第三小隊長 同 福田末八	准尉 阿部浅吉 曹長 長谷川長三 同 原康司
八	中隊長 大尉 清水節郎	第一小隊長 少尉 野地伊七 第二小隊長 准尉 高橋永次郎 第三小隊長 同 石井寅之助	准尉 三浦榮次 曹長 岩谷兵治 同 谷邊良哉
九	中隊長 大尉 安達禎作	第一小隊長 准尉 黒田慶治郎 第二小隊長 中尉 會田庄之助	准尉 黒田慶治郎 同 伊藤精蔵 曹長 中嶋秀長

	ⅢMG	iA	通信班	備考
	中隊長 大尉 中島敏雄	砲隊長 大尉 久保田尚平	班長 中尉 小岩井光夫	一、小岩井中尉ハ七月八日聯隊長ノ指揮ニ入ル迄第三大隊通信班長トス 二、亀中尉ハ六月八日連絡掛将校トシ大隊本部ニ勤務、荒田副官不在間同官代理トス 三、第九中隊ノ一小隊ハ豊台警備小隊トシテ残置ス
	第一小隊長 中尉 佐々木信三郎 第二小隊長 准尉 佐々木正右衛門 第三小隊長 同 三浦幸四郎 第四小隊長 曹長 佐竹源治	RiA 小隊長 中尉 川村淳二郎 BiA 第一小隊長 少尉 中島米斗利 第二小隊長 准尉 川村美平 弾薬小隊長 曹長 大高吉次		
同 長 南金治	曹長 秋元清作	准尉 佐藤與吉 曹長 安部升蔵		

附表第二

戰鬪詳報第一號附表

昭和十二年自七月八日至七月九日

支那駐屯牟田口部隊第三大隊死傷表

部隊號＼區分	戰鬪参加人馬 將校	戰鬪参加人馬 准士官下士官兵	戰鬪参加人馬 馬匹	死 將校	死 准士官下士官兵	死 馬匹	傷 將校	傷 准士官下士官兵	傷 馬匹	生死不明 將校	生死不明 准士官下士官兵	生死不明 馬匹
第三大隊本部	六	三三	二（三）		二		一	一				
第七中隊	二	一三二			四			一〇				
第八中隊	二	一三三			一		一	八				
第九中隊	三	九一			三		一	七				
第三機関銃中隊	二	一〇六	八（七）			（二）		二			一	
総計	一五	四九五	一〇（一〇）		九	（二）	二	二八			一	

備考

一、馬匹欄中（　）内ハ支那馬ヲ示ス

別表第三

戰鬪詳報第一號

昭和十二年
自七月八日
至七月九日

支那駐屯牟田口部隊第三大隊武器彈藥損耗表

區分		隊號	第三大隊	計	備考
消費	彈藥	小銃	5150	5150	一、本表中（ ）ハ毀損ヲ示ス
		輕機關銃	4942	4942	
		機關銃	3670	3670	
		八九式榴彈	86	86	
		十一年式曳火手榴彈	31	31	
		拳銃	48	48	
損	武器	小銃	（一）1	（一）1	
		輕機關銃			
		機關銃			
		三十年式銃剣々	2	2	
	彈藥	小銃			
		輕機關銃			
		機關銃			
		榴彈			
表	其ノ他ノ武器	小円匙	43	43	
		小十字鍬	6	6	
		輕機關銃空包銃身	2	2	
		十四式拳銃	1	1	

（63）

附表第四

戰鬪詳報第一號附表

昭和十二年七月八日

支那駐屯牟田口部隊第三大隊鹵獲表

種類	区分	員数	備考
俘虜	将校	〇	
	准士官下士官兵	〇	
	馬匹	〇	
戰利品	銃	一〇	
	モーゼル拳銃	一	
	小銃實包	二三八	
	刀帶	一	
	銃劍	八	
	外套	七三	
	青龍刀	一七	
	チエッコ式軽機関銃	七	
	同上實包	三六〇	
	モーゼル拳銃實包	七〇	

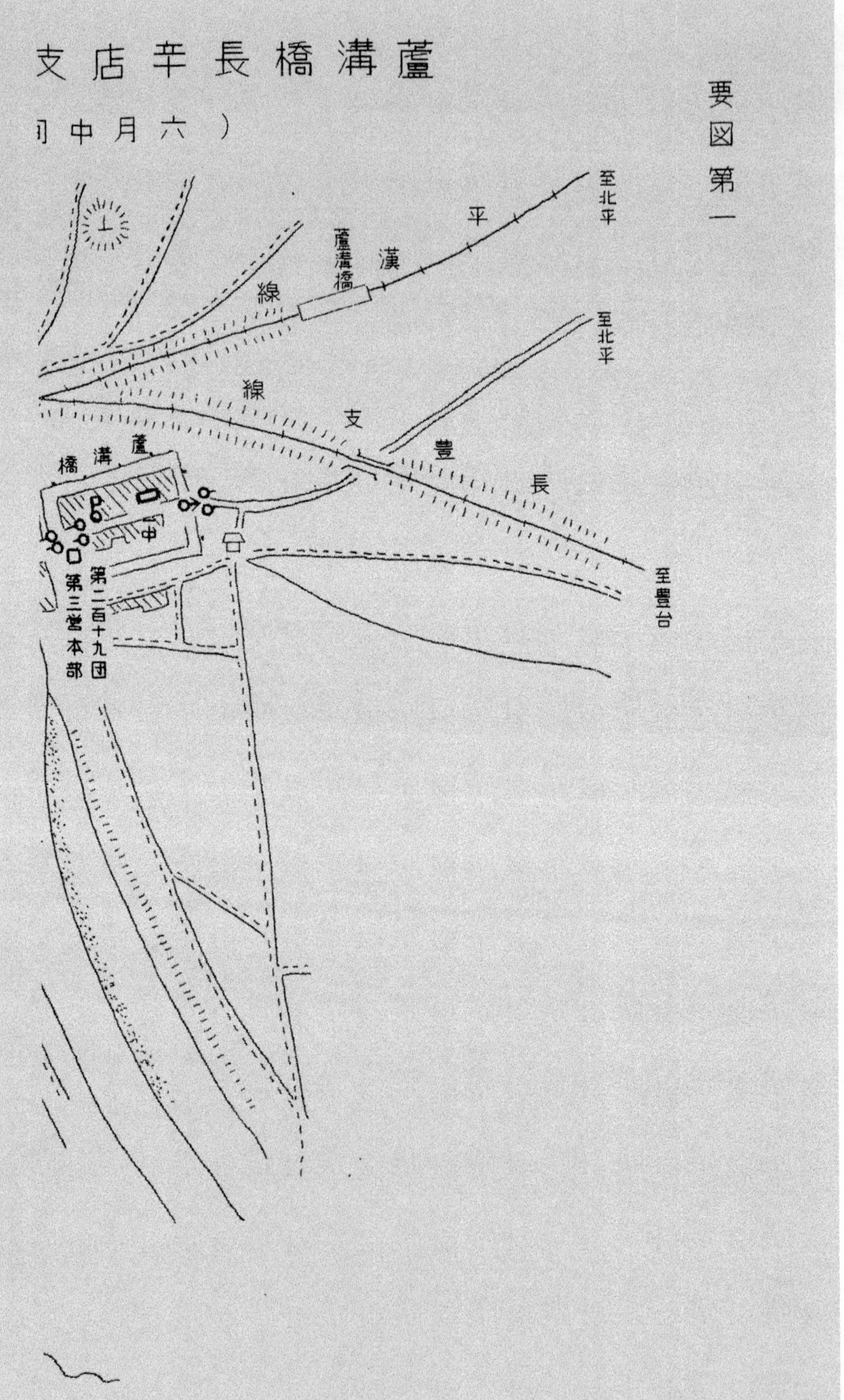
要図第一
盧溝橋長辛店支
六月中
至北平
平漢線
盧溝橋
至北平
長豊支線
至豊台
盧溝橋
中
第二百十九団
第三営本部

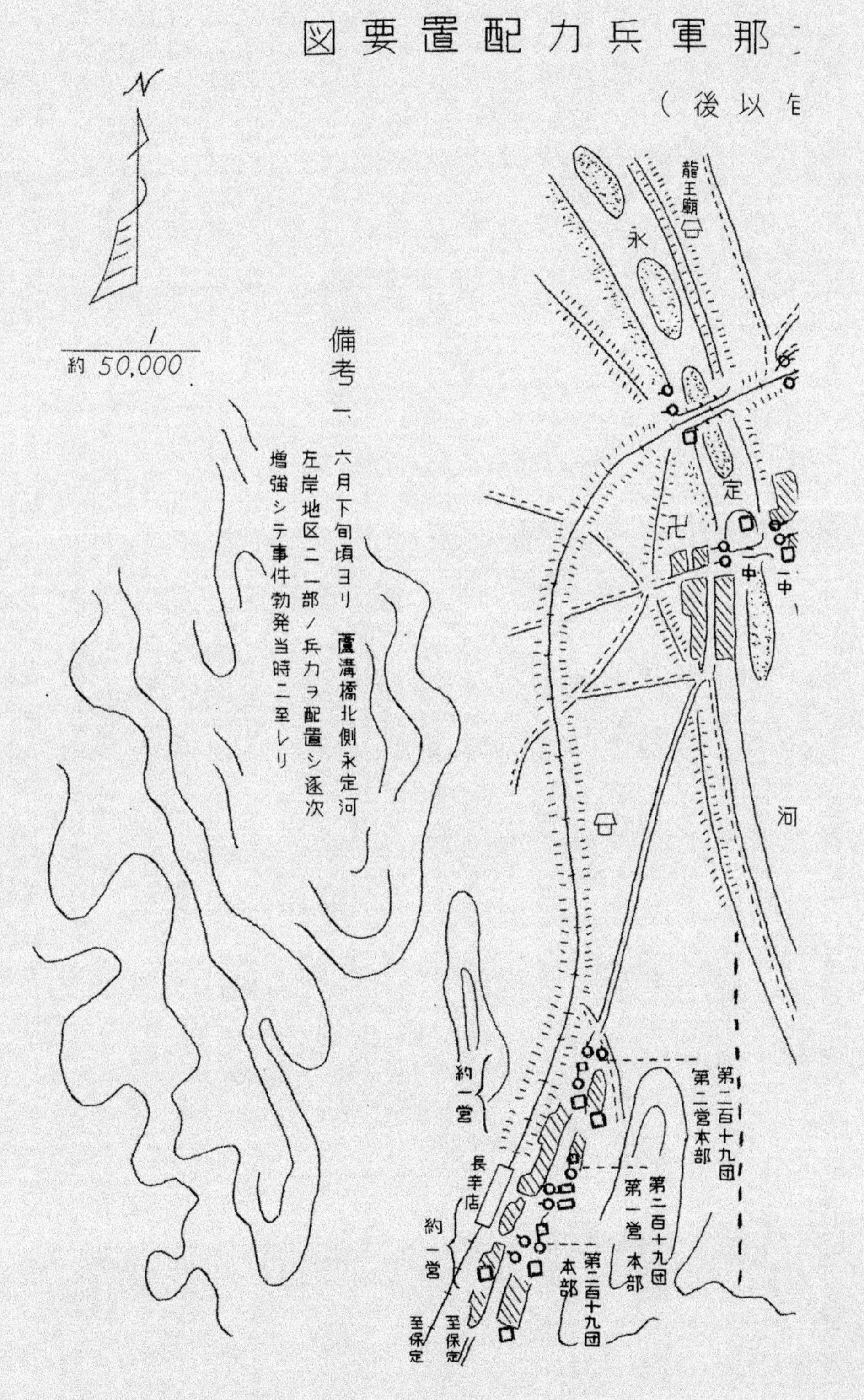
図要置配力兵軍那
（後以
龍王廟
永
定
河
中
中
備考 一、六月下旬頃ヨリ 蘆溝橋北側永定河左岸地区ニ一部ノ兵力ヲ配置シ逐次増強シテ事件勃発当時ニ至レリ
1
約 50,000
約一営
長辛店
約一営
第二百十九団第二営本部
第二百十九団第一営本部
第二百十九団本部
至保定
至保定

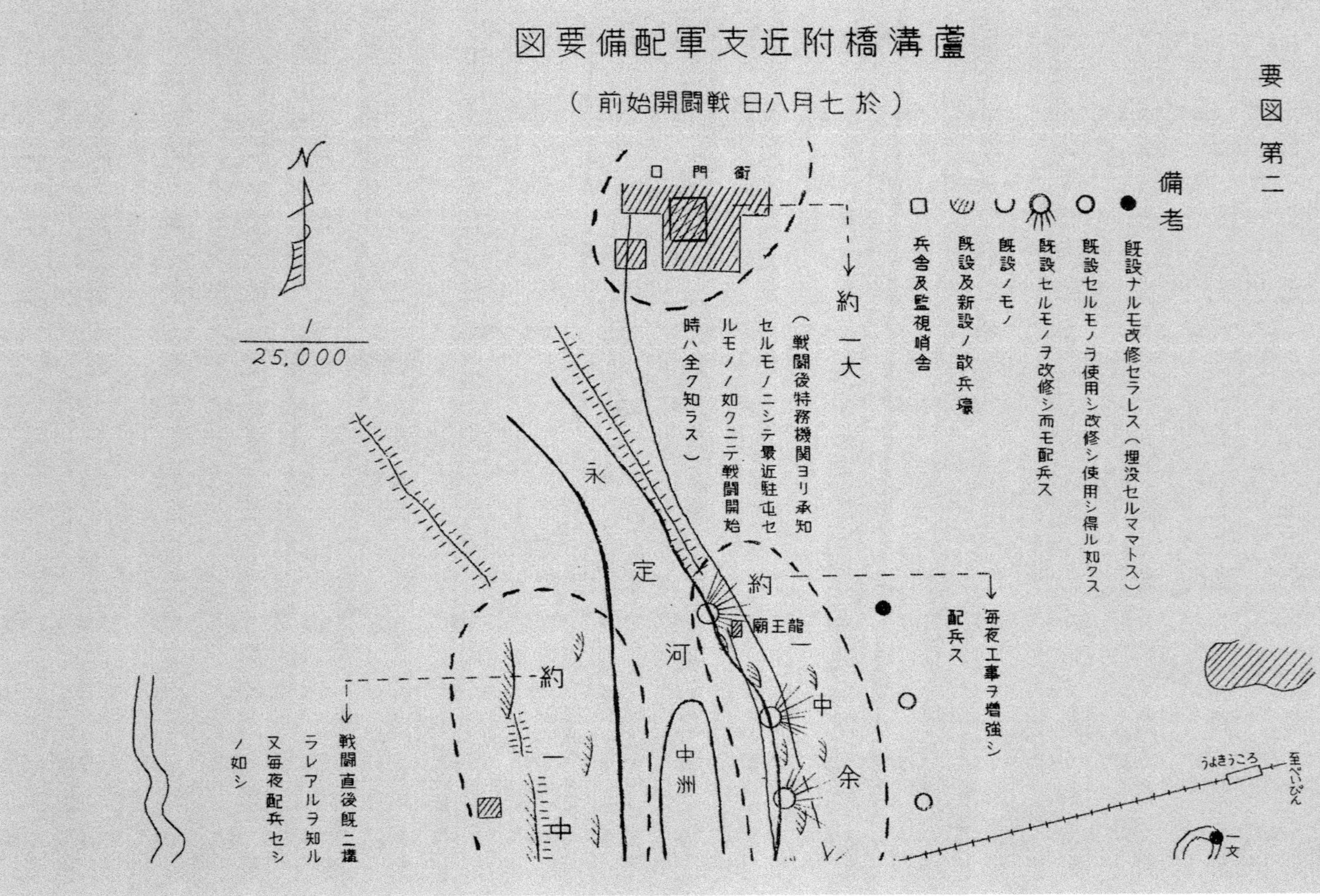

蘆溝橋附近支軍配備要図
（於七月八日戦闘開始前）
要図第二
備考
既設ナルモ改修セラレス（埋没セルママトス）
既設セルモノヲ使用シ改修シ使用シ得ル如クス
既設セルモノヲ改修シ而モ配兵ス
既設ノモノ
既設及新設ノ散兵壕
兵舎及監視哨舎
N
1/25,000
衙門口
約一大
（戦闘後特務機関ヨリ承知セルモノニシテ最近駐屯セルモノノ如クニテ戦闘開始時ハ全ク知ラス）
永定河
中洲
龍王廟
約一中余
毎夜工事ヲ増強シ配兵ス
約一中
戦闘直後既ニ壕ラレアルヲ知ル又毎夜配兵セシノ如シ
うよきうころ
至ぺいぴん
文

聯隊本部
約一大
機重
迫撃砲

約二中
機銃
迫撃砲

橋　溝　蘆

宇山

至北平

至ほうだい

約一大

長辛店

ちょうしんてん

外側ノ土砂ヲ除去シ外部ヨリ一挙突撃困難ナル如ク改修ス

団長ハ事件ノ発起ヲ予期シ長辛店ヨリ当時ハ北上シアリシト共二長辛店ノ兵ノ主力ヲ此附近ニ集結セシモノノ如シ

六月中旬以降工事ニ着手シ逐次北方ニ増強シツツアリ
但シ全部永定河附近ニ進出シアリシヤモ知レス

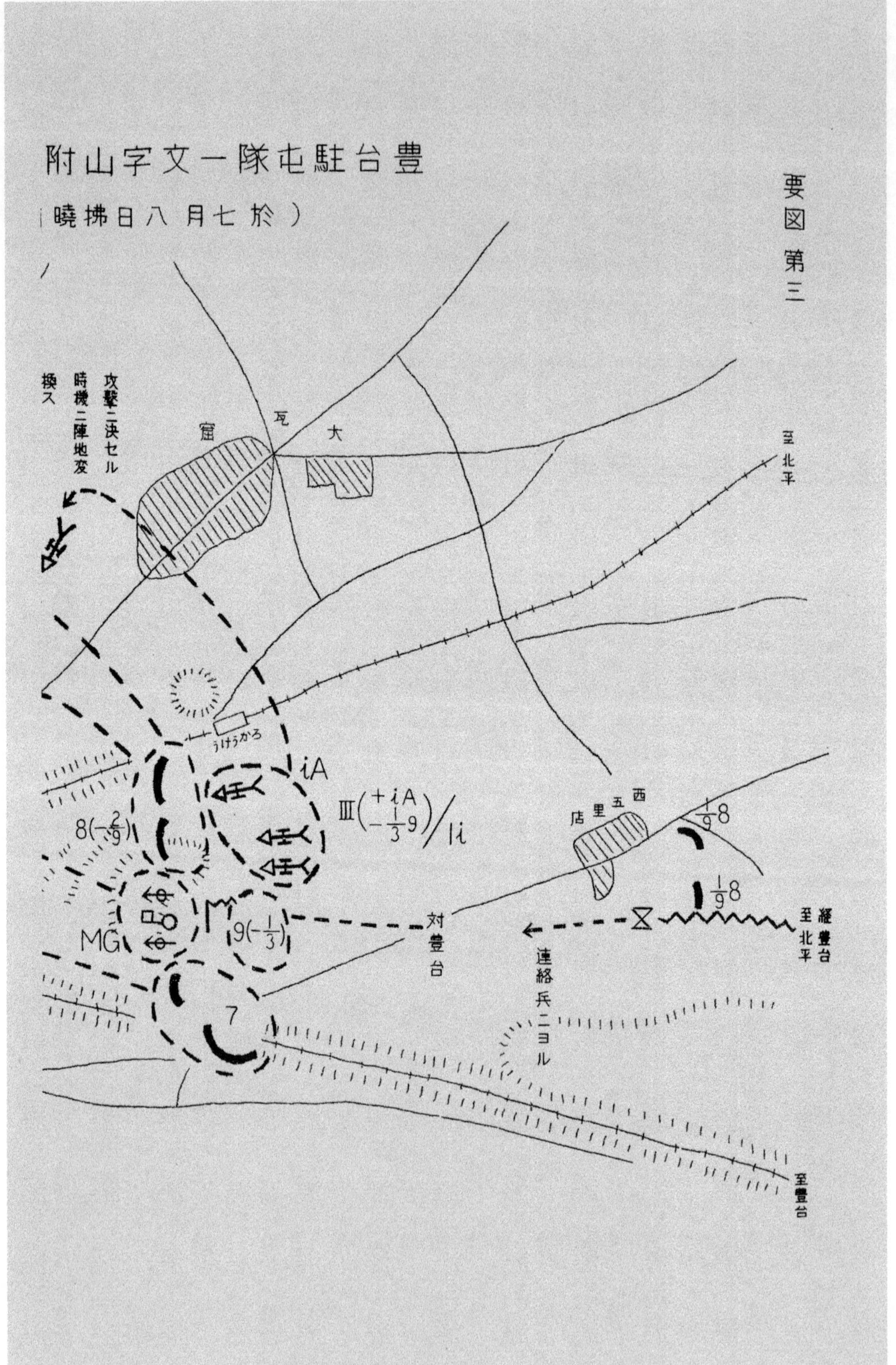
要図第三
豊台駐屯隊一文字山附近
（於七月八日拂曉）
攻撃ニ決セル時機ニ陣地変換ス
大瓦窯
至北平
ろかうけう
iA
8
MG
9
7
西五里店
対豊台
連絡兵ニヨル
経豊台至北平
至豊台

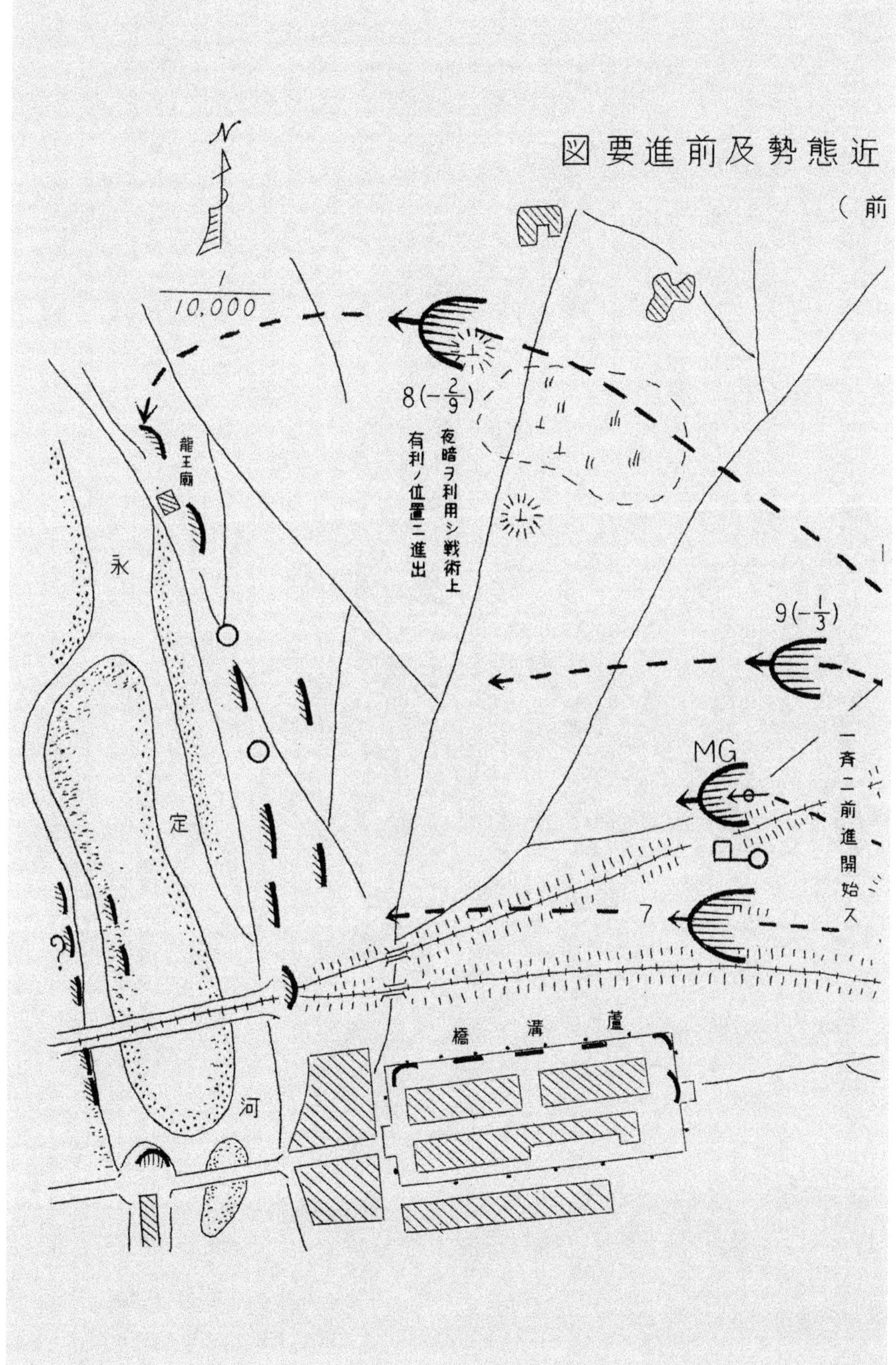
近態勢及前進要図
（前
N
1/10,000
8(-2/9)
夜暗ヲ利用シ戦術上
有利ノ位置ニ進出
龍王廟
永
定
河
9(-1/3)
MG
一斉ニ前進開始ス
7
盧溝橋

要図第四其ノ一

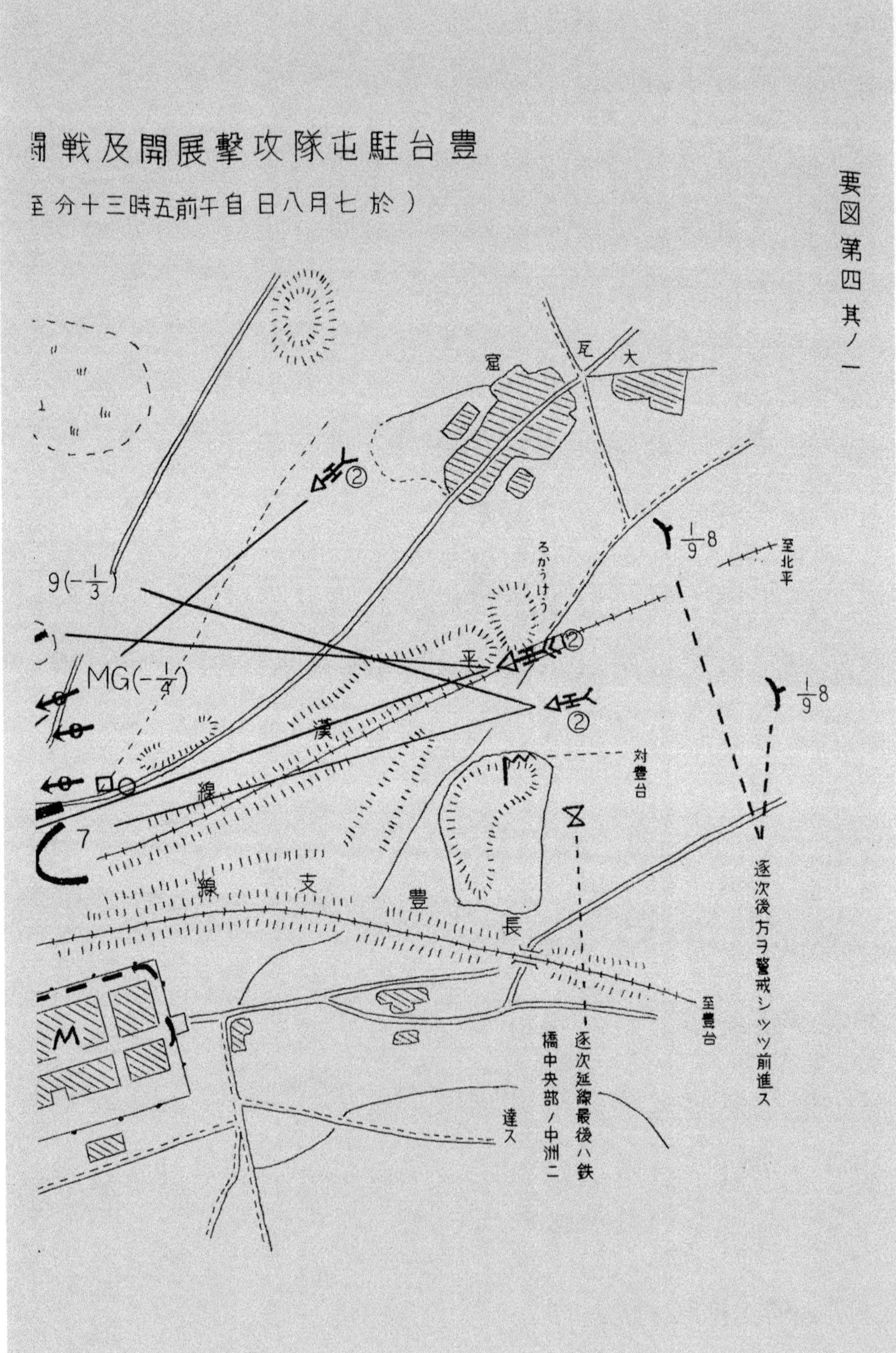
豊台駐屯隊攻撃展開及戦闘
於七月八日自午前五時三十分至
窟
瓦
大
至北平
ろかうけう
平
漢
線
対豊台
線
支
豊
長
至豊台
逐次延線最後ハ鉄橋中央部ノ中洲ニ達ス
逐次後方ヲ警戒シツツ前進ス
MG
M

闘経過要図

（至同四十五分）

1/10,000

8（$+\frac{1}{4}$MG $-\frac{2}{9}$）

永

定

河

中

洲

約二百余

約二百（退却セル兵等ヨリ判断ス）

約百

中ノ島

至長辛店

備考

一、第一次（五時三十分）

第二次（五時三十五分）

第三次（五時四十五分）

二、最初ヨリ知レル敵情

戦闘中ニ知リシ敵情

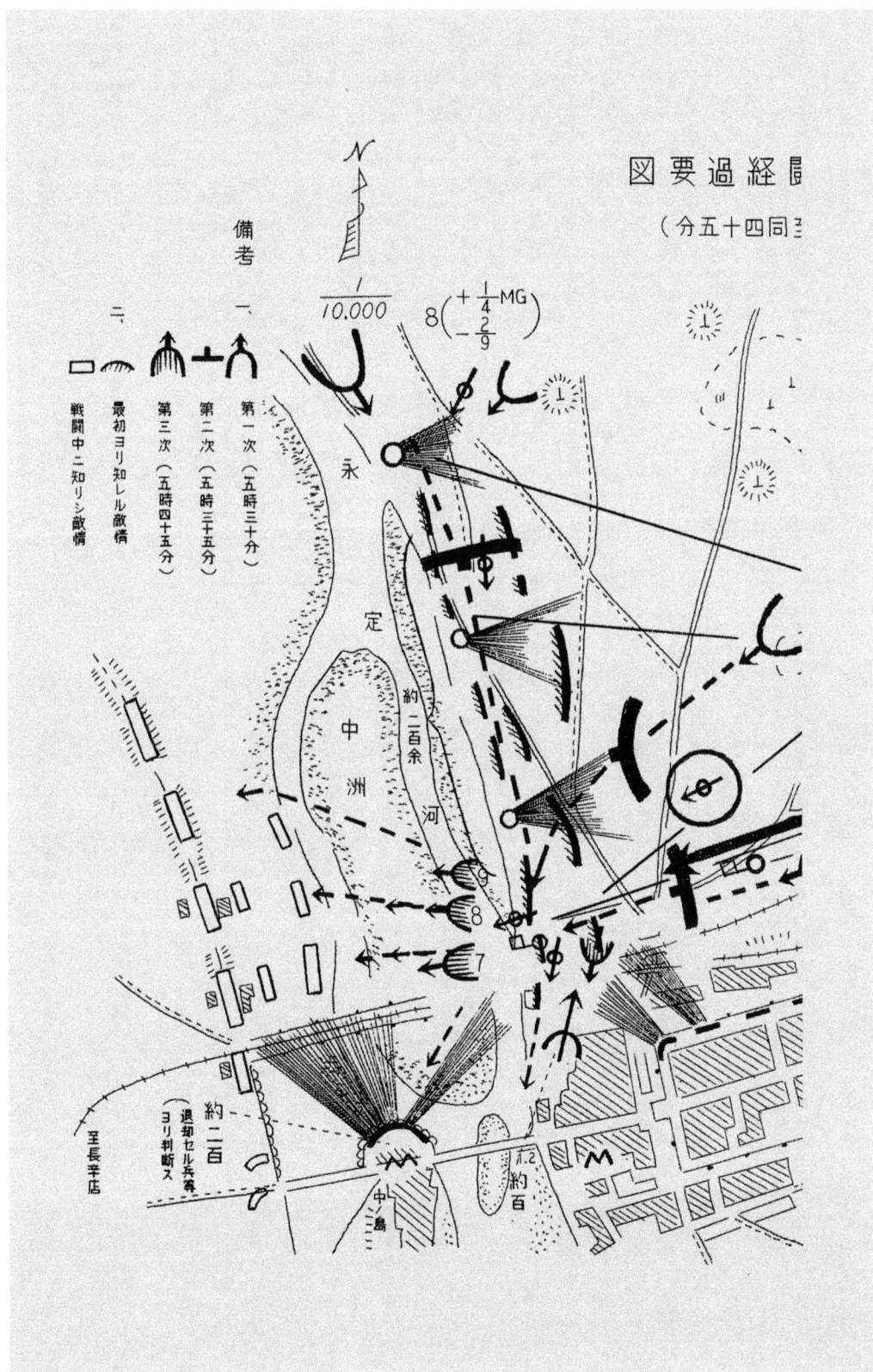

要図第四 其ノ二

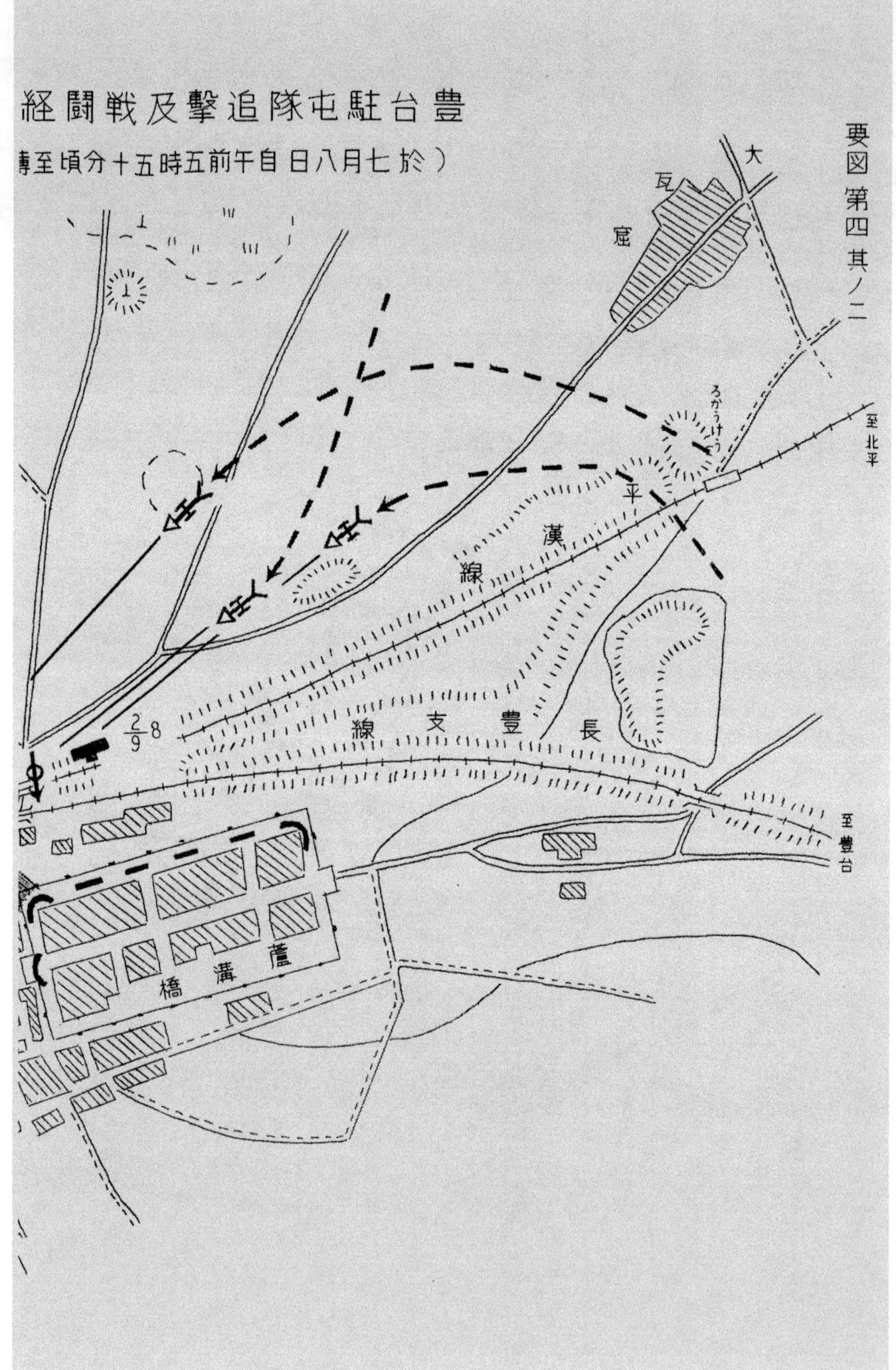
豊台駐屯隊追撃及戦闘経
（於七月八日自午前五時五十分頃至
大
瓦
窑
ろかうけう
至北平
平
漢
線
長豊支線
2/9 8
至豊台
蘆溝橋

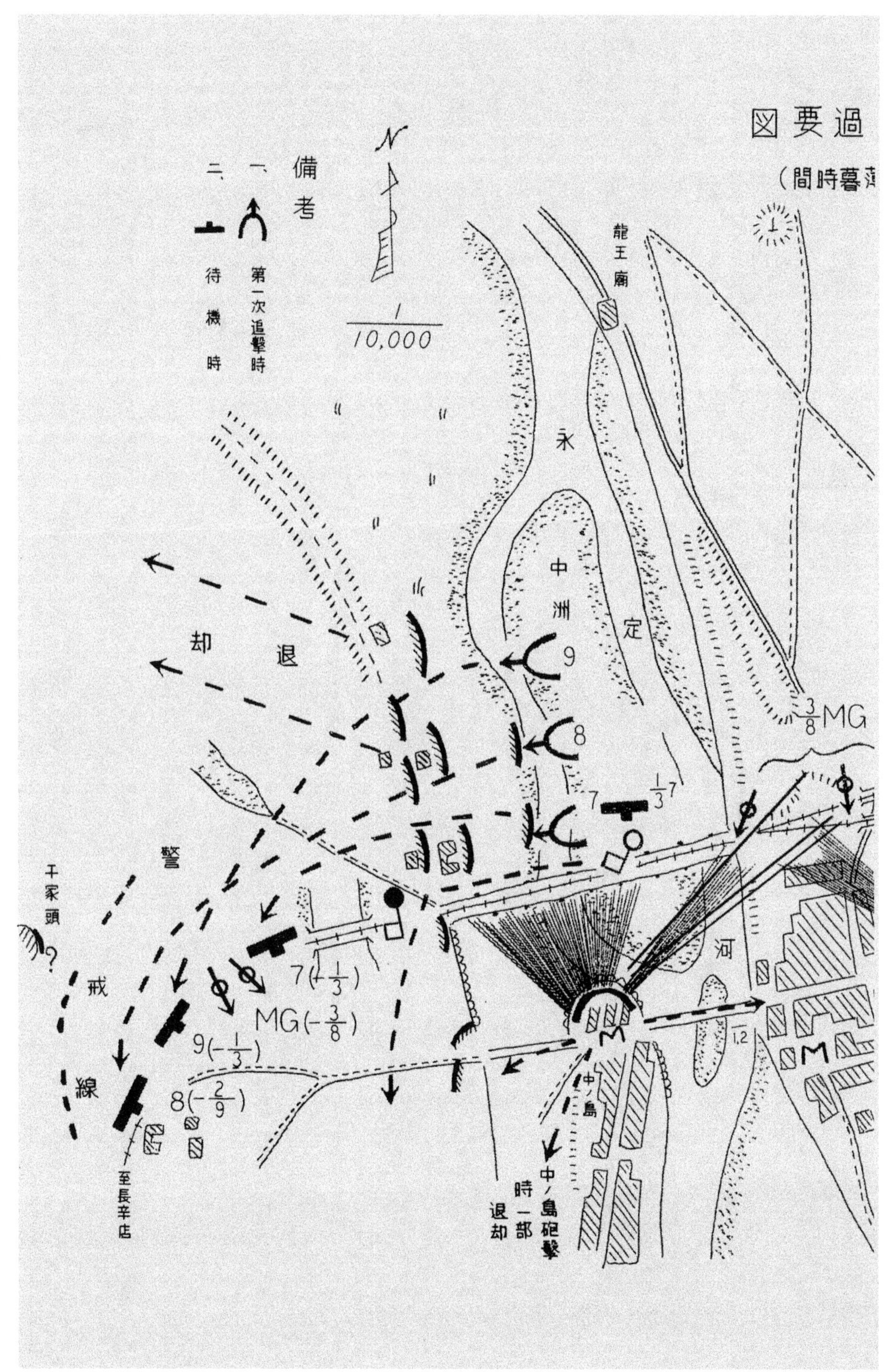
過要図
（薄暮時間
備考
一、第一次追撃時
二、待機時
N
1/10,000
龍王廟
永定河
中洲
退却
警戒線
至長辛店
中ノ島砲撃時一部退却
中ノ島
7(-1/3)
MG(-3/8)
9(-1/3)
8(-2/9)
3/8MG
1/3 7
M

要図第五

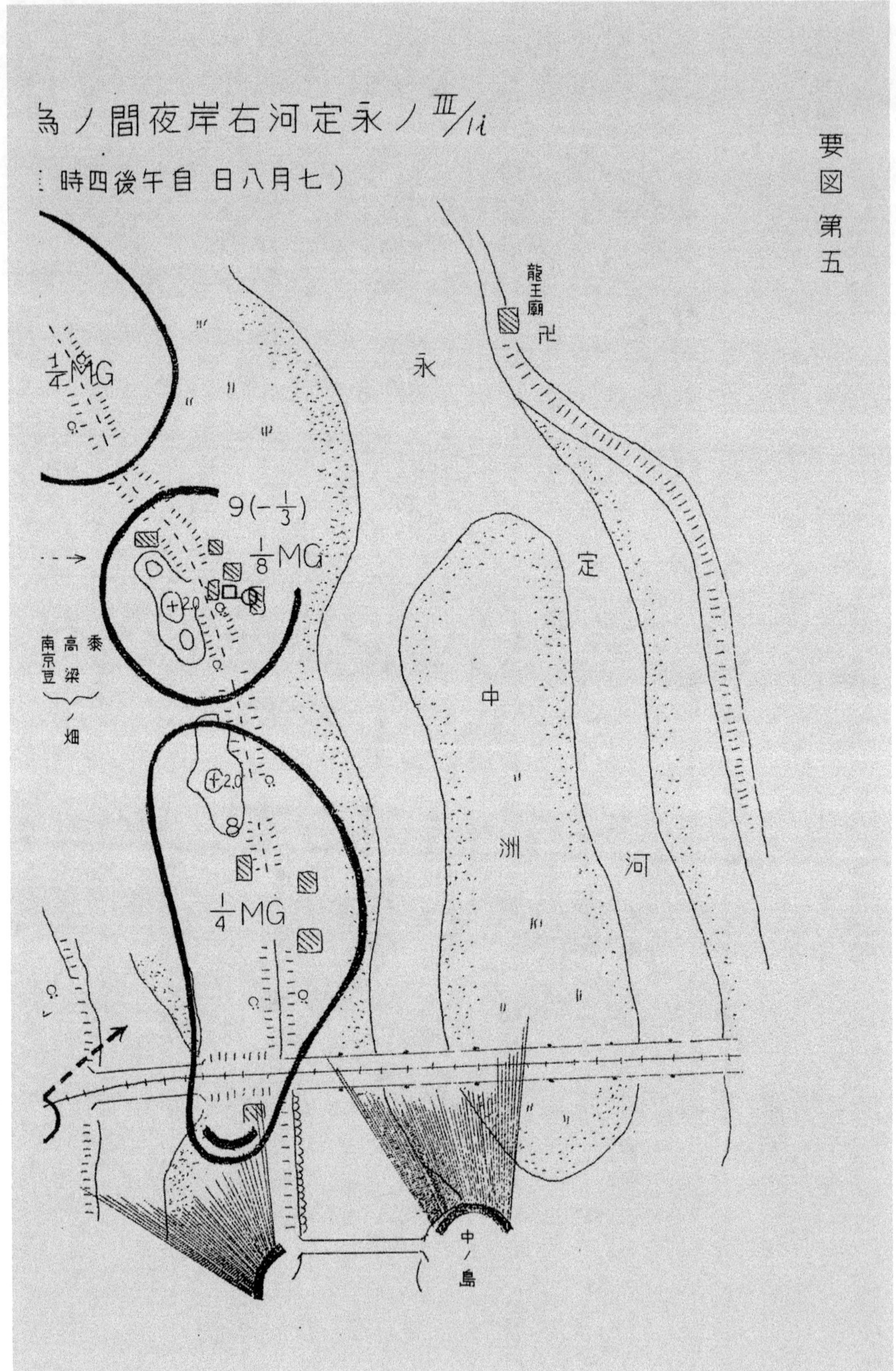
III/1i ノ永定河右岸夜間ノ為
（七月八日 自午後四時
龍王廟
永定河
中洲
中ノ島
黍 高粱 南京豆 ノ畑
9(−1/3)
1/8 MG
1/4 MG
1/4 MG
+2.0
+2.0

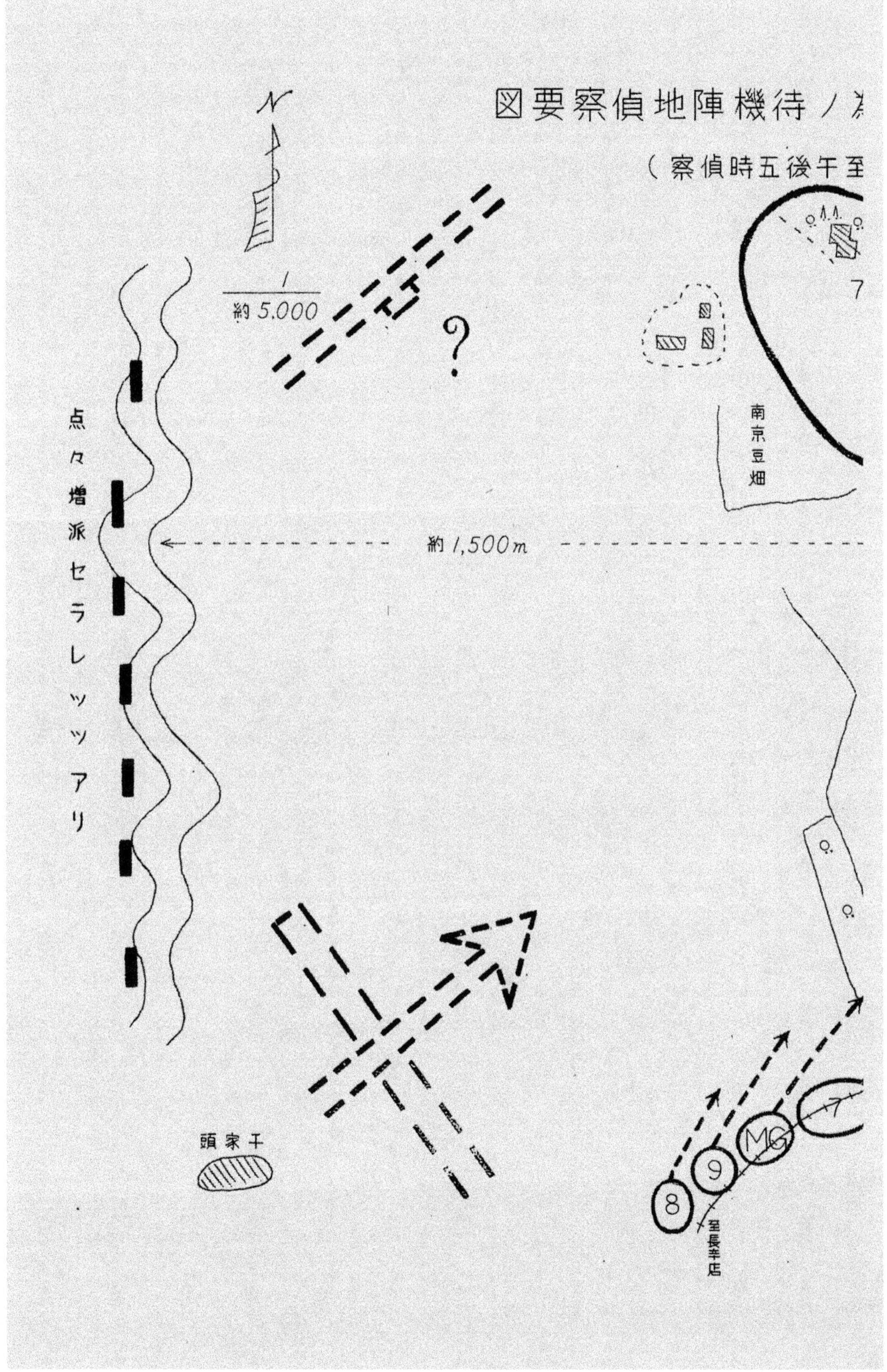
ノ待機陣地偵察要図
（至午後五時偵察
N
1
約5.000
7
南京豆畑
約1,500m
点々増派セラレツツアリ
子家頭
8
9
MG
至長辛店

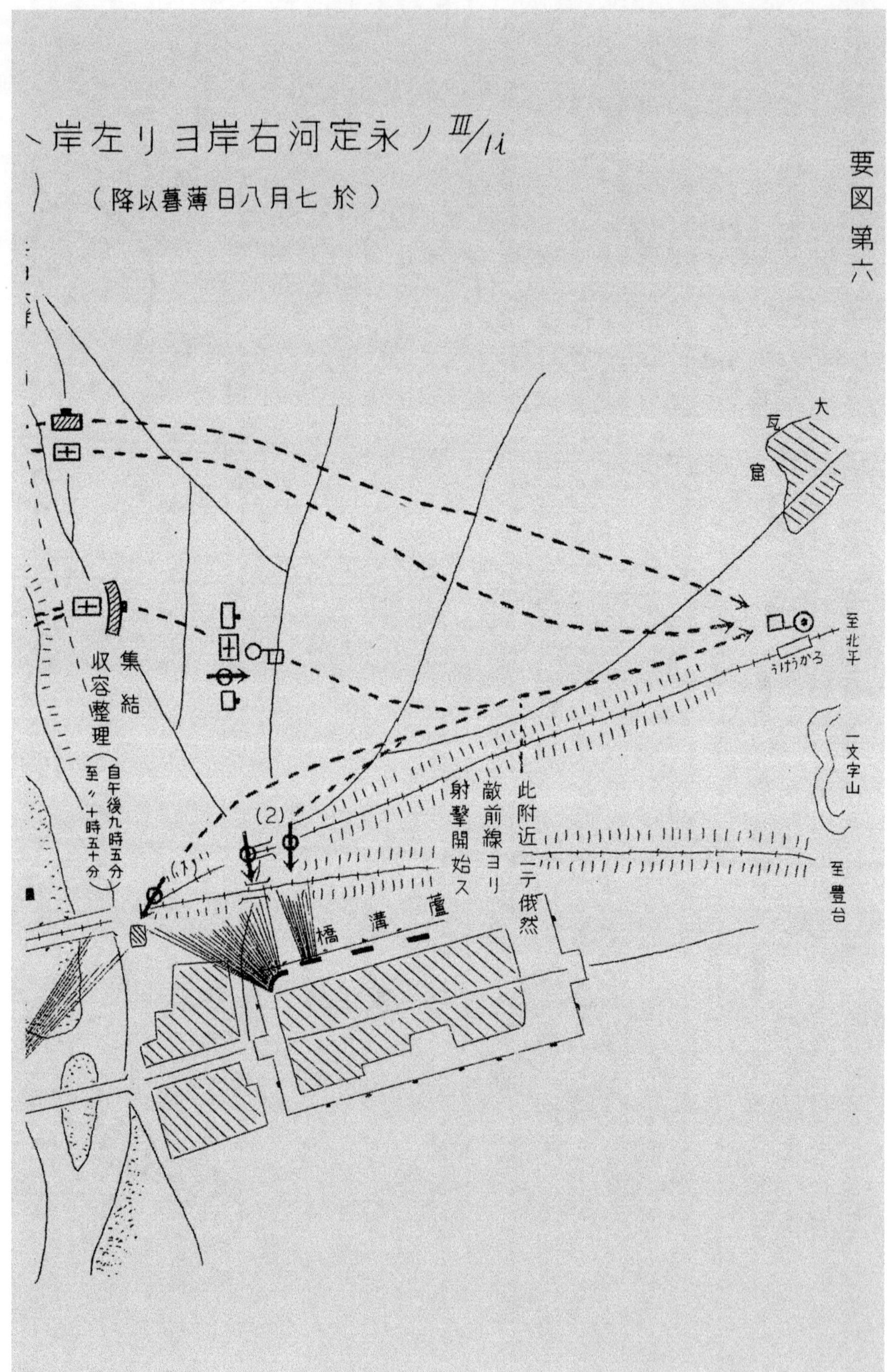
Ⅲ/i ノ永定河右岸ヨリ左岸ヘ
（於七月八日薄暮以降）
大瓦窑
至北平
一文字山
至豊台
此附近ニテ俄然
敵前線ヨリ
射撃開始ス
集結
収容整理（自午後九時五分 至〃十時五十分）
(1)
(2)
盧溝橋

要図第六

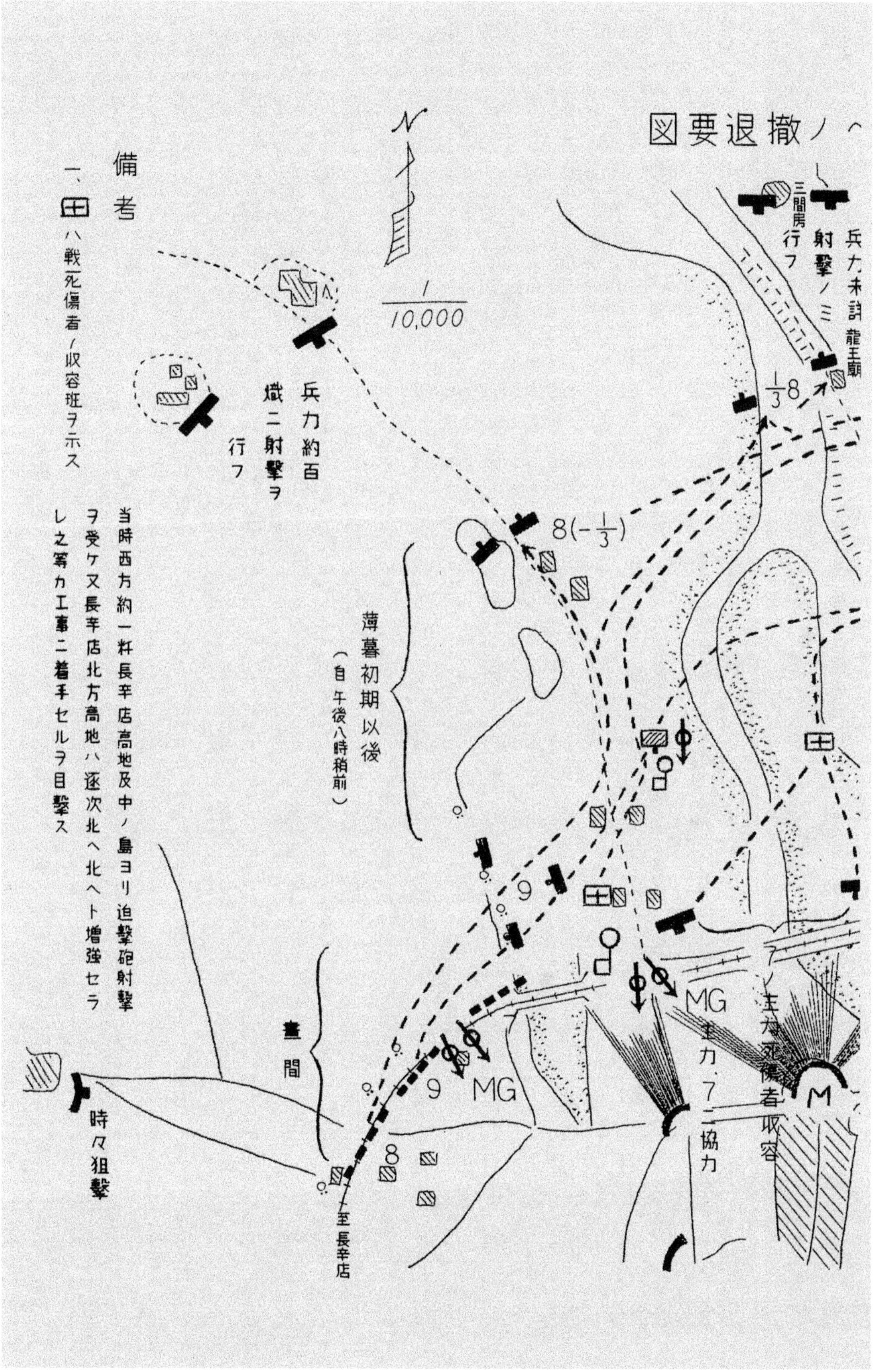

ヘノ撤退要図

兵力未詳射撃ノミ

龍王廟

三間房

行フ

$\frac{1}{3}$8

N

$\frac{1}{10,000}$

兵力約百織ニ射撃ヲ行フ

8($-\frac{1}{3}$)

薄暮初期以後
（自午後八時稍前）

備考
一、田ハ戦死傷者ノ収容班ヲ示ス

当時西方約一粁長辛店高地及中ノ島ヨリ迫撃砲射撃ヲ受ケ又長辛店北方高地ハ逐次北ヘ北ヘト増強セラレ之等カ工事ニ着手セルヲ目撃ス

9

7

1

MG

6

9

MG

8

昼間

時々狙撃

至長辛店

7ノ主力死傷者収容

主力、7ニ協力

M

要図第七

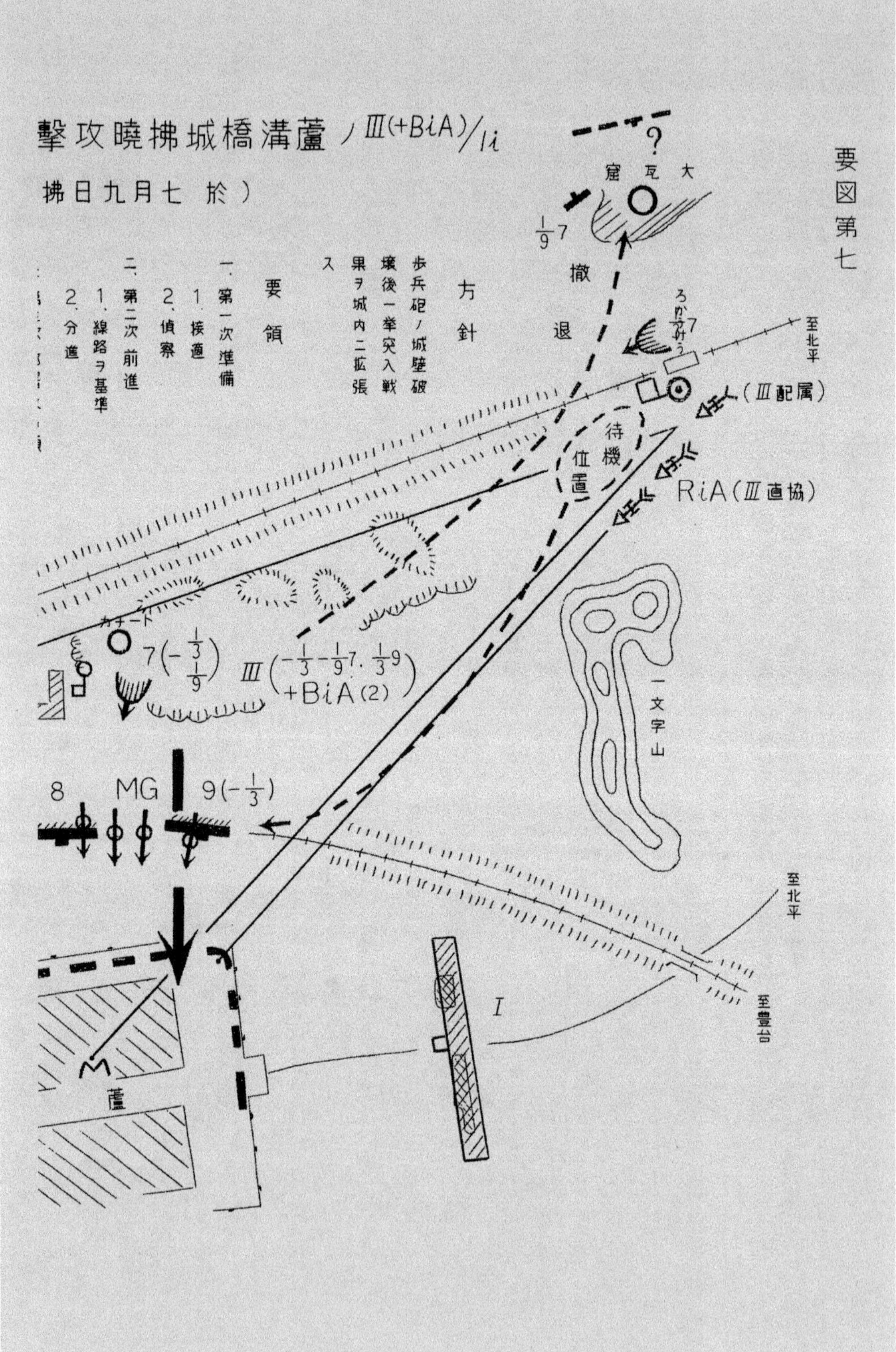
蘆溝橋城拂曉攻撃ノ Ⅲ(+BiA)/1i
(於七月九日拂)
方針
歩兵砲ノ城壁破壊後一挙突入戦果ヲ城内ニ拡張ス
要領
一、第一次準備
1、接適
2、偵察
二、第二次前進
1、線路ヲ基準
2、分進
?
大瓦窰
1/9 7
撤退
至北平
(Ⅲ配属)
待機位置
RiA(Ⅲ直協)
トーチカ
7(-1/3 1/9)
Ⅲ(-1/3-1/9 7. 1/3 9 +BiA(2))
一文字山
8
MG
9(-1/3)
至北平
至豊台
I
蘆

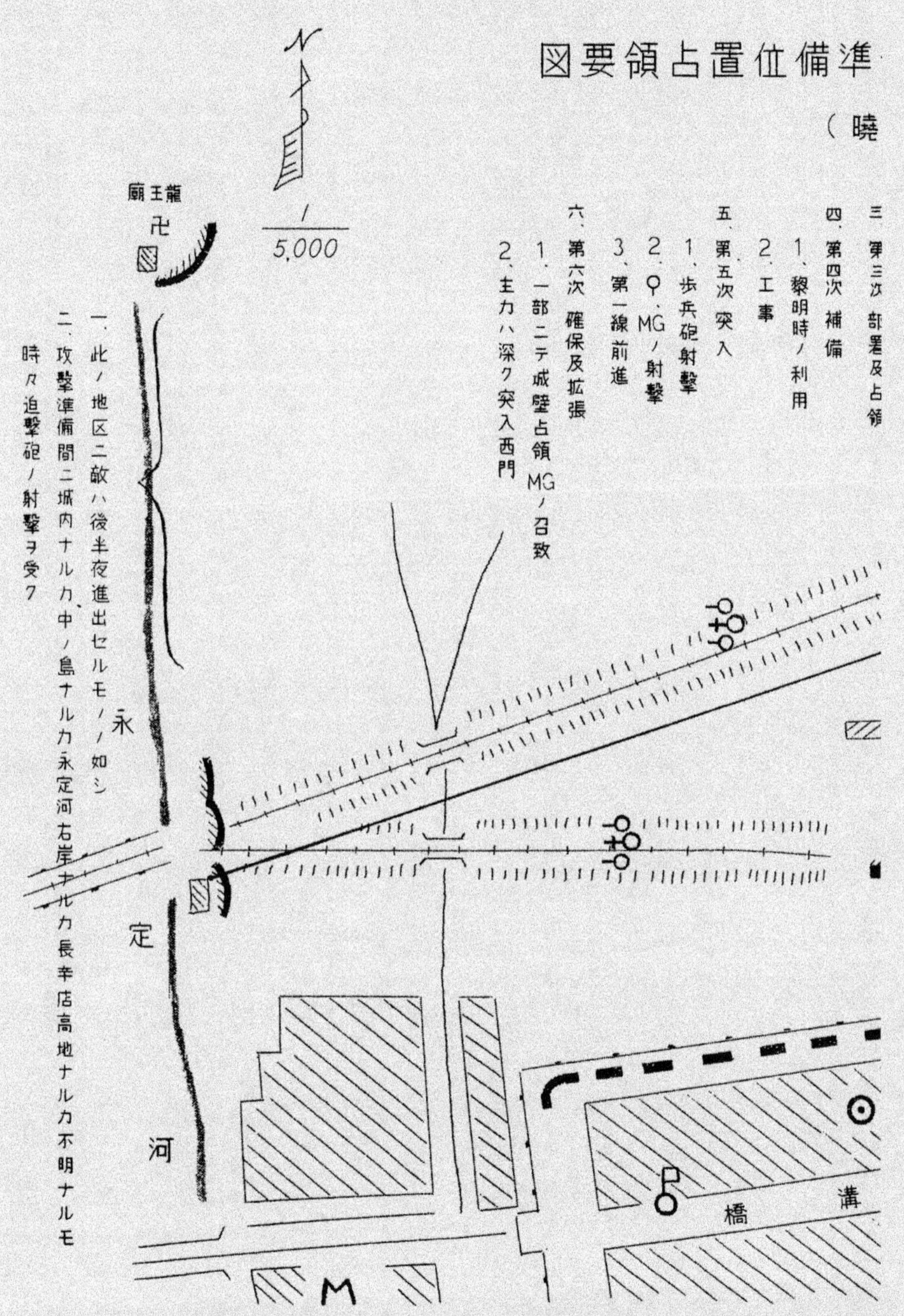
準備位置占領要図
（曉
三、第三次 部署及占領
四、第四次 補備
1、黎明時ノ利用
2、工事
五、第五次 突入
1、歩兵砲射撃
2、♀、MGノ射撃
3、第一線前進
六、第六次 確保及拡張
1、一部ニテ成壁占領MGノ召致
2、主力ハ深ク突入西門
N
1/5,000
龍王廟
一、此ノ地区ニ敵ハ後半夜進出セルモノノ如シ
二、攻撃準備間ニ城内ナルカ中ノ島ナルカ永定河右岸ナルカ長辛店高地ナルカ不明ナルモ時々迫撃砲ノ射撃ヲ受ク
永定河
溝
橋
M

要図第八

Ⅲ/i 蘆溝橋附近ノ戦闘ニ於ケ
（七月自八日至九日ニ於

至新庄
大瓦窑
ろかうけう
至北平
平漢線
川村
佐藤
久保
野口
一文字山
長豊支線
至北平
至豊台
蘆溝橋

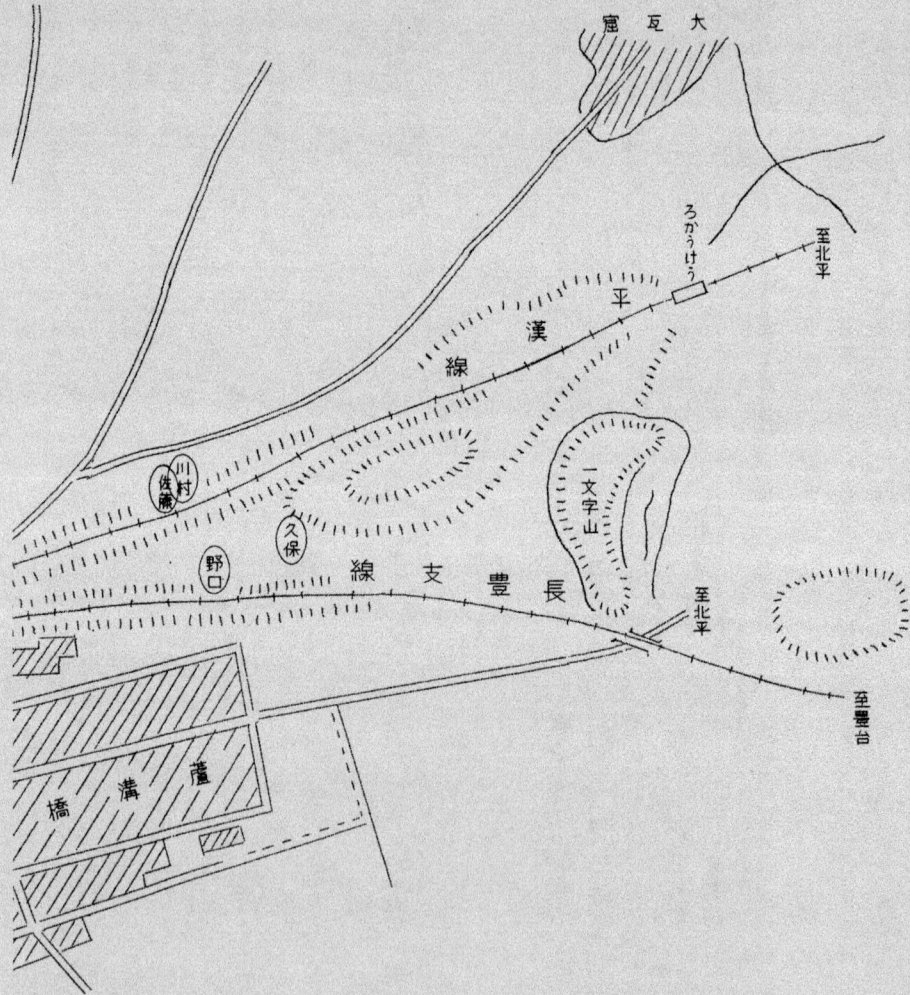

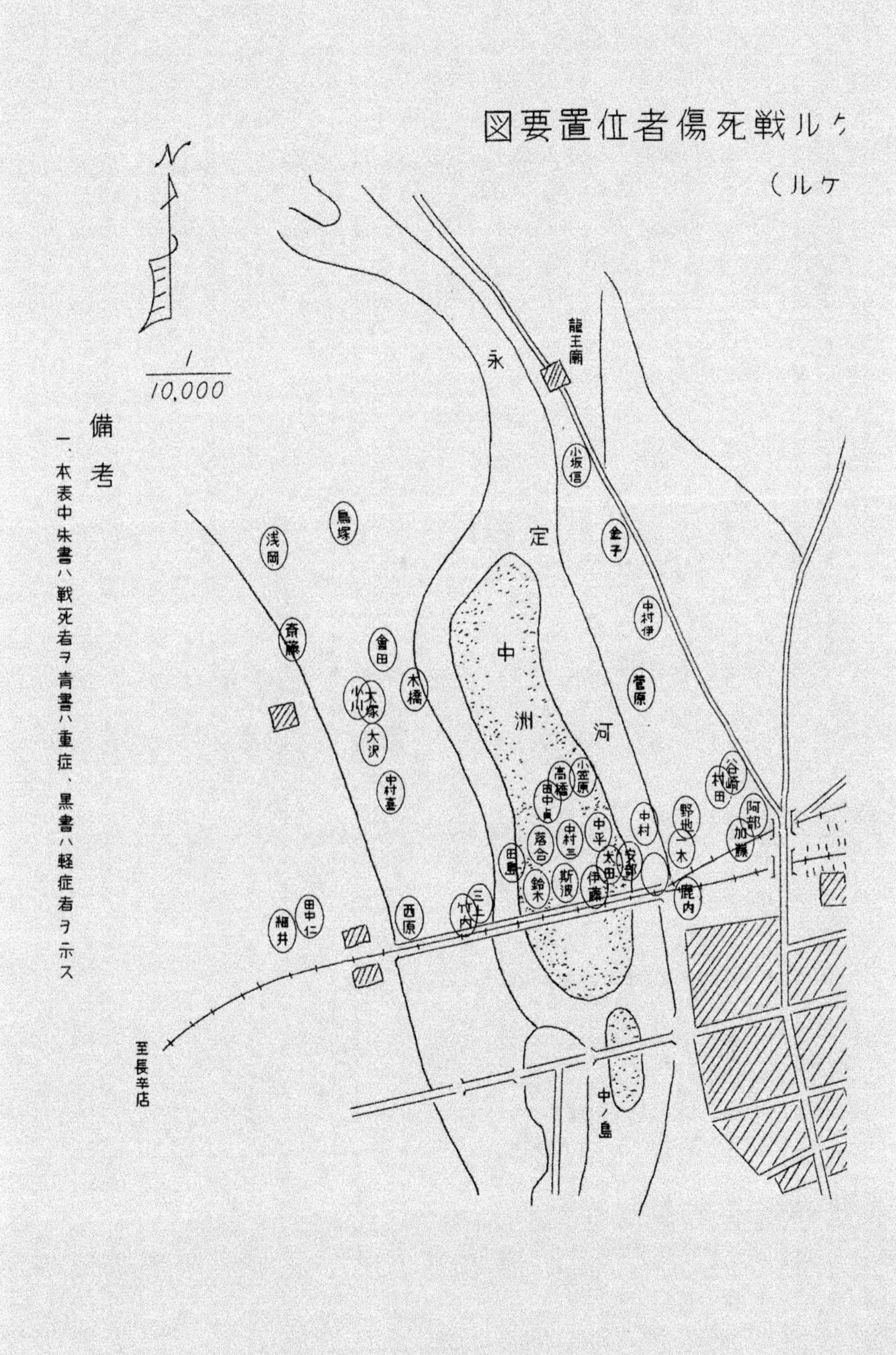

（ルケ
ケル戦死傷者位置要図
N
1/10,000
備考
一、本表中朱書ハ戦死者ヲ青書ハ重症、黒書ハ軽症者ヲ示ス
至長辛店
龍王廟
永定河
中洲
中ノ島
小坂信
金子
中村伊
菅原
浅岡
鳥塚
斎藤
會田
木橋
小川
大塚
大沢
中村喜
西原
田中仁
細井
竹内
三上
田島
鈴木
落合
中村三
斯波
伊藤
太田
中平
田中貞
高橋
小笠原
安部
中村
野地
一木
鹿内
谷崎
村田
阿部
加藤

あとがき

日華事変から、やがて太平洋戦争へと拡大していく、その直接の原因をなしたといわれる蘆溝橋事件は、満州事変における柳条溝事件と同様、日本軍の挑発行為によるものとされている。しかし、私たちその事件に直面したものから言わしむれば、事実をわい曲したものであり、はなはだ遺憾なことと言わざるを得ない。

昭和十二年十二月下旬ごろ、私たちは、駐屯地の北支昌平から南口鎮に出たときのことである。同地を警備している内地から来て、まだ間もない部隊と一諸になった。その部隊の一室を借りて、わが大隊長一木少佐が、口達筆記法で、各中隊の命令受領者に下達したことがあった。それを傍で見ていた同部隊の某将校があまりに鮮やかな作戦命令の伝達ぶりに驚き、「はあー、この方が蘆溝橋事件の一木少佐か？こんなにうまいのでは、やってみたかったのも無理がない。」これを聞いて私は、たいへんがっかりすると共に、内地では蘆溝橋事件を満州事変と同じ手段でやったと思いこんでいるのだなと、腹だたしく思ったものである。

また、同職の研究熱心な社会科担当の教諭にこんなことを聞かれたことがある。「長沢さん、あなたは蘆溝橋事件の体験者だそうだが、われわれは、あれは満州事変と同じく、こちらからしかけた事件だと教わり、そう思っているのだが、やはりそうか？」と。

さらに、こんなことにもであった。昭和三十年ごろであったと思う。地区公民館で招へいした講師の歴史学者某氏が、その講演の中で、たまたま蘆溝橋事件に触れ、牟田口氏をさんざんけなした末「あれは日本軍の挑発行為である。」と断言したのである。どんな資料によって研究したかは知らぬが、事実を誤認した、その独断に、こんな専門の方までがと釈然としない気持ちを味わったのである。

〝事実は違う〟といいたいのをこらえて、三十三年、動きゆく社会情勢の中で、無力な私は、不本意ながらただ黙って時の流れを静観している他なかった。

日本の長い間の大陸政策は野望に満ちた侵略に一貫していると識者は強調する。私とてそれを否定するものではない。しかし、蘆溝橋の事件それ自体は決して挑発ではなかった。むしろ、拡大させまいとする努力に終始していたといっても過言ではない。支那軍の日本軍に対する当初のあいまいな言動が問題を悪化させ、拡大の一途をたどる結果になったのである。

いやしくも一国の軍隊が、如何なる不満や理由があろうと、他国の軍隊に対して正式ルートを経ずに直接発砲するがごとき行為は許されまい。先ず、そのこと自体の原因と責任が追求されねばならないと思う。

もし、あの時　苑平県城内に駐屯する部隊の最高責任者・馮師長（三十七師）にいささかなりとも、誠意を持って話し合おう。善処しようとする気持があったなら、いかに日本軍とて、強引に事を構えることはできなかったであろう。「不法発砲したのは自分の部下ではない。匪賊であろうから勝手にするがよい。」とうそぶいていたそうであるが、交渉のしようがなかったわけである。その後も何度か、円満解決の機会があったはずであるが、その都度、強情を張り通しで、日本軍の態度を硬化させる結果になったものと思われる。現に、桜井少佐（二十九軍顧問）が、支那服に丸坊主頭で、白旗を掲げ、乗用車の上にあぐらして、不拡大、円満解決のため、双方の間を何度も往復していたのを見たのは、私ひとりではない。

さて、馮師長が匪賊と称した、いわゆる不法発砲したものに対しては、日本軍独自の行動により、その真意を確めるために適宜の措置をとる故、決して手助けしてはならぬという申し入れに対し了解をしたのであるが、わが方の膺懲攻撃を受け、敗退してゆく者は、すべて城内に逃げ込んでゆくのである。城内では、それを収容したに止まらず、全火器を動員して、猛烈にかれらを支援する挙に出たのである。この交渉に当たり、不干歩の約束をとりつけてきた桜井少佐の立場はなかったものと思う。

桜井少佐が、聯隊長や大隊長にせめられているのを目撃したものである。

現地でのこのような不拡大の努力とは逆に事態は悪化し、八年もの長期にわたる大戦争になった不幸の原因はここで論じようとは思わない。ただ、盧溝橋事件に遭遇し、戦死していった多くの人々が、挑発行為という非道なことの当然の報いとして死んでいったのではなかったという、その真相をひとりでも多くの人々に理解していただき、事件の犠牲となっていった人々の霊を慰めたいものと　ここに筆をとった次第である。

長沢連治

（三）中国事变爆发前夕

资料名称：支那事變の勃發まで

资料出处：読売新聞社編輯局編《支那事變實記》第一輯，非凡閣1937年發行，第1—4頁。

资料解说：本资料系卢沟桥事变后日本出版的宣传读物。资料强调中国军队的「不法射击」，回避了七七之夜日军要进宛平城交涉士兵失踪问题，并宣传事件原因是中国长期「反日教育」和抗日运动的结果。揭示了卢沟桥事变后日本宣传机构全力配合其军事行动，为全面侵华寻找借口。

支那事變の勃發まで

去る七月七日夜、北平郊外蘆溝橋において突如勃發した日支兩軍の衝突事件は當夜演習中の我が豐台駐屯部隊に對する支那兵の不法射擊に端を發したものであつて、この事件突發以來、我が政府は專ら事件の不擴大、局地解決の方針に基づいて事態を處理して來たにも拘はらず、支那側は我が政府の隱忍と自重に乘じて、益々國民の排日感情を煽り立て、對日戰を目標として、中央軍及び舊東北軍をどし／＼と北支の停戰區域內に侵入させた結果、事態は急速に惡化の一路を辿り、局面は北支ばかりでなく、中支、南支にまでも波及し、今や日支兩國の全面的衝突狀態に陷るに至つた。

今回の事變は、支那兵の不法射擊が偶然の動機となつて起つたものであるとはいへ、その因つて來るところは甚だ遠い。卽ち十數年前、國民政府が成立すると共に、排外政策をその最も重要なる國是とし、絕えず國民の感情を排外的に煽り立てることによつて、國內の統一を計らうとしたところに、根本的な原因が潛んでゐる。清朝を倒してから後に成立した國民政府は、當初自分の力によらずに、專ら外國の助を借りて日本を排斥しやうとした。これが所謂以夷制夷である。そして排日教育が小學兒童から大學生に至るまで徹底的に施されたがために、この政府の教育政策に禍ひされて、多くの青年達は排日卽愛國とまで考へるに至つた。そのために次々と事件が持ち上り、遂に滿洲事變を惹起するに至つたのである。

然しながらこの滿洲事變以後、國民政府は自己の非を悟らず益々排日的となり、滿洲三千萬民衆の解放と幸福を目ざして新たに生れた滿洲國を飽くまで承認しやうとはせず、國際聯盟その他の力によつて日本の徹底的な排斥を企てたが、それは全く失敗に終つたばかりでなく、國內においては共産軍が絶えず南京政府を脅かし、國內の統一も容易に進行しなかつた。そこで昭和十年の初めに當り、汪兆銘及び唐有壬がわが日本との國交整理に乘り出したが、却つて彼等の日支親善政策は血迷へる抗日分子の反感を買ひ、汪兆銘は抗日分子の兇彈に見舞はれて重傷を負ひ、唐有壬も暗殺されるに至つた。そしてこれを楔機として、北平を中心に學生團體の猛烈なる排日運動が起され、それが中支、南支方面へも波及するに至つた。この情勢を見てとつた南京政府は、最早日本との和協方針を捨てたとへ日本から國交調整の交渉を持ち出して來ても、これに應ぜぬことにし、國民政府部內には、次第に對日主戰論が高まつて來た。

それ以來、國民政府の要人並びに軍の首腦部は、專ら對日戰備に汲々とし、青年將校達は兵卒に向つて盛んに對日敵愾心を煽つた。ところが、昨年の春頃から南京を始め各地の重要地點に對日防備の軍事施設が行はれたのを眼のあたり見た國民や軍人達は、政府が愈々日本との開戰を決意したと考へ、青年將校達は軍隊内において益々兵卒を煽ると共に、頻りに政府を鞭撻した。

偶々昭和十一年十二月、張學良の蔣介石監禁で有名な西安事變が勃發したが、一般の期待を裏切つて、國内にはあまりに動搖も起らず、却つてこの事變を楔機として、多年お互に抗爭を續け、蔣介石の國内統一にとつて一大障害であつた共產黨との間に妥協工作が進められ、蔣介石は國民政府が内戰を停止し、各黨各階級一致して抗日の政策に出るなら、共產黨は從來の政策を放棄して國民政府と共同戰線に立つとの共產黨の提議を容認し、茲に國共の合併を見るに至つた。

それ以來、抗日・侮日行動が矢繼早に繰返されるに至つた。卽ち成都事件以來、或は北海に、或は漢口に、上海に次々と續出したが、これらも全く南京政府の排日政策の反映に外ならぬ。

かくて國内の統一に成功した南京政府は、自己の力を過大視し、また日本の寬大なる態度を國内の不統一に基づくものと誤信し、遂に日本を見縊るの不遜なる態度に出で、抗日・侮日の情勢は日に月に昂まつて行くばかりであつた。一方、歐米諸國は支那に對して經濟的に政治的に或は軍事的に支那を支援するに及んで、ただでさへ抗日の精神に燃え立つ支那政府及び國民は、益々自己の力を過信するに至つた。即ち昨年末から本年初めにかけて、政府の中堅分子乃至軍の首腦部或は青年將校達は、失地の回復と對日決戰の氣勢を愈々濃厚にして來た。これが二十九軍に反映せぬ筈はない。何故なら、宋哲元の率ゐる二十九軍は、元來抗日を以て有名な馮玉祥が多年に亘つて訓練した特色ある軍隊を基本に編成されたものであるからである。かくして南京政府の空氣と二十九軍內部における抗日意識とが一致して、遂に今回の事變が勃發した譯である。

大體或る國が特定の他の一國を排斥することを國是とすると共に、それを國民教育の根本方針として、幼若なる兒童にまでもその思想を注入するといふやうなことは、古今東西の歷史においても例のないことであつて、それは單に日支兩國の國交のためはかりでなく、東洋の平和、否全世界の平和のためにも絕對に排擊すべきことである。從つて今回我が政府の執れる斷乎たる決意と行動とは、ひとりわが國の自衞上必要であるはかりでなく、正義人道の上から見ても極めて當然のことである。天は常に正義に味方する。見よ！　次に記錄するところのわが皇軍の赫々たる武勳と勝利を！　それは一身を君國に捧げ、自己の生命を鴻毛よりも輕しとして戰ふわが將士の奮鬪の結果であると共に、正義に味方する天の賜物といはねばならぬ。

二、关于士兵「失踪」与「第一枪」两大问题资料

（一）中国军队突然不法射击

资料名称： 突如、支那軍の不法發砲・暴戾なる二十九軍

资料出处： 読売新聞社編輯局編《支那事變實記》第一輯，非凡閣 1937 年發行，第 5—7 頁。

资料解说： 本资料系卢沟桥事变后日本出版的宣传读物。资料中强调卢沟桥事变是中国军队的「非法射击」所引起，反诬是中国方面的「有计划的行动」。

七月七日

突如、支那軍の不法發砲
暴戻なる二十九軍

（戰況）北支における日本の權益をまもり、平津地方に在住する萬餘の邦人の生命財産を保護すべき重大なる任務をもつたわが北支那駐屯軍は、その主力を天津におき、その一部隊を北平城内に、また他の一部隊を北平の西南一里半の豐台に置いて、日夜その任にあたつてゐた。そして七月は丁度、全軍に定められた戰鬪演習檢閲の時期に當つてゐたので、わが將兵一同は、燃えるやうな大陸の暑熱をものともせず、連日、汗みどろの演習を續けつゝあつた。

七月七日の夜も、北平の河邊部隊長は山海關部隊の檢閲のため同地へ赴き、牟田口部隊長は北平守備隊の主力を率ゐて、北平城から東方五里の地點にある通州において、夜間演習を行つてゐた。豐台駐屯部隊の一部もまた、來るべき檢閲の豫行準備のため、豐台の西方およそ一里のところ、マルコポーロの旅行記で有名な蘆溝橋の北方地區で夜間演習を行つてゐたのである。

蘆溝橋の支那軍不法射擊す

ところが、その夜間演習中のわが豐台守備隊の一部は、夜十一時四十分頃、橋北約千メートルの龍王廟に陣地を築いてゐた支那軍――それは蘆溝橋附近に駐屯せる第二十九軍第三十七師（師長馮治安）に屬する第二百十九團の一部であつた――のため、突如、數十發の不法射擊を浴せられた。演習中止のラッパが鳴り渡つた途端、空砲の音だらうかと思ふ間もなく、ヒューッと不氣味な音を立てて銃彈が飛んで來たのだ。

隊長は直ちに集合の號令を下し、萬一、負傷者が出はしなかつたかと人員檢査を行つたが、幸ひわが軍に損傷のなかつたことが判明した。よつて、隊長は敵の射擊に應ずる體勢をととのへる一方、このことを豐台にある駐屯部隊に急報した。豐台の部隊長はとりあへず部下をひつさげて現地にかけつけ、支那軍に對して、無法なる挑戰行爲を詰問抗議し、また、これを知つた牟田口部隊長は、演習のため分散せるその部隊の殘部を北平東側の地區に集め、わが森田中佐をして冀察側外交委員會專員林耕宇を同道のうへ現地に派し、謝罪、事實の承認、その他の交渉に當らしめることとなつた。

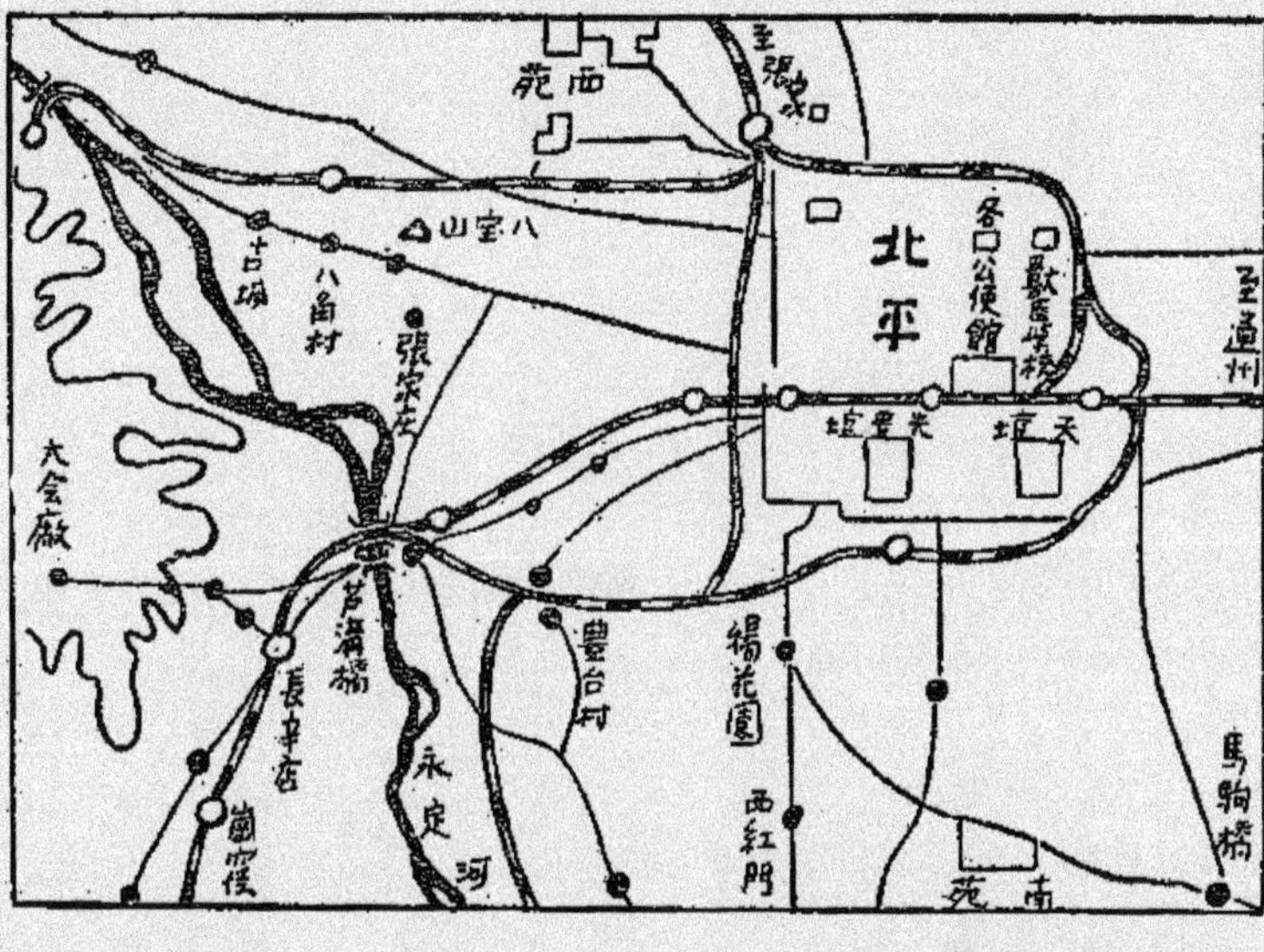

のち間もなく判明したことであるが、支那軍は不法射撃と同時に、豐台——天津間、及び豐台——北平間のわが軍用電線をいづれも切斷、不通ならしめてゐた。よつて今回の事件が、突發的のものではなく、全く支那側の計畫的行爲なることは明かだつたのである。

（二）应战不法射击　击沉苏联炮舰

资料名称： 不法射撃に応戦し　ソ聯砲艦を撃沈す

资料出处： 新聞集成《昭和史の証言》第十一卷，本邦書籍株式会社 1985 年発行，第 331 頁。

资料解说： 本资料系日本媒体对干岔子岛事件的报道。1937 年 7 月，日本关东军不断和苏军发生摩擦，以遭到苏军攻击为名，击沉了一艘苏军炮舰，即干岔子岛事件。双方经过协商达成妥协，未演变为进一步的冲突。日本媒体以此煽动战争气氛。

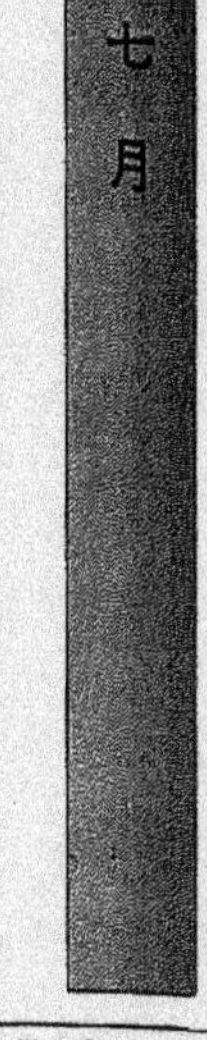

不法射撃に応戦し ソ聯砲艦を撃沈す

乾岔子島南方で反撃

【七・一 大朝】関東軍発表今卅日午後三時乾岔子南側水道にソ連艦艇三隻進入し来り、不法にも該地警戒中の日満軍に射撃を加へたるをもつて我軍はやむなくこれに応戦し、その一隻を撃沈、一隻には多大の損害を与へ、他の一隻をして逃走するのやむなきにいたらしめた、日本および満洲国政府においては直ちにソ連に対し厳重なる抗議を提出せり

一隻坐礁、一隻は逃走

関東軍発表本三十日乾岔子島におけるソ連艦艇撃沈事件に関しその後判明せるところ左の如し

既報の如く本三十日午後三時ソ連砲艦三隻は乾岔子島南側水道に進入し来り、折柄満洲国側江岸に水浴中のわが兵に対し不法にも突如射撃を加へたるをもつて、江岸警備に任じありし日満軍の一部はやむなくこれに応戦し敵艦のうち一は撃沈し、一は甚大の損害を与へて浅瀬に坐礁せしめ、他の一は島陰に逃避するのやむなきに至らしめたるものなり

駐満海軍部に達した報道によれば三十日の戦闘では一隻撃沈、一隻坐礁し、逃走した一隻も相当大きな損害を受けてゐる模様である

万一の準備を完了 関東軍は情勢を注視

乾岔子島附近におけるソ連艦艇の日満軍に対する不法射撃事件の詳報は刻々関東軍に入電中だが、ソ連側の損害は意想外に甚大の模様であり、この戦闘を導火線としてソ連側がいかなる軍事行動に出るか目下重大な関心を持たれてゐるが、万一ソ連側が続々国境線に兵力を集結してあくまで不法行為を繰り返す場合は国境線の空気は重大なる危機をはらむことは火を賭るよりも明かなる事実であり、関東軍は極度に緊張しいかなる事態に直面するも臨機の処置をなし得るやう万般の準備を完了し今やひたすらソ連の出方を静観してゐる

満領二島の不法占拠 ソ聯側、遂に非を認む

撤兵の時期と国境確定は今後の交渉に移す

ソ連兵により占拠された金阿穆河乾岔子両島の問題につき重光大使は二十九日午後一時三十分リトヴイノフ外務人民委員と会見、会談は午後四時におよんだ、重光大使はソ連兵による両島占拠に対し満洲国共同防衛の見地より日本は極東の平和をねがふがゆゑにソ連兵の同島より速やかなる撤退を勧告する旨述べ、これに対しリトヴイノフ氏はソ連兵の同島より撤退することに同意し、同時に満洲国側に対しても同地方における兵の配備を解くことを求めたので、重光大使はリトヴイノフ氏の意見を満洲国に伝ふべきを約した、なほリトヴイノフ氏の会談における言を綜合すれば、この占拠問題は地方的問題にして中央政府の関知しなかつたものでいづれも国境未確定に起因するものなれば国境確定の要ある旨述べ今回の占拠問題はこれにて終りを告げ、軍隊の撤退期限の取極めおよび島の領有権問題は別に外交交渉に移すと述べてゐる

国境画定に相当曲折か

ソ連北部国境におけるソ連邦正規兵の不法占拠事件に関し重光駐ソ大使の抗議に対しリトヴイノフ氏においてもつひにソ連側の不法占拠の非を認めて軍隊ならびに軍艦の撤退方を承諾した旨の公電が三十日仏暁外務省に到着したので外務省では午前十時過ぎより首脳部会議を開き対策を協議した、これをもつて一時緊迫を伝へられた現地の形勢も日満側の主張たる原状回復の要求がソ連側に容れられたことによつて一応の落着を見る模様であるが、ソ連側において両島から武装を撤収しかつ背後に集結せる兵力をも撤退して国境附近に何らの不安もなき状態に還元するならば日満側においても同様に形勢緩和の措置をとることになら う、しかして問題の両島峡に関する領土的解決については現地折衝に当つてもソ連側は自国の領土たることを主張して譲らなかつた有様であるから、その解決はソ連国境画定の懸案に移されることゝならうが、東部国境確定委員会の設置問題の進行と関連して問題の両島に関する領土的解釈の問題もソ満間に折衝が行はれるものと見られるがこの点に関し満ソ両国の見解一致にいたるにはなほ相当の曲折は免れまい

（三）长泽连治访谈录

资料名称：盧溝橋事件の思い出——長沢連治氏に聞く

资料出处：安井三吉著《柳条湖事件から盧溝橋事件へ——一九三〇年代華北をめぐる日中の対抗》，研文出版2003年版，第240—279頁。

资料解说：长泽连治时任日军第八中队第二小队第二分队长，亲历当晚日军演习、发现「士兵失踪」以及听到枪声，并参加进攻作战全程。据长泽自述，曾于1937年底参加了日军第三大队战斗详报的制作，获得一份私自保存，并于1970年刻印发行。长泽的回忆对于日军的侵略罪责多有辩护；与其他史料相对照，他对于日军行动的描述也多有遗漏或改动之处，但总体上是值得参考的、了解卢沟桥事变的基础性史料之一。本资料是安井三吉于1993年对于长泽连治的采访整理稿，双方就战斗详报的制作、事变的回忆等诸多问题进行问答，长泽本人核对了纪录全文。

6　盧溝橋事件の思い出
——長沢連治氏に聞く——

このインタビューは、一九九三年三月三日、秋田県平鹿郡の長沢氏のご自宅で行われたもので、四時間余に及んだ。当日録音したものを起こし、私の責任で整理・編集したものを長沢氏に見ていただき、補訂を加えまとめたものである。長沢氏は、一九一五年生まれ、インタビュー当時七八歳、小柄ではあるが背筋がピンと張り、矍鑠（かくしゃく）とはこのような姿をいうのかとの思いは今も鮮明である。盧溝橋事件の時は、第八中隊第二小隊第二分隊長だった。

——長沢さんは、盧溝橋事件の当事者のお一人であるだけでなく、戦後自ら保存されていた『第三大隊戦闘詳報』(1)を自費で刊行されるなど事件の真相を究明するために大きな仕事をされてこられました。今日は、盧溝橋事件の一研究者として、日頃疑問に思っていることを卒直にぶつけて、ご教示をいただきたく、やって参りました。最初に、ご経歴から伺いますが、生年月日はいかがですか。

長沢　大正四年六月二五日です。私たちだけの力ではとても盧溝橋事件の真相を伝えられません。日本国内のみならず外国に対しても、説得力がないものですから本当に残念でたまらなかったのです。長い間我慢して言いたいことも言えずに、仲間がどんどん減っていくでしょう、記憶も薄れてくるし。

—お生まれはここでしょうか。

長沢　生まれたのは平鹿町の野田というところ、隣の部落です。

—ご兄弟は何人ですか。

長沢　六人です。

—学校はどこまで。

長沢　吉田青年学校。当時は青年訓練所と言っていましたけどね。補習学校といったようなものの延長でした。

—吉田青年訓練所ということになるのでしょうか。

長沢　はい。

—それは何歳の時、終わったのですか。

長沢　二〇歳の時です。

—すぐ軍隊に入られたのですか。

長沢　そうです。軍隊に入るために出たのです。出たと言うのは卒業させてもらったのです。

—昭和一〇年？

長沢　九年一二月卒業、九年徴集、私は一年早く行っているんですよ。

—そうですか。そうしますと、すぐ秋田の第十七聯隊に入られたのでしょうか。

長沢　十七聯隊の二中隊です。歩兵第十七聯隊の第二中隊。大隊は一大隊だけれども、隊名には大隊を付けないのです。軍隊の呼び名はみなそうなっています。

—それに昭和九年に入られたのですね。

長沢　いいえ、九年徴集の一〇年一月二〇日入隊。

— 一〇年にその第十七聯隊に入隊されたわけですね。

長沢　そう、一〇年の一月二〇日。

— それから、昭和二〇年六月に負傷されて帰国されたのでしょうか。

長沢　一九年七月です。

— どこで、負傷されたのですか。

長沢　湖南省の瀏陽県というところです。

— そこで負傷されたわけですね。

長沢　そうです。一九年の七月七日ですね。変なものです。

— 盧溝橋事件と同じ日に。それですぐ日本にお帰りに。

長沢　いやいや、仲間が奥地に入ったものですから、我々のような傷病兵を後方へ下げることができなかったのですよ。それで方々連れ回されて、ようやく漢口に来たのが、一九年の一一月です、漢口の病院に収容されたのは。

— ずっと中国におられたのですか。

長沢　いや。南京の病院にも入った。京漢線で上って北京に入り、さらに満洲の奉天に行って、それから釜山まで来た。釜山から博多に来て、広島の陸軍病院に入ったのは二〇年一月元日ですよ。

— 秋田にお帰りになったのは何月ごろですか。

長沢　こちらに来たのは、六月一五日。帰郷療養ということです。退院二ヶ月前に一度帰ってもいい、そして二ヶ月経ったらまたその病院に戻って正式の対応をする、こういうやり方でした。八月一四日頃、佐倉の陸軍病院に行って、一五日に正式に退院するという予定だったのです。ところが終戦でしょ、一四日に発とうと思って切符を買ったけれども、汽車に乗れないわけですよ、あのような混乱ですから。それで家に帰っ

現在の長沢氏（2002年撮影）

盧溝橋事件当時の長沢連治氏

ちゃった。こういうわけで行けないからと病院に電報を打ったら、来なくてもいい、書類は後から送るという返事を早速もらったものですから、佐倉には行かずでした。

——　広島からまっすぐこちらにお戻りになった。

長沢　いやいや、広島から東京渋谷の日赤中央病院に移ったのです。再生手術をするために、私の右腕は神経がとんでいるのです、血管と神経の再生手術のために日赤中央病院に移ったのですが、今度は三月一〇日の東京大空襲です。病院だけ残って、周囲はすべて焼け野原になっちゃった。ここにいたって危険だというので、今度は東京の第三陸軍病院、相模原のね、あそこに移されたのですよ。

——　戦後はどんなお仕事を。

長沢　戦後は、終戦の年の一〇月一日付だと思いますけど、吉田村の役場の書記になったのですよ。そして昭和二二年四月に新制中学校の事務職員に採用されたのです。そして五〇年四月一日定年退職まで、公立小中学校の職員ですね。それからは、傷痍軍人の会の仕事です。もう一八年にもなってしまいました。

——　町おこしのお仕事もされているのですね。ではこれから盧溝橋事件のお話に移らせていただきたいと思います。読売新聞社から『昭和史の天皇』[2]という本が出ていますね。

長沢　私も読んだことがあります。

——　第一五巻ですが、これは記者の方が第八中隊の生き残りを中心に二〇余人の方々に証言を求めてまとめられたものです。第三大隊は第七が青森の方、第八が秋田の方、第九が山形の方と、三つの中隊から構成されていた、これでよろしいでしょうか。

長沢　いいです。編成当時はそうです。それでね、第三大隊には第三機関銃中隊というのがありました。この第三機関銃中隊というのは、三つの聯隊から一個小隊ずつ集めて作ったのです。これが正式な第三大隊の編成。正確に言うと小銃中隊が三個、機関銃中隊が一個と、こういうことになります。

——編成されて豊台まで行く経過ですが、第八中隊はいつ編成されたのでしょうか。

長沢　豊台会という戦友会の中に軍旗を受領するため東京に行った人がいるんですよ、彼の軍隊手帳の写しがあります。熊谷宗司と言いますけど。これには、昭和一〇年一月二〇日に入営、一一年五月七日に支那駐屯歩兵第一聯隊第八中隊に編入とあります。

——七日ですか。

長沢　七日ですねえ。軍隊手帳にはそうあるそうです。経路が書いてありますけれども、五月二三日に新潟港出港、塘沽には二九日に上陸、三〇日に通州着と、そして六月一〇日に軍旗受領のため東京に出発したとあります。

——それは第八中隊の軍旗ですか。

長沢　支那駐屯歩兵第一聯隊の新しい聯隊長牟田口廉也大佐が宮中に行って拝謁、軍旗を受領しました。いつ渡されたかというと、六月一四日、ちょっとお待ちください。聯隊に軍旗祭というのがあったのですが、これは六月一八日だと思います、確か。

——秋田を出発したのはいつか分かりませんか。

長沢　秋田を出発したのは、新潟に一泊しますから二一日じゃないですか。夜行で行ったのですから。

——軍旗祭が終わってから?

長沢　ちがいます。歩一七の軍旗祭は五月一日ですが。軍旗は向こうに着いてから、新たに聯隊長以下が軍旗受領隊を編成して向こうから日本へ行ったのですよ。東京に受領に来ているのです。

——『昭和史の天皇』では、簾内政雄さんという方が軍隊手帳を持っていろいろ説明していますが、他にも軍隊手帳をお持ちの方がいらっしゃるのでしょうか。

長沢　おると思います。簾内は鷹巣町の人で私より一年後輩なんですよ。熊谷って言うのはわたしと同年なんです。

— 第八中隊は秋田で編成されたわけですね、通州ではなくて。

長沢　そう、通州ではなくて。秋田で編成されました。一木清直第三大隊長が出発前にやって来ました。

— 秋田にですか。

長沢　秋田にです。山形や青森にも行った。そして将来自分の部下になる者を全部そこに集めて、自分が新しく三大隊の大隊長になった一木だと言われた。

— 分かりました。それから、昭和一二年に関東地方から新しく初年兵が来たということですが、三月ですか。

長沢　三月一日です、豊台にね。同時に私たちの同年兵が三月一日の朝、除隊して内地に帰った、彼らと入れ違いに。

— 何人ぐらい来たのですか。

長沢　一個中隊は大体兵員一五〇名だから七五名内外でしょう。

— 半分ぐらい代わったのですか。

長沢　そうです。

— 長沢さんご自身は第二小隊ですか。

長沢　そうです、第二小隊です、第二小隊の第二分隊長。これは私の功績簿です、当時のね。ちゃんと第二小隊第二分隊長とあります。

— これはずっと保存されていたものですか。

長沢　第一次論功行賞が発表されると、第九中隊の功績係長南金治准尉が、お前にこれやるよってくれたものを持って帰ってきたんです。これは普通持っている人いませんよ。自分の功績簿なんて、絶対に見ることができない、極秘書類です。

―　これは、中隊長が評価されたのですね。

長沢　そう、中隊長が書いて、大隊長と聯隊長が認めて三人が判を押すようになってるんですよ、最後に総合して何点とつける。全員について功績の序列を評価してね、同じ功績にも殊勲とか勲功とか勲労とか、さまざま分かれて、そして殊勲のうちでも誰が何番か、序列するようになっている。

―　第八中隊でいま生きている方は何人くらいおられますか。

長沢　何人おるかなあ、関東地方の方はあまり分からなくてねえ。八中隊というのは、徴集が三年にわたっているでしょ、九年、一〇年、一一年と。関東からは一二年三月一日に入っていますから、わたしは戦友会で案内を出すのですが、私の知っている範囲では四五名ぐらいになりますね、去年のハガキの数では。皆老齢化してしまって参加できないのです。

―　中隊、小隊の構成ですが、今おっしゃいましたが、中隊が約一五〇名ぐらい、それからそれぞれの小隊があり、分隊は一二人ですか。

長沢　そうです。

―　小隊が四八人、

長沢　四八人。その他に指揮班って言うのがあるから。一五〇人ぐらいになるでしょう。いや分隊は一五人編成ですよ、確か、本当は、後からそうなったんだねえ。

―　分隊が？

長沢　分隊が。まあ一二人ぐらい、でも実際にはそうでないこともありますが、歩兵操典の定員は一五人だったかなあ。

―　一二人となっておりました。実弾演習は永定河の中洲で行われたと書かれていますけれど、人によっては中ノ島でやったと書いている方もいるのですが。（図1）

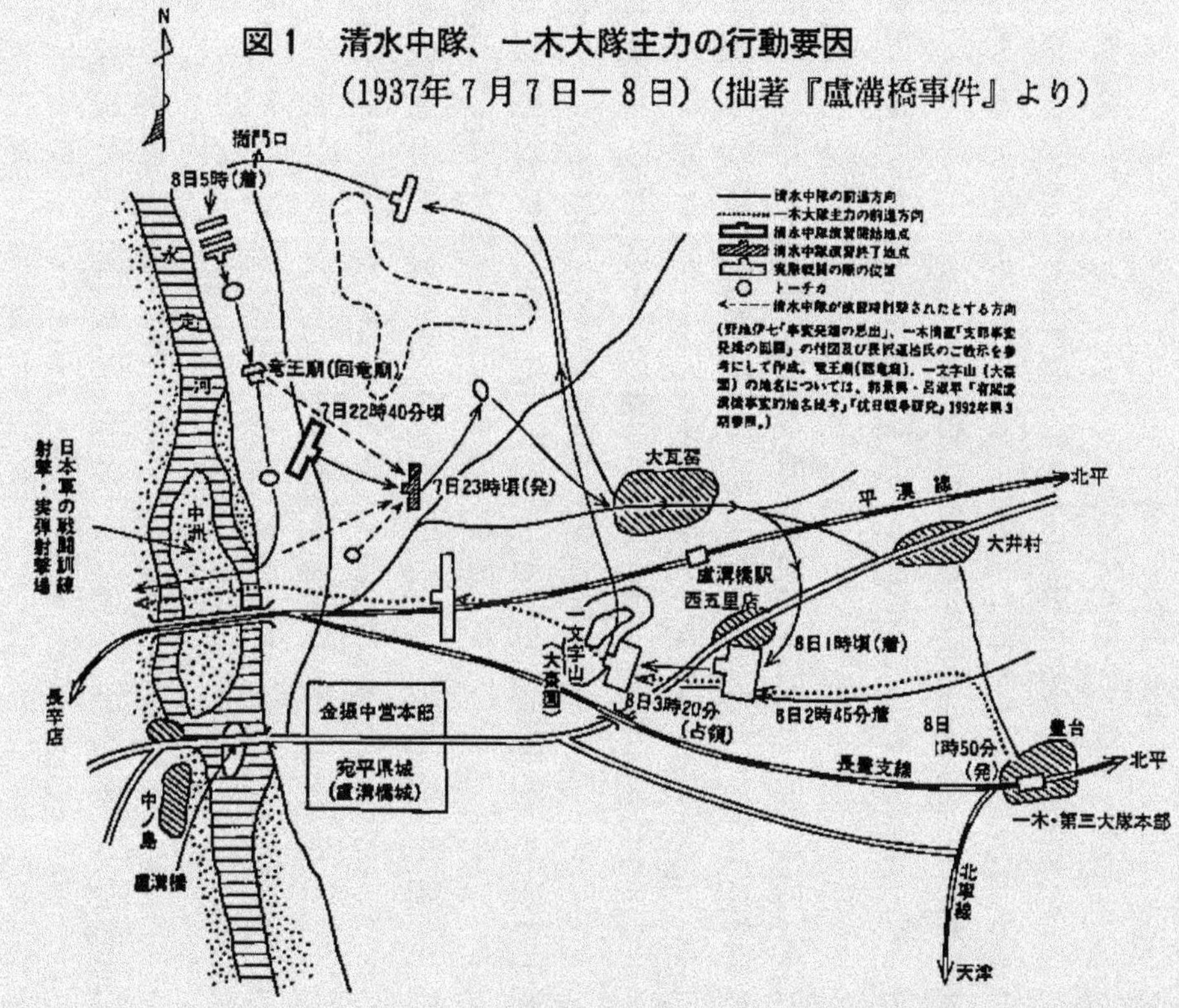

図1　清水中隊、一木大隊主力の行動要因
（1937年7月7日－8日）（拙著『盧溝橋事件』より）

長沢　中ノ島ではなくて中洲というのが正しいと思う。中ノ島のような所では実弾演習はとてもできませんよ、中国人の民家や兵舎がありますから。

――そうですか。

長沢　中洲に行く時、水が少ないときは渡れるんです。中洲は演習にはかなりいい場所です。上流の方に向かって撃てば、ほとんど他に害を及ぼすことが無いほど距離がありますから。

――豊台から中洲に行く場合は、どういうふうに通って行ったのでしょうか。

長沢　おおむねこの鉄道線路、長豊支線に沿って行った。

――線路のどちら側を通って。

長沢　線路の北側です。実弾射撃訓練と言ってましたが、射撃教範に従って何回かに分けて、教育課程が進むようになっていました。その課程をやらないと検閲されないんですよ。

――中国の人たちは盧溝橋の演習場でも実弾演習やっていたということを書いていますが。

長沢　絶対にやらない。実弾演習なんか、そんなところでやったらとんでもないことになる。自分たちが参ってしまうではありませんか。彼らが撃てばすべて実弾だと思うのは、彼らには空砲がないからなのです。音がすれば実弾だと思ってしまう。錯覚です。演習部隊は空砲だって撃たない、走っているだけです、ほとんど。

――演習の目的ですが、特に一九三七年、昭和一二年五月に千田貞雄大佐が来てから訓練が激しくなったということが書かれています。しかし、その演習の目的は、ソビエト軍との戦闘を想定したものであって、中国軍を仮想敵に考えたことはない、というふうに書かれていますね、やはりそうなのでしょうか。

長沢　そうです。対ソ戦法というもので、実際に私たちの訓練が始まったのは昭和一〇年頃からです。歩兵操典は赤本といって極秘扱いにしておったんです。中隊に何冊か聯隊から配布されて、中隊にはそれを保管する係がいて、金庫に収めている。必要な時出して、使えばすぐに収めて厳重に外部に洩れないように保管していました。私たちが内地にいる時から始まっていて、最後の歩兵操典が決まったので、千田さんが最後の仕上げをかけに来たのです。

―　ところで『第一聯隊戦闘詳報』に、「支那軍主脳者邸兵営城門等の奇襲計画を策定し各幹部をして……」(3)と書かれてあります。つまり中国軍、冀察政務委員会と第二十九軍の首脳を場合によっては攻撃するという準備も充分していたと書かれているのです。ですから訓練そのものがやはりそういう性格も実際には持っていたのではないかとこの『戦闘詳報』を読むかぎりは受け取れるのですが。

長沢　これはね、いくら中国の軍隊が軍長から末端まで表面上は平穏を装って友軍扱いにしておるけれど、いつどういうことがあるか不覚を取るようなことがあってはならんということは常に考えなくちゃいけないでしょう。宮本武蔵ではないけれど自分以外は皆敵なんだと、これは敵視するかどうか分からんが、それくらいの覚悟は必要でしょう。普通の家庭だってそうでしょ、泥棒がいつ来るかわからないというような準備ぐらい、心構えぐらいは必要なのと同じように、もしも最悪の事態が起こったらどうするかというぐらいのことは、これは常に考えておかなければならない、最小限は。但し中国兵を相手にしたような戦闘訓練は一切やっていない。もしやるとすれば、彼らは主として城壁の中に陣地というか、兵舎を構えているでしょう、あの城壁を如何にして乗り越えて突撃するか、突破口を作るか、というようなことになると、何か自分たちがそれと似通ったものを作らないと訓練できないでしょう、しかしそういうことは一切やっていないのです。指揮官としていざと言うときに不覚を取らないための準備は必要でしょう、その程度のことが書いてあるということではないのではないでしょうか。ここは私もよく読んでますが。

―　でもさっき読んだ個所は、第三大隊ですか、あるいは第一聯隊そのものですけど、いざとなったら中国軍をどう撃破するかという訓練を日常的にやっていたと読めるのですが。

長沢　文章の表現からするとそう読めるかもしれませんが、私たちはそういう訓練を実際にはやったことがない。なぜかと言うとソ連軍相手の訓練をやれば、中国軍と戦闘してもそれよりはずっと楽なんだから、中国軍相手の訓練など必要がないのですよ。私はそう思います。

——　次にもう一つお伺いします。支那駐屯軍がどうしてソビエト軍との戦闘というものを考えてやっていたのですか。関東軍がやるのはよく分かるのですが。

長沢　関東軍だってどのような範囲にするか、兵力だってこちら側は百万と言うけれども、向こう側も何倍も国境線にちゃんと配備してあるのだから、やはり関東軍にこちらから増援する必要は必ず出てくると考えたのだと思いますよ。ソ連軍を想定した歩兵操典は、在満軍だけでなく、日本陸軍全部に亘るものでした。

——　支那駐屯軍司令部が作った「昭和十一年度北支那占領地統治計画書」(4)を見ますと、昭和八年、熱河作戦の後ぐらいから参謀本部のある部門や支那駐屯軍等でですが、華北を如何に占領するかという研究を始めています。今のところ文書として分かっているのは昭和一一年の分しかありませんが、これを見ますと、支那駐屯軍や参謀本部のあるレベルだと思いますが、如何にして華北を占領するかというプランを随分綿密に立てて、それでいざことが起こった時にどうするか、という準備をやっていたのではないかと思われるのですが。

長沢　最近、石原莞爾の書いた本かなあ、まだ序文しか見ていませんが、それを見ますと参謀本部、軍の中央では、かなりそれを研究しておったと、但しその石原莞爾は支那事変が起きた時は孤軍奮闘、絶対におれの目の玉の黒いうちは華北には兵は増派しないんだといって、非常に苦しい立場に陥って左遷されます。満洲事変では、彼は首謀者だったが、支那事変の勃発当初は、孤軍奮闘したということが書いてあります。

——　当時参謀本部と陸軍省の中で、拡大派と不拡大派と二つに分かれて論争がありました。

長沢　私たち現地におって、それこそ幹部の端くれなんだけれども、不拡大方針を取ったということは事実なんですよ。相手と協定してますからねえ。緩衝地帯を設けて、何キロ以内には兵を置かないんだといってお互いに引き分けていたんです。しかし、軍の中央で、ものすごく早く増派して、やっちゃえって。現地では、何とかして抑えたいという指揮官が多くいました。

―― 仮設敵とはどういうものでしょうか。

長沢　仮設敵というのは、歩兵操典によって、ソ連の軍隊を想定した陣地を設けて、それに向かってこちらの方から出撃して攻撃する時の目標です。日本軍は七月七日の夜間演習に中国軍を攻撃するための演習をやっておったというが本当かということなんですね。それが嘘だというなら、どういう想定でそのような訓練をしたかということを裏付けるものがないかと問われたのですよ。それで大分考えたんですが、その時の演習の動きをこの（図2）に表わしておきました。どれくらいの兵力があって、距離がいくらでと書いてみました。仮設敵に近づくための演習なんです。永定河岸にいる彼らに背を向けて私たちは堤防から約四百メートルの地点から演習を開始しました。

―― 仮設敵には人がいるんですか。

長沢　おります。ごくわずかだけれど。

―― 清水節郎中隊長の思い出などには、仮設敵のところに軽機関銃があって、これが空砲を発射したところ、それに対して川の方から実弾が飛んできたと、こういう書き方をされていますね。仮設敵にいて空砲を撃った人はどういう人か特定できるんでしょうか。

長沢　仮設敵指令といいましたが、広島出身の曹長で谷辺良哉という人がいたのです。その方が仮設敵を指揮していたのですが二〇年ぐらい前に亡くなっているんです。私は彼を探してみました。広島に私よりも一年後輩の人がおりますが、彼に聞いてみてそうだと分かったんです。それから、坂本夏男先生（皇学館大学教授）からも仮設敵要員だった人を探してくれないかと、言われているんですよ。戦友会のメンバーに、

图2　第八中隊夜間演習実施略図（1937年7月7日）
（長沢連治氏作成、拙著、同前より）

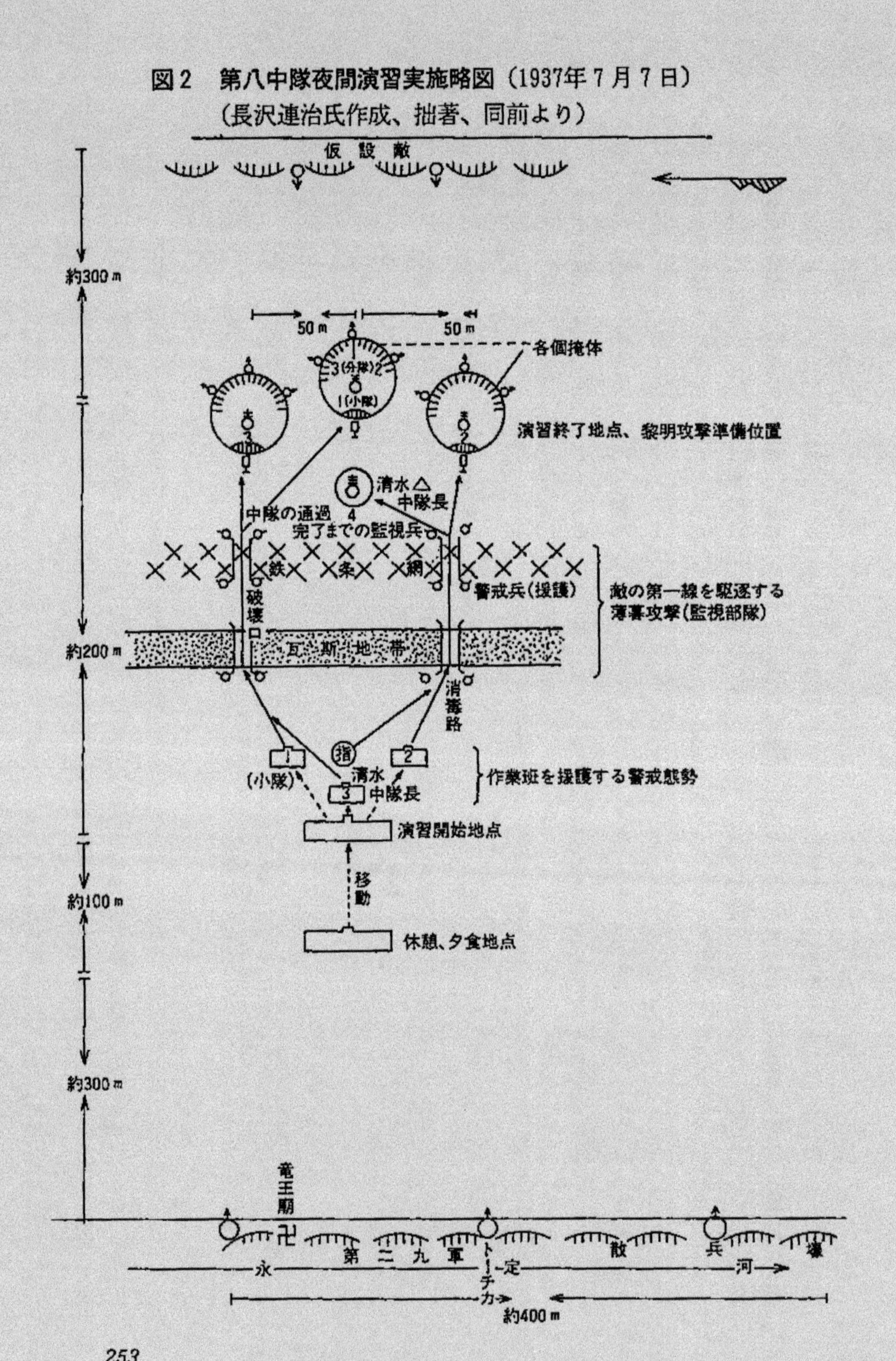

そういう人がいないかと尋ねている先生がいるから、名前を教えてくれって聞いたのですが、分かりませんなあ。実はね、谷辺曹長が生存中に、あなたが仮設敵指令だったようだがと聞いたものがいましたが、あまり詳しいことは言いたがらなかったらしいんですよ。そしてあまり仮設敵のことは追及しないでくれって言ったそうです。なぜかと言うと、本当は仮設敵はあの時撃つということになっておらなかったのですね。まだ撃つほどの距離に前進部隊が接近してませんからねえ、誤射だったのですよ。だから中隊長が怒ったんです。仮設敵であった兵隊を尋ね当てたらこれはしめたものだと思って、わたしも躍起となってやってますけど、できない。

— 数人ですか。

長沢　一〇名内外じゃないですか。

— 一〇名内外ですか。例えば、どの中隊、どの小隊ということも分からないのでしょうか。

長沢　そうではなくて、普通仮設敵というのは弱兵っていうか、あまり身体の調子のよくないようなのが当たるんですよ。ただし指令は立派な方です、演習のすべてのことを知っておらないといけませんから。実演部隊に如何に有効な訓練をさせるか、向こう側でやらなくてはいけないんですから。

— 七月七日の日のことをいろいろお伺いしたいのですが。夕方五時頃でしょうか、豊台を出発しましたのは。

長沢　そうですねえ。まだかなり暑かった。

— どれくらいで演習場まで到着しましたか。

長沢　五キロぐらいしかないから、一時間内外でしょうな、一時間かからないなあ。

— そうすると六時ぐらいには到着したということですね。

長沢　六時ぐらいには着いていたと思います。

— 実際の演習開始は午後七時半、一九時三〇分となっておりますが、やはりその間様子を見たり、食事をしたりしていたということだったのでしょうか。

長沢　そう、そう。演習地まで行く間にねえ、シャツ、襦袢と言いますがねえ、汗ばんで、まっ裸になって体操して、その間草むらに干してね、かなり乾きましたよ。下の方からの熱と空気の乾燥で、そういう記憶があります。

――それで、雰囲気としてはどうだったのでしょうか。今日は危ないとか、そういう感じだったのでしょうか。

長沢　全然。ただ、大分前から彼らが陣地を構築していることは分かっておりました。遠くから見れば分かるんだから。その晩も彼らは一所懸命でしたよ、私たちが演習を始めてもまだやっておりました。かなりの兵力を毎晩のようにそこに張りつけて我々を警戒していました。そして朝になるとすっと引き上げていく姿が見えるんです。

――七日は、今日は何か危ないなという感じは？

長沢　全然ありませんでした。ただ中隊長はそういうことがあったらと、常に注意はしておりました。あまり彼らを刺激しないようにとか、攻撃しないようにとか。その晩に限ってどうも今日はおかしいなどということは全く思わなかった。そんな矢先に急に後方から発砲されたものだから、びっくりしたなあ。

――その時の装備もいつも議論になるのですが、実弾を三〇発、これはそういう場合にいつも持って行く。空砲というのは何発ぐらいいつも持っていくのですか？

長沢　空砲は五発かそこらじゃないですか。

――鉄帽もかぶっていない。

長沢　鉄帽はかぶっていないんですよ。襦袢の着替えも、携帯口粮も全然持っていないんですよ。なるべく軽装にしてね、口に入れることができるものは水筒一本の水だけですよ。演習の最小限の服装です。

――演習の配置図（図2）、これなんですが。

長沢　だいたいそういう想定で、そういう行動計画の演習だった。こういうのがソ連の陣地の構造なんです。

—　ソビエト軍ということですね。

長沢　そうです。ガス地帯や鉄条網がある。側防火器をうんと使うんですね、これは、第一線の敵の配置ですから、ここを突破して行くと、側防火器がやたら射って来るんですよ。そういうのが彼らのやり方。

—　側防火器というのはどういうのですか。

長沢　側傍から、短刀火器とも言うんです、隠しててパーっと出てくる、そういうのが彼らの特徴になっていました。

—　ソビエト軍の？

長沢　ええ。斜め後方から撃つようなのが少しあるそうです。私はそんなのと戦闘したことありませんけど。

—　ご説明によるとソビエト軍を相手にした演習だったということが分かりますが。

長沢　中国軍の兵営を奇襲攻撃する場合には、こういう訓練は必要ないのです。ここは、破壊口と言うんです。これは主に攻撃前進に使うのですが、狭いところを通って行くから、白昼は近づくことができない、暗いうちにここから障害物を突破して次の日の夜明け、パーっと一線を突破して、そこから切り込んで行くという、そういうやり方ですねえ。

—　そうですか。四百メートルぐらいですか、永定河の堤防と夕食地点との間は。

長沢　そうですねえ。これぐらい離れると狙って撃つ弾は当たるけれども、夜間撃ったって当たらないですよ。だから中隊長は、刺激をしないようにというので、演習開始地点をずっと前に進めたのです。

—　経始班というのは何ですか。

長沢　経始班というのは、経路を示す。この演習部隊が前進する経路を作るやつ。ここに行くのを導くのに白い石灰をまいておく。線を引いてすっと、敵の方に見えないような隠れたようなやり方でね。鉄条網を破壊するのを破壊班、ガス地帯を消毒するのを消毒班といいました。

—— 次は問題の「第一発」の話なんですが、長沢さん自身はどこにおられたのでしょうか、最初の一発を撃たれた時というのは。

長沢 私は第二小隊だから、二小隊も演習をほぼ完了したからというので、中隊長が伝令を使って一箇所にまとめつつあった、だから演習終了地点にはいなかったでしょうが、その付近(図2の△の地点)まで行っていたんじゃないですか。

—— そうしますと、撃たれたとしても一キロ近く河岸から離れていたわけですね。

長沢 離れてますね。

—— やはり自分の頭の上を越えたという感じがされたのですか。

長沢 飛びましたなあ。かなり弾の威力が落ちているからブルンブルンブルンていうような音がしました。

—— 一キロも飛ぶんですか。

長沢 飛びますよ。

—— 中隊長はどこにいたのですか。

長沢 中隊長は鉄条網の付近におったんでしょうな。

—— そうですか。一キロぐらいのところにいたわけですねえ、夜一〇時四〇分頃です。

長沢 中国軍の発砲地点と私たちとの距離は約一キロメートル位になるのではないか? と申しますが、七、八〇〇メートル以上はあったと思います。当てるつもりで撃った弾だと、一キロぐらい飛んでもそんなに上の方は飛ばないんじゃないですか。いやがらせ的射撃ですねえ、最初は。但し第二回目に来たときは、もう危険でした。あの時まだ立っていたのですが、中隊長が「すぐに伏せえ」と言ったんですよ、弾の数も多いしね、その時立っていたら危ないほど頭すれすれに飛んでいった。

―― その辺の経過ですが、いろいろな方がいろいろな書き方されているます。つまり、清水中隊長の思い出などによりますと、一〇時半頃、演習を中止し、集合の命令を出したところが、突然仮設敵が軽機関銃の発砲（空砲）を始めた、それに対して背後から撃ってきたという書き方をされています。しかし、『第一聯隊戦闘詳報』とか『第三大隊戦闘詳報』には軽機関銃が撃ったということが全然書いていないんですね。これはどういうことなのでしょうか。

長沢 『戦闘詳報』は、戦闘が始まってからの詳報だから、演習のことは書かないでしょう。書いていないのはそういうことのためだと思います。中隊長は大隊長にこういう情況だということを岩谷兵治曹長を通じて報告させたが、これが撃ってきた、それに対してこうしたというようなことまでは大隊長には言っていないでしょう、ただ兵がこのような演習中に一名おらなくなったんだということは言った。軽機関銃は、先ほどお話ししたように、この演習では撃つ必要なかったのですよ。なぜそういうことしたか、このことについて去年（一九九九年）の戦友会の時もいろいろ話ししましたが、皆だいたい同じこと言っておりました。それは、演習をやめるからこちらに来いという命令が、仮設敵に飛んだわけです、伝令を使って。その伝令を演習部隊が進入してきたと誤って軽機関銃で我々を撃ったんだと、それで中隊長が怒ったわけですよ、撃つようになっておらないのに撃つとは、「バカヤロー」と言って怒ったという。

―― 七月七日の夜の演習では空砲というのはまったく撃ってなかったのですか。

長沢 撃ってないです。実演部隊は全然撃ってない。ただ軽機関銃が夜中に誤射したんです、それだけです。

―― こっちから軽機関銃で撃ったのに対して中国側がびっくりして撃ったと、こういう関係なんでしょうか。

長沢 そうでしょうねえ。お前らも撃ってるじゃないかと、おれだって撃つ権利があるじゃないかというような考えでしょう。軽機関銃の発射に相当刺激を受けたんじゃないですか。軽機関銃、あれ撃つと、火花が散るからねえ、音と同時に、かなりよく見えますよ。

—— 一キロぐらい先でも見えますか。

長沢　見えます、見えます。何も遮蔽物がなければ。

—— 故意に狙って撃ったとかそういうことよりは、こっちの発射にちょっと驚いて反応したという、そういう関係でしょうか。

長沢　そうでしょうなあ。ただ闇夜に鉄砲だからねえ、撃たれっぱなしでは腹くそ悪いから、少し一発撃ってやれという程度のことじゃなかったのではないでしょうか。但し撃たれた方からすれば、実弾だし、しかも後方から来るのだから。何やってるんだと、こう言わざるを得ないんじゃないですか。

—— 志村菊次郎二等兵の行方不明の話をちょっとお伺いしたいのですが、野地伊七第一小隊長の「事変発端の思出」[5]が詳しいですね。しかし、坂本夏男さんが高桑弥一郎さんへのインタビューをもとに「第一小隊長野地伊七少尉は……、午後九時三十分過ぎ、志村菊次郎二等兵（のち憲兵伍長、十九年ビルマで戦死）を遣り、小隊の状況を報告させた」[6]と書かれていますねえ、これはどうなんでしょうか。

長沢　これは高桑が書いたんですか。

—— 高桑さんへのインタビューをもとに坂本さんが書かれたものです。

長沢　高桑は、去年かなりはっきりしたことを言ったんですが、伝令によって演習中止を仮設敵にも伝達させたと書いてありますね。「暗闇の中に動く伝令を演習部隊の接近である、と誤認したため」とも書いてある。この仮設敵がバリバリ空砲を撃った、すぐその後ではなかった、少し間隙がありましたよ。正確には。

—— 志村二等兵の話ですが、高桑さんは午後九時三〇分に志村二等兵を伝令として派遣したと、言っていますね、そうすると当時志村二等兵はどこにいたんでしょうか。

長沢　志村はねえ。

—— 伝令に出発する時ですが。

長沢　志村に第一小隊の今日の演習の作業配備が完了したということを中隊長に報告させに行かせたのです。

―　中隊長はどこですか。

長沢　中隊長は略図（図2）の第一小隊の位置と思います。志村は報告に行って、方向を間違えてとんでもない方に、かなり距離があるところまでさまよって行ったのでしょう。高桑に言わせると、実は第一小隊の連絡係下士官と称するものが、各小隊長の傍にいて伝令と二人いることになっていたのですよ、高桑はまだ上等兵だけれども伍長勤務だから、その役目についておったわけです。高桑と志村とは小隊長のすぐ傍にいた。それでなぜ高桑を出さないのか、あるいは初年兵一人であまり経験の無いものをそういう役につけたことは野地小隊長の失態だったと、高桑はそう言っておりました。私らもそう思います。それで高桑曰く、志村は方向を間違えたかもしれないが、本当は、高桑の言葉で言うとウンコをしに行ったんだと、志村がそう言っておったよと去年そう言いましたよ。

―　高桑さんは、NHKの「盧溝橋謎の銃声　昭和十二年」[7]では「志村は最初に出発した方向に迷って中国兵の前まで行ってしまったわけです。それで撃たれたという話であった。」と言っていますが。

長沢　これが本当かなあ。中国兵の前までは行ってないと思う。高桑ははっきり言わないが、でも高桑はさっきお話したように言っておりましたよ。NHKでは言い誤りだったようです。

―　長沢さんが一九七〇年に復刻された『第三大隊戦闘詳報』の序文として書かれた中に「かれは、第二小隊への伝令の途中、暗夜に足をとられ、深さ十数米の砂取り穴に転落、頭部を強打して……」とありますが、ここは後に私に送ってくださった時に長沢さん自身消されたましたね、これはどうしてでしょうか。

長沢　当時はそういうことを言っておったんです、私たち同士で。しかし、後から聞いたらね、どうもこうではなかったと、そんなに深い谷底みたいな穴に志村が転落したら、どこか怪我か捻挫ぐらいしてるんじゃないかと、そういうことありませんでしたからねえ。これは間違いだというので後で消しました。一〇メートルぐらいの穴がたくさんありましたからね。危険でしたよ、あそこは、雨が降ると水が一杯たまって。

―　分かりました。ところで志村は、九時半に伝令に出発して、そんなに距離はありませんねえ、せいぜい数十メートル程度の。

長沢　数十メートル、百メートルない。

―　九時半に出発して、志村が帰ってきたのは演習が終わって二〇分ぐらいしてというと、一一時頃、元の隊に戻ってきたとなっています。

長沢　二回目の発砲が一〇時四〇分だからねえ。

―　もしこの通りだとしますと志村は一時間半も帰ってこなかったということになります。一時間半も帰って来なければ、その間におかしいという話が起こってもいいように思うのですが。

長沢　一時間半は少し長いねえ。

―　もし高桑さんの話の通りだとすれば。

長沢　合わないね。

―　どういうふうに通ったんでしょう、具体的に。

長沢　志村は中隊長には報告してます。

―　した、と書いてありますね。

長沢　中隊長は演習指導のために各小隊を巡回していてそこにいなくて、指揮班長の三浦准尉が彼から報告を受けて、よしわかったと言われた。小隊長に何か伝えることはありませんかと尋ねるのが当然だ、お前は黙って帰ったらいかんぞと志村は言われたっていいますねえ。志村がここに来たことは事実です。帰りが要するに問題です。帰りに道を迷ったのか、わざと用便をするためにどっかへ行ったのか。

―　大した距離ではないですからねえ。

長沢　ただ自分の部隊がどこにいるかはだいたい分かる。それをするために、この付近では場所がないから、どっかへ行ってやろうというような行動に出たのではないかと私は思います。

―　それは前から用便というお話はありましたけれども、坂本さんはそれを否定されてますね。

長沢　わたしはね、志村は小隊の位置に戻ろうとしたけれども訓練不足で分からなくなった、これはやむを得なかったと高桑が言っているようだけれども、わたしはどうも用便説をとりますねえ。

―　そうですか。

長沢　小隊から離れた方向に行って、用便を果たしたが、少し方向感覚が誤っていて、戻ったけれども部隊が動いた後だったのではないかと。砂利取り場には落ちていませんよ、落ちていれば必ず怪我します、あるいは失神状態になるかもしれない、それくらい深い穴ですから。それと小隊長から離れて一時間半というのは少し長すぎますねえ。

―　長すぎますね。この間野地小隊長が不思議に思わなかったというのも不思議ですね、一時間半としましたら。

長沢　私は本当に残念に思います。志村の行動を清水中隊長は調査すべきだったんです。それさえ出来ておれば、こんなに私たちが苦労する必要ないと思ったりもします。

―　中国の学者で曲家源さんという方、山西省の山西師範大学の方ですが、『盧溝橋事変起因考論』(8)という本を書かれております。その方がこの事について非常に拘っておられるんです。日本人の書いているものはどうも納得できないと、いま長沢さんが言われたように、なぜ志村が帰った時調査しなかったのかというようなことも問題にしながら、これは日本側が計画的にやったものだから追求しなかったのだ、というふうにとっているのですね。支那駐屯軍の上層部は、あの日に兵隊を一名行方不明にさせて、そのことを理由に宛平県城を攻撃しようという計画を持っていた、だから志村のことをはっきり調査しようとしなかったのだ、という解釈をされてるのです。こうした点をもう少しきちっと説明されておれば、中国の方もそんな憶測をしなくても済んだように思うんですが。

長沢　清水中隊長の性格がそうさせたと、思われるふしがあります。あの方は非常に恩情、慈悲というのか、事が済んでからあれこれ追究するなどということをしたくないという考えの方だった。性格がそうさせたのかなって思ったりもするんですが。それから野地少尉ご自身もね、自分で伝令の人選というか、重い任務を初年兵に、訓練が終わったばっかりの者に言いつけたということに責任を感じていたのではないでしょうか。それで志村をあまりいじめると、自分も立場が苦しくなるからというような点から調査に消極的だった、これは私の憶測です。でも清水中隊長も野地小隊長に調査させる、先ほど言ったようにしておけばよかったのではないかと思います。二人ともそれをいわば怠ったということです。

——そこが、どうもいろいろな解釈が分かれてしまう要因になってしまっているように思うのです。

長沢　でも志村を行方不明にならせておいて、口実を作って宛平県城を攻撃するなどという考えは、これはもうあちら様の憶測でねえ、都合のいい判断ですよ。事実行方不明になってますからねえ。皆認めてますから、時間の長短はあってもね。清水中隊長が一木大隊長に報告したでしょう、そして大隊長が非常呼集をかけて出動したからねえ。非常に重大だと聯隊長にも報告してある。

——ですから、中国人の学者は、その辺非常におかしいんじゃないかと、志村がもう少し長く行方不明になって、怪我をしたり、場合によっては死体となって発見されたとなれば、もう全く日本側の理由が成り立ちますから攻撃できたはずだ、ところが彼は予定を変更して早く帰ってきてしまったと、こういうふうに見ている、この見方は如何でしょうか。

長沢　過ぎ去ったことはなかなか真相が分からない。

——いまのお話と関わりますが、清水中隊長が岩谷曹長と内田一等兵をすぐに伝令として豊台に送られたが、その時の派遣の理由ですが二つの理由がありました。発砲されたということと、もう一つ志村がいなくなったということです。これのどっちを重視したのかということで、いろんな説があります。中隊長の思い出では、どうも発砲の方を重視したかのように書かれているのです。しかしどうもそうではなくて、やはり行方不明の方をより重視して伝令を送ったのではないかと、私は理解しているのですが、当時の現場におられた雰囲気としては、いかがだったのでしょうか。

長沢　それは大事なことですねえ。志村が行方不明だということを大隊長に報告する場合、中隊長としては、志村を探して本当の行方不明だったならば、これは報告してもいいが、私は二回も撃たれているのだから、撃たれたことが重点的な報告事項になるのではないかと思います。兵一名いなくなったというのは、何のためにいなくなったのかということを言わずに、ただ行方不明になった、今言ったように誰かが撃ったものだとか、そのせいで死んだとか、という説もある中でね。事実そんなに時間かからないうちに彼は出てきているのだから。そうすると、行方不明になった兵が出てきた時、私はその時点でもう一回大隊長に伝令を出すべきだったと思う。そうすれば大隊長もそのことを知っておったら、出動しても、よほど考えが変わっていったはずだ、そういう感じがします。今になってみると残念な気がします。

——　発砲されたが、志村二等兵は二〇分間で帰ってきた。その前に伝令が送られたわけですねえ。

長沢　伝令がまだ豊台の大隊長のもとに到着しないうちに志村が帰ってきた。

——　帰ってきてますねえ。

長沢　だとすれば、訂正の伝令を送らなければならない。

——　いや清水中隊長は第二の伝令を送ったのです。「清水節郎氏の手記」の中では「行方不明の兵はほどなく発見し、伝令をもってこれを大隊長に報告し[9]」と書かれています。しかし、第二の伝令が豊台でどう受けとめられたかは誰も書いていません。これも分からない話です。こうした疑問が重なるので、中国人としては日本側の主張に疑問の目を向けるのです。先ども申しましたように、中国には、元々支那駐屯軍には宛平県城を攻撃しようという「謀略」があった、ところが志村が出てくるのが早すぎて手順が狂ってきたために対応が変わっていったに過ぎない、というような解釈が出てくるのです。

長沢　向こう様に言わせれば、そうでしょうなあ。

——　七日夜一一時五七、八分ぐらいに岩谷曹長と内田一等兵が豊台に到着しています。だいたい一時間ぐらいで到着しました。その時の一木大隊長が受けた報告の内、重大視したのはやはり兵が一名いないという点だった、と書かれていますが。

長沢　ええ、その時点ではねえ。

——　発砲ということは、当時かなりあったのですか、小競り合いというか、中国軍との間で。

長沢　ありません。

——　そうですか。

長沢　日常の演習とか、あるいは私たちが宛平県城内を通過して歩く時でも、戦争までしようというほどの憎しみを感じるようなことはなかった。いやがらせは随分受けましたよ。たとえば、中隊長が実弾射撃か何かのために、演習の下準備をしようと仮設敵の配置計画を立てるために先行して宛平県城から先の方に行っていたことがあるんですよ。その演習部隊を指揮して野地少尉が宛平県城の東側の門のところにいったんです。そうしたら門がギューっと閉まったのです。

——　いつ頃の話ですか。

長沢　昭和一一年です。

——　一一年ですか。

長沢　何月だったか、まだ一二年の春ではないでしょう、柳の葉がまだあったころです。以前は通してくれた、自由に通っていいことになっておったのが、その時に限って閉めたんですよ。なぜ閉めたのかって言ったら、本部に行って隊長から許しを得ないとここを通すわけにいかないというわけなのです。二人立てておった歩哨がワーと一二、三人になった。銃剣つけて。その待つ時間の長かったこと、中隊長が何時頃までに来いと言ったってその場所に行けないでしょう、野地少尉、非常に困ってしまいました。野地さんは中国語専攻した人で、随分彼らと話をしておった。その間に彼らに青竜刀を抜いて見せろと言ったら、抜いて見せた。では、お前の日本刀も抜いてみせろと言うんですよ、それでどちらも抜いた。どっちが切れるか試し切りをやってみないかと、野地少尉そう言ったんですよ。そうしたら、彼らが青竜刀でやってみたけれど、柳の木を少しも切れないんですよ、切れるどころか、青竜刀が曲がっちゃった。今度は野地少尉がそれじゃあこっちの方のを試してみるから見ておれと、スパッと切れたわけですよ。相手はたまげてしまった、そういうこともあった。

また、中洲に行って射撃訓練をやって帰る時、兵器係が荷車を牽いて道具を運ぶのですが、彼らは演習部隊よりかなり遅れて盧溝橋の方の西門から入ろうとしたら差し止めくらった、通るなと。それで困って、宛平県城を迂回したんです。さあ帰って来ない。中隊長心配しましてねえ、長沢、お前一個分隊つれて見て来いって言われたんですよ。出発して、大分先に行ったら、彼らがトボトボ帰ってきた。そういうこともありました。

それから、主計大尉で小畑幸男という人がおった。この人は東大出の優秀な人で、日曜に袴（はかま）を穿（は）いて散歩しておった、豊台の街を。そうしたら中国の兵隊が、すれ違って彼にいやがらせしたらしいんですよ。要するに無礼なことをしたんでしょうなあ。それで彼怒ってね、さんざん柔道の背負い投げで投げて、相手は動けないような状態になってしまった。小畑さんは柔道五段の腕前だったと聞いてます。ちょっと見ると、青白い人でしたけれども、柔道っていったらすごかったですよ。こんなことから彼らは反抗心は持っていたのではないですか。

―　一木大隊長は、最初報告を受けた時は、兵一名行方不明というのを一番大事な問題として、それで豊台部隊の出動を命令した、発砲というよりは志村がいなくなったということ、これは大変だという受け止め方から行動が始まったのではないかと、私は理解しているのですが。

長沢　そうですねえ、大隊長の出動の決心は志村の行方不明の方が主ではないかと、発砲の方よりもね、発砲もそりゃあ悪い行為だけれども。

―　そう思うのですが。一木大隊長が出動を決心した時には志村はすでに帰っているのに出動命令自体はそれを理由に出されていったのです。。

長沢　大隊長はそれを修正しなかった。自分が出動を命じているし、一旦理由が整えばなかなか実はこうだったなどと、特に軍人は言いたがらない。

―　そうですね。次は清水中隊、長沢さんたちの中隊と一木大隊長が何時に会ったのかという問題ですが。『朝日新聞』の「盧溝橋事件一周年回顧座談会」[10]で、一木大隊長は、「八日午前一時過ぎ頃」と言っていますが。但し『大隊戦闘詳報』は「二時〇三分」としています。清水中隊長は、先の「手記」の中で「西五里店に移動、午前一時ごろここに到着して待機することになった。到着後間もなく大隊副官代理亀中尉来着」と書かれています。西五里店に中隊が到着したのは一時頃でしょうか。

長沢　そうでしょうねえ。

―　西五里店で一時頃、亀中尉は清水中隊長と会っていると書かれていますね。そこで豊台と中隊との連絡がとれた、その時点で志村が帰っているということは大隊の方には伝わったはずではないか、と思います。

長沢　でもねえ、亀中尉は西五里店で一時頃中隊長と会った、亀中尉はすぐに大隊長に志村のことを知らせたのではないかということでしょうか。

―　そうです。

長沢　これはねえ、亀中尉といえども、西五里店に中隊が来るとは分かっていなかったでしょう。大隊長はまだ行動中だったかも知れないですよ、鉄道線路の脇あたりを。大隊長が豊台から離れる距離が近ければ近いほど、会う確率が非常に高くて割合早く伝わるのでしょうが、大隊長が演習地のような道路からそれたところに入ってしまうと、亀中尉といえども、なかなか大隊長と会うことは難しかったのではないですか、時間がかかると思います。

―　そうですか。

長沢　わたしはそう判断しますよ。ということは、大隊長がまだ付近にいたら亀中尉のいる西五里店に来ることができたでしょう。ところが大隊長が亀中尉とすれ違ったり、あるいは大隊長がこの道路からそれた方向に行ってしまったとすれば、これはなかなか、ちょっと探せません。私はそう思いますけどね。相当時間がかかるんじゃないでしょうか、行き違い状態だから。

―　亀中尉が先行しますが、その時に、どこに行くとか、どこで何時に落ち合おうとかそういう話は、普通はしないのでしょうか。全く連絡方法なしに先行するということがあるのでしょうか。

長沢　西五里店に中隊長が行くということを伝令に知らせておけば、それはできますよ。そうは言ってないんですもの。中隊長は安全地帯として、この付近がよかろうといって決めたのでしょう。亀中尉も知りませんよ、西五里店に中隊長が来るっていうことを。私は西五里店で、亀中尉が中隊長と一時頃に会ったっていうことは、不思議なほど早いと思いますよ。

―　演習に行く時には通信器とか持たずに行くんですか。

長沢　全然持ってませんよ。無線ももちろんないし、大隊長がこういう行動を起こすといったって、大隊本部から電線を延ばしたけれど、かなり手前の方で持っていった全部の線を使い尽くして、前の方に進むことができなかった。後からまた線を取り寄せて前の方に進んだんです。

—そうですかねえ、夜間で、非常に危ない所でやりますから、何か起こった時にどう連絡するかとかですねえ、そういうことは日常ないんですか。

長沢　それはやるべきですねえ、本当は。大隊長は亀中尉にどこそこに行くと言わせればいい、そしておれはここに行くんだから、お前先に行って中隊長が見つかったらここに来るように連絡せよ、おれもそこに行くと、大隊長はそう言えばよかった。それからもっといいことは、中隊長は先に伝令を発する時に中隊はここに行くんだと、だから大隊長も来てくださいと。これが一番いいんですよ。

—そうですねえ。普通で考えると理解し難いことがたくさんこの夜中に起こっているんですねえ。

長沢　士官学校出た優秀な指揮官でもね、こういう場合は後から考えると非常に手落ちがあるということは、私のような者が今考えても分かりますね。

—そうですか。ですから私らはある意味で合理的解釈をして、それと合わないことは、何か作為的ではないかと、こういうふうに思ってしまうわけです。ましてや中国の方からすれば、この夜の日本軍の行動についての説明は非常におかしいと考える。ここに一時頃と書いてあるじゃないか、二時三分というのはおかしいと、つまり一時間の間に次に何をしようかということを画策したんだと、そういうように解釈するんですねえ。やっぱりこれは全く偶然のことなのでしょうか。

長沢　私たちは、軍隊教育を受ける時には、指揮官の位置というものを非常に厳しく教えられた。指揮官はどこに位置するのか、部隊を指揮するのに一番都合のいい所が指揮官のいる場所なんです。したがって部隊を指揮するためには、指揮官の場所を部下に、全部でなくたっていいから、大隊長なら中隊長とか誰かに知らせるべきなのです。命令が伝わりやすい。それをやっていない、と私は言いたくなる。そんなこと日常茶飯事、私たちを教育している人たちがですよ。そういう教育を受けて私も下士官になりました、軍隊に

長沢　一年おりましたが、そういうことを私は、中隊長を補佐する役目だったけど、常に重点を置きましたなあ。

——ですから、不思議なことがたくさん重なってきますから、それを繋いでゆくとどうなるか、曲さんのように、要するに日本側が作為的にやったと解釈すれば全部説明がつくという見方が出てくるのです。

長沢　なぜそのように時間がかかり過ぎたかということの理由は、わたしはそこにあると思います。お互いに、手抜かりしちゃったんだねえ、大隊長は西五里店に行くと言えば、中隊長も西五里店に居るのだからバチッと会う。けれども西五里店に中隊長が移ったということは、大隊長は全然知っていない。それから亀副官は比較的早く会っている。その副官が大隊長に早く伝えようとしても、大隊長が動いてしまっている、道路上に居ればいいけれども、脇に入ってしまうと。

——なぜ「一時過ぎ頃」と言ったのでしょうか、一木大隊長は。

長沢　「一時過ぎ頃」と言いましたか。

——ええ、新聞に書いてあるのは「一時過ぎ頃」なんですよ。

長沢　『戦闘詳報』は大隊長が自分で書いたものでしょう。

——そうですね。

長沢　自分が執筆したのを大隊本部の書記が変えた、二時三分に？

——そうですねえ、変えてますねえ。

長沢　そしてこちらは後で言った。

——そうなんです、座談会で。

長沢　そうするとどちらかに嘘がある、どちらかが正しい？

——どっちが正しいのか、「一時過ぎ頃」の方が近いと違うかなと思いますが。

長沢　「一時過ぎ頃」は、非常にうまくいった時のことです、うまくいってないんですよ。

—　長沢さん自身は、大隊長と清水中隊長が会われたという時は、記憶にありますか？

長沢　西五里店で、二時三分に、大隊長と中隊長が会ったというその現場はわたしは目撃していません。離れた場所で警戒、陣地を布いていたんじゃないですか。夜間に部隊が敵襲に備える場合には、小隊なら小隊として円陣を作るんです。一小隊はこの方向、二小隊はこの方向、三小隊はこの方向を主に警戒するようにと。中隊長とは少し離れた場所に、私は任務に就いていたと思います。だから二人が会ったということは知らないんです、見てないですから。西五里店で会ったということは、後で分かったことです。小隊長あたりは知っていたかもしれませんが。

—　それからもう一つ、その時点で、大隊長は何時かは別にしまして、志村が帰ってきたと、発見されたということを知ったわけですねえ。

長沢　そうです。

—　私らの常識から言うと、それでもうその日は引き揚げようと、豊台にですね、引き揚げようと、こういう命令を出すのかと思うわけです。なぜ出さなかったのか、つまり、大隊長は、さっき申しましたように、行方不明の問題で出動したんだから、それが解決したという報告が出れば、しかもそれが別に中国側が撃ったから行方不明になったとかいうことではなくて、たまたま道が分からなくなったため、これは中国側の発砲云々と全然関係のない事件ですねえ、志村が行方不明になったのは。

長沢　そう。

—　そうだとすれば、もうそれでですね、本当は皆を集めて今晩は豊台に戻ろうと、こういう指令をなぜ出さなかったのだろうかという疑問が起こるんですが、その辺はどう思われますか。

長沢　起こるねえ、そう。大隊長は、本当はそこでかなり心がね、中国側に対する攻撃の心は鈍ったと思いますよ。志村が出たっていうことでね。二回射撃を、不法射撃と言っておりますけれども、受けているがそれでこちらに別に損害も出てないしね、後で追究すればいくらでも原因の究明はできると思います。

ただそうこうしているうちに、三時二五分に第三回目が撃ち込まれているでしょ、大隊長が実際に敵の射撃を知ったんですね、それが初めてなんですよ、それで彼は兵の問題はまあいいと、三回もわれわれに射撃するということは何事かと、その射撃することに対する彼らの真意を確かめるためには、こちらからまず攻撃するということよりも、彼らが本当に戦闘やるつもりで陣地についているのか、何回もそのような誘発的な行動をして日本軍に対する侮辱的態度に出るということを確かめねばならないと、こういうことになったようですね。聯隊長は三回目に射撃されたことの報告を受けると、不法射撃だし、宛平県城内と交渉しながら、彼らの真意を確かめて責任者の追及をすべきだと、こう見てられてるんですね。それで、それをやりながら、もしもの場合に向こうから発砲されても、それに耐えうる態勢に置こうというやり方ですよ。

―　ただ、二時三分に志村が発見されたことが分かった、西五里店でですね、それからさらに、大隊の主力が到着して一文字山まで行きますね。志村が発見されてからさらに一文字山まで進んだわけですね。その後に、いわゆる第三回目の三時二五分の事件が起こる、だから本来はもうその前にですね、決断しておれば三回目の問題も起こらなかったはずではないかと思います。

長沢　三回目の発砲。

―　三時二五分の。

長沢　それは違います。

―　そうですか。

長沢　伝令に対して撃った射撃、二人は竜王廟の方向から永定河の東の方の低いところをずっと中隊を探していたんです。

── それはどこで撃たれたのでしょうか、地図でいいますと。

長沢 それはねえ。

── 撃たれたと言っているのでしょう、岩谷曹長と内田一等兵は?

長沢 ここが竜王廟でしょ、中隊を探してね、彼ら二人はこの付近まで行っていたらしい、竜王廟の付近までね。狙えば当たる範囲まで彼らは行ってるのです、中隊を探して。そこまで行って居らないものだから、今度は引き返してここを通ったわけですよ、その時に右から撃たれている、それが三時二五分、この音を大隊長が聞いている。

── 寺田浄という方に『第一線の見た盧溝橋事件』(11)という本がありまして、その中に、内田一等兵の手記を取り上げているのです。

長沢 内田には電話で聞いたことがあります。二、三年前だったかなあ、そういうことがあったということを彼が言うから、それじゃ具体的なことをもっと詳しく話してくれと、それで電話で聞いたら間違いないんだと。竜王廟一帯を探すうちに手綱を撃たれた。どちら側だったかと聞いたら、右側だったといっていた。後で見たら穴が開いていたって。撃たれた時刻は『戦闘詳報』には三時二五分、大隊長もその音を聞いている。それで大隊長は非常に緊張して決心し、これではならんと、責任者を追及するということ、聯隊長から許可を得て実施するということになるんですがね。

── しかし、二人は八日午前〇時には豊台に到着していますね。そうすると、それから報告して、豊台を出て三時二五分までというと、三時間ぐらいあいてますねえ、その間、中隊を探していたんでしょうか。

長沢 そういうことになるね。

── そうすると、その間、清水中隊長たちは心配しなかったんでしょうか。

長沢　もちろん心配したでしょうなあ、大隊長より会うのが遅いんだものねえ、早く出ているのに。お前は先に帰っておれ、大隊は今出動するから、そのことを中隊長に早く帰って伝えよと、こう言って先に豊台から出している。内田たちは、ラッパが鳴って、大隊が集合するところを見て帰ってきたと言っていますよ、大隊長よりは早い、大隊長は命令を下してから豊台を出発してるから、内田や岩谷曹長よりは遅い。

――そうですねえ。ですから、どうして三時間近くさ迷ったのか。どうしてこの二人があんなに長い時間、自分の部隊にたどり着けなかったのかよく分からない。

長沢　一昨日ね、私は内田に電話したんですよ。今日ここに来れるかって言ったら、とても行けないって言うんですよ、足が弱ってね、彼も私と同じ年なんだが、私よりもずっとまいってしまっているからね、老衰状態です。

――手記、お書きになられたものがあるわけですね。

長沢　これ見ればねえ。

――何かの機会に是非聞いてみて下さい。一木大隊長は、先の『朝日新聞』の座談会では「何を射ったか分かりませんがばんばんと射った」と言っているんですね。他方、寺田さんは岩谷曹長が自分たちが撃たれたということを一木大隊長に報告してる場面に出くわしたと書いているんです。

長沢　その時は、分らなかったんでしょうねえ。

――三時二五分のもっと後に報告に来たわけですよね、二人は。

長沢　そうでしょう。

――そりゃそうですねえ、撃たれた後ですから。そうすると何時ごろ着いたのでしょうか。

長沢　何時ごろ彼らが？　しかしそれにしても随分方向感覚が鈍いっていうか、曹長たちは……。

――こんなに長い時間ですから。

長沢　大隊長が中隊長に会ったという『戦闘詳報』の時間だって不思議に思われることでしたが、彼らが大隊長より先に出て、三時間以上も中隊を探し回っていたということも。でも本当にあの晩は暗かったですよ、ただ三時二五分ごろになるとほんのり明るくなってきていますよ。黎明ですからね。

—　もう何度も何度もこの辺で演習をやっていたのですから、だいたいの見当はつくはずだと思いますが。

長沢　馬の足で回れば、犬も歩けば棒に当たる、当たりそうな気がします。

—　それからもう一つは、この時に清水中隊長が将校斥候と言うのですか、中国軍のところに行って話をしたと書いていますね。しかし、その時には何も発砲されてない。にもかかわらず、この岩谷曹長たちだけが撃たれているというのは、遠いところですよ、距離が相当あるのに、なぜそんなところで撃たれて、清水中隊長が撃たれてないのかという、これまたよく分からない。

長沢　これは第一発、第二発を撃った時の薬莢をね、探して取ってくる、撃った証拠として。そしてできればその撃った人間を捕らえてくると、いうようなことを言っているようですね、そういう考えだったらしい、証拠物件として。

—　そんなことは、無謀な感じがするんです。あんな夜中に中国軍のところまで行って、兵士を捕まえてくるっていうのは。

長沢　相当責任を感じたんじゃないですか、不法射撃を受けたということに対して。

—　しかし、それも数人で行っているわけでしょう。

長沢　精鋭の……。

—　そうでしょうけど、しかしそれにしても、ちょっと常識で理解できません。

長沢　もっと前のことにも、関係があると思いますよ。なぜ大隊長や聯隊長が中国側の真意と責任者を追究しなければいけないと考えたかということは、昭和一一年九月一八日に豊台事件があったでしょう。

―　ええ。

長沢　あの時に、第三大隊などというものは腰抜けばかり揃ってるんだって言われたそうですよ、なぜあんなものを一挙にやってしまわないのかって。

―　聯隊長からですか、

長沢　聯隊長はそう言わないかも知れないけど、他の大隊の幹部からそんなことまで言われているから、今度はそんなこと言われないように、恥をかかないように、彼らに厳重な処分を要求してやろうというようなことは、考えていたらしいですよ。

―　確かに、『聯隊戦闘詳報』にもそういうことが豊台事件の教訓として書かれています。このことがあの夜の大隊長らの判断を規定するうえで、大きな役割を果したという感じはいたします。それと、私の読んだ限りですが、その話はちょっとどうも疑問が残ったのですが、三時二五分に発砲音を聞いたと、それから一木大隊長の報告を受けて牟田口聯隊長が「やってよろしい」と言ったという有名な話がありますね。その時に、これまでにいろいろ書かれたものの中で指摘されていないことが一つあると思うのです。豊台事件の教訓から中国に対しては一挙に叩くのが事件を拡大しない一番いい方法だという考え方が一つありました。これはいろいろな方々が指摘されていることです。牟田口聯隊長が、一木大隊長と電話をした時に、「やってよろしい」と判断した根拠にもう一つの理由があった。それは何かと言いますと、要するに事件が非常に偶発的な事件だというふうに彼は判断したわけですね、つまり第二十九軍全体としては動いてない、北平の市内の偵察をやってみたが中国側の幹部が全然動いてない、今行動してもこれはたいしたことにならないと。宛平県城の方に向かっても、叩いても中国軍は全体としてはすぐには反応してこないと判断したので「やってもよろしい」と牟田口聯隊長はいったという点ですね。わたしはこの点は非常に大事なことだと思っているのです。ですから単に三度も撃たれた、けしからんからやってもよろしい、と言ったのではなくて、今やっても大丈夫だと判断したからこそ「やってよろしい」と言ったというように書かれているんですね。私は、この方が説明として納得できると思うのですが、いかがでしょうか。

長沢　そうかも知れませんね。局地的に解決できるのだと、パシャッとやってもその部分だけで解決する、そう判断したんでしょうな。

―　そう思いますねえ。

長沢　その証拠にしばらくそうなったものねえ、中国軍はさっぱり統一された行動をしませんもの。彼らの兵力はこちらの十倍近くもあるはずですから、もしも一挙にね、統一のとれた行動をとられたらやられてしまいますよ。だけど聯隊長は、彼らはそうは出ないだろうと考えた。やはりそうなってくれてよかったのですが、その聯隊長も本当は豊台事件の時に腹くそ悪い結果に終わったっていう思いが、多分心の底にあったと思いますよ。まして大隊長は直接そういう場にいたのですから、大隊内でもそれだから中国軍に馬鹿にされるんだっていうようなことは言っていたかも知れませんよ。でも、アメリカの学者か誰か知りませんが、日本よりもむしろ戦闘準備を早くから心がけて準備しておったのは中国軍だったと言った人もおりますね。

―　そういう人もいますね。話を先に進めますが、七月一一日に日本政府の声明が出ますね、華北へ、さしあたり関東軍と朝鮮軍から増援部隊を送るという有名な決定が一一日に出ますね。あの時の日本政府は、盧溝橋事件は中国側の「計画的武力的な抗日」であるという解釈のもとに、派兵するという論法ですね。しかし、現場の将兵、長沢さんも多分その内だと思いますし、聯隊長も含めてですね、少なくとも七月七日夜の中国軍の動きというものは決して「計画的」な発砲事件というような性質のものではなかったということは、あの時の現場の人はみなそう思っていたのではないかと思うのですが。

長沢　そう、そう。

―日本政府の七月一一日の声明との間に話が随分と飛躍してしまったという印象を強く受けるのですが。

長沢　やはり、現地で交渉に当たった指揮官はね、不拡大方針でしたよ。だからひじょうに不満だったろうと思います。

―また現場の話に戻りますが、八日早朝、実際の戦闘が始まるというのが五時半というふうに普通言われてますね、その時、長沢さんはどこにおられましたか？　それで、近づいていって、どのくらいの距離だったのでしょうか。

長沢　撃たれた時ですか、中国軍のトーチカから二〇―三〇メートルぐらいしかありませんね。

―そうですか、二〇―三〇メートルですか。そうしますと、そこまで日本軍が近づいてくるとなると、中国側が発砲するのは仕方がないのではないかと思うのですが、どうでしょうか。

長沢　撃ちたくなるでしょうな、じりじりと来るわけですから。

―しかも日本側は攻撃を意図して進出しているわけですから、どちらが先に手を出したかはともかくとして、日本側は戦闘意欲十分なかたちで進撃して、たまたま向こう側がちょっと先にですね、撃ってきたというだけのことではないかと思うのですがね。

長沢　いわば撃たせようとする態度だったと。

―私はそう理解しているのですがね。

長沢　誘導的なね。

―牟田口聯隊長が四時二五分に「やってよろしい」といったのが決定的でした。森田中佐ですか、間に立って前進を中断させた、しかしまた前進は続いて行く。ですからそこで戦闘を止めるっていうのではなくて、ちょっと中止して、というような程度のことで二〇―三〇メートルと日本側が接近してくれれば中国軍としても行動せざるを得なかったのではないかと思うのです。

長沢　黙っているとね、自分たちがやられるからね、闇雲に。

―　だから、先に中国側が撃ったと言っても、これは日本軍がそこまで近づいて来れば中国側としても対応せざるをえなかったということではないでしょうか。

長沢　しかし、命令はですね、演習と称して竜王廟の東の方に出ろと、でも一発も撃ってはならいと、こういう命令でしたよ。

―　そうですか。

長沢　だから、二〇メートルまで近づく前は、私だって一発も撃ってませんからねえ。二〇メートルまで近づいてもなぜ私らの中隊に損害が出なかったというと、トーチカっていうのは近くに入ると死角が生じて、まったく効果がないんですよ。私たちは突撃の号令がかかった時だって、まだ射撃してませんよ。突撃準備命令前に向こうは射撃してくるのですから。撃たれても撃たれても前に行くんです、這い蹲ってやっていました。かなり長い間でしたよ、そうしてるうちにね、後ろの方から機関銃の一斉射撃が始まった、その弾がトーチカの中にボンボン入りだした。そうなると彼らはとても中に居られませんよ、そうしてるうちに、こちらの方に彼らは猛烈に射撃をする、こっちからも撃つ。彼らが退却するんですよ、逃げるのが見えるんです。そこを見計らって突撃する。ようやく射撃、このような戦闘のやり方っていうのはひじょうに有利ですよ、敵の側面を突く。横とか後ろに回ったら、トーチカは何にもならんです。これは満洲事変の時に作ったものらしいですが、永定河堤防の上のかなり強固なものでしたよ。しかし、あんなもの我々は何とも思ってなかったですよ。

―　長時間ありがとうございました。

注

（1）『蘆溝橋事件に於ける支那駐屯歩兵第一聯隊第三大隊　戦闘詳報』石川タイプ印刷所、長沢連治氏による復刻版、一九七〇年。

（2）『昭和史の天皇』第15巻、読売新聞社、一九六五年。

（3）「蘆溝橋附近戦闘詳報」（『現代史資料』12、みすず書房、一九六五年）。

（4）『昭和十三年陸満密大日記』第二冊第二十五号文書、防衛研究所図書館蔵。

（5）野地伊七「事変発端の思出」（『偕行社記事特報』一九三八年七月）。

（6）坂本夏男「蘆溝橋事件勃発の通説に関する一考察—「七七事変紀実」の検討を通じて—」（『皇学館論叢』第十八巻第四号、一九八五年八月）

（7）『歴史への招待　12　昭和編』日本放送出版協会、一九八二年。

（8）曲家源『盧溝橋事変起因考論—兼日本有関歴史学者商榷』中国華僑出版社、一九九二年。

（9）「清水節郎氏の手記」（秦郁彦『日中戦争史』増補版、河出書房新社、一九七〇年）

（10）「蘆溝橋事件一周年回顧座談会」③（『東京朝日新聞』一九三八年六月三〇日）

（11）寺田浄『第一線の見た蘆溝橋事件』中央公論出版事業部、一九七〇年。

（四）卢沟桥畔深夜的枪声

资料名称： 蘆溝橋畔深夜の銃声

资料出处： 寺平忠輔著《蘆溝橋事件——日本の悲劇》，読売新聞社 1970 年版，第 54—85 頁。

资料解说： 寺平忠辅时任日军驻北平特务机关大尉辅佐官，战后有多部相关回忆资料出版。本资料对于日本驻屯军特别是第三大队在卢沟桥地区的训练内容、演习过程、日军图谋抓捕守护河堤的中国军人，直至 8 日凌晨发动攻击等情况均有记载。

54

第四章　蘆溝橋畔深夜の銃声

大隊長七夕の訓示

アカシャの木立の中はまるで蟬しぐれである。真夏の太陽が、頭の真上から照りつけて来る。

豊台に駐屯する一木大隊の兵隊達は、検閲の日割が中隊の廊下に掲示されてからというもの、毎日百度を越す暑さにもめげず、検閲の準備に大わらわだった。

午睡の時間まで廃して、背嚢入組品の整理やじゅばん、袴下の洗濯に精を出す者、汗ダクダクになって馬の脚をこする者、こうして一心に検閲当日の立派な成績を神に祈った。

それでも日没近くになってくると、さすがに大陸の気候は争われなかった。華北の広野には、早くも爽やかな夕風が立ちざわめいてくるのだった。

昭和十二年七月七日、この日、蘆溝橋の原では豊台部隊の二ヶ中隊が、検閲準備最後の総仕上げともいうべき中隊教練を、夕刻ごろから始める事になっていた。即ち、宛平県城の東、西五里店の草原では、穂積松年大尉の第七中隊が、「敵主陣地に対する夜間攻撃」を、また宛平城の北、竜王廟東側付近の荒地では、清水節郎大尉の第八中隊が「薄暮の接敵と夜間の攻撃築城」ならびに「黎明攻撃」を実施する。そこで大隊長一木清直少佐は、前半夜は先ず穂積中隊の演習を、そして後半夜は清水中隊の演習を視察しようというので、七日の夕食を終ると伝令唯一人を伴って、馬上ボクリポクリ、西五里店の部落に出かけて行った。

その晩、一文字山の東側、砂利取り場付近から、西五里店の部落にかけて行なわれた穂積中隊の夜襲は、中隊長の意図する通り極めて静粛確実に行なわれ、中隊長の面には、覚えず会心の微笑が浮び上って来た。

——もう下らん小言なんかいわん方がよい。この際兵は大いに鼓舞激励しておいた方が、検閲の時、かえって良い結果をもたらすことになる。——

そこで演習が終ると、中隊長は暗闇の中に兵を集合させ、一、二必要な注意を与えた後「……しかし今晩の演習は、皆々真剣静粛で大変よく出来た。この意気込みをもってやりさえすれば、検閲の時もきっと立派な成績が収められるものと確信する」と語を結んだ。

それが終ると、今度は大隊長一木少佐の訓示である。闇の中から中隊長が「気を付け」と号令した。大隊長は乗馬のまま、中隊の前に立った。懐中電燈の光が淡く大隊長の乗馬を照らしつける。馬がしきりに足掻きを始めた。その都度、大隊長の身体が前にのめりそうになる。大隊長は一同を睥睨しながら声張り上げ

「唯今の演習は、中隊長の講評にあった通りだ。大変よく出来た。別に何もいう事はない。

次に一つ、これは皆に聞いてみる。今日はいったいどういう日か、第一小隊、六番の前列、答えてみい！」

指名された兵は、瞬間ドキッとした。しかしすぐ、ハッキリした声で「ハイッ！　七月七日、七夕の日でありますっ」

「そうだ。その通り。今日は七夕の晩である。お前達の郷里では、お父さんやお母さん、それに兄弟達が笹に短冊を結えつけ、それぞれ七夕のお祭りをやっておられる事と思う。

そして家中が涼み台に打ちつどって、団欒されるにつけても、親御達がまず思い出されるのは、遠く国防の第一線に捧げまつってある、お前達の事なのだ。どうかうちの息子が病気にかからないように、そしてまたしっかりお国のために働いてくれますようにと、ただ、それればかりを念じておられるのだ。

我々は、内地で教育を受けているのとは訳が違う。こういう外国に来ていると、何時どこでどんな事件が突発しないとも限らない。そうしたら我々はすぐ、この身体を、国家に捧げなければならないのであって、今でこそ、大隊長はこうして皆の前で話をしているけれど、来年の今月今夜、果してこうしてお前達と一緒におられるかどうか、これは全然保証出来ない事なのだ。

またお前達にしてみてもそうだ。いったん海を渡ってこの大陸にやって来た以上、郷里の親御達と、生きて再び会う事が出来るかどうか、これは一切わかった事じゃない。

もちろんお前達は一死奉公の堅い決意で、国を出て来たに違いなかろうが、長い月日の間には、とかくその立

派な精神にも緩みが生じてくる。我々は今晩、遠く想いを故郷に馳せ、親兄弟の情を思うにつけても、あくまで、光輝ある皇軍の一員である事を自覚して、出征当初の感激を忘れず、君国に報いる一大決意を、ここでまた新たにしなければいかぬ」

闇の中を伝わって来る大隊長の一語一語には熱があった。熱と共にまた、非常に温い人の情けも籠っていた。黙々、これを聞いていた兵隊達は、その言葉につれてあるいは家郷を思い、重責を考え、覚えず男として、また軍人としての決意が固められて行くのだった。

訓示が終ると大隊長は「穂積大尉」馬上から中隊長に呼びかけた。

「僕は明日の朝、また清水中隊の黎明攻撃を見に来なければならないから、一足先に失礼する。それから先程見ていると、兵の中には大分汗をかいている者がある。隊に帰ったら必ずじゅばんを着換えるように、注意しておいてくれ給え。うっかりすると、あのままずぐゴロッと寝てしまって、風邪をひく者がないとも限らない。今、検閲前の大切な身体だ。十分愛護してやってくれ給え」

「かしこまりました。兵によく気をつけるよう申し聞かせます。どうも有難うございました」

大隊長の乗馬姿は、やがて唯一本の野道伝いに、次第次第に闇の中にかき消されて行くのだった。懐中電燈の光だけが、ユラリユラリと遠く小さく揺れて行く。

中隊全員は帰営準備を整え終ると、十時三十分、西五里店を後にして、豊台の兵営さして帰って行った。

清水中隊の夜間演習

豊台駐屯第三大隊というのは、もともと弘前の第八師団で編成された部隊であって、なかんずく、事件の発端に関係した清水節郎大尉の第八中隊は、中隊長以下、秋田の歩兵第十七連隊がその主体をなしていた。ただ、この年三月入隊して来た初年兵だけが、東京、千葉、埼玉、神奈川、山梨県下で徴集された、第一師団管下の壮丁だった。

七日の午後四時、兵舎で早目の夕食が終ったばかりのころ、週番下士官が廊下の入口で「第八中隊は演習に整列！」と大声にどなった。

兵は食器洗いもそこそこに、軍靴を突っかけ、脚絆を巻いて、戦闘帽をひっかぶるなり、銃と背嚢ひっかついで、我がちに営庭の方へとかけ出して行った。

検閲を二日の後に控え、兵に疲労をさせてはならぬという親心から、背嚢の中身は空ッポである。雑嚢もつけていない。中隊長が命じて特にそうさせたのであった。

しかし携行弾薬だけは、空包以外に小銃実弾各人三十発、軽機一銃百二十発というものが分配された。これは軍の規定に基づく弾数であって、外地駐屯部隊としては、突発不慮の変に不覚をとらないため、常時これだけの実弾は携帯を要求されておったのである。

清水中隊長と野地伊七小隊長とは、中国馬のくつわを

一木大隊中隊長　清水節郎大尉

ならべて演習場に先行した。あらかじめ地形を偵察して仮設敵を配置し、演習の構成を準備しなければならなかったからである。

竜王廟東方の平地、ここはつい一週間ばかり前、歩兵学校から千田大佐が改正操典の普及教育にやって来た際、清水大尉が小隊防禦の研究を実演したその場所である。当時の印象を基礎として、中隊長は仮設敵の配置を決定した。

やがて第八中隊はカーキ色の一線を画して、一文字山西側の原に現われて来た。砂利取り場を越えた。京漢線の踏切も越えた。そして竜王廟の真東、一千メートルの地点に到着した時、中隊はそこで停止した。全員、背嚢をおろして叉銃、休憩。

「みんな上衣を脱いで素ッ裸になれ、陽のある間に上衣の汗をしっかり乾かしてしまうんだ」

岩谷兵治曹長の声に応じて兵はことごとく丸裸になり、三々五々、草ッ原の上に腰をおろした。煙草をふかす者、草をむしる者、身体の汗をゴシゴシ、タオルでこする者、等々。

谷辺良哉曹長は、この日仮設敵司令を命ぜられてい

た。曹長は兵十二名、軽機二、それに工事幕的や鉄条網代用のテープなど、所要の材料をひっかついで、中隊長のいる大瓦窑西側地区に分れて進んだ。そして中隊長の指示に従って仮設敵の配置にとりかかった。

「谷辺曹長！」中隊長が叫んだ。

「軽機の射撃は五発点射か連続点射が本当なんだが、今日は空包を節約するため、三発点射でやっとけよ」「承知致しました」曹長は早速、その事を軽機の射手に伝えているらしかった。

中隊長が中隊の位置に戻って来た時、兵の上衣はもうほとんど乾き上っていた。

「中隊を集合させましょうか」と岩谷曹長がたずねた。中隊長はもうしばらく休ませておけと言いながら竜王廟の方に目を向けた。

「野地小尉、今日は堤防上に随分沢山の中国兵が動いているじゃないか」

「先程工事をやっていた一ヶ小隊ばかりが城内に引き揚げて行って、今、あそこに見えるのは、入れ換りまた新しく城内から出てきたやつらです」

「フーム、昼夜兼行というわけだな。オヤッ、竜王廟の左のトーチカが銃眼をこちらの方に向けているぞ。あれはつい最近手入れしたばかりと見えるな。早速旅団に報告しとかにゃいかん！」

「第二次奉直戦ごろの古トーチカだからって、バカにはなりませんからな」

「もう六時か。ボツボツ演習準備に取りかからなきゃいかん。今日の演習はあの堤防の線から開始しようと思ったんだが、彼等、なかなか作業をやめそうもないなあ。曹長！　とりあえずそのままの服装でよい。兵を全員集めてくれ」

岩谷曹長の号令一下、兵隊たちはそこここに集合した。中隊長はこれに対して、中国側に対する兵の心構えを懇々説明し、とりわけ兵の単独行動中、起り得べき事故に関してはいくつかの例を挙げてこれを説明し、あるいは試問し、最後に「……たとえ彼等がいかに策動してこようとも、いやしくもそれに引っ掛けられるような事があってはならぬ。事、軍の威信にかかわると思った場合でも、対応の措置は必ず上官の指示を仰いでからでなければ、勝手な行動をとってはいかん」と結論を与えた。

兵はバラバラッと分れて各々上衣を着はじめた。堤防上にはまだ中国兵がいるので、中隊はやむなく竜王廟の東、百メートルの地点に移動し、ここから今日の演習を始める事にした。

はるか西の方を眺めると、永定河のかなたには、大行山脈がつらなり、左手の方にはすぐ間近なところに、宛平県城の灰色の城壁が悠然として眠っている。東西両門の櫓が絵のようにその上にそばだっている。この雄大な自然は、全く老大国、中国ならではの独特の風景である。竜王廟のほとり、青々と繁った楊柳の樹陰では、今、中国軍の幹部らしいやつが二人、こちらを指さしながら、しきりに何か話し合っている。

赤い夕陽が山の端に傾いて、野も山も森も鉄路も、すべてが赤一色に色どられているころ、清水中隊は竜王廟を背にして中隊縦隊に整列し、長身の中隊長はその前に立ってムチを振り振り、部下に演習の想定を示しはじめた。

情　況

敵は数日来、前に見えるあの一文字山の台地、あれから左、大瓦窑の部落にわたって主陣地を構築中であって、この前方に横たわる堆土の線、あれには点々、敵の監視部隊が見えている。

昨夕、敵の警戒陣地を突破した当中隊は、大隊の中央第一線としてこの堤防に進出、今夕、これから薄暮に乗じ、敵主陣地前に進出し、これに対する攻撃を準備し、明朝、黎明を期して敵主陣地を攻撃すべき命令を受領した。

第一小隊長！

第一小隊は日没と共に行動を起し、まず正面のあの監視部隊を駆逐、次いで敵主陣地の前方三百メートルに進出し、中隊経始班の突撃陣地経始作業を援護せよ……

涼しい風が一陣、爽やかに吹いて渡った。夜間標識の白だすきを右肩からつけた第一小隊長野地少尉は、地図を無造作に図嚢の中に突っ込むと、抜刀のままきっと不動の姿勢をとって、「復唱、第一小隊は日没と共に行動をおこし……」若々しい凛とした口調で今の命令を復唱した。

午後八時すぎ、人の顔の見境さえハッキリしないなかを野地少尉の一隊が濃密な散兵線をつくって、地をはうように敵の方に前進して行ったすぐ後から、中隊経始班は、石灰の袋や荒ナワの束などひっかついで、これまた同じように出かけて行った。

あとはただ、真ッ暗がりの中に取り残された中隊主力が、円匙や十字鍬を帯革の間に突きさして、密集したまま伏せの姿勢をとり、監視部隊駆逐の報告を、今か今かと待ちうけていた。

叢の上に伏せていると、大地からの熱のほとぼりが、ムッと蒸し返して来て心地が悪い。午後九時十分、北京正陽門行の貨物列車が、轟々の響を立てて永定河の鉄橋を渡り、北京の方に走り去って行った。兵は無言、そのままの姿勢で瞳をこらし、ジーッと列車の尾燈を見送っていた。

この夜、清水大尉は、演習中隊長という資格と、演習指導官という立場と、二つの役目を持っていて、これを巧みに使い分けしなければならなかった。そこで中隊長の位置には、石灰で半径二メートルばかりの円を描き、真ん中に白旗を樹て、中隊指揮班の三浦栄次准尉をそこに留め、自分が指導のため位置を離れる場合は、准尉に中

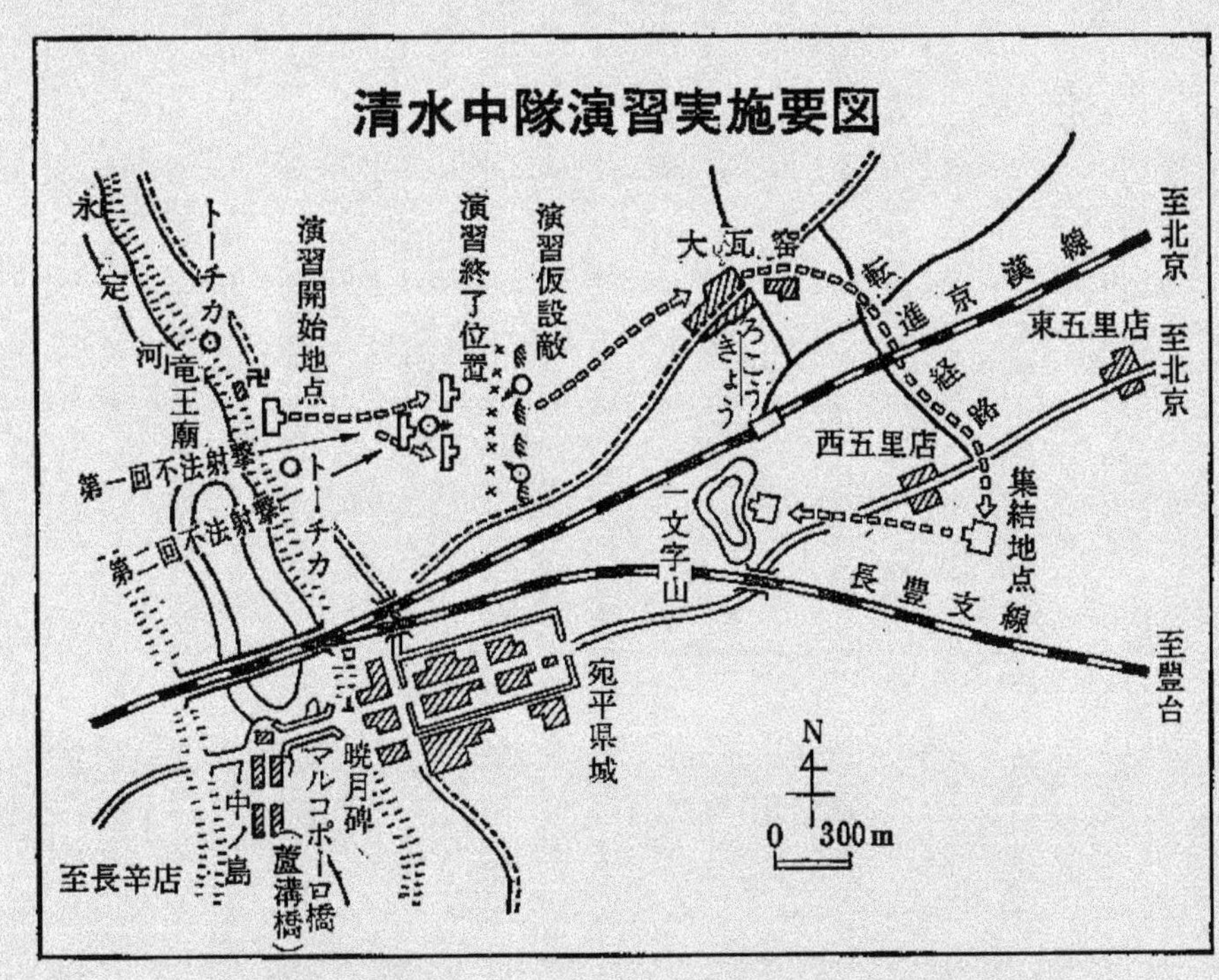

清水中隊演習実施要図

隊長を代理させる事にした。

肩から十文字に白襷をかけた中隊長は、指導に出かける時はこれを外し、その代り左腕に白の腕章を付け換える事を忘れなかった。指揮班の練成と幹部の教育に重点を置いたこの晩の演習では、中隊長自らがこうしてその定位を離れなければならぬ場合が多かったのである。

三浦准尉が傍の岩谷曹長の肘をつついた。そしてヒソヒソ話し始めた。

「おい、さっきの堤防上のあの中国兵なあ、あいつらまだどこへも引き揚げて行かんようだなあ！」

「そうです。一晩中ああやって警戒を続けるつもりなんですかなあ！」

「まさかおれ達を警戒しているわけじゃあるまいな」

「さあ！　そいつは……」

その時突然、前方を警戒していた監視兵が、急にバタバタッと駆け出して行った。

「だれかッ！」

鋭い問査の声が闇をつんざく。

やがて監視兵にともなわれて味方の伝令が一人、ヒョックリそこに姿を現わした。彼は低いけれども、力強い声で

「中隊長殿　第一小隊長報告！」

この伝令の名前は志村菊次郎といった。まだこの三月、入隊して来たばかりの初年兵である。

「オウ、その報告はおれが聞こう。中隊長殿は今、他を回っておられるから」と三浦准尉。

志村は極度に緊張して、一言一句に力をこめ

「第一小隊は午後九時三十分、敵の監視部隊を駆逐し、確実に同地を占領して唯今前方警戒中であります。作業班はその援護のもとに、目下作業を開始しております。報告終りッ！」

「よしッ！　ご苦労だった」

「伝令、帰りますッ！」

「オイ！　ちょっと待った。伝令として、他に何かいう事はなかったか？」

「ハッ！　何もないんであります」

巻舌の口調から察すると、彼はどうやら生ッ粋の江戸ッ子かもしれない。

「伝令が報告や通報を伝達し終った後の処置、どうしろと習ったか？」

「ハッ！　他に何か連絡事項があるかどうか、聞いて帰る事であります」

「そうだ。そう習ったろう。そういう大切な事を忘れちゃいかんぞ」

准尉は諄々、伝令に教え諭し「だが、今のお前の報告は簡単明瞭、しかも極めて確実だった。時間も概して迅速でよろしい」そう付け加えて伝令を励ます事も忘れなかった。

伝令はボーッとのぼせ上ったような気持になって、またゴソゴソ手探り足探り、一文字山を目当てに、前線の方へと引返して行った。中隊は早速前と横とに警戒斥候を配し、併立縦隊をつくって、いま奪取したばかりの監視部隊の線に向って前進を起した。

十八発の実弾射撃

ソヨソヨと風が吹く度に、斜め左、大瓦窑部落の燈火がパカパカと明滅を続ける。ときたま、その方向から犬の遠吠えも聞えては来るが、蘆溝橋一帯の原はシーンとして、今、死のような静けさを保っている。その中を清水中隊長以下の一隊は、しわぶき一っ立てず、黙々として静粛行進を続けていた。

真ッ黒い大地の上にポッカリと一つ、真ッ白い石灰の矢印が浮び上った。経始班が誘導のためにつけてくれた道路標識だ。

中隊長は手にしていた白い旗を、サッと上下に振った。中隊は静かにその場に停止して、折り敷けの姿勢をとった。

カチン、カチン、円匙のふれる音が二つ三つ、「シッ！」分隊長は半ば立ち上って部下の注意を促した。

その時、前の方から、またもや人影らしいものが、だんだんこちらの方に近づいて来る。星明りに薄ボンヤリと白襷が見える。そうだ。第一小隊長の野地少尉だ。

「野地、連絡に参りました。小隊は九時三十分、監視部隊を駆逐、ただいま小隊はこの前方、五十メートルぐらいのところで経始班の作業を援護しております。経始はこの正面から右半分は完全に出来ました。左半分がまだ少しばかり残っております。とりあえず右の小隊から、直ちに経始線につけて頂きましょうか」

中隊は黙々として、再び行動を起した。石灰の標識がかなたにもこなたにも点々として見えはじめてきた。兵隊の軍靴や脚絆が石灰にまみれ、大分白ばんできていた。中隊は大きな矢印のところで再び停止した。

　経始班長の高橋准尉がやって来て

「中隊長殿、ただいま経始全部完了致しました。左翼の方は地形に凸凹があって、どうも思うようにいきませんでした。そのため、左小隊正面は少々無理があるかと思います」

「それはご苦労だった。じゃあ中隊はすぐもう経始線につけるとしよう」

「承知しました。川島軍曹、お前、右小隊の方を誘導して行け。俺は左小隊を誘導するから……」

　中隊はここから右と左に分れ、それぞれの誘導に従って経始線についた。

「作業始め！」「作業始め！」　息を凝らした微かな声が、口から口へ、分隊から分隊へと伝播されて行く。兵は円匙をとり出して、真ッ暗闇の中で、かなたでもザクリ、こちらでもザクリ、極力音を立てないようにして、攻撃陣地の構築作業にとりかかった。

　ついせんだっての演習の際、中隊長から特に、「一人でも円匙をガチャつかせたり、せき払いなんかする者があったら、中隊、いや大隊全部の近迫作業がスッカリ台無しになってしまうのだ。それこそ敵からは真ッ昼間のように照明される。機関銃の弾は縦横十文字にとんで来る。一瞬にして全軍をさんたんたる状態に陥れてしまう事になる。

　だから夜間の戦闘では、静粛という事が一番大切だという事を、お前達、肝に銘じて覚えて置け」

　強く注意されたこの言葉が、兵の耳にはまだハッキリとこびりついていた。

　ギチ、ギチ、ギチ、ギチ

　突然バッタが音たてて飛び立って行った。「畜生！バッタか！」ちょっと手を休めてその方を眺めやった兵は、またもや黙々として作業を続けた。

　中隊長は、伝令と岩谷曹長とを連れて、陣地の右翼から、逐次左翼の方へ点検して回った。第三小隊長石井准尉が

「中隊長殿、土質は余り堅い方じゃありません。しかし兵の投げ土が一般に遠すぎやせんかと思います」

「おれも今、そう思っていたところだ。これは一つ、あとから講評の時、みんなに注意しておこう。もうかれこ

れ伏射の程度には出来上っているようだな」

中隊長は夜光時計をすかして眺めた。十時三十分をやや回っている。

「さあ、今晩はこれからまだ、露営の支度にかからなきゃならん。前半夜の演習はもうこの辺で打切ることとしよう」

そう独語しながら工事線のほぼ中央、中隊指揮班の位置に戻って行った。

小高い堆土の上に立った中隊長は、背後をふり返って静かに、「伝令集合！」と小声で呼びかけた。

「今夜の演習はこれで終了する。伝令は各小隊長、ならびに仮設敵司令に、直ちに演習を終ってこの位置に集合するよう、それぞれ伝達せよ。直ちに出発！」

中隊長が一声どなりさえすれば、中隊全部にはすぐにも徹底出来得る距離である。しかし清水中隊長は、こうした場合にも、なおかつ隠密、静粛に行動するための訓練を忘れなかった。伝令はいずれも今の命令を伝達すべく、各々の任務に向って散って行った。やがて右小隊、つづいて左小隊方面が、次第次第にザワめき始めてきた。

突如！　仮設敵の陣地でにわかに激しい軽機関銃声が捲き起った。五十メートル間隔の二挺の軽機が一斉に火を吹き始めたのだ。

「演習終りだというのに、何だって今ごろ射撃なんか始めたりしてるんだ！」

「伝令が仮設敵の方にとんでったもんだから、多分、それを敵襲と勘違いしてブッ放したんだろう！」

兵は突っ立ったまま、一斉にこの三発点射の閃光に目を向けていた。射撃は二挺で、合計三、四十発程度のものだったが、ちょうどこの時、今度はこれに対応して真背後の方向、竜王廟の南側、トーチカ付近と覚しい堤防上から、にわかにパンパンパーンという銃声が聞えてきた。

――オヤッ？　今度の銃声は何だ！――

全員一斉にこの方に聞き耳をそば立てた。

「中隊長殿、今のは実弾じゃありませんか？」一番最初にそう叫んだのは三浦准尉だった。

「ウム、そうらしいな。頭の上で、ピューッていう飛行音が聞えたぞ」

「そうです。確かに飛行音が聞えました。高さはかなり高いようでしたが」

「さてはさっき、堤防上にいたあの中国兵達がブッ放したんだな」

「おい喇叭手、直ぐ集合喇叭を吹け」

「ハッ！　集合喇叭を吹きます」

二名の喇叭手は調子を合せて吹奏し始めた。

「気を付け、止まれ、集合！」の喇叭の音は、嫋々たる余韻を残して、広野の彼方に震えるように消えて行った。

事件発端の地となった竜王廟

「アッ！　中隊長殿！　懐中電燈の信号が見えますッ！　竜王廟と鉄橋の中間です。あの光は、確かに中国兵の信号に間違いありません」

岩谷曹長がそう言いながら、二、三歩中隊長の方に歩み寄って来たとたん

パンパンパンパーン！　バンパーン！

またもや連続、十数発の激しい銃声が耳朶をつんざいて、ピュッ、ピュッ、ピュッ、ピューッ！　おびただしい弾丸が頭上をかすめた。

発射位置がトーチカの直ぐ南側、堤防上からであることは、今度は全員でこれを確認する事が出来た。初めの射撃がこちらの軽機射撃の閃光を目標としており、後の射撃が喇叭の号音目当てであった事はほぼうなずける。

「伏せッ！」

「小隊長は直ちに人員を点検！」

中隊長は矢継ぎ早にこうどなった。

低い声で

「一、二、三、四……」番号が次から次に称えられて行く。

ややしばらくして

「第二小隊、人員異状ありません！」

「指揮班、人員その他異状ありません！」

「第三小隊、異状ありません！」

だんだん報告が集まって来た。しかし第一小隊だけはなかなか報告がこなかった。

「野地少尉！　第一小隊はまだ点検終らんのか？」

「今、調べておりますが、一名、どうも足らんようであります」少尉はそう答えて、再び分隊長の方をふり返った。

「その足りない兵と云うのは、いったいだれなんだ？」

「ハ、志村菊次郎であります」

「すると志村は何だな。さっき伝令に出されてから、まだ帰って来ないというわけだな。おれのところへもまだ全然、復命には来ていないんだが……」

野地少尉は、行方不明の兵が志村菊次郎であるという事を聞くと、ハッと激しく胸を打たれるものがあった。

——陣中要務令の原則に従えば、こういった場合の伝令は、通常二人を一緒に出す事になっている。だが、今日は既知の地形ではあるし、距離もそう遠いとは思わなかったので、一人でやっても万間違いはあるまいと、タカをくくって出したのが失敗の因、もしもあの兵が今の敵弾でやられたとしたら、誠にもって相済まぬ結果になってしまう。——任官後、まだ漸く一年半しかたっていない青年士官野地少尉は、ひとり良心の苛責にたえなかった。

三浦准尉は

「そうですか。あの兵はあれから直ぐ、一文字山の方に引返して行ったと思ったんですがなあ！」と、これまた深く考え込んでしまった。

中隊長は腕をこまぬいたまま、ジーッとそれらの話を聞いていたが「とにかく、各小隊は全部そこの窪地に遮蔽しろ！　台上に集合しておってはかえって危険だ」と、とりあえず中隊全員を、少し下った窪地の方に移動させた。

可憐なる初年兵

こういう事態に直面した場合、指揮官たる者の判断、処置が、極めて慎重を要することはいうまでもない。ことに天津軍というものの特殊な立場から考えて行くと、それは単に戦術的判断だけで押し進めて行くわけには行かない、微妙さ、複雑さが介在していたのである。

すなわち当面の敵、二十九軍は、現在日本側からは、顧問まで送って友好関係を結んでいる特殊の部隊である。日本がたとえ、ソ連や他の中国軍相手に、衝突を起すような事があったとしても、二十九軍とだけは決して戦うべきでない。これが軍の根本方針だったはずだ。いま、当面の敵に対し、膺懲の一弾を放つことは容易である。しかし、そうすると、この軍の重大方針を根本的にブチこわしてしまう事になる。さればとて、それをおそれて黙黙、何等対処しないという事になれば、国軍の威信は地に墜ちてしまう事にもなる。

中隊長の頭はここに、超スピードの回転を始め、また深刻な苦慮に陥った事は否めない。

——だが待てよ。我々はいま、かりそめにも中国側の陥穽にひっかかって、軽々しく応戦の火蓋を切るような事があってはならぬ。今後いかなる行動をとるにもせよ、この情況を取あえず大隊長に報告することが、何よりの急務だ。——

そう気がつくと、中隊長は直ちに岩谷曹長を手元に呼んだ。「曹長は今から兵一名を連れ、直ちに大隊長殿のところに行って、この情況を報告してこい。大至急だぞ。俺が乗って来た馬と野地少尉の馬を利用せい。途中十分気をつけて行けよ。一文字山には事によると、中国兵が出ているかもわからんからな」

——真ッ暗な夜、しかもこの広い原っぱの真ん中である。いまの弾で射たれたという事は考えられない。放っておいたっていずれは帰って来るに違いない。しかし、これを見付け出さない限り、中隊はここに釘付けされたと同様である。——

その時

「中隊長殿！」野地小尉がツカツカと前に進み出て来た。「私が今から志村を捜しに行って参ります。是非やらして下さい！」

野地少尉としては、——自分が命令して連絡に出した兵だ。草の根を分けても探し出してこなければ相済まぬ——という良心的苛責にさいなまれていた。

中隊長は重々しく「そうか。じゃあご苦労だが行って来てくれ！」

野地少尉は早速、下士官一名、兵五名を選抜して将校斥候となり、窪地を伝わって逐次竜王廟の方向、演習開始地点に向って出発して行った。

いない。どこを捜して見ても一向に見当らない。若い少尉には情況のことごとくが、悪く悪くとしか解釈されなかった。

——志村は、さっきの中国兵の弾で殺されてしまったのではなかろうか？　それとも、この広い原っぱのどこかを、たった一人で今なおさまよい歩いているんだろうか？　——不安！　焦燥！　憐憫！　悔恨！　そういった感じが少尉の頭の中でゴッタ返した。

——こんな暗中模索を、いったいいつまで続けていたら志村の姿が見つけ出せるだろう！　いっそのこと、このあたりで一つ大声で、志村！ってどなってみようかな？　いやいや、そのくらいならむしろ中隊の位置に戻ってもう一度集合喇叭を吹いた方が賢明の策だ。生きているならきっと喇叭目当てに帰って来るに違いない。——

少尉はそう気がつくと、突然ハタとそこに立ち止まった。一緒に行った兵がけげんな気持で少尉の方をふり向いた。「引き返そう。中隊の位置に戻って、もう一度集合喇叭を吹いてみるんだ！」兵は黙々としてそれに従った。

中隊長は元のところに、まだ元のままの姿勢で、じいっと考え込んでいた。

「中隊長殿！　野地、戻って参りました。大分先の方まで行って見ましたけれど、どうしても見つかりません。もう一度、集合喇叭を吹かしてみていただけませんか。もし生きているとしたら、喇叭めあてに帰って来るかも知れませんから」

「よかろう」と中隊長はそれを認めた。

「オイ、喇叭手！　こっちへ来い」と野地が叫んだ。

「今からもういっぺん、集合喇叭を吹くんだ。アッ！　そうだ。ここで吹いちゃいかん。中隊長殿！　あっちの少し離れたところで喇叭を吹いてきます」

野地少尉と喇叭手一名は、それから百メートルばかり北の方に移動して行った。そして

「さあここでよかろう。そこの高い所に上って吹け」喇叭手は斜面を登り登り、喇叭の口を湿めした。

そしていまやまさに、竜王廟の方に向って集合喇叭を吹奏しようとしたとたん、左前の方から何やら一つ、黒い影がポッカリ近づいて来た。

「おいッ！　志村じゃないかッ！」野地少尉が叫んだ。

「ハ、そうであります」

「志村かあ！　捜したぞ、捜したぞ。随分お前を捜したんだぞ。今までどこをうろついていたんだ。怪我はなかったか？」彼はせき込んでそうたずねた。

「ハイ、なんともありません。伝令の帰りに方向を間違えちゃったもんですから、今まであっちでもない、こっちでもないと、一生懸命、原っぱの中で中隊を捜し回っておったんであります」

「そうか、まあよかった。とりあえず早く中隊の位置に戻ろう。中隊長殿も大変心配しておられるから」

喇叭手はノコノコ、また斜面をおりて来た。

三人は一塊りになって中隊の方に戻って行った。

「方向を間違えたって、いったいどんなふうに間違えたんだ?」歩きながら少尉がたずねた。

「中隊長殿に報告を済ましてから、真ッすぐ小隊の位置に戻ろうと思って、一文字山を目標に歩いたんであります。ところがいくら歩いても歩いても小隊の位置にぶつかりません。とうとう一文字山の下まで来てしまいました。そこで、こりゃあいけないと思ってまた元の方に引き返したんです。そしたら竜王廟の方で、パンパーンって銃声が聞えました」

「ウン、それだ。あれは中国兵が実弾を射ったんだぞ」

「アッ、そうでありますか。私はまた、その方向に中隊がいるのかと思って、あの銃声を目当てに進んで行ったんであります」

「危ない事しやがるんだなあ」

「そしたらその時、後の方で中隊の集合喇叭が鳴ったもんですから、またその方向に向って歩き出したんです。だけど一向中隊が見つからないんで、今までウロウロしておりました。ご心配かけて申し訳ありません」

野地少尉はスーッと気持が軽くなった。三人はこうしてようやく中隊の位置にたどりついた。

中隊長は志村の無事な姿を見るなり

「よく見つかったなあ、よかった、よかった」と、心の底から喜んだ。

中隊の全員もこれで一安心とばかり、皆胸をなでおろした。

大隊長への急報

清水中隊長は

「おい野地少尉！岩谷曹長はいまごろもう、大隊長殿のところに着いて、情況を報告しているころだと思うんだ。

そこで中隊今後の処置だがなあ、これには積極、消極、いろんな対策が考えられるんだが、君はいったい、どう行動すべきかと思うか」

少尉は黙って考え込んでいたが

「軍の方針からいえば、この際、軽はずみに戦闘を引き起すことはまずいと思います。むしろ中国側の不法射撃の確証を握る事が先決問題じゃないでしょうか。

また大隊長殿は、この報告を聞かれたらすぐ非常呼集をやって、大隊の主力を率いてここにやって来られると思います。だから中隊としては、まず大隊の集結を援護し、それから、大隊長殿の情況判断の資料を収集する事にしたらいかがなものでしょうか」

「ウム、それはまったく同感だ。時に一文字山付近の敵情判断は？」

「一文字山にはことによると敵が出ているかも知れません。この前、第六中隊だったかの報告に、日本軍が夜間演習をやらない晩は、中国側が決まってあの台上に兵を配置し、明け方になるとそれを撤去していると書いてありました。

今晩のように、先方から計画的に射撃をしかけて来るくらいなら、一文字山には当然一部の兵を配置しているだろうと思われます」

「すると中隊が大隊の集結を援護するためには、一文字山を捨てて、一歩下った西五里店の部落あたりを選ばなければならん事になるぞ」

「一文字山を押える事は絶対必要です。しかしいまの場合、衝突を避けるという建て前から行けば、まあ一応西五里店くらいになるでしょうねえ」

「それにしても、いつまでもこんなところでグズグズしておったって仕方がない。兵も見付かった事だから今からすぐ、西五里店に移動しよう」

中隊は出発準備を整えた。そして西五里店に向って転進を始めた。一隊は暗闇の中を、まず大瓦窑に向って進んだ。これは一文字山にいるかも知れない敵との衝突を避けるため、三角形の二辺とも見るべき大迂回行動だったのだ。中隊は大瓦窑から右折して、更に西五里店部落の東側地区に進んだ。

一方、岩谷曹長と伝令とは、一文字山付近の危険地帯を通り抜け、北京街道を突っ切ってしまうと、それから後はまっしぐらに豊台の兵営めがけて馬をとばせた。道の両側には楊柳がこんもりと生い繁り、くねくね曲った凹道ではあったけれど、いままで演習の往復に、もう何十遍となく通いなれた道なので、人も馬も、昼間の道を歩くのと同じ調子で、ドンドン歩度を伸ばして進んだ。

帽子の庇から汗がポタポタしたたり落ちるのを、岩谷曹長は手の甲で払いのけながら、途中折り取った柳の鞭で、ビシーリビシーリ、馬の尻をたたき続けた。

やがて前の方に懐中電燈の光が二つ三つ、ユラリユラリと動いているのが見え始めて来た。

――そうだ、第七中隊が今帰って行くところだ。速くあれに追いつこう。――またもや激しい鞭が馬に当てられた。

「後へ逓伝！　柳の枝に銃口蓋を取られないよう気をつけろ！」と兵の声がハッキリ聞えて来る。

――さあこれでようやく追いついたぞ――

こうして部隊の後尾に達した岩谷曹長は、大声で「中隊長殿！　第七中隊長殿」と叫んだ。最後尾の分隊長が部隊に対して「左へ寄れ」とどなった。

曹長はあけられた道路の一側を、なおも速歩で馬を走らせた。そしてその先頭まで駆け抜けたところに中隊長の穂積大尉がいた。速度を並み歩におとした曹長は

「中隊長殿！　第八中隊の岩谷曹長であります。いま、中隊が竜王廟の東で演習しておりますと……」

曹長は馬上息せき切って、ようやくそれだけの言葉が口から出た。そして後は息切れのために、ちょっと言葉が出惑った。

「ウン、それでどうした？」

「突然竜王廟の方向から、十八発の実弾射撃を受けたのでありますッ！　兵隊が一人帰って参りませんッ」

「何？　兵隊が帰って来ない？」

穂積大尉は第一小隊長　山本重作少尉をふり返って

「そういえばさっき、俺達が出発して間もなく、銃声が聞えたなあ！　あれがやっぱりそうだったのか」

少尉はそれに答えて

「そういえば私も確かにあの銃声は聞きました」

「岩谷曹長、その実弾を射ったやつというのは、いったい何者だ、中国兵に間違いないのか？」

穂積大尉が問い返した。

「確かに中国兵であります。今日夕方、大勢堤防上をうろついておりましたから……」

「それで中隊はいま、どうしとる」

「まだ演習の終った場所に集結しとります」

「曹長は今、大隊長殿のところへ報告に行く途中だな」

「そうであります」

「よし、急いで行け！　おれもすぐ行くから！」曹長はまたもや馬に一鞭あてた。

ここから豊台までは馬速で五分とはかからなかった。木立の間を駆け抜けて野菜畑の所へ出ると、そこからはもう、豊台駅の赤や青やの信号燈が、点々またたいているのが見え始めてきた。曹長と伝令とは蹄の音も荒々しく、大隊長官舎の構内まで、乗馬のままで乗り込んで行った。

連隊長へ電話連絡

——午前三時にはまた起きて出かけなきゃならん。今から床についても、あともういくらも寝られやしない。でもまあしばらく横になるとしよう。——

一木大隊長は目覚し時計のネジをかけ、それを枕元に置くと靴下を脱いでドッカとベッドの上に腰をおろした。

その時、官舎の表の方に、荒々しく馬を走らせて来た者がある。耳をすまして聞いていると、馬は官舎の中まで入って来た模様だ。

玄関の扉をたたく音がする。大隊長は自ら玄関口に出て行った。

「岩谷曹長、報告に参りました」

服の上まで汗がジックリにじみ出ている岩谷曹長は、隊長官舎の玄関口に立つと、挙手の敬礼をした。

「ただいま第八中隊が、竜王廟と一文字山の中間地区で演習しておりますと、ちょうど十時四十分、突然竜王廟の中国兵から、十八発の実弾射撃を受けました。中隊は直ちに演習を中止し、人員を点検致しましたところ、初年兵が一名、どうしても見つかりません。そこで中隊長殿は直ちに、この事を大至急大隊長殿にご報告申し上げるよう、岩谷に命ぜられました。

中隊はいま、兵力を集結し、いつでも戦に応じ得る態勢を整え、極力その兵を捜索中であります。報告終りッ！」

岩谷曹長の呼吸はまだ荒く、肩も大きく波打っていた。

大隊長は折返したずねた。

「その初年兵というのは？　何という名前の兵か？」

「ハ、志村菊次郎であります」

「第七中隊はもう演習場の方にはいなかったかな」

「ハッ、第七中隊には岩谷がここへ報告に来る途中、ついこの先のところであいましたので、穂積中隊長殿には、情況をあらまし連絡しておきました。もうかれこれ兵営に到着するころだと思います」

大隊長は腕の時計を眺めた。後二、三分で十二時になるところだ。

――よしッ！　大隊は警備呼集をやろう。――こう決心した大隊長は、直ちに立って電話にかかった。

「北京！　旅団副官　松山少佐の官舎！」

受話器はしばらくジージー音をたてて鳴っていたが、やがて副官の夫人が出た。

「私、豊台の大隊長一木少佐でございますが、大至急松山副官にお願いいたします」

「松山は一昨日から閣下のお伴を致しまして、山海関の方に出張中でございまして、ただいまあいにく留守なんでございますが……」

――そうそう、考えてみれば旅団長閣下は確かにいま、ご出張中だったはずだ。ついに二日前、閣下から直直電話があって、ここ四日間ばかり北京をあける。しかし情勢は大分不穏なようだから、十分気をつけて絶対事件をかもさないように、とご注意を受けたばかりだった。閣下が北京におられない事は、百も承知しておりながら、電話をかけるなんて俺も大分昂(あが)ってるぞ――

改めてこんどは

「北京！　牟田口連隊長官舎！」

と呼び出させた。

五日と六日、両日にわたって、天津に分屯する筒井恒少佐の第二大隊を検閲して来た牟田口大佐は、この日夕刻、二十九軍の軍事顧問桜井少佐と一緒の列車で、北京に帰りついたばかりだった。

帰ると早速、「河辺旅団長の出張不在間、北京警備司令官を代理すべし」という命令をうけていたので、その方の関係書類に一通り目を通し、官舎に帰って入浴を済まし、ビールなど抜いていたら、いつの間にか十一時を過ぎてしまった。二日間も徹夜したが、今日こそ足を伸ばしてゆっくり休めるぞ。――そう思いながら床につきはしたけれど、日中の厳しい暑さのため、屋根が焼けついてなかなか寝つかれない。「実に寝苦しい晩だなあ」

ひとり言を言いながらまたムックと起き上り、うちわ片手に階段のところまでやって来た時、突然、電話のベルがけたたましく鳴り始めた。

連隊長は自ら受話器を外した。一木大隊長の声が響いてきて、ここに初めて事件勃発（ぼっぱつ）に関する顛末（てんまつ）が、逐一報告されたのである。

「……以上申し上げましたようなわけで、私はただいまからすぐ、大隊の警備呼集を実施し、蘆溝橋に行って中国側相手に、談判を開始したいと思います。よろしうございますか？」

すると牟田口大佐

「よろしい。じゃあ君の大隊はすぐ、これから出かけて一文字山を占領し、夜明けを待って蘆溝橋にいる中国軍の営長を呼び出し、支渉を開始し給え。十分戦闘隊形を整えた上で支渉に移り給え」

「承知致しました。直ちにそういうふうに処置致します」

大隊長は再び玄関の岩谷曹長のところへ戻って来た。

「岩谷曹長、大隊は直ちに警備呼集を実施して、清水中隊増援のために出動する。中隊は、大隊が蘆溝橋に到着するまで、一文字山を占領して待機しているよう、中隊長に伝えて置け。絶対応戦するんじゃないぞ」

「承知しました。では岩谷はすぐ中隊に帰って、ただいまの要件を中隊長殿にお伝えします」

「ご苦労だった。途中十分気をつけて行けよ」

岩谷曹長の姿が消えると間もなく、表の方にバタバタッとあわただしい靴音が起って、玄関口に駆け込んで来たのは、第七中隊長の穂積大尉だった。

「大隊長殿、えらい問題が起りましたなあ！」そう言いながら帽子を脱いで、ハンカチでクルクルッと顔中の汗を拭い始めた。

「穂積大尉か。ご苦労ご苦労！　君の中隊は別に異状はなかったな？」

「ハ、異状ありません。丁度中隊があちらを出発して帰り始めたころ、竜王廟の方向でパンパーンという銃声を聞きました。ちょっとおかしいなと思いながら深く気にも止めなかったんですが、兵が一名、行方不明だっていうじゃありませんか」

「中国側が一発射ったというだけなら、問題は極めて簡単なんだ。しかし兵隊が殺されたという事になると、これは極めて重大問題だ。とにかく大隊は今からすぐ警備呼集だ。君の中隊はもう一遍回れ右だ」

そう言いながら大隊長は、手ッ取り早く、自分の軍装を支度し始めていた。

警備呼集の発令

一木大隊長官舎と豊台兵舎

一木大隊長の官舎と豊台守備隊の兵舎とは、百メートルくらいの隔りはあったけれど、ほとんど目と鼻の先といってよかった。

　大隊長は警備呼集のため、本部の書記に命じ、隊の非常用警鐘をたたかせた。この警鐘は平素から準備されていて、非常事態が起った際、衛兵に喇叭を吹かせる暇もないような場合、これをたたいて全員に急を知らせるためのものだった。だからこれまでにまだ、一度もこの鐘は打ち鳴らされた事がなかった。いや、たった一遍だけ、それは確か正月か何かの折り、酔ッ払った若い将校がイタズラ半分にこれをたたいて、大隊全員を驚かした事があった。ただ、それだけである。

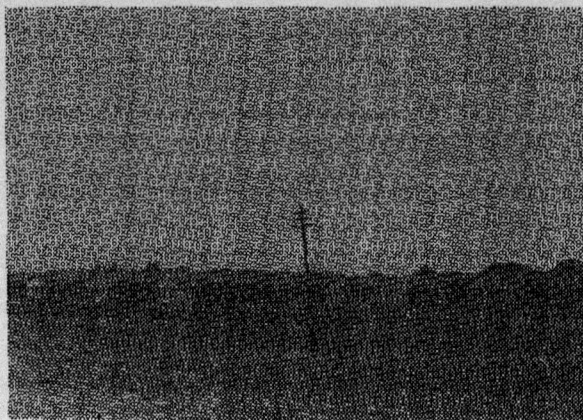

　いま帰って来た第七中隊からの知らせで、兵舎ではもう、みんな蘆溝橋での出来事を知っていた。そしてざわめき立っていた。

　電燈が煌々と輝く本部の事務室では、まだ軍装のままの穂積中隊の将校や下士官が、わいわい言いながら事件の噂に花を咲かせていた。「敬礼ッ！」入口のところで突然だれやらがこう叫んだ。一同の視線が一斉にその方に注がれる。

　一木大隊長がいま、握り太の軍刀片手に、悠然としてこの部屋に入って来たところである。赭顔短軀、それでいてまた非常な人懐っこさのある大隊長ではあるが、今日はその面にキッとした緊張味を見せ、事務室の真ん中に陣取ると、本部の書記をふり返り

「おい副官はおらんか副官は！」

すると小原曹長と山口軍曹とが口をそろえて
「大隊長殿！　荒田副官は北京に出張されましてお留守なんでございますが……」

そこへ代理副官、亀中尉がヒョッコリ顔を現わした。

大隊長はすぐ口頭で命令を下した。

「警備呼集を発令する。装備その他は平常の計画通り。各中隊は直ちに集合！」

　書記の太田軍曹が通信紙に鉛筆を走らせて、命令の要旨を筆記し始めた。大隊長は最後に
「太田軍曹、お前は歩兵砲隊に連絡して、別に乗馬二頭と乗馬伝令二名を用意させておけ！　そして各中隊長は、すぐ大隊本部に集合するよう連絡しろ！」それだけ伝え終ると大隊長は、ドッカと椅子に腰をおろした。

　太田軍曹が出て行くのと入れ違いに、通信班長小岩井中尉がとび込んで来た。中尉はピチピチ張り切った元気で
「大隊長殿！　中国兵のやつ、とうとうオッ始めおったですなあ！　痛快ですなあ！　今度こそ、徹底的にたたきつけてやりましょうや」

　大隊長にそれには答えようともせず
「おい、小岩井中尉！　通信班はすぐ北京との電話連絡を準備せい」

「北京とですか。ハッ、承知しました」

その中に第九中隊長の安達禎作大尉や、歩兵砲隊長久保田尚平大尉が集まって来た。機関銃中隊長中島敏雄大尉は、その浅黒い顔に鉄帽のひもをしっかと締め直しながら
「大隊長殿！　ご心配でございますなあ！」さすがに大隊先任将校だけあって、その言葉までが慎重だった。

やがて太田軍曹が「大隊長殿、各中隊長全部集合終らせました」と報告する。

「フム、じゃあ命令を伝える。

大隊命令！

七月八日、午前零時二十分、豊台大隊本部において」

各中隊長は地図を開いて、ジーッと命令に耳を澄ました。命令受領の曹長達は、鉛筆を走らせて片ッ端からその命令を筆記して行く。
一、蘆溝橋付近の中国軍は、同地において演習中の、

我が第八中隊に対して突如不法射撃を開始せり。該中隊は直ちに演習を中止し、目下応戦の態勢にあるも、すでに兵一名の行方不明者を生じあり。

二、大隊は一ヶ小隊を残置して守備隊直接の警備に任ぜしめ、主力をもって直ちに蘆溝橋に向い前進せんとす。

三、第九中隊長は、その一ヶ小隊を守備隊に残置し……

その時、北京直通の電話がチリリーンと鳴り始めた。亀中尉が立ってそれを聞きに行く。本部の前では、もう馬装の支度も終ったと見えて、盛んに馬が嘶いていた。

命令の下達は更に続けられる。

……機関銃隊は二銃宛の四小隊編成、歩兵砲隊は連隊砲二門、大隊砲四門をもって編成す。

五、中島大尉は大隊を指揮し、長奉支線以北の地区を、まず一文字山に向い前進すべし。

六、予は今より、一文字山付近、第八中隊の位置に先行す。

大隊長　一木少佐　終り。

突然、また小岩井中尉がとび出して来た。

「大隊長殿！　さきほど大隊長殿は小岩井に、通信班は北京との通信を準備するよう申されましたが、守備隊と一文字山との連絡も、すぐ始めなきゃいけないと思います。線は十分ありますから、早速架設始めましょうか？」

大隊長はニコニコして

「そうか、それは非常に適切な意見具申だ。じゃあ今の命令にもう一項つけ加える。

……通信班は、豊台、蘆溝橋間の通信連絡を担任すべし。

それから小岩井中尉！　先方に行ってから必要が起るかも知れないから、無線もついでに持って行け。いいか。忘れるなよ」

将校達が動く度に、軍刀がガチャリ、ガチャリ音を立てる。出動直前の緊迫した雰囲気、それは物々しさとともに、また一種得もいわれぬたのもしさを感ぜしめるのだった。

大隊長は最後に

「じゃあ、安達大尉、君のところは山田准尉をこちらに残すのだな。すぐ本人を僕のところによこし給え。僕から直接、任務を与える事にする。その他の諸君にお示しする事はもうこれで終りだ。直ちに中隊に帰って部下を掌握し給え」

「敬礼！」　中島大尉の一声によって敬礼をすませると、一同は、ガタガタやりながら事務室から出て行ってしまった。

大隊長は領事館警察の吉田署長に、なにやら電話連絡をしていたが、やがて亀中尉に向って

「おい、君はもういいぞ。こちらの仕事が終ったら、太田軍曹と乗馬伝令一名を連れて、すぐ出発せい。第八中隊の位置を探すのに、このよる夜中じゃ相当時間がかかるからなあ！　僕は大隊の集合情況を見届けたら、すぐ後から馬をとばせて追及するから！」

「じゃあ亀は一足お先に出発いたします」

亀中尉らが出かけて行った後、大隊長は「おい小原曹長！　中国側と談判するため通訳が必要なんだが、本部の渡辺通訳はどうした？」

「ハ、さっきから二度も呼びにやってるんですが、まだやって参りません」

「駄目だぞ、こんな大切な時にぐずぐずしやがって、だれか他に通訳の出来る者はおらないのかッ！」

そこで曹長は直ちに豊台の憲兵分駐所に電話した。所長寺田浄軍曹は、何も知らないでいままでグッスリ寝込んでいたが、ベルの音を聞くなりガバとはね起きて受話器をひっつかみ

「いったい何事が起ったんです、このよる夜中に！」

小原曹長はそこで事件の顛末を簡単に説明し

「ついてはあなたのところの安武通訳を、至急、大隊本部に貸してくれませんか？　しばらくの間！」と交渉した。

「承知しました。早速そちらに行かせましょう。そこでその射撃した地点というのは、いったい蘆溝橋のどのあたりなんですか？」

寺田軍曹が更に突込んで質問しようとした時「とにかく大至急お願みしましたよ」そういったまま、電話はガチャリと切られてしまった。守備隊の方は余程混雑しているらしい事がそれでうかがわれた。

間もなく小岩井中尉が馬をとばせて、憲兵隊の裏口に

やって来た。

「オーイ、寺田軍曹！ 通訳はまだか通訳は！」

またしても矢のような催促である。

「唯今準備させております」

「早くしろ！ 早く！」

大あわてにあわてた安武譲通訳は、準備もそこそこ、自転車をとばせて大隊本部に駆け込んで行った。そして大隊長に

「憲兵隊安武通訳、お呼びによって参りました」

「ヤア！ ご苦労、ご苦労！」

そこに先程の山田孝澄准尉も同時に姿を現わした。

「第九中隊山田准尉、参りました」

「アア、山田准尉か。もっとこちらへ」

大隊長は彼を手招きした。

「ご苦労じゃがねえ。君を見込んで一つ、大隊の出動間、守備隊の直接警戒をお頼みする。

万一、蘆溝橋で両軍が衝突でも起した場合、一番警戒しなけりゃならんのは南苑の三十八師だ。人員が少なくてすこぶるやり憎かろうが、今、義勇隊の方には領事館警察を通じて連絡をとっといたから、よくこれと連絡して、シッカリやってくれ。いいか！」

「ハ、かしこまりました。山田、最善をつくして守備隊の警戒を担当いたします。こちらの事につきましては決してご心配なく」

隊長の処置としては、これでどうやら一段落がついたようだ。部隊の集合情況を視察し終った大隊長は、最後に中島大尉に

「じゃあ大隊の引率を頼んだぞ！」

一言、言い残すと、小岩井中尉、それに乗馬伝令、通訳等をともなって、暗夜の守備隊も出発した。そして蘆溝橋に向って一散に馬を走らせたのであった。

「憲兵は全員、直ちに現地に出勤せよ」という命令が北京から届いたのは、それから間もなくの事だった。寺田軍曹は三橋上等兵をともなって、後尾の歩兵砲隊が兵舎を出発するのと一緒になって現地に向った。

途中、部隊に逆行して馬を走らせて来た小岩井中尉は、同じく馬上の久保田大尉に

「一文字山はすでに敵に占領されてるようです。唯今、前進目標が西五里店に変更になりました」

と伝達して来た。全員は期せずして——こりゃあいよ

いよ、容易ならぬ事態になってきたぞ——と一段の緊張を呈するのだった。

一文字山の一木大隊

一木大隊長が北京街道に顔を出したのは、午前二時ごろだった。清水中隊はその時、ようやく西五里店に集結を終ったところだった。大隊長と清水中隊長とは、二時三分、砂利取場付近で会見した。

「やあ！　清水大尉が。ご苦労だったのう。随分心配したろう」

「ハ、いろいろご心配おかけ致しまして申し訳ありません。行方不明の兵は先程見つかりまして、唯今無事、連れ戻って参りました」

「エッ？　無事だったか。そうか。そりゃあよかった」

「中隊は全員、現在地に集結しております。唯今までの情況について申し上げますと……」中隊長は、馬からおりた大隊長に、事件勃発以来の顛末をかいつまんで説明した。

いちぶしじゅうを聞き終った大隊長は

「それで今、一文字山付近は、いったいどうなっているんだ？」

「従来からの情況判断によりますと、当然、一部の中国兵が配置されているものと想像されますが、まだ偵察は実施しておりません」

「一文字山の敵情は、今後の行動を決める上の一番の先決問題だ。すぐ偵察せにゃいかん。小隊長は今、だれだれがここにおるかな？」

「野地少尉、高橋准尉、それから石井准尉であります」

「そうか。じゃあすぐ野地と高橋をここへ呼べ」

大隊長は二人に対して厳しい口調でいった。

「高橋准尉は兵二名を率いて将校斥候となり、一文字山南半部、及び同地西側地区の敵情、特に敵がいるかいないかという事を偵察して至急報告せよ。

野地少尉は同じく兵二名を率い、一文字山北半部、及び同地西側地区の敵情を偵察せよ。直ちに出発」

両将校斥候は復唱を終わると、すぐにそこをとび出した。

「野地！　しっかりやれよ」闇の中から声をかけたのは通信班長小岩井中尉だった。

二組の斥候は一文字山めがけて進んで行った。そして山裾の方から台上を空間に透視して見たが、別に敵らしい影も形も認められなかった。ススキや茨の間を押し分け押し開き、斥候は這うようにして、ようやく台の一番高いところまで上って見た。この前、中隊が演習の時、掘った散兵壕が黒い一線を画して、まだそのままに残っている。壕の中からはコオロギの声が、時々かすかに聞えて来た。

——ここら辺りに一人もいないという事になると、一文字山にはどこを探したって、もう敵のいそうなところはないぞ。——

静粛行進はいつの間にか速歩行進となり、しまいにはとうとう台上をガサガサやりながら、歩度を伸ばした大胆な捜索になってしまった。

「いないな。どッこにもいないな」

「ハ、確かに一人もおりません」

斥候長と斥候兵とは、こうささやき合いながら、再び砂利取場の方に戻って行った。

中島大尉の指揮する大隊主力が西五里店に到着し、部落の西南端広場に集結を終ったのは、午前二時四十分だった。大隊長はここで各中隊長を集め、もう一遍、現地の情況について説明した。そこへちょうどいまの二組の斥候が戻って来た訳である。

「野地斥候報告！　一文字山の台上には、敵の姿は全然認められません。西側地区一帯もまた同様でありますッ！」

「高橋斥候報告！　一文字山の南半部、及びその西側の地区には、全然敵兵はおりません。報告終りッ！」

「よしッ！　では大隊は今から直ちに一文字山に前進し、之を隠蔽占領する。

そこで野地少尉、清水中隊長はいま、兵若干名をつれて竜王廟の方向に、敵情偵察と不法射撃の証拠固めに行っている。中隊長の不在間、貴官は中隊長を代理せい！」

「ハッ！　かしこまりました」

「各中隊長、いま、聞かれた通りだ。一文字山には敵兵はおらん。

大隊は右より、第八、第九、第七中隊の順序に第一線、機関銃中隊は第二線、歩兵砲隊は第三線として一文字山に向って前進する。前進のための基準は第九中隊、目標は中央の高台、前方及び側方の警戒は現在やっている通り、それぞれ小銃中隊において担任せい……」

大隊は粛々として動き始めた。星影もまばらな午前三時過ぎ、真ッ黒く固まった精鋭五百の集団は、黙々、一文字山に向って真一文字に突き進んで行くのだった。

中隊長敵兵と語る

これより先、野地斥候が一文字山に出かけて行ってしまったあと、清水中隊長は暗がりの中で、一木大隊長と二人っきり、相向って突っ立っていた。

「大隊長殿！　これから、いったいどうなさるお考えですか？」

清水大尉がこうたずねた。

すると大隊長、言下に

「やるんだ！」

やにわに鞭を振り上げ、それをたたきつけるような格好をして、自信満々といった態度と口ぶりを示すのだった。

一瞬、中隊長は考えた。――ハテ、やるんだ！　とはいったいどういう事を意味するんだろう――

中隊長の頭にはその瞬間、去年、大隊長自らが統裁した、宛平県城攻略の、現地戦術の情景が浮び上ってきた。あの時、大隊長から示された原案通りやれば、宛平県城の攻撃は確かに成功はするだろう。しかしその時、大隊長はたしか

「今日の演習は単なる戦術的研究に過ぎんのだ。我々の敵はあくまでも赤軍である。宛平県城の中国軍を攻撃するなんて、そんな夢みたいな事考えとっちゃ、任務の達成は出来はせんぞ！」と、ハッキリ結論を示されたはずである。

次にまたいつだったか、中隊長以上が飛行機に乗って、南苑三十八師の兵営を俯瞰した時にも、全員ほとんどの一致した意見は

「急襲すれば、我々第三大隊だけで南苑を占領する事もあえて難事じゃない」というのだった。

その時、大隊長はいつもの通り、笑みを浮べながら

「こりゃあ何だなあ！　豊台や蘆溝橋で事件が起った場合、宛平県城を攻撃するのは愚の骨頂だ。一気に南苑を攻撃した方が勝負が速いぞ」と、感想の一端を漏らした事がある。

「やるんだ！」という気合のこもった大隊長の一言、そ

れを「どうやるんですか？」と問い返すのもすこぶる不見識である。さりとて大隊の全兵力を西五里店に集結させておきながら、いまさら方角違いの南苑を攻撃するなんて事も、常識としては考えられない。——大隊長の肚は、きっと、厳重談判する事によって、中国側に不法射撃の事実を認めさせ、彼に謝罪を要求しようというのがその本心だろうな——清水大尉はこう判断した。

いよいよそういう事になると、いまの今まで、不法射撃、不法射撃と騒いではきたが、日本側として、いったいどんな物的証拠を摑んでいるんだ？　ただ単に、「音を聞いた」「弾が飛んだ」そんな言葉をいくら並べ立てたって、なんの証拠になるものか、せめて中国兵の一人でも捕虜にしていたら、これを生証人として一切の泥を吐かせる事も出来る。

「大隊長殿、この事件が今後どういうふうに進展するにもせよ。こちらとしてはまず、不法射撃の確証を摑んでおく事が先決問題だと思います。

捕虜を獲得するのが一番好い方法ですが、もし摑まえに行くとすれば、夜明け前にやっつけなくちゃなりません。今すぐ出発すれば、一人や二人、引っ張って来る事もそう困難じゃないと思います。いかがでしょうか」

「それもそうだなあ！　だれかシッカリした小隊長でも遣るか」

「いや、私が自分で行って来ます。若い連中じゃちょっと心許ないと思います」

「そうか。それは忝けない。では堤防上の敵情偵察、あわせて捕虜獲得の任務を君に与える。十分気をつけて行けよ。決して無理をせんようにな」

清水大尉は中隊に戻ると、早速優秀な下士官兵六名を選抜し、これに捕虜捕獲の要領を説明し、縄など持たせて全員軽装、西五里店を出発した。

一文字山の北側に出ると、そこからは高粱畑と粟畑のへりに沿って西進し、概略の目標を竜王廟にとって進んだ。やがて一隊の目の前に、竜王廟南側のトーチカが、黒くボンヤリと浮び上って来た。中隊長を真ん中にして散開した一隊は、静かに、このトーチカを包囲し、足音を忍ばせてその裏側から入口に迫った。

息を凝らして中をうかがったが、内側からは物音一つ聞えて来ない。中隊長は単身この中に入り込んで行って、懐中電燈をパッと一気に照らしつけた。中にはアンペラが一枚敷いてあるきりである。人ッ子一人目に映らない。光に驚いた小さな蛙が、無数にアンペラの上をピョンピョン跳んだ。

「おらん！　今度は堤防の方を捜そう」

一隊は更に堤防に向った。漸く堤防の東、十メートルくらいに近づいた時、兵の一人が突然、低い声で、「中隊長殿！　敵が……」とその袖を引いた。

全員、ハッと低い姿勢に移って瞳をこらし、前の方を眺めると、薄暗い空間に投影して、棒杭のようなものが二つ突っ立っている。ジーッと見ていると、それが少しずつ、少しずつ移動している。まさしく動哨に違いない。

「オイッ！　あいつらをヒッ掴まえてやろう。間隔を開いて静かに前進！」一隊は敵に気付かれないよう、静かに前進した。

突如、堤防の壕の中から、別の数名の中国兵が起ち上って

「誰呀！」——鋭く叫んだ。

——シマッタ！——

そう思った瞬間、清水大尉はとっさの気転で中国語を使い、「你們這裡有一個日本兵来了没有？　他在這辺失迷路途了」（こちらの方に日本兵が一人やって来なかったか？　彼はこの辺で道を迷ってしまったんだ）と応答した。

もともと清水大尉の専門語学は英語だった。中国語は満州事変以来、にわか仕込みで習い覚えたに過ぎなかったが、今日この場で、これだけの言葉が口を衝いて出たのは上々の出来だった。

中国兵は壕の上に立ち上って、銃を構えながらも口々に

「没有来！」「没看見過」（来ないぞ！）（見なかったなあ）

この声を聞きつけた中国兵達は、なんだなんだ、とあちらからもこちらからも頭をもたげ出してきた。その数実に十数名にも及んでいる。

——こりゃあいかん！　敵兵捕獲どころの騒ぎじゃない。まかり間違ったらこっちの方がかえって捕虜にされてしまう。こんな危険なところに長居は無用！——。一行はとうとう捕獲を断念し、逐次北方に移動して、そのまま暗闇の中に姿をくらましてしまった。

中国兵はこの一問一答によって、相手が日本兵である事は、はっきり察知出来たはずである。しかるにこの清水大尉一行に対し、ついに一発の射撃すらもあえてしてこなかった。日本側はまた、生証人の捕獲こそ出来なかったけれど、堤防上の敵が正真正銘の二十九軍正規兵である事、ならびに彼等が終夜堤防上で警備についていた事だけは、立派に確認出来た訳である。

蘆溝橋の原はまだほの暗かった。しかし今日もまた昨日に引き続く好いお天気だと見えて、東の空にはあけの明星が青く大きく、ギラリギラリとまたたいていた。

（五）中国军队再度不法射击　陆军首脑部的重大协议

资料名称：支那軍再び不法射擊　陸軍首脳部の重大協議

资料出处：読売新聞社編輯局編《支那事變實記》第一輯，非凡閣1937年發行，第8—15頁。

资料解说：本资料是日本出版的宣传读物，记载了卢沟桥事变爆发后的7月8日、9日，中日两军的反复冲突、谈判，以及日本高层协议对应的情况。

七月八日

支那軍再び不法射擊

陸軍首惱部の重大協議

（戰況）不氣味な對峙の間に、刻々と時はすぎ、明けるに早い夏の夜は豪雨の中に次第に白んで行く。

わが部隊は、龍王廟のトーチカに據る約二箇中隊の支那軍を嚴重監視するとともに、支那軍陣地に赴いた軍使によつて如何なる回答がもたらされるか、それを靜かに待つてゐた。と、八日未明の五時半頃、支那陣地から再び、監視中のわが部隊に對して、機關銃、迫撃砲をもつて猛烈なる砲撃を加へて來た。支那軍は、北平より現地に急行した森田中佐以下の勸告を無視し、あまつさへ、長辛店附近より砲兵を混へた一軍の來援を得て、小癪にも攻勢に出て來たのだ。

わが部隊龍王廟を拔く

事態ここに至つては、もはや止むを得ない。わが軍は自衞のためこれに應戰の火蓋を切り、約三倍の敵と激戰を交へること二時間餘、つひに頑強に抵抗する支那軍を撃ちまくつて、猛然、敵陣に突撃してこれを一蹴、算を亂して敗走する敵を追つて、息つく間もなく追撃に移り、濁流胸を沒するばかりの河流を一氣にわたつて宛平縣城に迫つた。來援したわが豐台部隊の主力も、ただちにこの戰鬪に參加、河を渡つて同じく敵陣に迫つたが、この戰鬪において、敵の死者二十除、傷者六十數名、わが軍では鹿內清准尉が戰死し、野地伊七少尉以下十數名の負傷者を出したのみであつた。

城內に逃げ込んだ支那兵は、間もなく、城壁に白旗を揭げて無抵抗の意思を示した。でわが部隊は直ちに射擊をやめ、支那軍の武裝解除を行ふべく城內に進まうとした。すると、敵は不法にも、不意を狙つて三度わが軍に猛射を浴せ、わが部隊に十數名の負傷者を出すに至つた。度重なる支那軍の不法に憤つたわが將兵は、怒髮天を突かんばかりの勢ひをもつてこれに應戰、數十分にして敵を沈默せしめてしまつた。そして午前九時に至り、支那側の停戰懇願によつてひと先づ停戰し、當初からの事件不擴大の方針により、午前十一時を期して附近一帶の支那軍を徹退すべきことを要求し、ついでその時刻を延期して、支那側の實行を待つた。

城內に於ける交涉停頓

この頃、城內においては、夜中、北平から急行した日本側代表たる森田中佐、寺平特務機關輔佐官、櫻井第二十九軍顧問、赤藤北平憲兵隊長と、支那側代表たる綏靖公署參謀周永業、外交委員會委員林耕宇、宛平縣長王冷齊らとの間に、支那軍撤退の交涉が進められてゐたが、冀察政府、

七月八日

一一

長辛店高地より宛平縣、蘆溝橋を臨む

支那事變實記

黃包車に乘り込む蔣介石（下）と宋哲元（上）

二十九軍首腦部のあひだに、武裝解除および撤退に同意してはならぬとする强硬論が擡頭したため、拂曉よりの現地交渉は午後三時半に至つて停頓狀態に陷つてしまつた。

また、北平大使館付武官今井少佐は、この日午後七時から約二時間にわたつて、二十九軍副軍長秦德純、冀察政權常務委員賈德耀の二名と會見して、善後處置につき懇談したが、これも意見の一致を見るに至らなかつた。

そして、北平の市政府當局は午後四時を期して全城門を閉鎖、平津間の列車は運轉を中止し、惠通公司航空路も斷絕し、夜十一時に至つて、全市に特別戒嚴令を布いたため、人馬の往來は全く杜絕した。また天津においても、八日夜つひに戒嚴令を施行、北寧鐵路は全線の運行を中止するに至つた。

支那軍八寶山に進出

かかる間に、西苑にあつた第三十七師の主力たる第百十旅（旅長何基豐）の第二百二十團、謝世金部隊の約一五〇〇名は、ひそかに、蘆溝橋の北方二里の八寶山に進出を開始し、わが軍を側面より威嚇せんとの體勢をとり始めた。

しかも、城内の支那軍は、この停戰協定中にも絶えず挑戰的態度に出で、わが豐台部隊に對して、屢々射撃を繰返し、交渉停頓ののちは、幾度か事態を交戰狀態にひき戻しつつあつたのだ。

（國內）さて一方、日支衝突の飛報が三宅坂なる陸軍省に達したのが朝七時すぎ、間髪を入れず非常召集の手配が飛び、參謀本部では支那課の永津課長、高橋中佐以下があはただしく登廳、陸軍省でも、かけつけた田中軍事課長、柴山軍務課長が、それぞれ課長室に閉ぢこもつて、局面の急轉に應ずるわが軍の對策に誤りなきを期して、情報の蒐集につとめ、終日緊張の色を見せてゐた。

陸軍首腦重大協議

かくて『交渉決裂、日支兩軍再び戰端を開く』と、風雲急を報ずる號外の鈴の音が、宵闇の街街をかけめぐる午後九時、陸相官邸に、杉山陸相、梅津次官、後宮軍務局長、田中軍事課長その他關係官參集、深更に至るまで軍首腦部としての協議が續けられると同時に、後宮軍務局長は近衛首相を永田町の私邸に訪問し、事件の經過と見透しにつき報告するとともに、今後の對策につき要談。一方、海軍省でも、米内海相、山本次官、島田軍令部次長、豐田軍務局長などの首腦が善後策を協議するなど、頓に緊張を加へるに至つた。

果して、軍首腦部の決意は『斷』か。

この夜深更、陸軍中央部は〇〇以西の×箇師團に對し、七月十日除隊の豫定にある兵の除隊を一時延期すべき旨、緊急命令を發して、萬全の策を執つたのであつた。

（支那の動き） この日、南京政府は現地よりの情報にもとづき急據善後策を協議する一方、事件を廬山にある蔣介石その他の首腦部に刻々報告したが、驚愕した蔣介石は廬山軍政緊急會議を招集し、また外交部亞洲司董科長は夕刻六時半、南京のわが大使館に日高參事官を訪ひ、日本軍の軍事行動の停止、事件不擴大について申入れをなした。これに對して、日高參事官は支那軍の小兒病的な對日敵愾心がかくの如き結果を招來したもので、支那側こそ最も行動を愼しむべきであり、本事件の責任は全く支那側にあると答へ、會談は三十分にして終つた。

（六）卢沟桥的枪声

资料名称：蘆溝橋の銃声

资料出处：葛西純一編訳《新資料・蘆溝橋事件》，成祥出版社1975年発行，第41—43頁。

资料解说：本资料是日本历史学家臼井胜美梳理的1937年7月8日、9日，卢沟桥事变后中日两军的冲突情况。

臼井勝美著『日中戦争』

中公新書33～36頁より抄録

蘆溝橋の銃声

蘆溝橋は北平の西郊十数キロ、永定河にまたがっている石橋で、古来名橋として知られており、その付近は燕京八景の一つになっていた。

橋の東側に城壁で囲まれた宛平県城があり、橋の北には、京漢（北平—漢口）線の鉄橋が設置されている。一帯はだいたい荒蕪地で、鉄道線路用の砂利採取地区でもあり、耕作物としては落花生などがあるにすぎないので、豊台駐屯の日本軍部隊にとっては、夏の高粱繁茂期には唯一の演習場であった。豊台には支那駐屯軍第一連隊（本部、北平）の第三大隊（一木清直少佐）が駐屯していた。天津に本拠をおく支那駐屯軍は義和団議定書（一九〇一）にもとづくもので当時兵力は約千名であった。

中国軍は、河北・察哈爾両省に、宋哲元の指揮する第二十九軍が駐屯し、首脳部は北平にあり、総兵力約十万を擁していた。張家口に劉汝明の指揮する第百四十三師、南苑に張自忠の第三十八師、そして西苑に位置して北平市内および蘆溝橋一帯にも駐屯していたのが、馮治安の指揮する第三十七師であった。宛平県城には馮の部下第二百十九団長吉星文支配下の二個中隊が配置されていた。

七月七日、一木大隊の清水中隊が夜間演習のため豊台を出発し、蘆溝橋北方約一キロ竜王廟前面地区において黎明突撃の演習を行なった。竜王廟一帯には中国軍が配置されていたのであるから、中国軍の直前における夜間演習であった。午後十時四十分ごろ、清水中隊は竜王廟付近より数発の射撃をうけ、ただちに演習を中止し集合ラッパを吹くと、ふたたび宛平県城方面から十数発の射撃を浴びせられた（第一連隊戦闘詳報）。

中隊は人員点呼を行なったが、兵一名が行方不明になっていたので、清水中隊は豊台の一木大隊長に伝令で報告した。一木はただちに北平の牟田口廉也連隊長に電話をすると、連隊長は大隊の現地急行と、宛平県城内の中国軍営長（葛西注＝大隊長金振中）に対して交渉を開始すべき旨を命令した。連隊長は連隊付森田中佐を現地に派遣し、第三大隊の主力を蘆溝橋停車場西南側に集結し、宛平県城への戦闘態勢を整え、県城の中国側責任者に調査と謝罪を要求することを下命した。

森田中佐は宛平県長王冷斉（二十九軍副軍長兼北京市長秦徳純に報告のため来平）、外交委員林耕宇をともなって、現地に急行したのである。宛平県城に対して攻撃布陣をした一木大隊は、連隊長認可のもと八日午前五時三十分より竜王廟への攻撃および県城への砲撃を開始するに至った。この間、兵一名の行方不明を理由に日本側は、宛平県城への立入検査を要求して、拒絶されたとみられるが、戦闘詳報にはふれていない（兵一名は間もなく原隊に復帰した）。

八日午後には、現地蘆溝橋に牟田口連隊長、河辺正三旅団長が次々に到着し、夜十一時には酷暑をおかして強行軍をしてきた第一大隊も戦線に参加した。いよいよ九日早暁を期して県城の総攻撃を実施することとなり、待機していたところに、午前三時北平特務機関（葛西注＝日本の）から、宛平県城の中国軍は午前四時より蘆溝橋をへて永定河右岸地区に撤退する旨確約したとの通報がはいった。

この協定は、日本軍は豊台へ、中国軍は永定河右岸へとそれぞれ撤退し、宛平県城の防備は保安隊が担任するという内容であった。

しかし、午前四時になっても中国軍は撤退を開始しなかったので、河辺旅団長は大隊砲による城内砲撃を実施した。中国軍は午前十時半、蘆溝橋を渡って撤退を開始し、日本側も徐々に原駐屯地に復帰したのである。この間、交代のため宛平県城に向かいつつある保安隊と日本側が交戦するなど、連絡の不備にもとづく紛争も発生した。八日、九日の戦闘で牟田口連隊（戦闘参加人員九一一名）の損害は戦死十一名、戦傷三十六名で、中国側の死者は約百名と推定された。以上が蘆溝橋事件の現地状況の概略である。

三、日军发动进攻与中方反应

（一）北平郊外的日中两军冲突

资料名称：北平郊外で日支両軍衝突

资料出处：葛西純一编訳《新資料・蘆溝橋事件》，成祥出版社 1975 年発行，第 49—51 頁。

资料解说：本资料是卢沟桥事变爆发后日本新闻媒体进行的报道，指责中国军队「非法射击」，并描述了前线战斗的状况。

東京朝日新聞（夕刊一面）

昭和十二年七月九日　発行

北平郊外で日支両軍衝突
不法射撃に我軍反撃
二十九軍を武装解除
疾風の如く竜王廟占拠

〔北平特電八日発〕八日午前零時頃、わが駐屯部隊が北平郊外蘆溝橋付近において夜間演習中、蘆溝橋駐屯の第二十九軍第三十七師（師長馮治安）に属する二百十九団の一部が不法にも数十発の射撃を加えたため、わが軍は直ちに豊台駐屯部隊に急報して出動を求め、支那軍に対して包囲体勢をとり対峙、わが軍は支那側の不法行為に対し、厳重謝罪を要求したところ、午前四時二十分、支那側は再び不法射撃を行ないたるため、わが軍も遂に火蓋を切り、双方機関銃迫撃砲をもって交戦、銃砲声は暁の空を破って遙か北平城内まで伝わったが、遂に支那軍を撃退し、竜王廟を占拠した。蘆溝橋の支那部隊に対しては目下、武装解除中である。

〔天津特電八日発〕支那駐屯軍司令部午前八時半発表＝豊台駐屯のわが部隊は、不法なる支那軍の砲撃に対し厳重なる交渉を開始せんとするや、蘆溝橋北方千メートルの竜王廟にあった支那軍は、八日朝五時半不法にも再び射撃を開始した。よって、わが軍は直ちにこれに応戦して撃退し竜王廟を占拠した。なお、蘆溝橋の支那軍に対しては目下、武装解除中である。軍は支那軍の不法な挑戦行為に対して、断乎その反省を促す。

支那の要請で一時停戦

〔北平特電八日発〕 八日午前九時半、支那側の停戦懇願により、両軍ひとまず停戦状態に入ったが、わが軍は午前十一時までに付近一帯の支那軍が完全に撤退を実行しない限り、全滅作戦を以って撃退すべしとの強硬態度を持し、この決意のもとに目下、現地交渉が進められつつある。

硝煙の戦線を行く
突如銃を擬し脅迫
凄絶・砲火耳朶を打つ

〔蘆溝橋にて常安特派員八日発〕 北平城外を西南方へ十一マイル、自動車を駆って日支両軍交戦中の蘆溝橋に向ったが、進むにつれて銃砲声はますます激しく耳を打つ。走ること一時間半にして平漢線の陸橋に到着すると、ここには我が増援部隊の一部がトラック数台を乗り捨てて、小高く連なる線路に拠って前方の敵状を偵察していた。遠く望めば西方半マイルばかりに宛平県城（蘆溝橋城）

50

が見え、県城の後方一帯の森の中数十箇所にわたり砲煙が立ち昇り、迫撃砲、機関銃の音が絶え間なく聞こえてくる。しばらくするうち、蘆溝橋城塁高く白旗が二本揚げられたので、記者は直ちに県城西門に車を乗りつけようとしたところ、二、三町手前で城壁の上から支那兵の怒鳴りつけるような誰何を受けたので、身分を明かし、写真機を取り出そうとした途端、支那兵は俄かに銃を擬して発射の姿勢をとり、記者の入城を拒否した。こうしているうちにも銃声は依然として物凄く鳴り響く。やむなく陸橋の堤防まで引き返すと、戦線を視察してきたわが軍の某将校に出会い、交戦の模様をつぶさに聴くことができた。今回の事件は支那側の不法射撃によって発生したものであること一点の疑いもなく、戦友中に死傷者さえ出した。わが将兵一同痛憤の程もさこそと思われる。支那側はあちこちに点々と兵営が散在しているので、わが部隊はかなり苦戦しながら午前六時頃に至り、竜王廟に拠る敵兵の主力を撃退したので、事態はようやく小康状態に向っているが、情勢の展開はもとより予断を許さない。

(二)卢沟桥事件

资料名称：蘆溝橋事件

资料出处：新聞タイムス社編《支那事変戦史》，皇徳奉賛会1937年発行，第1—5、14—15、116—119頁。

资料解说：本资料是1937年12月日本出版的关于侵华作战的宣传读物，描述了中日两军在卢沟桥爆发冲突、谈判、准备停战的过程，还收录了清水节郎的阵中手记以及日本陆军省发布的对于事变处理的要求事项等内容。

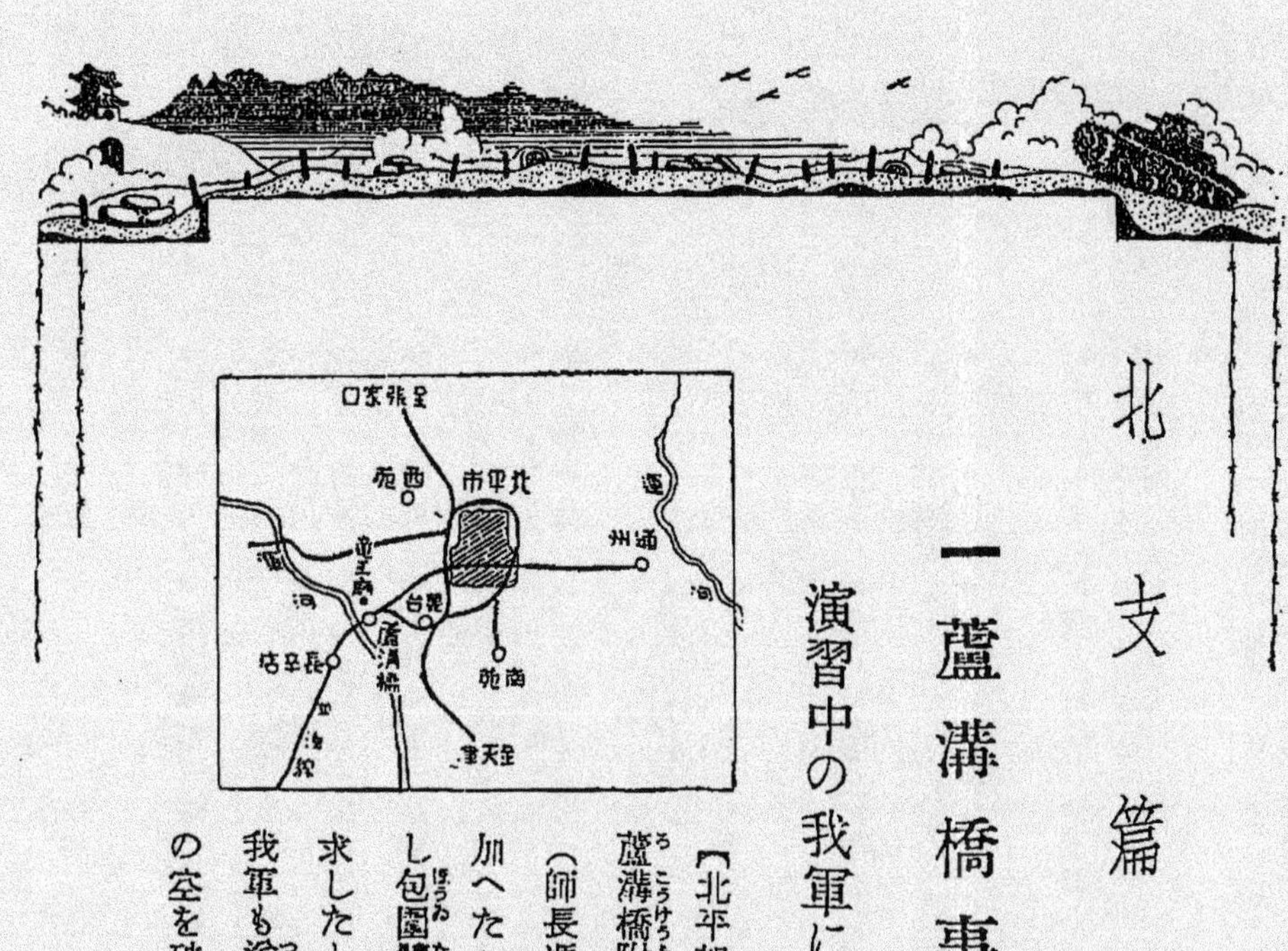

北支篇

一　蘆溝橋事件

演習中の我軍に廿九軍不法射撃

【北平朝日特電七月八日發】八日午前零時頃我が駐屯部隊が北平郊外蘆溝橋附近において夜間演習中蘆溝橋駐屯の第二十九軍第三十七師（師長馮治安）に屬する二百十九團の一部が不法にも數十發の射撃を加へたゝめ我軍は直に豐台駐屯部隊に急報して出動を求め支那軍に對し包圍體勢をとり對峙、我軍は支那側の不法行爲に對し嚴重謝罪を要求したところ午前四時二十分頃支那側は再び不法射撃を行ひたるため我軍も遂に火蓋を切り双方機關銃、迫撃砲をもつて交戰、銃砲聲は曉の空を破つて遙か北平城内まで傳はつたが、遂に支那軍を撃退し龍王

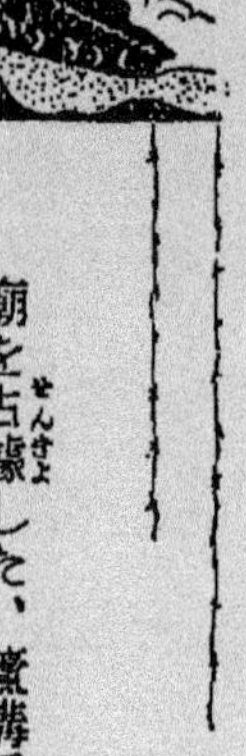

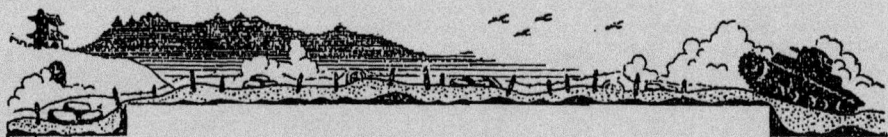

廟を占據した、蘆溝橋の支那部隊に對しては目下武裝解除中である。

【天津朝日特電八日發】支那駐屯軍司令部八日午前八時半發表＝豐台駐屯の我が部隊は不法なる支那軍の砲擊に對し嚴重なる交涉を開始せんとするや蘆溝橋北方千メートルの龍王廟にありし支那軍は八日朝五時半不法にも再び射擊を開始した、よつて我軍は直にこれに應戰して擊退し龍王廟を占據せり、尙蘆溝橋の支那軍に對しては目下武裝解除中なり、軍は支那軍のこの不法なる挑戰行爲に對し斷乎その反省を促すところあらんとす。

支那の要請で一時停戰

【北平朝日特電八日發】八日午前九時半支那側の停戰懇願により兩軍一先づ停戰狀態に入つたが我軍は午前十一時までに附近一帶の支那軍か完全に撤退を實行せざる限り全滅作戰を以て擊退すべしとの强硬態度を持しこの決意の下に目下現地交涉が進められつゝある。

【北平八日發同盟】支那側の申出に依る停戰期限たる八日午前十一時に至るも支那側より何等の回答に接しないが我が軍は事件不擴大の建前から正午頃迄右期限を猶豫するに決定し支那側の誠意披瀝方を督促しつゝある。

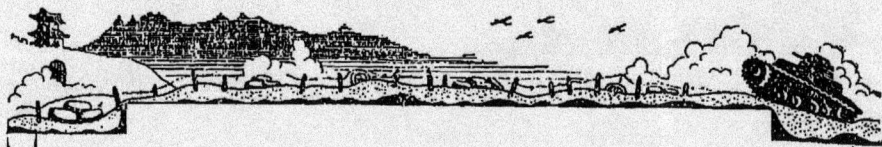

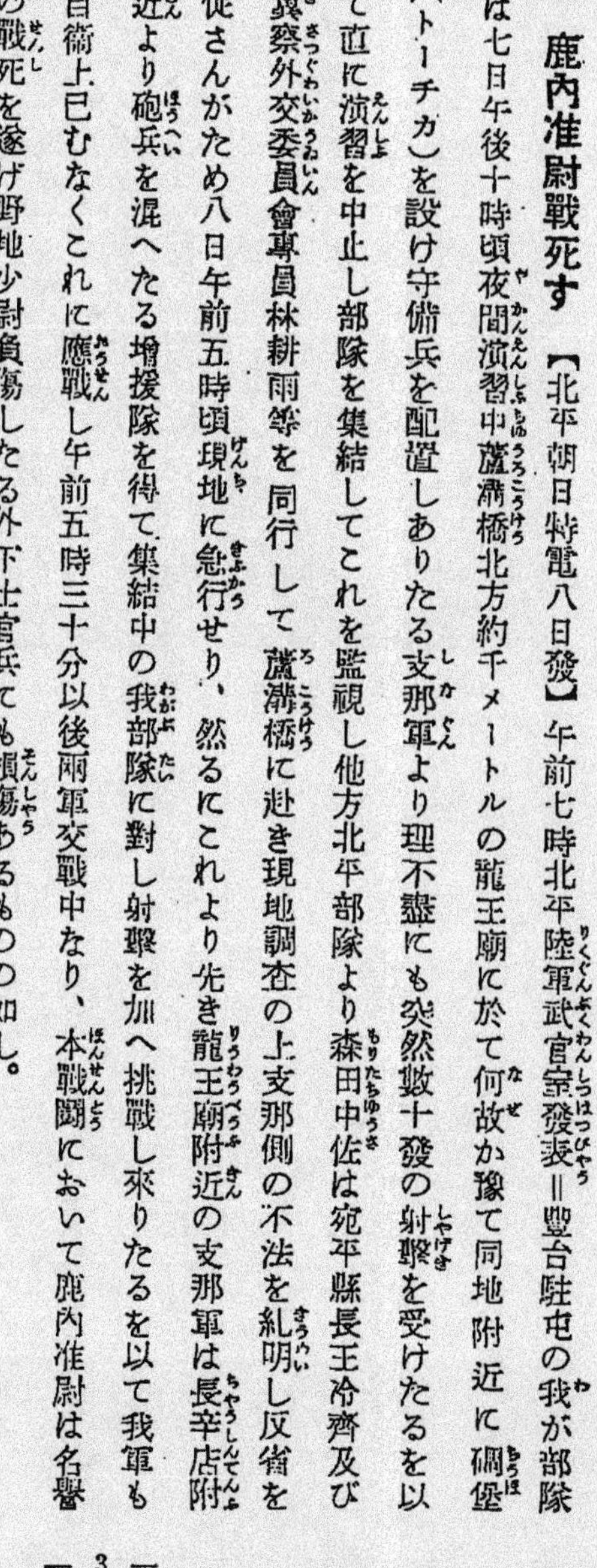

鹿内准尉戰死す

【北平朝日特電八日發】午前七時北平陸軍武官室發表＝豐台駐屯の我が部隊は七日午後十時頃夜間演習中蘆溝橋北方約千メートルの龍王廟に於て何故か豫て同地附近に碉堡（トーチカ）を設け守備兵を配置しありたる支那軍より理不盡にも突然數十發の射撃を受けたるを以て直に演習を中止し部隊を集結してこれを監視し他方北平部隊より森田中佐は宛平縣長王冷齊及び冀察外交委員會專員林耕雨等を同行して蘆溝橋に赴き現地調査の上支那側の不法を糺明し反省を促さんがため八日午前五時頃現地に急行せり、然るにこれより先き龍王廟附近の支那軍は長辛店附近より砲兵を混へたる增援隊を得て集結中の我部隊に對し射撃を加へ挑戰し來りたるを以て我軍も自衞上已むなくこれに應戰し午前五時三十分以後兩軍交戰中なり、本戰鬪において鹿内准尉は名譽の戰死を遂げ野地少尉負傷したる外下士官兵にも損傷あるものの如し。

事件發生の地點　【東日七月九日付夕刊】事件發生地の蘆溝橋は宛平縣とも稱し北平から約三里ばかり西南方寄りのところで、永定河の東岸にある古い縣城、平漢線の一驛で津浦線の豐台と支線でつながれてをり陸路交通の一要點をなすとともに古來より北平を背景に永定河の水運の要衝として有名であるが、今は全くさびれてゐる、縣城の西門外には永定河に架せられた石橋がある、これが有名な蘆溝橋で、昔マルコ・ポーロがこの地を旅行しその旅行記にも橋のことが出てゐるとこ

事件の發端となつた蘆溝橋（東朝掲載）

ろから外人はマルコ・ポーロ橋とよんでゐる、事件の發生地點はこの橋の北方一千米ばかりの龍王廟である、最近北支の抗日熱の激化に伴ひ、長辛店、蘆溝橋等北平の周圍一帶には支那側で一種のトーチカたる碉堡を無數に構築し、これによつて支那側の日本軍輕侮の態度を露骨に示し來り、北平、豐台方面にあるわが軍の演習などには、益々挑戰的侮辱的になつて來てゐた、今度の事件も龍王廟の碉堡に據つた支那軍の砲撃にはじまつてゐる。

軍當局・不法を徹底糺彈

【北平朝日特電八日發】蘆溝橋事件に對する軍當局の態度は今回の事件は支那軍の理不盡な挑戰に

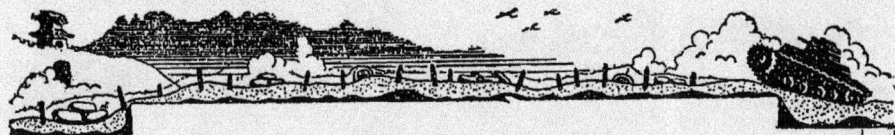

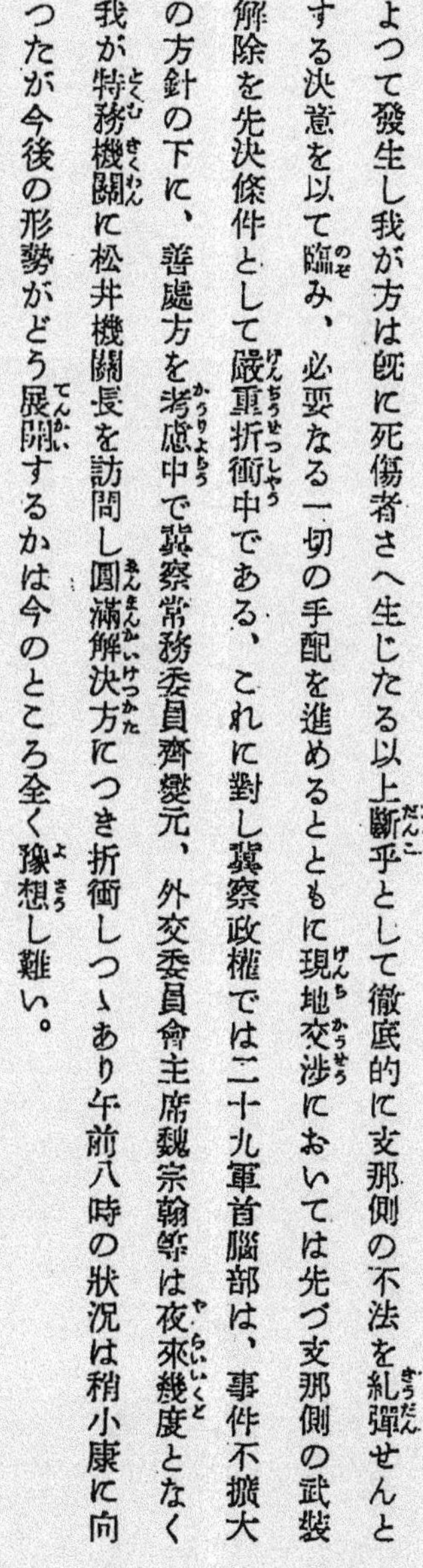

よつて發生し我が方は旣に死傷者さへ生じたる以上斷乎として徹底的に支那側の不法を糺彈せんとする決意を以て臨み、必要なる一切の手配を進めるとともに現地交渉においては先づ支那側の武裝解除を先決條件として嚴重折衝中である、これに對し冀察政權では二十九軍首腦部は、事件不擴大の方針の下に、善處方を考慮中で冀察常務委員齊燮元、外交委員會主席魏宗翰等は夜來幾度となく我が特務機關に松井機關長を訪問し圓滿解決方につき折衝しつゝあり午前八時の狀況は稍小康に向つたが今後の形勢がどう展開するかは今のところ全く豫想し難い。

砲煙を潜つて觀戰

宛平縣城八日發・大每、東日　**關特派員**

八日午前六時半記者(關特派員)は宛平縣城のすぐ手前にある平漢線の土手に立つた、はるか彼方に黑煙濛々と立ち上るは、支那陣地に落下するわが軍の山砲の炸裂した瞬間である、すでに宛平縣城壁の右方には支那軍が揭げた一旒の白旗が立つてをり宛平縣城を守る支那兵は無抵抗で退却したものと見える、わが部隊は宛平縣城の右手から前進して龍王廟にあつた支那兵に銃砲火を浴びせかけてゐるのである、數日前の大雨で永定河は水嵩を增し濁流滔々として物凄い、本事件の發端部隊

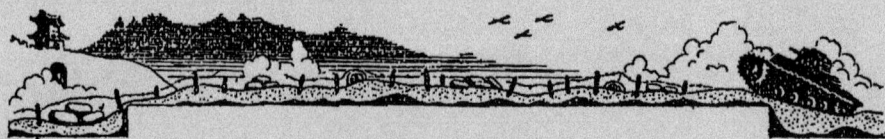

陸軍、決意を表明

【朝日七月九日朝刊】蘆溝橋事件に關し陸軍省では午前一時廿分左の如く當局談を發表した

今次事件の原因は全く支那側の不法行爲に基くものであつて軍は事件勃發の當初より不擴大の方針を堅持し事件の圓滿なる解決を希望して來たのである、支那側が依然その非違を改めず挑戰的行動に出て事件の解決を遷延しつゝあることは最も遺憾とするところであるが今において改むるところあらば我も亦これに應ずるに吝ではない、然しながら支那側にして反省することなく不幸事件の擴大を招來するが如き事態を惹起するに立ち至らば我もまたやむを得ず相當の決心を取らねばならぬ、而してその責は一に支那側に存するものであることは明らかである。

第三艦隊へ訓電

【報知七月九日朝刊】北平郊外における日支兩軍の衝突事件に關し、海軍では八日朝來事態の推移を嚴重監視し、北平、天津在駐武官その他各方面よりの公報に基づき即刻聯合艦隊及び横須賀、佐世保、呉の三鎭守府、旅順、馬公、鎭海、舞鶴、大湊の五要港部、駐滿海軍部に對し情勢を通告すると共に特に支那沿岸警備の任にある第三艦隊司令長官長谷川清中將に對し警備萬全を期すべき旨電命を發した、しかして海軍としては事件不擴大の方針を取つてゐるが、同日午後三時半支那側の不誠意により現地に於ける日支交渉決裂し、日支兩軍再衝突し險惡なる事態を惹起せるに鑑み、夜に入るも米内海相、山本次官、豐田軍務局長、島田軍令部次長等省部首腦部居殘り、和戰兩樣の對策を講ずると共に最惡の事態に即應し得るの準備を完了、萬全の構へを取り徹宵警戒を嚴にして重大なる緊張を示してゐる。

首相・委曲を奏上　近衞首相は九日午後一時首相官邸を出發、自動車にて葉山御用邸に伺候し、午後三時天皇陛下に拜謁仰付けられ、蘆溝橋日支衝突事件の經過及びその對策について委曲奏上して種々御下問に奉答の後退下して夕刻歸京した。

支那反省せずば迅速處置

【讀賣七月十日朝刊】九日の重大閣議後午後零時廿分風見書記官長は當日の閣議の經過並びに申合せにつき左の如く發表した

蘆溝橋事件處理に關する臨時閣議は全閣僚出席のうへ午前八時五十分會議を開き陸軍大臣より事

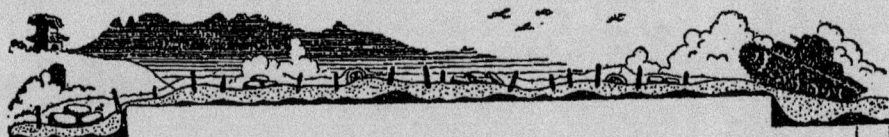

偉丈夫が綴る〃蘆溝橋事件〃

豐台發・新愛知、國民特派員　佃　隆之

去る七日深更、北平郊外蘆溝橋の支那軍部隊から突如浴びせかけて來た不法射撃に端を發し、爾來二旬、その暴を鳴らして炎熱百廿度の北支の野に堂々正義の陣を張り廿日遂に斷乎膺懲の砲火をお見舞ひした皇軍各部隊は事態やや好轉の兆を見せたこの一兩日を「勝つて兜の緒を締める」體勢の下に肅然林の如く靜まり返つて撤退中の廿九軍の動作を嚴重監視してゐるが、廿三日、漸く寸暇を得て戰線後方に一息入れてゐる記者は、偶然事變勃發當夜廿九軍の不法射撃を浴びた我が前線演習部隊の指揮官清水隊長に邂逅、銃火炸裂する最中とは違つて一種ゆとりのある氣分のうちに同隊長からその刹那の模樣を聽くことを得、更に生々しい想ひ出をとゞめた其當事者の手記を入手した以下掲げるのは同手記の全文だが、これによれば同部隊長麾下の皇軍將士は演習から實戰へ瞬時に轉換した情勢下に寡兵よく敵の猛射に堪へ、我が後方部隊の到著までたゞの一歩も退かず、有利な陣形を先取して文字どほり「祖國の第一線」を死守したもので、同隊長も「あの時は五十米の近距離で射撃を蒙つたが、敵は前から準備してゐたことは確かで、ラツパの音と同時にバラ〳〵敵彈が飛んで來たよ」と語つてゐた。

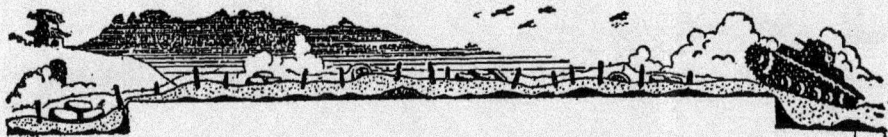

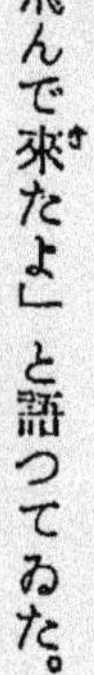

清水隊長の陣中手記

（七月七日）夜間演習のため午後六時屯營出發、蘆溝橋北側龍王廟附近より一文字山方向に對し夜間攻擊演習を實施し、午後十時三十分頃演習を打切り附近に露營し、翌朝（八日朝）黎明攻擊演習を實施すべく部隊の集結中、午後十一時やゝ過ぎ、蘆溝橋の方向に合圖らしき電燈火を認むると同時に附近にありし「トーチカ」附近より連續十數發の小銃射擊を受けたり。

○隊長は直ちに曹長岩谷兵治に兵一を附し、乘馬にて右報告を○隊長に報告せしめ、部隊は地形を利用して集結し、後、命を待ちつゝありしが、一時同地を撤退するを有利と判斷し豐台に向ひ撤退せり。

西五里店東側に到るや部隊主力と合し部隊長の指揮下に入る。

（七月八日）部隊は蹶然蘆溝橋城を攻擊すべく、主力を一文字山に集結し、我隊は部隊主力より分進して龍王廟東北方約四〇〇米並木の線より前進し、龍王廟北側堤防上に占據せり、午前五時十分頃部隊命令により我隊は極力敵に近接すべく命を受けたるため、直ちに前進せんとするや、堤防上「トーチカ」にありし敵より射擊を受くるに至れり（時正に午前五時三十分なりき）爾後の攻擊の準

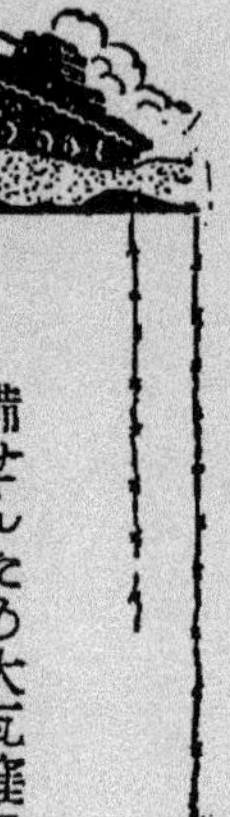

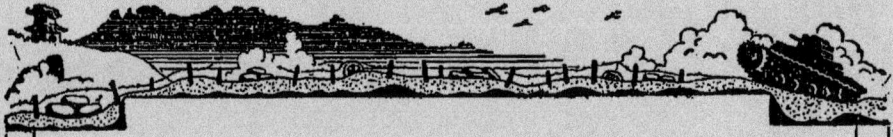

備せんため大瓦窪に撤退す(午後十一時夕食握り飯配給ありたり)

(七月九日) 部隊は本朝黎明を期し蘆溝橋上を攻撃、午後十一時五十分頃行動を開始し、部隊は一文字山附近に蘆溝橋城壁北側長豊支線に沿ふ地區に、右翼第〇〇隊左翼第〇〇隊を、兩隊中間に第〇〇隊を豫備として攻撃を準備す、この間第廿九軍顧問櫻井少佐停戰に關し支那側責任者と交渉、遂に支那軍は蘆溝橋より撤退すべく決し、部隊はその監視をなすことゝなり。第〇部隊と交替し午後十一時卅分兵營に歸還す。

註…清水節郎隊長は愛媛縣越智郡菊間町出身で本年卅七歳、陸士、歩兵校、戸山校卒業後昨年五月牟田口部隊附に轉補現在に至つたものである。

北支協定の內容

陸軍省發表(廿三日午後八時廿分) 支那駐屯軍よりの報告によれば『今回の北支事變に關し冀察側においては責任者の謝罪、處罰の外、今次事變の原因はいはゆる藍衣社、共產黨その他の抗日系各種團體の指導に胚胎する所多きに鑑み、將來これが對策取締を徹底することを協定せり、則ち冀察側はこれが實行のため七月十九日文書により左記具體的事項を自發的に申出でたり。

一、日支國交を阻害する人物を排す。二、共產黨は徹底的に彈壓す。三、排日的各種機關、諸團體及び各種運動並にこれが原因と目さるべき排日教育の取締をなす。

また別に冀察側は今回日本軍と衝突したるは主として第三十七師に屬するものなれば將來雙方の間に意外の事件發生を避くるため、同師を北平より他へ移駐する旨通告し來り、昨二十二日午後五時以降列車により逐次南方に移動中なり』と、駐屯軍は目下これが實行を嚴重に監視中なり。

（三）某少佐日记《当初开战的真相》（七月八日部分）

资料名称： 第二節《開戦當初ノ眞相》其二，某少佐手記（七月八日部分）

资料出处：《北支那作戦史要——支那駐屯軍》，昭和 12 年 7 月 8 日—12 月 13 日，防衛省防衛研究所，第 367—369 頁。

资料解说： 本资料系日军当事人、时任第二十九军军事顾问的樱井德太郎的日记摘录，主要内容是 7 月 7 日夜直至 7 月 8 日双方的交涉及两军冲突情况。本件对于谈判过程中日军发动攻击，炮击宛平县衙，以及牟田口强硬要求守军退出宛平城等诸多情况的记录，具有一定的研究价值。

開戰當初ノ眞相

某少佐手記

桜井徳太郎

七月八日

午前一時俄然電話ニテ起サル

「豊台部隊第八中隊ハ蘆溝橋、龍王廟附近ニ於テ夜間演習中午後十一時頃突然支那側ヨリ十八発ノ射撃ヲ受ケ兵一名行方不明ナリ」ト

齋藤弼州ヲ伴ヒ顧問服ニテ直チニ特務機関ニ到リ松井多久郎大佐ニ面會シ善後處置ニ就キ相談ス

即チ「昨年ノ豊台事件ノ時ノ要領ニ依リ現地解決ヲナスヲ適當ト認メテ馮治安、秦德純ト會見スルコトトナリ二時十五分先ツ馮ヲ訪ツレシニ不在ナリ秦ニ面會ス談話中ニ齋燮元モ來ルニ依リテ左ノ件ヲ約シ代表ヲ現地ニ派遣スルコトトシ特務機関ニ歸還ス（三時十分）

秦德純トノ約束

二六七

1.他部隊ヲ動カサス
2.蘆溝橋部隊（三十七師第一一〇旅二一九團第三營）ハ
外部ニ出サス
3.事件擴大ヲ極力防止ス
三時三十分日支代表現地ニ自動車ニテ赴ク
日本側、予ト寺平大尉・齋藤通譯・赤藤憲兵少佐
憲兵五名、森田（一徹）中佐、大塚通譯生、
兵一分隊
支那側　王宛平縣長、綏靖公署周永業少將・林耕宇
外交委員會
予ハ周永業ト齋藤ヲ伴ヒ自家自動車ニテ廣安門ニ到リ開門セシメ四時頃一文字山・踏切ニ達ス加寃中尉大隊副官馬ニテ東方ヨリ馳セ來リシニ會フ大隊長ハ電話ノ線不完ノ為西五里店南方電話末端ニ至リ聯隊長ト連絡中ナリト時ニ黎明漸暗シ本道上ニ自動車ヲ待タセテ畑中ヲ走セテ約二、四百米ヲ行キン時馬上

ノ一木大隊長ニ面會ス「昨夜打タレ本暁又打タル」ト
ノコトニテ最早攻撃膺懲ノ外ナシトノ決意ナリ依リテ
城内ニ良民アルヲ以テ射撃セサル様依頼シ自動車
ニテ城門ニ至ル
此ノ時夜明ケテ左側ニハ警察及約一中隊ノ軍隊整
列シテ我ヲ迎フ喇叭ヲ吹奏シテ平常ト異ルナシ
将校ヲ集メテ何故発砲セシヤト問ヒシニ「城内ハ全
ク何事モ知ラス城外ニハ我兵ナシ近頃西瓜熟シアル
ヲ以テ威嚇ノ為ニ発砲スルモノアルヲ以テ或ハソレ
ナラン」トノ答辯ナリシヲ以テ警官ノ持チアリシ自
動車ニテ齋藤ヲ一木大隊長ノ許ニ派シテ右ノ旨
ヲ傳ヘシム。予ハ周ト共ニ縣政府ニ入ル此ノ時陳營
長來リ言ヲ左右ニ托シ責任ヲ轉嫁ス
營部前ニ至リシニ負傷セル兵布片ヲ以テ手ヲ巻キ
又第一線ニ出テントスルヲ見テ之ヲ第一線ニ出セハ

三六八

益々激昂シテ戰闘スヘキヲ云ヒテ留メシム此ノ時營長亦拳銃ヲ拔キテ激昂シアリシニ幸ヒ吉星文ニ一九團長ニ會ヒタルヲ以テ之ヲ制セシム。將校等ハ血ヲ見ヲ我等ニ何故抑止スルヤト詰メ寄ル予ハ秦德純ノ令ナリトテ之ニ答フ。調査員及團長ヲ伴ヒテ縣政府ニ到リ北京ト連絡ス。午前七時

「松井大佐ヘ戰闘ヲ停止セシムル要アリテ支那側ハ極力鎮圧セシ結果漸ク停止セルモ日本側容易ニ徹底セザル爲各所ニ白旗ヲ揭ケ更ニ第一線ヲ巡廻停止ヲ勸告シタルモ未タ其ノ意志徹底セス聯隊長ニ連絡セラレ度シ」

九時十五分寺平大尉北京ト連絡ノ結果即時歸還スヘク電話アリ我亦日本軍トノ連絡ヲトル必要上寺平大尉林耕宇一一〇旅吳參謀（日本陸士出）ヲ歸還セシメ其他ハ城中ニ殘ル銃聲稍々靜カナリ日本軍ノ永定河ヲ渡リシ部分ハ自発的ニ左岸ニ

移レリ
縣城内ニ於テ解後ノ對策ヲ研究シ昨年ノ豐台事件
ノ要領ニテ處理スルコトトス
午後五時頃牟田口大佐ヨリ午後六時迄ニ支那軍
ハ宛平城ヨリ撤退スヘシ若シ應セサレハ攻撃ス
レ旨通告アリ、依リテ團長、營長調査員ヲ集メテ速
カニ撤退スヘク勸告セシモ先程命令無クシテ龍王廟ヨ
リ退却セシ少尉ヲ切リシ程ナルヲ以テ命令無クシテ
撤退スル能ハスト頑强ニ主張シ應セス特ニ營長ハ既
ニ八回負傷セシコトアリト意氣旺ニシテ應スル所ナシ
依リテ、縣長ヨリ二時間ノ餘裕ヲ與ヘラレ度キ手紙ヲ
出サシメ六時二十分頃縣政府前ニ整列シアル保安隊
ヲ閲シテ團長、營長ハ兵營ニ、縣長周永業ハ路南ノ憲兵
隊ニ向フ住民銃聲熄ミタル故路上ニ出テアル者多シ
之ニ對シ速カニ遮蔽スヘキヲ告ケテ縣公署西南ニ在ル
古ナ廟内ノ憲兵隊長室ニ入ル此ノ時日本軍ノ砲撃

三六九

開始・縣長ハ囚人ニ穴ヲ堀ラセテ之ニ隠ル我ハ署長ノ
机ニテ齋藤ニ情況ヲ書カセテ万一ノ際ニ残ス記録ヲ
作ラシメタリ
五時四十分顧問ハ調停ノ策盡キタルヲ以テ萬事天命
ニ委ス。但シ最後迄顧問トシテノ努力ヲ盡サントス」
「七時二十分」名刺ニ、御高意ヲ謝ス。万策盡キ又、城
ト運命ヲ倶ニス」牟田口大佐ヘ
「祈一家ノ発展」家族ヘ記シタリ
日本軍ノ砲彈ハ縣政府ノ屋根ニ三ツニ見事ニ命中シ
僅カ三分間ノ差ニテ會議室モ被害ヲ蒙ル
砲彈ハ警察局、兵營及城門、城壁ノミニ命中シタリ此
ノ時青龍刀ヲ抜キ放チタル兵四名顔色ヲ変ヘテ来リ
營長負傷（足）セリトテ兵ノ空氣悪化セリ「我等ハ
日本軍ノ彈丸ニ斃ル、カ又ハ敵ノ退却ニ際シ血祭リト
ナルカニ途一ナリ

（四）关于限制兵力行使之件

资料名称：兵力行使制限ニ關スル件

资料出处：《臨命綴（支那事变）》卷一，陸軍一般史料—中央—作戦指導—1大陸指，防衛省防衛研究所藏。

资料解说：本资料是卢沟桥事变爆发第二天，日军参谋总长载仁亲王给华北驻屯军司令官香月清司的限制兵力使用的指令。

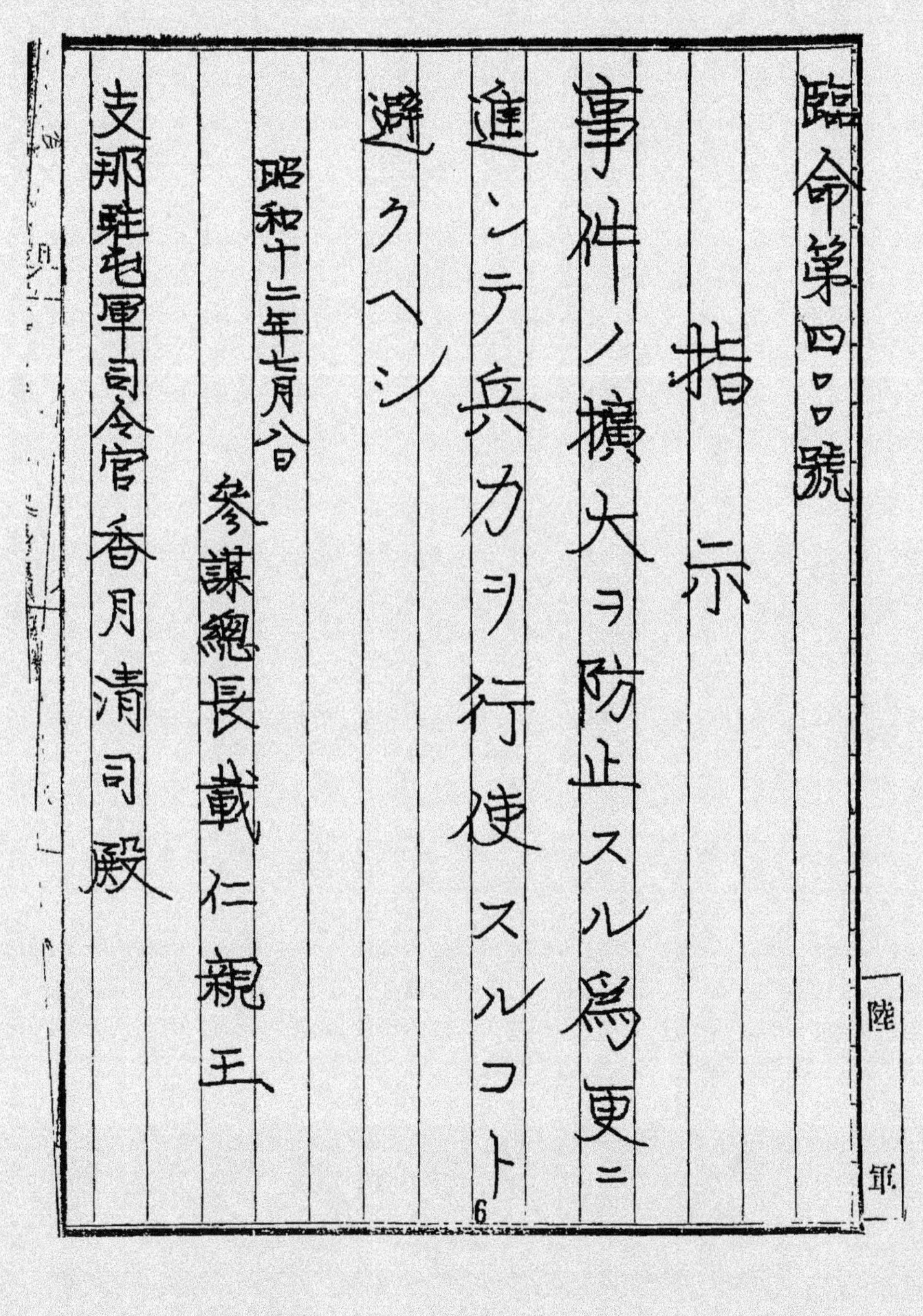
臨命第四〇〇號

指示

事件ノ擴大ヲ防止スル爲更ニ進ンテ兵力ヲ行使スルコト避クヘシ

昭和十二年七月八日

参謀總長　載仁親王

支那駐屯軍司令官　香月清司殿

（五）卢沟桥作战命令（7月7日—7月8日）

资料名称： 駐屯軍司令官ノ處置並ニ狀況ノ推移

资料出处： JACAR(アジア歴史資料センター)Ref.C11110925700《北支那作戦史要——支那駐屯軍》2/3，昭和十一年五月六日—昭和十二年八月三十一日，防衛省防衛研究所，第36—40頁。

资料解说： 本资料是卢沟桥事变爆发后，日本华北驻屯军对事态的对应，以及要求全军进入待命状态，对中国军队「解除武装」等一系列作战命令。

三八

2. 駐屯軍司令官ノ處置並ニ狀況ノ推移（自七月七日 至七月三十一日）

七月七日 午後十一時四十分頃盧溝橋附近ニ於テ夜間演習中ナリシ支那駐屯歩兵第一聯隊第八中隊ニ對スル支那正規軍ノ不法射擊事件所謂盧溝橋事件突發ス。

七月八日 二、各幕僚ハ事件ヲ知ルヤ、期セスシテ全員司令部ニ參集シ、午前一時三十分幕僚會議ヲ開ク。然レトモ當時ノ空氣ハ、本事件ハ必スシモ大事件トハ考ヘス、支那軍ノ不法行為ハ、既ニ再三ノコトナレハ、當面ノ問題ハ、如何ニ處理スルヤヲ議スルニ止リ、日支ノ根本問題ニ觸レ、又事態ノ重大化等ヲ豫想スルモノナカリシカ如ク何等緊張セル會議ニハ非サリシナリ。

一、取敢エス和知參謀、鈴木大尉ヲ現場ニ急派ス（八日空路北平ニ向フ）。午前三時在天津各隊ニハ出動準備整ヘツツ平常通リ業務ヲ實施スヘキヲ命ス。

0958

一、一方北平ニ於テハ特務機關長歩兵大佐松井太久郎ハ獨斷午前一時電話ヲ以テ秦德純ニ對シ斯ノ如キ事件ヲ惹起セルハ不届ナリ。當方ヨリモ調査者ヲ派遣スルヲ以テ貴方ヨリモ即刻調査者ヲ差出スヘシト難詰シ、第二十九軍顧問歩兵中佐中島第四郎、仝歩兵中佐櫻井德太郎、特務機關補佐官寺平大尉、北平憲兵分隊長赤藤少佐、大塚通譯生、外憲兵五名ヲ現場ニ派遣シ、支那駐屯歩兵第一聯隊長代理トシテ現場ニ赴クヘキ森田中佐ト共ニ盧溝橋支那軍指揮官ト直接交渉ニ當ラシム。又支那側ヨリハ外交委員林耕宇、宛平縣長王冷齊、綏靖公署交通處副處長周永業等同行シ、午前三時頃現地ニ到着セリ。

一、午前四時二十分中央部ニ對シ左ノ報告ヲ呈ス。

秘支參庶電第五〇號至急

支那駐屯軍參謀長

次官、次長宛

三七

0959

第一聯隊第八中隊（豊臺駐屯）ハ七日夜蘆溝橋北方地區ニ於テ夜間演習實施中午後十一時四十分頃支那軍ヨリ射撃ヲ受ケタルヲ以テ同中隊ハ直ニ對敵態勢ヲ採リ尚豊臺駐屯ノ第一聯隊第三大隊ハ現地ニ急行ス。

軍ハ第一聯隊長ヲシテ第三大隊ヲ蘆溝橋附近ニ集結シ通州ニ於テ演習中ナル第一聯隊第一大隊ヲ北平東側地區ニ待機セシメ問罪使トシテ森田中佐以下（支那側モ同行ス）ヲ蘆溝橋（第三十七師ノ歩兵一大隊駐屯ス）ニ派遣シ取敢ヘス事實ヲ承認セシメソノ謝罪其ノ他ノ交渉ヲ開始セシメタリ。

右取敢ヘス。

（七、八前6　四、二〇發　五、五四着）

一、次テ軍ハ左ノ命令ヲ下セリ。

尚軍司令官田代中將ハ目下病中ニテ意識殆ト不明ノ状態ニ在ルヲ以テ軍參謀長ハ軍司令官ノ名ニ於テ凡テヲ處置セリ。

0960

支作命第一號

支那駐屯軍命令

七月八日午前七時三十分
於天津軍司令部

一、昨夜十一時四十分頃盧溝橋北方約千米龍王廟ニ於テ豊台部隊ノ一部ニ對シ支那軍不法射撃セルニ對シ豊台部隊ハ盧溝橋ヲ包圍シ詰問中更ニ永定河右岸地區ヨリ射撃セリ。

二、歩兵第一聯隊ハ目下在盧溝橋ノ支那軍ニ對シ武裝解除ヲ準備中ナリ。

三、左ノ部隊ハ直ニ出動ヲ準備スヘシ。
出動ノ時機ハ後命ス。
東機局各部隊
第二患者療養班
軍病馬廠收療班

軍司令官　田代中將

下達法
電話傳達ス

三八

0961

一、次テ逐次情況ノ判明ニ伴ヒ更ニ左ノ命令ヲ下セリ。

支作命第二號

支那駐屯軍命令　七月八日午前九時
於天津軍司令部

一、盧溝橋附近ノ支那軍ハ昨七日夜半我軍ニ對シ不法射撃シ今尚同地ヲ確保頑張ニ抵抗シアリ。

在北平部隊ハ該地ノ支那軍ノ武装ヲ解除スル為一部ヲ以テ永定河ノ線ニ展開シ主力ヲ豐臺ニ集結中ナリ。

二、軍ハ永定河左岸ノ盧溝橋附近ヲ確保シ事件ノ解決ヲ圖ラントス。

三、歩兵旅團長ハ永定河左岸ノ盧溝橋附近支那軍ノ武装ヲ解除シ事件解決ヲ容易ナラシムヘシ。

左記部隊ヲシテ正午頃天津出發通州街道ヲ通州ニ到リ貴官ノ指揮ニ入ラシム。

歩兵第一聯隊第二大隊（歩兵二小隊欠）

戰車一中隊（缺列ヲ含ム）

0962

砲兵第二大隊
工兵一小隊

四 戰車隊長ハ部下部隊、步一ノ第二大隊、砲兵第二大隊、工兵一小隊ヲ指揮シ正午東機局出發通州街道ヲ通州ニ向ヒ前進シ步兵旅團長ノ指揮ニ入ルヘシ。

五 第二救護班、軍馬廠收療班ハ救護班長ノ區署ヲ以テ豐臺ニ到リ步兵旅團長ノ指揮ヲ受クヘシ。
步兵第一聯隊第二大隊長ハ步兵一小隊ヲ以テ右輸送ノ援護ニ任セシムヘシ。
八日午後一時列車ヲ東站ニ準備ス。

六 東機局駐屯ノ爾餘ノ部隊ハ現在地ニ在リテ後命ヲ待ツヘシ。

七 無線一分隊ハ戰車隊長ノ區署ヲ以テ通州ニ前進シ師團長ノ區署ニ依リ旅團司令部ト軍司令部トノ連絡ニ任スヘシ。

八 鈴木步兵大尉ハ旅團長現地到着後步兵旅團司令部ニ配屬ス。參謀勤務ニ服スヘシ

二九

0963

九.軍兵器部長ハ步兵第一聯隊ニ所要ノ彈藥ヲ補給スヘシ。
之カ爲八日午後一時東站ニ準備スル列車ニ搭載シ救護班長ノ
區署ヲ以テ豐臺ニ輸送スヘシ。
十.予ハ天津ニ在リ。

軍司令官　田代中將

下達法
在津各隊ハ命令受領者ニ口達筆記セシメタル後印刷交付ス。
旅團長ニハ天津飛行場ニ於テ（正午）口達北平部隊ニハ要旨ヲ電
話ス。

一.午前九時十分其後情況ニ關シ中央部ニ對シ左ノ如キ報告ヲ打
電ス。
中央部ニ於テハ第一回報告ノ際支那軍ノ不法行爲ハ敢テ珍シカ
ラストシ特ニ之ヲ重大視スルコトナカリシ處第二回報告ニ於テ
ハ其電文ニヨリ事態ハ無事落着ニ向ヒツヽアリト察シ稍安
堵セリ。

0964

秘支参第三三九號

支那駐屯軍参謀長

次官、次長　宛

豊臺駐屯隊ハ盧溝橋支那軍ニ對スル不法射撃ニ關スル交渉中ニ龍王廟（盧溝橋北方約千米）ニアリシ支那部隊ヨリ更ニ射撃ヲ受ケタルヲ以テ我カ軍ハ午前五時三十分頃龍王廟ニ向ヒ攻撃シ之ヲ撃破シテ永定河ノ堤防ノ線ヲ占領セリ盧溝橋内ノ支那軍ハ當初ヨリ白旗ヲ掲ケタルヲ以テ之カ武装ヲ解除中ナリ本戦闘ニ於テ将校以下若干名ノ損害ヲ生シタリ。

（七、八　前九、一〇　一〇、二〇　着發）

一、午後三時軍ハ在天津日本新聞記者團ニ對シ事件ノ眞相ヲ發表スルト共ニ爾後ノ報導ハ左ノ方針ニヨルニ決ス。

宣傳方針

今次事件ノ原因ハ全ク支那側ノ不法行為ニ存ス。若シ支那

四。

0965

側ニシテ其非違ヲ反省セサルカ如キ時ハ軍ハ斷乎タル決意ヲ以テ之ヲ膺懲ス。但シ其目的ヲ達スル範圍ニ於テ事件ノ不擴大ニ努ム。

一、又軍ハ事態ノ將來ヲ顧慮シ關東軍ニ對シ彈藥、燃料及ヒ滿鐵從事員並ニ鐵道材料ノ增派援助方ニ關シ協議ス。

一、關東軍ハ隷下部隊ノ一部ヲ滿支國境附近ニ進メ所要ニ應シ駐屯軍ニ增援スヘキヲ通報シ來ル。

一、午後六時五十分中央部ヨリ左ノ來電アリ。

臨命第四〇〇號

參謀總長指示

事件ノ擴大ヲ防止スル為更ニ進ンテ武力ヲ行使スルコトヲ避クヘシ

一、盧溝橋ニ於テハ朝來彼我交渉ヲ進メツヽアリシモ終日遂ニ妥結ヲ見ルニ至ラス。

0966

（六）1937年日华事变

资料名称： 日華事変（昭和12年7月7日）

资料出处： 《号外百年史》，読売新聞社1969年版，第240—243頁。

资料解说： 本资料汇集了日本《读卖新闻》在卢沟桥事变后的各件号外报道。

日華事変　昭和12年7月7日

盧溝橋で日中両軍衝突（7月7日）　日華事変の端緒は、盧溝橋の北方1㌔付近で夜間演習中の日本軍に対し、竜王廟にいる中国軍が不法射撃をしたからであるといわれている。

これは掲載の号外にもあるように、現地日本軍の発表であるが、事ここにいたった内輪話によると、実に、たわいもないことがその原因であった。

昭和12年7月7日の夜、豊台のわが駐留部隊が、盧溝橋付近で夜間演習をやるため、11時ごろ竜王廟について部隊点検をすると、兵士が1人いなかった。

その付近に駐留していた中国軍は第29軍で、華北が特殊地域となって以来、常に排日行動の先鋒になっていた札つきの抗日軍隊で、総数は約6万であった。

元来、冀察政務委員長・宋哲元の部下であるが、宋は日本との衝突を恐れて、政務多端と称して委員長の席を部下の第37師長・馮治安に譲り、自分は郷里の楽陵に逃避していたのである。

第29軍はそのほかに第38師、第132師および新編第8師から成り、その配置区域は第37師は保定付近、第38師は天津、第132師は津浦線沿線にと、それぞれ分駐していた。

この軍隊は中央軍系ではなく、全部東北系で、いわば雑軍である。したがって華北の特殊事情にも暗く、態度も粗暴であった。ゆえに29軍が起こした排日行動は、豊台事件、張北事件など、数限りなかった。

ゆえに日本軍の部隊長は、行方不明の兵が馮の部下に拉致されたと即断し、馮軍の部隊長に強談判に及んだところ、その部長隊は立腹してとりあわなかった。

そこで遂に"ぶっ放せ"ということになったのである。

ところが問題の兵士はヒョッコリ帰隊したのである。

「行軍中、用便のため無断で隊列を離れておりました」

というのであった。そのときは、すでに双方交戦中であったので、そのことは不問に付され、号外にあるような発表となったらしいのである。

しかし、この事実を知ってか知らずにいたかわからないが、現地では局部的に解決する方針で、天津の北支那駐屯軍の和知参謀、北平の特務機関長・松井大佐、軍事顧問の桜井少佐の3人が交渉を重ねた結果、中国側の申し出により8日午前11時までに、竜王廟を含んだ盧溝橋付近一帯の地域から撤退することを約して、停戦協定が成立した。

しかし、それまでに撤退しなければ、断固膺懲を行なうという条件づきであった。

讀賣新聞　號外　昭和十二年七月八日

支那軍不法射撃
日本も應戦す

【北平本社特電八日發】豊臺駐屯の我部隊が七日夜盧溝橋付近で夜間演習中十時頃同地を去る約一千メートルの龍王廟にある馮治安部隊二一〇旅の二一九團より突如數十發の射撃を受けた我部隊では直ちに演習を中止すると共に嚴重抗議した

砲聲殷々兩軍激戦中

【北平八日發同盟】盧溝橋事件は遂に最惡の場合に立至り龍王廟付近の日支兩軍は戰鬪を開始し双方の射出す猛烈なる迫撃砲、歩兵砲、機關銃、小銃の物凄い音は殷々として遙かに北平城内を搖がし八日午前六時目下兩軍激戰中である

【北平八日發同盟】支那兵の重砲部隊は盧溝橋北方一千米の地點にある龍王廟に駐屯する第廿九軍第卅七師百十旅二百十九團の二ケ中隊であるが演習を中止して監視中の我部隊に對し八日午前八時より又復射撃を加へる暴擧に至つた我方は飽に愼重態度を持しつゝあり今後事件の擴大不擴大は一に支那兵の出方如何に懸つてゐる

讀賣新聞　號外　昭和十二年七月九日

支那妥協を拒絶
英國大使館に決定方針通告

【南京九日發】支那側は八日午後八時英國大使館に對し軍最高首腦部の決定方針として日本との妥協は一切拒否する旨通告したと云はれる

全面的に激戦展開

【北平本社特電】（九日發）永定河を中心に對峙中であつた日支兩軍は九日午前一時半に至り遂に夜襲に轉じ全面的衝突を開始した、鉄砲響は間斷なく暗夜の空に殷々とこだましてゐる、午前二時戰鬪は益々激烈化しつゝある

德島毎日新聞　號外

本號外は本紙に再錄致しません

北支（盧溝橋）で日支軍衝突

夜間演習中の我軍を
支那軍不法にも砲撃
我軍演習を中止し謝罪要求中
またも今朝砲戰し來る

【北平八日發】豊台駐屯の我部隊一個中隊が七日夜夜間演習中午後十一時四十分頃盧溝橋附近に於いて不法にも突如支那側より數十發の射撃を受けたるをもつて直に演習を中止し状況を偵察すると共に取り敢へず支那部隊に對し嚴重謝罪を要求中である支那兵の發砲部隊は盧溝橋北方一千米の地點にある龍王廟に駐屯中の第廿九軍第三十八師第百十旅第二百十九團の二個中隊であるが演習を中止して監視中の我部隊に對して八日午前より又復射擊を加へるの暴擧に出でた

兩軍猛烈に戰鬪開始
砲音北平城門をゆるがす

【北平八日發】盧溝橋附近の日支關係は遂に最惡の場合に立ち至り龍王廟附近の日支兩軍は遂に戰鬪を開始し双方の打ち出す猛烈なる迫撃砲、歩兵砲、機關銃、小銃の物々しい音は殷々として遙るかに北平城内をゆるがし八日午前六時目下兩軍激戰中である

我豊台部隊の
演習は知つてゐる筈

【天津八日發】盧溝橋駐屯の支那部隊は第二十九軍、第二百十九團の三營にして我豊台部隊が同地附近に駐屯演習を行ふてゐる事は既に充分諒解されてゐるにも拘らずこの不祥事を惹起した事は頗る遺憾で我駐屯軍當局は更らに平地に波瀾を生ずが如き態度は飽迄避けんとしてゐるが支那側が我要求を拒否し或は我軍に對し不遜不法の舉に出づるに於いては斷乎たる態に出づるも止むなしとしてゐる

兩外交代表折衝中

【北平八日發】盧溝橋事件發生の報に八日早朝日本側より寺平輔佐官、櫻井顧問より第二十九軍顧問[illegible]王冷齋及外交委員會の代表者が北平から事件現場に急行目下[illegible]を締するに[illegible]を折衝中

我軍現地より公報

【北平八日發】盧溝橋に於いて日支兩軍衝突し砲火を交するに至つた旨八日午前六時四十分北平の我軍當局に現地より公報が到着した

事態更に擴大せむ

【北平八日發】盧溝橋事件發生の報に豊台より我部隊現地に急行し盧溝橋隊と共に支那兵の出様如何を監視中で事態は更に擴大するやも知れぬ

天津北平我軍首腦部緊急會議

【北平八日發】盧溝橋事件に鑑み[illegible]の[illegible]に[illegible]み天津より和知[illegible]が[illegible]平し松井特務機關長、今田口〇隊長と共に午前六時頃より北平歩兵隊本部に於いて事件對策に就き現地首腦部緊急會議を開き協議中である

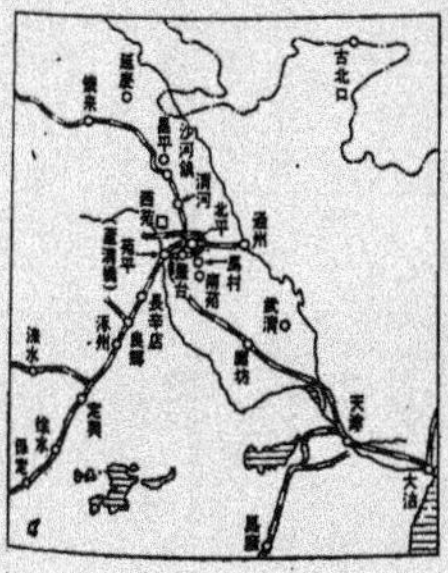

昭和12年（一九三七年）　日華事変

讀賣新聞　號外　昭和十二年七月十一日(日曜日)

深夜の大白兵戰

牟田口隊長敵陣へ斬り込む

二ケ所を占據

中央軍四個師北上

【天津本社特電】

陸軍全省員を非常召集

陸軍省では十一日午前三時陸軍省全員に對し午前六時までに全員登廳するやう召集の電命を發した

陸・海・外三省深更協議

讀賣新聞　第二號外　昭和十二年七月十一日(日曜日)

北支對策我廟議決す

最惡の場合は實力發動！

五相會議　臨時閣議

居留民保護訓令

豫じめ引揚げを準備

和平解決と絶望

支那軍撤退要求

首相上奏　御用邸に伺候

武裝支那兵五十名

日本人旅館を襲ふ

東京朝日新聞　號外

蔣介石四箇師を動員

全空軍に出動令

前線早くも激戰展開

全面的衝突の危機！

「日支開戰切迫す」

冀察當局より發表

我軍龍王廟を占領

挑戰に應じ夜襲敢行

支那兵協定を蹂躙

又も我軍を砲撃

日中両軍再び衝突(7月11日)　7月7日の盧溝橋事件は、中国側の申し出により、同地帯からの撤退を申し合わせ、いったん落着したが、10日午後10時ごろ、中国側はまた迫撃砲の援護のもとに、小銃を乱射して撤退地域内の竜王廟付近に進撃を開始した。日本軍はただちに応戦して、激戦ののち竜王廟ならびに東辛荘を占拠した。

この報告に続いて、蒋介石は冀察当局に抗戦を命じ、さらに4個師を石家荘に北上するよう命令を発したと伝えられたので、政府はにわかに色めき立ち、11日、首相官邸に近衛首相、広田外相、賀屋蔵相、杉山陸相、米内海相が参集、協議の結果、中国側の暴慮的態度に対し、最悪の場合は実力を行使してもやむを得ないという結論に達した。その結果、引き続き閣議を開いて全閣僚の確認を求めたのち、近衛首相はただちに葉山の御用邸に参上、天皇陛下に閣議決定の委曲を上奏、御裁可を仰ぐむね発表された。

241

昭和12年（一九三七）　日華事変

讀賣新聞　號外　昭和十二年七月十一日(日曜日)

國民政府の方針 對日抗戰に決す

廬山會議の結果指令

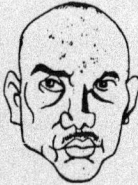

最惡の場合へ！

支那側續々兵力增加

重大五相會議

次いで臨時閣議開催

貴衆兩院へ協力を求む

大阪每日新聞　第四號外　昭和十二年七月十一日

この號外は本紙に再錄しませぬ

帝國遂に"斷"・中外へ宣明

計畫的武力抗日は明らか 東亞平和維持上北支派兵

尙和平解決の望みを捨てず 切に支那の反省期待

臨時緊急閣議を終つた近衛首相は、十一日午後四時廿二分東京驛發省線で葉山に向ひ五時廿二分御用邸に伺候、北支重大化に對處する帝國政府の方針を委曲上奏して御裁可を仰ぎ、一時間後退下した、かくて政府は同六時半左の如く帝國不動の方針を中外に聲明した

【聲明書】相次ぐ支那の侮日行爲に對し支那駐屯軍は隱忍靜觀中のところ、從來われと提携して北支の治安に任じありし第廿九軍の七月七日の夜半蘆溝橋附近における不法射撃に端を發し、該軍と衝突の已むなきに至れり、ために平津方面の情勢逼迫し、わが居留民は正に危胎に瀕するに至りしも、わが方は和平解決の望みを捨てず事件不擴大の方針にもとづき、局地的解決に努力し、一たん第廿九軍において和平的解決を承諾したるに拘らず、突如七月十日夜にいたり彼は不法にもさらにわれを攻撃し、再びわが軍に相當の死傷を生ずるに至らしめ、しかもしきりに第一線の兵力を増加し、さらに西苑の部隊を南進せしめ、中央軍に出動を命ずるなど、威嚇的準備を進むるとともに、平和的交渉に應ずるの誠意なく、つひに北平における交渉を全面的に拒否するに至れり、以上の事實にかんがみ今次事件はまつたく支那側の計畫的武力抗日なること勿論疑ひの余地なし

惟ふに北支治安の維持が帝國および滿洲國にとり緊急のことたるはこゝに贅言を要せざるところにして、支那側が不法行爲はもちろん排日侮日行爲に對する謝罪をなし、および今後かゝる行爲なからしむるための適當なる保障などをなすことは東亞の平和維持上極めて緊要なり

よつて政府は本日の閣議において重大決意をなし、北支派兵に關し政府としてとるべき所要の措置をなすことに決せり

然れども東亞平和の維持は帝國のつねに顧念するところなるをもつて、政府は今後とも局面不擴大のため平和的折衝の望みを捨てず、支那側のすみやかなる反省によりて事態の圓滿なる解決を希望す、また列國權益の保全についてはもとより十分これを考慮せんとするものなり

擧國一致・事態を處理

緊急閣議で申合せ

二時間に亙る五相會議

北支事 政財言 諒解を

大藏、經

慌だしいけふ緊張の首相官邸

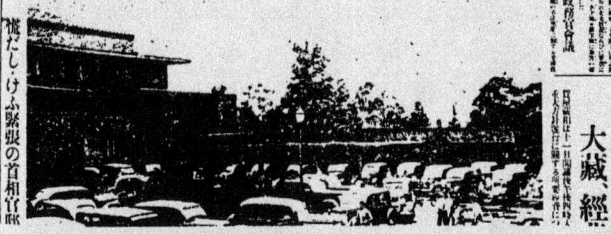

日本、華北に２個師団派遣（７月11日）　近衛首相は７月11日午後５時22分、葉山の御用邸に参上、華北重大化に対処する日本政府の方針を上奏して、御裁可を仰いだのち、午後６時30分、東亜の平和維持のため華北派兵を決定した旨の声明を発表した。

軍司令官として香月中将を派遣、２個師団を動員し、17日、中国政府に対して事件不拡大の覚え書きを手交した。

242

读賣新聞　號外　昭和十二年七月廿八日　水曜日

南苑の兵營全滅

敵の死體各所に散亂

皇軍西苑方面へ急迫

沙河鎭、清河鎭を占據

皇軍前線の活躍

對日經濟斷交計畫

海外使臣に重要訓令

東京日日新聞　號外　昭和十二年七月二十一日

蔣介石・抗日參戰命令

蔣・遂に南京へ歸還

全首腦を招致號令

平津後方の攪亂をも策し

全面的衝突愈々迫る

五省長官に指令

空軍洛陽に集結

廊坊第一彈の現場

支那軍・夕刻

宋、馮軍撤退

決死中央軍

陸續鉾なし

眼前に物凄

河北

南京に

昭和12年（一九三七）　日華事変

（七）中国共产党关于卢沟桥事变通电（日方报道）

资料名称： 中國共産黨ノ通電

资料出处：《支那事變週間時報》，1937年7月—8月，第582—583頁。

资料解说： 本资料是日方对中共为卢沟桥事变发出的通电的记录，可与中方报道作比较分析。

(4)中國共產黨ノ通電

漢字紙報道ニ依レハ、中國共產黨ハ蘆溝橋事件發生スルヤ七月八日直ニ南京政府、全國各軍隊、黨部、各新聞社ニ宛テ全國抗日戰爭ノ發動方法ノ如ク通電シタ趣テアル。

「華北ハ目下日本ノ武裝的侵略ノ危險カ極メテ大トナツタ、茲ニ共產黨カ說明シタ樣ニ日本ノ對華新認識及新政策カ新ナル攻擊ノ煙幕ニアツタコト明カトナツタ、平津華北ノ危險、中華民族ノ危急ハ全國民族ノ抗戰實行ニ依ル外活路ナシ、我等ハ直ニ攻侵シテ來タル日本軍ニ反抗スルト共ニ新ニ起ルヘキ大事變ニ對スル準備ヲ爲サナケレハナラヌ故ニ全國一致シテ日本ニ對スル如何ナル平和的希望期待モ茲ニ棄テテハナラヌ、我等ハ爲治安部隊ノ抗戰ト華北當局ノ國土ト存亡ヲ共ニスヘシトノ宣言ヲ賞讚シ擁護スル、宋哲元ニ對シテハ二十九軍全員ヲ動員シ前線ニテ應戰スヘキヲ要求シ、中央政府ニ於テハ二十九軍ノ急速援助愛國運動ノ發揚、全國海陸軍ノ總動員並ニ抗戰準備、漢奸、賣國奴、日本探偵ノ肅淸ヲ要求スル、全國人民ニ對シテハ全力ヲ以テ神聖ナル抗日戰爭ノ援助ヲ要求ス。」

（八）中国军不法射击　日本也应战

资料名称：支那軍不法射擊　日本も応戦す

资料出处：新聞集成《昭和史の証言》第十一卷，本邦書籍株式会社 1985 年発行，第 344—345 頁。

资料解说：本资料是日本媒体对卢沟桥事变爆发的号外报道，包括中国驻屯军的声明和中日两军的交涉等。

昭和十二年　七　月　（一九三七）　三四四

新劇団員の内職ぶり
女優はマネキン
男は紙芝居など
涙ぐましい新築地連

［七・八 読売］ 久しく逆境にあつた新劇も、漸く復興途上の波にのり、新築地劇団では今月末から新宿第一劇場に十六日間といふ新劇初まつて以来の〃大劇場進出長期公演〃を行ふ、前には新協劇団が四月に三日間ではあるが、同じ第一劇場に蓋を開け補助椅子まで出したといふ成功ぶり、新劇はまさに大劇場進出の機運に乗つてゐる、しかしそのお台所はどうか、歌舞伎俳優には廿五日間の一興行に一万円以上の月収がある人さへゐるのに、この連中は内職稼ぎをしなければ生きて行けぬのだ、華々しい大劇場の脚光を浴びる新劇団員の内職ぶり、同じ舞台の人でも、新劇の人達はかういふ状態のもとに苦闘しているのだ新築地は形式上、劇団員、準団員といふ階級的に分れてゐるが、給金には上下など各自の生活条件によつて月給がちがふ、妻子ある者なら準劇団員でも多く手当を受けてゐる、これとても最高五十円から最低十五円程度で平均して卅円ぐらゐ、一万円を取つてゐる歌舞伎のオン大将とはあまりにも違ふ

薄田研二、千田是也、丸山定夫あたりは全然無給だから物凄い劇団員の他研究生がゐるがこれもムロン無給、文芸部演出部も無給といふあんばいだ、ただ文芸部は脚本を書いた時に脚本料として、また演出部はこれを担当した時に、それぞれ手当が出るので救まれるが、これとてもたかだか卅円内外だ

では内職は…と言へば、昔からみると職業分野が開けて少しはよくなつた、無給組の薄田研二は松竹準専属として、千田是也は新興、丸山定夫はP・C・Lとそれぞれある程度の手当を受けてゐるがなかなかに苦しい、そこで色紙を書いたり、サインブロマイドを売つたりして生活を助けてゐる、新劇の女王山本安英は飛びつきり貰つて五十円程度、女王さまも病身に鞭打つて原稿稼ぎをやつたり、劇研究会の講演に行つて僅かながら収入をとつてゐる

幹部以外の内職は女優ならマネキン、ポートレート等で劇団の月給より月によると多いことがある、男優はナント日雇労働者、筆耕、ビラ配り、紙芝居など平均して月十五円ぐらゐになれば大人といふところである、涙ぐましいことだ

紙芝居の道具を楽屋にほり出して間一髪舞台に間に合つたといふ話もあるし、日雇労働者の服装そのまゝ舞台にかけつけ、真にせまつた扮装を褒められたといふウラ悲しくも微笑ましい内職戦線ぶりもある

「生活問題対策委員会」といふ物々しい会合が月に二、三回必ず持たれてゐるが、いつもこいつが内職座談会になつてしまふ時節柄とあつて、一座総がかりでツイこの間まで団扇に似顔描きをやつてゐたが、薄田研二などもせつせとこれをやつてゐる、金がないので中野から二、三度築地まで歩いてきたことさへあるといつた風だ、恰度「板垣退助」に扮してゐた時だが

「築地までテクツてくるとは、
安つぽい内職参議だ」

と楽屋で笑ひ合つたことがあつたこれなぞは横つ腹を肘で突かれたやうな痛い笑ひであらう

カメラ道楽実は内職

新協…瀧沢修

新協劇団でもやはり劇団員準劇団員、研究生と別れてゐる、サラリーは新築地とちがつて、生活条件によつて高低はなく、劇団にとつての必要さ遺憾によつてゐる

瀧沢修、御橋公の幹部どころから準劇団員に至るまで最高八十円最低廿円で、研究生は無給だが公演があれば十五円内外手当を貰へる、村山知義あたりも公演があれば高額ではないが、申訳ぐらゐの手当を受けてゐる

ここでは全部がP・C・Lの準専属としてひつくるめて月千円の専属料をとつてゐるが、この金は劇団の資金に積み立てゝゐる、瀧沢修は趣味にカメラをいぢくつてゐるハテ贅沢なと思つたら、これは過日某社の懸賞写真に一等当選して金百円貰つたほどで、これが目当の写真と判つたが、内職とはいへないが月給より遥かに高額なので貰つた当人目を丸くしたさうだ、こゝの女優連も案にたがはず暇を見てはマネキン稼ぎをしたり、モデル写真になつたりしてゐる

その他　新築地、新協のほか、地方新劇団として大阪協同劇団、松江市市民座、呉市フドー座、北陸新劇協会、京都共同劇場等があるが、それが地方であるだけに劇団員の経済的な苦しみはまた格別、殆どが内職の金で公演を開いてゐるといつた状態だ—あゝ新劇にいつ黎明が来るかである

支那軍不法射撃
日本も応戦す

［七・八 読売号外］ 豊台駐屯の我部隊が七日夜芦溝橋付近で夜間演習中十時頃同地を去る約一千メートルの龍王朝にある馮治安部

日華事変勃発を伝える読売、毎日の号外（昭和12年7月8日付）

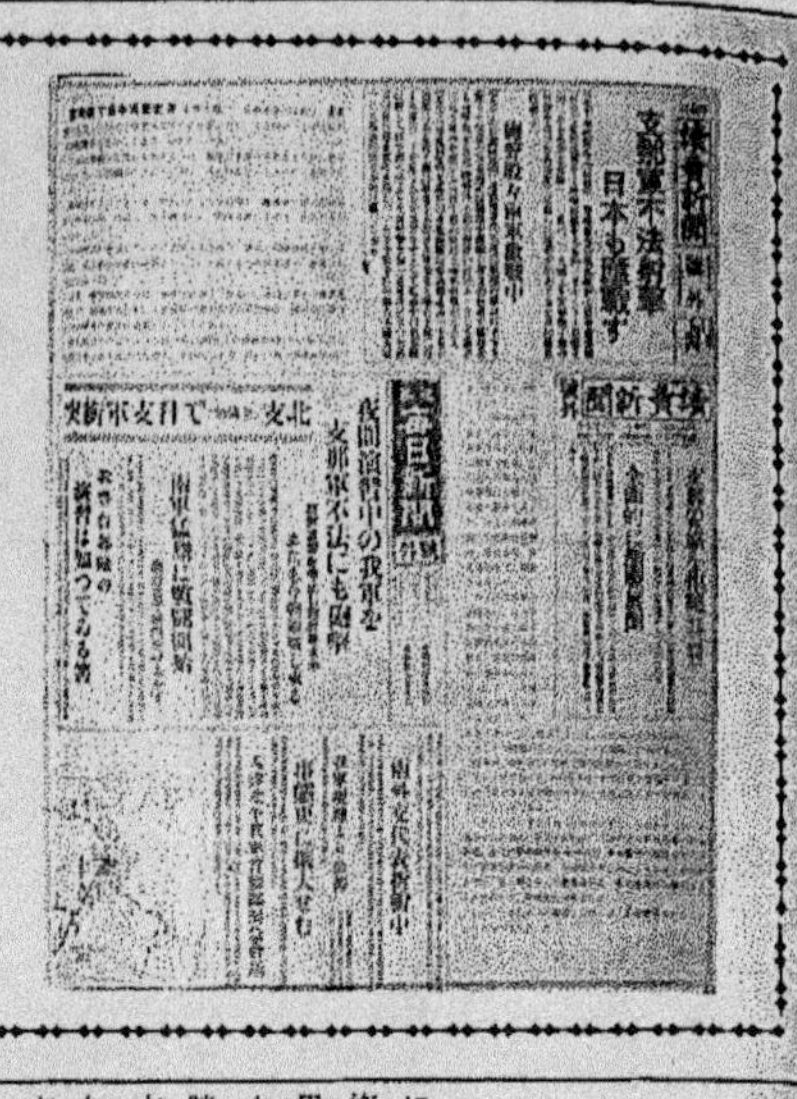
支那軍不法射撃 日本も応戦す

夜間演習中の我軍を 支那軍不法にも銃撃

北支で日支軍衝突

隊一一〇旅の二一九団より突如数十発の射撃を受けた我部隊では直ちに演習を中止すると共に取敢へず謝罪を要求のため北平駐屯軍より森田中佐が現場に急行したが一方該支那軍は八日午前四時半再び我軍に向け発砲したので止むなく応戦した

砲声殷々両軍激戦中

【北平八日発同盟】盧溝橋事件は遂に最悪の場合に立至り龍王朝付近の日支両軍は戦闘を開始し双方の射出す猛烈なる迫撃砲歩兵砲機関銃小銃の物凄い音はいんゝと［し］遙かに北平城内を揺がし八日午前六時目下両軍激戦中である

【北平八日発同盟】支那兵の発砲部隊は盧溝橋北方一千米の地点にある龍王朝に駐屯する第廿九軍第卅七師百十旅二百十九団の二ケ中隊であるが演習を中止して監視中の我部隊に対し八日午前八時より又復射撃を加へる暴挙に至った我方は厳に慎重態度を持し今後事件の拡大不拡大は一に支那兵の出方如何に懸つてゐる

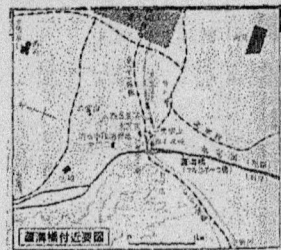

現地交渉決裂し
再び交戦状態に入る

〔七・八　大朝第三号外〕停戦に関する我方の要求に対し冀察政権および二十九軍首脳部協議の結果、武装解除ならびに撤退に同意すべからずとする強硬派の主張が勝を制し、この旨馮治安氏より我方へ回答し来つたため現地交渉は午後三時半に至り決裂に陥り再び交戦状態にはいつた、北平の治安はまだ平穏であるが、市政府当局は午後四時を期して全城門を閉鎖したため城外との交通は一切杜絶した、市内は八日夜より戒厳令が布告される

支那駐屯軍経過を発表

支那駐屯軍発表（午後三時）一、今早朝来の戦闘状況左の如し

「イ」夜間演習中のわが豊台部隊に対する不法なる射撃を加へたる盧溝橋附近の支那軍に対し厳重な交渉を開始せんとするや、午前五時半ごろ、またもや盧溝橋北方一千メートル龍王廟附近の支那軍より射撃を加へたるをもつて、わが軍は直ちに該部隊に対し応戦を開始せり、支那軍は遂に支ふる能はず、算を乱してその西側永定河を渡りて退却し、わが軍は龍王廟を占拠せり、このころはい対岸長辛店の高地には砲を有する支那軍の出現し、永定河堤防による我軍を射撃せり、本戦闘の結果我軍に死傷十数名を生ずるにいたれり

（ロ）盧溝橋の支那軍は我が武装解除の要求に対し白旗を揚げたるをもつて北平部隊の森田中佐を長とする交渉員を派遣せり、然るにこれを認めたる支那軍は俄然堅固なる部落周囲の城壁及びかねて準備せる碉堡によりて抵抗し容易に撤退の色なし

（ハ）現在までに判明せる支那側の死者は二十数名にして負傷は少くとも六十名を下らず、逐次対岸に収容しつゝあり

軍は本事件の原因たる支那側の不法行為を反省せしめんとするのほか他意なく、極力事態の拡大を防止するに努め、通州において演習中なりし北平部隊を帰還せしむるのほか衛生機関などを天津より派遣せるのみなるも、支那軍にしてその非違を反省せず戦線を拡大せんとする如き挙に出でんか軍は遂に断乎たる処置に出づるのやむなきに至るべし

盧溝橋付近要図

犯人氾濫

殺傷事件の七割五分は

実に彼等の仕業だ

〝相談所〟いよいよ店開き

〔七・八　読売〕夏はまだとつきだといふのに早くも猛暑に狂ふ精神病者の兇劇騒ぎが頻発し人

昭和十二年七月（一九三七）

三四五

（九）日中军队的冲突

资料名称：日支軍隊の衝突

资料出处：新聞集成《昭和史の証言》第十一卷，本邦書籍株式会社 1985 年発行，第 346—347 頁。

资料解说：本资料是日本媒体针对卢沟桥事变的社论，认为卢沟桥事变的发生与南京政府企图加强对华北的控制有关，事态的发展取决于南京政府的态度。

の心を寒くしてゐる、しかし都会の集団生活が実に精神異状者発生の温床とあつては猛暑に刺激されて都会に異常な悲惨事が続出するのも無理はない、現在警視庁管下だけで警察に届出のあつた精神病者は監置、非監置合せて七万人、といふ恐ろしい数字に上つてゐる、しかも警視庁技師で精神病の権威金子博士の調べによると本年に入つて起つた殺傷事件のうち約七割五分までは犯罪人が精神異常者とあつてはこれからの猛暑を控へて都会人は全く安眠も出来ぬくらゐの不安に襲はれる、かうした大都市の精神異状者と犯罪の激増に鑑みてこんど金子博士らによつて狂人の『人事相談所』ともいふべき『精神病観察所』の設立運動が起され近く内務当局へも上申書を提出することになつた

まづ帝都に六ケ所

異常犯罪の例をとつてみると例の警視庁躍起の捜査にもかゝはらず未だに犯人の捕まらない三河島の三人殺しホクロ少年をはじめ中野区大和町の若妻殺し、神田区鍛治町二ノ六鉄工所斎藤銀治郎氏方の一家七人を

◆…皆殺しにしようとした同家の雇人[illegible]も一種の『神経衰弱症』患者である

これらの殺傷事件に限らず『持参金百万円の婿を求む』と新聞広告して都人の度胆を抜いた心臓花嫁などは精神倒錯症だし、本年二月神楽坂にあつた男女中学生八十名からなる『お好み焼き』の桃色事件も医者の眼からみれば破瓜期における一種の異常神経の作用で専門家から見れば全く都会に咲き出た異常な毒の花なのである

『精神病観察所』はかうした傾向のある者をみつけ出して家族と相談のうへ病院に入れるなり自宅で看視するなりして一人歩きさせないやうにする一方進んで精神病を誘発しさうな社会的原因を究明すると同時に煩雑な家庭問題で気がクサクサしてゐる者や家族の中に多少気が変な者がゐるが専門医に

◆…見せるには外聞が悪いと逡巡してゐる向きなどの人事相談に応じようといふのである

最初の計画ではまづ帝都に六個所設置して警視庁でこれを管掌し成績によつては全国に設けようとある

金子博士の談

『この計画は随分前から考へたことで初めは誰も振り向かうとはしなかつたが最近のやうにかう精神異状者の犯罪が多くなるとどうしても設立する必要がある、なにしろ今日の如く社会が複雑化すると勢ひ狂人も多くなるわけで都会人のうち約九割までは精神病者か神経衰弱だともいへるくらゐだからね』

日支軍隊の衝突

南京政府の態度如何

〔七・九　東日〕（社説）　八日早暁、北平郊外宛平付近における支那軍隊の不法射撃による日支軍隊の衝突事件は、日支双方の軍隊指揮者の自重によつて、一応軍事行動の停止を見たが、支那側が遂にわが軍当局の現実の事態に即した解決要求を退けたので再び逆転し、今明日中の支那側の態度如何によつては如何なる進展をなすか図りがたき重大なる事態に陥つた。今回の事件の直接原因は、現地よりの報道どほり、わが北平駐屯軍の一部が「天津還附に附き日本公使より清国全権に宛たる公文」に明記されたる「外国軍は操練をなし射撃及び野外演習を行ふこと自由たるべくたゞ戦闘射撃の際には単にその通知を与へ申べく

◇　蘆溝橋事件のナゾ　◇

支那事変の発端ともいうべき蘆溝橋事件がどうして起きたかは永久のナゾとされている。昭和十二年七月七日午後十時すぎ、支那駐屯軍歩兵第一連隊第八中隊（中隊長清水節郎大尉）が蘆溝橋付近で夜間演習のあと、中隊が集合しているとき、北方約千メートルの永定河左岸竜王廟付近で中国軍が最初に発砲、ついで十数発の実弾が発射された。人員点呼を行うと兵一名が不明とある。早速、駐屯地豊台の第二大隊長一木清直少佐に報告された。一木大隊長は直ちに天津にいる連隊長牟田口廉也大佐にこの旨を報告すると共に、みずから増援隊を率いて五里店に急行し、中国軍の不法射撃に抗議した。不明の兵隊は二か月前に入隊した志村菊次郎二等兵（秋田出身）で、便所へ行っていたのだが、事があまり大きくなったので叱られると思い、かくれていたのだという。

牟田口連隊長は、電話にかじりついて一木大隊長の報告を待っていた。その間、松井特務機関長、寺平武官らが中国側と接触、真相を糾明に当たり、現地解決に奔走していた。午前四時ごろ、一木大隊長からの電話がけたたましく鳴り響いた。牟田口連隊長が受話器を取ると、連隊から急遽派遣された森田中佐が中国側の外交委員らを伴って現地に到着すると、ふたたび竜王廟から日本軍を射撃してきたというのであった。

一木大隊長が「わが方は応戦すべきかどうか」指示を求めると、連隊長は「中国の挑戦があればやれ」と声たからかに指令した。一木は「それなら重大ですから時計を合わせます。午前四時二十三分」と念を押した。しばらくすると「さながら東洋の弔砲」（今井武官談）のように砲声がとどろき、真赤な太陽が昇っていたという。

牟田口連隊長は、のちにインパール作戦に軍司令官として、いささか猪突猛進の将軍として批判された。昭和四十一年七十七歳で死去したが、傍に三十年後同封と書いた「蘆溝橋事件の真相」の手記があった。いま国会図書館に保管されている。

蘆溝橋・日支衝突事件＝トピック解剖

戦備を整ふ廿九軍
計画的抗日の火蓋
平綏線一帯に礪堡（トーチカ）

〔七・九 東日〕打ち続く支那の対日不法事件は、日本勢力の北支退場要望の露骨な政策と結びついて、北支の危機切迫の懸念を与へてゐた、果然八日早朝蘆溝橋における日支交戦事件が勃発し、暑さにうたる東京市民に緊張した瞬間を持たせた、事件の発生地は北平からわづか三里ばかり西南よりの龍王廟である、北平南部豊台に駐屯するわが軍が七日夜来演習のため同地付近に赴いたところ突如、一帯の礪堡に拠つてゐた支那兵が不法にも発砲して来たのである、大体北清事変関係各国の一つとして日本は北清事変最終議定書付属書によつて北寧線の主要地に駐兵権を持つてをりこれに豊台も含まれてゐる、更に天津還付に関する

▽・日本公使より清国全権に致せる公文において、駐兵権を持つ地城付近において、演習をなす権利を持つてゐる、従つて日本軍の豊台駐屯、その付近一帯における演習も自由であり、且これまで、何等問題をおこすことがなかつたのである、しかるに北支の対日空気の悪化につれ、投石事件とかなどの不法事件が頻発するに至り終には暗夜に乗じて正規兵が砲撃を加へるといふ最悪の事態を惹起したのである

最近支那は抗日熱にうかされ、漸時抗日戦備をかためるとともに対日強行態度をとつて来てゐた、これは西安事変後一層甚しくなつて来た、彼等は統一の行き過ぎた評価をなし、これと同時に日本最近の国内情勢を分裂的に見て日本を軽視し、対日態度を鮮くべく強化して来た。これは「我々は極東において戦はねばならぬか」の著者たる親友[illegible]条約上の権利による演習中、宛平付近駐在の支那軍隊の射撃に応戦したことより起つてゐる。

二

わが北平駐屯軍が同地付近において夜間演習することは今始まつたことでなく、従来、何等の故障なくとり行はれて来たことである今回の支那軍隊の不可解なる射撃か、故意の悪意によるものか、誤解にもとづくものか、今のところ明瞭ではないが、幸ひにして誤解に基くものとすれば、事件は単純に解決の可能性があるだらう。しかし、故意に出でたるものとすれば、北支問題全部的に益々深刻複雑化する危険性があるのである最近の形勢からすると、事件の直接原因は、誤解か、悪意か、何れとしても、かゝる事件を発生する根本の原因は、牢として別にあるやうである。即ち廿九軍全般に漲つてゐる尖鋭的な抗日意識である。その背後には中央があつて、強烈な力をもつて北支の軍隊、政治家、青年学生を把握し、国民党イデオロギー一色に塗りつぶしつゝある事実そのものが、根本の原因だと見なければならない。

三

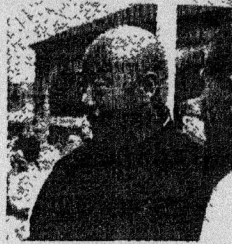

事件そのものは大なりとはいはないけれとも、事件の発生する素地を考ふれば、可なり深刻な問題となるのである。蔣介石氏の企画する北支中央化の大浪の尖端に気味の悪い燐光を放つ浪頭といふべきものであらう。従つて、今後蔣介石氏が北支の中央化強行をやめざる限り、この種の事件は続発する可能性あるものと覚悟せなければならない。然して蔣介石氏の北支中央化の工作は、益々積極化する客観情勢にあるのである。最近の蔣介石氏の北支中央化の工作は、非常な速度をもつて進んでをる綏東事件の成功、西安事件より国内統一への確信によつて、むしろ国に乗つてをる形である。綏遠、山西の完全なる中央化に成功し、河南の北境陸海線一帯における雄厚なる兵力の集中、山東の韓復榘氏を去勢し、いはゆる北支の外郭を完全にかためて、その勢ひは乗じて冀察政権に対し、協力なる中央化の手を延ばしてをるのである。

宋哲元

四

従つて元来、日満支間の緩衝的理想地帯の特殊政権として樹立されたる冀察政権は、その本来の両日並に緩衝的政権としての機能を、完全に失つてしまつてゐるのである。日本側からいふと実にだらしない、歯がゆい実情を暴露してゐるのである。宋哲元氏の逃避問題ごときも、一種の消極的抗日であると見られるのである。従つて、大勢から判断すると今回の事件の背後には、北支政権自体があり、南京政府がないとも限らないのである。われ等は今回の事件が、単に出先の軍隊の一部的衝突に終り、拡大せざらんことを熱望するてあるけれども、上述の背後関係がありとすれば、根本の原因の解除に対して、相当の覚悟をもつて一歩を進められなければ、今後かゝる事件の続発に悩まされるであらう。

と同時に、今回の事件の拡大、不拡大は、一に支那側の態度にかゝつてゐるやうに見受けられる。従つて、南京政府としても、徒らに北支の中央化を焦らず、事態を直視して、現実に即した態度をとることを希望するのである。

（十）日中停战交涉成立，两军从第一线撤军

资料名称：日支停戦交涉成立　両軍第一戦より撤退

资料出处：新聞集成《昭和史の証言》第十一巻，本邦書籍株式会社 1985 年発行，第 349—350 頁。

资料解说：本资料是日本媒体对 7 月 9 日中日停战交涉成立，两军暂时自战斗第一线撤军的报道。

日朝市外吉祥寺の博士邸に赴き拳銃で博士を射ち重傷を負はせた福岡県生れ、元大統社工業塾舎監小田十壮(三二)氏に係る殺人未遂事件の第一回公判は八日午前九時五十分から東京刑事地方裁判所第四部潮裁判長、栗谷検事係り、林、竹上、佐々木（高）伊藤氏等第七弁護人立合ひで開廷された、傍聴席には海軍大学生廿二名に右翼関係者多数詰め掛けてゐる、小田は絽の紋付羽織に絽の袴いが栗頭で出廷、栗谷検事起つて公訴事実を開陳すると、小田は「その通り相違ありません」とハッキリ美濃部博士射撃の動機を肯定して裁判長の審理に入る、小田は小学校卒業後郷里の福岡県蘆屋町の弘道赤心社に入つて教養を受け、漸次国家革新運動に走り、上京後は苦学を続けたが、同人は幕末の人傑がづれも卅歳前後の青年であつたのに鑑み、自分も又卅五歳位に名を成し、然らざる時は死すとの信念を固め政治家を志し弁護士にならうとしたが、事志と添はず、遂に帰郷大統社塾の舎監になる迄の生活を語る偶々議会で美濃部の「天王機関説」が問題になり、東京地方検事局に不敬罪で告発が提起され、相当な処分ある事を期待したのに反して司法当局は博士を不起訴とし、而も博士の声明は一向に謹慎したものでなく之を新聞で知つた小田氏は国家に代つて博士を殺害してこそ年来の所信を実現するものだと、同年十二月上京、博士の教へ子の「元福岡地方裁判所判事法学士弁護士小田俊雄」との名刺をこしらへ、博士邸訪問の時機を狙つてゐた

十年十二月に上京し、はじめは十一年の正月に年賀客に化けて美濃部宅に入らうとしたが、時を失し、次の機会を狙ひ稲田登戸で拳銃の試射をやつたが、非常に具合よく、いよいよ二月十一日の建国祭当日を決行日ときめて博士邸附近を窺つたが、とても警戒厳重で物にならず、同月廿日の総選挙日前後なれば警戒も緩むだらうと考へ、拳銃と実弾十数発と、博士に対する斬奸状を果物籠の中に忍ばせて、籠を携へて廿一日午前十時頃吉祥寺の博士宅に参りました

と「小田俊雄」の名刺を出し、難なく面会し得た事を述べる

裁　博士を殺して如何なる効果があるのか

小　博士個人の声明を尊ふのが目的ではない、博士の学説は自由主義の産物であるから法律で罰する事が出来ぬなら国民の手で之を誅し、世の自由主義者を応懲せんとしたのです博士を殺したら自殺するつもりだつたと答へる、訊問はいよいよ博士との退団模様に入る

小　私は博士と対談の後「時に博士は日本の家族制度についてどう考へられますか」と問ふと博士は「大家族制度は駄目でせうやはり夫婦中心の家族制度になるでせう」と答へられた、私は更に「先生の天皇機関説には大分反対がある様ですが」と云ふと博士は言下に「あの人達の云ふ事は迷信でしてネ」と事もなげに答へましたので、いよいよ改悛の情ないものと認め殺害の決意を固め博士に「本を貸して下さい」と欺いて二階へ上つた隙に果物籠からピストルと斬奸状を取り出し、降りて来た博士に斬奸状をつきつけたのです、すると博士はそれを最後まで読んだ後「あなたは私の本をよく読んでゐない」と云ふので押問答を重ねた揚句、博士は急を知つて「お客様のお帰りだよ」と家人を呼んだので、私は之迄だと思つて立ち去る博士に後からパンパンと七発乱射したのです

博士の右大腿部に全治廿日の創傷を負はせたが、其時同邸警戒の古沢、新井、小林の三巡査がいづれも拳銃を擬して向つて来たので氏は之迄と思ひ自ら左腕に一発射つて自決を図つたが果さず、警官から又三発受けて逮捕される迄の事を詳細に語つて審理を終り、裁判長から

裁　被告はもう少し博士の考へを確かめようとは思はなかつたか

小　反対説を迷信だと一蹴してゐる博士にはそれ以上の忠告は無駄だつたのです

と最後に

小　法を犯した事は申し訳けないが私のやつた事は後悔してゐない、起つ可き時に起つたと信じてゐます

と昂然と答へて正午すぎ休憩、午後一時再開した

日支停戦交渉成立

両軍第一戦より撤退

夫々永定河の左・右岸へ

〔七・一〇 読売夕刊〕 冀察側代表張允栄氏は九日午前一時（日本時間午前二時）松井特務機関長を訪問約二時間に亘り蘆溝橋事件解決につき折衝の結果双方意見完全に一致を見たので日支両軍当局は即刻各第一線部隊に対し射撃停止の命令を下した、これにより一昼夜に亘る戦闘状態は午前五時に至り漸く解消されわが軍は永定河の左岸平漢線の東北地区に集結、宛平県城を始め蘆溝橋付近にある支那軍は永定河右岸に撤退することになつた、かくて日本軍は支那側に先立つて未明のうちに永定河左河地区に撤退を開始したが、支那側は命令の撤退を欠きわが軍撤退完了後もなほ永定河右岸地区への撤退を完了せず、午前六時ごろには却つてわが軍の撤退に際し射撃を加へるの暴挙に出でたゝめわが軍も已むなくこれに応戦し更に三名の負傷者を出すに至つた

北平における日支交渉当時者はなほも局地的解決に努め直ちに現地に対しそれぞれ人を急派して再度交戦の原因を調査せしめたる結果支那側の停戦命令不徹底に基因すること判明し午前六時四十分北平より派遣された日支調停委員日本側第廿九軍顧問中島中佐、支那側冀察外交委員会専員林耕宇氏ら

四名の現地到着によつて支那軍への命令初めて徹底しこゝに戦闘は全く停止され、日本軍は直ちに蘆溝橋停車場並びに平漢線北側に再び集結を開始し宛平県城内及びその付近の支那軍は永定河右岸地区に撤退準備を開始した、かくて事態重大化の危機は全く去り蘆溝橋事件は和平解決の曙光を見るに至つた

厳たり・我態度
事件不拡大方針なるも

九日の重大閣議後午後零時廿分、風見書記官長は当日の閣議の経過並びに申合せにつき左の如く発表した

蘆溝橋事件処理に関する臨時閣議は全閣僚出席のうへ午前八時五十分会議を開き陸軍大臣より事件の経過並びに事態の見透しにつき詳細なる説明あつたのち、その方針を次の如く決定した

【一】今次事件の原因は全く支那側の不法行為に基くものである【一】我方としては事件不拡大の方針を堅持すること【一】支那側の反省による事態の円満収拾を希望すること【一】若しも支那側に反省なく憂慮すべき事態を招来する危機を見るに至らば我方としては適切迅速に機宜の処置を講ずること【一】各閣僚は何時にても臨時閣議の招集に応ずるやう待機すること

愈々善後処置　交渉へ
我軍　厳重監視の態度

〔七・一〇　大朝〕　蘆溝橋における日支両軍の対峙は七日夜来、三日間にわたり形勢重大を極めたが、八日の交渉に引続き九日朝来七時より午後零時半に及ぶ支那側との交渉および第百十旅長何基豊氏が自ら現地に赴き支那軍を説得した結果、遂に午後零時二十分支那軍は永定河右岸地区に撤退を完了したので、わが方も戦闘行動を中止し、事件善後処置の交渉に入ることゝなつた

陸軍武官室発表＝昨八日以来日支両者間において折衝の結果、蘆溝橋にある支那軍は九日午前五時を期して永定河右岸に移る旨確約したのであつたが期限となるも実行せざるのみならず却つて約に本づきて蘆溝橋附近に集結中の我軍に射撃を浴びせるの不法をあへてなし我軍もまたこれに応戦やむなきにいたり事態は再び逆転するにいたつた、我方としてはあくまで事件不拡大の方針を堅持し速かなる事態の収拾に努力を傾注して来たのであるが、かゝる状態のまゝ推移せんか、時局ますます悪化し不測の事態は邦辺におよぶか想像を許さぬものがあつたが幸ひにも何旅長ら現地に至り支那側に対し命令の徹底を努めた結果、支那軍も最初の約束に聴従し、午後零時二十分大部隊の撤退を終りたるをもつて、わが軍も戦闘を中止して厳にこれを監視するとゝもに本件善後処理の交渉に移るはずである

【陸軍省発表】九日午後二時陸軍省に達した報告によれば蘆溝橋にある支那兵は午後零時十分一個小隊を残留して全部撤退した

九日午後八時三十分外務省着電によれば九日午後四時蘆溝橋に残留せる支那部隊は完全に永定河西方に撤退を終了した、日本軍は豊台方面に集結しつゝある

首謀学生処罰決る
十四名に退、停学命ず
五教授も進退伺い提出
注目の同大教授部会

〔七・一〇　京都日出〕　予科生熊城事件から果然混乱に陥つた同志社学園ではその後着々事態収拾につとめてゐたが、九日朝文部省へ報告を終へて帰学した湯浅総長は直に上谷財務、武野庶務、奥村事業の三部長をはじめ河原法学部長らと凝議して後午後四時より教育部会を開催過日の予科、法学部両教授会でそれぞれ決定を見た熊城組学生処分の件につき二時間にわたり協議の末、予科は論旨退学六名、無期停学五名、譴責十二名、合計廿三名、法学部は論旨退学二名、無期停学一名を決定し同六時十分散会したが、この決定は同夜直に各学生に送達の手続きを執つた、なほ今回の事件の責任を負つて柴山予科長、山田教務主任、徳予科学生主事は揃つて進退伺を、河原法学部長は解任願、生島学生主事は辞職願を同教育部会に提出したが、学園当局としては来る十五日開かれる常務理事会にはかつた上それぞれ却下するものゝ如くである

粛学への第一歩

教育部会散会後湯浅総長は次のごとく語つた

今回の事件につき世間をお騒がせしたことは申訳ない、学園としては招来かゝる不祥事件の勃発せぬよう厳正に自粛自戒し教育機関としての使命を全うすることに努力する、今回の事件につき関係職員は一同深く責任を感ずる所である、学生の処分については予科の分は同教授会で決定した稟議書が廻附されたのでそれを決裁し、法学部の分は教育部会で審議の上で何れも決定したが、本来はもつと厳罰に処すべき所を慎重に教育的立場からまた本人の将来を考へて幾分寛大な処置となしたのであるが、今次の事件は昭和五年ごろ以前から生れた空気による一の現象であり、今回の処分をもつて事件は終りとはいへないので寧ろ今回の処置は同志社学園粛学への第一歩と見られるべきであらう

（十一）华北事变情报

资料名称： 北支事變情報

资料出处：《偕行社記事》1937 年 8 月號，防衛研究所図書館，第 131—134 頁。

资料解说： 本资料是日军媒体《偕行社记事》对卢沟桥事变的基本情况按照日期梳理的大事记。

時事概觀

（昭和十二年八月號）

北支事變情報

（一）七月八日の狀況

一、蘆溝橋附近紛爭地に在る我が部隊は進んで攻擊を行ふことなく支那軍の行動を監視中のところ、九日午前二時支那側は我が要求を容れ、午前五時を期して蘆溝橋に在る部隊を全部永定河右岸に撤退することを約したるも、事實蘆溝橋附近の支那軍部隊は午前六時に至るも尙撤退せざるのみならず、其の兵力を增加せるものゝ如く、同地北側に展開して監視中の我が軍に對し時々射擊を行ひある狀況なり。

二、北平市は既に城內を閉鎖して內外の交通を遮斷し、午後八時戒嚴を施行して邵文凱（憲兵司令）戒嚴司令に、陳繼淹（公安局長）を同副司令に任じたり。市內各所は一部の軍隊、公安隊等を配置し時々小部隊等の巡邏を見る外比較的平靜なり。

（二）七月九日の狀況

一、支那側の協定不履行に基き、軍は嚴重なる抗議を行ひたる爲、支那側は旅長及參謀を軍使として午前五時四十分北平出發、午前七時蘆溝橋に到着、該地支那部隊の撤退を更に督促せしめたり。

二、右の結果、蘆溝橋の支那軍は一小隊を殘して午後零時十分永定河右岸に撤退を完了し、殘置せる一小隊も保安隊を以て交代せり。

（三）七月十日の狀況

一、蘆溝橋附近永定河對岸の支那軍は拂曉より時々同地附近の我が殘置部隊に射擊を加ふる等の行爲あり。

二、午後五時過西苑方面より南進せる約百名の支那軍は蘆溝橋北方約四粁に現はれ、迫擊砲射擊を行ひつゝ我に攻擊し來り、我が部隊は之に應戰し之を北方に擊退す。

三、午後七時西北方より進擊し來れる支那軍約百名は、八日夜の協定を破り龍王廟を占領し、引續き我が部隊に向ひ攻擊し來り、該部隊長は敢然逆襲に轉じ、之を追擊し午後九時龍王廟を占領せり。

四、支那軍の不軍紀不統制と、其の誤れる抗日意識並南京政府の極めて挑戰的なる態度等を考察する時、將來何時不測の衝突を生起すべきや頗る憂慮せらる丶狀勢に在り。馮治安師長は密に各部隊間の連絡を命じ、第一線部隊の兵力增加並に長辛店隊への彈藥補給を命じあるに徵し益〻然りとす。

五、十日夜龍王廟附近戰に於ける我が軍の損害左の如し。

戰死　下士官一、兵五

負傷　將校三、下士官二、兵五

六、南京政府は冀察に對し四ケ師の中央軍を河南省北部に集結し進軍するに付斷乎抗日すべし、と激勵せり。是れ南京側が表面事件不擴大を唱へながら斯の如き行動に出づる以上、今後情勢惡化せば其の責任は全く南京政府に於て負ふべきものなり。

(四) 七月十一日の狀況

一、昨十日夜我が軍は龍王廟の敵を反擊殲滅し、該地を占領せる我が部隊は十一日拂曉に至り、同地を撤退して再び蘆溝東北方の主力に合せり。

當時支那軍は砲を有せる七、八百のもの八寶山附近に、又約三百の部隊を以て衙門口及其の東北方の各部落に少數の警戒部隊を配置し、且永定河西岸の線及長辛店高地端には陣地を設備し、其の守備兵力詳ならざるも增加の模樣あり。

二、支那第三十七師及騎兵第九師は愈〻戰意を堅めつ丶あるもの丶如く、十日夜中より北平市內の警戒益〻嚴重を極め、市內の要所には土囊を以て掩體を構築し守備兵を配置し且北平內外城の各門は全部閉鎖せらる。

三、軍は專ら危局不擴大を念とし、事件の解決に關し支那側と交涉中なるも、再三挑戰的行動を繰返し冀察當局の誠意を認むる能はざる狀況なり。依て軍は斷乎たる決意に基き之に便なる如く部署せり。

四、平漢線方面の支那軍は漸次北上を開始し、萬福麟部隊は保定より涿縣方面に、商震部隊は彰德方面より石河庄及保定附近に、更に中央軍劉峙部隊は開封鄭州方面より衞輝順德附近に向ひ、夫々移動を開始す。

五、平津地方に於ては豫て伏置せられあ

一三二

りし藍衣社遍に活動を開始し、又共產黨及學生等相呼應して抗日氣勢を益〻激成しつ丶あり。

六、蘆溝橋事件に關する北平に於ける彼我兩軍主腦者の現地交涉は一時決裂の狀況なりしも、我が軍が其の決意の一端を披瀝せる結果、支那側は全面的に我が要求を承認し午後八時交涉成立す。

我が要求事項の要點左の如し。

(イ) 蘆溝橋附近の支那軍の撤退

(ロ) 謝罪、責任者の處罰

(ハ) 防　共

(ニ) 排日及抗日の徹底勵行

七、然るに同夜十一時頃永定河右岸に在る支那軍は時々我が警戒部隊に對し射擊せるも、我が軍は之に應對せず。

(五) 七月十二日の狀況

一、我が軍は昨夜の約束に基き兵力を原駐地に撤退を開始す。支那側は依然我に對し時々不法射擊を行ふも、我が方は依然協定に基き隱忍して發せず、敵を監視す。

二、八寶山附近には依然有力なる支那軍陣地を占領し、其の警戒部隊は前日より更に推進せられ、東新莊、田各庄の線にあり、

又永定河西岸には依然陣地を占領せる有力なる支那軍あり、且平漢鐵道に依り部隊及軍需品を輸送しつゝあり。尙敵裝甲列車は既に長辛店附近に到着しあり、又天津南方に於て支那側戰鬪機らしきもの飛翔せるを目擊す。

三、蘆溝橋には第三十七師、第二一九團の一部再び進出したるものゝ如く、且北平城内には步兵一旅あり、馮治安戒嚴司令官たるが如し。

四、戒嚴令下の北平は白晝と雖も城門悉く閉鎖せられ、外部との交通全く杜絕し、市内の警戒極めて至嚴にして目拔きの十字路及城門は各一ケ中隊内外の正規兵を以て守備せらる。又同地列國練兵場を圍繞する家屋には隨所に機關銃を備へ、公使館區域境界線内に陣地を構築し監視の態度を採りつゝあり。尙同市に於ける抗日意識は極めて熾烈にして、數十年來居留邦人の嘗て經驗せざる程にして邦人に對する不法行爲頻發し、人心恟々たるものあり。

五、第二十九軍長宋哲元は十一日密かに天津に歸還し、今次事件の重大性に鑑み即刻所屬部隊に訓令を發し、作戰準備に着手せしめたるが如し。

六、綏遠方面よりの電報に依れば、朱毛共産軍は北支事變發生以來急遽北上を開始せりと。

(六)　七月十三日の狀況

(一)　北平及蘆溝橋附近

一、我が軍の一部が十三日午前十一時頃自動車に依り馬村（北平－南苑道北平南方約二千米）を通過せんとするや、該地にありし支那軍より突如機關銃射擊を受けたるを以て、我は直に之に應戰せるも戰死三名を出せり。該支那軍は第三十七師に屬する警戒部隊なり。

二、八寶山、衙門口の線には概ね一旅の支那軍依然陣地を占領しありしも、十二日午前先づ東新庄の線に配置せられありし警戒部隊を撤去せしが、次で本事變に對する我が軍の强硬なる決意と擧國一致の後援とは支那側を全く狼狽せしめ、殊に冀察側の上級幹部は已むを得ず其の態度を變更するの必要に迫られ、同日午後七時頃永定河左岸の占領部隊は宋哲元の命に依り衙門口に後退し、次で十三日朝に至り更に衙門口より各防地に撤退したるものゝ如し。然れども永定河西岸には保定より北上せる第百九旅、固安より北上せる騎兵二團增加せられたるが如し。

三、南苑部隊は何等動かず、張自忠統率の下に極めて冷靜を保ちつゝあり、又廣安門外競馬場附近には第三十七師第二十五旅の一團あり。

四、北平市内に於ける戒嚴部隊の不遜なる態度及不法行爲等は依然繼續せられ容易に樂觀を許さず、殊に第二十九軍入市以來下級幹部の抗日思想を反映し邦人に對する市中の人心急遽に險惡しあり。

依て我が北平武官は「速に北平の戒嚴を停止して防禦工事を撤去し且日本人

の安全を保障すべきこと」を要求せるに、之に對し「冀察側を通じ一時保護を加へたる日本人は直に釋放すべきも戒嚴は尚暫く續行する」旨回答せり。

五、北平に於ては市民は同市が兵亂の巷と化することあるを極度に懸念し、商務會長以下有力者は第二十九軍に城外撤退を懇願せりと。

六、永定河西岸及長辛店には第二一九團の外第一〇九旅及萬福麟軍の三箇團集結しあるものゝ如く、又良鄉（苑平西南約四里）より固安に亙る間に騎兵四箇聯隊配置せられあるものゝ如し。

七、宋哲元は前敵司令に任命せられ、其の處置に窮し十三日夜遁走し、目下行方不明の狀況なり。

（二）支那增加兵團の行動

一、中央軍の高射砲及高射機關銃各一營は既に保定に到着し、又隴海、平漢兩鐵道の車輛は鄭州に集中しつゝあり。尚第五十三軍（萬福麟軍）の第一三〇師（朱師）は長辛店に到着せり。

二、諸情報を綜合するに西安、洛陽、鄭州、徐州の各飛行場は中央軍飛行機を迎ふる爲、夫々準備中なること確實にして、鄭州には既に中央飛行隊の一部到着しあり。

（三）山東及中支方面の狀況

一、中央軍高射砲隊の若干は黃河鐵橋附近に配置せられたるものゝ如く、又去る十一日裝甲戰車、裝甲車及軍用トラツク等を積載せる軍用列車は上海北站を通過北進せるも、其の目的地不明なり。

二、山東軍（韓復榘軍）は濟南及省南重要地點に防禦工事を築造中にして、又其の一部は省境に向ひ移動中なりと云ふも確實ならず。

三、支那空軍委員會は中央空軍の有力なる部隊を洛陽に集中せしむるに決し、其指揮を杭州航空學校副校長蔣堅忍（蔣介石の姪）に委したりと、又西安空軍部隊は既に動員を命ぜられたるが如し。

四、南京に於ては十三日まで軍隊を移動せる模樣なきも、軍需品の輸送を開始せられ官公署は著しく緊張しあり。

五、情報に依れば鄂東剿匪軍（第三十二第七十七、第三十三師の三箇師）及平漢線駐防軍第三十一、第二十七、第八十三師に夫々出動準備を令せられたること確實なり。

北支事變經過概要（自七月十三日 至七月十八日）

概說

支那側は七月十一日夜已に我方の要求を容れ、解決條件に調印し乍ら、現地附近の陣地を增强すると共に、一方南京政府は南方にあつた兵團を逐次北上せしむる等對日開戰準備に汲々たるものがある。

（十二）从第一线见证卢沟桥事件

资料名称：第一線見証蘆溝橋事件

资料出处：寺田浄《第一線見証蘆溝橋事件》，中央公論事業 1970 年版，第 42—67 頁。

资料解说：本资料辑录的是直接参加发动卢沟桥事变的原第一线日军官兵的回忆资料，描述事变爆发前后卢沟桥一带的日军演习活动，中国守军的河堤防护工事修建，及日军发现士兵失踪后，企图抓捕防守河堤的中方守军士兵，丰台日军出动等诸多事项。

七月七日の夜は暑かった。大地も建物も放熱を続け、草も木も生気を回復しかねていた。風もなく、曇空に、点々と見える星もうだって見えた。大陸特有の夏の夜であった。

「砂取場へ涼みにいきましょうか」

と三橋上等兵が誘った。安武通訳に留守を頼んで、私たち五名は洋車で出発した。洋車は長豊支線に沿って走った。砂取場に着いたが、郊外も微風だになかった。洋車代一円が惜しい気さえした。それでも不整地のあちこちに咲いている野花を求めたり、水溜りに小石を投げて、長男を喜ばせたりして一時間余を過ごした。

その頃永定河に近い方では、駐屯軍の夜間演習が行なわれていた。信号の明滅に交って、歩哨線の衝突か、散発的に空砲が聞えた。京漢線を貨物列車が気笛を鳴らして走った。時たま通る大陸の夜汽車は何か寂涼を感じさせた。蘆溝橋城は墨色の城壁と城楼をほのかに浮かべていた。その城内から中国軍特有の哀調を帯びたラッパが聞えた。

昨年来数々の事件で苦労して来た三橋上等兵が、

「あのラッパを聞くと、昨年が思い出されますよ。あの演習が中国軍だったら、ここで散歩どころではないでしょうが」

と感慨深そうにいった。続いて空砲が聞えた。なんだか薄気味悪くなって帰途に着いた。帰って見ると、やはり郊外が涼しかった。ビールやサイダーで冷やしたり、扇を使ってようやく床につ

42

いたのは十一時過ぎであった。その頃宿舎の窓を、演習帰りの軍歌が聞えた。後で思えば七中隊であった。

ようやく眠れた真夜中、正確には七月八日午前零時三十分、電話のベルに目をさまされた。電話は私の宿舎の玄関にあった。

分駐所には珍らしい深夜の電話である。何かあわただしく、せかされて受話器を取った。電話は駐屯隊からであった。

「もしもし本部の小原曹長ですが、通訳を貸してくれませんか」

せかせかとそして興奮した声である。私は突然の要求に事情を解しかねて、

「どうしたのですか」

と反問した。

「お知らせしませんでした？　十時四十分頃竜王廟付近で演習中の八中隊が、中国軍に撃たれて、兵隊一名行方不明となりました。大隊は目下出動準備中ですが、隊の通訳が北京にいって帰らないので困っています……」

本部はごったがえしているらしく、雑音が多くて聞き取りにくかった。私はなおも詳しい様子を知りたいと思ったが、警備呼集中の本部書記としては、それだけ知らせるのが精一杯であったらしい。私もその無理を察して、「承知しました」と電話を切った。

事態は拙速を尊ぶ。私は三橋上等兵を起こした。ふるえる声を意識しながら、事情を伝えて安武通訳の呼集を頼んだ。安武通訳は町の旅館に下宿していたのである。

ついで北京分隊に電話した。軍用線は大隊の電話で幅輳しているらしくてなかなかあかない。何度目かにやっと出た。当直の金子軍曹に状況を報告した。彼は数日前内地より着隊したばかりで、一語一語〃註〃を加える有様で時間を取られる。私はいらいらした。後で同軍曹は、「地名はわからないし、駐屯隊に電話で問い合わせてから分隊長に報告しましたよ」と笑っていた。

安武通訳がかけつけた。乗馬の大隊長についていけるように自転車の準備を命じた。懐中電灯の電池が切れていた。深夜の町にボーイを走らせた。警備規定が空文の出動風景であった。

三橋上等兵は詳細の状況聴取のため駐屯隊に出かけた。分隊も混雑しているのか指示が来ない。再度詳報の時に、

「全員出動、寺田軍曹は大隊長と行動をともにせよ。分隊より応援を派遣するまで領事館警察に警備を依頼せよ」

との分隊長命令が伝えられた。

そこへ、

「やりましたね」

吉田領事警察署長や久住義勇隊長が緊張の顔を見せた。在留民中の男子で義勇隊を組織し、駐屯

44

隊の指導下に軍民協同の訓練を行なっていたのである。

変もはじめての体験に、不安そうにうろうろしていた。一時頃宿舎の裏から、

「寺田軍曹!! 通訳はいるか!」

と聞きおぼえのある小岩井中尉の声がした。通信班長である。安武通訳が自転車の空気入れに手間取っていると、

「早くしないか!」

ふたたび叫鳴った。そして、

「頼むぞ!! 用心しろ!! 大分便衣が入りこんでいるらしいぞ!! 南苑に気をつけろ!!」

精悍な青年将校小岩井中尉はいやがうえにも張り切っていた。こう口早に注意すると、騎首を向き変えて一鞭当てたらしく、蹄鉄の響きは足早に消えていった。

当時、この言葉を真剣に聞いたが、後で思えば、南苑はそんなに迅速に動いた模様はなかった。彼我の兵力配備を比較した時に、もし中国軍側が先制攻撃を加えたならば、豊台の駐屯軍も居留民も、その夜全滅したであろう。このことは、日本軍も、中国軍も計画的な衝突でなかった証明でもあろう。ただし、後で述べるように、二十九軍副軍長兼北京市長の秦徳純は、東京裁判において、

「……金大隊長は斥候を豊台に派遣したところ、砲を含む大隊主力が営門を出発云々」

と証言している。これが事実とするならば、金振中大隊長の取った処置は、中国軍発砲の報告を受けて、日本軍の反応を確めようとしたことを証明するものであろう。なぜならば、日本軍は蘆溝橋の中国軍に、直接何らの抗議も交渉もしていなかったからである。

【註】一木大隊長ノ提出サレタ戦闘詳報ニハ、私ガ出動準備中ノ一木大隊長ニ対シテ、豊台鎮内ノ治安状況ヲ報告シタヨウニ記載サレテイル由デアルガ、当時ノ私ニハ恥シイコトデアルガソノ余裕ハナカッタ。別ノ時期トノ混同ト思ウ。

私は軍装——といっても拳銃に実弾を込めた程度で、携行食さえも忘れていた——を整えると駐屯隊に出かけた。表門で大隊主力の出発と出会った。大隊は山田准尉の指揮する直接警備の一個小隊を残しての総出動であった。私は歩兵砲隊長の久保田大尉と会って行を共にした。

豊台郊外のキリスト教学校の三育社まで来た時に、先行の小岩井中尉が引き返して、

「一文字山はすでに敵が占領している模様、大隊は西五里店に集結」

との大隊長命令を伝達して来た。

謹厳で無口の久保田大尉が、

「寺田軍曹!!　今度は厄介だぞ」

と、後は口を噤んだ。おそらく、昨年の豊台事件と比較して、行方不明者を出しており、処理に手間取るであろうと判断されたのであろう。でも大東亜戦争にまで発展した将来までは考えられ

なかったであろう。

三育社までは平素自信のある道であったが、それから先は生地であった。まして深夜であった。私は盲のようについていった。やがて砂取場に入った。道の凸凹は激しくなった。砲車のきしむ音、栗を食う馬を叱る声。「静かにしろ」と指揮官の低いが強い声。犬の遠吠。将も兵も、緊張、真剣そして気味悪くさえある時であった。次にどんな事態が惹起するかを、予測し得る者はいなかった。

西五里店に近い砂取場に停止した。射撃を受けた第八中隊は、大隊主力に合流のため後退集結を完了していた。大隊長は清水大尉や、小岩井中尉等と何事か協議中であった。私は大隊長に到着を申告して、赤藤分隊長より与えられた命令を報告した。

大隊長はこの時に、清水大尉より行方不明の兵は発見した旨報告を受けた。しかし、兵一名行方不明の電報は、おそらくその夜の中に、中央へ、隣接の関東軍へと飛んで、実態よりも、重要な事件として伝わったことであろう。大隊長が北京に第一報を出す前に、この報告が入っていたならば、事件はもう少し軽く考えられたであろう。

ここで出された将校斥候の偵察の結果、一文字山はまだ中国軍に占領されていないことが判明した。一木大隊長は自信のある明快な口調で、各中隊長に対して、一文字山に向って、中隊縦隊の疎開隊形で前進を命令した。各指揮官の白襷が暗夜に行進路を示した。蘆溝橋城内の県政府にいく時は、いつも長豊支線を通っていたが、…一文字山の存在には気がつかなかった。それ程小さい山である。標高何メートルと呼ぶような山ではない。でも、夜中にはじめて登る私には高い山に見えた。一同黙々として一文字山に到着したのは、ちょうど二時半であった。

一文字山は北京より延びた京漢本線と、豊台より出る長豊支線とが合一する手前にあって、北京街道と長豊支線とが交叉するガード近くに横たわっている。蘆溝橋城東門の東北六百メートル、永定河畔より一千メートルの所にある。その姿が一文字に似ているので、一木大隊長が命名されたという。

【註】次頁ノ写真ハ「肉弾」ノ著者桜井忠温サンガ、前線視察ノ途次、分駐所ニ休憩セラレタ際書カレタモノデアル。

大隊長は一文字山を占領すると、ただちに各中銃隊に配備を命じた。歩兵砲、機関銃隊も、平素の訓練通り陣地構築をはじめた。

指揮官は常に一歩先を考えねばならない。大隊長は各中銃隊長を集めて次の対策にかかった。

「夜が明けたら、蘆溝橋城に交渉にいこう。誰々と通訳、それに憲兵」

あとは交渉に臨む方針を考えてか、言葉が切れた。と突然、

「パン、パン。パン」

暗夜に三発の銃声。時は三時半、またも竜王廟方向である。皆の雑談はやんだ。耳をそば立て

48

て、暗中の敵陣地を注視した。しかし続く銃声は聞えなかった。

その頃一文字山の前方より灯が一つ、明滅しながら近づいて来た。三橋上等兵と、安武通訳が取調べのため山を降りた。駱駝の一群であった。静寂の中に一犬が鳴いた。数犬の遠ぼえが無気味に続いた。

初　弾

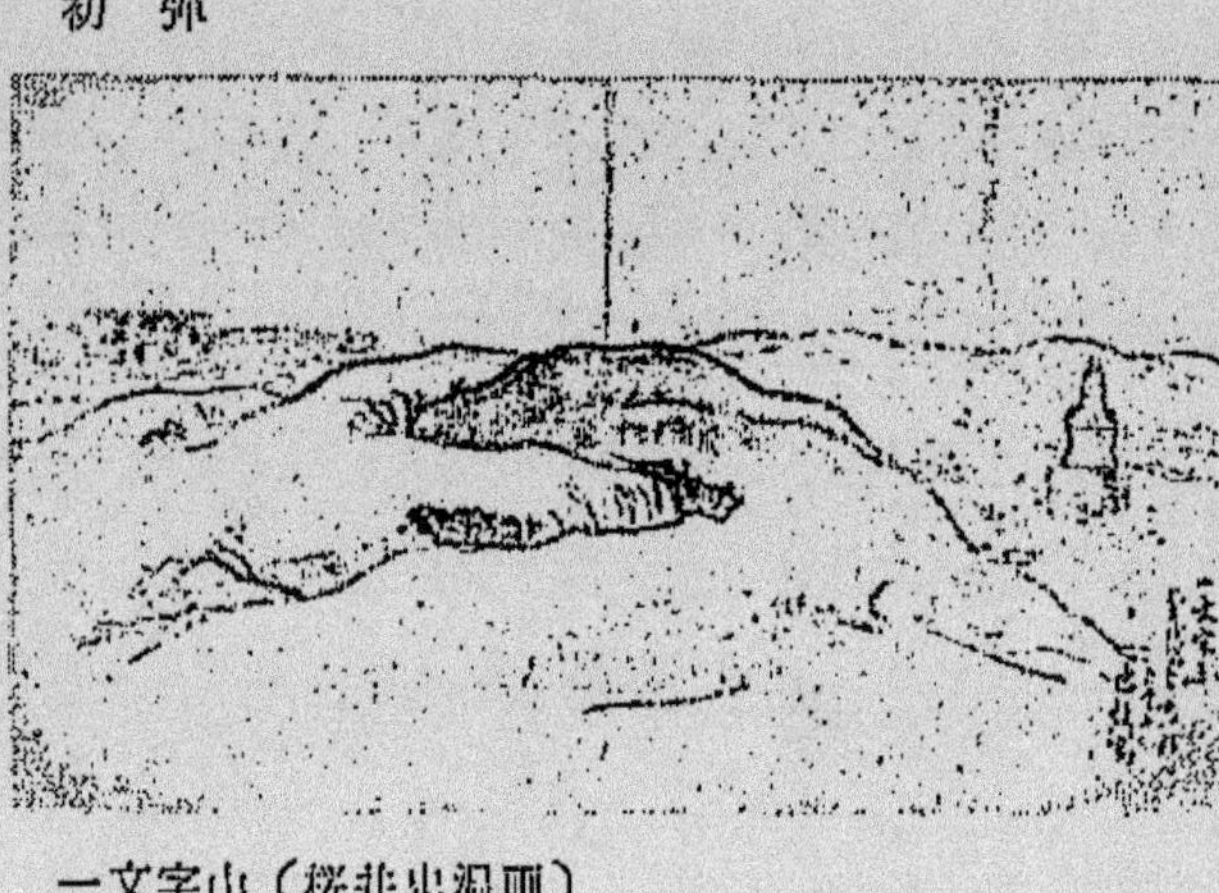

一文字山（桜井忠温画）

程経て、第八中隊の岩谷曹長が馬を走らせて来た。

「中隊の位置に帰ろうとして、竜王廟付近をさがしていましたら、射たれました」

と報告した。大隊長はその報告が、終わるか終わらないかに、

「馬鹿！　射たれてなぜ射たぬ」

と大喝した。

この発砲も、あとで述べる兵一名の行方不明報告、桜井顧問より聞いた秦徳純の言葉とともに、大隊長、連隊長の情況判断、決心、そしてその決心に基づいて取られた処置に大きい影響を与えた。言葉を変えると、事件進展の三大要素ともいうべきものであった。

ここで当夜の情況を振りかえって見ると、七月七日の前半は、

第七中隊が一文字山より、東、西五里店にかけて〃敵陣地に対する夜間攻撃〃の演習をしていた。検閲準備最後の仕上げであった。私たちが涼を求めていた頃の空砲はそれであった。一木大隊長は演習終了後、激励の講評を与えたあと、

「今夜は七夕である。諸子の家族も、内地において、この星を眺めて、諸子が無事御奉公していることを祈っておられるであろう」

と感傷的に結んだ。豪胆だが、人情大隊長の片鱗を見せた一コマであった。

第八中隊は夕刻竜王廟付近に到着した。その頃永定河堤防上には、白衣の中国兵百余名が作業をしていた。奉直線時代の古いトーチカが掘り起こされ、散兵壕が堤防に沿うて延長されていた。

第八中隊は休憩のあと、竜王廟より東方大瓦窑部落に対して、夜間の接敵、築城および黎明の陣地攻撃訓練を行なう予定であった。しかし中隊長は、堤防上に中国軍がいたので、堤防上よりの発進を止めて、竜王廟の東百メートルより演習を開始した。仮設敵司令には谷辺良蔵曹長が命ぜられ、兵十一名に軽機二が付せられた。

十時四十分、清水中隊長は前段の演習終了を命令した。ラッパを吹奏すれば簡単であるが、夜間の隠密行動を訓練するために、各小隊、仮設敵に伝令を派遣した。仮設敵は、この伝令を、演習上の敵襲と誤認したらしく、軽機の空砲を使用した。その空砲にこたえるように、竜王廟方向より、数発の小銃弾が飛んで来た。散兵の間隔であったという。空砲の場合は、閃光と発射音だ

けであるが、実弾の場合はこれに飛行音〃シュシュー〃が加わる。実戦の体験者にはすぐわかった。指揮班長三浦准尉が中隊長に、

「実弾じゃあないですか」

といった。中隊長も異様を感じていた。仮設敵は、まだ実弾を知らぬらしく空砲を撃っている。躊躇はできなかった。ラッパ手に、

中国軍の築造した壕，中央の森が竜王廟

「気をつけ、止まれ、集合」

の吹奏を命じた。

中国軍はこのラッパを突撃の合図とでも取ったのか、また機関銃らしい十数発の実弾が飛んで来た。今度は竜王廟と盧溝橋城の中間付近より飛んで来たという。堤防上の中国陣地を見ると、懐中電灯の明滅信号が交されていたが、あとは無気味にしんとしてきた。

中隊長は窪地に集合して、各小隊に人員点呼を命じた。指揮班、第二小隊、第三小隊からは相次いで「異状なし」と報告が来たが、なぜか第一小隊は手間取った。中隊長は苛立った。ついに、

「第一小隊どうした」

と怒鳴った。第一小隊長野地少尉は、兵一名不明と報告して来た。

その兵は二等兵志村菊次郎であった。演習中第一小隊長が、陣地構築の状況を報告のため、中隊長の許に差し出した伝令であった。誰もが、帰隊途中、今の実弾にやられたのではないかと心配した。特に小隊長野地少尉は、夜間の伝令は通常二名出すという、陣中要務令の原則によらなかったので、自責の念にかられて、自ら捜索に出かけた。

清水中隊長は、志村二等兵の捜索を続ける一方、急を豊台駐屯隊にある大隊長に報告すべきであると判断した。岩谷兵治曹長に伝令一名（内田市太郎二等兵）を付して乗馬で出発を命じた。岩谷曹長は途中一文字山の東側を横切った。中隊長より、

「一文字山には敵がいるかもわからんぞ」

と注意を受けただけに、無事一文字山を通過した時はホッとした。あとは楊樹の道であった。一刻も早くと、支那馬に何度か拍車を加えた。

清水中隊長は苦慮した。大隊長出動後は、その命令指示によって行動すればよいが、それまでは、自分の責任によって、状況を判断し、決心し、処置をしていかねばならなかった。まず、進むべきか、退くべきかの問題があった。進むといっても、装備は平常の通りであった。わずかに警備用弾薬を各自三十発宛携行しているに過ぎなかった。応戦する力はなかった。さりとて証拠

も掘らずに退ってよいか。指揮官として、後世に恥を残したくはなかった。といって、独断戦闘を開始する決断はむずかしかった。装備から見た勝敗よりも、当時北支における駐屯軍の立場を考えねばならなかった。岩谷曹長等の伝令は、無事任務を果たしてくれたであろうか。無事大隊長に報告したとしても、大隊主力の到着には時間がかかるであろう。その間いかになすべきであろうか。何をなさねばならないであろうか。歴戦の雄とはいえ中隊長の心は千々に乱れた。

かくて中隊長は次の通り決心した。

「中隊の完全掌握」

「出動するであろう大隊本部との連繋」

「証拠物件獲得のための敵情捜索」

その頃行方不明の志村二等兵は発見せられた。前記の通り演習中伝令に出て、演習中止後小隊が移動したために、道に迷ったという。

今までは、真剣な訓練とはいえ演習であった。今や実戦である。いつどこより襲撃を受けるかわからない。中隊は集結を完了後、出動するであろう、大隊との連繋を取るために左右に尖兵を出して西五里店に向かった。当時尖兵長として右翼を進んだ石川分隊長は、その手記中において次のように語っている。

「敵の動きは全然わからない。大隊本部へ出された伝令は無事着いたであろうか。帰りが遅い。

途中やられたのではなかろうか。左右に、小さい音にも気をくばりながら鉄道線路沿いに進んだ。人の声が聞えた。敵か味方か。低地に身を伏せて動静を覗った。銃持つ手にはおのずと力が入った。靴音の主は日本軍であった。一文字山の敵情偵察に出た七中隊の斥候であった。中隊の伝令は無事着いていた。出動した大隊主力は西五里店に集結中と知った。勇気百倍とはまさにこの時のことであった」

暗中斥候の心細さ、友軍来るの報に勇躍した気持は、陣中勤務の経験ある者には、よく理解できるのであった。

第三の処置である敵情偵察については、中隊長自ら竜王廟に赴いたほか、三組の下士官斥候を堤防線上に出した。その内の一人であった第一小隊の先任分隊長佐藤一男軍曹の手記によれば、

「私たち斥候長に与えられた任務は〝敵情、特にその数、行動〟の偵察にあったが、証拠物件の獲得は困難と思われるので、不用意に接近し不覚を取らざるように注意し、また長時間にならないよう、適当な時機に引き揚げるようにとの指示が付け加えられた。

帰隊した三斥候長の報告を要約すると大体次の通りであった。

「一、暗夜で兵力の確認はできなかった。

二、兵力の移動が行なわれていて、特に拠点に増加している模様で、上官の命令、号令らしい声も時々聞えた。

三、工事をしているらしく、器具使用の音がしていた」

と述べている。

清水中隊長は手兵を連れて竜王廟に向かった。捕虜を得て交渉の資にしようと思ったのである。しかし、あまりに接近して多数の中国兵に会い「甚麼（なんだ）、甚麼（なんだ）」と近寄られた。反対に生捕されそうになった。とっさに、「日本兵が一人いなくなった。こちらにこなかったか」と怪しげな中国語で切り抜けたという。

一方大隊長は明朝八中隊の演習視察の予定であった。仮宿舎に帰るとすぐ入浴して就寝しようとしていた。果に蹄鉄の音が激しく止まった。時ならぬ時刻、変事が予感された。

「どうした」

と玄関に岩谷曹長を迎えて、

「射撃を受け兵一名行方不明」

との要旨とその詳報を聞いた。

それからの大隊長は鬼神の如くであった。はじめて非常用の半鐘が叩かれた。連隊長への報告、本部書記を叱咤して警備呼集の発令、残留守備小隊長に山田准尉を任命、機関銃、歩兵砲隊の編成を命令して、後の指揮を先任中隊長の中島大尉に頼んで、

「予は西五里店に先行せんとす」

と通信班長小岩井中尉を従えて愛馬を走らせた。その夜大隊の通訳が私用で外出し不在であったため、憲兵分駐所の通訳を貸せということになったのである。

岩谷曹長は報告を終わると、また八中隊の位置に引き返した。第八中隊が大隊主力に合流のために西五里店に後退したのを知らなかった。大瓦窑部落より竜王廟にわたる一帯を捜すうちに射たれたのである（後述、同行の伝令内田一等兵の手記参照）。

私は幹部の集まっている一文字山の陣地で、棗の灌木を避けながら横になって、以上のような詳細の状況を聞いた。午前四時頃、

「大隊長殿、連隊長殿より電話です」

と伝令が伝えて来た。大隊出動とともに、通信班は電話線一回線を構成したが、線が足りなくて、西五里店までしか届かなかった。大隊長は馬に一鞭当てて一文字山を降りていった。留守中各中銃隊長の雑談がはじまった。

穂積大尉「やる気か、やらぬ気か、また交渉で終わりだろう」

安達大尉「当番のいいようが悪いので、火災呼集と聞き違えたよ」

穂積大尉「昨年七がやり、今年八、来年九で本物となるか」

一同「ワッハーハー」

などと、未曽有の大戦争に繋る事件発生の数十分前とは思えない状景であった。

初弾

事件発端の地，竜王廟

夜明けが近づいてきた。ぼんやりながら視界が開けた。久保田歩兵隊長から、
「君！　あれが竜王廟だよ。橋から約千メートルだ」
と教えられた。数回の蘆溝橋行にも気づかない廟であった。
右前方には、楊樹の森に赤い屋根が見えた。後に戦闘指令所となった、平漢線の蘆溝橋駅であった。

ところへ、北京街道を駆足で走らせて帰る大隊長の勇姿が払暁の光りに浮んだ。一同は結果いかにと、固唾をのんで待った。

一文字山中腹に、愛馬を乗り棄てた大隊長は山に登りながら、

「おい、大隊は前進だ。歩兵砲準備は良いか」

激しい口調でいった。大隊長の決心は聞くまでもなかった。

各中隊長が集められた。

大隊長が夜明けを待って、蘆溝橋城に入城して交渉する。以後その結果によって処置したいと思っていたが、三時半三度撃たれたと報告したところ、牟田口連隊長は熟考の末、

「中国軍が撃ってきたならば応戦してよろしい」

と裁断した。

57

大隊長は連隊長の裁断に満足であった。ところが、帰途、事件を運命づけたといってよい人に出会った。もし、大隊長がこの人に出会わなかったならば、おそらく、事件は別の展開を見たであろう。

無論当時の客観状勢より見て、戦争が起こらなかったであろうとは断定できないが、戦争は別の形で発生し、別の形で発展したものと思う。

その人は二十九軍顧問の桜井少佐であった。桜井少佐は事件の報に接するや、上司の命令によって、要人に事情を正しく認識させようとして、責任者である副軍長兼北京市長秦徳純等と折衝の末日中双方の代表者を現地に派遣して、事件の局地解決、拡大防止に尽すため、蘆溝橋城内に急行の途中であった。大隊長には前年起きた豊台事件の際、桜井少佐などの二十九軍顧問団に慰撫された辛い思い出があったので、悪い奴に出会ったと思った。ここは先手を打つべきだと判断した。

「今年は止めても駄目ですよ」

といった。

たった今、連隊長の同意を得たばかりの大隊長は強気であった。桜井顧問は、

「わかった。馮治安に交渉したところ『自分の部下は城外に出ていない。もし城外にいたとすれば、それは匪賊である。勝手にしてくれ。蘆溝橋城内よりは絶対に撃たないから、日本軍も、蘆溝橋城を攻撃しないでほしい』といった」

と事情を説明した。

大隊長は、この話を聞いて興奮した。全身の血が逆流した。昨夜来、明白に、三回も発砲している。なんたる詭弁、大隊長は咄嗟に、

「この匪賊撃つべし」

と決心した。

大隊長は以上の経過を述べたあと、

「大隊はただちに攻撃前進を開始する。各中銃隊長は堤防線上に敵兵を発見したならば、ただちに報告せよ。歩兵砲は、敵兵発見の報告が入り次第、堤防線上を射撃できるように、準備せよ。堤防線上に敵兵の死体を残して、交渉の資料にするのだ」

と決心を述べて展開命令を下した。

各中銃隊長は、それぞれ部下小隊長、分隊長を集めて大隊命令を伝えた。各中銃隊長より「準備完了」の報告は次々に入った。

大隊長愛用の、白毛の鞭が大きく弧を描いて振られた。前進の合図であった。大隊は一文字山の全稜線より一斉に駆け降りた。

時に、午前五時十分であった。

【註一】大隊長ハ匪賊云々ヲ、馮治安ノ言葉トシテ中銃隊長ニ説明シタ。私モ確カニソウ聞イタガ、昭和

初弾　59

十三年七月、朝日新聞主催ノ事件一周年記念座談会ノ席上、大隊長ガ再ビ馮治安ト発表シタトコロ、桜井少佐ガ「ソレハ秦徳純ノ誤リデス」ト訂正シテイル。特務機関等ガ中国軍側ト折衝ノ時ニ、馮治安ハアマリ矢表ニ立ッテイナイヨウデアッタカラ、大隊長ノ聞キ違イト思ウ。

【註二】　連隊長ガ大隊長ニ対シテ攻撃ヲ許可シタ点ニツイテ、戦闘詳報等ノ公式書類デハ、大隊長ガ現地（西五里店）ヨリ報告ノ際、四時三十分命令シタト残サレテイル。私ガ大隊長ヨリ聞イタ言葉ハ、

「中国軍ガ撃ッテ来タナラバ撃ッテヨイ」

デアッタ。今ヨリ考エルト、コノ言葉ハ、

「大隊出動後、三度目ノ発砲ヲシタカラ撃ッテヨイ」

「コレカラ撃タレタナラバ、撃ッテヨイ」

ノ二様ニ解スルコトガデキルヨウデアルガ、当時私ハ後者ノ意味ニ取ッタ。後デ述ベル事情ト合ワセ考エル時ニ、ソウ解セラレタノデアル。

後ニ大隊長ハ、当時ノ心境ニツイテ、「堤防上ニ中国軍ハ配備シテイナイ。イタナラバ匪賊デアルト言明シテイルカラ、コレヲ攻撃シテモ、中国軍側ガ異議ヲハサム余地ハナイト思ッタ。タダシマッタト思ッタコトハ、中国軍ガ桜井顧問ヨリ日本軍ガ堤防攻撃ノ話ヲ聞イテ引キ揚ゲラレテハ困ル。早クシナケレバト焦ッタ」ト語ッテイル。

【註三】　一木大隊長ニ第一報ヲ報告ニ帰ッタ岩谷曹長ハ、同月二十八日南苑ノ戦闘ニオイテ戦死シタ。マタ行方不明ヲ伝エラレタ志村二等兵（関東出身）ニ当時ノ状況ヲ聴取デキタナラバ、事件解明ノタメニ、好資料ヲ得ルコトガデキルト思ワレルガ、前記佐藤分隊長ノ記憶ニヨレバ、〝ビルマ〟作戦ニ参加シテ戦死シタ模様デアル。

大隊主力は一文字山を降りて砂取場に入った。砂を取った後の窪地が、深く浅く、大きく小さくさまざまな形をしていた。その間に掘り上げた砂土の小山もあった。月面を思わせるような凸凹の地形であった。私は大隊長に遅れじと、この不整地を走った。

前進約四百メートル、竜王廟を包囲するように進んでいた右第一線の第八中隊より、敵兵発見の報告が来た。大隊長は攻撃前進の停止を命ずると共に、一文字山に満を持している久保田歩兵砲隊長に射撃を命じた。

大隊長は付近の兵隊に、

「歩兵砲の実弾射撃だ。よく見ておれ」

と平素の余裕ある態度を見せた。

私たちは、いつ一文字山より火を吹くかと、後方の山を見、前方の堤防を見た。もう肉眼でも堤防線上の中国兵が見えた。が、いつまで待っても、第一弾は発せられなかった。大隊長はまたいらいらした。

「歩兵砲隊長！　何をぼやぼやしている」

と後方に怒鳴った。伝令が一文字山に走った。そこへ大隊副官の荒田中尉がやって来た。前夜所用のため北京にいっていた同中尉は、駐屯隊に立ち寄らず駆けつけたらしく、平装に軍帽という姿で戦場に現れた。

「森田中佐殿がおいでになって、射撃中止を命ぜられています。そして、大隊長殿に一文字山に帰るようにとのことです」

と伝えた。

大隊長は怒った。

「第一線の指揮官に、後方に戻れとは何事だ。用事があれば、第一線に来るべきだ」

頑として応じそうになかった。そして、

「今の中に、携帯口糧を使用せよ」

と命じた。

携帯口糧は各自携行しているが、勝手に食べてよいものではなかった。使用を命令された時に限る。これが陣中軍規であった。携行食を用意してこなかった私は、本部付下士官に数片の固パンを貰って食べた。大隊長の水筒は白湯であった。私は妻の心尽しの茶を勧めた。

北京憲兵分隊長赤藤少佐も、森田中佐等と一文字山に出動中と聞いて、現在までの状況報告のため、三橋上等兵に一文字山へ引き返してもらった。

写真狂の倉本軍医は、しきりにシャッターを切っていた。しかしこの写真機はあとで永定河渡河中、迫撃砲弾の破片に当たってこわれたそうである。

森田中佐はなぜ射撃中止を命じたのであろうか。ここで事件発生当夜の、北京日本軍の動静に触れておく。

前述したように、北京には駐屯軍旅団司令部があり、河辺少将が旅団長であった。事件当時河辺旅団長は天津第二連隊の中隊教練検閲視察のために、秦皇島西方の南大寺に出張中で、牟田口連隊長が警備司令官代理として留守をあずかっていた。

牟田口連隊長は一木大隊長の報告を受けて、関係機関に報告、通報をしたが、当面の最高責任者として、慎重にならざるを得なかった。青年将校のように、猪突猛進はできなかった。一木大隊長に一文字山占領を命令したあと、連隊付森田中佐を呼び現地に急行、一木大隊を指揮し、実情調査をするように命じた。そして、

「一木大隊長は、夜明けと共に盧溝橋城に入城して交渉する企図を持って、目下一文字山を占領し、中国軍の動静監視中である。盧溝橋城入城の兵力は、一個中隊に機関銃一個小隊を付し、他の大隊主力は戦備を整えて、盧溝橋駅付近に集中待機せしめ、事に当たっては、無用の摩擦を起

こさないよう慎重にし、必要に応じ、断乎たる処置を取れと注意を付加せられた。時午前二時」
と記録されている。

森田中佐の脳裡には、この注意が深く刻まれていた。そして、あとで、連隊長が一木大隊長に、

「撃たれたら撃ってよい」

と命令されたことを知らなかったのである。

牟田口連隊長は、森田中佐を一木大隊長の留め役として、一文字山に派遣したが、同行の特務機関補佐官寺平大尉にソッと、

「森田君は君も承知のように、上海事件当時爆弾三勇士を出した部隊の指揮官だ。十分手綱を締めてくれ」

と留め男の監視役を頼まれたそうである。

現地解決の命令を受けて、どうしてこの責務を果たそうかと、その方策を思案中の寺平大尉は、

「厄介な人間と一緒になったものだ」

と心中辟易したと、当時を述懐して笑って話された。牟田口連隊長の慎重な配慮、射撃中止を命じた勇猛森田中佐の心中は、共に日本軍が、事を構えようとしたものでない証拠となる裏話として面白い。

森田中佐が一文字山に到着した時、歩兵砲弾はまさに装填されようとしていた。連隊長が慎重

を期せよといったのは、こうした事態を恐れてのことだと思った。大声で歩兵砲隊長久保田大尉に対して、

「装塡禁止。撃ってはならぬ」

と命じた

歩兵砲隊長は、大隊長より、

「撃て」

と催促されている。いずれに忠たるべきか進退に窮した。しかし、森田中佐は上官であっても直属上官ではない。命令権を持つ大隊長の命令に従うべきだと、意を決して部下に装塡を命じ「撃て」と号令を下した。

森田中佐はついに銃身の前に立った。これ以外に、射撃を阻止する道はなかった。歩兵砲隊長も、この捨身の阻止に抗することはできなかった。

かくて、その時、歩兵砲の砲身は汚されなかった。

【註】 森田中佐阻止ノ状況ハ、数日後赤藤分隊長ヨリ聴取シタモノデアル。

こうした事情で攻撃中止を余儀なくせられて、今後の作戦を黙考中であった大隊長の側には、小岩井、荒田両青年将校がいた。大隊長に対して、

「攻撃前進を開始しましょう。前進したら撃つでしょう。撃たれたら撃ちましょう」

と進言した。大隊長は、

「よし。それだ」

即座に同意して、休憩中の部隊に前進準備を命じた。

坐って携帯口糧を食べながら、どうなるものかと、臆測の雑談を交していた兵隊は一斉に立って軍装を整えた。この気色は敏感に中国軍に伝わったらしい。第八中隊の正面がまず銃撃を受けた。右第一線中隊として、竜王廟を包囲の態勢にあった八中隊は、昨夜来四度目の射撃を受けた、運命の中隊であった。

大隊長はついに、

「撃てー」

と信念ある命令を下した。攻撃前進のラッパは蘆溝橋の原野に響き、全軍に伝えられた。時に午前五時半、東天にはまさに朝日が昇らんとしていた。

清水大尉の公にされた手記および当時第八中隊第一小隊の分隊長としてこの戦闘に参加の佐藤、石川両分隊長の手記によると、

大隊の右第一線であった第八中隊は、敵の左翼を包囲するごとく、竜王廟北側五百メートルに到着した時に、堤防上に二十九軍の正規兵を認めた。中隊長は部隊を停止すると共に大隊長に報告した。この間前記のように、森田中佐の射撃中止の命令があって中断したが、中隊長はこの停

止中、以後敵兵包囲のため中洲に進出する場合を考慮して、岩谷曹長、石川分隊長に永定河の水深を測るよう命令した。岩谷曹長からは、水深八十センチ徒渉は容易でないと報告された。石川分隊長はまだ河中にいる間に戦闘がはじまった。

前進再開の命令によって、第八中隊が行動に移ろうとした時に、中国軍将校が何か手を挙げながらトーチカに入った。その瞬間、チェッコ銃が火を吹いた。中隊はあわてて着剣ただちに応戦し全大隊進撃の切っかけを作った。石川分隊長は河中にあってその状況を目撃し、急いで堤防に登り攻撃に加わった。

日本軍は前進前進また前進。歩兵の歌のごとく、演習に似た早さで、堤防線上に向かって肉迫した。約一千メートルにわたって展開した日本軍の攻撃は勇壮であった。中国軍もまた日本軍を迎えて撃った。一文字山の歩兵砲も、友軍援護の火蓋を切った。「ドーン」「ススー」「ダアーン」と頭上を飛び、堤防上に炸裂した。森田中佐も、「もうここまで」と制止を断念したのだ。

竜王廟および堤防線上の中国軍は、蘆溝橋に向かって敗走した。日本軍は野地少尉を先頭に、また一列となって進撃した。混戦となったため一文字山の歩兵砲は砲撃が困難となった。野地少尉は細田一等兵（数分後に戦死）に標識を命じた。細田一等兵はとっさの機転で、歩兵銃の棚杖にハンカチを結んで友軍を標示した。白馬を走らせている将校があった。時代劇の一シーンを見るようであった。両軍の撃ち合っている真ん中である。気が狂ったのかとさえ思えた。あとで聞

（十三）卢沟桥事件解析

资料名称：第一線見証蘆溝橋事件·解析

资料出处：寺田浄《第一線見証蘆溝橋事件》，中央公論事業1970年版，第117—137頁。

资料解说：本资料是对卢沟桥事变的详细解析。作者利用事变当事人回忆与媒体对事变的报道与记录，强调卢沟桥事变系中国军队向演习日军开枪所引起，但作者也承认，即便如此，这也不过是卢沟桥事变的直接原因，事变的根本原因在于日本不断加剧对中国的侵略。此外，还对日本当局在卢沟桥事变发生后的对应及「不扩大」政策进行了解析。

解析

蘆溝橋事件については、いろいろな人が、それぞれの立場で書いている。多くの人によって書かれていることは、蘆溝橋事件の持つ意味の重大性を認めている人の多いことを示し、同時に特効薬のような決定説のないことを意味するものであると思う。

真実は一つであるはずであるが、事件の捉え方に大きい差のあることに驚かざるを得ない。筆者の思想的立場、見た角度、素材の出所の差から来たものであろうが、緒言で触れたように〃真実の歴史〃を伝えることのむずかしさを痛感せずにはいられない。そしてこれらの人が、結論や判定を下す前に、どの程度調査せられたのであろうかと、疑問を持たざるを得ない。

私は、私の体験を基礎として、私と同じように実際の戦闘に参加した人たちの見聞や、当時の客観状勢を加味して、私なりに、事件の解明を試みたいと思うが、その前提として、私の目に触れた事件記の二、三を紹介したいと思う。

歴史学研究会編『太平洋戦争史』二巻「中日戦争」の百六頁に、

117

「三十七年七月七日の夜、北京西南部豊台に駐屯している日本軍は、中国軍の駐屯する蘆溝橋まぢかの竜王廟付近で、示威的夜間演習をしていた。緊張した事態の続いていた華北の情勢の中で、夜間まで、武装して行動することは、事件の勃発を予想しない方が無理であった。蘆溝橋の中国軍は備を固めただけで、厳命によって、一歩も城門を出なかったが、日本軍はことさらに、中国軍に対して挑発的な演習計画を立てていた。演習の終了まぎわに、日本軍の頭上を一発小銃弾が通過したと、演習部隊は主張している。銃声を聞いた隊長は、ただちに部下を点検したが、一名は行方不明であった。これが日本軍の宛平県城進入の要求であった。だが右の兵は生理的要求のため、隊伍を離れていたに過ぎなかった。

豊台駐屯の日本軍連隊長牟田口廉也大佐は、この事件を口実に、蘆溝橋の駐屯軍に対して無条件に即刻県城明渡しを要求、回答のないままただちに総攻撃を開始し、翌八日蘆溝橋、竜王廟などを占領、北京から天津、保定方面への連絡の要地である永定河の左岸一帯を制圧した」

【註】「示威的夜間演習、武装シテ行動」ハ曲解デアル。「中国軍ハ厳命ニヨッテ一歩モ城門ヲ出ナカッタ」コレガ事実デナイコトハ今マデ記述シタ通リデアル。筆者ハ何ヲ根拠ニコノヨウナ断定ヲシタノデアロウカ。蘆溝橋駐屯軍ニ対シ即刻明渡シヲ要求、回答ノナイママ総攻撃ヲ開始云々モ間違ッテイル。

米国人デビット・アレー博士の『太平洋戦争への道程』の訳書二十五頁に、

「一九三七年七月七日夜、蘆溝橋付近において、日本軍は夜間演習を行なっていた。午後十一時

118

四十分数発の銃声がきこえた。非常呼集によって、一人の兵士がいないことが判明し、日本の指揮官は行方不明の兵を捜すため、宛平県城の捜索を要求した。これを拒否されるとこぜり合いが続き、翌日、日本の指揮官は、市の明渡しを要求する最後通牒を発した。七月九日、両軍は停戦に同意したが、わずか二時間後これも破られた」

【註】コノ時モ、行方不明ノ兵士ヲ捜スタメニ、宛平県城ノ捜索要求云々ト書イテイルガ、当夜、演習指揮官清水中隊長、急ヲ聞イテ出動シタ一木大隊長モ、宛平県城捜索ノ要求ヲシタ事実ハナイ。

発砲ノ事情、発砲ノ先後ニツイテハ、全然触レテイナイガ、発砲ノ時刻ヲ十一時四十分トシテイル。日本軍ノ公式記録ハ十時四十分デアル。出動時間ヨリ逆算シ、伝令ノ要シタ時間等ヲ考慮シタ時ニ、ヤハリ公式記録ノ通リ十時四十分デアッタト思ウ。

昭和三十八年六月四日の『中国新聞』に連載されている、立野信之の「昭和軍閥」では三百三十九回〃運命の蘆溝橋事件〃の標題下に、

「七月七日夕刻、蘆溝橋付近で日本軍が演習中、ひとりの兵士がゆくえ不明となった。日本軍は付近を捜索したが見当たらないので、テッキリ宋哲元の二十九軍に拉致されたものと思い、その夜宋哲元の駐屯する宛平県城に、将校に引率された日本軍の一隊がやってきて、

『日本軍の演習中、ひとりの兵士がゆくえ不明となった。これは第二十九軍がラ致してこの県城内に監禁していると思われる節もあるので、城内の捜索方を許可されたい』

と要求した。

県長はそれでなくともうるさい日本軍を城内に入れることは、また何かのいいがかりをつけられるモトとなるので、日本軍の要求を拒絶した。城内の保安隊も日本軍の行動を制御する態勢に出た。

そうして双方対峙しているうちに、どちらからともなく銃声が起こり、優雅な古都宛平県城は、日本軍の砲撃でたちまち破壊されたのだった。

この場合、どちらが先に発砲したかは問題ではない」（以下略）

【註】ココニモ全然事実ノナカッタ「城内ノ捜索要求云々」ト書カレテイル。恐ウニコレラ記述ガ一致シテイルノハ、ソノ源泉ヲ東京裁判ニオケル秦徳純ノ証言ヲ引用シテイルタメデアロウ。アノ態勢ニオイテ、中隊長ガ独断デソノヨウナ処置ガ取レルモノデハナイ。血気ノ若者ガ、決死ノ覚悟デナケレバデキナカッタデアロウ。行方不明者ノ出ル前ニ発砲ガアッタノデアルガ、筆者ハ「双方対峙シテイルウチニ、ドチラカラトモナク銃声ガ起コリ」トアイマイニシテイル。古都宛平県城ハタチマチ破壊トアルガ、日本軍ガ当時持ッテイタノハ歩兵砲ノミデアッタ。頑丈ナ城壁ガソンナニ簡単ニコワレルモノデハナイ。清水中隊ハ全面攻撃ニ至ルマデ一発ノ実砲モ発シテハイナカッタ。ドチラガ先ニ発砲シタカハ問題デハナイトシテイルガ、ソレデハ歴史デナイト思ウ。「宋哲元ノ駐屯スル宛平県城」モ、宋哲元ノ隷下部隊ガ駐屯シテイタノデアル。

四十一年七月三日付『毎日新聞』に、北京特派員高田富佐雄記の「盧溝橋」の一文中、

「記録のとおり盧溝橋北方約一キロの地点だが、廟などといった建物はなく、明代に立てられた

治水工事の記念碑が二つ並んでいるだけである。ここがそうだといわなければ気のつきようもない。

しかし、石碑の裏側をのぞきこんだとたん、私は思わずハッとした。赤黒い金属の焼け跡を残した弾痕が、白い碑石のハダにめりこんでいるのだ。大小合わせて十近い。石碑は川に向けられており、裏側は東、つまり日本軍の演習している方向である。

【註】筆者ハ石碑ノ弾痕ヲ見テ、暗ニ、日本軍ガ挑発シタ証拠ヲ見タヨウニ述ベテイルガ、竜王廟ヲ中心トシタ戦闘ガ何回モ行ナワレタ事実ヲゴ存ジナイヨウデアル。

青木得三著『太平洋前史』二巻「第十一篇日華事変第一章蘆溝橋事件の勃発」の条は、東京裁判における秦徳純の証言が中心となっている。

【註】日本軍側ノ立場ヤ主張トノ対照検討ガナサレテイナイ。コレガ歴史トイエルデアロウカ。真実性ニ疑問ノ持タレルトコロデアル。

世界文化社発行『日本歴史シリーズ』第二十一巻「太平洋戦争」の百三十三頁には、

「七月十日（七日であった。歴史書として重大な誤りである）日本の支那駐屯軍（天津軍）のある中隊が、北京の南西郊外にある、かつてマルコポーロも渡ったといわれる蘆溝橋付近で夜間演習中、宋哲元の率いる第二十九軍の一部隊と衝突した。事変の口実となった最初の数発の実弾射撃が、どういう意図で、どの側から発せられたかという点については、諸説があって、今日もなお謎に包まれている。だが、実はそれはどうでもよい。それより大切なのは当時の現地の日中関係が、マッチ一本すっても爆発するような〝一触即発〟の状態になっていたことである」

【註】 編集ノ性格上、黒白ノ解明ニ触レテイナイノハ止ムヲ得ナイ。シカシ、問題ノ核心ヲ当時ノ客観状勢ニスリカエヨウトシタ歴史家ノ態度ニハ同意デキナイ。

森正蔵著『旋風二十年』には前記立野信之著「昭和軍閥」中にある〝将校に引率されて一隊がやって来て……城内の捜索を要求〟云々のあとに、

「一発の銃声がたとえそれが実弾であるにせよ、ないにせよ、どちら側から最初に発砲されたということでなく、どちらが先に戦争の口実を得たかにある」

【註】 異ナッタ人ノ書カレタモノニ、全然同ジ文ガアルノハ不思議デアル。出所ガ同一ト見ルベキデアロウカ。

マタ暗ニ、日本軍ガ戦端ノ口実ヲ得ルタメニ、発砲問題ヲ持チ出シタカノヨウニ、結論シテイル。事実調査ニ根拠ヲオカナイ推論トイウホカハナイ。

以上の如く真実をかなり曲げた記録が、私のような無名の者でなくて、有名な人によって残されている。実際に戦闘に参加した者の立場から、事件の原因、拡大の要因について、考察を加えて見たいと思う。

一　事件の直接原因

事件の直接原因である発砲については、多くの軍誹謗記事や、東京裁判における中国要人の証

122

言等にかかわらず、中国軍側より発せられたものであることを確信する。一回目と二回目の発砲については、直接聞いていないが、事件後三時間、関係者がまだ興奮状態にあって――作為を考える余裕のない時期に、生々しい言葉として聞いた。またこの記録作成に当たり証言を得るために、当時の関係者に照会した結果、本文にて紹介の通り、当時第八中隊の分隊長として活躍せられた、佐藤、石川両氏の手記中にも、明白にされている。

三回目の発砲――これは大隊長、連隊長の情況判断、決心に重大な影響を与えたが、私の耳が直接聞いた。当時日本軍は一文字山に布陣していたが、一文字山より発せられた事実は全くない。隊より離れていたのは、急を大隊長に報告に帰った岩谷曹長と伝令のみであった。彼の独断で発砲したということは到底考えられない。彼が大隊長に対して、

「中隊の旧位置に帰ろうとして射撃を受けました」

と報告した時の真剣な態度が、今も強く印象に残っている私は、かねがね彼の報告を信じていたが、岩谷曹長と同行した伝令の内田市太郎氏の証言を得て確認することができた。

内田氏の手記によると、私たちは中隊はまだ元の位置にいるものの思い、中隊を探しているうちに中国兵より射撃され、二人共無事であったが、馬の手綱を抜かれた。黎明と共に日本軍が前進を開始しようとした時の発砲も――日本軍側に挑発のうらみはあったとしても――中国軍側より発せられたことは、私の確認したところであり、前記佐藤、石川両氏も精細に当時のことを物

語っている。

日本軍――第八中隊または豊台駐屯隊以外の、たとえば、ある機関の謀略なりとするには、諸事余りにも、不用意、不手際というほかはない。次の計画が全然なされていなかった。軍司令官は危篤（事件数日後に死亡）、旅団長は天津第二連隊の検閲視察のため南大寺に出張不在、北京駐屯部隊の主力第一大隊は通州に野営中で、北京には小部隊が残っているだけであった。当の八中隊も、わずか三十発の封印した警備弾薬を携行しているほかは、演習の服装で、鉄帽もかぶらず、食糧の用意もしていなかった。通信班は一文字山まで架設する電線すら不足していた。

事件前の流言、事件発生後の不拡大阻止のために、第三者の工作の加えられたことは、当時事件に関心を持った人たちに認められているところである。しかし、第一弾が第三者によってなされたことは、当時彼我配備の位置等より判断して不可能ではないが、否定的とならざるを得ない。なぜならば、当夜日本軍の中隊本部と、中国軍のいた堤防線上とは、五百メートルあまりであったと思う。その中間にあって、日本軍に向って発砲したとは考えられないからである。

かくて最初に断定したように、初弾は中国軍より発せられたことには確信ができる。ただ、この第一弾が上官の命令によって、なされたものであるかどうかを断定することは困難である。しかし、少なくとも、営長（大隊長）以上の命令ではないと思われる。寺平大尉より聞いた事件発生日における彼の態度、特に射撃中止のために、身を挺していたという彼の行動より見ても推察できる。ただし途中を経由せずに、直接連長（中隊長）以下に命令し、あるいは第三者の教唆によって、ある兵が故意に放したのではないかということは、可能性として、あるいは疑うべき点としては考えられるが、これも立証する資料を持たない。おそらくは、最も常識的な真実性として考えられることは、臆病な兵隊が、無意識に引鉄に触れたために起こした、暴発事故に近いものではなかったかと思われる。戦場特に夜間の陣中勤務に経験のある者であれば、この危険性や可能性は理解できると思う。寺平大尉もまた謎をこう説いておられる。これとても、当時この第一発を放った者、またはその隣兵が現在生存していて、今だからと真実を語らない限り、ほんとうに永遠の謎となるであろう。

問題ただここで問題として考えられることは、なぜ中国軍は夜間配備についていたかということである。日本軍は豊台に駐屯開始以来、何回となく夜間演習を行ない、空砲も使用していたが、今まで何事も起きなかった。

中国軍が配備するのは不都合だというのではない。今まで無配備でいたのに、なぜ配備するようになったかという点である。

おそらく〝日本軍は不意に進攻を計画〟云々の流言を信じて配備についていたものと推定せられる。春秋の筆法を持ってするならば、故意に、この流言を放った者こそ、団体こそ、第一発を放した人に続く直接原因者というべきであろう。

この点は蘆溝橋事件を論ずる人たちの間には全然これを無視し、あるいはこの点に触れても軽視し、それ程重大な問題としていないようであるが、私は直接原因に近いこの原因と、後で述べるように、事件の局地解決を阻止し、事件の拡大を企図した工作の二点の重要性を痛感する者である。この黒い手にこそ一番問題があると思う。

二十九軍副軍長秦徳純の東京裁判における証言中には、中国軍の発砲については触れていない。暗に日本軍のいいがかりのようにいっている。そして桜井顧問に「中国軍は蘆溝橋城外に出ていない。もしいたとするならば匪賊である。自由にしてくれ」といった点については触れていない。もし弁護人がこの事実を知っていたならば、当然、反対訊問において追及したことであろう。

【註】清水大尉ノ語ッテイル「前段ノ演習終了ヲ仮設敵ニ伝達スルタメニ、伝令ヲ派遣シタトコロ、仮設敵ガ演習上ノ敵襲ト誤認シテ、軽機ヲ発砲シタ点ニツイテ、当時ノ仮設敵司令谷辺良蔵曹長オヨビソノ隊員ノ証言ヲ得ヨウトシテ、各方面ニ照会シタガツイニ解明ヲ得ラレナカッタ。シカシ、演習前清水大尉ガ仮設敵司令ニ対シテ、

「軽機ノ空砲使用ハ、五発点射ガ原則デアルガ、今夜ハ空砲節約ノ為三発点射トセヨ」

トイッタ指示ガ守ラレテイル点ヨリ見テモ、敵襲ノ誤認ト断定シテヨイト思ウ。

二 事件の遠因

直接原因については、中国軍側の発砲を確信する私であるが、事件の遠因、背景について考える時に、日本軍側の反省すべき点を指摘せざるを得ない。

126

解析

満州事変以来一連の日本の対華政策が、彼らに対して、日本軍の侵略性を信念的にさせた。今日では、満州事変の発端となった柳条溝爆破事件は、日本軍の謀略によるものであることが周知の事実とされている。リットン卿の調査結果にかかわらず、満州における日本の行動は、列国も、中国自身も、止むを得ないものとして、積極的に阻止をしようとはしなかった。日本はここで満足すべきであった。図に乗るべきではなかった。

その後の山海関事件、関内作戦、塘沽停戦協定、梅津何応欽協定、土肥原秦徳純協定、冀東政権樹立、冀東貿易、綏遠事件等については、それぞれ日本軍側にいいぶんはあったであろう。しかし、もし、日本軍が彼らの立場であった場合を考える時に、日本軍側の強引さを思わざるを得ないであろう。

といっても〝日本軍閥のあくなき侵略〟との表現をもって責めることには、反発を感じる。列強の植民地史特に東洋に関する条を読み、現地で歴史を聞く時に、日本のやり方など、まだあまりにおとなしいと思う。英、米、西等の侵略ぶりは、そんな生やさしいものではなかった。にもかかわらず、英、米、西等の行為は侵略ではなくて、日本の行為のみ責められるのはなぜであろう。

列強の領土拡張に遅れた日本の、国力発展を一途に願った彼らの行動は——多少功名心に駆られた点はあったとしても、その心情は認めてやるべきであろう。

中国軍官民の抗日意識を煽った原因の一つに、在留邦人の言動があった。今日では対華政策失敗の原因を、軍人にのみ課されている。確かに軍人に反省を求むべき点は多い。私たち同僚中にも、唾棄すべき徒があった。在留邦人、当時は日本人であった韓国人の、日本軍の威力を利用した悪徳、私利追及の多かったことも事実である。悪徳とまでいかなくとも、放歌高吟、傍若無人の行動、中国人に対する軽侮暴行等も多かった。これらがいかに抗日意識を生みつけたかということを指摘したい。かつては軍に便乗し、戦後は軍を誹謗し、平和の愛好者であったかのように訴えているのは、自分の行動に反省のない、片腹痛い話である。

こうしたいろいろの事情で、中国人間に抗日意識が昂揚された。しかし、満州建国に酔った軍人も、在留邦人も、この変化をあまりにも、過少に評価していた。日清戦争当時植えつけられた「中国人に甘い顔は禁物、中国人支配の要諦は力だ」の考え方が修正されずにいたのである。

中国人の抗日意識は綏遠事件の有利の解決によって一層元気づけられ、西安事件後の国共合作によって不動のものとなった。蒋介石は勦共作戦を中止して、これを抗日戦へと、百八十度の転換を余儀なくされた。蒋介石の本意ではなかったであろうが世論は次第に固まっていた。中共にとっては偉大なる成果であった。蘆溝橋事件を語る上において、綏遠事件および西安事件が重視せられるべき点である。蘆溝橋事件後、その処理に当たり、駐屯軍に不拡大派の多かったのも、現地にあって、こうした風潮を肌に感じ取っていたからであろう。

次に各国の与えた影響も大きかったと思う。北支には列国の権益が錯綜していた。列国は日本の進展に対して猜疑し、阻止を期待していたと思う。私の知る限りではなかったが、各国および列国の在支外交官が手をこまね、無為無策でいたとは考えられない。謀略および植民地政策の先進国である。舞台裏において、種々画策したであろう。そして、これらが事件の発生、進展に大きい影響を与えたであろう。

三　事件を拡大した要因

以上の事情により事件の発生は止むを得なかったとしても、これを局地的に解決し、拡大を防止し得なかったのであろうか。私は中央、関東軍、駐屯軍が一体となって努力し、中国軍側もこれにこたえて誠意を披瀝したならば、可能であったと信ずる。これを不可能にした原因について探究して見ると、まず直接原因に関係するものの一つは、本文において触れたように、一時的にせよ、最初兵一名の行方不明者を出したことは不幸であった。行方不明者はあとで発見せられて、夜間行動にありふれた単なる道の迷いであった。それ自体些少な問題であったが、当初事件を実質以上に重大化したことは否定できない。私も最初電話を受けた時に、兵一名行方不明と聞いて、おそらく、敵弾によりたおれたのであろうと想像したように、大隊長も、連隊長も、旅団長も、軍司令官も、中央もこの第一報が大きく響いた。この第一報を基礎として、情況を判断し、決心し、処置をしたからである。

この第一報に基づいて、豊台駐屯部隊が出動準備をしていた時には、行方不明の兵はすでに発見せられていた。でも第一報が正しいものとして、行動が起こされていた。この偶然の起こした影響は大きかった。もし、この第一報が単に射撃を受けたという報告であったならば、別の展開を見たかもわからない。

次は一木大隊長が桜井顧問に会って、秦徳純の言葉を聞いたことである。大隊長は当初、夜明けを待って、日本軍の武威を背景に、蘆溝橋城に入城して交渉を行なう意図であった。これは、はっきりと明言されて、すでに交渉団の人選も行なっていた。ただ大隊長が交渉に臨む方針は明らかにされなかったし、その後も聞く機会を得なかったが、前年の豊台事件の例から考えて、中国軍の謝罪、責任者の処罰、そして中国軍の永定河西岸への撤退ではなかったかと思う。

この決心を変更し、永定河堤防上の中国軍を一名でも捕虜とし、あるいは殺傷して、交渉の資にしようとした。この変更された決心は、

(一) 堤防上には確かに中国軍を配置しているにもかかわらず、秦徳純は城外に部下はいないといい、もしいたならば土匪である。自由に処分してよい。

(二) 蘆溝橋城内は撃ってくれるな。中国軍も決して撃たない。

という二つの前提の上になされた。このゆえに、敵を横にして分列行進するという、戦史上まれな攻撃前進を命令したのである。無論大隊長は城内の良民を顧慮せられたことと思うが、もし大隊長が、この言葉を聞かず、あるいは聞いても、この言葉に疑いを持ち、蘆溝橋城の中国軍に警

戒心を持ったならば、おそらくこんな前進は開始しなかったであろう。

この二つのことがなかったならば、盧溝橋事件も、前年の豊台事件程度で解決を見たかもわからない。といっても、このことがなかったならば、支那事変は起こらず、したがって、大東亜戦争も起こらなかったであろうと速断することはできない。なぜならば、彼我の間に、遠因中に指摘したような事実が存在する限り、いつかは、別の形で発生し、発展を見たであろうからである。

〔事件拡大論者〕　今まで何回も触れたように、事件不拡大、局地解決のために献身した人たちがいた。しかし、不幸にも結実しなかった。これを阻害したものは、拡大論者であり、事件の発展を願う第三者であった。

事件の収拾、処理方策については、中央にも、現地にも両論があった。そのため上下の施策処理にも一貫性を欠いた。対ソ戦備に専念すべき関東軍も北支の問題に容喙し過ぎた。中国軍の内部もそうであった。現地軍双方はこの不一致のゆえに、不信と猜疑を増した。一方で和を図りながらも、一方では戦備を整えざるを得なかった。

決心は不拡大方針だが、処理は拡大方針という不一致もあった。一方の戦備増強のニュースは他方の戦備を刺激し、刺激は刺激を増し、一方の強硬論は他方に連鎖反応を起こし、局地解決を阻害した。仲裁するもの、慎重を説く者、やれやれと煽動する者等が交錯していた。現地で局地解決の兆しができたかと思うと、また新しい紛争が発生し、そして事件の本体は泥沼に深まっていって、どんな力を持ってしても、救いの道がなくなって来た。

拡大論者は中央にあり、現地にあり、関東軍、朝鮮軍にあった。いろいろな人の名前があがっているが、辻参謀の言葉を直接聞いたほかは、私に明言できる限りではなかった。もし伝えられるように、東京裁判において検事側証人として立った田中隆吉中将が綏遠事件を企画指揮し、蘆溝橋事件の拡大論者であったとするならば、真に奇怪というほかはない。私が戦犯として数多く耳にしたように、恥ずべき自己保身の策であったのであろうか。

参謀が、事実上軍や師団の推進力となっていたことは周知の通りであった。にもかかわらず、参謀の資格において、戦犯となった人は稀であった。形式的には命令者は、軍司令官であり、師団長であったからである。そして参謀は実行者でもなかったからである。かねがね、戦犯裁判において、実質的戦犯が罪を免れ、形式的命令権者や、実行者に片寄っていると思っている私は、蘆溝橋事件の拡大論者についても、同様の感を持つものである。拡大論者は、形式的命令権者には少なく、軍や師団を実質的に動かしていた中堅参謀に多かったように思う。これら拡大論者が明白にされ、筆誅が加えられるべきであると思う。

聞けば対ソ戦備に専念すべき関東軍に拡大論者が多く、当面の衝にあった支那駐屯軍に不拡大論者が多かったという。後で述べるように、駐屯軍関係者は、平素国際軍の中にあって、視野も広く常に慎重性が養われていた上に、中国軍の抗日意識昂揚を、目の当たりに見ていたからではなかろうか。その点関東軍には、満州国を強国にするために隣接北支の安全を願う気持があったほか、中国としては民度の低い東北地方であることを忘れた、軍万能の天地に満州国の実績から来る自己過信と、客観状勢変化の重要性に対する認識の差があったと思う。私も秦皇島に在駐当時、山海関で関東軍の人たちと会った時、駐屯軍と違った「鼻息の荒さ」を感じたものである。

拡大論者が責められるべきであると共に、不拡大論者や、形式上責任者の弱点も指摘せらるべきであろう。とにかく、いかなる団体、社会においても、積極論が大勢を支配する傾向がある。積極論を唱える者は、それだけに性格的強さを持っている。反対に、消極論者や、慎重論者はそれ自身弱さを持っている。世間も、積極論者に拍手を送り、消極論には人気がない。物を動かす力は、極にあって、中道にはないのである。でも、もっと世界の動向、わが国力、中国の新情勢等を大局的に判断し、一局部の事象に捉れない慎重論が欲しかったものである。

老人にとって、最も痛い事は、〃古い〃といわれることである。〃話のわかる親父〃〃進歩的といわれる人〃になりたがる。この事は今日の学生運動についてもいえることである。そのゆえに若い人たちに迎合し、内心は不本意でも同意する結果となりやすい。当時の関係指揮官中に、幕僚の拡大論者を押さえ切れない人があったとしたならば——自身が拡大論者ならば別として——これもまた責められるべきであると思う。血気にはやる人たちを説得する強さが要求されてよいと思う。

消極論で強さを見せたのは、幕末の勝海舟であった。あの猛り立っていた幕臣を押さえて、江戸城の無血開城を運んだ強さが、しみじみとわかって来た。昭和には海舟がいなかったのであろう。

もちろん、拡大論者は中国軍側にもいた。宋哲元が山東に逃避中、留守を預ったのは、副軍長秦徳純であった。彼は八万美人的であったために、日本軍側の要求と、中国軍内抗日派の主張との板挟みに会い苦慮したことが想像せられる。私の知る範囲ではなかったが、三十八師長馮治安の強さが全軍を支配していたことであろう。三十七師長張自忠は、親日的といわれていたが、全軍を説得するにはあまりにも弱かった。それに当時中国を支配していた、抗日的風潮より見ても名分に乏しかった。これに反し馮治安は、昭和九年熱河省を侵犯して関東軍に追われ、昭和十一年には豊台事件を起こして、部隊の移駐を余儀なくされている。怨み骨髄に徹していた。それだけに強かった。

【註】前掲東京裁判ノ記事ニヨルト、和知大佐ハ

「北京米国大使館付武官ヨリ、米海軍作戦部長宛ニ、"二十九軍ノ小壮将校ハ、現地協定ニ飽キ足ラズ、本十日夕七時日本軍ニ対シ、新タナ攻撃計画ヲ決定"トイウ電報ヲ傍受シタノデ、陸軍省ニ連絡シタ。陸軍省ハ現地協定成立ノ報告ヲ受ケテイタタメニ、コレヲ無視シ、現地ニモ通報シナカッタ」

ト証言シテイル。

先ニ述ベタヨウニ、コノ情報通リ夜襲ガ実施サレタ。中国軍側ニ協定違反、拡大派存在ノ証明トイウ.

134

ベキデアロウ。

〔第三者の策動〕　日本軍、中国軍（この場合第二十九軍である）以外の〝団体〟や〝力〟が加わったのではないかという点について、第一に考えられることは、事件前ひろく伝えられていた流言の出所である。日本軍側には、そういう事実の全然ないことが流布されていたことは前述した通りである。あの流言には深刻味と迫進力があった。

事件の直接原因をなした七月七日夜のことについては、第三者の工作を考える余地はないように思うが、最も強く働いたと想像されることは、事件の局地解決、不拡大方針を阻止しようとしたことである。拡大のために世論を指導し、日中両軍間の阻隔を図り、不和を醸成し、猜疑と不信とを増そうとしたことである。これには多くの事例のあったことは前述した通りである。当時ソ連は、東西において、独軍と日本軍の脅威を受けていた。東方関東軍の鋭鋒を中国に向けさすことは、願ってもないことであったはずである。紛争のあるところ、必ず為にする人の介入は今日も多くの例を見るところである。

奇怪な事に、当時特務機関の補佐官であった寺平大尉より直接聞いたところによると、七月七日の盧溝橋事件を予言した人がいたそうである。しかも、日中両軍にいたということである。

その一人は冀北辺区保安隊総司令で、かねて親日家と目されていた石友三将軍の口より出ている。すなわち、彼は七月六日の夜、今井武官の出向先を追って訪問し、倉皇として「ただいま盧溝橋で中日両軍が衝突しました」と過去形で報告に来たということである。この日これに類することは何一つ起きていなかった。七月七日に、そんな計画のあることを、どこからか入手して、その日を誤ったのか、または好意的に、警戒の必要を知らせたのであろうか。本人に情報の出所を聞くことができたならば、事件の原因究明に役立つことであろう。

もう一つは陸軍省内であったという。

「七夕の夜、華北で第二の柳条溝事件が起きる」

との流言が、北支の本舞台ではなく、海を越えて三宅坂に伝わって来たというのである。情報をもたらしたのは民間人、いわゆる支那浪人であったという。当時参謀本部作戦部長の石原将軍は心配して、課員を北支に派遣して、そんな兆候はないとの復命を受けて安心されていたという。

第三はその年六月、山東省主席韓復榘が天津軍参謀に、

「今秋北京、天津で中日両軍間に衝突がある」と予言したそうである。

【註】前掲『徳日新聞』の「蘆溝橋」ノ記事末尾ニ、毛沢東ハカッテ日本社会党ノ代表ニ、

「日本軍国主義者ハ中国ニ大キナ利益ヲモタラシタ。モシ日本ノ〝皇軍〟ガ中国ノ大半ヲ占領シナカッタナラバ、中国人民ハ団結シテ戦ウコトガデキナカッタデショウシ、中国共産党ハ権力ヲ奪取スルコトハデキナカッタカモシレマセン」

ト語ッタ。

シカシ、紅軍ノ長征ガ終ワッテ一年九ヵ月、中国共産党ガ西安事変トイウ重大ナ転機ヲツカンダ後ニ、

136

解　析

蘆溝橋事件ガ発生シタトイウタイミングニハ、歴史ニツキマトウ運命トイッタモノヲ感ジサセズニハオカナイ。

ともあれ、蘆溝橋事件は、日中両軍共、深慮遠謀に基づく〝計画的戦争〟でなかったことは断定できる。日本の拡大派といえども、今まで為し得なかった華北への進出を、この機に、軍事力によって解決を望んだ程度で、中国全土の支配を考えたのではないと思う。まして大東亜戦争にまで発展することを予想してはいなかった。いわば、大戦争を予期しないで、拡大された戦争であった。

日本人には地図でしか中国がわからなかった。中国の国土は強大であった。狭いといわれる日本でも、徒歩での制覇は容易ではない。まして、大平野、峨々たる山嶽、数億の民を持つ中国の強大さは想像外であった。一城を陥れても、次に立てこもる城があった、再起を図る城があった、近代火砲にびくともしない山河があった。拡大に踏み切った時に、中国軍は、北支に兵力集中で、手をあげるだろう。保定占領で片づこうと見くびっていた。日本軍の重大誤算であった。真に日本の敗戦は、この誤算のもとに、拡大を主張した人たちのもたらしたものというべきであろう。

（十四）卢沟桥事变中的国民政府和冀察政务委员会

资料名称：蘆溝橋事件における国民政府外交部と冀察政務委員会——外交部档案「蘆溝橋事件——本部與冀察当局商洽情形」を中心に

资料出处：服部龍二《蘆溝橋事件における国民政府外交部と冀察政務委員会——外交部档案「蘆溝橋事件——本部與冀察当局商洽情形」を中心に》，中央大学人文科学研究所 2004 年版，第 1—35 頁。

资料解说：本资料是当代日本学者汇辑的日方所翻译、整理的中方史料。史料来源于国民政府外交部档案《卢沟桥事件——本部与冀察当局商洽情形》等材料。编者按时间顺序介绍了国民政府外交部和冀察当局之间的往来电报、函件（7 月 7 日至 29 日），力图以中方史料反映事变的源起和过程。同时说明冀察政务委员会在卢沟桥事变应对中所起的作用，以及国民政府外交部相关动向。

盧溝橋事件における国民政府外交部と冀察政務委員会

——外交部档案「盧溝橋事件——本部與冀察当局商洽情形」を中心に——

服部龍二

一国の対外観や政策潮流が端的に表れるためであろうか。開戦外交の研究は、外交史のなかでも比較的に好まれる分野のようである。

開戦への道筋を追跡することは、政策決定の所在を解明することでもある。したがって、戦争責任論とも無関係ではない。論争的な領域となりやすいのも、そのためであろう。近年では、日米開戦外交におけるインテリジェンスや、日清戦争の開戦経緯などに研究の進展がみられる。[1]

それでは、日中戦争の開戦についてはどうであろうか。日中戦争の発端となった盧溝橋事件については、これまで多くの研究がなされてきた。代表的な日本の研究者としては、秦郁彦氏や安井三吉氏、江口圭一氏などを挙げられる。

秦郁彦氏の研究は広範囲に及ぶものの、とりわけ第一発を探求し、第二十九軍の中国兵による偶発的射撃と結論づけた。[2]一方の安井三吉氏は、第一発については結論を留保し、むしろ志村菊次郎二等兵の行方不明を重視するようであるが、中国では通説の日本軍謀略説には否定的である。[3]江口圭一氏も、日本軍謀略説には批判的であったが、第一発と兵一名行方不明の関連性などを考察しており、日本軍における出動目的の変化という視点を打ち出した。[4]
もっとも劉傑氏によれば、盧溝橋事件の第一発といった分析視角は、さして中国では有意義とみなされないとい
う。中国では、日本による侵略の一貫性や計画性が、当然視されるためである。[5] この点では、中国における最近の
研究でも、大きな変化はみられないようである。[6] したがって、なぜ偶発的事件が全面戦争に拡大したのかという問
題設定は、中国の研究者には、侵略を糊塗するものと映りかねない。[7] かくして、日中間における解釈の溝は、深ま
っていく感すらある。[8]

とはいえ、注目すべき動向もある。特に、史料的な発掘として、当該期の北平日本大使館記録が、台湾の雑誌に
掲載された。すなわち、蔡徳金「盧溝橋事変日誌（一九三七年七月七日—七月二十九日）」である。同稿は、和訳され
てもいる。[9] また、比較的に不足しがちな中国側の史料も、かなり公表されてきた。[10] ただし、肝心な中国側の内部
動向を示す政府文書は、十分に知られていないようである。

そこで本稿は、中華民国外交部档案庫所蔵の外交部档案「盧溝橋事件——本部與冀察当局商洽情形」（档号
012/87，原編档号 46/56）を紹介してみたい。[11] ここに記録されているのは、主として外交部と冀察政務委員会などの
往復電文である。日付でいえば、ほとんどの電報は七月中となっている。

その内容には、『革命文献』などとの重複もみられる。[12] だが、活字として刊行される際には、少なからず原文書
の情報が抜け落ちる。特に、発電の文書はどのレベルで作成され、来電がどこに回覧されたのかということは、原
文書でなければ分からない。刊行史料と原文書では、微妙に日付が異なることもある。公刊の際には、電報科によ
る付注も省略されがちである。だとすれば、原文書で逐一確認していくことも、あながち無駄ではなかろう。

— 2 —

また、外交部档案「盧溝橋事件——本部與冀察当局商洽情形」を直接に参照した研究も、皆無ではない。それでも、網羅的には使用されていないようである。(13) この史料から読み取れる中国側の動向としては、三点が重要であろう。

第一に、現地の停戦交渉における地方政権の主導性である。具体的な人名としては、第二十九軍軍長で冀察政務委員会委員長の宋哲元、第二十九軍副軍長で北平市長の秦徳純、第三十七師師長で河北省主席の馮治安、第三十八師師長で天津市長の張自忠、などである。一見したところ、地方政権は中央の意向を遵守するかにもみえる。しかし、南京の参謀本部、外交部、軍政部との往復電文から判断して、蔣介石の「主権を失わず領土を失わず」を基本方針としながらも、条件交渉は現地主導といえる。これを中央は、ほとんど追認している。そのことを端的に示すのは、七月二十二日から翌日の宋哲元―蔣介石往復電報であろう。

第二に、外交部の動向である。外交部長は王寵恵であるが、事件発生から数日の間、電文に王寵恵の署名はない。事件当初の電文には、外交部首脳として、陳介常務次長のみが記名している。この頃に王寵恵は、江西省廬山の牯嶺に宿泊していた。そこには、蔣介石が長期滞在していたのである。(14) 王寵恵が南京に到着し、その署名が最初に書き込まれるのは、七月十日であった。七月十九日には徐謨政務次長の署名が加わり、ようやく外交部長、政務次長、常務次長の三記名がそろう。

第三に、中国側の盧溝橋事件観である。これに関しては、本档案二件目の「概要」に集約される。そこでは当然ながら、中国側は盧溝橋事件の発端を日本に求めている。他方で確かに、七月十一日の停戦協定では、「藍衣社や共産党など抗日各団体の指導」が原因とされていた。しかしこれは、冀察政務委員会の面子に配慮し、妥協を容易にするための口実であろう。

むしろ本档案では、日本側の「捜索要求」が繰り返し言及されていることに注目したい。この「捜索要求」については、中国紙の誤報とする説もある。[15]だが、本档案には、日本側は失踪した兵士を城内で捜索すべく要求したとする電文が、何度も出てくる。そうした立場からすれば、「捜索要求」は事実であり、中国紙の誤報ではないことになる。

以下では、新聞記事や不明箇所などを除いて、外交部档案「盧溝橋事件——本部與冀察当局商洽情形」の主要部分を抄訳していく。一部で日付が前後するのは、原本の収録順に翻訳したためである。英文については、原文のまとした。また、档案では蘆溝橋と表記されるが、本稿では、注の書名を含めて盧溝橋で統一した。翻訳に際しては、適宜改行していく。韻字については日付に置換するが、時刻を表す十二支などについては、原文の表記を残してある。

文中には、不鮮明な箇所や略語も少なくない。そのため、思わぬ誤訳を危惧している。関係各位からの御叱正を乞う次第である。

丁紹伋駐日大使館参事官[16]から外交部、一九三五年七月二十八日十五時五分発、同日十六時〇分着（来電第六九九八四号）
南京。外交部御中。蔣大使[17]に転送されたい。
日本は総合的かつ具体的な対中政策を決定すべく、特別に外務省、大蔵省、海軍省、陸軍省で会議を開催する。

出席者は陸海軍の軍務局長、外務省東亜局長、大蔵省理財局長の四局長、および主要な課長、班長などの有力者である。その華北政策論は、二つに分かれる。第一は急進派であり、華北を傀儡国育成のための地域として、実力で政権の独立を促そうとする。第二は穏健派であり、華北を傀儡国育成のための地域とするが、実力では政権の独立を促そうとしない。おそらくは、穏健派の主張が通ることを望み得る。しかし、その具体案については、数回の会議を経て決まるであろう。

「盧溝橋事件——本部と冀察当局の内談状況」の概要[18]

(一)　事件のあらまし

（民国—訳者注）二十六年七月七日の夜に、日本駐屯軍は盧溝橋一帯で演習活動を行っていたが、日本兵が失踪したという口実により、入城して捜索しようとした。我が方としては、既に深夜であり、当地の不安を引き起こしかねないため、婉曲にこれを拒否した。日本軍は、直ちに許可しなければ、武力で解決するとした。そこで我が河北省当局は日本駐屯軍と交渉し、双方が五人ずつを派遣して、実地調査を行うことにした。翌朝五時、双方の調査員が宛平県署に到着した。依然として日本側は、入城して捜索するという意向を変えなかったが、我々は認めなかった。まさに交渉の最中で、日本軍は突如として県城に向かって攻撃し始めた。我々は正当防衛のため、やむを得ず抵抗した。以上の経緯が、戦闘の発端である。

盧溝橋事件が発生すると、北平の冀察政務委員会は日本駐屯軍と和平を交渉した。本部は指示の便宜を図り、冀察政務委員会と電報にて交渉や状況を協議し、さらに孫、楊両氏を北上させ、現地で協力せしめた。

㈡本部と冀察政務委員会の協議状況とその経過

七月八日に本部は、盧溝橋で中日両軍の間に衝突が発生したことを知り、直ちに北平の政務委員会に打電し、真相を問うた。九日に接受した返電は、日本軍が挑発した経過を詳述しており、目下、和平交渉を進めているという。本部は直ちに再度打電し、既に日本大使には口頭で抗議してあると伝えた。

九日朝に馮治安、張自忠、秦徳純などから来電があり、日本側は我が軍隊に対して盧溝橋から撤退するように要求してきたが、我々は認めなかった。本部は即座に打電し、この件で我が方には何らの責任もなく、懲罰や賠償といった一切の理不尽な要求には応じられないとした。

十日朝には、宋哲元から電報があった。それによると、日本軍は進攻してきたが成功せず、平和的解決を申し出てきたので、協議の上で三項目の規定を約し、双方とも軍事行動を止め、本来の任務に戻ることにしたという。しかし、意外にも十一日朝に秦徳純から電報があり、日本軍千余名はまたも背信し、我々に猛攻撃してきたという。本部は直ちに打電し、もし日本側が機に乗じて理不尽な要求をしてきたら、衝突を避ける方向で、中央と相談するように伝えた。

十二日以後、日本軍は援軍待ちの状態になったため、情勢が一時的に緩和した。しかし、日本軍が本国や朝鮮から続々と到着し、二十一日の午後に、再び我が宛平県城に猛攻撃を始めた。二十八日には廊坊で衝突が起こり、さらに日本軍はまた南苑を攻めた。以上が日中全面戦争の発端である。

㈢冀察政務委員会と日本駐屯軍の協議状況

七月十一日に、冀察政務委員会と日本は交渉して、以下のような三カ条を協定した。

— 6 —

(1) 二十九軍の代表は、日本軍隊に遺憾の意を表し、責任者を処分する。また、今後責任をもって、同様な事件の再発を防止すると声明する。

(2) 中国軍は、豊台の日本駐屯軍と接近しすぎて事件を起こさないように、盧溝橋城郭と龍王廟に軍を駐留せずに、保安隊で治安を維持する。

(3) 本件については、いわゆる藍衣社や共産党など、抗日各団体の指導に胚胎するところが多く、今後は対策を講じて、取り締まりを徹底する。

七月十九日、宋哲元は原籍から天津に戻ると、直ちに日本軍の香月司令官と相談したが、結果は出なかった。宋哲元は二十二日に、この三カ条の内容を蔣委員長に電報で呈示し、指示を求めた。二十三日に蔣委員長は電報を送り、「三カ条に調印したのなら中央は同意するが、未調印であれば、改正し討議すべき点がある」と返答した。しかし、これでも日本は満足せず、戦争は次第に拡大していった。

外交部から冀察政務委員会（北平）、一九三七年七月八日発（発電第六六四一八号）

即刻。冀察政務委員会御中。

日本側の情報によると、昨夜十時頃に盧溝橋で、今朝五時には長辛店で、中日の軍隊が衝突したという。真相について、直ちに外交部まで詳細に打電されたい。八日。

宋哲元（北平）から外交部、一九三七年七月九日〇時三十五分発、同日四時十五分着（来電第八八八四一号）

南京。外交部御中。密。八日の電報を謹んで拝承した。

昨晩、盧溝橋で日本軍と我が軍が衝突したのは事実である。昨夜十二時に日本の松井武官は突如我々に電話し、昨日、日本軍が盧溝橋郊外で演習していると、突然銃声が聞こえたので、直ちに軍隊を集め点呼したところ、一名足りないことに気付き、発砲は我が盧溝橋駐在軍の仕業だと疑い、発砲者が既に入城したと思われるとの理由で、入城して捜索させることを要求してきた。我々は、当時既に深夜のため、日本兵の入城は当地の不安を引き起こしかねず、我が盧溝橋城内の駐在軍は昨日城外へは出なかったとして、婉曲に拒否した。

すぐに松井から電話があり、もし我々が許可しないのであれば、直ちに武力で入城を強行するという。これと同時に我々が得た報告によれば、日本軍は県城（すなわち盧溝橋城）を既に包囲しており、前進できる態勢にあるらしい。そこで我々は再び日本側と交渉し、双方が人を派遣して調査し、衝突を抑制することにした。

早朝四時に双方から五人が宛平県署に到着し、相手方は入城して捜索すると主張したが、我々は同意しなかった。まさに交渉している最中に、県城の東門と西門の外では、日本軍が次々と大砲や機関銃で我々を射撃し始めた。当初、我が軍は平静を保ち、反撃しなかったが、日本軍の攻撃は激烈となった。我が軍は正当防衛のため、やむを得ず抵抗し、死傷者が出ないようにした。しかし、事態の拡大を防ぐため、演習部隊が本来の地点に帰還するよう全力で交渉した。相手方は、中国軍が先に撤退すれば交渉に応じると要求し、今晩を期限とした。このため、交渉は結論に至らなかった。

報告によると、相手方はさらに五、六百名を増兵し、援軍が迫ってきているという。これについては、再度、詳細な続報を通達する。宋哲元。八日戌。

付注：八日の電報とは、盧溝橋衝突事件の真相について、直ちに詳細を打電せよというものである。電報科謹注。

外交部から宋哲元、一九三七年七月九日発（発電第六六四四三号）

至急。冀察政務委員会宋委員長殿。密。盧溝橋事件に関する八日戌の電報を謹んで拝承した。昨日の午後、本部は日本大使館に口頭で抗議した。概略は以下の通りである。すなわち、報告によれば、本件で我々に責任は一切なく、明らかに日本側が挑発したものであるため、厳重に抗議する。また、すべての合法的な要求を留保すると声明する。中日関係は既に重大な局面にあり、さらに悪化させるべきではない。直ちに華北の日本駐屯軍に打電すべきであり、あらゆる軍事行動を速やかに停止し、即座に正確な事実に基づいて冀察当局と平和的解決を協議させることで、事態の拡大を回避されたい（以上である—訳者注）。

日本大使館いわく、日本側は事態を拡大するつもりはなく、軍事行動の停止という我々の要求については、直ちに駐屯軍に通知すると表明した。事態の新たな情勢に関しては、随時、電報で詳報されたい。外交部。九日。

馮治安、張自忠、秦徳純（北平）**から参謀本部、軍政部、外交部、一九三七年七月九日二時一分発、同日五時二十五分着**（来電八八八四二号）

南京。参謀本部、軍政部、外交部御中。密。

(1)夜十二時、日本軍の一中隊が盧溝橋の城外で演習していたところ、銃声が聞こえたので直ちに軍隊を集め点呼すると、一名足りなかった。(2)日本の武官松井は、銃声が盧溝橋城にて発生したと考え、軍隊を連れて入城し捜索することを要求した。(3)我が駐盧溝橋城軍は、既に深夜であり、日本軍の入城は当地の不安を引き起こしかねず、我が方の官吏と兵士はいずれも就寝しており、銃声は我々が発したものではないとして、これを拒否した。同武官は、我々が許可しなかったことで、直ちに盧溝橋城を包囲するよう日本軍に命じた。日本側との交渉を経て、双方から人を派遣して調査することにした。

(4)日本側から派遣され寺平副官佐(19)は、盧溝橋城に着いた後も、日本軍の入城と捜索に固執した。しかし、我々は許可しなかった。まさに協議の最中に、突如として東門の外で銃声が鳴り響き、さらに西門の外からも恐慌の叫び声や機関銃の音が伝わってきた。我が軍は全く反撃していなかったが、しばらくすると砲火が激しくなったので、我が軍は正当防衛のために抵抗し始めた。それにより、我が軍の死傷者は七、八十名ほどになり、相手側も死傷者を出した。(5)ここで相手方は、中国軍が盧溝橋城外に撤退することによってのみ、事態の拡大を避けられると主張した。しかし、我が方としては、国家の領土と主権に係わる問題であり、たやすく放棄できない。現在も依然として、双方は対峙している。(6)相手が再び圧迫してきた場合には、正当防衛のために、やむを得ず全力で対応する。何卒ご指導を賜りたい。今後の状況については、引き続き報告する。謹んでお知らせする。馮治安、張自忠、秦徳純。八日申印。

外交部から秦徳純、馮治安、張自忠、一九三七年七月九日発（発電第六六四五八号）

至急。即刻。北平秦市長殿。馮主席と張市長に転送されたい。各位。密。八日申の電報を謹んで拝承した。

この度は、日本軍が不当にも挑発して、重大な事態を招いたのであり、一切の責任を日本側で負うべきである。その解決方法としては、まず日本軍が先に撤退し、事変前の状態を回復すべきである。盧溝橋と宛平城は、わずかに北平に残された城門であり、この両地に以前から駐屯している中国軍は、何があっても撤退できないし、非武装地域にすべきでもない。

実際、貴電で述べられたように、国家の領土と主権に係わる問題であり、容易には放棄できない。この件で我が方には何らの責任もなく、懲罰や賠償といった一切の理不尽な要求には応じられない。本部は既に昨日、まず日本大使館に口頭で厳重に抗議し、すべての合法的な要求を留保すると伝えた。今日の午後には、日高参事官が本部を訪れた際に、本部は重ねて抗議と留保を行った。そちらでも、同様な主張をしていただきたい。既に双方は攻撃を停止し、交渉している。協議状況の詳細については、随時電報で連絡し、相談できるようにされたい。外交部。九日。

宋哲元から外交部、一九三七年七月九日二十三時十分発、七月十日一時五十六分着（来電八八八八一号）

南京。外交部御中。九日の電報を謹んで拝承した。密。

昨夜、日本軍は絶え間なく盧溝橋を猛攻したが、すべて我が軍に撃退された。夜間には、日本軍の軍事外交員が、しきりに平和的解決を我々に申し出てきた。我々は、「主権を失わず領土を失わず」という蒋委員長の勅旨に基づいて交渉した。その結論は下記の通りである。すなわち、㈠双方とも軍事行動を停止する、㈡出動した双方の部隊を元の地点に戻す、㈢盧溝橋には依然として中国軍が駐屯する、というものであった。現在、日本軍は元の地点に帰還している最中である。他の情報が入り次第、さらに続報する。ご返事申し上げる。宋哲元。九日戌政。

付注：九日の電報では、昨日の午後、本部が日本大使館に口頭で抗議したとある。電報科謹注。

外交部から宋哲元、一九三七年七月十日発（発電六六五〇二号）

冀察政務委員会宋委員長殿。密。九日戌政の電報を謹んで拝承した。

この度は、日本軍が不当にも挑発して、重大な事態を招いたのであり、すべての責任を負うべきである。何度となく本部は、日本大使館に口頭で厳重に抗議しており、あらゆる要求を留保するとも伝えた。そちらでも同様に表明し、意見の一致を示されたい。

善後会議の開始に際しては、進行状況の詳細を随時打電することで、相談していただきたい。本件の原因、我々の死傷者、一切の損害状況を速やかに調査し、交渉の材料として欲しい。また、孫丹林氏を特任し、さらに楊開甲専門員を派遣して現地調査を行い、すべてを協議させる。楊専門員は、明日にも北上の予定である。そちらの意見や分析を孫氏、楊専門員に詳説されたい。右ご承知おき下さい。外交部。十日。

秦徳純、馮治安、張自忠から参謀本部、軍政部、外交部、一九三七年七月九日二十四時〇分発、七月十日三時〇分着（来電八八八八二号）

南京。参謀本部、軍政部、外交部御中。密。

八日の晩、天津方面から増援した敵軍の大部分は、盧溝橋付近に集結し、頻繁に猛攻を加えてきたものの、すべて中国軍が落ち着いて撃退したため、その目的を果たせなかった。しきりに相手側は、我が方を訪れて交渉し、事態を拡大させたくないので、平和的解決を希望すると申し出た。協議の結果として、まず双方が停戦し、各部隊は元の地点に帰還し、原状を回復することにした。前線の兵士は、撤収しているところだ。依然として、慎重に警戒せねばならず、引き続き、今後の状況について報告する。交渉に際しては、「主権を失わず国土を失わず」という原則で進めていくつもりである。謹んで具申する。秦徳純、馮治安、張自忠。九日。

外交部から秦徳純、馮治安、張自忠、一九三七年七月十日発（発電六六四九八号）

北平秦市長殿。馮主席と張市長に転送されたい。各位。密。九日の電報を謹んで拝承した。

善後会議の開始に際しては、進行状況の詳細を随時打電することで、相談していただきたい。本件の原因、我々の死傷者、一切の損害状況を速やかに調査し、交渉の材料として欲しい。また、孫丹林氏を特任し、さらに楊開甲専門員を派遣して現地調査を行い、すべてを協議させる。楊専門員は、明日にも北上の予定である。そちらの意見や分析を孫氏、楊専門員に詳説されたい。外交部。十日。

秦徳純、馮治安、張自忠から外交部、一九三七年七月十日十五時十分発、同日二十時二十五分着（来電八八九〇八号）

南京。外交部御中。密。九日の電報を謹んで拝承した。

九日の晩、日本軍の一部、約二百名は、依然として盧溝橋の東北約二里ほどに駐屯していた。その口実によれば、日本側の死体を二体いまだに回収できずにおり、さらに捜索を要するという。目下のところ、我々は相手方と交渉し、撤退を命じている。右ご返事まで。秦徳純、馮治安、張自忠。十日。

付注：九日の電報は以下の内容である。すなわち、日本軍が不当にも挑発したのであり、責任は日本側にある。その解決方法としては、まず原状を回復し、我が軍は絶対撤退しないことである。本部は既に日本大使館に抗議しているので、同様に意思表示されたい。また、最新の交渉状況を知らせて欲しいともあった。電報科謹注。

秦徳純、馮治安、張自忠から参謀本部、外交部、軍政部、一九三七年七月十日二十二時十五分発、七月十一日〇時三十六分着（来電第八八九一八号）

南京。参謀本部、外交部、軍政部御中。密。

㈠九日の晩、前線の部隊は双方とも元の地点に撤退して、原状を回復したものの、なおも日本軍二百余名が盧溝橋東北の五里店に駐屯していた。今朝も六百余名が、野砲二十門を携え、豊台から盧溝橋へ前進している。㈡双方は平和的解決を打ち合わせたが、目下、日本軍の移動状況を見る限り、その誠意は疑わしい。㈢現在、全軍とも決死で戦う覚悟であり、応戦すれども挑発せずとの方針を積極的に進めている。それでも、相手側が不当な行動を繰り返すようであれば、委員長の指示に基づき、断固とした処置をとるべきである。さらに続報する。以上ご報告まで。秦徳純、馮治安、張自忠。十日申。参。

秦徳純、馮治安、張自忠から参謀本部、外交部、軍政部、一九三七年七月十一日二時十二分発、同日四時〇分着

（来電八八九一九号）

南京。参謀本部、外交部、軍政部御中。密。十日申の電報については、上申されたものと思う。

㈠日本軍の大軍千余名、大砲二十数門、機関銃三十数機が、盧溝橋から東北へ三里の大瓦窰に集結した後に、何度も我が盧溝橋の陣地に猛攻を加え、部分的に盧溝鉄橋を強奪したものの、我が軍は冷静に撃退した。㈡戦闘は午後六時三十分に及んで、ようやく砲火も収まった。謹んで具申する。秦徳純、馮治安、張自忠。十日亥。参。

付注：十日申参の来電は、日本軍の盧溝橋における活動状況に関するものである。電報科謹注。

外交部から宋哲元、秦徳純、馮治安、張自忠、一九三七年七月十一日発（発電六六五一二号）

冀察政務委員会宋委員長、北平秦市長殿。馮主席、張市長に転送されたい。各位。十日の電報は到達したものと思う。十日申、十日亥の両電報を謹んで拝承した。

駐日大使館からの電報によると、日本側は地方解決主義を採る予定であり、豊台を中心として、永定河以東の一定区域に停戦地区の設置を要求しているという。また、報告によれば、日本側は遼寧から軍用列車十台を西進させており、既に二台が山海関に到達したらしい。盧溝橋事件を調査した上で、既に何度か口頭で抗議し、さらに十日には書面の抗議で、合法的な要求を留保するとした。現在、軍事面では既に応戦を準備してあり、外交面でも、全力で当たらねばならない。軍事と外交の足並みをそろえて、隙を与えないようにしたい。先述した二つの報告を詳細に検討することで、事態の拡大という日本側の思惑が明らかとなった以上、そちらでは情勢の変化に応じて、軍事の緊急事態に備えるべきである。ことによると相手方は、機に乗じて幾多の理不尽な要求を行い、恣意的に圧力を加えるかもしれない。日本側が何らかの要求をしてきたら、中央に報告し、駆け引きを十分に協議すべきである。必要に応じては、川越大使を南京に招いて、直談判する。なお、最近の各地における軍事状況と交渉経過を詳しく打電されたい。談判に活かせれば幸いである。外交部。十一日。

外交部から秦徳純、一九三七年七月十一日発（発電六六五一九号）

至急。即刻、北平秦市長殿。密。

先刻、同盟社から入った情報によると、日本駐屯軍は既に盧溝橋事件を円満に解決したとの声明を発表したという。その正否と真相について、至急打電していただければ幸いである。外交部。

宋哲元から外交部、一九三七年七月十二日十時二十五分発、同日十二時四分着（来電八八九九七四号）

至急。南京。外交部御中。十日の電報を謹んで拝承した。密。

㈠七日の夜十二時に、日本軍は盧溝橋城内(ママ)で演習を行い、銃声を聞きつけたこと、および、一兵士が失踪したことを口実として、兵を率いて盧溝橋城を捜索すると要求してきた。我々が許可せずにいたところ、直ちに我々に砲撃してきた。我が駐屯軍は隠忍自重していたが、攻撃は次第に激しくなった。我が軍は正当防衛のために、抵抗し始めた。㈡日本軍は八日の夜に、兵士五百余名と大砲二十数門で、次々に我が盧溝橋に猛攻撃を加えてきたが、すべて撃退した。相手方は人を派遣し、我が方との交渉による和平を希望した。協議の結果として、まず停戦し、それぞれ元の地点に戻り、原状を回復することになった。㈢九日の夜に、我々は元の地点に戻ったが、日本軍は戦死者を捜索するとの口実で、五里店にとどまっている。兵力は約二百余名である。十日の朝には、さらに天津から豊台に六百余名と大砲十余門が到着し、列車から降ろされて直ちに盧溝橋に向かい、十日の午後には盧溝橋と鉄橋を攻撃してきたが、我が軍に撃退された。昨晩から現在まで、戦況には起伏があり、対峙の様相を呈している。㈣この数日来、我が軍の死傷者は百余名に及び、民家は百軒余りも損傷した。市民の死傷や作物の損失については、随時調査しているところである。盧溝橋城と鉄橋は、我が軍により死守する。㈤孫、楊両氏が到達したら面談する。右ご返事まで。宋哲元。十一日未。参。

付注：十日の往電によれば、そちらでも盧溝橋事件については同様に表明し、その後の情況を随時打電されたく、孫楊両氏を北に派遣し調査させるので、何か意見があれば詳報するように、とのこと。電報科謹注。

秦徳純、馮治安、張自忠から参謀本部、外交部、軍政部、一九三七年七月十二日十一時五十分発、同日十五時五十四分着（来電八八九八四号）

南京。参謀本部、外交部、軍政部御中。十日申、十日亥参の電報を上申されたものと思う。㈠昨晩七時に、日本軍が再び我が龍王廟の陣地を攻撃してきた。戦闘は九時半に至り、一段落した。双方に死傷者を出しており、なおも対峙した。㈡今日の昼になると、日本軍は大瓦窰と五里店を経由して、次々と豊台に撤退し始めた。㈢相手方の企図は未遂に終わり、和平交渉の意向もある。依然として部隊を整え、厳重に警戒して動静を探り、引き続いて状況を報告する。小職秦徳純、馮治安、張自忠。真。十一日。参。

付注：十日申参の来電とは、九日の晩、なおも日本軍は二百余名が盧溝橋東北の五里店に駐留しており、今朝また六百余名が再び盧溝橋へ前進している、というものである。十日亥参の電報とは、日本軍が我が盧溝橋陣地へ猛攻撃したが，我が軍は沈着にそれを撃退し、午後六時三十分頃には砲火も収まった、というものである。電報科謹注。

外交部から秦徳純、一九三七年七月十二日発（発電六六五五一号）

即刻。北平秦市長殿。密。

今朝、日高日本大使館参事官は大城戸陸軍副武官、中原海軍副武官とともに、本部の王部長に謁見した。まず部長が二点を提起した。㈠双方の軍隊は、それぞれ元の地点に戻ること。㈡双方が同時に軍隊の移動を停止し、盧溝橋事件を平和的解決に導く。大城戸いわく、昨晩八時、北平にて中日軍事当局の間で既に了解しているというが、その内容を問い詰めても、決して漏らさなかった。一体、そのようなことがあったのか、了解の内容はいかなるものかについて、詳報されたい。そのことが交渉に資すれば幸いである。外交部。十二日。

日付など不詳

（中央社）天津、十二日午後三時二十五分の電報によれば、日本駐屯軍は十二日の昼に、冀察政務委員会の代表が日本側提示の条件を既に承認していると発表した。その内容は、以下の通り。㈠二十九軍代表は、日本側に遺憾の意を表する。㈡中国側の責任者を処罰する。㈢冀察政務委員会は、同様な事件の再発防止を声明する。㈣盧溝橋、龍王廟には軍隊を駐屯させずに、保安隊で治安を維持する。㈤しかるべき手続きにより、防共および排日取り締まりを徹底させる。

秦徳純から外交部、一九三七年七月十三日一時二十七分発、同日五時四十五分（来電第八九〇二三号）

大至急。南京。外交部御中。密。

交通関係の確かな情報によれば、㈠日本の軍用列車十台が各種の部隊を載せて、戦車や自動車、弾薬などと一緒に山海関から続々と西進し、本日午後八時までに、五台の軍用列車が天津付近に到達する。㈡日本軍三百余名、戦車八台、砲車七台、トラック二十台が、本日午後には通県から広渠門外の観音壇、北平市南方の郊外に向かう。㈢通県から二度にわたって朝陽門外の苗家地に進んだ日本軍は、約三百余名である。また、日本の騎兵二百余名が、まさに通県から北平へ行進中である。㈣盧溝橋付近の日本軍は、現在もほとんど撤退していない。部隊を整え、厳戒を強めている。謹んで電報にて具申する。秦徳純。十二日亥。

秦徳純、馮治安、張自忠から参謀本部、外交部、軍政部、一九三七年七月十三日三時二十四分発、同日六時二十五分着（来電第八九〇二五号）

大至急。TM3南京。参謀本部、外交部、軍政部御中。十一日の参電を上申されたものと思う。

盧溝橋戦について、何度か協議を経た。その解決方法としては、双方とも人員を派遣し、前線部隊が現状の下でそれぞれ元の地点に撤退するのを監視することにした。目下のところ、撤退が進行している。ただし、相手は信義を顧みないのであり、履行するか否かは予断を許さない。盧溝橋の堤防と鉄道橋は、我が軍で駐屯して守るべきものである。謹んで電報にて具申する。秦徳純、馮治安、張自忠。十二申。参。印。

付注‥十一日の参来電とは、戦況を三項目で打電したもの。電報科謹注。

秦徳純、張自忠、馮治安から外交部、一九三七年七月十三日五時四十分発、同日七時五十分着（来電八九〇三〇号）

南京。外交部御中。十一日の電報を謹んで拝承した。密。機宜の措置を承知し、命令通りに処理する。昨日の状況については既に十一日未参電の報告に記録されている。

協議により、双方とも人員を派遣し、それぞれ前線部隊が元の地点に戻るのを監視することにした。日本軍は既に今朝より前線から北平に二百余名撤退した。他の部隊については、まさに撤退を監視している。今後、変化が生じるか否かは予断を許さない。右ご返事まで。秦徳純、張自忠、馮治安。十二日酉。参。

付注‥十一日の往電とは、盧溝橋事件の処理交渉方針についてである。十一日の来電とは、戦況を三項目で打電したものである。電報科謹注。

秦徳純、張自忠、馮治安から外交部、一九三七年七月十三日二十二時三十七分発、七月十四日〇時〇分着（来電八九〇七一号）

南京。外交部御中。十二日の電報を謹んで拝承した。密。

盧溝橋事件について、北平中日軍事当局の間に、いかなる了解事項があるのかという照会を承った。既に十二日の参電で述べたように、今回の事件について双方は口頭で協議し、今回の事件が共産党の策動であると共通に認識して、取り締まりを強化し、戦死者に哀悼の意を表するとされた。また、我が方は、日本側が夜間演習を停止し、同じような事件を再発させないことを求めた。協議を経て、双方は撤退することにした。しかし、現状では、我が方は既に部隊を元の地点に撤退しているものの、いまだに相手方は撤退しないどころが、本日、天津方面から軍用列車十二台が到着した。以上が最近、双方の取り決めた撤退状況である。特電。ご返事申し上げる。秦徳純、張自忠、馮治安。十三日。未。参。

付注・・十二日の往電とは、北平中日軍事当局の了解を詳報されたしというものである。電報科謹注。

宋哲元から外交部、一九三七年七月十四日十一時〇分発、同日十四時五十五分着（来電八九一一九号）

南京。外交部御中。密。十二日の電報については承った。

日中双方が協議した撤兵の内容については、秦市長などが十三日未の参電で詳説した。矣特電。ご返事申し上げる。宋哲元。十三日。戌。参。

付注・・十二日の往電とは、中日当局間に成立した了解の内容について、直ちに調べて返答されたいというものである。電報科謹注。

秦徳純、馮治安、張自忠から参謀本部、外交部、軍政部、一九三七年七月十四日十一時〇分発、同日十七時五十

分着（来電八九〇一九号）

南京。参謀本部、外交部、軍政部御中。密。

㈠鉄路局が密かに伝えたところによると、昨日から今日の二日間で、天津付近に楡関から到着した日本の軍用列車は、全部で十二台である。㈡北平郊外に本日午前八時頃、日本兵四百余名、トラック三十二台、弾薬車十一台、大小の戦車十余台が永定門外から二郎廟、豊台方面へ向かった。㈢また、通県方面から来た日本軍百余名が、六台のトラックに乗って午前十時には大紅門へ到達し、通過せんとしたが、我が軍に阻止され、若干の衝突を生じた。その際に、弾薬車一台が暴走し、樹木に衝突して炎上した。㈣報告によると、昌平方面に到着した日本軍は約一大隊である。㈤盧溝橋の堤防と鉄道橋については、我が軍が死守する。大井村、大小屯の日本軍は東西へと集中し、五里店、大小瓦窰などにいる敵は、その山に陣地を構築している。いずれ続報する。秦徳純、馮治安、張自忠。十三日亥。参。

秦徳純、馮治安から外交部、一九三七年七月十五日九時三十分発、同日十一時五十分着（来電八九一五四号）

大至急。南京外交部御中。密。

情報。㈠敵軍の歩砲兵約二千余名、重砲三十六台、軍馬二五〇頭、弾薬供給車四十九台が、天津から平津通りに沿って、北平方面に進行中である。㈡敵機三機が盧溝橋一帯の上空で偵察した後、午前十時に豊台の南にある趙家村の空き地に降りた後に、旋回して南方に飛び去った。㈢報告によると、密雲方面に到着した日本軍は、五百余名である。㈣団河に到着した敵の騎兵二百余名は、かつて我が軍と銃撃戦を行ったことがある。豊台には日本軍司令部が設置されており、重砲四門は我が南苑方面に向けられている。㈤北平市の四郊外で、敵の戦車三、四台が四方に出没しては攪乱してくるため、我が軍と至る所で、小さな衝突を起こしている。以上の状況を総合的に判断すれば、大戦前の準備とみられる。本電以外にも、後の状況については、引き続き報告する。秦徳純、馮治安。十四日亥。

秦徳純、馮治安から外交部、一九三七年七月十六日八時三十分発、同日十一時二十五分着（来電八九一九一号）

南京。外交部御中。密。

情報。㈠天津方面から続々と敵の軍用列車四台が到着している。多量の軍用品や車、装甲車数台を載せている。㈡天津から豊台に到着した敵の軍用列車一台は、兵士三百余名である。豊台の東南方向にある趙家村付近の耕地に、日本側は飛行場を建築している。また、飛行機四機が上空で偵察している。㈢通県の西にある八里橋一帯では、冀東保安隊が工事を急いでいる。平津線の楊村に天津から到着したのは、敵軍五百余名と大砲数門である。㈣豊台の四方で敵軍は工事をしており、地雷を埋めようとしている。付近の樹木や穀物は、すべて敵軍に伐採された。㈤盧溝橋方面には変化がなく、我が軍は依然として、盧溝橋の堤防と鉄道橋に駐屯して守っている。大きな戦闘はないが、昨日、小さな衝突があった。本電以外に、続報を知らせる。秦徳純、馮治安。亥。参。

秦徳純、馮治安から参謀本部、外交部、軍政部、一九三七年七月十九日九時二十分発、同日十五時十分着（来電八九三〇八号）

大至急。南京。参謀本部、外交部、軍政部御中。密。

㈠昨晩より現在まで、河北省の外から、日本の軍用列車十三台がこちらへ向かった。そのうち、一台は秦皇島に停車し、二台は唐山にとどまった。天津に到着した十台は、すべて兵士を載せているが、人数は不詳である。㈡楡関と通県からの日本軍は千余名、軽重機関銃八十数機、野砲二十数台、トラック六十数台である。㈢日本軍六十余名が車二十数台を護送し、弾薬やガソリンなどを満載させて、楊村から豊台に到着した。㈣日本の飛行機六機が盧溝橋の上空で偵察した後に、南方へ飛び去った。㈤宛平県城以東の大井村一帯では、日本軍の砲兵と障害物が既に撤退した。趙家村にある日本の飛行場にいる守備兵数百人のうち、大部分が既に撤退した。それでも、我が軍は厳重に警備し、改めて続報する。秦徳純、馮治安。十八日。亥。

外交部から宋哲元、秦徳純、馮治安、張自忠、一九三七年七月十九日（発電第六六八七八号）

至急。北平冀察政務委員会宋委員長、北平秦市長殿。馮主席と張市長へ転送されたい。各位。密。

日本側から文書が送られてきた。それによると、帝国政府は既に今月十一日の声明にて、以下の内容を明確に公表した。

（日本政府は—引用者注）不拡大方針を堅持し、平和的解決の希望を放棄せずに隠忍自重しており、絶えず現地解決に努めている。しかし、中国政府は挑戦的な態度を続けているばかりか、あらゆる手段と方法で、冀察当局による解決条件の履行を妨害しており、華北の安定に脅威となり続けていることは、帝国政府の深く遺憾とするところである。このまま事態が推移すれば、やがては重大なる不測の事態が発生するのを避けられないだろう。中国政府もまた事態を拡大しない方針だと、王部長は何度も説明している。このことを中国政府が本当に希望するのであれば、その実現のために、すべての挑戦的な言動を直ちに停止し、地方当局による解決条件の履行を妨害しないように帝国政府は要求する。上述のことについて、速やかに明確な回答を希望する。

これに対する我が方の復文は、以下の通りである。

盧溝橋事件が発生して以来、我が政府は事態を拡大させない方針を終始とっており、挑発の意図など毛頭なく、数回にわたり平和的な解決を願っていると表明してきた。しかし、日本政府は、事態への不拡大方針を公言しておきながら、同時に大量の軍隊を我が河北省に派遣しており、武力行使を明らかに欲している。こうした状況下で我が政府は、自衛のために適宜準備しながらも、依然として平和の維持に努めている。今月十二日に外交部長が日本大使館の日高参事官に接見した際に、双方が軍隊の移動を停止し、軍隊を元の場所に帰還させるべく提議した。しかし、これに日本側が何ら回答しなかったことは、誠に遺憾である。ここに我が政府は、事態を拡大させずに、本件を平和的に解決する意向を重ねて表明する。その上で、再度、日本政府に双方の了解事項として提起したいのは、期日を決めて、その期日に双方が軍隊の移動を同時に停止し、既に派遣された武装兵力を元の場所に撤退することである。日本側が平和的解決を希望しているならば、必ずやこの提議を受け入れるはずである。本件の解決方法については、喜んで我が政府は外交ルートにより日本政府と直ちに協議し、適切な解決方法を見いだしたい。仮に地方的な性質のものであり、現地にて解決できるとしても、我が国の中央政府による許可を要する。総じていえば、我が政府はいかなる方法であれ、東亜の平和を維持したい。それゆえに、一切の国際公法や国際条約、および国際紛争の処理に公認されているあらゆる平和的な方法、具体的には両国の直接交渉、斡旋、調停、公の判断などを、我が政府は喜んで受け入れる。

右ご連絡まで。外交部。十九日。

秦徳純、馮治安から参謀本部、外交部、軍政部、一九三七年七月二十日十三時十五分発、同日十八時二十五分着（来電八九三五六号）

大至急。南京。参謀本部、外交部、軍政部御中。密。

(1)楡関から陸続と天津に、日本の軍用列車三台が到着し、全部で歩兵千余名、騎兵一六〇数名、馬一六〇数頭を載せている。(2)天津から豊台に軍用列車一台が到着し、大量の軍用品を載せている。(3)高麗営では、四百余名の日本兵が人夫を捕まえて、工事させようとしてる。(4)宋主任が今朝、北平に到着した。昨日、天津で香月と面談し、あいさつした際に、双方は早期に盧溝橋事件前の平和な状態を回復すべく希望したが、さらなる交渉には入らなかったという。謹んでお知らせする。秦徳純、馮治安。皓（二十日）。亥。

秦徳純、馮治安から外交部、一九三七年七月二十一日三時三十三分発、同日七時二十分着（来電第八九三七七号）

至急。南京。外交部御中。密。十九日の電報と日中双方の備忘録を謹んで拝承した。
この間に、日本側との協議は、いまだ具体的な解決方法に帰結していない。右ご返事まで。秦徳純、馮治安。二十日。酉。

付注：十九日の往電とは、日中双方の備忘録を要約的に打電したものである。電報科謹注。

外交部から宋哲元、秦徳純、馮治安、張自忠、一九三七年七月二十一日

北平冀察政務委員会宋委員長、北平秦市長殿。馮主席と張市長へ転送されたい。各位。密。二十日酉の電報を承った。

許大使の電報によれば、二十日の朝に広田を訪問した際に、広田は現地での解決について述べ、北平軍事当局が既に十九日の夜十一時に署名しており、二十日夜には日本の閣議で、内閣書記官長の風見章が、現地協定は昨晩十一時に成立したと明言している、などということであった。一体、日本側のいうことは本当なのか、あるいは、当てこすりの歪曲なのか。根拠なく反駁すると、隙を与えかねないので、直ちに真相を伝えていただき、善処できれば幸いである。外交部。

馮治安、秦徳純から参謀本部、外交部、軍政部、一九三七年七月二十一日九時〇分発、同日十二時五十分着（来電八九三九一号）

大至急。参謀本部、外交部、軍政部御中。密。

本日午後二時半に、またも日本軍は大砲と機関銃で、我が宛平県城と鉄道橋を攻撃してきたが、我が軍は冷静に応戦したため、日本軍は目的を遂げられなかった。衝突は夜八時半まで続き、双方に死傷者を生じている。謹んでお知らせし、引き続き報告する。馮治安、秦徳純。二十日亥。

宋哲元から蔣介石、一九三七年七月二十二日

南京。委員長蔣殿。密。二十一日の電報を拝読した。

今回の事件が発生して以来、哲元は終始中央の意向に基づいて対処しており、交渉の経過については、あらまし本月十一（ママ）に協商し、以下の三カ条を定めた。(1)二十九軍代表は日本軍に遺憾の意を表して、責任者を処分し、将来責任をもって同様な事件の再発防止を声明する。(2)中国軍は、日本の豊台駐屯軍と接近しすぎて事端を惹起しやすいため、盧溝橋城郭と龍王廟に軍隊を駐留せず、保安隊で治安を維持する。(3)本件は、いわゆる藍衣社や共産党などの抗日各団体による指導と思われ、将来これに対策を講じ、徹底的に取り締まること、など。こうした条件の内容は空虚であり、本来は一日でも早く電報で報告して、指示を仰ぎたかったのだが、双方に何度も衝突が起こったため、直ちに報告できなかった。目下のところ、比較的に進展はあるものの、見通しはつかない。近況からすると、あるいは一段落できるかもしれない。上記の三カ条をお認めになり、指示していただけるのであれば、それに従う。この度、閣下の御処置はすべて国民にかなうものであり、すべての交渉は委員長の威信で進められる。今後ともご指導いただきたい。拝復。宋哲元。二十二日。

— 28 —

蔣介石から熊斌軍事委員会参謀次長（北平）、宋哲元、一九三七年七月二十三日発

北平。熊次長殿。密。宋明軒[20]委員長へ転送されたい。二十二日の電報を拝誦した。

中央は今回の事件について、当初より貴兄とともに責任を負うものであり、戦争となれば戦争を全うし、和平となれば和平を全うする。領土的主権の範囲で損害を受けないのであれば、戦争を望み和平を望まないという理由はない。既に貴兄がその三カ条に署名したならば、中央は当然同意し、貴兄とともにその責任を負う。ただ、原文の内容は空虚であり、注意を要する。

すなわち、軍を駐屯させないという第二条は、臨時の措置であるか、ある時点までであり、しかも兵数を限定しないものと声明すべきである。第三条の徹底的な取り締まりとは、必ず、我々が自発的に処理するものでなければならず、相手が恣意的に要求できないものとする。本件が実際に済んだら、相手方が撤退し、我々は部隊を増強することが肝要であり、この点を特に注意すべきである。その三カ条にまだ調印していないのであれば、修正や討論の余地がある。一体、既に調印したのか否かを返答されたい。中正。二十三日午。機。京。

一九三七年八月十九日発表

General Sung Cheh-yuan, in a telegram addressed to General Chiang Kai-shek on July 22nd, reported that as a result of the recent negotiations with the Japanese, the following three points had been tentatively arranged :

(1) Expression of regret by representative of 29th Army, punishment of responsible persons, and prevention of similar incidents.

(2) Evacuation of Chinese troops from Loukouchiao and Lungwagmiao where peace and order will be maintained by the Peace Preservation Corps.

(3) Adoption of measures to deal with the Blue Shirts Association, the Communists and other anti-Japanese organization.

General Sung inquired General Chiang if the above three points were acceptable and asked for instructions.

Replying to General Sung's telegram, General Chiang wired him on July 23rd, saying that he understood that the second point, that is, the evacuation of troops, was only a temporary measure or to be limited to a certain period of time, and that the measures contemplated in the third point should be adopted on our own initiative and not at the dictation of the Japanese. General Chiang called General Sung's attention to the fact that, if the three points had not yet been signed, there was still room for discussion and modification, and asked General Sung if the arrangement had been signed.

If the agreement is limited to these three points, General Chiang is disposed to have the affair settled along those lines. But he doubts if the Japanese have not presented, or may not present, further demands in addition to what has been reported by General Sung.

馮治安、秦徳純から参謀本部、外交部、軍政部、一九三七年七月二十五日七時十五分発、同日十三時二十分着

(来電八九五五九号)

南京。参謀本部、外交部、軍政部御中。密。

情報。(1)本日午前六時半に日本のトラック四十数台、護送兵約百名が、陸続と天津から通県へ軍用品を輸送した。(2)通県には小麦粉が不足しており、天津からの運送は既に断たれていて、すべてを秦皇島からの輸送に頼っている。(3)毎回、楡関から天津、豊台へ向かう日本軍に、平均して自殺者十数名が出ており、その死者達はみな塘沽に運ばれた。(4)五里店、大瓦窰、大井村一帯の日本軍七、八百名が、昼間は農地に隠れ、夜間は陣地へ潜入している。(5)平漢鉄道は既に開通し、北平市内も静穏で平時の様相を呈しており、人心も安定している。引き続き報告する。謹んでお知らせする。馮治安、秦徳純。二十四日亥。

馮治安、秦徳純から参謀本部、外交部、軍政部、一九三七年七月二十八日二十時五十八分発、七月二十九日十四時十五分着（来電第八九六八三号）

大至急。南京。参謀本部、外交部、軍政部御中。密。

情報。(一)昨日の午後三時に、日本の軍用列車一台が天津から廊坊に到着し、歩兵二百名が駅の付近に駐留しようとした。我が駐屯軍の劉旅団長は衝突を避けるべく、数回の交渉で日本軍の下車を制止しようとしたが、深夜になっても結果を得られなかった。今朝の一時に、その日本軍は、我が駐屯軍に射撃し始めた。六時には、日本の爆撃機十七機が次々と飛来し、我が軍を爆撃した。被害は甚だしい。同時に、天津から装甲列車二台が増援し、兵士千余名は我が軍に猛攻撃を加えたが、我々は冷静に応戦した。双方に死傷者が生じ、昼頃に我が軍は、廊坊から撤退した。(二)日本の軍用列車二台が、全部で兵士千余名を本日、楡関から天津に運んだ。(三)午後六時に、日本軍の百余名が豊台から大井村に往き、防衛を増強した。㈣午後八時に日本の軍用車二十数台が、兵士百余名を載せて豊台から広安門に到着し、入城を強行しようとしたが、我が守備軍に阻止された。そこで、（脱字の模様―原注）日本の特務機関と交渉中である。引き続き報告する。謹んでお知らせする。馮治安、秦徳純。二十六日酉。印。

秦徳純、馮治安から参謀本部、外交部、軍政部、一九三七年七月二十八日二十一時五十分発、七月二十九日二十時五十五分着（来電八九七〇三号）

至急。南京。参謀本部、外交部、軍政部。密。

㈠日本軍は混成部隊の二千余名で、今朝の三時に我が通県駐屯の傳鴻恩営を包囲して、攻撃した。激戦は十一時に至って、我が傳鴻恩営は猛然と包囲に突撃し、南苑に撤退した。死傷は甚だしい。㈡午後六時に、日本の飛行機七機が南苑の上空で爆弾を投下し、敵軍の一部は南苑付近で我が軍と接触した。㈢我が団河駐屯の一連隊が、およそ歩兵二千名、山砲四十門の敵と、本日午後三時から戦闘を開始し、激烈を極めたものの、八時半に一時停止し、いまだに対峙している。㈣高麗営、小湯山、沙河鎮、清河鎮などにいる敵は、相次いで我々と接触し、現在は対戦中である。積極的に応戦する。謹んでお知らせする。秦徳純、馮治安。二十七日。亥。

天津市各部隊臨時総指揮李文田、副指揮劉家鸞、市政府秘書長馬彦翀（天津）から外交部他、一九三七年七月二十九日六時〇分発、同日二十時五十五分着（来電八九七〇七号）

官職名略。盧溝橋事件が発生して以来、我が宋委員長と張市長は、一貫して東亜の平和と人類の福祉のために、忍耐を重ねてきた。しかし、日本人は毎日のように派兵しては、至る所で挑発し、無分別に我が北平郊外の各地を襲撃するのみならず、今朝には我が特四分局を強引に占領し、我が方の各方面を襲撃した。我々は国家と民族の生存のため、直ちに応戦し、天津とは存亡をともにすると誓い、血まみれになって抗戦し、道義上、勇を振るって前進する。各長官、各年長者が速やかに援助され、ともに敵を殲滅し、捕虜にすることを願っている。打電に際して、恐懼に堪えない。天津市各部隊臨時総指揮李文田、副指揮劉家鸞、市政府秘書長馬彦翀。命。二十九日。

注

(1) その一端として、拙稿「斎藤聖二『日清戦争の軍事戦略』」（『軍事史学』第四十巻第一号、二〇〇四年）八十四—九十頁、を参照されたい。

(2) 秦郁彦『盧溝橋事件の研究』（東京大学出版会、一九九六年）三七六—三七七頁。

(3) 安井三吉『盧溝橋事件』（研文出版、一九九三年）一五五—一七五頁、同『柳条湖事件から盧溝橋事件へ——一九三〇年代華北をめぐる日中の対抗』（研文出版、二〇〇三年）一七七—二一七頁。

(4) 江口圭一『盧溝橋事件』（岩波ブックレット、一九八八年）。同書は改訂の上で、江口圭一『十五年戦争研究史論』（校倉書房、二〇〇一年）第七章に収録された。江口圭一『十五年戦争研究史論』には、秦郁彦『盧溝橋事件の研究』、安井三吉『盧溝橋事件』に対する書評も収録されている。

(5) 劉傑『中国人の歴史観』（文春新書、一九九九年）六十五—六十八頁。

(6) 中国における最近の盧溝橋事件研究として、榮維木『炮火下的覚醒——盧溝橋事変』（桂林：広西師範大学出版社、一九九二年）、曲家源、白照芹『盧溝橋事変史論』（北京：人民出版社、一九九七年）、李恵蘭、明道廣主編『七七事変的前前後後』（天津：天津人民出版社、一九九七年）、などがある。

ただし、安井三吉『柳条湖事件から盧溝橋事件へ』二〇四—二〇五頁には、台湾の歴史家である陳在俊氏の論文が、事実上の偶発説として論及されている。

（7） 安井三吉『柳条湖事件から盧溝橋事件へ』一七八頁。

（8） 江口圭一『十五年戦争研究史論』三七八頁。

（9） 蔡徳金「盧溝橋事変日誌（一九三七年七月七日—七月二十九日）」（『近代中国』第一二五号、一九九八年）一六〇—一九五頁。その和訳として、劉傑「電文にみる盧溝橋事件——北京日本大使館の十日間」（『中央公論』一九九九年九月号）二〇八—二二五頁、を参照。

（10） 一例として、李景銘「盧溝橋事件後北平聞見録」（『近代史研究』第六十五号、一九八七年）一〇二—一五〇頁、中国人民政治協商会議全国委員会文史資料委員会編『文史資料存稿選編 抗日戦争』上巻（北京：中国文史出版社、二〇〇二年）四四四—五〇九頁、がある。

（11） 中華民国外交部档案庫については、拙著『国際政治史の道標——実践的入門』（中央大学出版部、二〇〇四年）二十六—二十九頁、で言及したことがある。

（12） 中国国民党中央委員会党史委員会編『革命文献 第一〇六輯 盧溝橋事変史料 上冊』（台北：中央文物供応社、一九八六年）、中華民国外交問題研究会編『中日外交史料叢編 四 盧溝橋事変前後的中日外交関係』（台北：中国国民党中央委員会党史委員会、一九九五年）。

こうした中国側の刊行史料などを用いた研究として、安井三吉『盧溝橋事件』二五八—二八〇頁、王建朗『抗戦初期的極東国際関係』（台北：東大図書股份有限公司、一九九六年）七—三十一頁、が参考になる。

なお、中国国民党中央委員会党史委員会編『革命文献 第一〇六輯 盧溝橋事変史料 上冊』十九—二十八頁に転載された秦徳純の回顧録は、中央研究院近代史研究所編纂「秦徳純将軍訪問紀録」、Folder : Ch'in Te-ch'un, Box 1, Academia Sinica, Chinese Oral History Project, Rare Book and Manuscript Library, Columbia University, と重複している。

（13） 管見の限りでは、陳群元「広田弘毅的対華政策 一九三三—一九三八」（中国文化大学修士論文、二〇〇〇年）がある。

（14） 中国国民党中央委員会党史委員会編『革命文献 第一〇六輯 盧溝橋事変史料 上冊』二〇九—二一一、二四九、二六二—二六三頁、中華民国外交問題研究会編『中日外交史料叢編 四 盧溝橋事変前後的中日外交関係』二〇九—二一〇頁、を参照。

（15） 寺平忠輔『盧溝橋事件——日本の悲劇』（読売新聞社、一九七〇年）一八五頁、江口圭一『盧溝橋事件』三十三—三十五頁、同『十五年戦争研究史論』二一三—二一四頁。

(16) 丁紹伋は、一九三五年十月三十一日から一九三六年三月十日まで、駐日代理大使となる。

(17) 一時帰国していた蔣作賓駐日大使を指す。なお、本電報は計二枚で構成されるが、二枚目は紛失したようである。

(18) 外交部内用に作成されたものであり、本档案の概要を示す。電文ではない。

(19) 正確には、寺平忠輔大尉は支那駐屯軍司令部付の北京特務機関補佐官であった。

(20) 宋哲元の字。

【付記】　本稿は、サントリー文化財団から助成を受けた研究成果の一部である。

（十五）卢沟桥事件·清水手记

资料名称：蘆溝橋事件——七月七日夜から八日夜まで

资料出处：原载《アジア研究》第3卷第4号，1957年3月，第80—97页；另见秦郁彦著《日中戦争史》，河出書房新社1961年版，第164—183页。

资料解说：本资料是秦郁彦结合所谓「清水手记」所作的论述。原事变当事人、日本华北驻屯军第一联队第三大队第八中队中队长清水节郎，在1956年7月7日前后接受秦郁彦的邀请，作有关卢沟桥事变的情况介绍，该材料经秦郁彦整理，定名为「手记」，并夹录于秦郁彦文章之中。1957年3月公开发表，署名为「清水节郎手记，秦郁彦编」。「手记」描述卢沟桥事变爆发之际中日两军的情况，强调所谓中国军队向日军进行射击，是卢沟桥事变爆发的重要原因，秦郁彦强调事件「由中共阴谋发动」。清水曾在事变发生之后接受过日本媒体采访，并公开发表。比较当年的采访发表，本次大量增加了对于事变演进形势的介绍。作为肇事者之一，清水中队长提供的证据，其立场如何影响其史实描述，值得研究者进行考察。该史料以及秦郁彦的编排与论述，是日方当事人和战后右翼学者否定其发动事变的代表性论述之一。

資料

芦溝橋事件

——七月七日夜から八日夜まで——

清水節郎手記
秦郁彦編

1 序

昭和十二年七月七日北京郊外芦溝橋に轟いた一発の銃声は五年に亘る日華事変と、それにひきつづく太平洋戦争への導火線をなした意味において、二十年後の今日も尚人々の脳裡に記憶されているであろうが、この事件の真相は現在尚謎とされ、様々な臆測がなされている。芦溝橋事件が単なる偶発的事件であつたか、何者かの陰謀に基くものであつたかは、夫自体としてはさして重要な意味を持つものではない。問題は、この一小局地紛争が日本中央の一部、中国側首脳部の大部特に現地日本軍幹部を含む善意の処置と不拡大への努力にも拘らず、全面戦争を連鎖的に惹き起して行くに足る必然的な政治経済的背景を有していたことである。当時既に第二次大戦の危機が迫りつつあり、我国は、はからずもその先頭を切つて全く予期しなかつた日華事変に突入したのであつたが、中国大陸侵略の方向は当時における日本の世界戦略の立場から見ると決して好ましいものではなかつた。

それゆえに、我国近代史上におけるこの運命的な転換期に当つて、巨大な政治、経済社会的反応が生じたのであつた。

しかし、本稿は、この点について、立ち入つた分析をするのが目的ではない。

幸い、当時の第一線中隊長清水節郎氏の手記を得たので同中隊を中心とする七月七日夜から八日夜に至る約二十四時間の事件現場の状況を忠実に記録するに止めたいと思う。

尚前後に編者の簡単な解説を附し、清水氏の手記には適宜編註を加える形式を採つた。

2 事件直前の華北情勢

満洲事変によつて東北三省を占領した日本は昭和十年後半頃から逐次中国本土への南下を開始した。その最初の目標は、親日的華北五省独立政権の樹立にあつたが、之は完全に成功せず、中間的な冀察政務委員会（委員長宋哲元）と、関東軍の傀儡である冀東、内蒙両政府の樹立に終つた。

次いで経済進出のための努力が払われたが、その進展もはかばかしくなく、却つて、日貨ボイコット等の排日運動によつて両国間貿易は縮小する傾向を見せた。

他方国共合作と幣制改革の成功によつて国民党政権はようやく全本土の政治、経済的統一を達成し、日本帝国主義に対して反撃に転じ来つた。冀察政権は、南京政府の直接統制には服していなかつたが、国民党及び中共特務機関の工作によつて、第二十

第八中隊夜間演習実施要図

（七月七日夜に於ける）

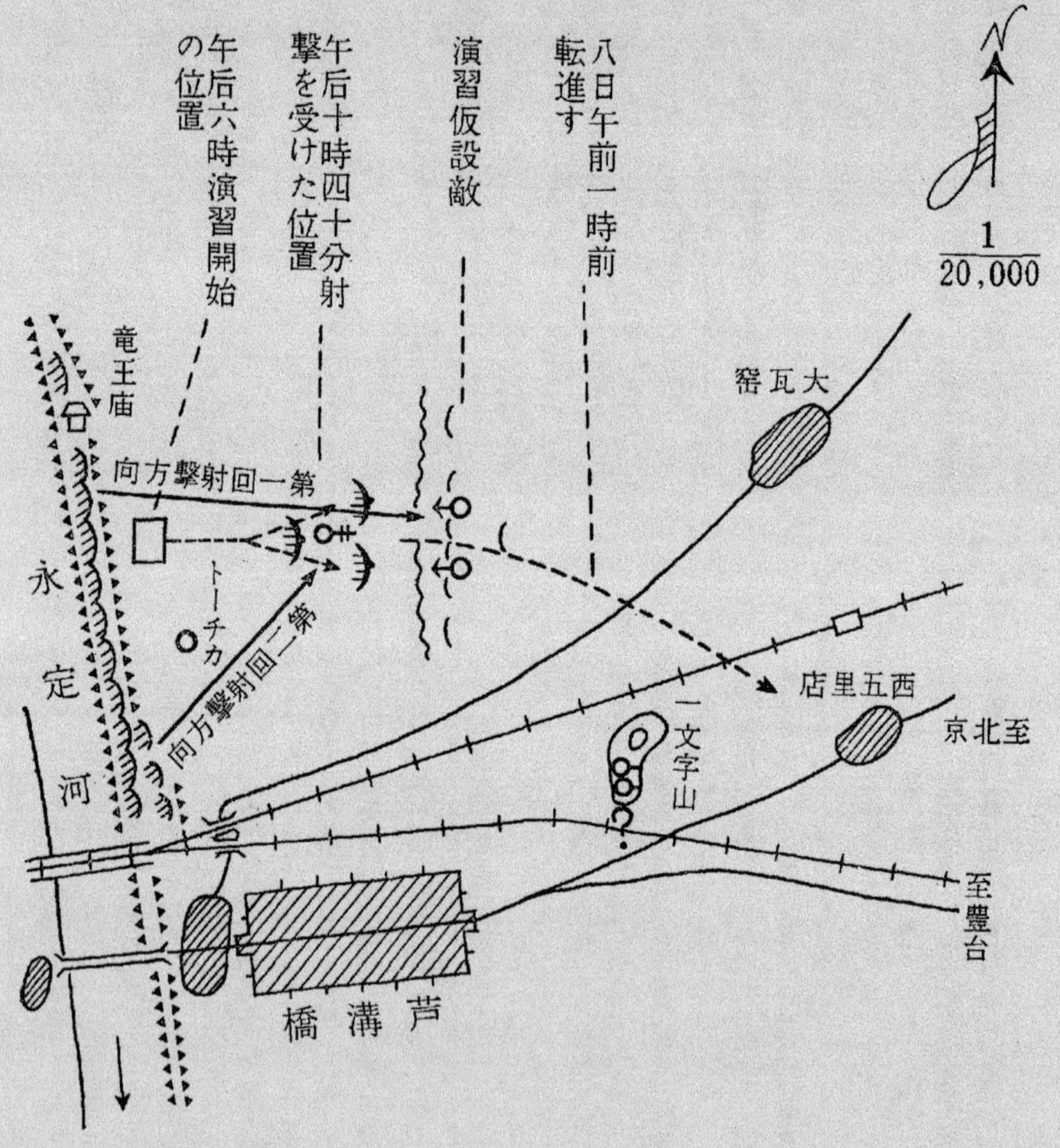

九軍の下級将校兵士間における、抗日意欲は著しく高揚し日本の支那駐屯軍部隊との間に豊台事件[1]其他の小紛争を惹起した。

当時、日本政府は、当面する世界情勢の長期的分析に基き、中国本土への進出を行わず、満州国を育成し、主敵ソ連に備えて、国防軍備と軍需工業力の飛躍的増強を計ることを主眼とする、新国防方針（昭和十一年五月）を決定した直後であり、現地日本陸軍幹部は、以上の方針に沿つて出来る限り、中国軍隊との衝突を避けるよう命令されていた。他方、北平では依然支那駐屯軍と宋哲元の間に経済開発についての交渉が進められていたが漸次高まる民衆、軍隊の抗日意欲に圧迫されて、交渉は、殆んど停頓状態にあり、武力を以つて、この行きずまりを打開しようと策動する動きもあつて、芦溝橋事件直前の北平周辺は険悪な空気に包まれていた。

(1)昭和十一年九月十八日豊台駐屯一木大隊の第七中隊が演習の途次、駅附近で、第二十九軍の小部隊とすれちがつた時、中国兵士が、日本軍の駄馬を殴打したので、当兵士の引き渡しを要求して、中国軍兵営を包囲し、交渉の結果豊台の中国軍を撤去させた事件

3　事件当時の支那駐屯軍

支那駐屯軍は明治三十三年の北清事変議定書に基いて駐屯していたもので、その任務は「公館及び北京と海港に至る交通通信の確保並に居留民の保護」と規定されていた。

兵力は常時約二千名の少数であつたが、昭和十一年五月増強されて約六千名となつた。

軍司令官は、中将田代皖一郎参謀長は少将橋本群でその主力は、支那駐屯歩兵旅団（旅団長少将河辺正三）に所属する第一、第二の二個連隊であつた。

第一連隊（連隊長大佐牟田口廉也）は本部を北平に置きその第三大隊）（大隊長少佐一木清直）を豊台兵営に駐屯させ演習地として、芦溝橋城（宛平県城とも呼称）北方の荒蕪地を使用していた。

事件当時には定期検閲準備のため連隊の大部は通州に在り、第三大隊は七月九日に予定されていた検閲に備えて連日夜間演習を行つていた。

尚訓練の要領は、少兵力による、対ソ戦法訓練慣熟であつた。

4　清水氏の手記

1　事件当夜の演習について

昭和十二年七月七日午後[1]第八中隊は夜間演習のため豊台の兵営を出発、芦溝橋西北方約千米の龍王庙に向つた。

当夜の演習課同は「敵主陣地に対する薄暮の接敵及黎明攻撃」で、龍王庙附近の永定河堤防から大瓦窑に向つて行ふ予定であつた。

午後四時半頃演習地へ来て見ると堤防上には二百名以上の支那兵が白シャツ姿で盛んに工事をして居る。

そこで彼等の作業修了を待つため一時堤防の手前約千米の位置に休憩、部隊はすつかり汗になつた上衣とシャツを乾し夕食

を喫した。中隊長（私）は演習仮設敵を配置し夕食をとりながら附近を観察して今夜は何か起りはせぬかとの予感がしたのである。なぜかといふと、二十日程前此処で演習した時何もなかつた永定河の堤防上に其三日後には鉄道橋頭近く幅二十米内外の二個の新しい散兵壕の胸墻が見え其の後工事を続けたらしく鉄道橋頭附近から上流龍王庙の北側に亙つて一連の散兵壕が完成しつゝあり、又堤防の手前に古くからあつた土饅頭が最近掘り返されて「トーチカ」の銃眼が此方に向つて口を開いてゐる。[2] もとより此の方面の険悪な状勢は十分承知し、最近旅団長、聯隊長からも注意があつたが之れ程迄に逼迫して居るとは予想しなかつた。

演習開始の予定時刻を過ぎ午後六時が来ても作業はなかく〳〵止みさうもない。

そこで私は兵を集め平素教育してある支那軍に対する兵の心得について具体的な問題を出して質問する等注意を喚起した後予定を変更して堤防の手前約百米の附近から之れを背にして部隊を配置につけ演習に入り薄暮から指揮官其の他特殊任務の者は前方に出て活動を始め、一般部隊の者は全く暗黒になつてから仮設敵の前方約二百米の線に移動した。此の間傍らの指揮班長に命じ又自ら注意して支那兵の動静を観察してゐたのであるが作業を終へてからも彼等の兵営に引揚げる形勢はなかつた。

此の夜全く風なく空は晴れてゐるが月なく、星空に遠くかすかに浮ぶ芦溝橋城壁と傍らで動く兵の姿が僅かに見えるばかりの静かな暗夜であつた。

午後十時半頃前段の訓練を終り明朝黎明時迄休憩（野宿）するため私は各小隊長、仮設敵司令に伝令を以て演習中止、集合の命令を伝達させた、喇叭を吹けば早く集合出来るが中隊では訓練の必要上夜間はなるべく喇叭を使はぬ習慣にしてゐたのである。

さて私が立つて此の集合状況を見てゐると遽かに仮設敵の軽機関銃が射撃を始めた、演習中止になつたのを知らず部隊が伝令を見て射つてゐるのだらうとみてゐると突如後方から数発の小銃射撃を受け確かに実弾だと直感した。

然るに我が仮設敵は此れに気付かぬらしく依然空包射撃を続けてゐる。そこで傍らの喇叭手に命じて急ぎ集合喇叭を吹奏させると再び右後方鉄道橋に近い堤防方向から十数発の射撃を受けた、此の前後に振り返つて見ると芦溝橋城壁と堤防上に懐中電灯らしきものゝ[3]明滅するのが認められた（何かの合図らしい）中隊長は逐次集合する小隊を区署して応戦準備を整へつゝある時兵一名行方不明の報告を受け直ちに捜索を始めると共に豊台にある大隊長に此の状況を報告し[4]其指示を待つことゝした。

行方不明の兵は程なく発見し伝令を以て之を大隊長に報告し爾後中隊のとるべき行動について色々考へ決心に迷つたが東北方の高粱畑と思はれる処に怪火を認めるに及んで遂に意を決し現在地を撤して西五里店に移動・午前一時頃こゝに到着して待機することゝなつた、到着後間もなく大隊副官代理亀中尉来着、其の連絡によつて大隊主力出動のことを知り其後大隊に先行して来た一木大隊長の指揮下に入つた。

之より先大隊長は豊台より北京の聯隊長に電話報告し「戦闘準備を整へた後芦溝橋の営長を呼出して交渉すべき」命を受けたことを承知し、次で大隊命令により一文字山占領の目的を以て将校斥候を一文字山に潜入せしめた。

こゝで今迄の事について少し説明を加えたいと思ふ。

(1) まず[5)]支軍の発砲が実砲射撃か空砲射撃であるか又射撃方向はどうしてわかつたかといふ問題である、空砲射撃の場合は発射の閃光（夜間だけ）と発射音（実弾が銃口を離れる瞬間に出る音）だけであるが実砲の場合はその他に弾丸が空中を飛行する時空気を破つて出す飛行音がある。

発射音は「トン」飛行音は銃口をへだたる巨離が近ければその速度も速く「パン」といふ音を出し遠くなるにしたがつて速度も次第に衰え、その音は「ピュン」更に遠くなると「シュン」と云ふやうに聞える。

そこでこの発射の閃光、発射音、飛行音、音の空気中における伝播速度等を考へたならば実砲か空砲の別、射撃方向、射撃位置がほゞ判るわけである、此の夜第一回発砲の時の閃光はわからなかつたが他の条件は総て揃つて居た、尚我中隊の小銃は全然（空砲も）射撃しなかつた。

(2) 次[6)]に敵の射撃を受けてから大隊長に会ふまで少なからぬ時間を経過してゐる、その間中隊長は何を考へ、何をしたかと云ふことである。

(イ) 行方不明の兵については、今夜の演習からみて遠くはなれてゐるとも思はれぬ、又敵弾は頭上相当高く飛んだのでその被害はまずなからう、もし支那兵に捕へられたとすれば演習開始前の注意に従つて何等かの処置を取つたはずである、それ故間もなく判るものと直感したが万一を顧慮して直ちに捜索の処置をとり暫く待つた。不法射撃に就いての報告を急ぐので捜索の結果を待つことなく之を併せ報告したのである（此の兵は約二十分後無事発見された）

(ロ) 兵発見後の中隊の行動については隠忍自重軽挙妄動を慎み支軍に乗ずる隙を与へず且つ上司の決心処置を容易にする方針の下に考へたのであるが決心に迷ひ容易に処置がとれなかつた、即ち上司の決心処置を容易ならしめるためには支軍発砲の証拠を得少くも支軍との触接を緊密にすることが望ましく又上司の指示あるまで事件を拡大せぬことも大切である、これが為俘虜を捕へ或は斥候を派遣して支軍の動静を捜索する等の積極行動は拙くすれば過早に戦闘を惹起し、不測の損害を招き或は支軍の術中に陥り却て上司の意図に反する結果となる虞れが多分にある。

又現在地を撤して過早の戦闘を避け行動の自由を得る為西五里店附近へ転進することも考へられるがそれは支軍との接触を保つに稍々不便である。

以上相反する要求のため決心処置に迷つたので結局無策に終り殊に行方不明の兵発見に就いて中隊の位置移動と同時に報告し度い考へから其の時期が著しく遅れたのは良くなかつたと思ふ。（此の報告は大隊長の豊台出発後届いたことになつた。）

2　戦闘経過の概要

八日午前二時半頃駐屯隊は西五里店に集結を終り一文字山南北の線を占領、午前三時半頃龍王庙方向に三発の銃声を聞く。こゝに於て大隊長は敵の対敵行動確実と認め払暁攻撃準備の必要を感じ、第八中隊（機関銃一小隊配属）に龍王庙北側堤防を占領待機すべく命じた。

午前四時二十分大隊長[7]に聯隊長に電話を以て再度発砲の件を報告した処聯隊長より「断乎戦闘するも差支なし」と明言せられ茲に攻撃の決心を固め次て冀察政府並に第二十九軍顧問の桜井少佐[8]と会見して次の通報を受ける。

イ　今馮治安（第三十七師々長）に会つたが馮が「自分の部下は城外には絶対に居らぬ、若し居るとすればそれは匪賊だらう」と明言したこと

ロ　城外に配兵せられて居るものは攻撃も差支へないが城内には多数良民が居るから攻撃は待つてもらいたいこと。

午前五時大隊長は芦溝橋北側鉄道線路以北の地区より城外の敵を攻撃する決心を以て要図第二の如く部隊を展開し一斉に前進を始め、一文字山附近の歩兵砲に射撃を命じたが実行しない、そのうち連絡があつて此の頃聯隊長から支那側との交渉員として派遣され、一文字山にあつた森田徹中佐の命令で射撃を中止したとのこと（同中佐は早く北京を出発したので新情勢に基く聯隊長の意図を知らなかつた）で再度の要求にも応ぜず、其の後同中佐との連絡交渉に手間取るのを予想し第一線の前進を停止して朝食を喫すべく命じ各隊戦線を整理して朝食を始めた時龍王庙方面の敵が俄然射撃を開始したのである。

之より先、龍王庙北側を占領待機を命ぜられた第八中隊は漸く訪れる黎明（薄明り）と丈高く繁茂する高粱や「とうもろこし」の畑を利用し行動秘匿しつゝ前進、龍王庙東北方約三百米畑の縁端に出た、此れより前方堤防の間には之に沿つて幅約百米の水田地帯が連り爾後の前進は龍王庙の北約五十米を左翼とする散兵壕一帯に充満する敵に側面を暴露しつゝ水田の障碍を通過せねばならぬ。

そこで中隊長は爾後敵を欺きなるべく之に接近して展開する方針を以て各隊に諸準備を命じた、即ち二小隊を第一線、一小隊を予備隊とし、配属機関銃と予備隊とを現在地附近の畑、並に柳並木にかくれて陣地を占領させ其の掩護の下に第一線は平素の演習の如く行動して障碍を通過し、一部を永定河の中州又は右岸に進め其到着を待つて左旋回し敵陣地に近迫する。（左旋回の時機まで第一線部隊は小隊長の外一兵と雖も敵陣地方面を見ぬ様努めること、停止時はなるべく左側方からの射撃を顧慮して停止する等細部の指示を与へた）

此の準備間江畑兵長等数名の兵（勤務のため兵営に残留中昨夜駐屯隊主力と共に追及したもので警備出動の服装）が各自の携行した鉄帽を幹部に差出して断られ、固く辞退する初年兵を押へて頭に被らせやうとする情景を見て眼頭の熱くなつたのを今も忘れられない。余談になるが陸軍恤兵部発行の絵ハガキに支軍発砲当時の状況を画いた中に色々事実と相違するものがある、実感を表はす為已むを得ないと思ふが唯一つ指揮官以下悉

く鉄帽をかぶつてゐるのは今になつて見ると遺憾に思ふ、中隊長は二日後に行はれる中隊教練検閲を控へて兵の過労を防ぐ為め極度に携行を軽減し鉄帽も携行せず其のまゝ戦闘に参加した次第で険悪な情勢を軽視恥しい失態であつた。

さて諸準備を終り行動を起して第一線小隊と共に堤防上に上つて見ると永定河は数日前の降雨で著しく増水し濁流が緩かに流れて居る、此の附近の河幅は約二百米で乾燥期には水深浅く渡渉容易であつたが今偵察の結果流れの中心部では深さ八十糎以上、河床は泥濘で渡渉困難なことを知つた、そこで右小隊を前岸に進めるのを断念し堤防と其斜面以外に展開の余地がないので之れを予備隊に加へ第一線は一小隊のみとした。

此の間秘かに龍王庙（堤防上にある小さい庙）を観察するに幸ひ何の施設もない、堅固な家屋防禦を施してあれば爾後の攻撃に少からぬ障碍となつたであらうが幸ひ工事完成前で天佑と云はねばなるまい。

そこへ大隊本部書記来着、大隊攻撃命令の要旨を聞き、又大隊主力第一線は既に陣前約三百米に進出したことを知り、河川の状況について報告を依頼(此の報告は大隊長に届かなかつた)した後敵前近く第一線を推進すべく第一小隊長野地少尉と共に部隊の先頭にあつて前進普通（歩く速度）を始めると之れまで壕外に立つて我が方を監視中の支軍将校等が急遽壕内に跳込んだと見るや同時に壕内から[9]一齊射撃を受けた。

茲に於て中隊は直ちに応戦、機関銃の掩護射撃の下に敵陣地に突入、退けるを追つて一挙龍王庙南側に進出した、時に午前五時三十分、東天低く垂れこめる暗雲を破り旭日燦として輝き我将兵の意気愈々上る。

此の頃主力機関銃、歩兵砲も射撃を開始し中隊は其協力の下野地少尉を終始先頭に突撃と追撃とを反覆敢行して敵陣地を縦貫席捲、突撃開始後僅か七分にして鉄道橋頭北側に達しこゝに第七中隊の先頭部隊と相会するに至つた。

一方一時敵前近く停止した大隊主力第一線は龍王庙方面に銃を聞くや直ちに攻撃前進に移り熾んな敵弾を冒して前進、特に左第一線第七中隊の如きは左後方城壁上よりする敵弾の下城外西側部落より逆襲する約百名の敵部隊に突撃を敢行する等随所に敵を撃破して堤防の線に進出し、茲に橋頭以北の敵陣地を完全に占領したのであるが第一線、殊に第七、第八両中隊が一時橋頭附近に蝟集し永定河両岸と城壁上よりする猛烈な十字火竝に時々附近に炸裂する迫撃砲弾のため漸く死傷者を出すに至つた。

大隊長は第七中隊に尾して堤防に突入し右の情況を目撃して当初の決心（左岸の敵を撃攘して爾後の交渉に任ずる）を変更して城内と城外村落附近にある敵の退路を制する位置に進出し爾後の処置を講ずるが得策と認めて第一線諸隊に右岸へ進出を命じ之を督励した。右命令に基き全線追撃に移り或は鉄橋上を、或は其上の濁流を渡渉し敵砲火特に中ノ島兵営附近の側防機関銃よりの猛火を冒して右岸に進出し一部の敵を撃破した後概ね長豊支線に沿つて停止し戦線を整理して死傷者の収容、後方との連絡、弾薬糧食の補充に勉めつゝ待機し、午前十一時頃芦溝橋城内支軍の武装解除の為左岸地区に後退集結すべく聯隊命令を受けた。

然しながら敵火殊に側防機関銃の猛威によつて永定河の渡河は勿論、中州にある我死傷者の収容さへ殆ど不可能な状態であつて昼間の移動困難の理由を以て其実施を延期せられ、爾後幾多情勢の変化と聯隊命令の変更があつて漸く日没後行動を起し、午後十一時半頃一文字山東北側に集結して聯隊長の指揮下に入つたのである。

編註 (1)支那駐屯歩兵第一連隊第三大隊(大隊長少佐一木清直)は第七、第八、第九の三個中隊で編成され第八中隊は七月七日当日、兵力百三十五名を有した。(第一連隊戦闘詳報)

尚同中隊の警備出動時は鉄帽、背負袋、地下足袋をつけ、弾薬は、規定弾数(小銃一銃につき三〇発、軽機関銃一銃につき一二〇発)のみを携行した。(清水氏の記録)

(2) 「第三大隊戦闘詳報」は、中国側のこのような変化の一因は、五月末から六月における支那駐屯軍の行事関係のためであつたろうと推察して次の各項を挙げている。

1、演習計画のため、五月長辛店付近の偵察を行つた。

2、六月以降駐屯隊の中期訓練に入り特に夜間演習が増加した。

3、軍の随時検閲のため芦溝橋東側で演習を行い軍幕僚等が一文字山に参集した。

4、旅団長、連隊長が、教育視察のため此付近一帯を視察した。

(3) 電灯火らしきものの明滅については、連隊、大隊戦闘詳報は共に記載していないが当時の朝日新聞は清水隊長の手記を掲げその中に、「……(前略)芦溝橋の方向に合図らしき電灯火をみとむると同時に(後略)」という一節がある。この点についての編者よりの質問に対し、清水氏は、「此の他にも細かい事はあるが詳報に載せる必要も感じなかつた。或は大隊長にも話さなかつたかも知れませんが之は事実です」。と編者宛書簡で回答している。

(4) 清水中隊の報告伝令岩谷曹長は、豊台兵営の大隊本部に向う途中帰営の途次にあつた第七中隊に遭遇して以上の状況を通報し(第七中隊長は既に射撃の銃声を聞いて、大隊長に報告伝令を出発させていた。)更に正午稍前豊台に到着して大隊長に報告を行つた。報告に接した一木大隊長は闇夜における原因不明の射撃については、さして重視しなかつたが、兵一名の行方不明は「一大事」(昭和十三年六月二十八日より七月八日に至る朝日新聞「芦溝橋事件座談会」における一木中佐の発言)と感じ直ちに警備呼集をなす決心を行うと共に在北平牟田口連隊長に電話して「大隊は直ちに警備呼集を行つて芦溝橋に赴き支那側と談判したい」旨を述べると、連隊長も同意して、「豊台部隊は直ちに出動して一文字山付近を占領し、夜明を待つて宛平県城にいる営長(大隊長)と交渉すべし」と命じた。当時、北平警備司令官河辺少将は、旅団検閲のため山海関に出張、中、牟田口連隊も、城内に一中隊を残して、他は通州で演習中であつたので、牟田口連隊長は、自ら、北平警備司令官の任務を代行し、取りあえず、通州の第一大隊長に対し、直ちに集合して、北平に帰還することを命じ、一方松井特務機関長に以上の状況を通報して、支那側首脳部に対し厳重抗議を申し込むことを依頼した。

十二時十分冀察外交委員会は松井機関長からの通報を北平市長兼副軍長秦徳純に報告し「松井は兵士が一人行方不明になつているので宛平県城に入城して捜索したいと云つているが如何処置すべきであろうか。」（東京裁判における秦徳純供述書及び証言。）と指示を仰いだ。

秦徳純は折り返し「日本軍が何等許可なく演習している時の事であるから兵士の行方不明に対して当方は責任を負えない。もしそのような事実があれば、即刻当方の警察が捜索する。」（同じく秦の供述。しかし日本軍の演習権は法的根拠を持つているので秦の供述は正しくない部分を含んでいる。）と答えた。

しかし日本側特務機関及び牟田口連隊長は、「宛平県城の東の城門を占領して現地の交渉を容易ならしめよう。」（前記座談会における寺平忠輔大尉の発言）という方針であつたから当然この回答には不満であつた。

秦徳純は即刻又回示して「日本人はどうしてこう野蛮で訳が分らぬのであろうか。我方は自衛のため、専ら強硬に抵抗せよ。」（前記秦供述書）と命じ、尚宛平県城及び長辛店を守備している第二百十九団長吉星文（団部は長辛店）及び、行政専員兼宛平県長王冷斉に対し、日本軍の演習及び兵士失踪の有無の情況について調査すべき旨を指示した。間もなく、吉星文より連絡があり豊台方面に派遣した将校斥候の報告によれば、日本軍隊凡そ歩兵一大隊が砲六門を携え、今正に豊台から芦溝橋方面に向つて前進中であると報じて来たので、秦徳純は即刻第二十九軍副軍長の資格を以て団長に命令を発し「芦溝橋及び宛平城を確保し日本軍の一兵一卒たりとも進入させるな。尺寸の国土と雖も放棄するな。守土有責の義に基き芦溝橋と宛平城は即ち我等官兵の最光栄最貴重の基地とし城と存亡を共にせよ。」（前記秦供述書）と激励すると共に吉団長に一営を増派して、自ら引卒し芦溝橋に至つて守備に任ずるよう命令した。

さて、連隊長からの指示を受けた一木大隊長は警備呼集をかけて在豊台余兵力を集結し、午前〇時二十分左記のような大隊命令を下達した。

歩兵第一連隊第三大隊作戦命令第一号

一　芦溝橋支那軍は該地付近に於て夜間演習中の第八中隊に対し発砲す。第八中隊は演習を中止し、応戦の態勢にあり、又、兵一名は行方不明にして目下捜索中なり。

二　大隊は警備小隊一小隊を残置し主力を以て芦溝橋に向い前進せんとす。

三　略。

四　集合後は中島大尉之を指揮し長豊支線以北の地区を芦溝橋北側に向い前進すへし。

五　略。

(5) 清水氏は筆者への手紙の中で更に、次に掲げるような詳細な説明を行つている。「パンパンパンと数度の飛行音を聞き、其の後で発射音を僅かに聞いたと記憶しています。我仮設敵のLG（軽機関銃）が連続射撃しているやかましい音の中だが側を通るパンパンの音は静かな晩であるから仮命、私の位置から五十米位離れていても聞えたと思います。（LGのトントンと云う発射音の間を縫つて）当時の弾丸は夜間射撃の常例に従つて相当頭の上高く飛んだが十米内外の様に記憶しています。（低くて数米？）

又実砲が銃口を離れた瞬間の発射音々波の伝播速度（一秒間三三〇米（は其の直後の弾丸の飛行速度（六七〇米？）より遅いので千米そこその近い巨離で見ていれば先ず閃光が見え、次にパン、次でトンの音が聞えるので、此の時私はパンと最後のトンを聞いて実包であることと、凡その方向を知つたので、閃光は後を向いていた兵もあるので、誰か見たと思うが（私自身之れはさほど問題でなかつたので、今はつきりした記憶はない。）次の射撃は記事でお判りと思うが最初の射撃から二分間位後です。（或はこれ以内）

最初の射撃は我がLGの空砲射撃の閃光を見て、これを目標に、次の射撃はラッパ号音を聞いて射つたものでしよう。」

(6) 第八中隊が射撃を受けたのは、十時四十分頃清水中隊長が、一木大隊長と会合したのは、午前二時三分（大隊戦闘詳報）である。即ち、註(4)の大隊命令を発した後、一木大隊長は若干の将兵を伴つて、事件現場に先行し午前二時三分、西五里店西端にて第八中隊長と遭遇し、行方不明と伝えられた兵士は既に発見された旨の報告を受けたが「連隊長からも交渉すべき旨命令されているし、又これで打切つたということになると、支那側が何と宣伝するか分らぬ。豊台事件の前例もあつて、実砲射撃をやれば、日本軍は、演習をやめて逃げて行くという観察を彼等に与えるのは遺憾だからこれはどうしても厳重に交渉しなければならぬ。」（前記座談会における一木中佐の発言）と決心して、付近要点である一文字山の占領を適当と考え、三時三十分頃大隊主力を一文字山に配置した。

尚行方不明と伝えられた兵士は本文記事中にあるように、約二十分後発見されたが、此の兵は実は用便のため一時隊列を離れていたものであつた。兵士行方不明の報告が、連隊長、大隊長に与えた心理的影響は大きいものがあつた。又、兵士発見の報告が、直ちに、上司へ報告されていたら、紛争を最小限に防止することが出来たのではないかという疑問が起る。この点について清水氏は書簡の中で次のように答えている。

「用便中だつたというが呼集ですぐ集れなかつたのは何故か。此の点については、記憶もはつきりしませんが、伝令斥候に出て道を誤り、帰つた時は元の位置から、所属隊が移動した後で暗夜ではあり、中隊の位置に来るのがおくれたとか、伏せたまま寝ていたとか、或所説の通り中隊の演習地を離れ（許可なく）大便に行つていてラッパ号音も予定の演習中止で後は休と知つていて呑気にやつていたとも考えられる。之等は事実であつたとしても、それを詳報如き後世に残るものに記載して終世本人の恥をさらすことが出来るでしようか。

又もう少し兵を探して見てから報告したらどうだつたかという点については、すぐ捜索の処置をとり、発見に至つたものであるが、記事の如く事故を想像されなかつたので伝令の曹長にも此の件を報告させた筈だつたが（曹長は演習中後、終始私の側にあつて、此の事情も知つていた筈）之も今の記憶は、はつきりしない。唯不法射撃を受けた事の報告が急を要すると思つたので十分な捜索の結果を待つことなく伝令を急派したことはたしかです。兵士発見の報告が少々おくれたのは、私の失策であり、兵士は故意や横着でやつたのではないし、翌日の戦闘にもよく働いたので処分はしなかつたのです。」

他方中国側の処置を見ると秦徳純からの指示を受けた王冷斉宛平県長は部下をして城内外を捜索させたが、行方不明の兵士を発見出来なかつたので、自ら北平に赴いてその旨秦徳純に報告した。二時頃から冀察保安隊本部で日華双方の代表が協議することになつたので、日本側からは、松井大佐及び桜井顧問が、中国側からは、王冷斉魏宗瀚（外交委員会主席）、林耕宇（外交委員）、周永業（綏靖公署交通署長）が出席した。

席上、松井は、「行方不明の兵士は帰隊したとの報告を受けたが、どうして失踪したか、それを調査する必要がある。」と主張した。王冷斉は「どうして失踪したかは、当の兵士に聞けば、分るだろうし、充分な調査をするなら、両方から派遣員を出したらよかろう。」（「中日軍事発展史」中所載王冷斉の手記）と述べ、又牟田口連隊長よりの要請もあつたので、結局現地調査のため、桜井寺平、（特務機関補佐官）、斉藤（通訳官）、王冷斉、林耕宇、周永業の六人が出発することになつた。

一行は先ず牟田口連隊長を訪れ、連隊からは森田徹中佐を同行させることになつた。牟田口は、調査団の調査、交渉を容易ならしめるため、必要に応じ断乎たる処置に出で得る姿勢にあることを適当と考えて、歩兵約一中隊、機関銃一小隊を冀察側調停委員と同時に宛平県城東門内に進入させ、第三大隊の主力を芦溝橋停車場西南側付近に集結し、何時でも戦闘を開始し得る態勢にあるべきことを指示していた。（前記第一連隊戦闘詳報）

王冷斉一行と牟田口連隊長の会見の状況については前記芦溝橋事件座談会の中で寺平大尉が次のように語つている。

「私は林と王を連れて、部隊本部に行つて牟田口大佐殿に紹介した。すると部隊長はいきなり立ち上つて林に対して「又やつたじやないか。」と怒鳴りつけられた。すると林は震え上つて「誤解からです。」と答えると、部隊長は「誤解のことについてはこの前にも云つてあると叱咤された。これはこの前の豊台事件の時も林が同じような返答をしたからであつた。」とある。

次いで、牟田口は王冷斉に対し、「文官たる君が支那軍の行動を制止し慰撫する権限と自信を有するか。」と質問した。

牟田口が王の権限について追及した理由は、前記戦闘詳報中の「附記――交渉員の資格を訊したる理由」に次のように記述されている。

当時支那側交渉員の態度より察するに彼等は真に本事件を以つて遺憾とし、其非を謝し速に芦溝橋付近の支那軍隊に対し、絶対に射撃を止めしめたき熱意は之を認むるを得たり（中略）しかし、軍人に非ざる者を以つて之に当て侮日感情に燃える無智の軍隊に対し之に絶対命令権を有するものにあらされは、此際の交渉員としては不適当なりとし、少くも旅長位を派遣せしむるを可なりと信じ（中略）特に当時宋哲元不在にして、平素南京側と策謀ありとの噂ありし秦徳純之を代理したる情況なりしに鑑み、彼は同穴の貉たる馮治安と協議の上、本事件を拡大せんとする故意に出でたるものと見るを至当とすべし。

一方王冷斉の手記によると、牟田口の権限追及に対して彼は「現在我々が考えるべきことは調査の任務である。事態がまだはつきりしていないし処理し切れるとは云い切れぬ。更に此の事件の責任が何方にあるのか現在では臆測出来ない。」と答え、更に「先ず調査しそれから処理方法を談ずるのが適切である。」と主張し結局牟田口も王の主張をみとめて、一行は午前四時自動車で芦溝橋へ向つて出発した。

(7) 牟田口連隊長は調査隊一行が出発した後電話で一木大隊長を呼び「交渉のため森田中佐を派遣したから、その指示を受けるように。」と通報したが、同時に、一木から「三時二十五分、龍王廟方向に三発の銃声を聞いた。この状況では宛平県城を攻撃しなければ、爾後の交渉は円滑に行かないと思うから断然攻撃したい。」という報告及び意見の具申があつたので、暫時考慮の上、「即刻反撃すべし」と命じた。一木は「容易ならざる決心」（前記座談会における一木の発言）であることを悟り連隊長の真意を再度確認し四時二十分の命令受領であることを確めて電話を切つた。二回目のこの射撃が誰によつて行われたかは、はつきりしないが、今井武夫氏は「芦溝橋事件の謎」（サンデー毎日昭和二十六年新秋特別号）の中でこの射撃は新たに長辛店から龍王廟に送られた中国軍の増援隊によつて行われたものであるとしている。時間及び、周囲の情況から見て秦徳純からの命令で前進中であつた吉星文団によるものであつたと推定される（註(4)参照）

第三大隊戦闘詳報によると、一木はこの銃声が聴えたことによつて「冀察軍の対敵行動の確実なるを知ると共に、単なる戦闘準備にては不充分なる場合ある連顧慮し、戦術上の判断に基き、払暁攻撃準備的配置を必要」と考え、第八中隊を北西方に進出させ、次いで、電話に出るため、西五里店東方迄出かけて行つた。

又牟田口氏の手記によると、一木から報告を受けたので牟田口は「三時二十五分と云えば、既に彼我の識別が明瞭に分るのではないか。」と反問、一木は「左様です。明瞭に分ります。支那軍は確かに、日本軍と知つて射撃したものと思います。」と答えたので牟田口は、「日本軍と知つて射撃した以上、更に隠忍を重ねることは、我が威信を失墜するものである。もはや自衛権の発動止むを得ない。」と決心して一木の意見具申を容認したのであると。

前記座談会一木の発言によると、一木の意見具申に対し「牟田口大佐は暫く考えて居られたようだが「やつてよろしい。」と電話口で云われた。私は実は部隊長はまさかやれとは仰らんかも知れぬと思う位の腹で申したのが、本当にやつてよろしいとなると重大問題であるから、本当に間違いないかどうか本当にやつてよろしいんでありますかと云うと、牟田口部隊長はやつてよろしい。今四時二十分間違いない」とこういう風に時刻と共に明瞭に云われたので私は「やります。」と云つて電話を切つた。」とある。

(8)　牟田口から、反撃の命令を受けた一木少佐は帰途西五里店付近で、特務機関から直接先行して来た桜井少佐に遭遇、桜井から本文記事のような情報をきいた。一木は考慮の上城内は挑戦して来ない限り、攻撃しない旨約し、一方桜井は城内に赴いて大隊長と会見し、城内の部隊を戦闘に参加させぬよう努力するため宛平県城に向つた。

一木が一文字山に帰還して、大隊を率い、戦闘隊形に展開して、前進を開始し、歩兵砲隊が龍王廟に対する射撃準備を完了した時、調査隊が到着した。

その時一木大隊長は前方の既設陣地に敵兵があることを望見し、歩兵砲隊に射撃を命令したが、森田中佐は、北平出発に当り、連隊長より指示された所に基き、兵力を部署して交渉を開始しようとして、大隊の攻撃を中止させた。

(9)　森田中佐の指示によつて、一木大隊は前進を中止して、その場所で食事に入つた所、之を見た中国軍は日本軍を「怯懦と誤り」（第一連隊戦闘詳報）再び射撃を加えた。一木は直ちに攻撃開始を下令し、森田中佐も之を是認した。時刻は五時三十分、折しも暗雲を破つて、東天に太陽が昇つた。

清水氏の記録はここで終つているが、一木大隊と、一部中国軍が芦溝橋と永定河周辺で戦闘している八日中に宛平県城内及び、北平、天津、東京における事件処理はどのように進められていたか若干付加えておきたい。

1　宛平県城を中心とする両軍交渉

一木大隊の攻撃が開始される直前、桜井少佐寺平大尉等は城内で支那軍大隊長金振中と交渉をつづけていた。金は「城外には私の軍隊は居ない。射撃したことはない。」と主張し、桜井との間に激論が闘わされた。

寺平は県城東門の中国軍を西門迄後退させ、日本軍は東門に位置して、調査、交渉を続行することを主張したが、金及び王冷斉等は之を拒否した。折から城外では一木大隊の攻撃が開始された。桜井は白旗を持つて城壁上に上り、更に城外に出て、射撃を停止するよう努力したので宛平県城の中国軍は殆んど戦闘に参加しなかつた。一方、牟田口連隊長は八日午前九時二十五分森田中佐に対し「一木大隊を指揮」して「芦溝橋支那軍」に対し、永定河右岸に撤退を要求し、要すれば武装を解除すべ

— 92 —

し、芦溝橋占領は軍（註支那駐屯軍）の意図なるを以て、速に敢行すべし」（第一連隊戦闘詳報）と命令したが、午後一時北平を出発して一文字山に至り直接連隊の指揮に任じた。次いで、河辺旅団長も午後三時三十分豊台に到着した。

城内では桜井、寺平の両名が、前に連隊長の示した方針で[1]交渉をつづけていたが中国側が容認しないため、河辺旅団長は第一大隊の到着を待ち明朝を期して、宛平県城を占領する計画を樹て、第三大隊に対し、龍王廟付近で渡河して、左岸に転進するよう命令した。

更に牟田口は午後五時頃城内に手紙を送って、永定河右岸撤退を含む、三ヵ条の最後通牒[2]を提出したが、王冷斉等は之を拒絶した。

この間対峙する両軍の間に、時折り、砲射撃が交され、夕刻になると日本軍の歩兵砲弾は城内に次々と落下、専員公署其の他の重要建物が破壊され、金大隊長も負傷した。城内には殺気がみなぎり、形勢は絶望的[3]となつた。

その夜、十一時過ぎ、龍王廟北方八宝山方面に進出していた中国軍は一斉に夜襲を行つたが、何ら見るべき効果なく攻撃は自然に停止した。

(1)　桜井、寺平は、王、金等と交渉をつづけていたが、王は調査権のみしか持たぬと主張し、金も守備任務を守るのみであると云うので、交渉は一向に進捗せず、屢々北平の秦徳純に連絡して、より責任ある代表を送ることを要請したが要領を得ないので、正午頃寺平のみは北平で交渉を妥結する意図で城を脱出した。

(2)　前掲王冷斉の手記によれば、手紙の大要は左のようなものである。

(イ)　午後八時迄に中国軍は河の西に撤退し、日本軍も河の東に撤退すること。時間が来たら、大砲により城の攻撃を行う。

(ロ)　城内の人民に通達して城外へ移動させること。

(ハ)　城内にいる日本人顧問、桜井通訳官斉藤等は出城させること。

之に対し王冷斉は、

(イ)　本官は軍人でないから撤兵のことに関しては答えられない。

(ロ)　城内の人民は当方に方法があるから、御配慮願う迄もない。

(ハ)　桜井等には、既に出城を云ったが、彼等の願いで残っていること。

と回答した。

(3)　当時、城内北平間の通信連絡は絶え、大隊長は龍王廟から逃げ帰った兵を斬り棄てるという興奮状況で、桜井少佐は「協定万策つきた。運命を天に委せて、城と共に生死を決せんとす。五時四十分」と記した。（前記座談会桜井の発言）

2　北平の交渉

八日昼中北平市内は厳重な戒厳下に置かれていたが、冀察政権要人は何れも不在と称して日本側との会見を回避した。

夕刻から松井特務機関長、今井駐在武官と秦徳純、馮治安等の間に会談が開かれ、同時に天津でも橋本軍参謀長と張自忠の間に会談が進められたが、午前三時に至つて漸く協議が成立し、次の三項を決定してとりあえず両軍とも停戦を命令した。

(イ) 双方は直ちに射撃を停止すること。

(ロ) 日本軍は豊台へ、中国軍は永定河右岸へ撤退する。

(ハ) 宛平県城の守備は対日敵意稍濃厚な第三十七師を転配し、冀北保安隊に担任させること。

当時河辺旅団は黎明時を期して宛平県城攻撃を開始する態勢にあつたが、停戦協議成立の報を得たので、午前八時、河辺旅団長は攻撃準備中止の命令を発し、旅団兵力を芦溝橋付近に集結し、中国軍の協定履行の確否を監視すべき旨指示した。

3　東京の反応と支那駐屯軍の処置

芦溝橋の日華衝突は東京にとつては全く予期しない突発事件であつた。

事件翌朝支那駐屯軍参謀長からの電報々告を受領した陸軍統帥部では一般に従来の此種事件と同様な小規模の局地紛争であり、現地当事者間で容易に解決されるであろうと判断したので、首脳部も対策協議のため更めて、会議を開くことなどなく関係主務者が通常の事務要領によつて連絡を進めた程度であつた。

翌八日も陸軍中央部は事件に関する公式の見解を明らかにせず、支那駐屯軍に対する指導も行わず、むしろ静観の態度を持したが、其の後現地軍より到着した報告によると、中国側の態度は[1]「必らずしも直ちに事態の終熄を思わせるものがなかつた」ので同日夕刻六時四十二分とりあえず参謀総長から支那駐屯軍司令官に対し[2]「事件の拡大を防止するため、更に進んで、兵力を行使することを避くべし。」との電命を与え、同時に情勢の推移と、[3]関東軍からの兵力救援の意見具申とを考慮して、次のような[4]陸軍中央部対処方針を決定した。

一、事件不拡大の方針は、従来出先には充分徹底してあるので、今の処支那駐屯軍の所信に任せる。不幸にして内地より出兵を要することになつても極力平津地方の局地事件として収拾したい。

二、事態がもし悪化拡大する場合には十分な兵力を派遣して、速に解決を期する。（後略）

三、東京以西の各師団に対して、翌九日の予定である歩兵部隊の除隊を延期する。

一方、天津の支那駐屯軍司令部では夜半全幕僚が集合、重病の田代軍司令官の代りに橋本参謀長が指揮を取り直ちに中央部へ報告を行うと共に検閲のため、南台寺にあつた河辺旅団長に対し至急天津を経由して北平へ帰還することを命じた。

翌朝幕僚会議を開いて改めて不拡大、現地解決の方針を決定し、南苑西苑にある中国軍主力に対しては、積極的に攻撃を行うことなく、在天津の我兵力の主力を速かに豊台に前進し、他の部隊は随時出動の態勢で待機させ、関東軍等に兵力の増援を要求しないこととした。

(1) 参謀本部編「支那事変陸戦概史」上巻。

(2) 臨時参謀本部命令第四〇〇号指示

(3) 関東軍は、数年来華北問題については強硬な方針を以つて臨んでいた。事件発生の報に接した関東軍は八日早朝幕僚会議を開いて、ソ連の内紛のため「差し当り北方は安全を期待し得るからこの際冀察に一撃を与えるべきである」との結論に達し、直ちに中央部へ関東軍は何時にても出動し得る態勢で指示を待ちつつある旨電報し、更に支那駐屯軍に以上のような関東軍の見通しと決意を伝えて激励するため、同日参謀副長今村均少将を天津に派遣した。（今村均回想録）

(4) 前掲支那事変陸戦概史上巻

4 其の後の推移

以上七日及び八日の二日間に限定し、事件現場を中心として、記述したが、其の後の推移について、簡略に付加えておきたい。

(イ) 七月十日の派兵決定

九日の松井秦協議によつて、両軍は一応停戦を行つたが、中国軍の撤退の遅延と、両軍第一線の小規模な紛争の連続は絶えず、しかも中国共産党の即時開戦論に刺戟された中国民衆の対日抗戦論の沸騰、中央軍北上の情報等の諸要素から判断して、陸軍統帥部は、十日夕刻支那駐屯軍の危険に備える意味で内地三個師団の動員を決定翌十一日閣議の承認を受けた。

(ロ) 七月十一日現地停戦協定の成立

今井北平駐在武官を中心として日本側と、冀察の間に進められていた停戦協定は難航の末十一日夕刻漸く成立した。しかし同日日本政府の行つた派兵声明は協定成立の効果を著しく弱めた。陸軍統帥部は直ちに、前夜決定した。三個師団動員の延期を発令した。

(ハ) 拡大派と不拡大派の対立

前記のような参謀本部命令から見ると陸軍中央部は不拡大方針に一致していたかのように見えるが、内実は必らずしもそうではなかつた。陸軍中堅将校と一般国民の大部分が中国民族運動の本質と地理的特性を理解しない軽々しい一撃論（暴支膺懲の合言葉）を主張した。当時新国防方針による対ソ戦略第一主義の立場から、中国との戦争を極力回避しようとする石原参謀本部作戦部長の立場を支持するものは参謀本部では第二課（戦争指導担任課長河辺虎四郎大佐）陸軍省では軍務課（課長柴山兼四郎大佐）であり、他方一撃論は参謀本部第三課（作戦編制担任課長武藤章大佐）と陸軍省軍事課（課長田中新一大佐）を中心として、中堅将校の大部分を含んでいた。

又関東軍朝鮮軍は一撃論の線でまとまり、支那駐屯軍では、軍司令官参謀長、作戦主任（池田純久中佐）及び今井北平武官が不拡大派情報参謀の和知鷹二中佐と、専田盛寿少佐等が拡大派と云われ拡大派は相互に水平的連絡を行つて、強硬論を鼓吹した。

七月二十七日、南苑総攻撃の命令が下る迄の約二十日間日華両軍相対峙する背後で、拡大、不拡大派の激烈な論争がくり返され、一方、中共に、支援された国民党も漸く、対日抗戦の決意を強固にして行つたのであつた。現地軍に拡大派分子がいたこと、又、日本軍と国民党、中共の中間に立て微妙な動きを示していた宋哲元と之をとりまく、旧西北系軍閥の策動などの事実が芦溝橋事件を、彼等の政治的陰謀であるとする所説の温床をなしたのであるが以下、今日尚謎とされている、芦溝橋第一発の犯人について、若干考察してみたい。

(5)(イ)　六月二十六日の戒厳令

　事件勃発の約十日前、冀察政権は北平で密かに戒厳令を実施し、第三十七師長の馮治安が戒厳司令を兼任した。戒厳令実施の理由は、はつきりしなかつたが、日本軍の演習が頻繁になつたためとも、又土匪に等しい劉桂堂や孫殿英の一党が冀東の殷汝耕と通謀し、一部日本浪人も参加して北平奪取を計画しているためだという流言が中国人間に飛んでいた。(今井武夫「芦溝橋事件の謎」サンデー毎日 昭和二十六年新秋特別号)

(ロ)　陸軍省岡本中佐の派遣

　十二年四、五月頃から、陸軍中央部に、支那駐屯軍が華北で何事か、新事態を起そうと工作している気配があるという情報が入つて来た。情報のソースは現地の邦人が上京した際に伝えるものが、多かつたが、石原参謀本部第一部長は心配して、河辺第二課長から私的に兄に当る現地河辺旅団長に依頼して事態を調査させたり、六月には軍務局の岡本清福中佐を華北に派遣して、噂の真偽を確めさせたが、同中佐の報告によると、何等そのような兆候はないということであつた。(田中新一、「日華事変拡大か不拡大か」知性別冊昭和三十一年十二月)

(ハ)　芦溝橋城壁の弾痕

　六月二十九日夜間宛平県城々壁に実弾射撃を加えた者があつた。冀察側からの抗議によつて、河辺旅団長は、極秘裡に豊台の部下部隊を調査したが、該当の事実を発見し得なかつた。(前記今井)岡村寧次氏は城壁の弾痕は北の長い正面に真北から射たれたものが大部分であり、これは中国軍或いは第二十九軍に潜入していた青年共産党員がやつたことを示すものであると解釈している(「丸」臨時増刊「大陸軍秘史」昭和三十一年十二月)

(ニ)　事件の予告

　今井北平駐在武官が事件の前日即ち七月六日、ある会合の席上で旧西北系(馮玉祥)の冀察保安総司令石友三から、事件を暗示するような言辞を聞いている(前記今井)

以上のような事実から考え合わせて、七月七日夜の射撃が何者かの陰謀であつたということも充分根拠のある所説と云い得よう。

　何れにしても宛平県城の中国軍の一部が毎夜龍王廟付近トーチカに進出していた形跡があり、彼等によつて射撃が行われたという公算が最も強く、当時日本側は何れもそのように判断していた(翌八日の戦闘でこの付近に二十九軍の制服を着用した中国兵の死体が相当数遺棄されていたことは、この確信を強めた。)しかし、それが事実であるとしても、上級指揮官からの命令によつて行われたという証跡はない。当時の日本側関係者の大部分もその点については最初から否定的であり、むしろ第三者の陰謀特に、中国共産党の二十九軍下部工作によるものではないかとする見解が強く、それは今日も変つていない。この問題については前掲今井武夫「芦溝橋事件の謎」参照、尚之迄に挙げられた犯人説の主要なものを列挙すると、

1 日本側となす説……支那駐屯軍参謀或は特務機関の個人的陰謀となす説で、是迄二、三人の名前が挙げられたが、何れも推量の範囲を脱するものでなく、現地の事件関係者は殆んど之を否定する。

2 中国側となす説……

(イ) 恐怖説……日本軍の夜間演習を目前に見た冀察兵士が恐怖に駆られて射撃したのではないかという説である。

(ロ) 馮玉祥説……当時は反馮蔣運動に失敗して、失意の中にあつたが、華北の情勢緊迫を利用して、同地方の実権を握ろうとしていたと云われ、孫殿英石友三、陳覚生等がその指揮を受けていたと云われる。今井武夫氏が最も重視している。

(ハ) 中国共産党説……今日最も広く信ぜられているが、確証はない。七月十三日頃、日華両軍の対峙する中間にあつて、爆竹を鳴らしたりして、拡大を計つた分子の中に、中共の命を受けたと称する清華大学々生があつたことや「日本討つべし」のビラがひそかに撒布されたりしたこと等が裏付けとして、挙げられている。

今日、事件関係者の間で、中共陰謀説が強いのは、以上のような事実によるというよりも、当時の日華関係において、中共の占めていた利害関係と、其の後の歴史の推移との対比に、よるものであると云つて良かろう。しかし、中共が、この局部的小事件を当時いかに鮮烈に感受したかは以下に示す、七月八日付の「日軍芦溝橋進攻に関する通電」にはつきりと示されており、国民党政府が十九日に至つて漸く蔣介石の「最後の関頭」演説を公表したことと比べると興味深い。

日寇の芦溝橋におけるかかる挑戦行動が遂に大規模なる侵略戦争に迄拡大するか或は外交圧迫条件を造成し、以て将来の侵略戦争への導入を期するかに拘らず平津と華北は日寇に武装侵略される危険があり頗る切迫している(略)今や煙幕は既に取り除かれた。日本帝国主義の平津華北武力侵略の危険は既にすべての中国人の面前にある。

全中国の同胞よ、中華民族今や危急全民族が抗戦を実行することこそ我々の出頭だ。(略)我々は宋哲元将軍が全二十九軍を即時動員し、前線に出動応戦するを要求す。我々は南京中央政府が即時且つ切実に二十九軍を援助するを要求すると共に全国民衆の愛国運動を解放し、抗戦的意気を発揚し、全国海陸空軍を動員し応戦を準備し(以下略)」(満鉄調査部「抗日民族統一戦線運動史」昭和十四年七月)

通電の発せられた七月八日と云えば、犯人不明の射撃が起て、数時間乃至十数時間後で、事態の真相は、殆んど判明しなかつた時であり、その時既に、中共がかかる激越な、対日即時開戦論を主張したことは、中共陰謀説に対する、一つの強力な裏付であると云つて良かろうと思う。

4　清水節郎氏の手記

1　事件当夜の演習について

一九三七（昭和一二）年七月七日午後第八中隊は夜間演習のため豊台の兵営を出発、芦溝橋西北方約一、〇〇〇米の竜王廟に向った。[1]

当夜の演習課題は「敵主陣地に対する薄暮の接敵及黎明攻撃」で、竜王廟付近の永定河堤防から大瓦窑に向って行う予定であった。

午後四時半ごろ、演習地へきてみると、堤防上には二〇〇名以上のシナ兵が白シャツ姿で盛んに工事をしている。

そこで彼らの作業終了を待つため、一時堤防の手前約一、〇〇〇米の位置に休憩、部隊はすっかり汗になった上衣とシャツを乾し夕食を喫した。中隊長（私）は演習仮設敵を配置し、夕食をとりながら付近を観察して今夜はなにか起りはせぬかとの予感がしたのである。なぜかというと、二〇日ほど前ここで演習した時なにもなかった永定河の堤防上に、その三日後には鉄道橋頭近く幅二〇米内外の二個の新しい散兵壕の胸墻が見え、その後工事をつづけたらしく鉄道橋頭付近から上流竜王廟の北側にわたって一連の散兵壕が完成しつつあり、また堤防の手前に古くからあった土饅頭が最近掘り返されて、トーチカの銃眼がこちらに向って口を開いている。[2] もとよりこの方面の険悪な情勢は十分承知し、最近旅団長・連隊長からも注意があったが、これほどまでに逼迫しているとは予想しなかった。

演習開始の予定時刻を過ぎ、午後六時がきても作業はなかなか止みそうもない。そこで私は兵を集め、平素教育してある支那軍にたいする兵の心得について具体的な問題を出して質問するなど注意を喚起した後、予定を変更して堤防の手前約一〇〇米の付近からこれを背にして部隊を配置につけ演習に入り、薄暮から指揮官その他特殊任務の者は前方に出て活動を始め、一般部隊の者はまったく暗黒になってから仮設敵の前方約二〇〇米の線に移動した。この間傍らの指揮班長に命じ、またみずから注意して支那兵の動静を観察していたのであるが、作業を終えてからも彼らの兵営に引揚げる形勢はなかった。

この夜まったく風なく空は晴れているが月なく、星空に遠くかすかに浮かぶ芦溝橋城壁と、傍らで動く兵の姿がわずかに見えるばかりの静かな暗夜であった。

午後一〇時半ごろ前段の訓練を終り、明朝黎明時まで休憩（野宿）するため、私は各小隊長・仮設敵司令に伝令をもって演習中止、集合の命令を伝達させた。喇叭を吹けば早く集合できるが、中隊では訓練の必要上夜間はなるべく喇叭を使わぬ習慣にしていたのである。

さて私が立ってこの集合状況を見ていると、にわかに仮設敵の軽機関銃が射撃を始めた。演習中止になったのを知らず部隊が伝令を見て射っているのだろうとみていると、突如後方から数発の小銃射撃を受けたしかに実弾だと直感した。

しかるに我が仮設敵はこれに気付かぬらしく、いぜん空包射撃を続けている。そこで傍らの喇叭手に命じて急ぎ集合喇叭を吹奏させると、ふたたび右後方鉄道橋に近い堤防方向から十数発の射撃を受けた。この前後に振り返ってみると、芦溝橋城壁と堤防上に懐中電灯らしきものの明滅するのが認められた[3]（なにかの合図らしい）。中隊長は、逐次集合する小隊を区処して応戦準備を整えつつある時、兵一名行方不明の報告を受けただちに捜索を始めるとともに、豊台にある大隊長にこの状況を報告しその指示を待つこととした[4]。

行方不明の兵はほどなく発見し、伝令をもってこれを大隊長に報告し、爾後中隊のとるべき行動について色々考え決心に迷ったが、東北方の高粱畑と思われるところに怪火を認めるに及んでついに意を決し、現在地を撤して西五里店に移動、午前一時ごろここに到着して待機することとなった。到着後間もなく大隊副官代理亀中尉来着、その連絡によって大隊主力出動のことを知り、その後大隊に先行してきた一木大隊長の指揮下に入った。

これよりさき、大隊長は豊台より北京の連隊長に電話報告し、「戦闘準備を整えた後芦溝橋の営長を呼び出して交渉すべき」命を受けたことを承知し、ついで大隊命令により一文字山占領の目的をもって将校斥候を一文字山に潜入せしめた。

ここで今までのことについて少し説明を加えたいと思う。

(1)　まずシナ軍の発砲が実砲射撃か空砲射撃であるか、また射撃方向はどうしてわかったかという問題である。[7]空砲射撃の場合は発射の閃光（夜間だけ）と発射音（実弾が銃口を離れる瞬間に出る音）だけであるが、実砲の場合はその他に弾丸が空中を飛行する時空気を破って出す飛行音がある。

発射音は「トン」、飛行音は銃口をへだたる距離が近ければその速度も速く「パン」という音を出し、遠くなるにしたがって速度も次第に衰え、その音は「ピュン」さらに遠くなると「シュン」というように聞える。そこでこの発射の閃光・発射音・飛行音・音の空気中における伝播速度などを考えたならば、実砲か空砲の別、射撃方向、射撃位置がほぼわかるわけである。この夜第一回発砲の時の閃光はわからなかったが、ほかの条件はすべて揃っていた。なおわが中隊の小銃は全然（空砲も）射撃しなかった。

(2)　次に敵の射撃を受けてから大隊長に会うまで少なからぬ時間を経過している。[8]その間中隊長はなにを考え、なにをしたかということである。

(イ)　行方不明の兵については、今夜の演習からみて遠くはなれているとも思われない。また敵弾は頭上相当高く飛んだのでその被害はまずなかろう。もしシナ兵に捕えられたとすれば演習開始前の注意に従ってなんらかの処置を取ったはずである。それ故間もなく判るものと直感したが、万一を顧慮してただちに捜索の処置をとりしばらく待った。不法射撃についての報告を急ぐので捜索の結果を待つことなくこれを併せ報告したのである（この兵は約二〇分後無事発見された）。

(ロ)　兵発見後の中隊の行動については、隠忍自重軽挙妄動を慎み、シナ軍に乗ずる隙を与えず、かつ上司の決心処置を容易にする方針の下に考えたのであるが、決心に迷い容易に処置がとれなかった。すなわち上司の決心処置を容易ならしめるためには、シナ軍発砲の証拠を得少なくもシナ軍との触接を緊密にすることが望ましく、また上司の指示あるまで事件を拡大せぬことも大切である。これがため俘虜を捕えあるいは斥候を派遣してシナ軍の動静を捜索するなどの積極行動は、まずくすれば過早に戦闘を惹起し、不測の損害を招き、あるいはシナ軍の術中に陥りかえって上司の意図に反する結果となるおそれが多分にある。

また現在地を撤して、過早の戦闘を避け行動の自由を得るため西五里店付近へ転進することも考えられるが、それはシナ軍との接触を保つにやや不便である。

以上相反する要求のため決心処置に迷ったので、けっきょく無策に終り、ことに行方不明の兵発見について中隊の位置移動と同時に報告したい考えから、その時期がいちじるしく遅れたのは良くなかったと思う（この報告は大隊長の豊台出発後とどいたことになった）。

2　戦闘経過の概要

八日午前二時半ごろ部隊は西五里店に集結を終り、一文字山南北の線を占領、午前三時半ごろ竜王廟方向に三発の銃声を聞く。

ここにおいて大隊長は敵の対敵行動確実と認め、払暁攻撃準備の必要を感じ、第八中隊（機関銃一小隊配属）に竜王廟北側堤防を占領待機すべく命じた。

午前四時二〇分、大隊長に連隊長は電話をもって再度発砲の件を報告したところ、連隊長より「断乎戦闘するも差支なし（ママ）」と明言せられ、ここに攻撃の決心を固め、ついで冀察政府ならびに第二九軍顧問の桜井少佐と会見してつぎの通報を受ける。(8)

(イ)　今馮治安（第三七師長）に会ったが、馮が「自分の部下は城外には絶対におらぬ、もしいるとすればそれは匪賊だろう」と明言したこと

(ロ)　城外に配兵せられているものは攻撃も差支えないが、城内には多数良民がいるから攻撃は待ってもらいたいこと

午前五時、大隊長は芦溝橋北側鉄道線路以北の地区より城外の敵を攻撃する決心で部隊を展開し、一斉に前進を始め、一文字山付近の歩兵砲に射撃を命じたが実行しない。そのうち連絡があってこのころ連隊長からシナ側との交渉員として派遣され、一文字山にあった森田徹中佐の命令で射撃を中止したとのこと(同中佐は早く北京を出発したので新情勢に基く連隊長の意図を知らなかった)で、再度の要求にも応ぜず、その後同中佐との連絡交渉に手間取るのを予想し、第一線の前進を停止して朝食を喫すべく命じ、各隊戦線を整理して朝食を始めたとき、竜王廟方面の敵が俄然射撃を開始したのである。

これより先、竜王廟北側を占領待機を命ぜられた第八中隊はようやく訪れる黎明(薄明り)と丈高く繁茂する高粱やとうもろこしの畑を利用し、行動を秘匿しつつ前進、竜王廟東北方約三〇〇米の畑の縁端に出た。これより前方堤防の間にはこれに沿って幅約一〇〇米の水田地帯が連なり、爾後の前進は竜王廟の北約五〇米を左翼とする散兵壕一帯に充満する敵に側面を暴露しつつ水田の障害を通過せねばならぬ。

そこで中隊長は爾後敵を欺き、なるべくこれに接近して展開する方針をもって各隊に諸準備を命じた。すなわち二小隊を第一線、一小隊を予備隊とし、配属機関銃と予備隊とを現在地付近の畑ならびに柳並木にかくれて陣地を占領させ、その掩護の下に第一線は平素の演習の如く行動して障害を通過し、一部を永定河の中洲または右岸に進め、その到着を待って左旋回し敵陣地に近迫する(左旋回の時機まで第一線部隊は小隊長の外一兵と雖も敵陣地方面を見ぬよう努めること、停止時はなるべく左側方からの射撃を顧慮して停止するなど細部の指示を与えた)。

この準備間江畑兵長ら数名の兵(勤務のため兵営に残留中昨夜駐屯隊主力とともに追及したもので警備出動の服装)が各自の携行した鉄帽を幹部に差出して断られ、固く辞退する初年兵を押えて頭に被らせようとする情景を見て、眼頭の熱くなったのを今も忘れられない。余談になるが、陸軍恤兵部発行の絵ハガキにシナ軍発砲当時の状況を画いたなかに色々事実と相違するものがある。実感を表わすためやむを得ないと思うがただ一つ指揮官以下ことごとく鉄帽をかぶっているのは、今になってみると遺憾に思う。中隊長は二日後に行われる中隊教練検閲を控えて兵の過労を防ぐため極度に携行を軽減し、鉄帽も携行せずそのまま戦闘に参加した次第で険悪な情勢を軽視し恥かしい失態であった。

さて諸準備を終り、行動を起して第一線小隊とともに堤防上に上ってみると、永定河は数日前の降雨で著しく増水し濁流が緩やかに流れている。この付近の河幅は約二〇〇米で乾燥期には水深浅く渡渉容易であったが、いま偵察の結果流れの中心部では深さ八〇センチ以上、河床は泥濘で渡渉困難なことを知った。そこで右小隊を前岸に進めるのを断念し、堤防とその斜面以外に展開の余地がないのでこれを予備隊に加え第一線は一小隊のみとした。

この間秘かに竜王廟（堤防上にある小さい廟）を観察するに、さいわいなんの施設もない。堅固な家屋防禦を施してあれば爾後の攻撃に少なからぬ障害となったであろうが、さいわい工事完成前で天佑と言わねばなるまい。

そこへ大隊本部書記来着、大隊攻撃命令の要旨を聞き、また大隊主力第一線はすでに陣前約三〇〇米に進出したことを知り、河川の状況について報告を依頼（この報告は大隊長にとどかなかった）した後、敵前近く第一線を推進すべく第一小隊長野地少尉とともに部隊の先頭にあって前進普通（歩く速度）を始めると、これまで壕外に立って我が方を監視中のシナ軍将校らが急遽壕内に跳び込んだとみるや、同時に壕内から一斉射撃を受けた[8]。

ここにおいて中隊はただちに応戦、機関銃の掩護射撃の下に敵陣地に突入、退げるを追っていっきょ竜王廟南側に進出した。時に午前五時三〇分、東天低く垂れこめる暗雲を破り旭日燦として輝き我が将兵の意気いよいよあがる。

このころ主力機関銃、歩兵砲も射撃を開始し、中隊はその協力のもと野地少尉を終始先頭に突撃と追撃とを反覆敢行して敵陣地を縦貫席巻、突撃開始後わずか七分にして鉄道橋頭北側に達し、ここに第七中隊の先頭部隊と相会するに至った。

一方一時敵前近く停止した大隊主力第一線は、竜王廟方面に銃を聞くや、ただちに攻撃前進に移り、さかんな敵弾を冒して前進、とくに左第一線第七中隊の如きは左後方城壁上よりする敵弾の下城外西側部落より逆襲する約百名の敵部隊に突撃を敢行するなど随所に敵を撃破して堤防の線に進出し、ここに橋頭以北の敵陣地を完全に占領したのであるが、第一線ことに第七・第八両中隊が一時橋頭付近に蝟集し、永定河両岸と城壁上よりする猛烈な十字火ならびに時々付近に炸裂する迫撃砲弾のためようやく死傷者を出すに至った。

大隊長は第七中隊に追尾して堤防に突入し、右の情況を目撃して当初の決心（左岸の敵を蹂躙して爾後の交渉に任ずる）を変更し、城内と城外村落付近にある敵の退路を制する位置に進出し、爾後の処置を講ずるが得策と認めて第一線諸隊に右岸へ進出を命じこれを督励した。右命令に基き全線追撃に移り、あるいは鉄橋上を、あるいはその上の濁流を渡渉し、敵砲火とくに中ノ島兵営付近の側防機関銃よりの猛火を冒して右岸に進出し、一部の敵を撃破した後おおむね長辛店支線に沿って停止し、戦線を整理し死傷者の収容、後方との連絡、弾薬糧食の補充に勉めつつ待機し、午前一一時ごろ芦溝橋城内シナ軍の武装解除のため左岸地区に後退集結すべき連隊命令を受けた。

しかしながら敵火ことに側防機関銃の猛威によって永定河の渡河はもちろん、中洲にある我が死傷者の収容さえほとんど不可能な状態であって昼間の移動困難の理由をもってその実施を延期せられ、爾後幾多情勢の変化と連隊命令の変更があってようやく日没後行動を起し、午後一一時半ごろ一文字山東北側に集結して連隊長の指揮下に入ったのである。

（注1）　シナ駐屯歩兵第一連隊第三大隊（大隊長少佐一木清直）は第七・第八・第九の三個中隊で編成され第八中隊は七月七日当日、兵力一三五名を有した（第一連隊戦闘詳報）。

なお同中隊の警備出動時は鉄帽・背負袋・地下足袋をつけ、弾薬は、規定弾数（小銃一銃につき三〇発、軽機関銃一銃につき一二〇発）のみを携行した（清水氏の記録）。

（注2）　「第三大隊戦闘詳報」は、中国側のこのような変化の一因は、五月末から六月におけるシナ駐屯軍の行事関係のためであったろうと推察して次の各項を挙げている。

(1)　演習計画のため、五月長辛店付近の偵察を行った

(2)　六月以降駐屯隊の中期訓練に入りとくに夜間演習が増加した

(3)　軍の随時検閲のため芦溝橋東側で演習を行い、軍幕僚らが一文字山に参集した

(4)　旅団長・連隊長が教育視察のためこの付近一帯を視察した

（注3）　電灯火らしきものの明滅については、連隊・大隊戦闘詳報はともに記載していないが、当時の朝日新聞は清水隊長の手記を掲げ、そのなかに、「……（前略）芦溝橋の方向に合図らしき電灯火をみとむると同時に（後略）」という一節がある。この点についての編者よりの質問にたいし、清水氏は、「このほかにも細かいことはあるが詳報に載せる必要も感じなかった。あるいは大隊長にも話さなかったかも知れませんがこれは事実です」と編者宛書簡で回答している。

（注4）　清水中隊の報告伝令岩谷曹長は、豊台兵営の大隊本部に向う途中帰営の途次にあった第七中隊に遭遇して以上の状況

を通報し（第七中隊長はすでに射撃の銃声を聞いて、大隊長に報告伝令を出発させていた）、さらに正午やや前豊台に到着して大隊長に報告を行った。報告に接した一木大隊長は闇夜における原因不明の射撃についてはさして重視しなかったが、兵一名の行方不明は一大事（昭和一三年六月二八日から七月八日に至る朝日新聞「芦溝橋事件座談会」における一木中佐の発言）と感じ、ただちに警備呼集をなす決心を行うとともに在北平の牟田口連隊長に電話して「大隊はただちに警備呼集を行って芦溝橋に赴き支那側と談判したい」旨を述べると、連隊長も同意して「豊台部隊はただちに出動して一文字山付近を占領し、夜明を待って宛平県城にいる営長（大隊長）と交渉すべし」と命じた。当時、北平警備司令官河辺少将は、旅団検閲のため山海関に出張中、牟田口連隊も、城内に一中隊を残してほかは通州で演習中であったので、牟田口連隊長はみずから北平警備司令官の任務を代行し、取りあえず通州の第一大隊長にたいし、ただちに集合して北平に帰還することを命じ、いっぽう松井特務機関長に以上の状況を通報して支那側首脳部にたいし厳重抗議を申し込むことを依頼した。

一二時一〇分冀察外交委員会は松井機関長からの通報を北平市長兼副軍長秦徳純に報告し、「松井は兵士が一人行方不明になっているので宛平県城に入城して捜索したいと言っているが如何処置すべきであろうか」（東京裁判における秦徳純供述書および証言）と指示を仰いだ。

秦徳純は折り返し「日本軍がなんら許可なく演習している時の事であるから兵士の行方不明にたいして当方は責任を負えない。もしそのような事実があれば即刻当方の警察が捜索する」（同じく秦の供述、しかし日本軍の演習権は法的根拠を持っているので秦の供述は正しくない部分を含んでいる）と答えた。

しかし日本側特務機関および牟田口連隊長は「宛平県城の東の城門を占領して現地の交渉を容易ならしめよう」（前記座談会における寺平忠輔大尉の発言）という方針であったから当然この回答には不満であった。

秦徳純は即刻また回示して「日本人はどうしてこう野蛮で訳が分らぬのであろうか。我方は自衛のため、もっぱら強硬に抵抗せよ」（前記秦供述書）と命じ、なお宛平県城および長辛店を守備している第二一九団長吉星文（団部は長辛店）および、行政専員兼宛平県長王冷斉にたいし、日本軍の演習および兵士失踪の有無の情況について調査すべき旨を指示した。まもなく、吉星文より連絡があり豊台方面に派遣した将校斥候の報告によれば、日本軍隊およそ歩兵一大隊が砲六門を携え、今正に豊台から芦溝橋方面に向って前進中であると報じてきたので、秦徳純は即刻第二九軍副軍長の資格をもって団長に命令を発し「芦溝橋および宛平城を確保し日本軍の一兵一卒たりとも進入させるな。尺寸の国土と雖も放棄するな。守土有責の義に基き芦溝橋と宛平城はすなわち我等官兵の最光栄最貴重の基地とし城と存亡を共にせよ」（前記秦供述書）と激励するとともに吉団長に一営を増派して、みずから引率し芦溝橋に至って守備に任ずるよう命令した。

さて、連隊長からの指示を受けた一木大隊長は警備呼集をかけて在豊台全兵力を集結し、午前〇時二〇分左記のような大隊命令を下達した。

歩兵第一連隊第三大隊作戦命令第一号

(一) 芦溝橋支那軍は該地付近に於て夜間演習中の第八中隊に対し発砲す。第八中隊は演習を中止し、応戦の態勢にあり、又、兵一名は行方不明にして目下捜索中なり

(二) 大隊は警備小隊一小隊を残置し主力を以て芦溝橋に向い前進せんとす

(三) 略

(四) 集合後は中島大尉之を指揮し長豊支線以北の地区を芦溝橋北側に向い前進すべし

(五) 略

(注5) 清水氏は筆者への手紙の中でさらに、つぎに掲げるような詳細な説明を行っている。「パンパンパンと数度の飛行音を聞き、その後で発射音を僅かに聞いたと記憶しています。我が仮設敵のLG（軽機関銃）が連続射撃しているやかましい音の中だが側を通るパンパンの音は静かな晩であるから、たとい私の位置から五〇米位離れていても聞えたと思います（LGのトントンという発射音の間を縫って）。当時の弾丸は夜間射撃の常例に従って相当頭の上高く飛んだが一〇米内外のように記憶しています(低くて数米?)。

また実砲が銃口を離れた瞬間の発射音音波の伝播速度（一秒間三三〇米）はその直後の弾丸の飛行速度（六七〇米?）より遅いので一、〇〇米そこそこの近い距離で見ていればまず閃光が見え、次にパン、次でトンの音が聞えるので、この時私はパンと最後のトンを聞いて実包であることと、およその方向を知ったので、閃光は後を向いていた兵もあるので、だれか見たと思うが（私自身これはさほど問題でなかったので、今はっきりした記憶はない）、次の射撃は記事でおわかりと思うが最初の射撃から二分間位後です（あるいはこれ以内）。

最初の射撃は我がLGの空砲射撃の閃光を見て、これを目標に、次の射撃はラッパ号音を聞いて射ったものでしょう。

(注6) 第八中隊が射撃を受けたのは、一〇時四〇分ごろ、清水中隊長が、一木大隊長と会合したのは、午前二時三分（大隊戦闘詳報）である。すなわち、(注4)の大隊命令を発した後、一木大隊長は若干の将兵をともなって、事件現場に先行し、午前二時三分、西五里店西端にて第八中隊長と遭遇し、行方不明と伝えられた兵士はすでに発見された旨の報告を受けたが、「連

隊長からも交渉すべき旨命令されているし、またこれで打切ったということになると、シナ側がなんと宣伝するかわからぬ。盤台事件の前例もあって、実砲射撃をやれば、日本軍は、演習をやめて逃げて行くという観察を彼らに与えるのは遺憾だからこれはどうしても厳重に交渉しなければならぬ」（前記座談会における一木中佐の発言）と決心して、付近要点である一文字山の占領を適当と考え、三時三〇分ごろ大隊主力を一文字山に配置した。なお行方不明と伝えられた兵士は本文記事中にあるように、約二〇分後発見されたが、この兵は実は用便のため一時隊列を離れていたものであった。兵士行方不明の報告が、連隊長・大隊長に与えた心理的影響は大きいものがあった。また兵士発見の報告が、ただちに上司へ報告されていたら、紛争を最小限に防止することができたのではないかという疑問が起る。この点について清水氏は書簡の中で次のように答えている。

「用便中だったというが呼集ですぐ集まれなかったのはなぜか。この点については、記憶もはっきりしませんが、伝令斥候に出て道を誤り、帰った時は元の位置から、所属隊が移動した後で暗夜ではあり、中隊の位置にくるのがおくれたとか、伏せたまま寝ていたとか、ある所説のとおり中隊の演習地を離れ（許可なく）大便に行っていてラッパ号音も予定の演習中止で、後は休と知っていて呑気にやっていたとも考えられる。これらは事実であったとしても、それを詳報如き後世に残るものに記載して終世本人の恥をさらすことができるでしょうか」

またもう少し兵を探して見てから報告したらどうだったかという点については、「すぐ捜索の処置をとり、発見に至ったものであるが、記事の如く事故を想像されなかったので伝令の曹長にもこの件を報告させたはずだったが（曹長は演習中止後、終始私の側にあって、この事情も知っていたはず）これも今の記憶ははっきりしない。ただ不法射撃を受けたことの報告が急を要すると思ったので十分な捜索の結果を待つことなく伝令を急派したことはたしかです。兵士発見の報告が少々おくれたのは私の失策であり、兵士は故意や横着でやったのではないし翌日の戦闘にもよく働いたので処分はしなかったのです」と。

他方中国側の処置を見ると秦徳純からの指示を受けた王冷斉宛平県長は部下をして城内外を捜索させたが、行方不明の兵士を発見できなかったので、みずから北平に赴いてその旨秦徳純に報告した。二時ごろから冀察保安隊本部で日中双方の代表が協議することになったので、日本側からは松井大佐および桜井顧問が、中国側からは、王冷斉、魏宗瀚（外交委員会主席）・林耕宇（外交委員）・周永業（綏靖公署交通署長）が出席した。

席上、松井は、「行方不明の兵士は帰隊したとの報告を受けたが、どうして失踪したか、それを調査する必要がある」と主張した。王冷斉は「どうして失踪したかは、当の兵士に聞けば分るだろうし、十分な調査をするなら、両方から派遣員を出したらよかろう」（『中日軍事発展史』所載王冷斉の手記）と述べ、また牟田口連隊長からの要請もあったので、けっきょく現地調査のため、桜井・寺平（特務機関補佐官）・斉藤（通訳官）・王冷斉・林耕宇・周永業の六人が出発することになった。

一行はまず牟田口連隊長を訪れ、連隊からは森田徹中佐を同行させることになった。牟田口は、調査団の調査・交渉を容易ならしめるため、必要に応じ断乎たる処置に出で得る姿勢にあることを適当と考えて、歩兵約一中隊・機関銃一小隊を冀察側調停委員と同時に宛平県城東門内に進入させ、第三大隊の主力を芦溝橋停車場西南側付近に集結し、いつでも戦闘を開始し得る態勢にあるべきことを指示していた（前記第一連隊戦闘詳報）。

王冷斉一行と牟田口連隊長の会見の状況については、前記芦溝橋事件座談会の中で寺平大尉が次のように語っている。「私は林と王を連れて、部隊本部に行って牟田口大佐殿に紹介した。すると部隊長はいきなり立ち上って林にたいして「又やったじゃないか」と怒鳴りつけられた。すると林は聳え上って「誤解からです」と答えると、部隊長は「誤解のことについてはこの前にも言ってある」と叱咤された。これはこの前の豊台事件の時も林が同じような返答をしたからであった」とある。ついで、牟田口は王冷斉にたいし、「文官たる君がシナ軍の行動を制止し慰撫する権限と自信を有するか」と質問した。

牟田口が王の権限について追及した理由は、前記戦闘詳報中の「付記——交渉員の資格を訊したる理由」に次のように記述されている。

「当時シナ側交渉員の態度より察するに彼らは真に本事件をもって遺憾とし、その非を謝し速に芦溝橋付近の支那軍隊に対し、絶対に射撃を止めしめたき熱意は之を認むるを得たり……しかし、軍人に非ざる者をもって之に当て毎日感情に燃える無知の軍隊に対し之に絶対命令権を有するものにあらざれば、此際の交渉員としては不適当なりとし、少くも旅長位を派遣せしむるを可なりと信じ……特に当時宋哲元不在にして、平察南京側と策謀ありとの噂ありし秦徳純之を代理したる情況なりしに鑑み、彼は同穴の貉たる馮治安と協議の上、本事件を拡大せんとする故意に出でたるものと見るを至当とすべし」

いっぽう王冷斉の手記によると、牟田口の権限追及に対して彼は「現在我々が考えるべきことは調査の任務である。事態がまだはっきりしていないし処理し切れるとは言い切れぬ。更にこの事件の責任が何方にあるか現在までに臆測できない」と答え、さらに「まず調査しそれから処理方法を談ずるのが適切である」と主張し、けっきょく牟田口も王の主張をみとめて、一行は午前四時自動車で芦溝橋へ向って出発した。

（注7）　牟田口連隊長は調査隊一行が出発した後電話で一木大隊長を呼び、「交渉のため森田中佐を派遣したから、その指示を受けるように」と通報したが、同時に一木から、「三時二五分、竜王廟方向に三発の銃声を聞いた。この状況では宛平県城を攻撃しなければ、爾後の交渉は円滑に行かないと思うから断然攻撃したい」という報告および意見の具申があったので、し

ばらく考慮のうえ、「即刻反撃すべし」と命じた。一木は「容易ならざる決心」（前記座談会における一木の発言）であることを悟り、連隊長の真意を再度確認し、四時二〇分の命令受領であることをたしかめて電話を切った。二回目のこの射撃がだれによって行われたかは、はっきりしないが、今井武夫氏は「芦溝橋事件の謎」（『サンデー毎日』昭和二六年新秋特別号）の中でこの射撃は新たに長辛店から竜王廟に送られた中国軍増援隊によって行われたものであるとしている。時間及び周囲の情況からみて、秦徳純の命令で前進中であった吉星文団によるものであったと推定される（注4参照）。

第三大隊戦闘詳報によると、一木はこの銃声が聴えたことによって、「冀察軍の対敵行動の確実なるを知るとともに、たんなる戦闘準備にては不十分なる場合あるを顧慮し、戦術上の判断に基き、払暁攻撃準備的配置を必要」と考え、第八中隊を北西方に進出させ、ついで、電話に出るため西五里店東方まで出かけて行った。

また牟田口氏の手記によると、一木から報告を受けたので牟田口は「三時二五分といえば、すでに彼我の識別が明瞭にわかるのではないか」と反問、一木は「左様です。明瞭にわかります。シナ軍はたしかに、日本軍と知って射撃したものと思います」と答えたので、牟田口は一たん日本軍と知って射撃した以上、さらに隠忍を重ねることは、わが威信を失墜するものである。もはや自衛権の発動止むを得ない」と決心して一木の意見具申を容認したのであると。

前記座談会一木の発言によると、一木の意見具申にたいし、「牟田口大佐は暫く考えて居られたようだが、やってよろしいと電話口で言われた。私は実は部隊長はまさかやれとは仰らんかも知れぬと思うくらいの腹で申したのが、本当にやってよろしいとなると重大問題であるから、本当に間違いないかどうか、本当にやってよろしいのでありますかと言うと、牟田口部隊長はやってよろしい。今四時二〇分間違いないとこういうふうに時刻とともに明瞭に言われたので、私はやりますと言って電話を切った」とある。

（注8）　牟田口から反撃の命令を受けた一木少佐は、帰途西五里店付近で特務機関から直接先行してきた桜井少佐に遭遇し桜井から本文記事のような情報をきいた。一木は考慮の上城内は挑戦してこないかぎり攻撃しない旨約し、いっぽう桜井は城内に赴いて大隊長と会見し、城内の部隊を戦闘に参加させぬよう努力するため宛平県城に向った。

一木が一文字山に帰還して、大隊を率い戦闘隊形に展開して前進を開始し、歩兵砲隊が竜王廟に対する射撃準備を完了した時、調査隊が到着した。

その時一木大隊長は前方の既設陣地に敵兵があることを望見し、歩兵砲隊に射撃を命令したが、森田中佐は、北平出発に当り、連隊長より指示されたところに基き、兵力を部署して交渉を開始しようとして大隊の攻撃を中止させた。

（注9） 森田中佐の指示によって、一木大隊は前進を中止して、その場所で食事に入ったところ、これを見た中国軍は日本軍を「怯懦と誤り」（第一連隊戦闘詳報）ふたたび射撃を加えた。一木はただちに攻撃開始を下令し、森田中佐もこれを是認した。時刻は五時三〇分、おりしも暗雲を破って、東天に太陽が昇った。

清水氏の記録はここで終っているが、一木大隊と、一部中国軍が芦溝橋と永定河周辺で戦闘している八日中に宛平県城内および北平・天津・東京における事件処理はどのように進められていたか若干付け加えておきたい。

5 宛平県城を中心とする両軍の交渉

一木大隊の攻撃が開始される直前に桜井少佐・寺平大尉らは城内でシナ軍大隊長金振中と交渉をつづけていた。金は「城外には私の軍隊はいない。射撃したことはない」と主張し、桜井との間に激論が闘わされた。寺平は県城東門の中国軍を西門まで後退させ、日本軍は東門に位置して調査・交渉を続行することを主張したが、金および王冷斉らはこれを拒否した。おりから城外では一木大隊の攻撃が開始された。桜井は白旗を持って城壁上に上り、さらに城外に出て射撃を停止するよう努力したので、宛平県城の中国軍はほとんど戦闘に参加しなかった。いっぽう、牟田口連隊長は八日午前九時二五分森田中佐にたいし、「一木大隊を指揮して芦溝橋シナ軍にたいし、永定河右岸に撤退を要求し、要すれば武装を解除すべし、芦溝橋占領は軍（注、シナ駐屯軍）の意図なるをもって、すみやかに敢行すべし」（第一連隊戦闘詳報）と命令したが、午後一時北平を出発して一文字山に至り直接連隊の指揮に任じた。ついで、河辺旅団長も午後三時三〇分豊台に到着した。

城内では桜井・寺平の両名が前に連隊長の示した方針[1]で交渉をつづけていたが、中国側が容認しないため、河辺旅団長は第一大隊の到着を待ち明朝を期して宛平県城を占領する計画を樹て、第三大隊にたいし、竜王廟付近で渡河して左岸に転進するよう命令した。

さらに牟田口は午後五時ごろ城内に手紙を送って、永定河右岸撤退を含む三ヵ条の最後通牒[2]を提出したが、王冷斉らはこれを拒絶した。

この間対峙する両軍の間に、ときおり砲射撃が交され、夕刻になると日本軍の歩兵砲弾は城内に次々と落下、専員公署その他の重要建物が破壊され、金大隊長も負傷した。城内には殺気がみなぎり形勢は絶望的となった。[3]

その夜、一一時過ぎ、竜王廟北方の八宝山方面に進出していた中国軍はいっせいに夜襲を行ったが、なんら見るべき効果なく攻撃は自然に停止した。

(注1) 桜井・寺平は、王・金らと交渉をつづけていたが、王は調査権のみしか持たぬと主張し、金も守備任務を守るのみであるというので交渉は一向に進捗せず、しばしば北平の秦徳純に連絡して、より責任ある代表を送ることを要請したが、要領を得ないので、正午ごろ寺平のみは北平で交渉を妥結する意図で城を脱出した。

(注2) 前掲王冷斉の手記によれば、手紙の大要は左のようなものである。

(イ) 午後八時までに中国軍は河の西に撤退し、日本軍も河の東に撤退すること。時間がきたら大砲により城の攻撃を行う。

(ロ) 城内の人民に通達して城外へ移動させること。

(ハ) 城内にいる日本人顧問桜井、通訳官斉藤らは出城させること。

これにたいし王冷斉は、

(イ) 本官は軍人でないから撤兵のことに関しては答えられない。

(ロ) 城内の人民は当方に方法があるから、御配慮願うまでもない。

(ハ) 桜井らには、すでに出城を云ったが、彼らの願いで残っていること。

と回答した。

(注3) 当時、城内と北平との通信連絡は絶え、大隊長は竜王廟から逃げ帰った兵を斬り棄てるという興奮状況で、桜井少佐は「協定万策つきた。運命を天に委せて、城とともに生死を決せんとす。五時四十分」と記した(前記座談会桜井の発言)。

6 北平の交渉

八日昼中北平市内は厳重な戒厳下におかれていたが、冀察政権要人はいずれも不在と称して日本側との会見を回避した。

夕刻から松井特務機関長・今井駐在武官と秦徳純・馮治安らの間に交渉が開かれ、同時に天津でも橋本軍参謀長と張自忠の間に会談が進められたが、午前三時に至ってようやく協議が成立し、つぎの三項を決定してとりあえず両軍とも停戦を命令した。

(イ) 双方はただちに射撃を停止すること

(ロ) 日本軍は豊台へ、中国軍は永定河右岸へ撤退する

(ハ) 宛平県城の守備は対日敵意やや濃厚な第三七師を転配し、冀北保安隊に担任させること

当時河辺旅団は黎明時を期して宛平県城攻撃を開始する態勢にあったが、停戦協議成立の報を得たので、午前八時河辺旅団長は攻撃準備中止の命令を発し、旅団兵力を芦溝橋付近に集結し、中国軍の協定履行の確否を監視すべき旨指示した。

7　東京の反応とシナ駐屯軍の処置

芦溝橋の日華衝突は東京にとってはまったく予期しない突発事件であった。事件の翌朝にシナ駐屯軍参謀長からの電報報告を受領した陸軍統帥部では、一般に従来のこの種事件と同様な小規模の局地紛争であり、現地当事者間で容易に解決されるであろうと判断したので、首脳部も対策協議のためあらためて会議を開くことなどなく、関係主務者が通常の事務要領によって連絡をすすめた程度であった。

翌八日も陸軍中央部は事件に関する公式の見解を明らかにせず、シナ駐屯軍にたいする指導も行わず、むしろ静観の態度を持したが、その後現地軍から到着した報告によると中国側の態度は「必ずしもただちに事態の終息を思わせるものがなかった」[1]ので、同日夕刻六時四二分とりあえず参謀総長からシナ駐屯軍司令官にたいし「事件の拡大を防止するため、更に進んで、兵力を行使することを避くべし」[2]との電命を与え、同時に情勢の推移と関東軍からの兵力救援の意見具申[3]とを考慮して、次のような陸軍中央部対処方針[4]を決定した。

(一) 事件不拡大の方針は、従来出先には十分徹底してあるので、今のところシナ駐屯軍の所信に任せる。不幸にして内地より出兵を要することになっても極力平津地方の局地事件として収拾したい

(二) 事態がもし悪化拡大する場合には十分な兵力を派遣して、速に解決を期する(後略)

(三) 東京以西の各師団にたいして、翌九日の予定である歩兵部隊の除隊を延期する

いっぽう、天津のシナ駐屯軍司令部では、夜半に全幕僚が集合し、重病の田代軍司令官のかわりに橋本参謀長が指揮を取り、ただちに中央部へ報告を行うとともに、検閲のため南台寺にあった河辺旅団長にたいし至急天津を経由して北平へ帰還することを命じた。

翌朝幕僚会議を開いて改めて不拡大、現地解決の方針を決定し、南苑、西苑にある中国軍の主力にたいしては積極的に攻撃を行うことなく、在天津の日本軍の主力を速かに豊台に前進し、他の部隊は随時出動の態勢で待機させ、関東軍などに兵力の増援を要求しないこととした。

(注1)　河辺虎四郎供述書

(注2)　臨参命第四〇〇号指示

(注3)　関東軍は、数年来華北問題について強硬な方針をもって臨んでいた。事件発生の報に接した関東軍は八日早朝に幕僚会議を開いて、ソ連の内紛のため「差し当り北方は安全を期待し得るからこの際冀察に一撃を与えるべきである」との結論に達し、ただちに中央部へ関東軍はいつでも出動し得る態勢で指示を待ちつつある旨電報し、さらにシナ駐屯軍に以上のような関東軍の見通しと決意を伝えて激励するため、同日参謀副長今村均少将を天津に派遣した(今村均回想録)。

(注4)　軍令部編「大東亜戦争海軍戦史」本紀巻一、二七一頁

8　その後の推移

以上七日および八日の二日間に限定し、事件現場を中心として記述したが、その後の推移について、簡単に付け加えておきたい。

(イ)　七月一〇日の派兵決定

九日の松井・秦協議によって両軍は一応停戦を行ったが、中国軍の撤退は遅延し、両軍第一線の小規模な紛争の連続は絶えず、しかも中国共産党の即時開戦論に刺激された中国民衆の対日抗戦論の沸騰、中央軍北上の情報等の諸要素から判断して、陸軍統帥部は一〇日夕刻にシナ駐屯軍の危険に備える意味で、内地三個師団の動員を決定し翌一一日に閣議の承認を受けた。

(ロ)　七月一一日現地停戦協定の成立

今井北平駐在武官を中心として、日本側と冀察の間に進められていた停戦協定は、難航の末一一日夕刻にようやく成立した。しかし同日日本政府の行った派兵声明は協定成立の効果をいちじるしく弱めた。陸軍統帥部はただちに、前夜決定した三個師団動員の延期を発令した。

(ハ)　拡大派と不拡大派の対立

前記のような参謀本部命令から見ると陸軍中央部は不拡大方針に一致していたかのように見えるが、内実は必ずしもそうではなかった。陸軍中堅将校と一般国民の大部分が中国民族運動の本質と地理的特性を理解しない軽々しい一撃論（暴支膺懲の合言葉）を主張した。当時新国防方針による対ソ戦略第一主義の立場から、中国との戦争を極力回避しようとする石原参謀本部作戦部長の立場を支持するものは、参謀本部では第二課（戦争指導担任、課長河辺虎四郎大佐）、陸軍省では軍務課（課長柴山兼四郎大佐）であり、他方、一撃論は参謀本部第三課（作戦、編制担任、課長武藤章大佐）と陸軍省軍事課（課長田中新一大佐）を中心として中堅将校の大部分を含んでいた。

また関東軍、朝鮮軍は一撃論の線でまとまり、シナ駐屯軍では、軍司令官・参謀長・作戦参謀（池田純久中佐）および今井北平武官が不拡大派、情報参謀の和知鷹二中佐と専田盛寿少佐らが拡大派といわれ、拡大派は相互に水平的連絡を行って強硬論を鼓吹した。

七月二七日に南苑総攻撃の命令が下るまでの約二〇日間、日中両軍が相対峙する背後で、拡大・不拡大派の激烈な論争がくり返され、いっぽう、中共に支援された国民党もようやく対日抗戦の決意を強固にして行ったのであった。現地軍に拡大派分子がいたこと、また、日本軍と国民党・中共の中間に立って微妙な動きを示していた宋哲元と、これをとりまく旧西北系軍閥の策動などの事実が、芦溝橋事件を彼らの政治的陰謀であるとする所説の温床をなしたのであるが、以下に今日なお謎とされている芦溝橋第一発の犯人について、若干考察してみたい。

9　犯人はだれか

(イ)　六月二六日の戒厳令

事件勃発直前の六月二八日から七月一日にかけ冀察政権は北平で密かに特別警戒体制を実施し、第三七師長の馮治安が戒厳司令を兼任した。実施の理由ははっきりしなかったが、日本軍の演習が頻繁になったためとも、また土匪にひとしい劉桂堂や孫殿英の一党が冀東の殷汝耕と通謀し、一部日本浪人も参加して北平奪取を計画しているためだという流言が中国人間に飛んでいた(今井武夫「芦溝橋事件の謎」および七月五日北平特務機関発次官宛電報)。

(ロ) 岡本中佐の華北派遣

三七年四、五月ごろから、陸軍中央部にシナ駐屯軍が華北でなにごとか新事態を起そうと工作している気配があるという情報が入ってきた。情報のソースは現地の邦人が上京したさいに伝えるものが多かったが、石原参謀本部第一部長は心配して、河辺第二課長から私的に兄に当る現地河辺旅団長に依頼して事態を調査させたり、六月には軍務局の岡本清福中佐を華北に派遣して噂の真偽をたしかめさせたが、同中佐の報告によると、なんらそのような兆候はないということであった(田中新一、「日華事変拡大か不拡大か」『知性別冊』昭和三一年一二月)。

(ハ) 芦溝橋城壁の弾痕

六月二九日夜間に宛平県城城壁に実弾射撃を加えた者があった。冀察側からの抗議によって、河辺旅団長は極秘裏に豊台の部下部隊を調査したが、該当の事実を発見し得なかった(前記今井)。岡村寧次氏は城壁の弾痕は北の長い正面に真北から射たれたものが大部分であり、これは中国軍あるいは第二九軍に潜入していた青年共産党員がやったことを示すものであると解釈している(『丸―大陸軍秘史―』昭和三一年一二月)。

(ニ) 事件の予告

今井北平駐在武官が事件の前日すなわち七月六日に、ある会合の席上で旧西北系(馮玉祥)の冀察保安総司令石友三から、事件を暗示するような言辞を聞いている(前記今井)。

以上のような事実から考え合わせて、七月七日夜の射撃がなに者かの陰謀であったということも十分根拠のある所説と言えよう。

いずれにしても宛平県城の中国軍の一部が毎夜竜王廟付近のトーチカに進出していた形跡があり、彼らによって射撃が行われたという公算がもっとも強く、当時日本側はいずれもそのように判断していた(翌八日の戦闘でこの付近に二九軍の制服を着用した中国兵の死体が相当数遺棄されていたことは、この確信を強めた)。しかし、それが事実であるとしても、上級指揮官からの命令によって行われたという証跡はない。当時の日本側関係者の大部分もその点については最初から否定的であり、むしろ第三者の陰謀とくに中国共産党の二九軍下部工作によるものではないかとする見解が強く、それは今日も変っていない。この問題については前掲今井武夫「芦溝橋事件の謎」参照、なお、これまでに挙げられた犯人説の主要なものを列挙すると、

(1)　日本側となす説……シナ駐屯軍参謀あるいは特務機関の個人的陰謀となす説で、これまで二、三人の名前が挙げられたが、いずれも推量の範囲を脱するものでなく、現地の事件関係者はほとんどこれを否定する。

(2)　中国側となす説

(イ)　恐怖説……日本軍の夜間演習を目前に見た冀察兵士が恐怖に駆られて射撃したのではないかという説である。

(ロ)　馮玉祥説……当時馮は反蔣運動に失敗して失意の中にあったが、華北の情勢緊迫を利用して同地方の実権を握ろうとしていたといわれ、孫殿英・石友三・陳覚生らがその指揮を受けていたといわれる。今井武夫氏がもっとも重視している。

(ハ)　中国共産党説……今日もっとも広く信じられているが、確証はない。七月一三日ごろ、日中両軍の対峙する中間にあって、爆竹を鳴らしたりして拡大を計った分子の中に、中共の命を受けたと称する清華大学学生があったことや、「日本討つべし」のビラがひそかに撒布されたりしたことなどが裏付けとして挙げられている。

今日、事件関係者の間で中共陰謀説が強いのは、以上のような事実によるというよりも、当時の日中関係において中共の占めていた利害関係と、その後の歴史の推移との対比によるものであると言ってよかろう。しかし、中共がこの局部的小事件を当時いかに鮮烈に感受したかは、以下に示す七月八日付の「日軍芦溝橋進攻に関する通電」にはっきりと示されており、国民党政府が一九日に至ってようやく蔣介石の「最後の関頭」演説を公表したことと比べると興味深い。

日寇の芦溝橋におけるかかる挑戦行動が、ついに大規模なる侵略戦争にまで拡大するか、あるいは外交圧迫条件を造成し、もって将来の侵略戦争への導入を期するかにかかわらず、平津と華北は日寇に武装侵略される危険がありすこぶる切迫している（略）。今や煙幕はすでに取り除かれた。日本帝国主義の平津華北武力侵略の危険はすでにすべての中国人の面前にある。

全中国の同胞よ、中華民族今や危急全民族が抗戦を実行することこそ我々の出頭だ（中略）我々は宋哲元将軍が全二九軍を即時動員し、前線に出動応戦するを要求す。我々は南京中央政府が即時且つ切実に二九軍を援助するを要求するとともに全国民衆の愛国運動を解放し、抗戦的意気を発揚し、全国海陸空軍を動員し応戦を準備し（以下略）」（満鉄調査部『抗日民族統一戦線運動史』昭和一四年七月）

通電の発せられた七月八日といえば、犯人不明の射撃がおきて、数時間ないし十数時間後で、事態の真相はほとんど判明しなかった時であり、その時すでに、中共がかかる激越な対日即時開戦論を主張したことは、中共陰謀説にたいする有力な根拠といえるかも知れない。

（十六）华北驻屯军第一联队卢沟桥附近战斗详报 1/4

资料名称：支那駐屯步兵第一聯隊蘆溝橋附近戰鬪詳報（1 / 4）

资料出处：JACAR(アジア歴史資料センター)Ref.C11111144100、Ref.C11111144200、Ref.C11111144300、Ref.C11111144400、Ref.C11111144500、Ref.C11111144600、Ref.C11111144700、Ref.C11111144800、Ref.C11111144900、Ref.C11111145000、Ref.C11111145100、Ref.C11111145200、Ref.C11111145300、Ref.C11111145400、Ref.C11111145500、Ref.C11111145600、Ref.C11111145700、Ref.C11111145800、Ref.C11111145900《支那駐屯步兵第一聯隊蘆溝橋附近戰鬪詳報》（1 / 4）（昭和十二年七月八日—十二年七月九日）（防衛省防衛研究所）。

资料解说：该战斗详报（1937 年 7 月 8 日—9 日），记载了日本「支那驻屯步兵第一联队」以及「支那驻屯步兵牟田口部队第三大队」等部在事变前后的诸多情况，包括交战前敌对态势、兵力部署、战斗情况、伤亡情况以及日军「武功录」等。作为发动战争的日军的行动纪录，该详报对其行动计划、挑衅守军、冲击中方阵地等责任、罪行多有隐晦。此件据记是牟田口于战后向防卫厅提交，其中有关第三大队的内容多与长泽连治的详报重复。

昭和一二、七、八～一二、七、九

支那駐屯
歩兵第一聯隊　蘆溝橋附近、戦闘詳報

1/4

支駐步一戰詳第一號

自昭和十二年七月八日

至昭和十二年七月九日

蘆溝橋附近戰鬪詳報

支那駐屯步兵第一聯隊

支駐步一戰詳第一號

自　昭和十二年七月八日
至　昭和十二年七月九日

蘆溝橋附近戰鬪詳報

支那駐屯步兵第一聯隊

戰鬪詳報目次

第一 戰鬪前ニ於ケル彼我形勢ノ概要……一
一 彼我一般ノ情況……一
1 一般支那軍ノ狀況……一
2 彼我ノ一般的態度……二
3 豐臺事件……三
4 支那側ノ態度ニ鑑ミ我ノ萬一ニ對スル準備……五
二 最近ニ於ケル支那側ノ動向……六

2

0685

一

1　本年九月十八日ヲ期シ満洲失地恢復ヲ圖ルヘシトノ情報…………六
2　昨年末ノ綏遠事件ノ影響…………六
3　本春ニ於ケル南京交渉ノ影響…………七
4　北平城門警備增强並支那軍警備行軍…………七
5　蘆溝橋附近ノ支那軍ノ狀況…………七
イ・兵力增加ノ狀況…………七
ロ　防禦工事增强ノ狀況…………八

0686

八　抗日意識及我ニ對スル不遜態度濃厚トナル……八

二　警戒配備變更ノ状況……九

三　戰鬪直前ニ於ケル支那軍態勢……九

四　最近ニ於ケル我軍ノ情態……一〇

1　蘆溝橋附近ニ於ケル我軍ノ行動……一〇

2　聯隊長ノ注意……一一

五　事變ノ發端……一一

1　第八中隊夜間演習中支那側ヨリ射擊ヲ受ク……一一

2　大隊長ノ處置……一二
第二　戰鬪開始ニ至ル經緯……一二
一、聯隊長ノ處置……一二
1　第三大隊長ニ對スル指示……一二
2　森田中佐ヲ現地ニ派遣ス……一二
3　支那側交渉員トノ交渉……一三
附記
一、交渉員ノ資格ヲ訊シタル理由……一三
二、交渉員トシテ森田中佐ヲ派遣シタル理由……一四
4　第一大隊長ニ對スル處置……一四

二

第三戰鬪經過……一五
一　聯隊長ノ決心……一五
二　第三大隊長ノ攻擊……一五
三　森田中佐ヲシテ出動部隊ヲ指揮セシム……一六
四　聯隊長戰場ニ到著シ聯隊ヲ指揮ス……一七
五　爾後ニ於ケル戰鬪經過ノ概要及下シタル命令竝理由……一八
第四戰鬪ニ影響ヲ及ホセシ天候氣象及戰鬪地ノ狀況……三二
第五交戰セシ彼我ノ兵力團隊號及損害ノ狀態……三二

三

第六　參考トナルヘキ所見…………………………三三
第七　武功録

附圖

第一　支那第二十九軍配置要圖
第二　蘆溝橋及長辛店附近支那第二百十九團ノ配置要圖
第三　蘆溝橋附近支那軍配備要圖
第四　蘆溝橋附近彼我態勢要圖　其一
第五　蘆溝橋附近彼我態勢要圖　其二
第六　蘆溝橋附近彼我態勢要圖　其三
第七　蘆溝橋天明攻擊要圖
第八　豐臺附近牟田口部隊配備要圖

三

0690

附表

第一 支那駐屯軍田口部隊死傷表
第二 支那駐屯軍田口部隊鹵獲表
第三 支那駐屯軍田口部隊彈藥損耗表

5

0691

第一、戰鬪前ニ於ケル彼我形勢ノ概要

一　彼我一般ノ状況

イ　一般支那軍ノ状況

直接我聯隊ニ接觸シ且事變當初我ニ對抗セルハ宋哲元ノ指揮スル第二十九軍ナルヲ以テ主ドシテ向軍ノ情況ニ就キ記述ス

第二十九軍主脳部ハ北平ニ在リ其ノ所屬四個師騎兵一師特務旅二個獨立混成旅二個及獨立騎兵旅一個ヲ主ナルモノトシ他ニ華北過區保安隊ト稱スル一隊アリテ一師ハ歩兵四個旅及特務團一個ヨリナリ其ノ兵力約一萬五千乃至六千ヲ有ス騎兵一師ハ兵力約三千獨立混成旅ハ兵力約三千乃至四千獨立騎兵一旅ハ兵力千五百内外ヲ有シ保安隊ハ其

ノ兵力約二千ナリ其ノ總兵力約十万ヲ有ス

事變前ニ於ケル配置ノ概要左ノ如シ

第二十九軍司令部及孫玉田ノ指揮スル特務旅ハ南苑ニ位置ス

馮治安ノ指揮スル第三十七師ハ其ノ主力ヲ以テ北平西郊西苑ニ位置シ北平市内及盧溝橋ヲ含ム一帯ノ地域ニ駐在シ特ニ其ノ一旅ヲ以テ保定ニ位置セシム

張自忠ノ指揮スル第三十八師ハ其ノ主力ヲ以テ南苑ニ位置シ小站大站廊房等北寧線上ノ各地及馬廠滄縣等津浦線ノ各地ニ駐在ス

趙登禹ノ指揮スル第百三十二師ハ其ノ主力ヲ以テ河間ニ位置シ任邱大名南宮等ノ各地ニ駐在ス

劉汝玥ノ指揮スル第百四十三師ハ其ノ主力

0693

ヲ以テ張家口ニ位置シ宣化柴溝堡赤城等主
トシテ平綏線ニ沿フ地區ニ位置シ又其ノ一
部ヲ以テ蔚縣ニ駐在ス
阮玄武ノ指揮スル獨立混成第三十九旅ハ其
ノ主力ヲ以テ北苑ニ位置ス
劉汝明ノ兼任セル獨立混成第四十旅ハ張家
口延慶懐來等ノ各地ニ駐在ス
鄭文章ノ指揮スル騎兵第九師ハ其ノ主力ヲ
以テ南苑ニ位置シ長辛店良鄉、涿縣及固安ノ
各地ニ駐在ス
姚景川ノ指揮スル獨立騎兵第十三旅ハ其ノ
主力ヲ以テ宣化ニ位置ス
石友三ノ指揮セシ華北邊區保安隊約二千ハ
其ノ主力ヲ以テ北平北郊黄寺ニ位置シ其ノ
一部ハ北寧線上黄村ニ在リ

詳細ハ別紙要圖第一ノ如シ　ニ

二、彼我ノ一般的態度

第二十九軍主腦部ノ我軍ニ對スルヤ常ニ日支親善ヲ説キ南京側ヲ罵倒シ我軍亦彼等ヲ待ツニ友軍ヲ以テシ表面何等懸念スヘキ情態ヲ呈セス南支中支方面ヨリノ旅行者カ該方面ノ支那軍主腦部ノ態度竝一般情勢ト比較シ極メテ穏ヤカナリトノ感想ヲ漏ラセシ處ナリ然レ共支那軍内部ノ情勢ハ決シテ然ラス諜者報其ノ他ノ諸情報ヲ綜合スルニ彼等カ各種ノ機會ニ於テ部下ニ抗日ヲ強調シ日本軍ハ恐ルルニ足ラストノ誤リタル教育ヲ施シ且之ヲ以テ志氣ヲ鼓舞シアリシハ事實ナリ是レ彼等ノ眞ノ意志ナリヤ將亦南京政府ノ壓迫ニ依リ偽瞞ノ目的ヲ以テ抗日教育

0695

ヲ施シタルカ或ハ又支那一般ノ情勢抗日意識旺盛ナルニ鑑ミ自己ノ地位擁護上斯カル方法ニ出テタルカ遽ニ判断スル能ハスト雖一面親日一面抗日ノ偽瞞策ヲ講シアルハ明白ナル事實ナリ之ヲ以テ聯隊將兵カ行軍演習等ノ際直接接觸スル支那軍營長以下ノ態度ハ不遜非禮ノ點多ク而モ我ハ帝國一般ノ情勢ニ鑑ミ彼レヲ待ツニ常ニ長者ノ若者ニ對スル態度ヲ以テシ非禮ノ事アルヤ之ヲ二十九軍主脳部ニ通報シ以テ其ノ部下ノ不都合ヲ責メシコト一再ニシテ止マラス又兒戯ニ類スルカ如キ下級者ノ不法行違ヲ避ケンカ為多少彼等ノ神經ヲ刺戟スヘシト思考セラルル演習實施ニ方リテハ條約上何等必要ナキニ

拘ハラス隊メ之ヲ通告シテ誤解ナカラシメ只管事端ヲ釀ササラシコトヲ維レ努メタリ

3、豊臺事件

叙上述ヘシ如ク彼等ノ不遜行為ヲ一々列擧セシカ枚擧ニ遑アラスト雖特ニ今次事變處理ニ當レル聯隊長ノ意識ニ潜在シ本次事件勃發當時ノ決心處置ニ重大ナル關係ヲ有シ又聯隊將兵行動ノ素因ヲ為セルハ昨年九月十八日ニ勃發セル豊臺事件ナルヲ以テ左ニ其概要ヲ記述セントス

昭和十一年九月十八日豊臺駐屯第三大隊ノ第七中隊カ盧溝橋附近ニ於テ夜間演習ヲ實施セントカ為同日午後五時頃兵營ヲ出發シ豊臺驛前ニ差懸リシ際當時豊臺駐屯中ノ支那兵約一中隊カ行軍ヨリ歸還スルニ遭遇ス

然ルニ支那側ハ不法ニモ該中隊後尾ノ看護兵ニ對シ手ヲ以テ侮辱的行動ヲ爲セシヲ以テ先頭ニ行進中ノ指揮官小岩井中尉後尾ニ來リテ其不都合ヲ詰スルヤ支那側ハ銃ヲ以テ同中尉ノ乘馬ヲ毆打セリ之ヲ以テ該中隊ハ支那軍ヲ壓迫シテ之ヲ兵營内ニ追込ミ且大隊長ニ報告ス此ノ報告ニ接シタル大隊長一木少佐ハ直ニ大隊全部ニ警急集合ヲ命シテ出動シ支那兵營ヲ包圍ス同時豐臺南方六百米ノ造甲庄村ニ駐在セシ支那軍隊ハ豐臺ノ我兵營ニ對シ射擊ヲ準備シ其一部ハ豐臺停車場迄出動シ挑戰的態度ニ出ル等將ニ一觸即發ノ狀態ヲ呈セリ當時聯隊長ハ旅團長ノ命ニ依リ現地ニ急行シ支那側交渉員タル馮治

安ノ部下ノ旅長許長林ト交渉ニ任シ左ノ條件ヲ以テ解決セリ

一　豊臺及造甲庄ニ駐屯中ノ支那軍隊ヲ速ニ撤去ス爾後両地點共支那軍隊ヲ駐屯セシメス

二　日本軍ニ非禮ヲ働キシ豊臺駐屯支那軍隊ハ日本軍隊ニ謝罪シ且關係責任者ヲ處罰ス

三　我ハ支那軍隊カ其非ヲ覺リ謝罪セル上ハ我カ武士道的精神ニ訴ヘ平素ノ友好關係ニ還リ特ニ武装解除ヲ爲サス武装ノ儘撤退スルコトヲ認ム

宋哲元ニ對シ交渉員タル許長林ヨリ特ニ日本軍隊ノ武士道的好意ヲ報告ス

然ルニ同日午後ニ至リ支那側ハ他ノ部隊ヲ以テ依然豊臺ニ駐屯セシメントシテ更ニ問題

ヲ起シ又其後諜者報ニ依リ支那側ハ我ノ武裝解除ヲ爲サザル寛大ノ處置ヲ以テ日本軍ハ支那軍勢ニ恐レタル結果ナリト高言シアルコトヲ知リ聯隊長ハ支那軍ノ不信行爲ニ對シ憤懣ノ情禁スル能ハサルト共ニ我武士道的精神ヲ理解セシムルコト能ハス我態度ノ寛大ニ過キ却テ皇軍ノ威信ヲ傷ケタルナキヤヲ思ヒ傷心措ク能ハズ若今後支那軍ニシテ不法行爲アラハ決シテ假借スルコト無ク直ニ起テ之ニ膺懲ヲ加ヘ以テ彼等ノ侮日抗日觀念ニ一擊ヲ加ヘ彼等ノ常套手段タル不信ヲ策スルノ遑ナカラシムルヲ絕對必要トス是皇軍ノ威武ヲ宣揚シテ而カモ事件ヲ小範圍ニ局限シ共ニ解決ヲ最神速ナラシムル所以ナリト確信シ且部下ニ對シテモ深ク之ヲ訓示スル所アリタリ

10

0700

4、支那側ノ態度ニ鑑ミ我ノ萬一ニ對スル準備ト支那全般ノ情勢ハ日ヲ經ルニ從ヒ侮日抗日意識熾烈トナリ何時異變ノ勃發ヲ見ルヤ測ルヘカラサルモノアリ而カモ我軍ノ支那軍ニ對スルヤ前述セル如ク常ニ友軍ヲ以テ遇シ其非行アルモ之ヲ諭シ其誤解ヲ解キ以テ和親ニ努メタリ然リト雖萬一ノ變ニ處シテ遺憾ナカラシムル爲ニハ我行動ハ常ニ神速ニシテ疾風迅雷的ナラサルヘカラス而カモ數ニ於テ極メテ劣勢ナル我ハ夜間戰闘ニ依ラサルヘカラサル場合多キ所以ヲ訓示シ平素ノ視察ニ檢閲ニ之ヲ強調シ特ニ新操典草案發布以來聯隊全將兵薄暮黎明及夜間訓練ニ精進セリ從テ駐屯地附近ノ地形ハ一兵ニ至

0701

ル迄之ヲ暗識シ又夜間行動ニ熟達スルニ至レリ而シテ一方支那軍主脳者邸兵營城門等ノ奇襲計畫ヲ策定シ各幹部ヲシテ一々實地ニ就キ數回ニ亘リ踏査セシメ又數回實施セシ演習ノ結果ニ徵シテ出動時ノ編成（我聯隊ノ編成ニ於テ大行李小行李ハ元ヨリ又機關銃歩兵砲ノ彈藥小隊ノ編成ニテモ之ナキヲ以テ地方車輌及徵發馬匹ヲ以テ之ニ充當シ又機關銃中隊及歩兵砲隊ノ要員不足セルヲ以テ之ヲ一般中隊ヨリ臨時ニ編入セシムルコトトシ平時此等ノ準備教育ヲ實施シ編成ニ遺憾ナカラシメタリ而シテ此等編成ニ關シテハ本年三月軍ニ對シ所要ノ改正意見ヲ呈出シタル處ナリ）ヲ定ムル等目的達成ノ爲ノ準備演練事項ニ就テハ遺憾ナキヲ期シタリ

11　0702

二、最近ニ於ケル支那側ノ動向

1、本年九月十八日ヲ期シ満洲失地恢復ヲ圖ルヘシトノ情報

本年五月頃ノ情報ニ依リ支那軍ハ本年九月十八日満洲事變記念日ヲ期シ山西省ヨリ察哈爾ヲ經テ外蒙古ニ於テ蘇軍ト提携シ一擧満洲ノ失地恢復ヲ圖リツツアルヲ聞キ且同日ハ昨年ノ豊臺事件ノ日ニ相當シアルヲ以テ右情報ノ如キ大規模ノコトハ無キ迄モ何等カノ異變アルヘキヲ豫想シタリ

2、昨年末ノ綏遠事件ノ影響

昨年末ノ綏遠事件ニ依リ支那軍ハ日本軍ノ支持シタル蒙古軍ニ對シ成功ヲ收メタリト為シ益々侮日觀念ヲ増長セシメ本年四月綏遠

0703

ニ於テ南京側ハ元ヨリ冀察側西南側要人ヲ集メ戰死者ノ大慰靈祭ヲ施行シ傳作義ヲ以テ救國將軍ト爲シ其ノ氣勢ヲ揚クル等前記對日戰爭準備ニ關スル情報ノ或ハ眞ナラサルヤヲ感セシムルモノアリタリ

3、本春ニ於ケル南京交渉ノ影響

本春南京ニ於ケル日支交渉有利ニ進捗セサリシハ南京側ノ策動ト相待チ冀察要人ニ於テモ侮日感念ヲ増長セシメ對冀察關係ニ於テモ彼ノ態度硬化シアリタリ特ニ馮治安秦德純等ハ主戰論ヲ抱キアリタルモノノ如シ即チ南京側ト呼應シ狀況ニ依リテハ一戰ヲ交エルノ決心ヲ堅メアリシニハ非サルカ北京附近支那軍ノ狀況ハ本年春夏ノ候ヨリ次項以下ニ述フル如ク相當

七

戰備ヲ進メアリタルヲ看取セラル而テ本事變ハ敵ノ未タ十分戰鬪準備ヲ完成セサル時ニ於テ突發セシモノナリ

4、北平城門警備增强竝支那軍ノ警備行軍

本年六月ニ至リ北平城各門ノ支那側守備兵增加セラレ且警備行軍ト稱シ特ニ夜間ニ於テ北平市内及郊外ヲ行軍シアル部隊ヲ屢々目擊セリ

5、蘆溝橋附近ノ支那軍ノ狀況

事變發生前蘆溝橋附近ノ支那軍ハ其兵力ヲ增加シ且其態度頗ニ不遜トナレリ

其變化ノ狀況左ノ如シ

(イ)兵力增加ノ狀況

平素蘆溝橋附近ニハ城内ニ營本部ト一中隊ヲ長辛店ニハ騎兵約一中隊ヲ駐屯セシメアリシカ本年五月

0705

十日乃至下旬ニ至ル間ニ於テ城内兵力ニハ變化ナキモ蘆溝橋城外ニ兵力歩兵約一中隊ヲ、蘆溝橋中ノ島（俗稱）ニ兵力歩兵約二中隊ヲ夫々配置セリ六月ニハ長辛店ニ新ニ歩兵第二一九團ノ約二大隊（同本部及第一第二大隊）ヲ増加スルニ至レリ

（ロ）防禦工事増强ノ状況

長辛店北方高地ニハ從來高地脚側防ノ爲ニ機關銃陣地ヲ永久的ニ二個所ニ構築シアリ又高地上ニハ野砲陣地ヲ構築シアリシカ六月ニ入リテ新ニ散兵壕ヲ構築シ蘆溝橋附近ニ於テハ龍王廟ヨリ鐵道線路附近ニ亘ル間ノ堤防上及其東方臺地ノ既設散兵壕ヲモ改修増强シ而モ從來土砂ヲ以テ埋沒秘匿シアリシ「トウチカ」（從來ヨリ北平方向ニ對シ進出掩護又

八

ハ退却掩護ノ意ヲ以テ蘆溝橋ヲ中心トシ十數箇ノ「トウチカ」ヲ橋頭堡的ニ永定河左岸地區ニ構築シアリタリ）ヲ掘開ス（主トシテ夜間實施セリ）

（八）

抗日意識及我ニ對スル不遜態度濃厚トナル

蘆溝橋城内通過ノ拒否

蘆溝橋城通過ニ關シテハ昨年豊臺駐屯當初ニ於テハ我部隊ノ通過ヲ拒否スルコトアリシヲ以テ之ニ抗議シ通過ニ支障ナカラシメ特ニ豊臺事件以後ニ於テハ支那軍ノ態度大ニ緩和シ日本語ヲ解スル將校ヲ配置シ誤解ナカラシムルニ努メシ跡ヲ認メシモ最近ニ至リ再ヒ我軍ノ城内通過ヲ拒否シ其都度交渉スルノ煩瑣ヲ要シタリ

0707

（ニ）演習實施ニ對スル抗議

蘆溝橋附近ハ一帶北寧線路用砂礫ヲ採取スル地區ニシテ一帶荒蕪地ニ屬シ多ク落花生等荒蕪地ニ適スル耕作物アルニ過キス從テ夏期高粱繁茂時期ニ於テハ豊臺駐屯部隊唯一ノ演習場ナリ

然ルニ最近ニ於テハ我演習實施ニ際シテモ支那軍ハ畑ヘノ侵入ヲ云々シ或ハ夜間演習ニ就テモ事前ノ通報ヲ要求スルカ如キ言ヲ弄シ或ハ夜間實彈射撃ヲ爲ササルニ之ヲ實施セリト抗議シ來ル等逐次其警戒ノ度ヲ加ヘタリ

（ホ）行動地區ノ制限

從來龍王廟附近堤防及同所南方鐵道ガー

乙

ド」ハ我行動自由ナリシカ最近殊ニ六月下旬頃ヨリ之ヲ拒否シ我兵力少キ時ハ裝塡等ヲ為シ不遜ノ態度ヲ示スニ至レリ

(ヘ)警戒配備變更ノ狀況

既設陣地ノ守備

六月下旬ヨリ龍王廟附近以南ニ配兵シ警備ヲ嚴ニス殊ニ夜間ハ其兵力ヲ増加セルモノノ如シ

一文字山ニ兵力ヲ配置ス

從來一文字山ニハ全然警戒兵ヲ配置シアラサリシカ夜間我軍ニテ演習ヲ實施セサル場合ニハ該地ニ兵力ヲ配置シ黎明時之ヲ撤去セルヲ見ル

三、戰鬪直前ニ於ケル支那軍ノ態勢

0709

1、夜間演習部隊ノ報告ニ依レハ龍王廟附近ト鐵道橋及城壁上間ハ電燈ニヨル信號ヲ以テ頻リニ連絡ヲ爲シアルヲ目撃ス

2、蘆溝橋及長辛店附近支那軍兵力（第二百十九團）配置要圖第二ノ如シ

3、蘆溝橋附近支那軍ノ配備要圖第三ノ如シ

四、最近ニ於ケル我軍ノ情態

1、蘆溝橋附近ニ於ケル我軍ノ行動

我駐屯軍ノ支那軍ニ對スル態度ハ前述セル如ク常ニ友軍ヲ以テ之ニ接シ其非行アレハ之ヲ諭シ特ニ帝國四圍ノ情勢ニ鑑ミ我行動ヲ愼重ニシ事端ヲ釀サヽランコトヲ努メタリ然レ共我ハ駐屯軍本然ノ任務達成ニ遺憾ナカラシムル爲メ鋭意訓練ニ從事シ特ニ夜間ノ演練ニ勉メタルコト前述ノ如シ而シテ

一〇

蘆溝橋附近ハ地形特ニ耕作物ノ關係上豐臺部隊ハ素ヨリ北平部隊ノ為ニモ演習實施ニ恰適ノ地ナリ

蘆溝橋附近ノ支那軍ノ増强ハ他ノ各種ノ徵候ヨリ判断シ彼等全般的關係乃至ハ南京側ノ指令ニ依ルモノト判断セラルルモ假リニ我部隊ノ動靜カ彼等ノ神經ヲ刺戟シタリト思惟セラルル事項ヲ擧クレハ左ノ如シ

イ、豐臺駐屯隊ノ中期（六月乃至十月ニシテ其間中隊及大隊教練ヲ演練シ特ニ中隊教練ノ練成期ヲ五月六月トス）ニ於ケル中隊教練ヲ晝夜ヲ論セス實施セリ

ロ、豐臺駐屯隊ニ對スル軍ノ隨時檢閲ヲ五月下旬該地ニ於テ實施セラレ軍幕僚ノ大部

0711

一文字山（俗稱）ニ參集ス

ハ、聯隊長ノ行フ豐臺部隊ニ對スル中隊教練ノ檢閲ヲ該地ニ於テ實施スル如ク計畫セリ隨テ補助官ハ度々該地一帶ヲ踏査セリ

ニ、旅團長聯隊長ハ該地附近ニ於テ實施セル演習ヲ視察セリ

ホ、本年六月末乃至七月上旬ニ亘リ歩兵學校教官千田大佐ノ新歩兵操典草案普及ノ為ノ演習ヲ蘆溝橋城北方ニ於テ實施シ北平及豐臺部隊ヨリ幹部多數之ニ參加セリ

2 聯隊長ノ注意

聯隊長ハ支那側全般的ノ動靜カ何ントナク險惡ヲ告ケ情勢逐次悪化シ抗日的策動濃厚トナリアルヲ看取シ部下一般ニ注意ヲ倍蓰シ彼等ニ乘セラ

16

0712

レサルト共ニ出動準備ヲ完整シ置クヘキヲ命シ特ニ
豊臺駐屯隊ニ對シテハ「トウチカ」發掘及工事増強ノ
情況ニ就テ注意スヘキヲ命シタリ

五　事變ノ發端

イ、第八中隊夜間演習中支那側ヨリ射撃ヲ受ク第八
中隊ハ七月七日午後七時三十分ヨリ夜間演習ヲ實
施シ龍王廟附近ヨリ東方大瓦窑ニ向ヒ敵主陣地
ニ對シ薄暮ヲ利用スル接敵次テ黎明突撃動作
ヲ演練セリ而シテ該中隊長カ特ニ龍王廟ヲ背ニシ
東面シテ演習ヲ實施シタルハ予テ龍王廟附近ニハ夜
間支那軍配兵シアルヲ知リ其誤解ヲ避ケンカ爲ナリ
右演習中該中隊ハ午後十時四十分頃龍王廟
附近ノ支那軍ノ既設陣地ヨリ突如數發ノ射
撃ヲ受ク之ニ於テ中隊長ハ直ニ演習ヲ中止

二

0713

シ集合喇叭ヲ吹奏ス然ルニ再ヒ蘆溝橋城壁方向ヨリ十數發ノ射撃ヲ受ク

此間中隊長ハ大瓦窰西方「トウチカ」附近ニ中隊ヲ集結セシム然ルニ兵一名不在ナルヲ知リ斷然膺懲スルニ決シ應戰ノ準備ヲナシツツ傳令ヲ派シテ在豐臺大隊長ニ急報ス

2、大隊長ノ處置

大隊長ハ正子稍前豐臺官舎ニ在リテ第八中隊ノ報告ニ接シ直ニ出動スルニ決シ非常呼集ヲ命スルト共ニ聯隊長ニ報告ス

第二　戰鬪開始ニ至ル迄ノ經緯

聯隊長ノ處置

1、第三大隊長ニ對スル指示

當時北平警備司令官河邊少將ハ步兵第二聯隊

二

ノ中隊教練検閲視察ノ為南大寺（秦皇島西方）ノ野営地ニ出張不在ナリシヲ以テ聯隊長之ヲ代理シアリ

聯隊長ハ七月七日夜正子前後突如トシテ第三大隊長一木少佐ヨリ事件ノ概要ト豊臺駐屯隊ハ直ニ出動善処セントノ電話報告ヲ受ケタルヲ以テ直ニ之ニ同意シ現地ニ急行シ戦闘準備ヲ整ヘタル後蘆溝橋城内ニ在ル営長ヲ呼出シ交渉スヘキヲ命令セリ

2 森田中佐ヲ現地ニ派遣ス

七月八日午前二時聯隊長ハ森田中佐ヲ現地ニ派遣シ之カ調査並支那側責任者ニ対シ謝罪ヲ要求スルカ如ク命シタリ之カ為ニハ慎重事ヲ処スルト共ニ必要ニ応シ断乎タル処置ニ出テ得ル姿勢ニ於テ交渉スルヲ適当トス

0715

ルヲ以テ歩兵約一中隊機關銃一小隊ヲ冀察側調停委員ト同時ニ蘆溝橋東門内ニ進入セシメ第三大隊ノ主力ヲ蘆溝橋停車場西南側附近ニ集結シ何時ニテモ戰鬪ヲ開始シ得ルノ姿勢ニ在ルヲ可トスヘキ旨指示スル所アリタリ

3、支那側交涉員トノ交涉

午前三時特務機關員寺平大尉ハ宛平縣長王冷齊外交委員林耕宇ヲ伴ヒ聯隊本部ニ來ル依テ聯隊長ハ王冷齊ニ向ヒ貴官ハ如何ナル資格ヲ以テ現地交涉ニ當ルヤト彼曰ク宋哲元ノ代理タルノ資格ヲ以テ交涉ニ任スト依テ聯隊長ハ更ニ宋哲元ハ冀察政務委員會ノ委員長タル資格ト第二十九軍軍長タルノ資格トヲ有シアリ文官タル貴官カ軍長タル資

格ヲ代理シ得ルヤ其ノ資格ナクシテ將ニ戰鬪開始セラレントスル切迫セル情況ニ處シ不法ヲ働キシ二十九軍ノ兵ニ向ヒ命令シ得ルヤト尋問セシニ彼逡巡シテ答フル能ハス秦德純ノ指令ヲ受ケントテ電話ニテ交渉セシモ遂ニ其要領ヲ得ズ而カモ情況切迫シテ一刻ノ猶豫ヲ許サス即チ森田中佐ヲシテ速ニ彼等ヲ帶同シテ一文字山ニ到ラシム時ニ午前四時ナリ

附記

一、交渉員ノ資格ヲ訊シタル理由

當時支那側交渉員ノ態度ヨリ察スルニ彼等ハ眞ニ本事件ヲ以テ遺憾トシ其非ヲ謝シ速ニ蘆溝橋附近ノ支那軍隊ニ對シ絶對ニ射撃ヲ止メシメタキ熱意ハ之ヲ認ムル

0717

ヲ得タリ然レ共軍人ニ非サル者ヲ以テ之ニ當テ毎日感念ニ敦圉ケル無智ノ軍隊ニ對シ之ニ絶對命令權ヲ有スルモノニアラサレハ此際ノ交渉員トシテハ不適當ナリトシ少クモ旅長位ヲ派遣セシムルヲ可ナリト信ジ其資格ヲ訊ジタルモノナリ然レ共刻々ノ情況ハ一刻ノ猶豫ヲ許サス不適當ナリト信ジツヽモ兎ニ角現地ニ派遣セシカ其結果ニ徵シ何等ノ價値ナキヲ立證セリ又一面支那側カ文官ヲ派遣シタルハ特ニ當時宋哲元不在ニシテ平素南京側ト策謀アリトノ噂アリシ秦德純之ヲ代理シタル情況ナリシニ鑑ミ彼ハ同究ノ[illegible]馮治安ト協議ノ上本事件ヲ擴大セントスル故意ニ出テタルモノト見ルヲ至當トスヘシ蓋シ王縣長カ電話ヲ以テ秦德純ニ交渉セシモ何等要領ヲ得サリシ點ヨリ推測シ其然ルヲ感セシメタリ

19

0718

一四

二　交渉員トシテ森田中佐ヲ派遣シタル理由

當時ノ情況ハ蘆溝橋事件ヲ契機トシ支那側主腦部ノ動靜ニ應ジ及北平市内ハ元ヨリ西苑南苑北苑等ノ支那軍隊ノ情況ヲ注意シ之ニ對シ處置ズルノ要アリ

北平警備司令官代理タル聯隊長カ遽ニ北平ヲ離ルヘカラスト判断シタルニ由ル

4、第一大隊長ニ對スル處置

當時第一大隊ノ大部ハ中隊教練演習ノ為通州ニ廠營中ナリシヲ以テ速ニ之ヲ北平東郊朝陽門外ニ在ル射撃場附近ニ集結セシメ爾後豐臺ニ向フ如ク命令セリ

0719

第三戰鬪經過

一 聯隊長ノ決心

聯隊長ハ午前四時稍過キ第三大隊長ヨリ電話ヲ以テ次ノ報告ニ接ス

午前三時二十五分龍王廟方向ニテ三發ノ銃聲ヲ聞ク支那軍カ二回モ發砲スルハ純然タル對敵行爲ナリト認ム

如何ニスヘキヤト

茲ニ於テ聯隊長ハ熟考ノ後支那軍カ二回迄モ射撃スルハ純然タル對敵行爲ナリ斷乎戰鬪ヲ開始シテ可ナリト命令セリ時正ニ午前四時二十分ナリ

二 第三大隊長ノ攻撃

此處ニ於テ第三大隊長ハ支那軍攻撃ニ關スル

決意ヲ堅メ一文字山ニ向フ途中第二十九軍顧問タル櫻井少佐ト西五里店（蘆溝橋東方約千八百米）西方本道東側畑地ニ於テ會見シ左ノ件ヲ知ル

(イ)櫻井少佐カ馮治安ト會見シ蘆溝橋不法射撃ヲ訊シタル處馮曰ハク「馮ノ部下ハ絶對ニ蘆溝橋城外ニ配兵セス支那軍ニ非サルヘシト

(ロ)城外ニ配兵セラレアリトセハ攻撃ハ隨意ニシテ恐ラクハ馮ノ部下ニアラサルヘシ又馮ノ部下トスルモ城外ニアラハ斷乎攻撃シテ可ナラン

馮ハ「城外ニ居ルトセハ其レハ匪賊ナラント附言セリ」ト

右ハ全ク馮治安ノ欺辯ナリ即チ責任ヲ回避セ

ントスル支那要人ノ常套手段ニシテ心事陋劣唾棄スヘキモノアリ
右櫻井少佐トノ會見ニヨリ城外配兵部隊ニ對シ攻撃スルニ決シ所要ノ兵力ヲ展開シ攻撃セントセリ然ルニ當時現場ニ到着シタル森田中佐ハ北平出發ニ當リ聯隊長ヨリ指示セラレタル所ニ基キ兵力ヲ部署シテ交渉ヲ行ハントシ大隊ノ攻撃ヲ中止セシメントシ將ニ射撃セントスル歩兵砲ノ射撃ヲ停止セシメタリ大隊長ハ如斯交渉ハ徒ニ時間ヲ要スヘキヲ慮リ展開ノママ前進ヲ中止シ一般ニ朝食ヲ爲サシム此ノ時我ノ前進ヲ停止シタルヲ以テ怯懦ト誤リ龍王廟附近ノ支那軍再ヒ射撃ヲ爲ス於是大隊ハ最早議論ノ餘地ナク之ヲ膺懲セントシ直ニ

第一線ニ攻撃前進ヲ命シタリ森田中佐亦本状況ニ於テハ攻撃ノ外無キヲ知リ大隊長ノ處置ヲ是認セリ時正ニ午前五時三十分ナリ

當時ニ於ケル第三大隊ノ攻撃態勢別紙要圖第四ノ如シ

第三大隊ノ攻撃ハ平時演習ノ如ク進捗シ約十五分ノ後龍王廟附近ノ支那軍ヲ撃滅シ永定河右岸ニ進出セリ

三、森田中佐ヲシテ出動部隊ヲ指揮セシム

聯隊長ハ午前九時二十五分左記命令ヲ以テ森田中佐ヲシテ出動部隊ヲ指揮セシム

命令

七月八日午前九時二十五分
於北平聯隊本部

貴官ハ蘆溝橋附近ニ出動シアル部隊ヲ指揮シ

蘆溝橋支那軍ニ對シ永定河右岸ニ撤退ヲ要求シ要スレハ武装ヲ解除スヘシ

注意

蘆溝橋占領ハ軍ノ意圖ナルヲ以テ速ニ敢行スヘシ

當時ニ於ケル出動部隊ノ攻撃態勢要圖第五ノ如シ

四、聯隊長戰場ニ到着シ聯隊ヲ指揮ス

七月七日夜事件發生以來聯隊長牟田口大佐ハ旅團長河邊少將不在ノ爲警備司令官代理トシテ北平ニ於テ事件處理ニ任シアリシモ七月八日午後零時二十分頃聯隊附中佐岡村勝實歸隊セルヲ以テ北平警備司令官ノ任務ヲ岡村中佐ニ委ネ自ラ第一線ヲ指揮スル爲午後一時北平

22

0724

發列車ニ依リ聯隊副官少佐河野又四郎及書記ニ名ヲ帶同シ午後一時四十分豐臺兵營ニ到著ス當時第一線ハ戰鬪交綏シ蘆溝橋城内ニハ支那第二十九軍顧問櫻井少佐有リテ支那側ト折衝シアルコト竝豐臺ニハ警備小隊（長歩兵准尉山田孝澄）ニ依リ警戒セラレアルコトヲ知リ直ニ一文字山ニ至リ同所ニ迎ヘタル當時ノ指揮官森田中佐ヨリ第一線ノ情況竝爾後部隊ヲ停車場附近ニ集結スルノ企圖ナルヲ承知ス茲ニ於テ聯隊長自ラ現在ノ第三大隊及歩兵砲隊ヲ指揮ス　時正ニ午後三時ナリ

次テ河邊旅團長ハ午後三時五十分列車ニテ豐臺ニ到著午後六時三十分旅團命令ヲ受領シ旅團長ノ指揮下ニ入ル

0725

五、當時ニ於ケル彼我ノ態勢要圖第六ノ如シ
爾後ニ於ケル戰鬪經過ノ概要及下シタル命令
竝理由
一、聯隊長ハ森田中佐ヲ伴ヒ平漢線ニ沿ヒ蘆溝
橋鐵道橋ニ至リ第一線ヲ視察シタル後蘆溝
橋停車場（蘆溝橋東北方約七百米）ニ於テ
左記聯隊命令ヲ下達ス

歩一作命第一號

聯隊命令

七月八日午後四時十分
於蘆溝橋停車場

一、第三大隊及歩兵砲隊ハ自今聯隊長之
ヲ指揮ス

23

0726

一八

ニ聯隊ハ第一大隊主力ノ一文字山附近到著ヲ待チ主力ヲ以テ蘆溝橋東北角ニ向ヒ攻擊セントス

三第三大隊（大隊砲一小隊ヲ屬ス）ハ午後六時現在地ヨリ轉進ヲ開始シ龍王廟北方ニ於テ永定河ヲ渡河シ概シテ平漢鐵道停車場西方「シグナル」ヲ中央トシ攻擊準備ノ位置ヲ占ムヘシ

四第一大隊（大隊砲一小隊ヲ屬ス）ハ一文字山ニ攻擊ヲ準備スヘシ

五攻擊前進ノ時機ハ別命ス

0727

六　步兵砲隊ハ第三大隊ノ轉進ヲ掩護シタル後大瓦窑（蘆溝橋停車場北方約四百米）西南端附近ニ陣地ヲ占領シ主攻擊點ニ對シ射擊ヲ準備スヘシ

七　無線班ハ停車場附近ニ通信所ヲ開設スヘシ

八　予ハ蘆溝橋驛ニアリ

聯隊長　牟田口大佐

下達法　命令受領者ヲ集メ口達筆記
但第一大隊ハ到着後大隊長ニ口達

24

0728

當時蘆溝橋城内ヨリ支那軍ハ白旗ヲ掲ケアラス我第一線ニ對シ時々城壁上ヨリ射擊ス城内支那側トノ交渉ハ蘆溝橋驛ニアル平漢鐵路ノ路警ヲ使用シ文書ヲ遞送セシメタリ

二　第三大隊ハ聯隊命令ニ從ヒ轉進スル爲壹間死傷者ノ收容ヲ實施セントセシモ蘆溝橋中ノ島」ノ敵ヨリ猛射ヲ受ケ遂ニ薄暮ヲ待ツノ已ムナキニ至レリ

三　午後六時三十分左記旅團命令ヲ受領ス

旅作命甲第一號

旅團命令　七月八日午後四時三十分
於豊臺兵營

一　敵情ハ貴官ノ知ル如シ

二　旅團ハ步兵第一聯隊ノ主力及機械化部隊ヲ確實ニ掌握シタル時機ヲ以テ蘆溝橋ノ攻擊ヲ開始ス

三　步兵第一聯隊ハ極力蘆溝橋附近ニ其ノ兵力ヲ集結スルト共ニ死傷者ノ收容櫻井少佐寺平大尉ノ救出ニ努ムヘシ

四　機械化部隊ハ通州到着後ハ北平南側ヲ經テ豐臺ニ向ヒ前進スヘシ

五　予ハ暫ク現在地ニ在リ

25

0730

旅團長　河邊少將

下達法　聯隊長ニハ電話口達
　　　　機械化部隊ニハ通州特務機關ヲ經テ電話傳達

四　右命令ニ基キ左記聯隊命令ヲ下達ス

步一作命第二號

聯隊命令

七月八日午後七時
於蘆溝橋驛

一　旅團ハ我聯隊主力及機械化部隊ヲ確實ニ掌握シタル時機ヲ利用シ蘆溝橋攻擊ヲ開始ス

二　聯隊ハ主力ヲ蘆溝橋停車場附近ニ集結シ爾後ノ攻擊ヲ準備セントス

三　第三大隊ハ步一作命第一號ニ依リ一部

0731

ヲ現在地ニ残置シ主力ノ轉進ヲ掩護シ且死傷者ノ收容ニ任セシメ主力ヲ以テ龍王廟附近ニ於テ永定河ヲ渡河シ大瓦窑附近ニ兵力ヲ集結スヘシ

爾後蘆溝橋ニ對スル薄暮攻撃ヲ顧慮シ其ノ行動迅速ナルヲ要ス

四　第一大隊ハ一文字山東側地區ニ兵力ヲ集結スヘシ

五　歩兵砲隊ハ大隊砲各一小隊ヲ両大隊ニ配屬スル隊定ナルヲ以テ大瓦窑及一文字山ニ陣地ヲ準備シ聯隊砲ハ大瓦窑附近ニ於テ爾後ノ攻撃ヲ準備スヘシ

六　通信班ハ大瓦窑及一文字山聯隊本部間ノ通信連絡ニ任スヘシ

二一

七 予ハ蘆溝橋停車場ニ在リ

聯隊長 牟田口大佐

下達法 命令受領者ヲ集メ口達筆記

附記

歩一作命第一號實行ニ先チ旅團命令ニ基キ同第二號ヲ下達セルヲ以テ實施ニ際シ何等支障ヲ來ササリキ

五 午後七時旅團長戰場ニ到着セラル聯隊長ハ現在迄ノ概要並爾後ノ攻擊ノ爲主力ヲ蘆溝橋停車場附近ニ集結スヘク命シタル旨ヲ報告シ是認セラル次テ親シク戰場ヲ視察セラル

六 夕刻蘆溝橋城內ノ敵ハ迫擊砲ヲ以テ我歩兵砲陣地ヲ射擊セルヲ以テ之カ制壓ノ爲城壁ニ對シ歩兵砲ヲ以テ射擊ヲ開始セシメタル

0733

カ暫時ニシテ敵ヲ沈默セシメタリ

七、午後九時二十分左記旅團命令ヲ受領ス

旅作命甲第二號

旅團命令　七月八日午後九時二十分　於豐臺

一　蘆溝橋ヲ占領セル敵ハ尚頑强ニ抵抗シツヽアリ西苑附近ニ於ケル敵部隊ノ一部ハ八寶山附近ニ進出セルモノヽ如シ

二　旅團ハ蘆溝橋停車場附近ニ兵力ヲ集結シ明天明ノ攻擊ヲ準備セントス

三　步兵第一聯隊（第二大隊ヲ缺キ旅團無線一分隊ヲ附ス）ハ永定河右岸ノ部隊ヲ左岸ニ移動シ一部ヲ以テ鐵道橋東側ヲ確保スルト共ニ主力ヲ蘆溝橋停車場

二三

27

0734

附近ニ集結シ明天明ノ攻撃ヲ準備スヘシ

四 機械化部隊（第一聯隊第二大隊主力及工兵一小隊缺）ハ本夜通州ニ大休止ノ後午前四時迄ニ出發準備ニアルヘシ

五 歩兵第一聯隊第二大隊主力及工兵小隊機械化部隊ハ旅團豫備トス豊臺ニ位置スヘシ

六 予ハ豊臺ニ在リ明拂曉蘆溝橋ニ至ル

旅團長 河邉少將

八 右命令ニ基キ左記聯隊命令ヲ下達ス

歩一作命第三號

聯隊命令

七月八日午後十時三十分
於蘆溝橋停車場

0735

一　旅團ハ明九日天明ヲ期シ攻撃ス

二　聯隊ハ明天明ヲ期シ歩兵砲隊ノ集中射撃ヲ利用シ主力ヲ以テ蘆溝橋城壁東北角ニ向ヒ攻撃セントス

三　第三大隊（歩兵一小隊缺大隊砲一小隊ヲ附ス）ハ概シテ長豊支線ニ沿ヒ蘆溝橋城壁ニ對シ明九日午前二時迄ニ攻撃ヲ準備スヘシ

一部ヲ以テ鐵道橋東側附近ヲ占領シ右側ヲ警戒スヘシ

梯子六個ヲ配當ス

四　第一大隊（第二中隊缺大隊砲一小隊ヲ附ス）ハ一文字山西方高地線上ニ主トシテ樓門ニ向ヒ攻撃ヲ準備スヘシ

五　聯隊砲中隊ハ主トシテ第三大隊ノ攻撃ニ協

28

0736

二三

カスル如ク明九日午前二時迄ニ大瓦窑西南側附近ニ攻撃ヲ準備スヘシ

六 通信班ハ両大隊旅團司令部ト聯隊本部間ノ通信網ヲ構成スヘシ

五號無線機一基ヲ附ス

七 第七中隊ノ一小隊ハ豫備隊トス停車場北側ニ位置スヘシ

八 予ハ蘆溝橋停車場ニ在リ

聯隊長 牟田口大佐

下達法 命令受領者ヲ集メ口達筆記

午後十一時稍過キ敵ハ永定河右岸一帯長辛店高地龍王廟北方地區及八寶山方面全線ニ

0737

亘リ俄然各種火器猛烈ナル射擊ヲ開始シ又時々迫擊砲ノ射擊ヲ交ヘ全線螢ノ光ヲ見ルカ如キ觀ヲ呈ス或ハ第三大隊ノ轉進ヲ發見シ之ヲ射擊セルニアラスヤト懸念セシカ間モ無ク第三大隊長來リ無事集結終レル報ニ接シ一同何事ナラント怪シム恐ラク支那軍カ日本軍ノ夜襲ヲ恐ルルノ餘リ射擊ヲ開始シ一犬虚ニ吠エテ萬犬之ニ倣フノ類ナルヘシト語リ支那軍ノ無能振リヲ目ノ邊リ實見シ志氣更ニ旺盛ナルヲ覺エタリ

後日支那軍ノ命令ヲ見ルニ長辛店永定河右岸及衙門口附近一帶ニ亘リ夜間日本軍ヲ攻擊スヘキ旨命令シアリ支那側ノ報告ニハ我聯隊ハ支那軍ヨリ夜間攻擊ヲ受ケタルコトニナリ居ルナランモ笑止ナリ

二四

29

0738

十、第一大隊ハ酷暑ヲ冒シテ强行軍ヲ續ケ北平南方地區ヲ通過シ全員旺盛ナル志氣ヲ以テ午後十一時十分一文字山高地ニ到着ス朝來其ノ到著ヲ渴望セシ第一大隊ヲ掌握スルヲ得聯隊長喜ヒ極ミナシ第三大隊モ亦死傷者ノ收容ヲ完了シ相前後シテ所命ノ地點ニ集結ヲ終リ前記步一作命第三號命令ニ從ヒ所命ノ配置（別紙要圖第七）ニ就キ夫々天明攻擊ノ準備中北平特務機關ヨリ蘆溝橋ノ支那軍ハ午前四時撤退スル如ク協定成リタリトノ通報ニ接ス

十一、午前三時左記旅團命令ヲ受領セリ

旅作命甲第六號

旅團命令

七月九日午前三時
於豐臺

一　支那第二十九軍主脳部ハ軍ノ要求ヲ容レ在蘆溝橋ノ支那軍ハ蘆溝橋橋梁ヲ經導ヲ永定河右岸地區ニ撤退スルコトヲ確約セリ

軍ハ支那軍ノ協定履行ト同時ニ兵力ヲ集結ス

二　旅團ハ蘆溝橋驛附近ニ兵力ヲ集結シ支那軍ノ協定履行ノ確否ヲ監視セントス

三　歩兵第一聯隊（第二大隊欠）ハ一部ヲ以テ一文字山東側ニ主力ヲ以テ蘆溝橋驛附近ニ兵力ヲ集結スヘシ

之カ實施ハ午前五時打方止メノ號音吹奏ニ依リ開始スヘシ

各部隊ハ之カ徹底ヲ期シ益々警戒ヲ嚴ニスヘシ

二五

四　支那軍撤退ニ際シテハ對敵行動及蘆溝橋部落ヘ兵力ヲ進ムルコトヲ嚴禁ス

五　機械化部隊ハ一部（歩兵隊、工兵隊）ヲ以テ豐臺ニ主力ヲ以テ通州ニ集結シ後命ヲ待ツヘシ

六　予ハ今ヨリ蘆溝橋ニ至ル

旅團長　河邊少將

下達法　電話ヲ以テ要旨ヲ傳ヘ後印刷セルモノヲ配布ス

依テ聯隊ハ現在ノ態勢ヲ以テ支那軍ノ協定履行ノ確否ヲ監視ス

十六、而ルニ支那軍ハ午前四時ニ至ルモ撤退ノ模樣ナキノミナラス益ゝ戰備ヲ整ヘ而カモ迫擊砲ヲ以テ我第一線ヲ射擊シ我レハ僞ニ傷

0741

者ヲ生スルニ至ル支那軍ノ不信此ノ如ク軍ノ命令ハ支那軍ハ約束ヲ履行スヘキ前提ノ下ニ下サレタル命令ナルヘシ我ハ自衛ノ為敵ヲ制壓スルハ此際當然ノコトナルヘシト意見ヲ具申ス

旅團長ハ熟考ヲ重ネ遂ニ我カ歩兵砲ヲ以テスル射撃ヲ許可セラル於是我聯大隊砲全部ニ對シ射撃ヲ命ス

砲彈ハ當初ノ數發城内ニ落下セシ外東門城壁東北角西北角ニ命中シ當時櫻井少佐ハ當城内ニ在リ之ニ危害ヲ及ホササル為城壁ノ敵ヲ射撃セシム

彼我ノ銃砲聲殷々トシテ黒烟城壁ヲ覆ヒ壯烈ヲ極ム

附記

後日櫻井少佐ヨリ承知スル所ニヨレハ當初ノ三發ハ縣政府ニ命中シ屋根三棟ヲ續ケ様ニ破壞シ

營長之カ爲ニ負傷シ支那側ラシテ我砲彈ノ命中神ノ如キニ驚カシメタリト何ソ知ラン當初ノ三發ハ未タ砲ノ位置確定セサル爲誤リテ城内ニ落下セルモノナルヲ天佑我ニ在ルコト正ニ此ノ如シ

十三、午前七時冀察顧問中島中佐第二十九軍周參謀等支那側交渉員ヲ率ヒ蘆溝橋停車場ニ來リ旅團長ニ對シ城内ノ第二十九軍部隊ヲ撤退セシムルニ付砲撃ヲ中止セラレ度旨嘆願的ニ交渉ス

其ノ結果旅團長ノ命令ニヨリ砲撃中止ヲ令ス此ノ間第一線歩兵ハ命令ヲ遵守シ微動タモスルコトナシ

十四、午前七時五十分停車場東方ニ於テ銃聲アリ

調査スルニ保安隊ノ服装ヲ為シタル者約二百名我ニ對シ射撃中ナリ依テ一部ヲ以テ之ニ對セシム

約三十分ノ後蘆溝橋城内ニ在ル櫻井少佐ヨリ蘆溝橋ノ支那兵ハ永定河右岸ニ撤退セシメ其交代トシテ保安隊ヲ入レ該地ノ治安ニ任スルコトニ軍司令部ニ於テ交渉成立セル旨ノ通報アリ前記保安隊ハ蘆溝橋城入城ノ為ノモノナルヲ知リ交戰ヲ中止セシメ之ヲ集結シテ我軍ノ許可ヲ待タシム

五、午前九時三十分中島顧問ヨリ旅團長ニ申出アリ

一、鐵橋附近ニ日本軍アル為蘆溝橋ノ支那軍ハ恐怖ノ為撤退スル能ハス

二、荷物等ノ整理モアリ午前十時三十分迄

二七

餘裕ヲ與ヘラレ度

旅團長ハ右希望ヲ容認セラルル依テ第三大隊ヲ大瓦窑ニ集結セシメタリ

十六、午前十時三十分中島顧問歸來シ「支那軍ハ撤退ヲ開始セリ支那軍ノ死傷百名アリ」ト通報ス

以上ノ經緯ニ依リ左ノ命令ヲ下達ス

歩一作命第四號

聯隊命令

七月九日午前十時三十分
於蘆溝橋驛

一、第一大隊ハ一部ヲ現在地ニ残置シ主力ヲ西五里店、東五里店ノ地區ニ集結スヘシ

大隊砲ノ配屬ヲ解ク

二、歩兵砲隊ハ第一大隊配屬大隊砲小隊復

0745

歸ル）ハ西五里店ノ地區ニ集結スヘシ

聯隊長　牟田口大佐

下達法　命令受領者ニ口達

注意　保安隊ハ交渉中ニ付尚監視スヘシ

十七午後零時二十分支那側委員ト旅團長トノ折衝ニ依リ次ノ如ク協定セラレタリ

一　城内ノ支那軍ハ一小隊ヲ殘置シ他ハ全部永定河右岸ヘ撤退ス

二　保安隊ハ兵力ヲ五十名小銃武裝トシ彈藥三十發携行トス

三　旅團長ハ支那軍ノ協定確守ヲ實視スル爲蘆溝橋城内ヲ一巡ス

33

0746

但更ニ交渉アリ弾薬三十發ハ五十發トシ

旅團長ノ實視ハ取止ム

十八、午後二時四十分隊テ機械化部隊トシテ通州ヲ經テ前進セシ第二大隊（第五中隊（一小隊欠）第四中隊及機關銃二小隊欠）ハ豐臺ニ到着セリ

依テ取敢ス左記要旨命令ヲ下達セリ

步一作命第五號

聯隊命令

七月九日午後三時四十分
於蘆溝橋驛

一　筒井少佐ノ指揮スル部隊ハ食後一文字山ヲ占領シ支那軍ノ監視ニ任スヘシ

二　九日夕食ノ給養ハ第三大隊ニテ行ハシム

0747

三　午後四時天幕及宿營秣料ヲ交付ス

四　通信班ハ豊臺——一文字山間ノ有線及無線連絡ニ任スヘシ

聯隊長　牟田口大佐

下達法　命令受領者ニ口達

十九　下達終ルヤ續テ午後四時左記旅團命令ヲ受領

旅作命甲第七號

旅團命令　七月九日午後三時四十分　於蘆溝橋驛

一　蘆溝橋ヲ占領セル敵部隊ハ永定河右岸ニ撤退セリ

34

0748

軍ハ先ツ目的ヲ達シタルヲ以テ原駐屯配置ニ復ス

二 旅團ハ一部ヲ以テ蘆溝橋ヲ監視シ主力ヲ原駐屯配置ニ復セントス

三 支那駐屯歩兵第一聯隊（東機局部隊ヲ除ク）ハ成ルヘク速ニ戰場掃除ヲナシタル後適宜原駐屯配置ニ復スヘシ

旅團ニ於テ準備スル列車及自動貨車ヲ利用スルコトヲ得

又約二中隊ヲ一文字山附近ニ位置シ蘆溝橋ニ於ケル支那軍ノ協定履行ヲ監視スヘシ

特ニ一兵タリト雖蘆溝橋部落ニ入ルヲ許サス

之カ爲所要ノ露營材料ハ後刻豐臺兵營

0749

ニ於テ交付ス

四 機械化部隊（歩兵第一聯隊第二大隊配属工兵一小隊缺）ハ爾今軍ノ直轄トシ通州ニ位置スヘシ

五 工兵小隊ハ可成速ニ通州ヨリ列車ニ依リ天津ニ歸還スヘシ

六 其他ノ部隊ハ軍命令ニ依リ行動スヘシ

七 予ハ蘆溝橋監視部隊ノ配備ヲ視タル後北平旅團司令部ニ移ル

旅團長　河邊少將

下達法

右命令ニ基キ左記聯隊命令ヲ下達ス

0750

歩一作命第六號

聯隊命令

七月九日午後四時〇五分
於蘆溝橋驛

一　蘆溝橋ヲ占領セル敵部隊ハ永定河右岸ニ撤退セリ
軍ハ一先ツ目的ヲ達シタルヲ以テ原駐屯配置ニ復ス

二　聯隊ハ一部ヲ以テ一文字山附近ニ位置シ主力ヲ以テ適宜原駐屯配備ニ復セントス

三　筒井少佐ノ指揮スル部隊ハ現在第一大隊ノ占領セル一文字山附近ニ位置シ支那軍ノ協定履行ヲ監視スヘシ
特ニ一兵タリト雖蘆溝橋部落内ニ入ルヲ許サス

0751

所要ノ天幕其他露營材料ハ後刻交付ス
第三大隊ハ豐臺驛ニ於テ軍ヨリ右材料ノ交付ヲ受ケ一文字山ニ於テ筒井部隊ニ交付スヘシ

四 第一大隊及豐臺部隊ハ適宜原駐屯配置ニ復スヘシ
但豐臺部隊ハ可成速ニ戰場掃除ヲ完了スヘシ
第一大隊原駐屯復歸ノ為準備スル列車及自動貨車ヲ利用スルコトヲ得

五 予ハ筒井部隊ノ配備完了後北平ニ移ル

聯隊長　牟田口大佐

下達法　命令受領者ヲ集メ口達筆記セシム

三一

36

0752

三、午後五時三十分頃第二大隊（第五中隊（一小隊欠）第四中隊及機關銃二小隊欠）ハ自動車ニ依リ蘆溝橋驛ニ到着シ一文字山ニ到ル

午後六時第一大隊ハ第二大隊ト一文字山附近ノ陣地ヲ交代ス

第三大隊モ午後七時頃迄ニ戰場掃除ヲ完了シ兩大隊及歩兵砲ハ各々豊臺ニ歸還ス

聯隊長ハ旅團長ト共ニ一文字山附近第二大隊ノ配備ヲ巡視シタル後豊臺ニ向ヘリ

各部隊ハ昨日來ノ戰鬪ト降雨トノ為疲勞大ナリ

斯クシテ本夜ハ聯隊主力ハ豊臺兵營ニ宿營セリ當時ノ配備要圖第八ノ如シ

第四　戰鬪ニ影響ヲ及ホセシ天候氣象及戰鬪地ノ狀況

一　天候

七月八日ハ晴天ニシテ氣温百度暑氣烈シク夜間ハ暗夜ニシテ月ナク通視ヲ許サヽルニ至ル

九日午前五時頃ヨリ降雨アリテ被服等餘ス所ナク浸透セリ

散兵壕ハ水溜リ且土地粘リ戰鬪行動稍ヽ困難ヲ感ス

二　氣象

日出時刻　午前四時四十二分

日没時刻　午後七時三十分

薄暮　自午後七時三十分　至午後九時〇分

37

0754

月齢　旧六月一日(暗夜)

三　戰闘地ノ狀態

高粱繁茂期ナルモ盧溝橋東北側地區ハ高粱ナリ荒蕪地若ハ落花生ノ畑ニシテ一般ニ閑暢シアリ但所々ニ高サ一米内外ノ小楊柳ノ繁茂セル堤防アリテ遮蔽ニ便ナリ

第五　交戰セシ彼我ノ兵力、團隊號及損害ノ狀態

一　日本軍兵力

聯隊本部第一大隊(九日ノミ)第三大隊歩兵砲隊(聯隊砲四門、大隊砲四門)

二　支那軍ノ兵力及團隊號

第二十九軍第三十七師第百十旅第二百十九團

0755

ノ二個大隊約八百名迫撃砲數門ヲ有ス

三　彼我ノ損害

七月八日及九日ノ戰鬪ニ於ケル我損害左ノ如シ

戰死者　十一名

戰傷者　三十六名

敵軍ノ損害ハ龍王廟南側附近及鐵道橋附近ニ遺棄セル死体約三十ナリ其他中島顧問ノ言ニ依レハ城内ニ於ケル支那軍ノ死傷百名ナリト

尚後日長辛店方面ニ出シタル密偵ノ報告ニ依ルニ七月八日九日両日ノ戰鬪ノ結果長辛店附近ニ運搬セラレタル死体ハ百以上ナリト

第六　參考トナルヘキ所見

一　昨年九月十八日ニ於ケル豊臺事件ノ體驗ハ今

38

0756

次事變勃發時ニ於ケル部隊ノ行動及聯隊長ノ決心ニ重大ナル素因ヲ爲セリ苟モ皇軍侮辱ノ行動ヲ敢テスルニ於テハ斷乎之ニ膺懲ヲ加ヘ彼等ノ侮日抗日觀念ニ一擊ヲ加ヘ彼等ノ常套手段タル不信行爲ヲ策スルノ餘裕ヲ與ヘサルコト絶對必要ニシテ又此ノ如クスルコトニ依リ皇軍ノ威信ヲ保持シ事件ヲ小範圍ニ局限シ其ノ解決ヲ迅速ナラシムル所以ナルヲ痛感シ又部下ニモ豫テ注意スル所アリシハ前ニ述ヘタルカ如シ以上ノ體驗及準備ハ事件勃發當初豊臺駐屯隊長ヨリ適時ニ報告ヲ受ケタル聯隊長ヲシテ確信ヲ以テ支那側ニ對スル態度ヲ決定シ又豊臺駐屯隊長ノ果敢勇猛ナル決意ト適切機敏ナル

0757

行動トヲ採ルヲ得セシメタル有力ナル素因ヲ爲シアルモノト信ス

二　當初森田中佐カ一文字山ニ於テ歩兵砲ノ射擊ヲ許サス又大隊長カ龍王廟ノ敵ニ對シ攻擊セントセシ動作ハ共ニ適切ナリ

森田中佐カ北平警備司令官代理タル聯隊長ヨリ現地ノ調査並責任者ニ對シ謝罪ヲ要求スヘキ命ヲ受ケ午前四時北平聯隊本部ヲ出發シ午前四時四十五分一文字山ニ至リシ際出動部隊ノ歩兵砲ハ一文字山ニ陣地ヲ占領シアリ之ニ對シ一木大隊長ハ龍王廟附近ニ敵ノ存否ヲ確ムル爲射擊ヲ命シタリ茲ニ於テ中佐ハ射擊ヲ許サス蓋シ中佐カ出發セシ時ハ聯隊長カ第三大隊長ニ對シ戰鬪開始ニ關シ指示ヲ與ヘタル

以前ニシテ飽ク迄モ慎重ヲ期セントスル聯隊長ノ意圖ヲ奉シタル處置ニシテ蓋シ至當ノコトナリ
而シテ此事タル事後ノ結果ニ徴スルニ支那軍ノ不法ヲ宣明シ我軍ノ立場ヲ有利ナラシムルニ甚大ノ效果ヲ齎シタリ、一見命令系統ヲ踏マサル觀アルモ緊迫セル情況下ニ於テ先ツ射撃開始ヲ待タシメ大隊長ヲシテ再考セシメントスル臨機ノ處置ニシテ止ムヲ得サル處ナリ。
又一木大隊長カ八日午前四時二十分聯隊長ヨリ敵カ再度ニ亘リ我ニ對シ發砲スルハ我ニ敵對スルノ意明ナルヲ以テ断乎戰鬪ヲ開始シテ可ナルノ旨ノ指示ヲ受ケ更ニ第二十九軍顧問タル櫻井少佐ヨリ「馮治安ハ自分ノ部下ハ蘆溝橋城外ニハ絶對ニ駐ラス城外ニ居ルモノハ支那軍

ニハ非ス匪賊ナラント言明セル旨ヲ承知シ龍王廟附近ノ敵ハ匪賊トセハ之ニ對シ其存否ヲ確ムル爲威力偵察ノ目的ヲ以テ歩兵砲ヲシテ先ツ射撃スルモ支那軍ハ後日ニ於テ何等ノ異議、ヲ狹ムノ理由ナシト断シ且大隊長ハ昨年ノ豊臺事件ノ體驗支那軍ノ平素ニ於ケル侮日的態度並今日迄ノ凡有ユル日支ノ外交交渉ニ鑑ミ之ニ断乎一撃ヲ加ヘサレハ爾後ノ交渉ヲ有利ニ導クヲ得ス又侮日観念ヲ矯正スルヲ得ス速ニ龍王廟ノ敵ヲ攻撃シ其蘆溝橋城内退避前ニ膺懲ヲ加フルノ必要ナルヲ認メタル結果ニシテ其決心亦極メテ至當ナリト思惟ス而モ森田中佐ノ注意ニ従ヒ攻撃ヲ中止シ敵情ヲ監視中更ニ龍王廟ヨリ射撃ヲ受ケ茲ニ愈々支那軍ノ不法

三五

ヲ確實ニシ我軍ノ公正ナル態度ト相對照シテ之ヲ天下ニ宣明スルヲ得セシメタルハ忍フ可キニ忍ヒ撃ツヘキニ撃チテ進止ヲ明瞭ニシ而モ起ツヤ疾風迅雷支那軍ヲ撃破シ克ク皇軍ノ武威ヲ宣揚シテ餘ス所ナク第一線部隊ノ面目躍如タラシメタリ

蓋シ平素ノ修養訓練ノ成果相俟チタル結果ニ外ナラスト確信ス

三

平時訓練ノ結果ヲ如實ニ顯現セリ

昨年五月聯隊創設ニ方リ聯隊長ハ吾人ノ演習場ハ即チ吾人ノ戰場ナリ故ニ一木一草ト雖閑過スヘカラス又極メテ寡弱ナル我兵力ヲ以テ極メテ優勢ナル支那軍ニ對スル爲ニハ夜間戰鬪ニ依ラサルヘカラサル所以ヲ訓示シ爾來平素ノ視察

0761

ニ又檢閲ニ之ヲ强調シ聯隊全將兵之カ訓練ニ精進セリ之ヲ以テ駐屯地附近ノ地形ヲ一兵ニ至ル迄暗識シ又夜間行動熟達セリ

時恰モ中隊教練檢閲直前（七月九日ヨリ中隊教練檢閲ヲ閲始スル豫定ナリ）ニテ中隊訓練モ最高潮ニ達シ中隊團結ノ基礎確立シアリシ時期ニテ平時訓練ノ結果ヲ如實ニ顯現セリ第三大隊ガ永定河右岸ヨリ蘆溝橋停車場附近ニ集結ヲ命セラルルヤ當時中ノ島及蘆溝橋城壁ヨリ熾烈ナル側防火ヲ冒シ而モ死傷者ヲ收容シ處ニヨリテハ深サ胸ヲ没スル永定河ノ濁流ヲ渡リ夜闇ヲ冒シ齊整ニ集結セシハ幹部以下ノ勇敢ニ因ルコト固ヨリナリト雖平時訓練ノ結果ニ依ルコト多キヲ信ス

四永定河右岸ヨリノ轉進ヲタ刻命シタルモ實行困難ニシテ夜ニ入リ齊整ニ實行セラレタリ永定河右岸一帶楊樹繁茂シアルヲ以テ蔭蔽轉進容易ナルヘシトノ見地ノ下ニ之カ實行ヲ命シタルモ楊樹ナキ地區ニ多數ノ死傷者アリシヲ以テ第一線中隊ハ之カ收容ニ苦心シ結局夜ニ入ルヲ待ツノ已ムナキ狀態トナレリ、然レ共夜ニ入ルヤ極メテ齊整ニ實行セラレタリ

0763

武功録

一 特種功績部隊

豊臺駐屯隊（第三大隊 歩兵砲隊）

本戰鬪ノ特質ハ全ク平時狀態ヨリ突發的ニ戰鬪ニ移レルト幾多外交的折衝ノ掣肘ヲ受ケ紛然タル作戰本位ニ戰鬪ヲ指導シ得サリシニ存ス然ルニ此間ニ處シ豊臺部隊ノ動作ハ進止克ク指揮官ノ命ニ從ヒ寸毫モ犯ス所ナシ其進ムヤ疾風迅雷敵ノ心膽ヲ寒カラシ

メ惨烈ナル状況ニ處シテ秩序整然タリ眞ニ平素ノ演習ニ異ナラス如斯ハ軍紀嚴正訓練精到ノ致ス所ニシテ又形而上下ニ亘ル應急準備カ一兵ニ至ル迄徹底シ且完整セシニ因ラスンハ非ス戰鬪ノ結果ハ事變勃發ノ當初ニ於テ克ク支那軍ノ不法ヲ膺懲シ我武威ヲ發揚シテ先制ノ利ヲ收メ而モ我公正ナル態度ヲ中外ニ表明セリ

其功績ハ卓拔ナリト認ム

0765

二、特種功績者

第三大隊長　少佐　一木清直

右ハ豊臺駐屯隊長トシテ全責任ヲ負ヒテ事件勃發ニ處シテ機宜ヲ過タス外交的折衝ノ爲種々掣肘ヲ受ケタルニ拘ラス支那軍ノ不法ニ對シ膺懲ニ決スルヤ果敢斷行克ク介屯隊長トシテ面目ヲ發揮シ豊臺駐屯隊ヲ指揮シテ勇戰奮鬪シ皇軍ノ威武ヲ發揚セリ

其功績ハ武功拔群ノモノト認ム

43

0766

聯隊副官 少佐 河野又四郎

本事變當初ノ特性ハ突發的ニ發生セル事件ニ對シ如何ニ之ヲ處理スヘキカノ勇斷ニ存シタリ

當時北平警備司令官河邊少將ハ檢閲視察ノ為出張不在中ナリシ為聯隊長之ヲ代理シアリ少佐ハ聯隊副官トシテ軍トノ連絡支那側トノ折衝諸外國護衛隊ニ對スル處置、我居留民義勇隊ニ對スル指示、在平部隊ノ出動準備

0767

豊臺部隊トノ電話連絡等ニ任シ俊德ノ間克ク聯隊長ヲ輔ケテ遺憾ナシ爲之聯隊長ハ種々外交的掣肘ヲ受ケタルモ遂ニ断乎トシテ戰闘開始ニ關シ豊臺部隊長ニ明確ナル指示ヲ與ヘ以テ機宜ヲ過タス警備司令官トシテノ職務ヲ遂行スルヲ得タリ

其功績ハ武功抜群ノモノト認ム

44

0768

聯隊附中佐　森田徹

右ハ聯隊長ノ旨ヲ承ケ蘆溝橋ニ臨ムヤ外交交渉ヲ有利ナラシメンカ為部隊ヲ適切ニ指導シ一部ヲ蘆溝橋城内ニ入レ主力ヲ集結セントセシモ既ニ状況ハ切迫シ豊臺部隊ハ再度支那軍ノ不法射撃ヲ受ケタル為敢然攻撃スルヤ之ヲ是認シ當時同行シタル支那要人我特務機關員等ニ支那兵ノ不法ト我軍ノ公正ナル態度トヲ理解セシメタリ

0769

右ハ戰鬪ト平和トノ分岐點ニシテ最困難ナル狀況ニ於テ爾後ノ外交交渉並我對外關係ヲ有利ナラシメ而モ豐臺部隊ノ戰機ヲ過マタシメサリシモノナリ

其功績ハ武功拔群ノモノト認ム

45

0770

分割撮影ターゲット

分割した部分の撮影順序	1 2
分割撮影した理由	Ａ３版以上のため
文書等名	支那第29軍配置要図

上記のとおり分割撮影したことを証明する。

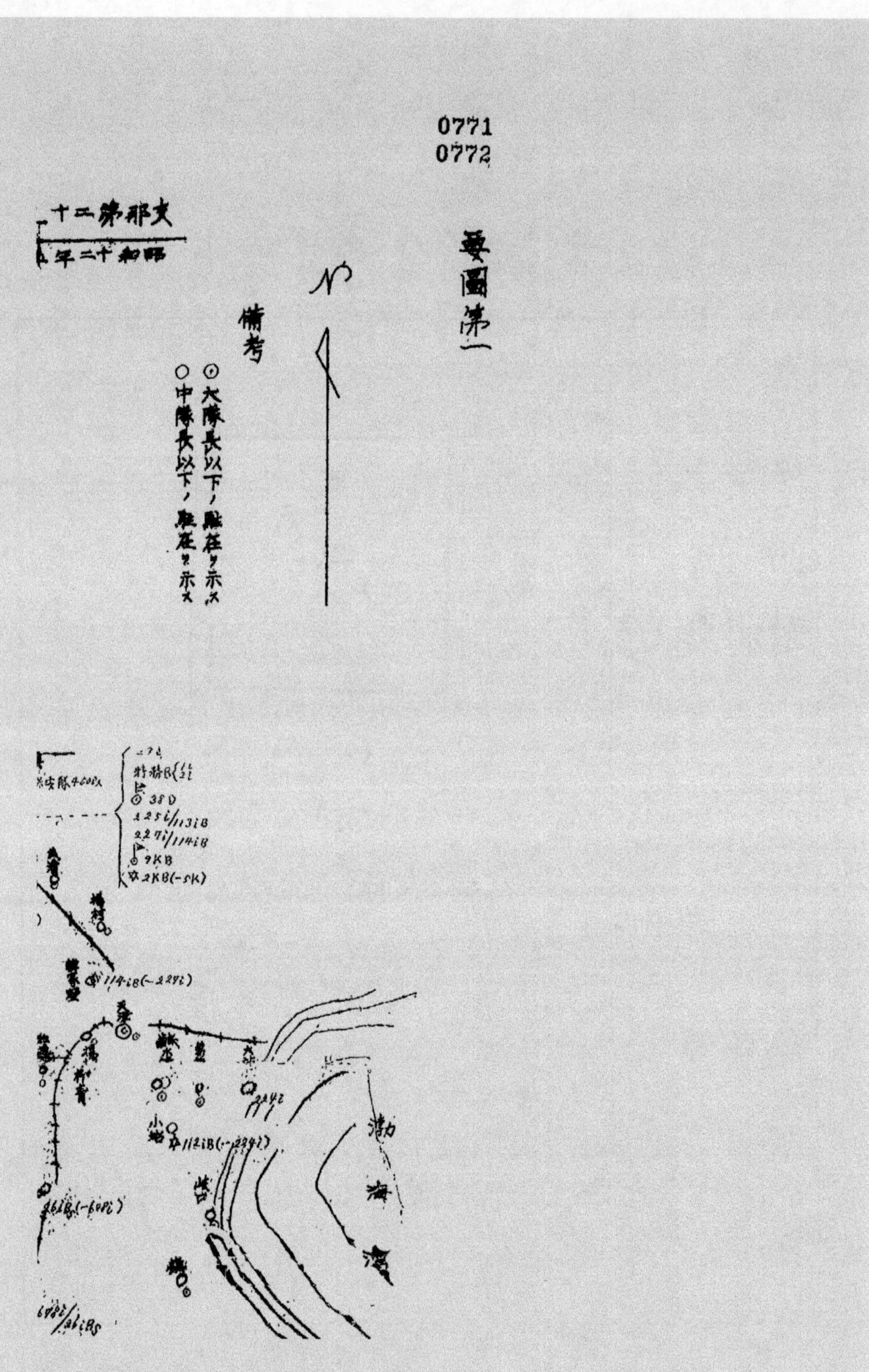
0771
0772
要圖第一
N
備考
⊙大隊長以下ノ駐在ヲ示ス
○中隊長以下ノ駐在ヲ示ス
渤海灣

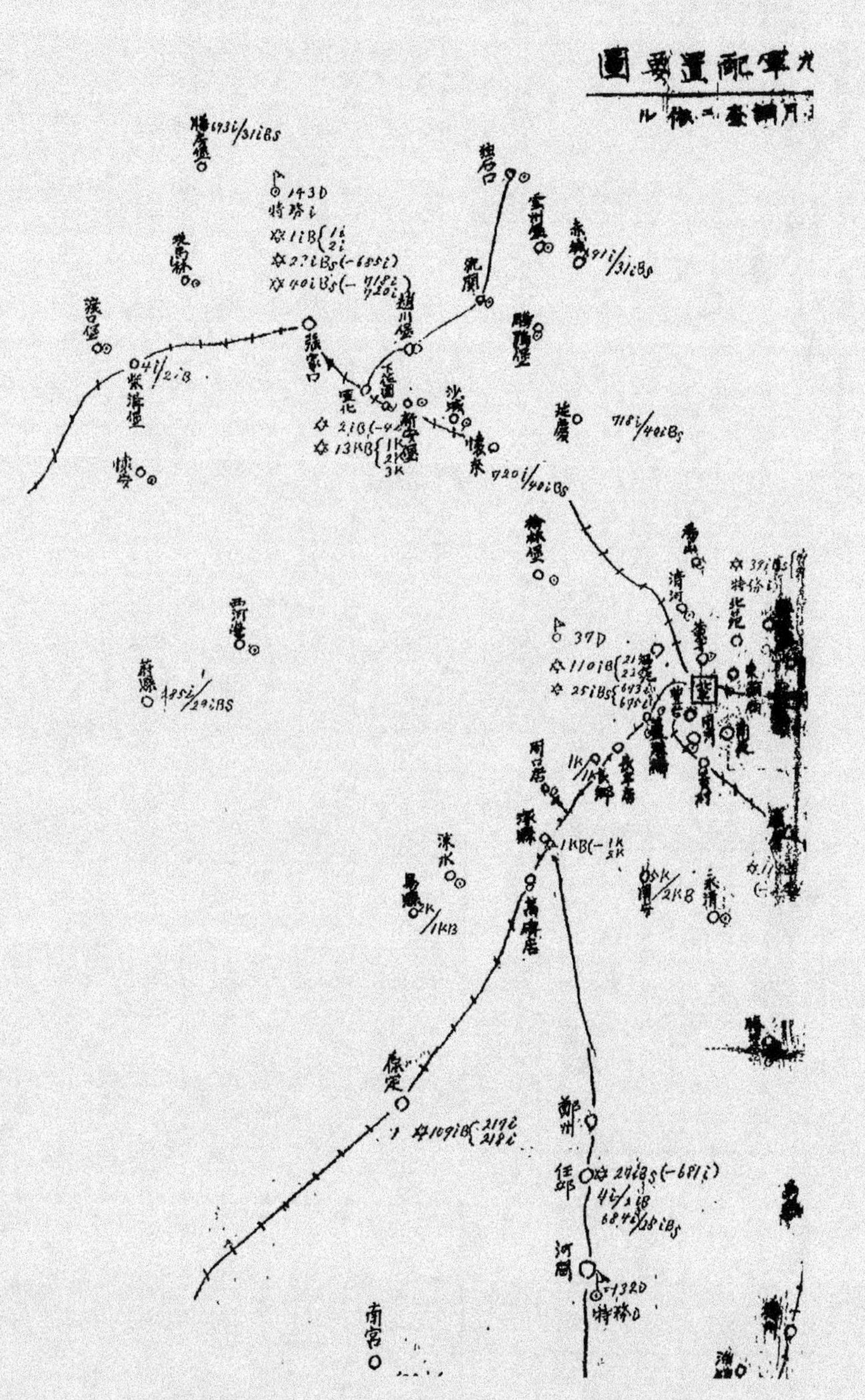

張家口
保定
南宮
河間
任邱
鄚州
淶水

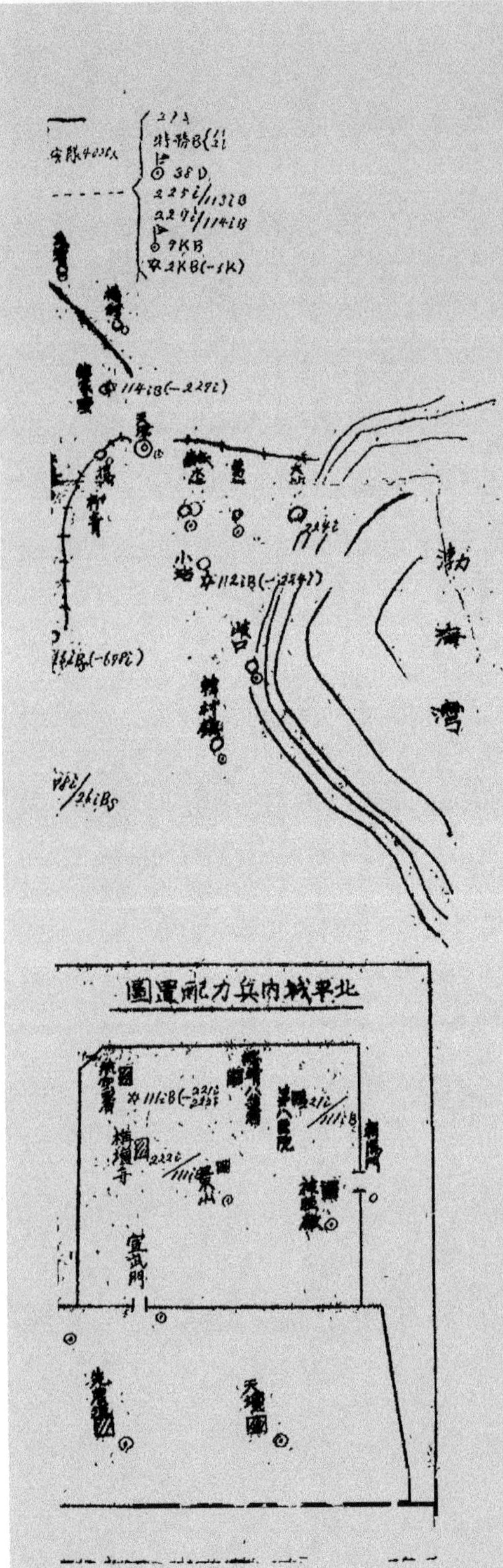
9KB
小站
渤海灣
北平城內兵力配置圖
宣武門
天壇

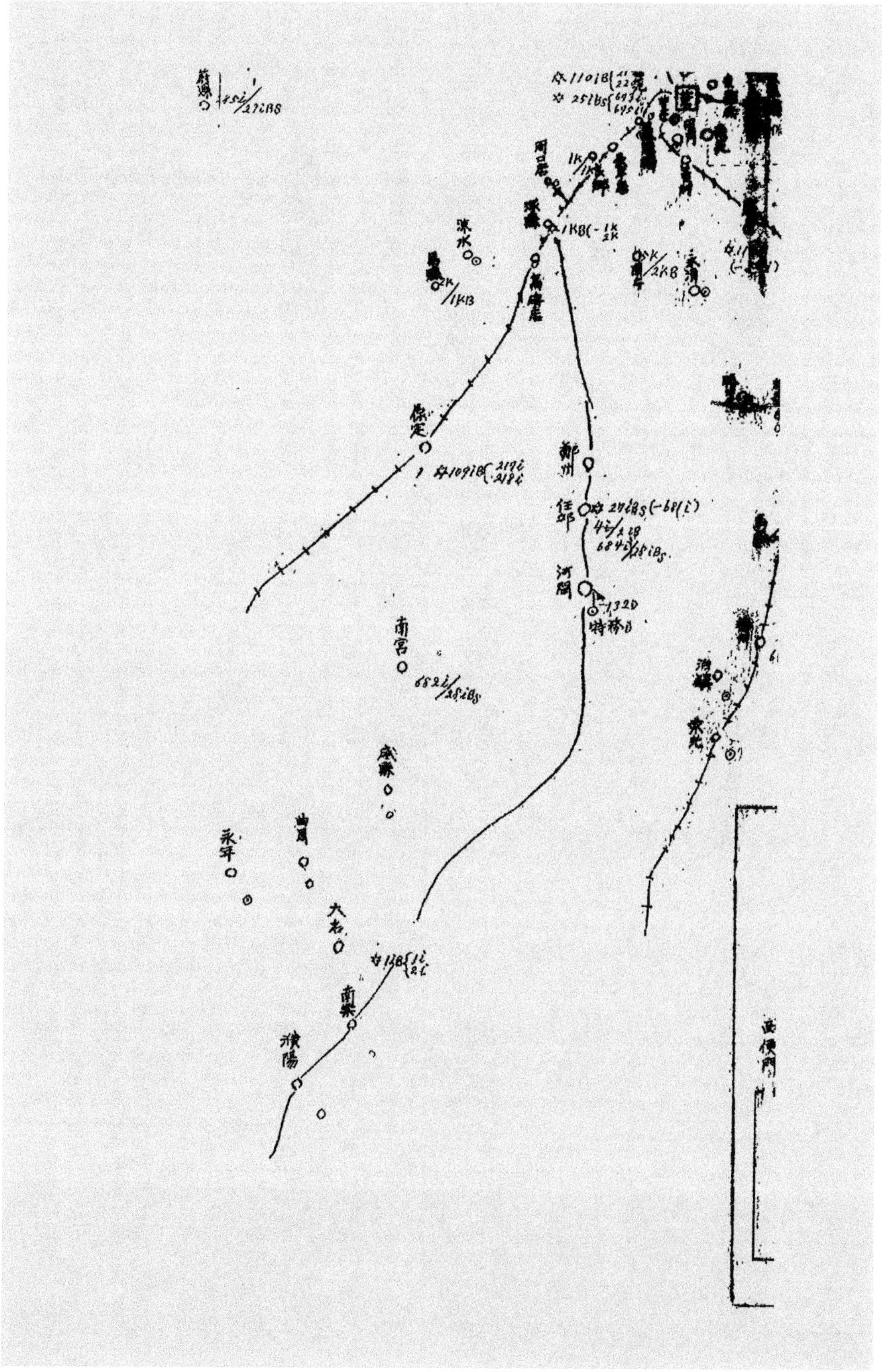

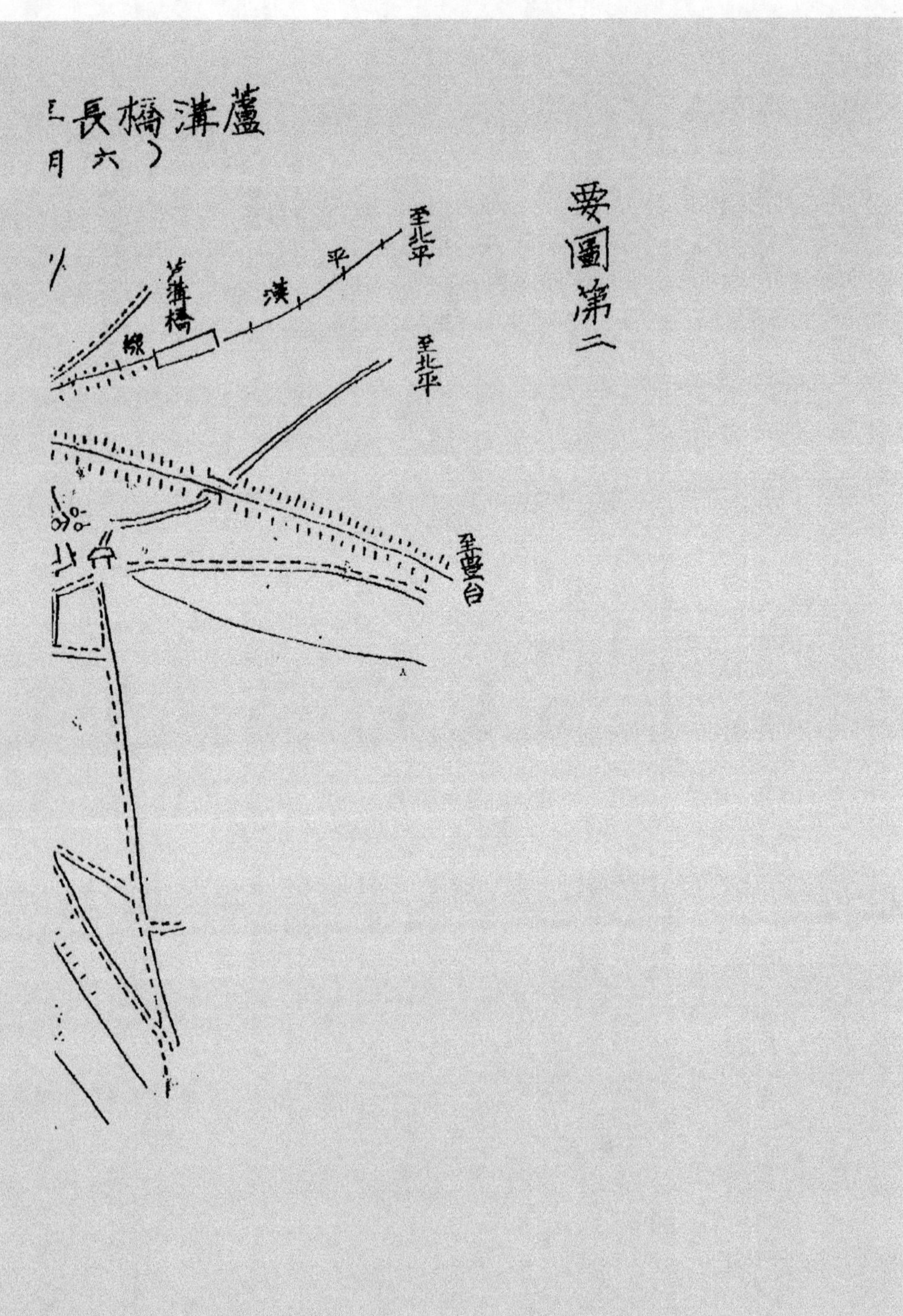
蘆溝橋長
六）
要圖第二
至北平
平
漢
蘆溝橋
線
至北平
至豐台

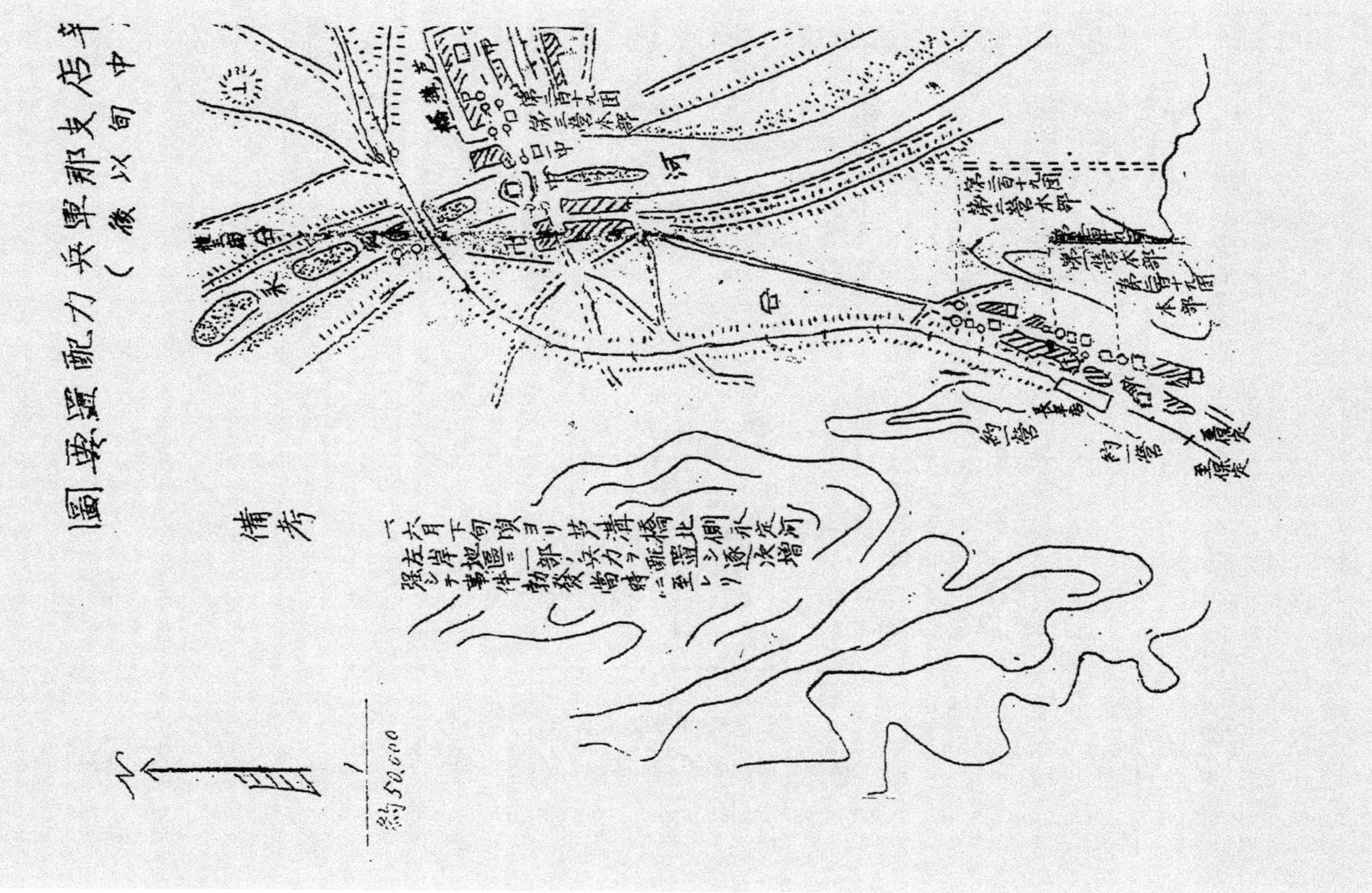
辛店支那軍兵力配置要圖
（中旬以後）
備考
一、六月下旬頃ヨリ芦溝橋北側永定河左岸地區ニ一部ノ兵力ヲ配置シ逐次増強シテ事件勃發當時ニ至レリ
約50,000
芦溝橋
永定河
河
第二百十九團第三營本部
第二百十九團第二營本部
第一營本部
第二百十九團本部
約一營
約一營
長辛店
至保定
至良鄉

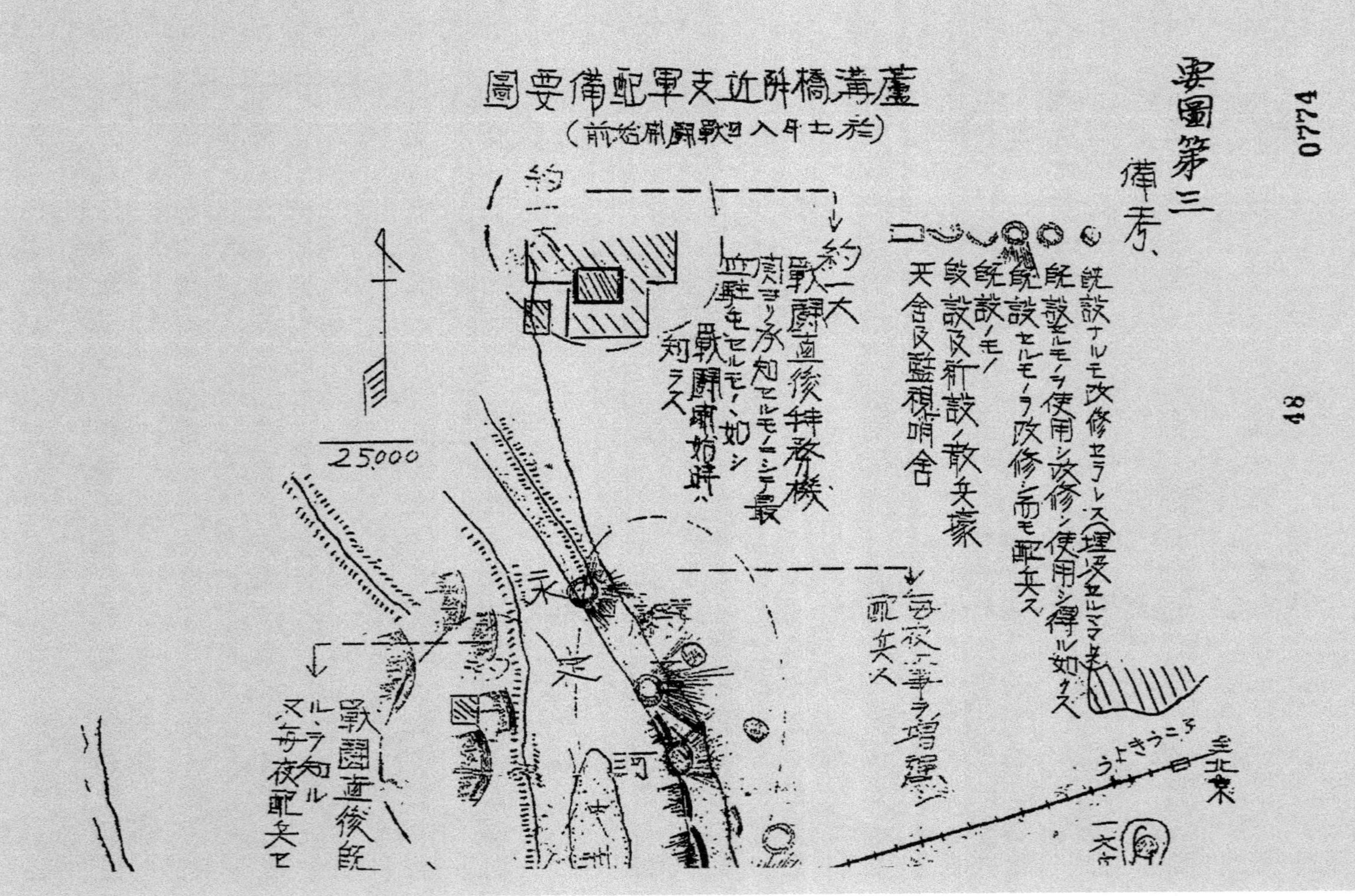
蘆溝橋附近支軍配備要圖
（於七月八日戰闘開始前）
要圖第三
備考、
既設ナルモ改修セラレス（埋没セルママ）
既設セルモノヲ使用シ改修シ使用シ得ル如クス
既設セルモノヲ改修シ而モ配兵ス
既設ノモノ
25,000
永定河
北京
48
0774

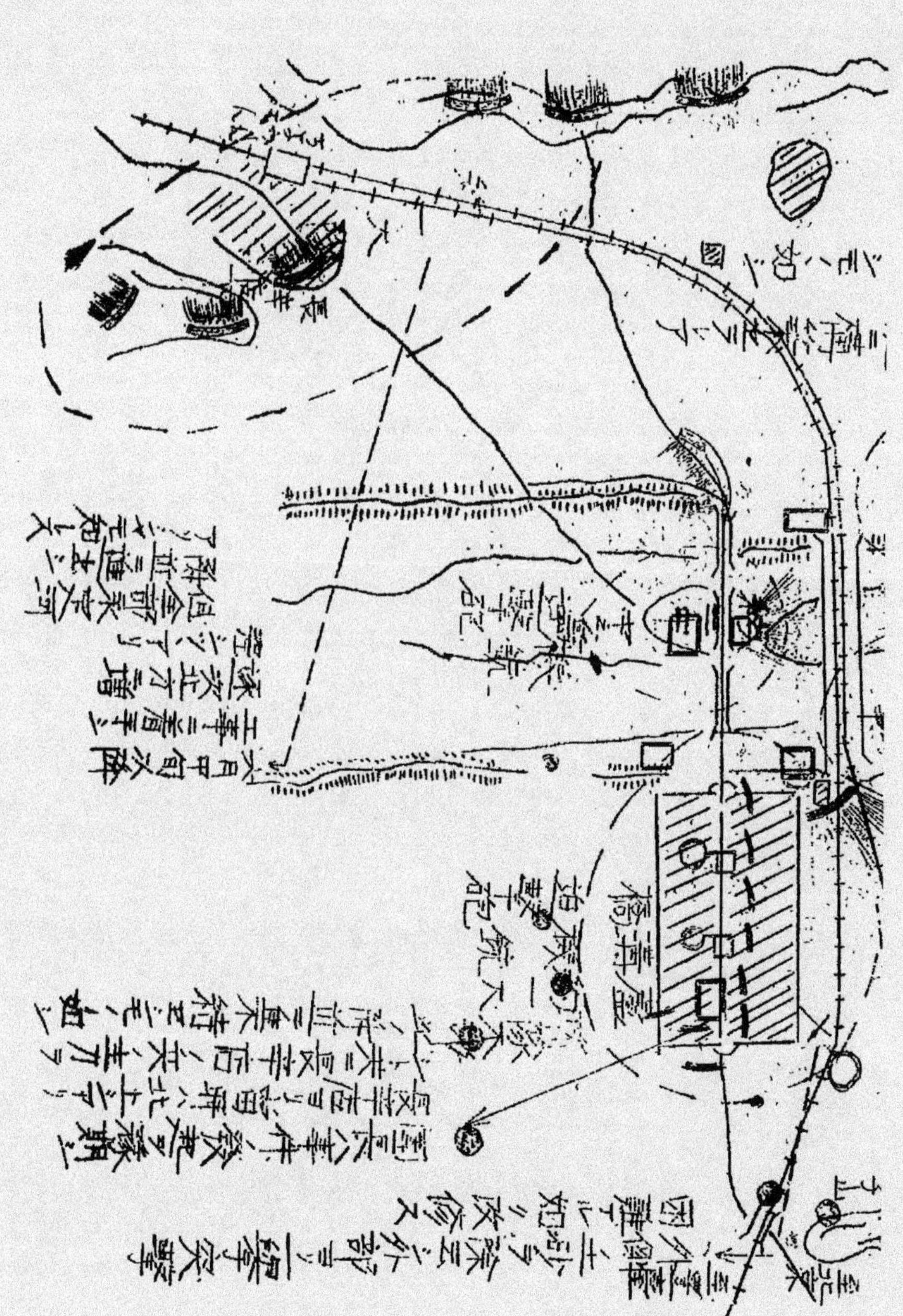

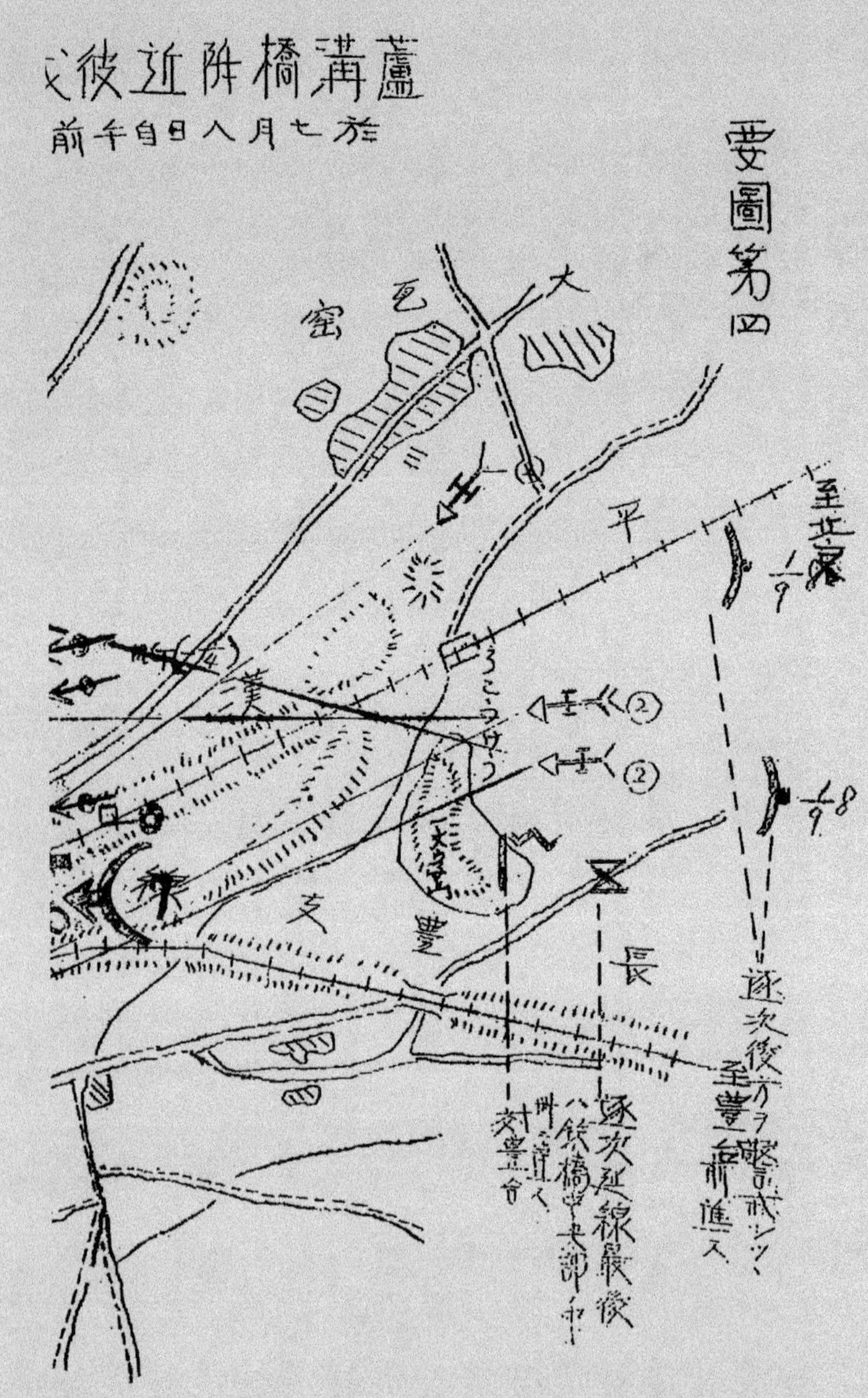

蘆溝橋附近役
於七月八日自午前
要圖第四
平
豐
長

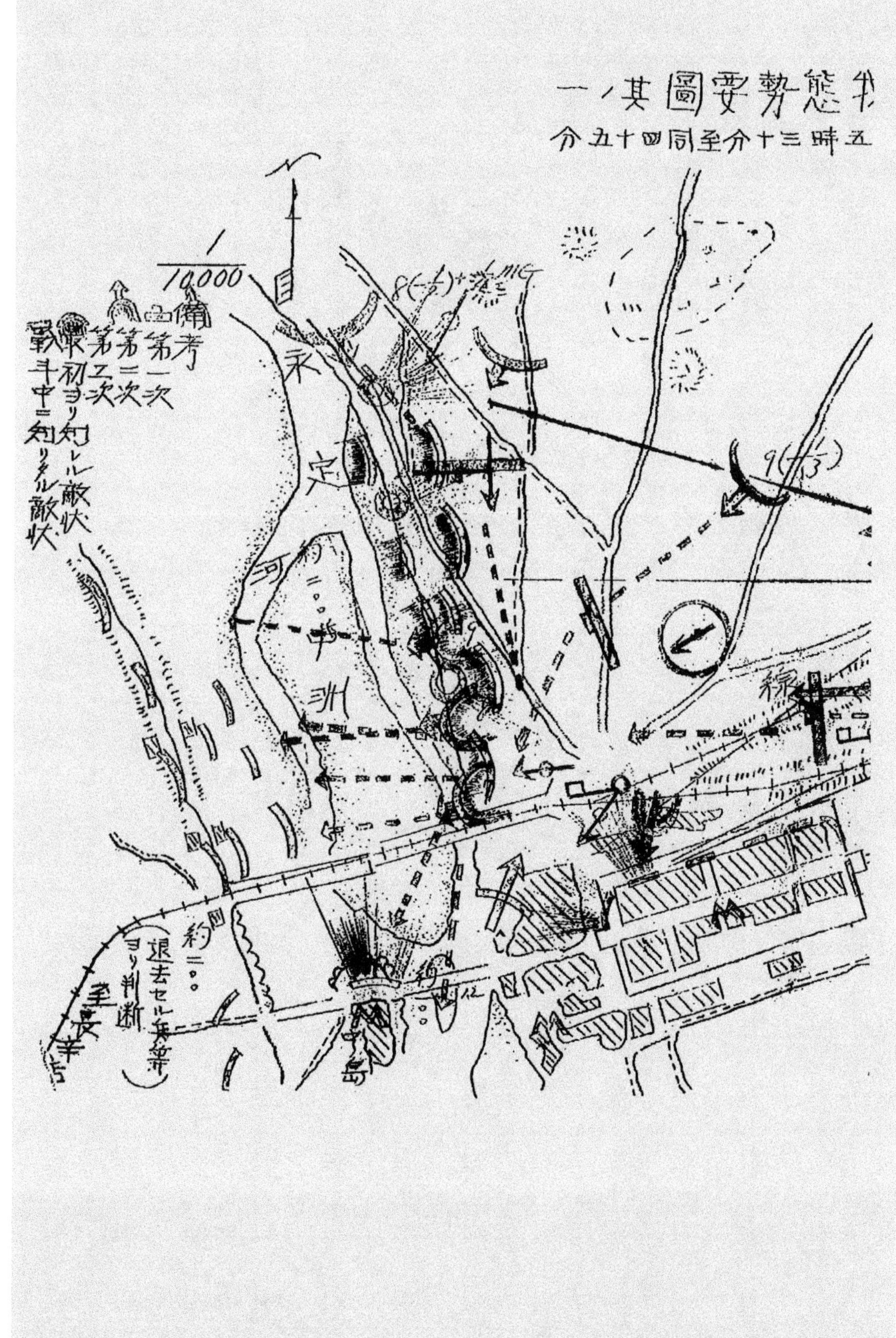

我態勢要圖其ノ一
五時三十分至同四十五分
1/10,000
備考
第一次
第二次
第三次
最初ヨリ知レル敵状
戰斗中ニ知リタル敵状
永定河
中洲

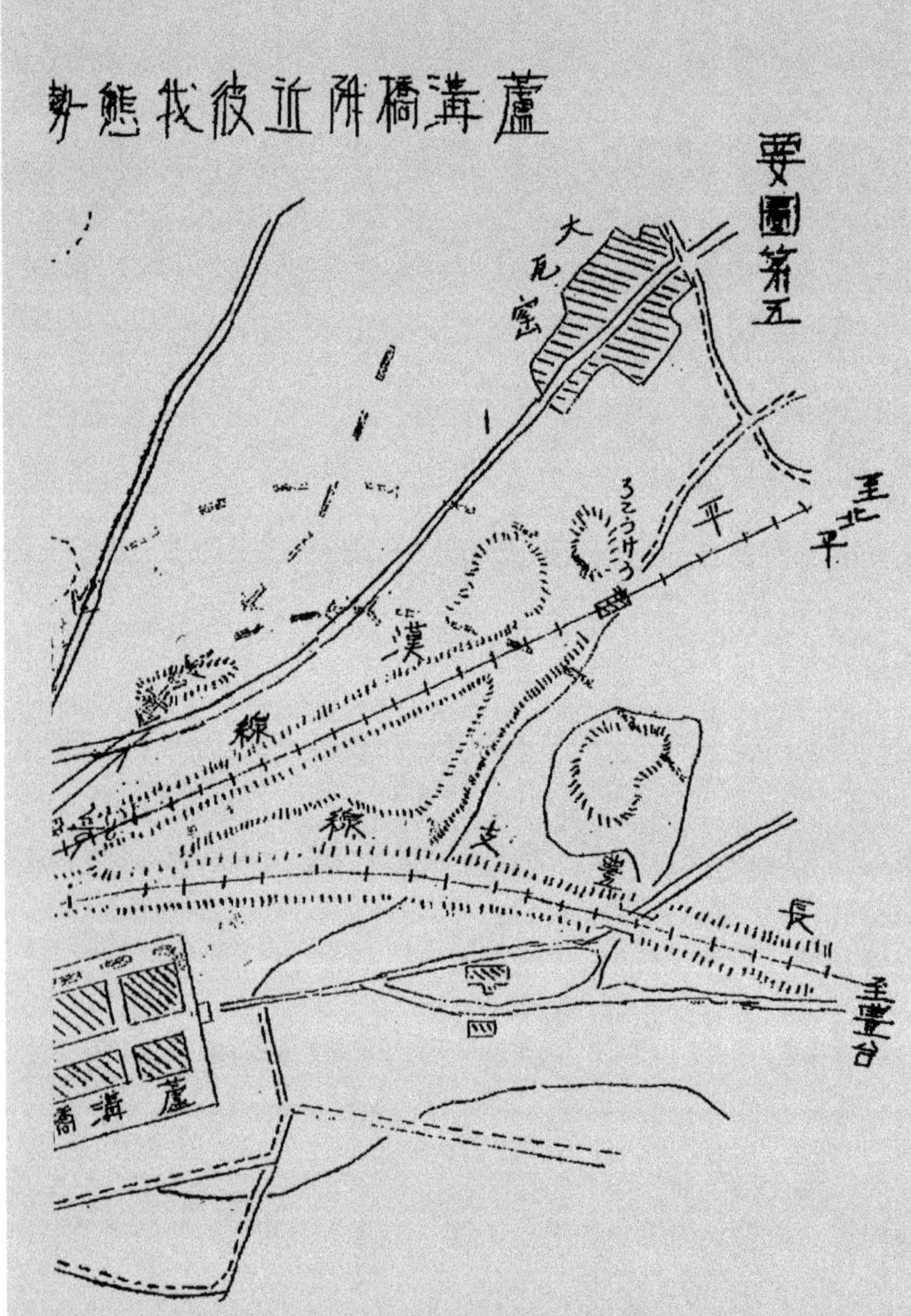
盧溝橋附近彼我態勢
要圖第五
大瓦窑
至北平
平
漢
線
線
支
豐
長
至豐台
盧溝橋

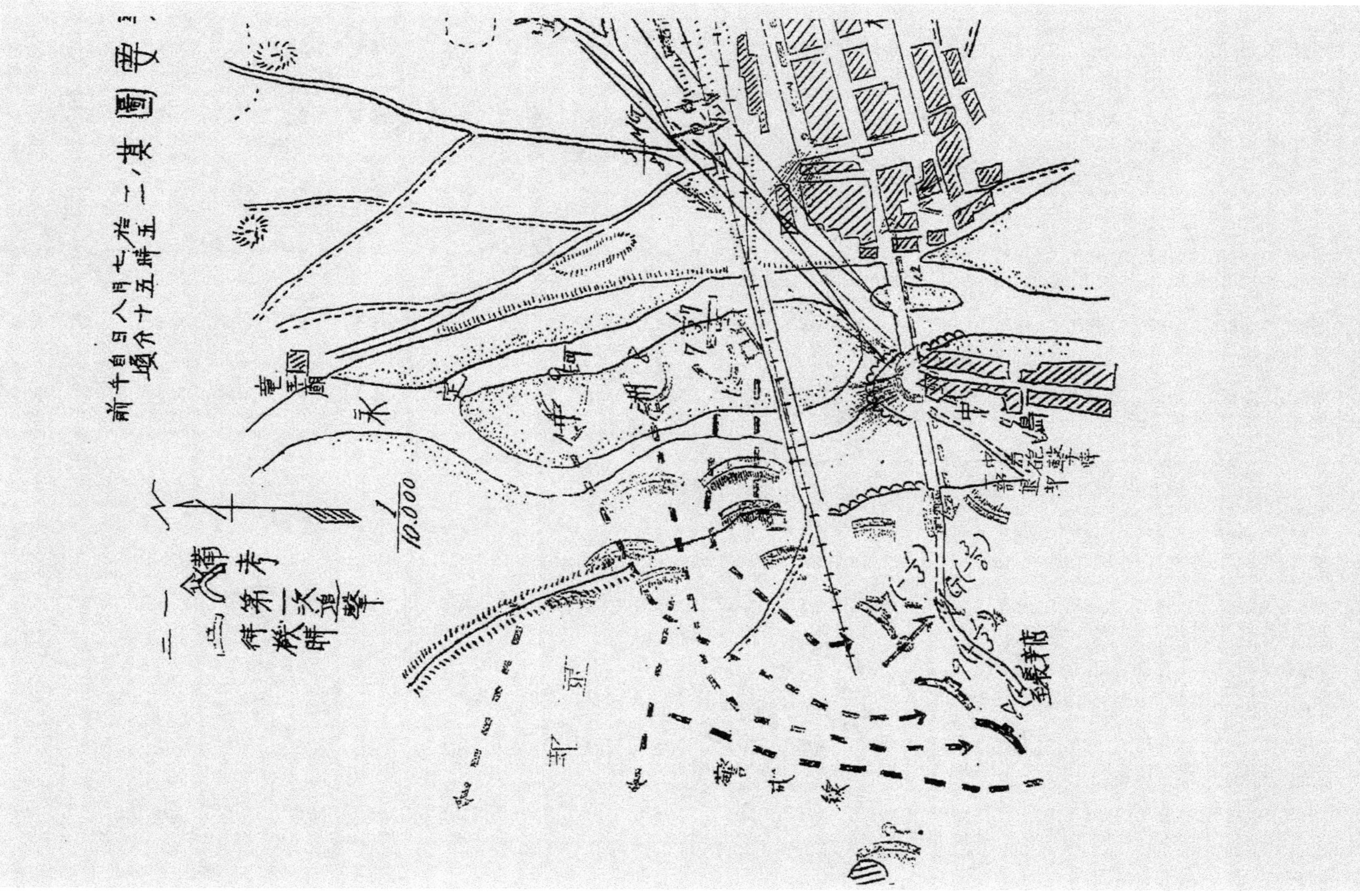
要圖其ノ二
於七月八日自午前五時五十分頃
備考
一　第一次追撃
二　待機時
1/10.000
龍王廟
永定河中洲
中島
警戒線
至長辛店

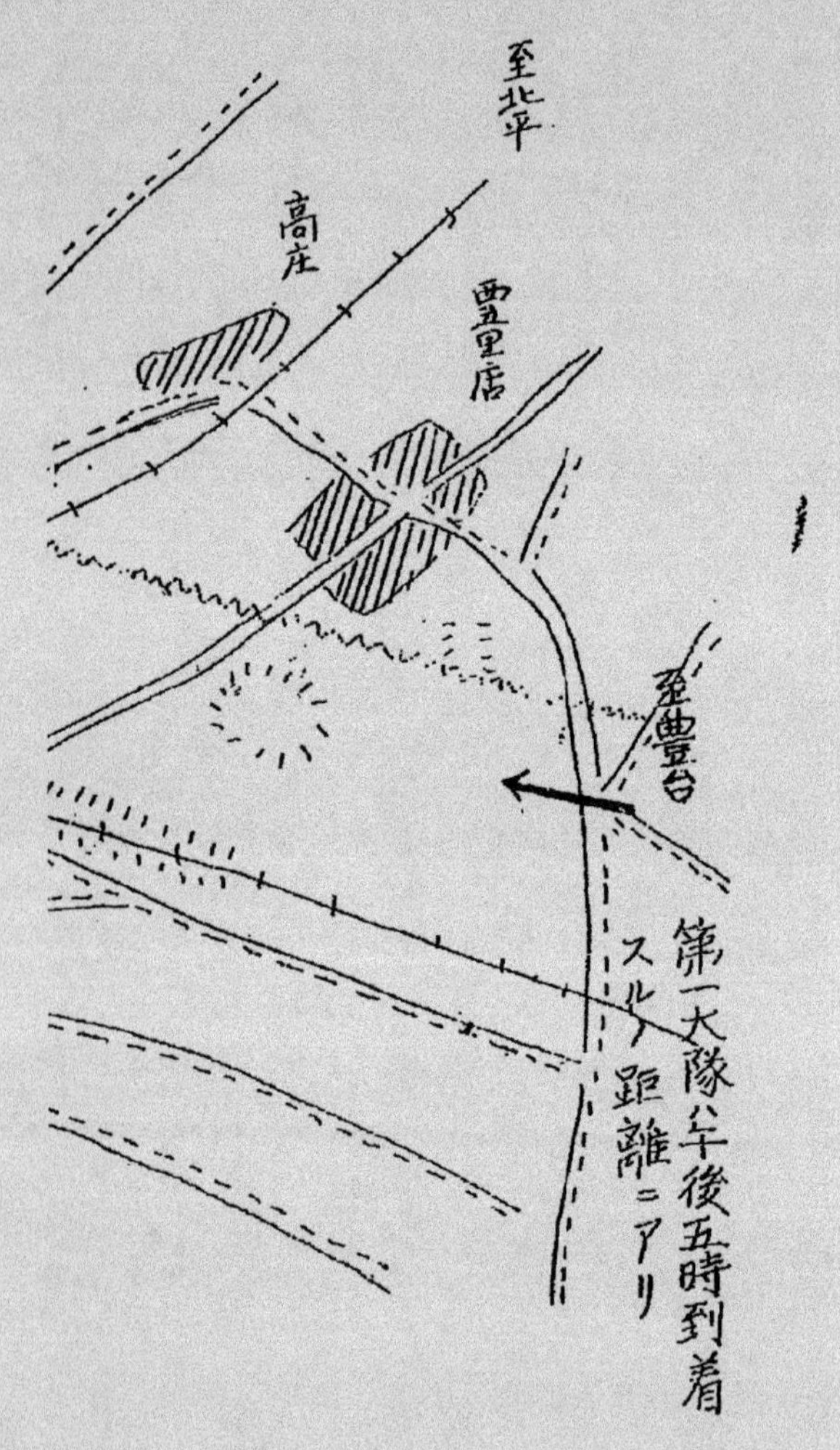

蘆溝橋附近後
(七月八日午
要圖第六
至北平
高庄
五里店
至豐台
第一大隊ハ午後五時到着
スルノ距離ニアリ

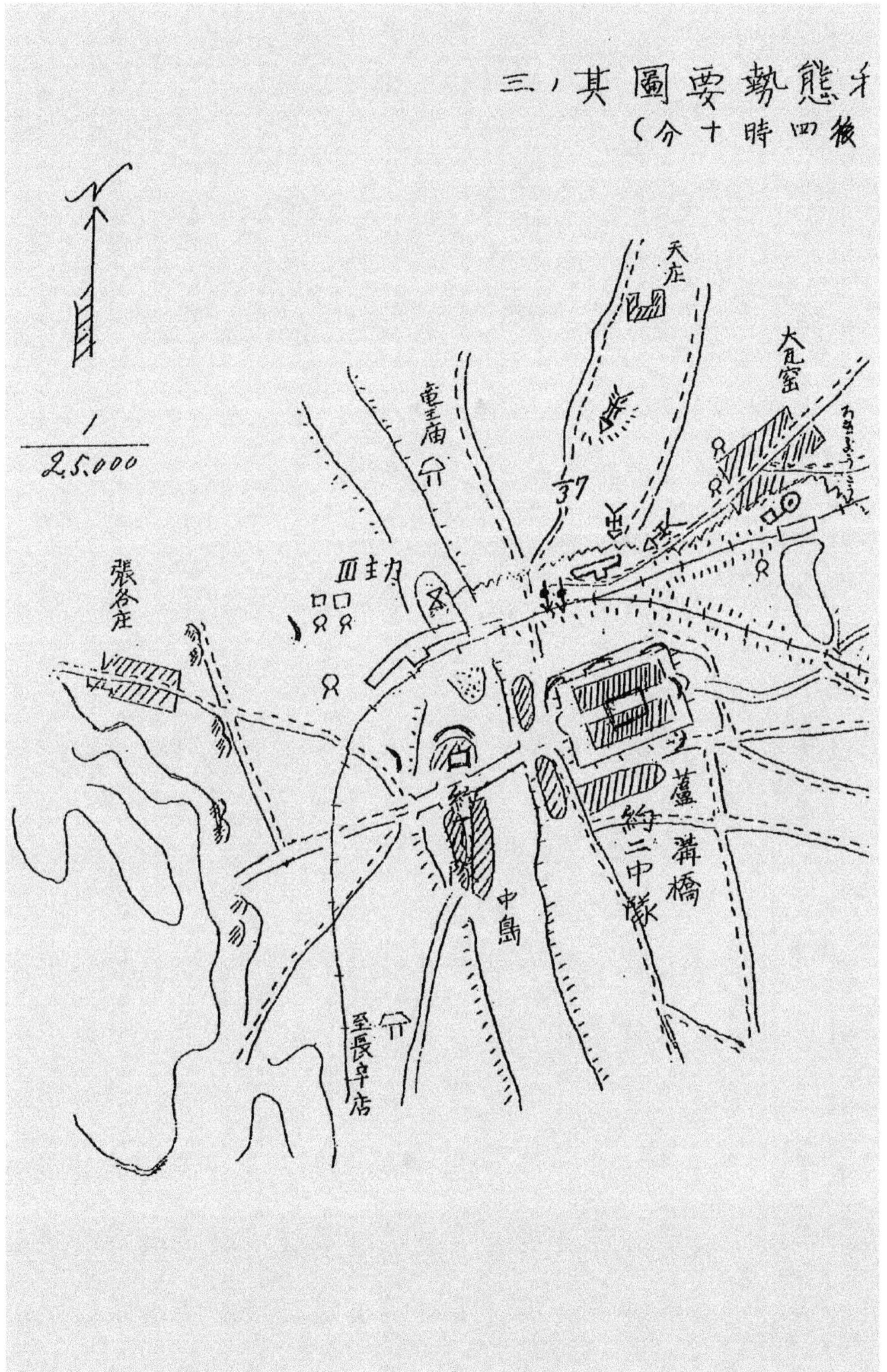

手態勢要圖其ノ三
後四時十分）
1/25,000
天庄
大瓦窑
竜王廟
37
張各庄
中島
蘆溝橋
約二中隊
至長辛店

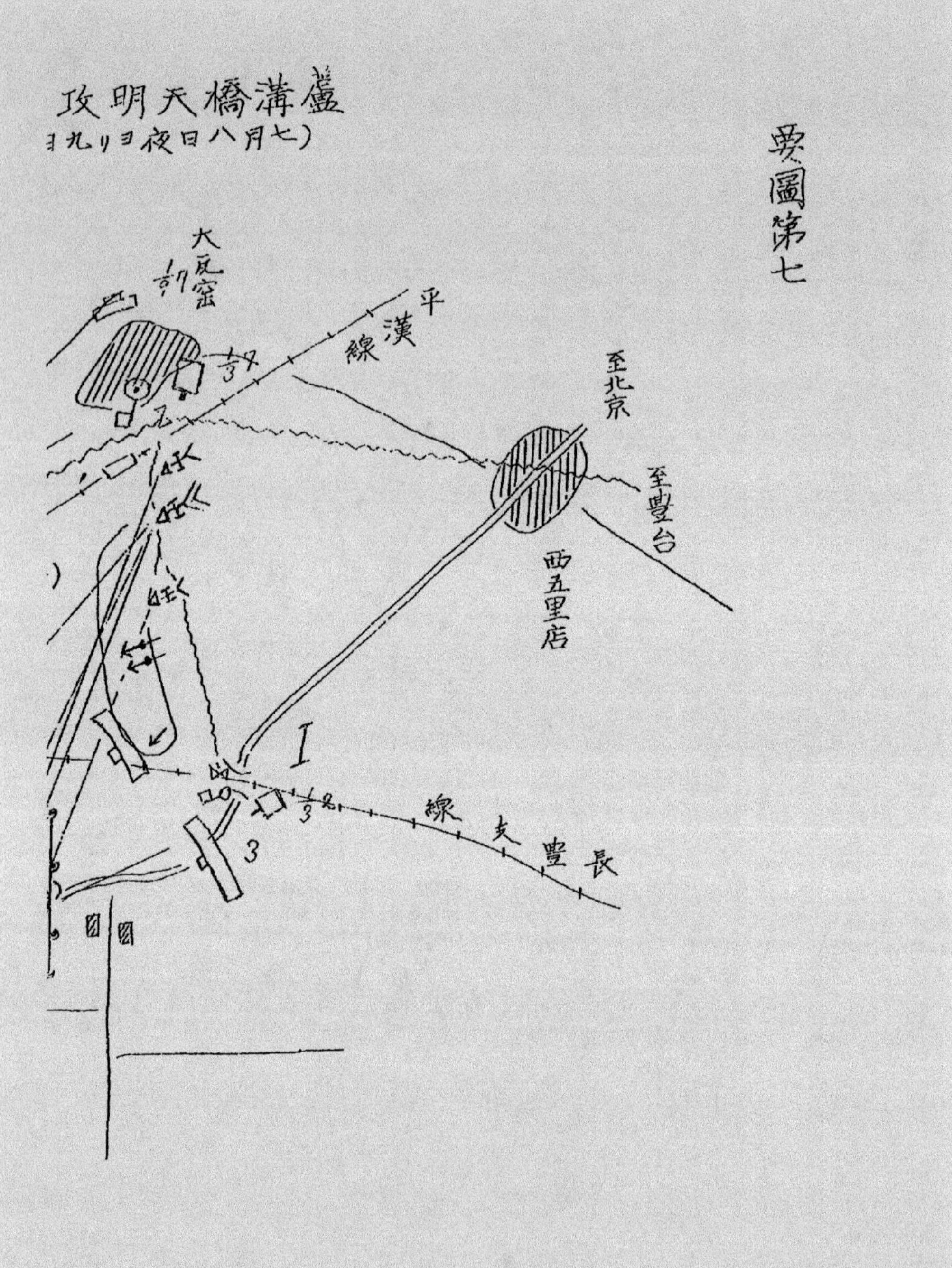
盧溝橋天明攻
(七月八日夜ヨリ九ヨ)
要圖第七
大瓦窑
平漢線
至北京
至豐台
西五里店
長豐支線

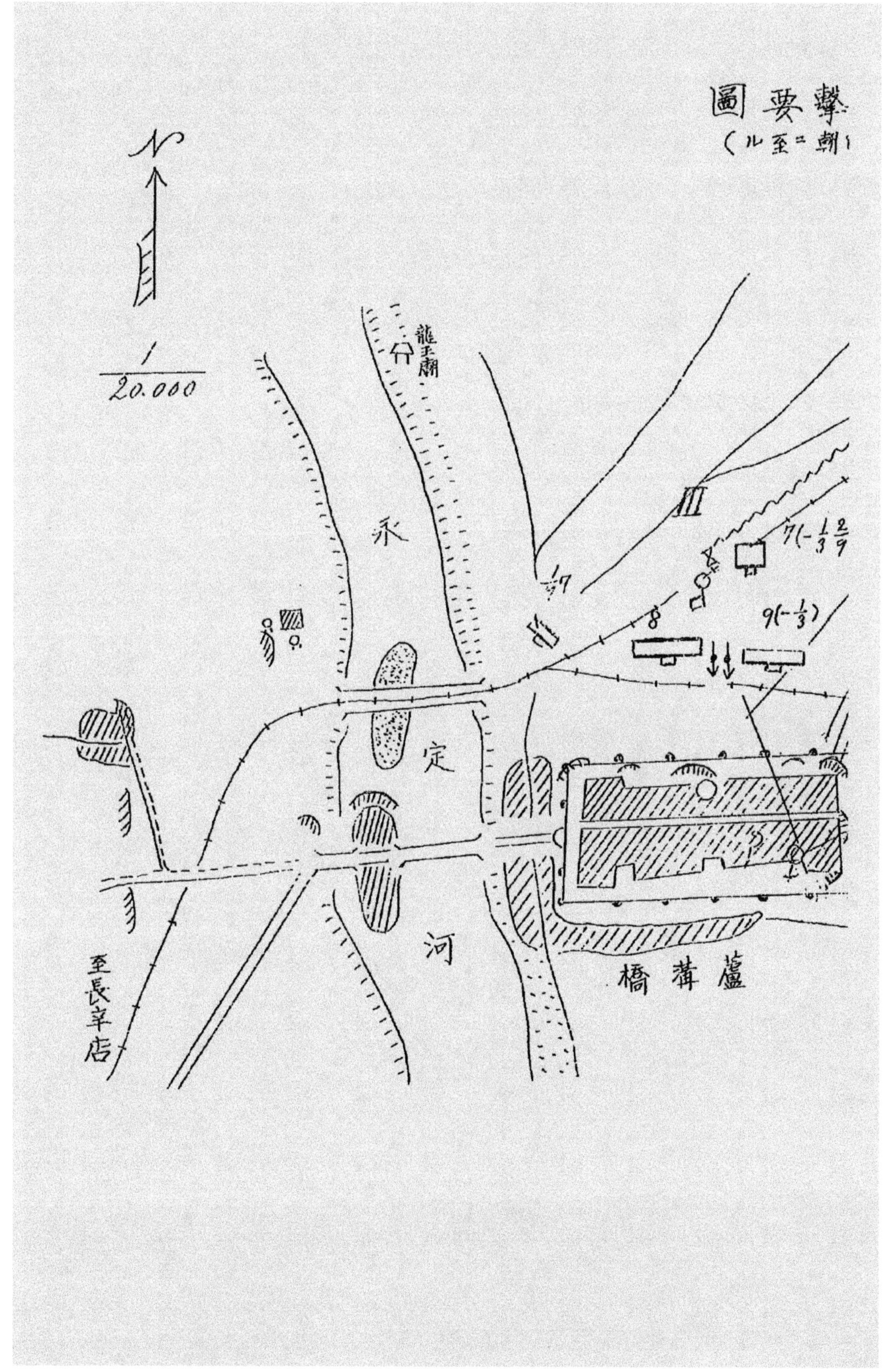
撃要圖
（朝ニ至ル）
N
1/20.000
龍王廟
永
定
河
盧溝橋
至長辛店
7(-1/3 2/9)
8
9(-1/3)

附圖第八

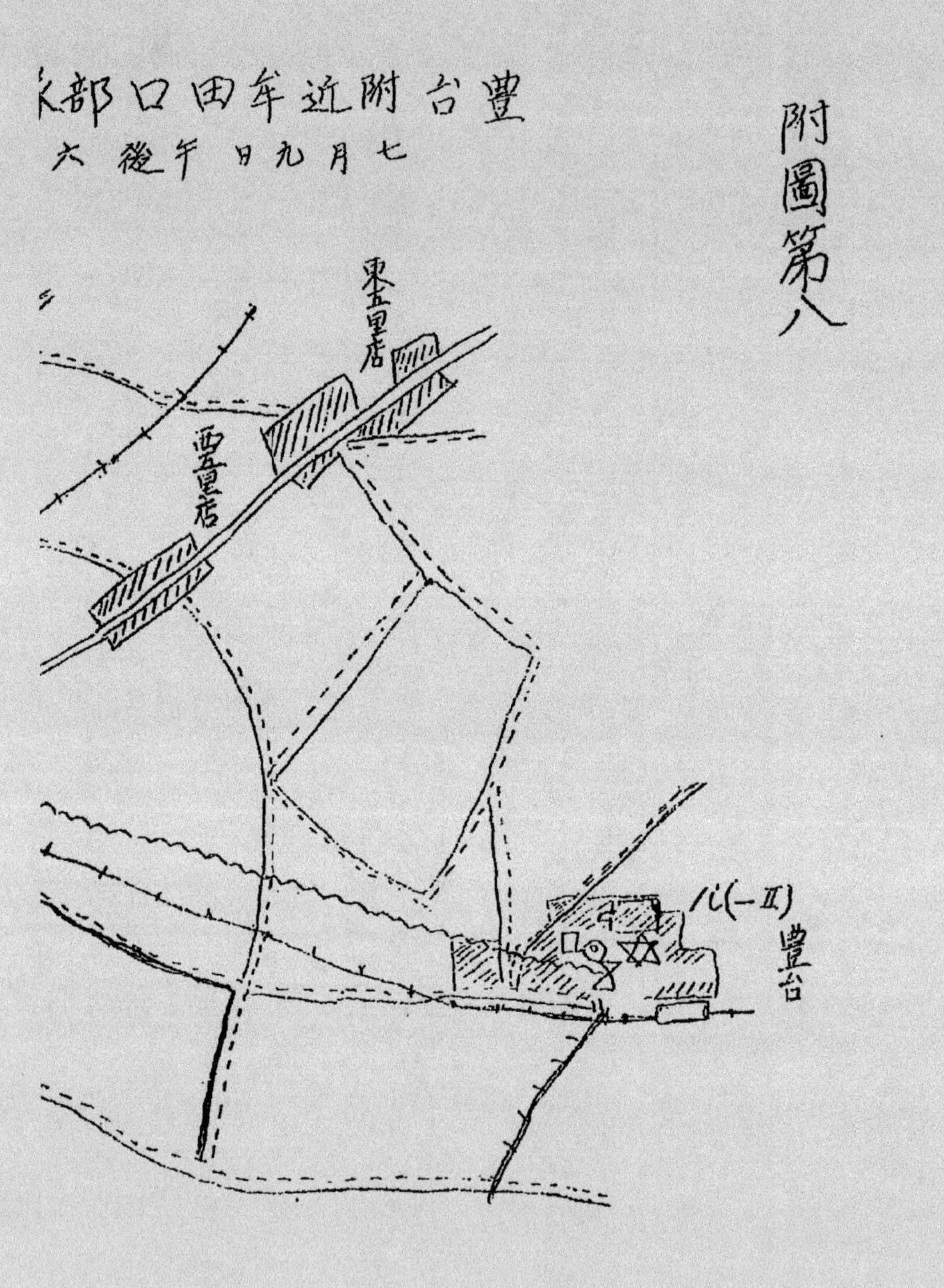

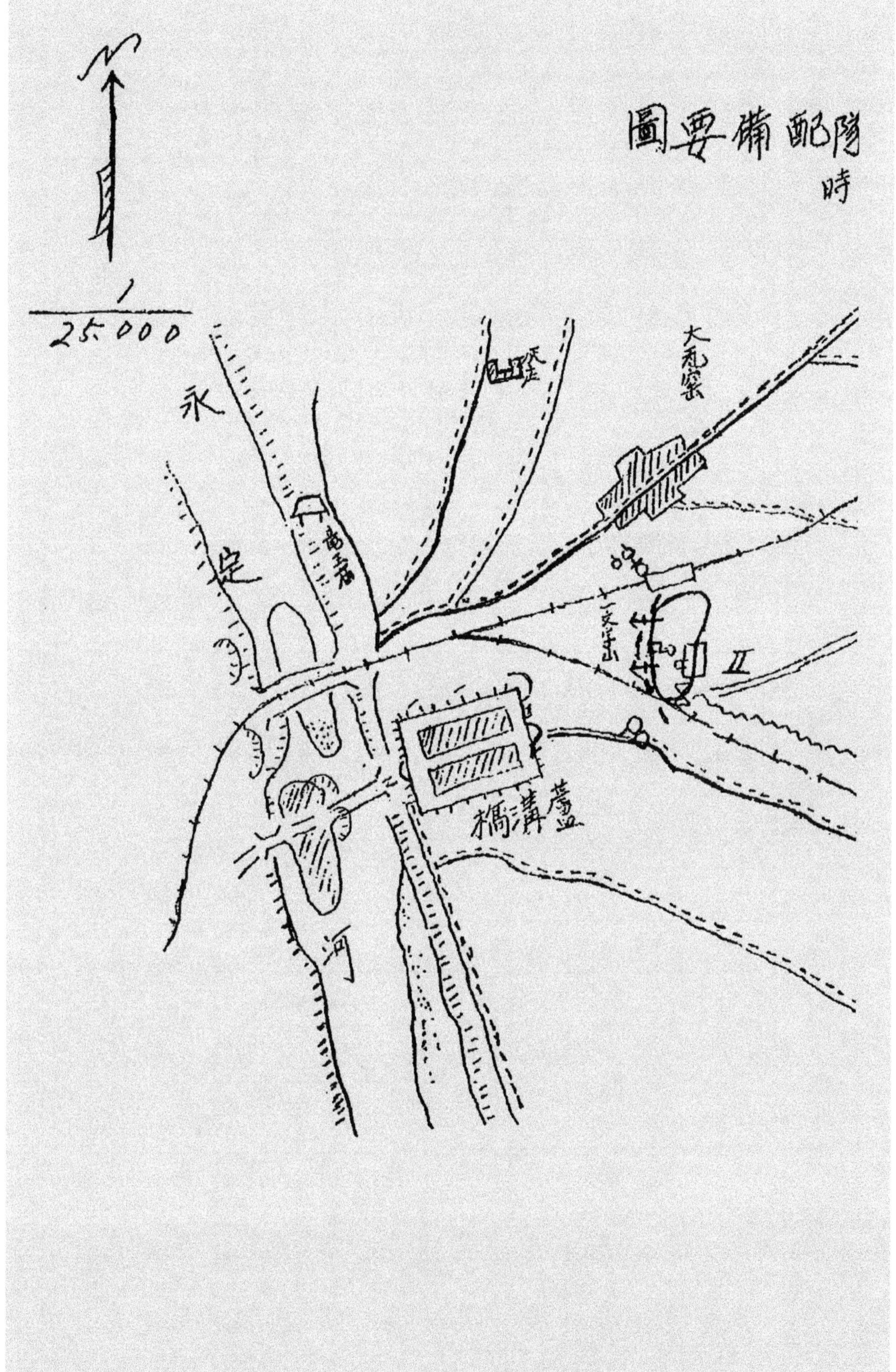
隊配備要圖
時
N
1
25.000
永
定
河
大瓦窑
一文字山
II
盧溝橋

戰鬪詳報第二號附表

昭和十二年自七月八日至七月九日支那駐屯步兵第一聯隊牟田口部隊死傷表

區分		聯隊本部	第一大隊	第三大隊	步兵砲隊	計
戰鬪參加人馬	將校	六(三)	二(二)	二二(三)	三	三二(六)
	准尉下士官兵	一一九(四)	二五八(三)	四九〇(五)	一四四(二)	九一二(一三)
	馬匹		一〇	一〇(一〇)	二七	四七(一〇)
死	將校					
	准尉下士官兵		一	九	一	一一
	馬匹			二		二
傷	將校		一	三	一	五
	准尉下士官兵		一	二八	二	三一
	馬匹					
生死不明	將校					
	准尉下士官兵			一		一
	馬匹					

備考

一、本表中（　）内非戰鬪員、馬匹ヲ示ス
本表外輕傷ニシテ尚隊中ニ在ル者　兵一
生死不明中戰死ト推定シ得ル者　兵一
二、將校ノ負傷者左ノ如シ

第三大隊長　陸軍步兵少佐　一木清直
第九中隊　陸軍步兵中尉　會田庄之助
步兵砲隊　陸軍步兵中尉　川村淳二郎
第八中隊　陸軍步兵少尉　野地伊七
第三中隊　陸軍步兵少尉　松井元之助

付表三枚とも、「第二号附表」とあるは、第一号附表の誤記と推定する。四五、七、二

戰鬪詳報第二號附表

昭和十二年自七月八日至七月九日支那駐屯牟田口部隊鹵獲表

種類	區分	員數	備考
俘虜	將校	〇	
	准尉下士官兵	〇	
	馬匹	〇	
戰利品	銃	一〇	
	モーゼル拳銃	一	
	小銃實包	二三八	
	刀帶	一	
	銃劍	八	
	外套	七三	
	青龍刀	一八	
	チエツク式輕機關銃	七	
	同上實包	三六〇	
	モーゼル拳銃實包	七〇	

55

0781

戰鬪詳報第二號附表

昭和十二年自七月八日至七月九日支那駐屯牟田口部隊武器彈藥損耗表

種類	區分	部隊號	第一大隊	第三大隊	步兵砲隊		計
消費	彈藥	小銃	197	5150			5347
		輕機関銃	60	4942			5002
		機関銃	60	3670			3730
		八九式擲彈		86			68
		十一年式弌火手擲彈		31			31
		拳銃		48			48
		擲彈			340		340
損失	武器	小銃		(三)1			(三)1
		輕機関銃					
		機関銃					
		銃劍		2			2
	彈藥	小銃					
		輕機関銃					
		機関銃					
	其他武器	小円匙		43			43
		小十字鍬		6			6
		輕機空包銃身		2			2

備考

一 本表中（ ）ハ毀損ヲ示ス

支步一、四戰詳第一號

北支事變 自昭和十二年七月八日 至昭和十二年七月九日 蘆溝橋附近戰鬪詳報

支那駐屯步兵第一聯隊第三大隊

1

0782

支那駐屯歩兵第一聯隊第三大隊戦闘詳報

目　次

作戦第一日（七月八日）

第一、戦闘前ニ於ケル彼我形勢ノ概要
一、支軍ノ態勢
二、我軍ノ態勢
三、事變ノ發端
第二、戦闘開始ニ至ル迄ノ經緯
一、大隊長直後ノ處置
二、第八中隊長ノ處置
三、現地到着後ニ於ケル大隊長ノ處置ト部隊ノ行動
四、聯隊長ノ指導ト大隊長ノ決心
五、冀察政府𦾔第二十九軍顧問タル櫻井少佐ト

2

0783

會見
六、展開ノ爲ノ前進
七、敵發見ト射擊開始

第三、戰鬭經過
一、攻擊前進ヨリ永定河左岸占領迄
二、永定河左岸ヨリ右岸ヘノ進出
三、永定河右岸ノ占領ト待機
四、永定河右岸ヨリ左岸ヘノ撤退

第四、天候氣象及戰鬭地ノ特質
一、天候氣象
二、戰鬭地ノ狀況

第五、彼我兵力及敵兵團
一、豐台駐屯隊

0784

第六、給養

二、支軍

一、朝食

二、晝食

三、夕食

作戰第二日（七月九日）

第一、戰鬪前彼我ノ態勢

一、敵軍ノ狀況

二、我軍ノ狀況

第二、天候、氣象、地形

一、天候

二、地形

第三、戰鬪經過

3

0785

一、拂曉攻擊ニ關スル聯隊命令ノ受領
二、大隊命令下達ト連絡協定
三、展開
四、戰鬪
五、戰鬪經過

第四、彼我ノ兵力其他
一、大隊ノ編成
二、敵ニ就テ

第五、戰死傷者及射耗彈
一、戰死傷者
二、射耗彈

第六、戰場掃除

第七、所見

0786

第八、各種附表及要圖

附表

第一、昭和十二年自七月八日至七月九日支那駐屯牟田口部隊第三大隊職員表

第二、昭和十二年自七月八日至七月九日支那駐屯牟田口部隊第三大隊死傷表

第三、昭和十二年自七月八日至七月九日支那駐屯牟田口部隊第三大隊武器、彈藥損耗表

第四、昭和十二年自七月八日至七月九日支那駐屯牟田口部隊第三大隊鹵獲表

第九、戰闘上ノ教訓

第十、武功録

要圖

第一、蘆溝橋長辛店支那軍兵力配置要圖

第二、蘆溝橋附近支軍配備要圖

第三、一文字山附近態勢及前進要圖

第四、

4

0787

其ノ一、豐台駐屯隊攻擊展開及戰鬪經過要圖

其ノ二、豐台駐屯隊追擊及戰鬪經過要圖

第五、VII/12ノ永定河右岸夜間ノ爲ノ待機陣地偵察要圖

第六、VII/12ノ永定河右岸ヨリ左岸ヘノ撤退要圖

第七、VII/12ノ蘆溝橋城拂曉攻擊準備位置占領要圖

第八 VII/12ノ蘆溝橋附近ノ戰鬪ニ於ケル戰死傷者位置要圖

0788

支那駐屯歩兵第一聯隊第三大隊戰闘詳報

作戰第一日

第一、戰闘前ニ於ケル彼我形勢ノ概要

一、支軍ノ態勢

(一)蘆溝橋附近ノ支軍

最近増強セラレ其態度亦逐次不遜トナレリ、其變化ノ景況左ノ如シ

イ、蘆溝橋附近支軍兵力増加ノ景況

イ、昭和十二年五月十日以降五月下旬ニ至ル景

況（恒例ノ月報参照）

a、盧溝橋城内　約一中ト営本部

b、盧溝橋城外　約一中

c、中ノ島（俗称）約二中

d、長辛店　騎兵約一中（五月八日ノ偵察ノ際ハ騎兵ノミナリ）

Ⅲ/2191

ロ、昭和十二年六月以降

a、盧溝橋　兵力變化ナシ、迫撃砲ヲ有スルコトヲ確メタリ

0790

ⅳ、長辛店

約二大隊ヲ新ニ増加ス（ⅲ/ⅳ本部及工、Ⅲ）

（増加ノ期日ハ五月下旬ヨリ六月上旬ニ至ル間ナリ六月三日大隊長長辛店ニ赴キタル際ハ既ニ多數ノ歩兵ヲ認メタリ）

2、防禦工事増強ノ景況

ⅰ、長辛店北方高地

6

0791

口、蘆溝橋附近

2192

團駐屯後長辛店附近高地ニ散兵壕ヲ構築ス

主トシテ龍王廟附近ヨリ鐵道線路附近ニ亘ル間ノ堤防ヲ上トシ其東方台地ノ既設散兵壕ヲモ改修增強シ而モ從來土砂ヲ以テ埋没秘匿シアリシ「トウチカ」（橋頭堡ノ一部）ヲ堀開ス（夜間實施セルモノヽ如シ）

0791-2

3、抗日意識及態度增濃ノ景況

イ、城内通過ノ拒否

最近再ヒ之ヲ拒否シ城内ヲ交通セシメス

ロ、演習實施ト抗議

恒例的地區（盧溝橋附近）ノ演習ニ於テモ畑ヘハ侵入云々ト抗議シ或ハ夜間演習ニ就キテ事前ノ通報ヲ云々シ或

7

0792

ハ夜間實包射撃ヲナササル
ニ實施セリト抗議セルカ如
シ

八、行動地區ノ制限

從來龍王廟附近堤防及同所
南方鐵道「ガード」ハ行動自由
ナリシニ不拘最近殊ニ六月
下旬頃ヨリ之ヲ拒否シ兵力
少キ時ハ裝塡等ヲナシ不遜

0793

ノ態度ヲナス

ハ、警戒配置變化ノ景況

イ、既設陣地ノ守備

六月下旬ヨリ龍王廟附近以南ニ配兵シ警備ヲ嚴ニス殊ニ夜間増強セルモノヽ如シ

ロ、一文字山ヘノ配兵

從來一文字山ニハ全ク警戒

8

0794

兵ヲ出サヽリシモ夜間我軍ニテ演習等ヲ實施セサル場合ニハ該地ヲ占領シ黎明時撤兵セルヲ見ル

(二)戰鬪直前ノ態勢

イ、夜間ハ著シク警戒ヲ嚴ニスルト共ニ增兵シ且補備作業ヲナス

ロ、龍王廟附近ト鐵道橋頭竝城壁上トノ間ハ夜間火光信號(電燈)ニテ頻リニ連絡ヲナス(夜間

0795

演習部隊ノ報告

（三）配備

1、蘆溝橋及長辛店支軍第二百十九團配置要圖第一ノ如シ

2、蘆溝橋附近支軍配備要圖第二ノ如シ

所見

一、毎夜工事ヲ實施シ其強度ハ日々増強セラレ其地區亦擴大セラレアリシ状況ニテ戰鬪後永定河右岸堤防上竝中州附近ノ柳林中ニモ

9　　0796

散兵壕ノ構築セラレアルヲ知ル　之等ヨリ判斷スルトキハ戰鬪開始ノ早カリシハ寧ロ幸ナリシトモ思考セラル

二、蘆溝橋附近ノ增兵增強ハ幾多他ニ重要ナル原因アランモ假リニ我豐台附近駐屯軍ノ動靜カ之ニ關係アリトセハ恐ラク五月末殊ニ六月ニ入リテノ駐屯軍ノ行事關係カ然ラシメシナランカ即チ次ノ如シ

イ、演習計畫ノタメ五月豐台駐屯隊將校（大隊

0797

長、副官、及乘馬傳令計四名）ヵ長辛店附近ノ偵察ヲナセリ

（其直後ノ六月兵力増加、歩兵ノ駐屯ヲ見ル）

２、駐屯隊行事關係上中期（一般軍隊ノ第二期）トナリ從テ六月以降小、中隊教練殊ニ夜間演習ノ増加

３、軍ノ隨時檢閲ニテ盧溝橋東側ニテ演習ヲ實施軍幕僚等ノ一文字山（俗稱）ニ參集セル事、

4、旅團長聯隊長カ教育視察ニテ此附近一帶ニテ實施セル演習ヲ視察セルコト

5、中期檢閲計畫ノ爲乘馬將校カ龍王廟東方地區一帶ヲ偵察セル事

6、步校教官千田大佐ノ步兵操典草案普及教育ニテ蘆溝橋城北方ニテ龍王廟南方地區ニ對シ防禦ノ研究ヲナシ北平及豐台部隊ノ幹部多數之ニ參加セル事等

二、我軍ノ態勢

0799

(一)

夜間演習ノ励行

七月九日十日ハ豊台駐屯隊ノ中隊教練ノ檢閲ナルヲ以テ各隊ハ演習ニ精進ス　殊ニ檢閲課目ハ黎明薄暮及夜間ノ戰鬪ニ重点ヲ置カレシヲ以テ之等課目ノ演練ニ重点ヲ置ク、即前夜及當夜ハ次ノ如シ

イ、七月六日夜間演習ヲ實施セル中隊ハ次ノ如シ

第七中隊 自午后八時至午后十時 砂利取場

第八中隊（自六日午前二時至拂曉）　龍王廟大瓦窰間

ス、事變當夜々間演習ヲ實施セル中隊次ノ如シ

第七中隊　一文字山東方地區ヨリ東ニ向ヒ

（夜襲）（大隊長臨場ス）

第八中隊　龍王廟東方ヨリ大瓦窰ニ向ヒ（薄暮ヨリ拂曉迄）（大隊長ハ黎明時ヨリ臨場スルヲ指示ス）

（二）警備司令官（旅團長）竝聯隊長ノ注意

逐次情勢悪化シ宣傳甚シク加フルニ抗日的策

0801

動濃好トナリツヽアリ　殊ニ盧溝橋附近ノ情
況ハ險悪ナルヲ以テ彼等ニ乘セラレサル如ク
注意スヘシ」トㆍㆍ
依リテ各隊穩忍自重スルト共ニ萬全ヲ期ス
(三)事變前ノ態勢
イ、第九中隊、第三機關銃中隊、歩兵砲隊ハ兵
營ニ在リ
ロ、第七中隊ハ午後十時三十分演習ヲ終了シ歸
營ノ途中ナリ

12

0802

3. 大隊長ハ第七中隊ノ夜間演習ニ對シ所見ヲ述ヘタル後歸營シ官舎ニ入リ就寢セントス

三、事變ノ發端

(一)支軍ノ動靜

前夜タル七月六日第八中隊カ同所ニテ夜間演習間ニ目撃セル場合ヨリモ兵數ハ增加セラレアリシモノヽ如シ

(二)我軍ノ夜間演習

イ、第八中隊ハ七月七日午後七時三十分ヨリ龍

0803

王廟附近ヨリ東方大瓦窯ニ向ヒ夜間演習ヲ實施ス（演習課目薄暮ヨリ敵主陣地ニ對スル接敵及黎明攻撃）

2、右演習中該中隊ハ午後十時四十分頃龍王廟附近支軍ノ既設陣地ヨリ突如數發ノ射撃ヲ受ク

3、之ニ於テ中隊長ハ演習ヲ中止シ集合ノ喇叭ヲ吹奏ス　然ルニ再ヒ蘆溝橋城壁方向ヨリ十數發ノ射撃ヲ受ク

13

0804

4、此間中隊長ハ大瓦窰西方「トウチカ」附近ニ中隊ヲ集結セシム、然ルニ兵一名不在ナルヲ知リ斷然膺懲スルニ決シ應戰ノ準備ヲナシツヽ、本件ヲ岩谷曹長及兵一名(共ニ支那馬ニ乘馬ス)ヲシテ在豐台大隊長ニ急報ス

5、岩谷曹長ハ豐台西端附近ニテ夜間演習ヨリ歸還中ノ第七中隊ニ通報シツヽ、大隊長官舍ニ至リ報告ス

時正ニ午後十一時五十七、八分頃ナリ

0805

左記順序ニテ命令ヲ下達ス
イ、服裝、駐屯警備ノ服裝
ロ、集合ハ營內、勉メテ企圖ヲ秘匿スヘシ
ハ、太田軍曹（大隊本部書記）ハ歩兵砲隊ニ連絡
シ乘馬ニヲ供用シ又支那馬ニ依ル乘馬傳
令ヲ準備スヘシ
ニ、亀中尉ハ副官ノ代理ヲナスヘシ
（副官荒田中尉ハ豐台官舍借上ノ件ニツキ
北平松井特機關ニ補佐官寺平大尉ヲ訪ヒ

14

0806

同地ニ宿泊シアリ）
ホ、小岩井中尉ハ北平トノ電話連絡ニツキ準
備スヘシ
又、午前〇時二十分左記大隊命令ヲ下達ス
左　記
歩一ノ皿作命第一號
大隊命令
七月八日午前〇時二十分
於豊台大隊本部
一、蘆溝橋支那軍ハ該地附近ニ於テ夜間演習中ノ
第八中隊ニ對シ發砲ス

0807

第八中隊ハ演習ヲ中止シ應戦ノ態勢ニアリ又兵一名ハ行方不明ニシテ目下捜索中ナリ

二、大隊ハ警備小隊一小隊ヲ殘置シ主力ヲ以テ蘆溝橋ニ向ヒ前進セントス

三、駐屯隊ノ服裝ハ駐屯警備ノ服裝ニシテ營内ニ集合スヘシ

機關銃ハ二銃ノ四小隊、歩兵砲隊ハ聯隊砲二門大隊砲四門ノ編成トス

四、集合後ハ中島大尉之ヲ指揮シ長豐支線以北ノ

15

0808

地區ヲ蘆溝橋北側ニ向ヒ前進スヘシ
五、予ハ乘馬傳令ト共ニ演習中隊第八中隊ノ位置
ニ先行ス
大隊長　一木少佐
下達法　各隊命令受領者ヲ集メ口達筆記セ
シム
六、警備小隊長山田准尉ニ豐台直接警戒ヲ命シ
特ニ南苑方向ニ對シ警戒スヘキヲ命ス
七、豐台憲兵分駐所ニ連絡シ出動ヲ通報ス

0809

5、亀中尉、太田軍曹及乘馬傳令一ヲシテ斥候トシ第八中隊ニ連絡ノ任務ヲ以テ先行セシム

6、小岩井中尉ノ意見具申ニ依リ豊台ヨリ蘆溝橋ニ向ヒ電話線ヲ架設スルニ決シ處置セシム　又無線班ヲ携行スルニ決ス

7、大隊長ハ駐屯隊ノ集合ノ景況ヲ視察シ中島大尉ニ直接意圖ヲ示シタル後小岩井中尉及乘馬傳令（支那馬）通譯（憲兵隊ノ通譯）（駐屯隊ノ通譯ハ集合稍々遅レシ爲）ヲ率ヒ先行ス　此

16

0810

際豐台憲兵分駐所長寺田軍曹ハ隨行ス（戰鬪後迄所長竝通譯ハ終始行動ヲ共ニス）

二、第八中隊長ノ處置

イ、行衛不明ナリシ兵ハ間モナク發見シ集結ヲ終ル

ロ、爾後ハ行動ノ自由ト過早ノ戰鬪惹起ヲ顧慮シ主力ヲ以テ西五里店附近ヲ占領シ待機ス

三、現地到着後ニ於ケル大隊長ノ處置ト部隊ノ行動

イ、大隊長ハ午前二時三分西五里店西端ニテ第八中

0811

隊長ト會シ狀況ヲ聽取シ又聯隊長ノ意圖、大隊長ノ決心ヲ示シ直ニ附近ノ要点ナル一文字山附近ヲ占領セントシ且敵情搜索ノ爲左ノ將校斥候ヲ潜入セシム

野地少尉　北部一文字山及同地北側附近

高橋准尉　南部一文字山及同地北側附近

又北平ヨリノ自動車ニ依ル連絡者ノ案内並警戒ノ爲ニ西五里店東北本道上及同東南側ニ停止斥候各〻一ヲ派遣ス

17

0812

ヌ、駐屯隊ハ八日午前一時五十分中島大尉ノ指揮ヲ以テ屯營ヲ出發シ途中事故ナク午前二時四十五分西五里店西南端ニ集結ヲ終ル

ル、午前三時五分野地將校斥候ヨリ一文字山ニ敵兵ナキノ報ヲ知リ駐屯隊ハ右ヨリ第八、第九第七中隊第一線機關銃中隊第二線、歩兵砲隊第三線トシ歩兵中隊ヲシテ、四周ヲ警戒セシメツヽ一文字山ニ向ヒ前進午前三時二十分一文字山ヲ占領、無線班ヲ同所ニ開設セシム

0813

4、当時ノ態勢要圖第三ノ如シ

5、午前三時二十五分龍王廟方向ニテ三發ノ銃聲ヲ聞ク、茲ニ於テ敵ノ對敵行動ノ確實ナルヲ知ルト共ニ單ナル戰鬪準備ニテハ不充分ナル場合アルヲ顧慮シ戰術上ノ判斷ニ基キ拂暁攻擊準備的配置ヲ必要トシ右方ニ位置スル第八中隊ニ左記命令ヲ下達ス

左記

第八中隊(機關銃二ヲ配屬)ハアノ方向(大瓦窯西

18

0814

側）ヨリ龍王廟北側堤防ヲ戰鬪ヲ惹起セサル距離ニアリテ占領待機スヘシ

（所見）

此處置ニ依リテ戰鬪開始後敵ヲ側方ヨリ包圍攻擊シ有利ノ戰鬪ヲ交フルヲ得タリ

ム、西五里店ニ電話到着

午前四時ロ分西五里店南端迄電話ハ到着セルモ爾後ハ線ノ不足ニテ延線不可能ナルノ報ト聯隊長ハ大隊長ヲ召致ストノ報ニ接シ大隊長

0815

八西五里店ニ至ル
當時漸ク天明ナラントス
（所見）
本電話線ノ延線ニヨリ豐台ヲ經テ聯隊長ト連絡ヲナシ重大ナル決心ヲナシ得タリ（延線ノ件ハ小岩井中尉ノ意見具申）
四、聯隊長ノ指導ト大隊長ノ決心
電話ニテ狀況ヲ報告セルニ聯隊長ハ敵ニ回モ發砲スルハ純然タル對敵行爲ナリ、斷乎戰鬪スル

19

0816

モ差支ナシ尚既ニ森田中佐及林交涉員王縣知事等自動車ニテ出發スト

大隊長ノ復唱ニ對シ聯隊長ハ「四時二十分」間違ヒナシト明言セラル 依リテ大隊長ハ攻擊ノ決心ヲ報告ス

大隊長ノ攻擊ニ關スル決心ハ茲ニ於テ堅確トナル

五、冀察政府並第二十九軍顧問タル櫻井少佐ト會見

電話連絡ノ歸途西五里店西方本道東側畑地ニテ

0817

大隊長ト會見ノ爲來合セタル櫻井少佐ト會見シ
左ノ件ヲ知ル
イ、支軍ノ不法暴戾ニ對シ攻擊スルハ可ナルモ盧溝橋ノ攻擊ニ就キテハ待タレタシ
今馮治安(第三十七師々長)ニ會ヒタルモ馮ノ部下ハ城外ニハ絕對ニ駐ラス支軍ニハ非ラサルヘシト言明セリト　又城内ニハ多數ノ良民アリ依リテ攻擊ハ待タレタシ
ロ、城外ニ配兵セラレアリトセハ攻擊ハ隨意ニシ

20

0818

テ恐ラクハ馮ノ部下ニハアラサルヘシ
又馮ノ部下トスルモ城外ニ在ラハ断乎攻撃シ
テ可ナラン
馮ハ「城外ニ居ルトセハ其レハ匪賊ナラント附
言セリ」ト

所見

之等櫻井少佐ノ言ヨリ判断スルモ如何ニ支軍
カ最初ヨリ責任ヲ回避シアリシカヲ知リ得ヘシ
依リテ大隊長ハ同少佐ニ城内ハ攻撃セス、
然レトモ若シ城外ニ配兵アラハ直[illegible]

0819

断乎攻撃スルヲ以テ了解セラレ度ト告ク、

櫻井少佐ハ之ヲ承諾ス茲ニ會見ヲ終リ大隊長ハ一文字山ニ前進ス

六 展開ノ爲ノ前進

ノ大隊長ハ西五里店ヨリ歸來ノ途中馬上ヨリ歩

兵砲隊長久保田大尉ニ攻撃ヲ豫想シ目標ヲ先

ツ龍王廟トシ之ニ對シ射撃準備ヲ命ス

又、次テ一文字山中央高地ニテ大聲ニテ機關銃中

隊長中島大尉及第九中隊長安達大尉並命令受

領者ニ左記ノ方針及命令ヲ下達ス

左 記

21

0820

方針

大隊ハ蘆溝橋城内ハ攻撃セス　城外ニ居ル兵ニ對シテハ斷乎之ヲ膺懲ス

要領

攻撃ハ拂曉攻撃ノ要領トス

歩一ノⅢ作命第二號

大隊命令　七月八日午前五時□分　於一文字山中央大隊本部

一、大隊ハ龍王廟ヨリ鐵道線路間ヲ永定河ノ線ニ前進ス

0821

二、各隊ハ現在ノ態勢ヲ以テアイ方向ニ前進

三、歩兵砲隊ハ龍王廟及其南方「トウチカ」ニ次テ鐵道橋頭附近ニ射擊準備

四、右命令ヲ下シタル後大隊長ハ斜右平漢線以北ノ地區ニ主力カ移動シ得ル如ク誘導前進ス

七、敵發見ト射擊開始、

八、既ニ第八中隊ハ太田軍曹ノ連絡ニヨリ龍王廟北方堤防附近ニ達シアリ大隊主力亦蘆溝橋驛ト鐵道橋頭トノ中間附近ニ達シ敵情ヲ視察

22

0822

スルニ龍王廟附近ヨリ鐵道線路ニ至ル一帶ノ既設陣地ニハ敵充滿シアル事明瞭トナル
茲ニ於テ第八中隊ニハ友軍戰鬪ヲ開始セハ直ニ敵ヲ側方ヨリ攻撃スヘク龜中尉ヲシテ連絡セシム　次テ先ツ歩兵砲ニ射撃ヲ命ス
然ルニ射撃ヲ開始セス　次テ歩兵砲隊ヨリ森田中佐（之ヨリ先聯隊長ヨリノ交渉員トシテ派遣セラレ此際ニハ既ニ一文字山ニ到着セラレタルヲ知ル）ノ命ニヨリ中止スト　依ツテ小岩

0823

井中尉ヲシテ了解ヲ得ル目的ニテ中佐ノ許ニ
派遣ス
又、又一方中佐ト北京ヨリ同行セル大隊副官荒田
中尉モ到着シ依然演習的ニ前進セハ敵ハ必ス
射撃スルナラン然レハ断然攻撃セハ可ナラン」
ト意見ヲ具申ス
依テ一躍進セシモ第九中隊方面ノ一部ハ敵前
二、三百米ニ近接セルヲ以テ停止ヲ命シ再ヒ歩
兵砲ニ射撃開始ヲ命セシモ射撃セス

23

0824

3、依リテ更ニ意見ヲ具申セルト共ニ之カ了解ヲ
得ル為ニハ稍〻時間ヲ要スルナラント思考シ
テ部下ニ此間ヲ利用シ朝食ヲ喫スヘク命ス
4、朝食開始ノ為全員地形地物ヲ利用スルヤ支軍
ハ攻撃頓挫セルモノト侮リシナランカ龍王廟
方面ヨリ俄然我軍ニ射撃ヲ開始ス
5、茲ニ於テ大隊長ハ直ニ應戰攻撃前進ヲ命ス
歩兵砲亦機ヲ失セス龍王廟竝「トウチカ」ニ射撃
ヲ集中ス

0825

6、時正ニ午前五時三十分　此時晴雲ヲ破リ旭日ハ燦トシテ輝ク

當時ニ於ケル大隊ノ攻撃態勢要圖第四其ノ一ノ如シ

所見

當時大隊長ノ心境ハ攻撃ヲ急ゲリ　其ノ理由ハ斷乎一撃ヲ與ヘサレハ爾後ノ交涉及侮日ヲ矯正シ得ス　而シテ之カ爲ニハ須ク彼レノ城内退避前ニ膺懲スルヲ要ス（蓋シ櫻井少佐ノ勸告ニヨリ）又一旦攻撃スルトセハ天明前ニ近接シ拂曉攻

擊ノ要領ヲ可トス　然ルニ既ニ午前五時ヲ經過ス

依リテ大隊長ハ自ラ森田中佐ノ許ニ到リ直接狀況等ヲ報告スル時ハ時機ヲ失スルヲ恐レタリ蓋シ中佐カ聯隊長ノ命ヲ受ケ支那側交涉員ト共ニ北平ヲ出發セル當時トハ情況ヲ異ニセルト判斷セシヲ以テナリ

第三、戰鬪經過

0827

一、攻撃前進ヨリ永定河左岸占領迄

ノ歩兵砲ノ射撃ハ最初ヨリ「トウチカ」ニ命中シ志氣ヲ鼓舞ス

又、第八中隊ハ平時ノ演習ノ如キ態度ニテ既ニ主カヲ以テ龍王廟北方堤防上ヲ占領シ戰鬪開始ト共ニ廟北方「トウチカ」ニ突入シ爾後主トシテ堤防ニ沿フ地區ヲ野地少尉先頭トナリ北方ヨリ南方ニ壓迫塹壕戰ヲナシツヽ攻撃前進ス

當時龜中尉ハ敵ノ陣地前ヲ乘馬ニテ馳驅シテ

第八中隊ノ先頭ヲ示シ以テ友軍相撃ヲ未然ニ防ゲリ

又大隊本部書記太田軍曹ハ亀中尉ニ先テ第八中隊ノ状況ヲ大隊長ニ報告ス

之ニ依リデ有利ノ態勢ニ展開シアルヲ知ル

所見

此等将校ノ率先陣頭ヲ前進セルハ将兵一同ノ志氣ヲ振起セル事多大ナリキ

バ左第七中隊ハ左翼ヲ長豊支線ニ拠シテ攻撃前

0829

進ス（理由ハ城壁ノ西部ニ白旗ヲ掲揚セラレアリシモ何時射撃ヲ開始セルヤ不明ナレハナリ）攻撃前進後間モナク敵ノ一ニ散兵壕ヨリ鐵道橋方面ニ後退セル如キヲ目撃ス　又友軍歩兵砲鐵道橋附近ニ射撃ヲ轉移シ命中セルヲ目撃シ直チニ中隊長穂積大尉先頭トナリテ突撃ニ前進ス

當時歩兵砲弾ニハ極メテヨク膚接シ先頭ノ阿部准尉及原曹長ハ砲弾ノ炸裂ノ風靡力ニヨリテ

26

0830

顛倒セル狀態ニシテ歩砲ノ協同誠ニ理想的ニシテ平漢線路上ヨリ突入ヲ敢行シ橋頭ノ鐵橋監視所（平時約一小隊ヲ收容シ得ルモノ）ヲ占領ス、

之ヨリ先白旗掲揚中ナリシ蘆溝橋城壁上ノ支軍ハ自動小銃、輕機等ニテ射擊ヲ開始シ第一線ハ左側背ヨリ猛射ヲ受ケ漸ク死傷者ヲ出スニ至ル

又城外西側部落ヨリ約百ノ部隊逆襲シ來リ第

0831

七中隊左第一線小隊タル廉内准尉ハ率先小隊ヲ指揮シ左後方城壁頭上ヨリスル敵彈ノ雨下ノ下ニ突撃ヲ敢行シ敵ヲ撃退シ左岸ヲ占領ス

右地点占領後陣頭ニ在テ戰鬪指揮中廉内准尉ハ敵彈三發ヲ咽喉ニ受ケ茲ニ名誉ノ戰死ヲ遂ク

所見

廉内准尉ノ勇敢犠牲的ナル行動ハ克ク敵ノ機先ヲ制シ其逆襲ヲ挫折セシメ以テ戰鬪ノ危機ヲ轉回シ得タルモノト認ム

27

0832

又第七中隊ト相前後シ野地少尉ヲ先頭トセル第八中隊ハ北方ヨリ敵陣ヲ縱貫席捲シ又第九中隊ハ正面ヨリ敵陣ニ突入、壯烈ナル格鬪白兵戰ヲ交ヘ敵ヲ永定河ニ撃滅ス

機關銃中隊亦第一線ニ協力シ殆ント第一線ト相前後シテ陣地ヲ變換シ極力第一線ニ協力ス

戰鬪間終始陣頭ニアリテ敵陣ヲ北ヨリ南ニ突破セル野地少尉ハ鐵道線路北側五米附近ニテ遂ニ左腹部ニ貫通銃創ヲ受ケ名譽ノ重傷ヲ負

0833

フ

所見

野地少尉ノ勇敢ナル行動ハ前所見ニ同シ而モ全般ノ戦況ヲ有利ニ導キシ功績ハ極メテ大ナリ又壕内突破ニ當リ小旗ヲ振ラセツヽ前進シ以テ其先頭ヲ明ニシ為メニ友軍トノ連絡ニ努メ、相撃ヲ豫防シ得タル細心ノ注意ハ敬服スル處ナリ(細井一等兵ハ、赤小旗ノ分隊旗ヲ打振リツヽ前進ス)

28

0834

6、攻擊開始ヨリ鐵道橋頭附近ノ敵ヲ追擊スルニ至ル迄ニ要セル時間僅カニ七分ナリ

所見

本戰鬪ハ攻擊開始後敵陣ノ一部ノ動搖ニ乘シ敢然突入ヲ開始シ中央部附近ニテ頑强ニ抵抗スルモノヲ擊破シ又敵ノ逆襲ノ機先ヲ制シ而モ步兵ハ砲彈ノ落下ノ景況ヲ目擊シ之ニ膚接シ突入シ操典ノ原則ヲ應用シ成果ヲ擧ケシモノト信ス

0835

二、永定河左岸ヨリ右岸ヘノ進出

イ、大隊長ノ決心

大隊長ハ當初永定河左岸ノ敵ヲ擊攘シテ爾後ノ交涉ニ任ンセントセシモ敵ハ盧溝橋中ノ島（以下中ノ島ト稱ス）ヨリ猛烈ナル射擊ヲナスト共ニ同河右岸ヨリ射擊ヲナシ加フルニ城內守兵ノ不法行爲（白旗揭揚シアリテ後射擊セルカ如キ）等アリ之ヲ膺懲スルカ爲ニハ追擊シ敵ノ退路ヲ制スル位置ニ進出シ有利ノ態勢ニアリ

29

0836

テ爾後ノ處置ヲ講スルヲ得策トシ直チ~~一~~同河右岸ニ追撃前進スルニ決ス

２、大隊長ハ第七中隊長ニ尾シテ第一線ニ突入シ敵情ヲ視察シ前記決心ヲナスト共ニ到着セル部隊ニ右岸ニ進出ヲ命シ之ヲ督勵ス

當時ノ情況モ亦追撃前進スルヲ可トセリ　即チ敵カ退却ヲ開始セルヤ唯一ノ渡河点タル橋頭附近ニ我軍ハ蝟集シ而モ一二名ノモノハ立射ニテ追撃射撃ヲナスノ情況ナルト敵ノ迫撃

0837

砲ノ砲弾ハ時々附近ニ炸裂スル景況ナルヲ以テ大隊長ハ直ニ脚力追撃ヲ督励ス

3、同時第七中隊長穂積大尉ハ鐵橋上ヲ第八中隊長清水大尉ハ永定河中ヲ共ニ率先追撃ニ移リ全員茲ニ追撃ニ移リ第九中隊、機関銃隊亦渡渉ヲ開始シ機関銃隊上等兵土田義造ハ機関銃ヲ一人ニテ擔ヒ敢然永定河ノ濁流ニ跳込ミテ渡渉シ又戦友ノ河中ニテ負傷押流サレントスルヤ身ヲ挺シテ之ヲ救助セルカ如キ美シキ戦況ヲ

現出ス

所見

當時第七中隊先頭小隊長タル山本少尉ハ永定河ニ先頭第一番ニ跳込ミシカ鐵橋下ハ一米西五十糎ニテ忽チ四、五米押流サル之ニ依リテ鐵橋直下ノ不可ナルヲ全員知リ之ヨリ稍々上流ヲ渡渉スルニ至レリ

同少尉ノ率先陣頭ニ立チシ果敢ナル渡河カ本渡渉上ニ及ホセル勳功ハ極メテ大ナリ

0839

火敵ニ追尾セル第一線部隊ニ比シ稍々遅レタル第二線ニ屬スル諸隊ハ中ノ島ヨリノ側防火器ノ爲前進困難トナリ死傷者ヲ生スルニ至ル即チ大隊本部書記軍曹太田早苗(午前六時二十分)ハ速ニ第一線ノ狀況ヲ視察シ歸來報告中ニ歩兵砲隊連絡者曹長阿部升藏ハ歩兵砲陣地ニ關シテ大隊長ト連絡中遂ニ名譽ノ戰死ヲ遂ケタルカ如キ、機關銃隊分隊長以下ノ負傷セルカ如キ此附近ニテ戰死五、戰傷四ヲ出ス爾後大隊長及本部ハ中ノ島中央橋脚附近ニ位置シ連絡困難トナル又左ニテ逆襲部隊ト戰鬪シテ渡河ヲ開始セル部隊ハ遂ニ中ノ島ニ位置スルノ止ムナキニ至レリ

5、中ノ島敵兵營ノ側防機關制壓

中ノ島ノ敵側防機關ハベトン製内ノ銃眼二、三個所ヨリ自動火器ヲ以テ射擊（鐵橋迄約二百米）セリ

右火力ト永定河ノ河流ノ障碍トニヨリ戰場ハ

0841

一時ニ分セラレシ形トナル
依リテ速ニ之ヲ制壓セントシ歩兵砲ニ連絡ヲナサントスルモ殆ント敵ニ制壓セラレテ目的ヲ達セサリシカ大隊本部傳令歩兵二等兵宮崎秀雄ノ勇敢ナル行動ニ依リテ中ノ島制壓ノ要求ヲ傳達スルヲ得タリ
次テ歩兵砲ノ射撃ヲ開始シ(午前六時五十分)命中良好ニシテ中ノ島附近支那兵及同地兵營内ノ守備兵ハ西方及蘆溝橋(マルコポーロ橋ニ依リ)ノ兩方

面ニ退却ヲ開始セルモ側防匣室内ヨリ、スル射擊ノ威力ハ遂ニ衰ヘサリキ
午前六時五十二分聯隊本部近藤中尉連絡ノ爲來リ大隊長ト共ニ步兵砲射彈ノ觀測ヲ補助ス

所見

一、側防機關ノ威力ノ甚大ナルト其制壓ノ困難ナルヲ眞ニ體驗シ其價値ノ大ナルヲ自覺ス又之カ制壓ノ困難ヲモ知ル
二、第一線ノ幹部ハ砲兵ノ射彈觀測ヲナシテ之

0843

ヲ通報シ援助スルヲ可トス
本戰鬪ニテ之ヲ實施シ命中ヲ更ニ良好ナラシメシモノト信ス

6、通信連絡

永定河ノ障碍ト敵火ノ側防トニ依リ戰場ハ兩斷セラレ加フルニ通信班ハ聯隊砲隊ノ線ヲ利用シ延線セルモ中洲迄到着セルノミ而モ敵彈ノ爲ニ電話機ノ一部破損シ線亦水中ニアルヲ以テ通話意ノ如クナラス通信班ノ班長軍曹田

33

0844

中勇太郎カ率先奮闘シ部下ノ傷者ヲ水流中ニ救助シ或ハ激励シテ任務ヲ全フセル其犠牲的崇高ナル精神ト努力ニ對シテモ甚タ遺憾トスル處ナリキ

ク、經過ハ概ネ要圖第四其一ノ如シ

三、永定河右岸ノ占領ト待機

イ、第一線各中隊ハ午前六時前後ヨリ左岸ニ進出シ對岸陣地ノ敵ニ對シ突入ス

ロ、第七中隊ハ先頭第一ヲ以テ右岸ニ進出シ西部

0845

鐵道橋頭ノ鐵橋監視所ヲ占領シ多數ノ大刀ヲ鹵獲ス次テ鐵道線路ノ凸道ヲ占領シ南方ノ敵ニ對ス

3. 第八中隊ハ中央ヲ深ク突破シ一擧長辛店北方高地ニ敵ヲ撃退シ堤防西方七百ノ鐵道灣曲部（土夫探所ノ家屋）ニ進出シ全般ノ關係上該地附近ヲ占領西南方ニ對ス

4. 新ニ右第一線ニテ側方ヨリ進出セル第九中隊長安達大尉ハ努メテ上流ヨリ損害ヲ避ケ右岸

34

0846

ニ進出シ附近ニ一、二点在セル民家ニ據レル敵ニ突入シ窮鼠的抵抗ノ反撃ヲ受ケシモ之ヲ撃退シ逐次大隊主力方面タル鐵道線路ノ線ニ進出ス　本戰闘ニ於テ第九中隊小隊長會田中尉ハ二個所ニ負傷セルモ終始陣頭ニアリテ奮闘部下ノ儀表トシテ戰闘ス

本戰闘ノ際即右岸散兵壕内ニテ戰死セル敵将校ノ胸章（第二十九軍ノ第二百十九團ニ營五連排長胡成金）ニ依リ平時長辛店ニ駐屯セル軍隊

0847

カ北上シアリテ參加セル事ヲ證明セリ
又此際七十有余ノ敵背員包(一列ニ整頓残置セ
ラレアリ)ヲ占領ス(本鹵獲品ハ撤退ニ當リ残置
セリ一部ハ死傷者ノ運搬材料ニ利用ス)
5、大隊副官荒田中尉ハ中洲ニ在リシ大隊長ノ位
置ヨリ連絡及指揮ノタメニ單身敵ノ狙撃的集
中火ヲ犯シ右岸第一線部隊ノ線ニ至リ大隊長ノ意
圖タル右岸鐵道線路ヲ占領シ、長辛店北方高地
及中島方向ニ對シ待機セシムルノ件ヲ傳達セリ

35

0848

此挺進的行動ト各中隊長ノ協同トニ依リ敵ノ退路ヲ扼スルコトヲ得シト共ニ遂ニ高地方面ヨリスル敵ノ逆襲ニ對シ其機ヲ與ヘサリシモノト判斷セラル

ム、通信連絡ニ任セシ小岩井中尉ハ西部橋頭ト大隊長ノ位置トノ中間ニアリテ連絡ニ任シ又後方電話ノ端末位置ノ間トヲ往復スル等其獻身的努力ニヨリテ大隊長ト第一線及後方ノ連絡維持ヲ遺憾ナカラシム

0849

7、第三機關銃中隊長中島大尉ハ右岸中洲及左岸ノ機關銃ヲ部署シ三銃ヲ以テ左岸ニ残置シ城壁ノ敵ニ對セシメ主力ヲ以テ逐次右岸ニ進出シ第一線中隊ノ間隙ニ進入シ主トシテ南方ノ敵ニ對ス

8、大隊長ハ電話ノ位置ニ歸リ後方トノ連絡ニ勉メシモ意ノ如ク連絡困難（森田中佐ノ位置ト豊台トノ通話及先方ヨリノ通話ハ明瞭ニ聽取シ得シモ當方ヨリノ話ハ通セス）ナリシヲ以テ電

話ニヨル連絡ヲ断念シ再ヒ第一線ニ進出ス
又大隊長ハ各中隊長ト共ニ右岸堤防上ノ敵ノ既設散兵壕ニ位置シ次テ更ニ西方ノ鐵道線路北側ニ位置ヲ移ス
當時第八中隊ハ彈藥ノ補充(演習ノ際携行スル規定彈數(小銃一二〇)ノミナリシヲ以テ)ヲ必要トシアリ(別ニ處置セス)
又長辛店高地ニハ敵兵ノ増加ヲ見ル、更ニ時々斜右後方千家頭(一萬分一地圖參照)ニハ敵出

0851

没スルヲ目撃スルノ情況ナリキ

10、午前九時七分亀中尉ヲシテ全般ノ状況ヲ報告ノタメ森田中佐ノ位置ニ帰還セシム

11、第九中隊ハ右岸戦闘ニテ戦傷死セル兵ノ收容ノ為一部ヲシテ戦場掃除ヲ實施セルニ僅々二三十分間ニ附近土民ナランカ戦死セル軽機関銃手ノ拳銃ヲ嚢共ニ鋭利ナル刄物ニテ切取リテ掠奪シアルヲ發見ス

（所見）

37

0852

（將來大イニ注意ヲ要スル点ナラン）依リテ第九中隊長ノ意見具申ニヨリ附近民家ノ家宅捜索及土民ノ檢束等ヲナシ又一面彼等ヲ使用シテ湯茶ノ補給ヲナス

午前九時二十分各中隊人員檢查及戰死傷ノ調查ヲ命ス各中隊共若干左岸及中洲ニ特別ノ任務（停止斥候背囊監視）或ハ戰鬪ノ關係上殘置セラレタリト判斷セラルヽモノアレトモ其大部ハ槪ネ集結セラレアリ

0853

15、午前十時二十分、聯隊長代理森田中佐ヨリ支軍ニ對シ盧溝橋城ヨリ撤退又ハ武装解除ニツキ交渉中ニシテ之ヲ承知セサレハ盧溝橋ヲ攻撃スル意ナルノ通報ニ接ス

16、午前十時五十五分龜中尉歸來シ左ノ要旨ノ命令ヲ傳達サル

1、大隊ハ森田中佐ノ指揮ニ入ル

2、聯隊ハ盧溝橋城内支軍ノ武装解除ヲナサントス

8、大隊ハ一部ヲ残置シ主力ヲ左岸ニ集結スヘシ

4、戰車隊ハ午後一時第一大隊ハ十二時ニ到着スル豫定ナリ

大隊ハ爾今森田中佐ノ指揮ニ在リテ戰闘ス

14、右[illegible]命令ヲ受領セルモ支軍トノ交渉又ハ攻撃ノ爲ニハ現在ノ態勢ヲ最モ良好トシ而モ第一線方面ノ戰況ハ長辛店北方高地ノ敵逐次增强セラレアルト中ノ島附近ノ敵ノ火力更ニ衰ヘ

0855

サルヲ以テ一部ヲ残置スルハ残置部隊トノ連絡困難ナル現況ニアル事及戰死傷者ノ收容未完了ノ現在トニテハ之カ實行不利ニシテ而モ至難ナリトノ意見ノ具申トヲナス　右意見具申ノタメ大隊副官荒田中尉ヲ派遣ス

時ニ午前十一時ナリ

15、午後零時五十分ヨリ各隊爾後ノ行動ヲ顧慮シ戰死傷者ノ收容ニ着手セルモ中ノ島ヨリノ側防ニテ中洲ニアルモノハ收容殆ント不可能ナ

リ依リテ中洲ノモノハ逐次眞直ニ北方ニ、支流ヨリ右岸ノモノハ交通壕ノ端末作業ヲ實施シ之カ收容ニ着手ス

當時判明セルモノ戰死十、重傷十五、輕傷十九ナリ

16、午後二時二十五分戰鬪要報ヲ提出ス

17、午後三時稍々過キ副官荒田中尉歸來シ左ノ如キ要旨ノ上司ノ意圖ヲ知ル（森田中佐及鈴木參謀ノ言）

0857

現在ノ第三大隊ノ態勢ハ蘆溝橋城ノ攻撃又ハ爾後ノ交渉ノ爲ニモ價値アリ依リテ其儘位置シテ可ナリ(要スルニ意見具申ヲ容認セラル)

18、依リテ午后四時ヨリ五時ニ亘ル間各中隊長及副官ヲ伴ヒテ本夜ノ爲ノ待機陣地ノ偵察ヲナス

其概要要圖第五ノ如シ

所見

大隊ハ後刻後退ヲ命セラレ八日夜右岸ニ後退セシカ其直後敵ハ全線ヲ擧ケテ大隊カ晝ノ間位置セシ附近ヲ射撃セリ　之等ニヨリ考フルモ晝夜ノ位置ヲ變スルノ着意ヲ必要トセシナリ

仍テ午後五時三分左記大隊命令ヲ下達シ爾後ノ準備ヲナサシム

左　記

步一ノ五作命第三號

大隊命令　七月八日午後五時三分
於蘆溝橋鐵橋西端

0859

一、我正面ノ敵ハ長辛店北方高地並中ノ島及蘆溝橋ヲ占領シアリ

軍ハ午後六時ヲ期シ蘆溝橋ヲ攻撃スル企圖ヲ有ス

聯隊ノ第一大隊ハ増援ノ爲通州ヨリ行軍中ニシテ午後六時蘆溝橋附近ニ達スルノ距離ニ在リ

又機械化部隊及第二大隊戰車隊並重砲一中隊ハ蘆溝橋ニ概ネ同時頃到着スルノ距離ニ

41

0860

在リ

二、大隊ハ現在線ニアリテ聯隊主力ノ盧溝橋城攻撃ニ策應セントス

但シ現在ノ態勢ヲ以テ推移シ聯隊主力盧溝橋城ヲ攻撃セスシテ依然狀況ニ變化ナキトキハ大隊ハ本夜行動ノ自由ヲ確保スル目的ヲ以テ永定河右岸堤防ノ線ニ後方機動ヲナシ該地附近ヲ堅固ニ守備シ敵ト對峙セントス

0861

三、其時機ハ別命ス　各中隊ノ關係ハ右ヨリ第七、第八、第九、中隊トス　又機、關銃中隊ハ第七中隊ニ一小隊、第九中隊一銃第八中隊ニ一小隊ヲ配置スヘシ

此ノ地區ニ關スル配備及兵力部署ハ現地ニツキ中隊長ニ示セル如シ

四、各隊ハ爾後戰鬪ノ為前方ニ潜入斥候ヲ派遣シ敵ノ動靜ヲ偵知スヘシ

特ニ後方機動ヲナス場合ニハ鐵道線路及右

前方（アノ附近現地ヲ示ス）ニ潜伏（停止）斥候ヲ
残置シ敵ト接觸ヲ保ツヘシ

五、本夜ノ相言葉ハ山ト川トス

六、予ハ依然現在地ニアリ　陣地占領ニ當リテ
ハ中央中隊ノ中央後附近ニアリ

大隊長　一木清直

下達法

各隊命令受領ヲ集メ口達筆記セシム

20、菅沼軍醫大尉及倉本軍醫中尉等衛生部員午後

0863

六時二十分第一線ニ到着シ戦傷者ノ治療ニ任
ス
〃午後六時四十分亀中尉連絡ヲ終リテ帰來シ左
記聯隊命令ヲ受領ス

左　　記

歩一作命第一號

聯隊命令　七月八日午後四時十分
於蘆溝橋東側聯隊本部

一、第三大隊及歩兵砲隊ハ爾今聯隊長ノ指揮ニ
入ル

二、聯隊ハ第一大隊主力ノ一文字山附近ニ到着ヲ待ツテ主力ヲ以テ蘆溝橋東北角ニ向ヒ攻擊セントス

三、第三大隊（BIA一小隊屬ス）ハ午後六時現在地ヨリ轉進ヲ開始シ龍王廟北方ニ於テ永定河ヲ渡河シ概シテ平漢鐵道停車場西方シガナルヲ中央トシ攻擊準備ノ位置ヲ占ムヘシ攻擊開始ノ時機ハ別命ス

四、第一大隊（BIA一小隊配屬）ハ一文字山ニ攻擊ヲ

0865

準備スヘシ

五、攻撃前進ノ時機ハ別命ス

六、歩兵砲隊ハ現在地ニ於テ第三大隊ノ轉進ヲ掩護シ然ル後大瓦窯西端附近ニ陣地ヲ占領シ主攻撃点ニ對シ射撃シ且ツ第三大隊ノ轉進ヲ、援護スヘシ

七、無線ハ停車場附近ニ通信所ヲ開設スヘシ

八、予ハ停車場附近ニアリ

聯隊長　牟田口大佐

44

0866

下達法

各隊命令受領者ヲ集メ口達筆記セシム

注意

支那側ニ對シテハ「日本軍ハ自主的ニ永定河左岸地區ニ轉進スヘキヲ以テ支那軍モ宜シク永定河右岸地區ニ撤退スヘシ、支那軍ニシテ若シ撤退セサルニ於テハ日本軍ハ直チニ攻撃ヲ開始スルニ付覺悟スヘシ」ト要求シ住民ハ可成速ニ撤退スヘシト警告セリ

0867

本命令ニ依リ大隊ハ聯隊長ノ指揮下ニ入ル
又大隊ハ永定河左岸ニ撤退スヘキヲ知ル
之ト相前後シテ歩兵砲ノ中ノ島附近ニ對スル
射撃ヲ開始セラル（戰鬪後本射撃ハ我第三大隊
收容ノ爲ノ掩護射撃ナリシヲ知ル）然レトモ中
ノ島附近ノ側防機關ニハ命中セス依然死傷者
ノ收容ハ困難ナリ

22、午後ノ對峙間間斷ナク敵ハ狙撃或ハ迫撃砲（中
ノ島及斜右後方部落干家頸経長辛店高地）ノ射

45

0868

撃ヲ受ケ第九中隊及第八中隊ニ八二、三ノ重輕傷者ヲ出ス

又北方右岸堤防上（龍王廟對岸附近）ニ銃聲ヲ聞ク

四、永定河右岸ヨリ左岸ヘノ轉進

イ、步一作命第一號ニ基キ大隊ハ所命ノ地点ニ轉進スルニ決シ左記順序ニ各別命令ヲ下達シ準備ニ着手ス

(ソ)大隊ハ薄暮ヲ利用シ永定河左岸ニ轉進セン

0869

トス

之カ渡河点ハ龍王廟附近トス

(ヌ) 各中隊ハ戰死傷者ヲ勉メテ速ニ區處シ龍王廟附近渡河点ニ搬送、機ヲ見テ左岸ニ護送スヘシ 之カ指揮官ハ第九中隊中島曹長トス

但シ第七中隊ハ永定河中洲ノ戰死傷者ノ收容ニ任スルモノトス

而シテ之カ掩護ノ爲機關銃隊ヲシテ協力セシム

其陣地ハ西部鐵道橋頭附近

(ロ)
第八中隊ハ一部ヲ以テ龍王廟附近左岸ヲ主力ヲ以テ其對岸(右岸)ヲ占領シ大隊ノ轉進ヲ掩護スヘシ

(ハ)
機關銃中隊ハ薄暮ニ實施スル第七中隊ノ戰死傷者收容ニ協力掩護スヘシ
其陣地ハ西部鐵道橋頭附近トス

(ニ)
大隊長ハ大隊主力ノ後方ヲ渡河点ニ至ル

又、
大隊長ハ敵ノ企圖及動靜ヲ豫察スル目的ヲ以

0871

テ第一線部隊ノ一部ヲ機ニ先テ堤防北側ノ畑地ニ後退セシメ敵情ヲ監察セシム然レトモ敵情ニ關シ何等變化ナク敵ハ企圖心ナキカ如ク無事轉進ヲナシ得ルノ確信ヲ得タリ

當時長辛店高地ノ敵ハ益々翼ヲ北方ニ延伸シツヽアリ　又龍王廟對岸第八中隊方面ニテハ時々銃聲ヲ聞ク

當時死傷者ノ收容後送ハ順調ニ進捗シツヽア

ルモ第七中隊擔任ノ永定河中洲上ノ死傷者ノ爲ニハ多クノ犧牲ヲ拂フ（第七中隊田島上等兵收容ノ爲ニ既ニ二三ノ重輕傷者ヲ出セリ）景況ナリ

8、午後八時二十五分薄暮ヲ利用シ更ニ一擧收容ヲ開始スルト共ニ第一線ノ轉進ヲ開始ス

敵ハ我カ企圖ヲ知ラス何等射擊及出擊ノ擧ニ出テス

9、轉進開始後橋梁北方約五百米附近ニテ聯隊ト

0873

ノ通信ニ任シアリシ小岩井中尉連絡ニ来リ左記報告ヲナス

左　記

本八日夕以來新ナル敵ハ八寶山附近ニ進出シ次テ南下シ既ニ衙門ロヲ經テ目下龍王廟北側ニ迫ランドシツヽアリ

依リテ渡河点ヲ龍王廟南方約四百附近ノ地區ニ變更シ各隊ニ之ヲ命ス

但シ第八中隊及中島書長ノ收容班ハ依然龍王

48

0874

廟附近ヲ渡河シテ後退セシムヘク命ズ
5、大隊主力及中洲附近ノ死傷者ノ收容ハ支障ナク進捗シ午後九時五分乃至十時三十分ノ間ニ渡河ヲ終リ龍王廟南方約五百ノ地点ニ集結ヲ終ル
當時先頭ハ午後九時五分到着上陸セルモ永定河ハ本支流ニツアリ　而モ水深ノ大ナル部分ハ約一米二十糎ニ達シ而モ左岸ハ右疊ニテ多數ノ死傷者ノ運搬及揚陸ニハ多クノ人員ト時

0875

間トヲ要セリ　因ニ該地ニテ渡河セシメシ數ハ死者八、傷者十六、内十名擔架ニテ搬送セリ

〆、第八中隊ハ右岸地區ニテ兵力未詳ノ一部隊ヨリ時々射擊ヲ受ケシモ豫定ノ如ク中島書長ノ收容班ヲ支障ナク渡河セシメ中隊主力亦午後十時四十分頃龍王廟南側ニ集合ヲ終ル　龍王廟北側附近ノ敵ハ攻擊シ來ラサリキ

久大隊ハ死傷者全部運搬ノタメニ各中隊ヨリ使役兵（約二十余名）ヲ差出サシメ菅沼軍醫大尉ニ

之ヲ指揮セシメテ大隊ノ中央部ニ在リテ前進
大隊ハ概ネ縱隊横隊ノ一線ニ準スル隊形ニテ
蘆溝橋驛ニ向ヒ前進ス
8、第八中隊ハ之ニ伴ヒ大隊ノ左翼ヲ掩護シツヽ
轉進ヲ開始ス　中島曹長ノ收容班ハ之ニ先テ
轉進ヲ開始セシム　而シテ之カ實施ハ確實ニ
シテ何等ノ顧慮スルヲ要セサリキ

所見

戰死傷者ノ收容運搬殊ニ夜間敵彈下而モ渡河

0877

シテノ收容竝整理ニハ豫想外ニ多大ノ時間ヲ要ス(本事件デハ約二時間ヲ要セリ)

9、前進開始後敵陣地帶ヲ通過セシニ敵陣地ハ單ニ堤防上ノミナラス約百米ノ縱深ヲ有シ而モ散兵壕又外壕ト思ハシキ壕ノ深サ大ニシテ又鐵線ニテ連絡施設(障碍トシテハ線數少シ)ヲナシアリシヲ知ル、之カ爲死傷者運搬班ハ行動ヲ制肘セラレ大隊ノ運動從テ遲滯ス、

10、午後十一時二十分主力盧溝橋驛西方五百米附

近ニ到着セル頃敵ハ永定河右岸一帶ノ陣地次テ龍王廟北方方面等全線ニ亙リ俄然各種火器〔迫〕擊砲ヲ含ム）ヲ以テ射擊ヲ開始ス　全隊將兵何事ノ惹起セルヤヲ懸念ス

爲之此附近ニ一時停止セルモ敵兵我夜襲ヲ虞ル、餘リ威嚇擾乱ノ射擊セルノミナルヲ知リ依然前進ヲ開始シ不良ノ地形ヲ克服シテ午後十一時四十分蘆溝橋驛南側ニ集結ヲ終リ且ツ大隊長ハ聯隊長ニ報告シ其直接指揮下ニ入ル

0879

（是レ事變後最初ノ會見ナリ）

所見

一、轉進ニ當リ早ク集結ヲ要求セラレアル情況ニテハ出發ヲ急ク要アランモ非戰闘員等（患者收容者等ヲ含ム）ハ原則ノ如ク良道ニ警戒兵ヲ附シテ先行セシメ假令戰闘部隊ハ之カ爲ニ其出發時刻ハ多少遷延スルモ別ニ後方ヨリ前進スルヲ可トス

12、經過要圖第六ノ如シ

第四、天候氣象及戰鬪地ノ特質

一、天候、氣象

1、晴天、　氣溫高シ

2、本八日ノ黎明時期ハ午前三時二十分頃既ニ薄明爾後雲アリテ黎明長ク續キ午前五時三十分攻擊開始ト同時一擧暗雲晴レテ旭日燦ト輝ケルハ一大天佑ニテ接敵上極メテ好都合ナリキ

3　薄暮ハ敵ト相距ル二百米ノ我軍ノ爲利用シ得タル時刻ハ午後八時二十五分ナリキ（舊曆六月

0881

一日）

戦闘地ノ状態

イ、戦闘地一帶ハ砂礫地然ラサレハ砂土ニシテ處々ニ畑地アリ　殊ニ左岸攻撃前進ノ地區ニハ砂利ノ掘開ノタメニ砲彈痕ノ大ナル如キ凹地アリテ接敵及突撃ニ便ナリキ

ロ、砂上ノ部ハ工事其他ニ便ナリシモ砂礫地ハ工事困難ナリキ　即チ河岸砂上ノ傷者ヲ收容セントシテ壕ヲ端末作業ノ形式ニテ實施セシモ

52

0882

小円匙ノミニテハ不可能ノ情況ニテ多クノ時間ヲ要セリ

3、附近ノ畑地ハ多ク南京豆ノ畑ニテ運動射撃ヲ妨ケサリキ又河床ノ中洲及右岸ニハ高梁及唐蜀黍高ク繁茂シ又右岸堤防及右岸ノ河床中ニハ柳高ク繁茂シ行動秘匿ニ便ナリキ

4、鐵道

a、附近ヲ横斷セル長豐支線(豐台、長辛店間)ハ鐵道ニシテ北寧平漢ノ兩幹線ヲ連結セルモノ

0883

及平漢線ハ共ニ長大ナル凸堤（河岸ニ近クニ従ッテ比高ヲ増ス即一文字山南北ノ地區ニテ四、五米鐵橋東側「ガード」附近ニテ六、七米アリ）ヲナシ路盤上ノ幅員ハ大（目下單線ナルモ必要ニ應シ複線トシ得ル路幅アリ）ニシテ軌道外側ノ行動（大隊砲程度ノ車輌通）容易ナリ

ロ、鐵道ノ戰術上ノ價値

イ、蘆溝橋攻撃ニ當リテハ蔭蔽近接ノ容易ニシテ、而モ攻撃及突撃準備ノ線トシテ利用シ得、殊ニ歩兵ノ城壁ニ突入

入スル際ニ長豊支線上ヨリスル援護射撃ト突入トノ關係ハ良好ナリ（作戰第二日ノ拂曉突撃準備）

6、龍王廟鐵橋間ノ敵陣地攻撃ニ際シテハ左側ヲ此凸堤ニ拠シテ側射害ヲ減シツヽ前進スルニ便ナリ（八日戰闘ニ於ケル第一線左部隊ノ前進及歩兵部隊ノ陣地變換）然レトモ戰場ヲ分斷スルノ不利アリ

5、鐵橋

0885

a、鐵橋ハ長豊、平漢ニ線ヲ通シ極メテ壯大頑丈ニシテ橋上ヲ通行シ得ル如ク設備セラレアリ（本戰鬪ニテ追擊時左第一線部隊ハ之ヲ利用ス）

b、橋桁ハ之ヲ利用シ敵側防火ヲ防クニ便ナリキ

c、橋脚ハ中洲ヨリスル敵側防火ノ避難所タリ（但シ本戰鬪ノ如ク對岸ヲ我レカ速ニ占領シ得タル場合ニ限ル）

54

0886

三、永定河ノ状況

イ、第八中隊ハ將來ノ右岸進出ヲ顧慮シ龍王廟北側ニ（偵察シ）テ渡渉（困難ナリ即チ）河幅約六百米、本流、支流ニ分レ共ニ幅約六十米水深本流ハ平均八十糎、流速緩ナリ

河床ハ泥土（數人通過スル時ハ搖レテ直ニ水深ヲ増スナリ

ロ、右岸壁及中洲ニハ畑（唐黍及大豆繁茂）及柳ノ林アリ

ハ、龍王廟ヨリ鐵道橋ニ亙ル左岸ハ護岸工事實施

0887

セラレ大ナル石疊トナリ居レリ

4. 永定河ハ本十二年ハ四、五月頃減水シ渡渉容易ナリシモ雨期ニ入リ特ニ最近降雨ノ爲メ増水シ殊ニ第八中隊ハ戰闘前龍王廟北側ヲ偵察セル處水深大ニテ渡渉困難ナリト思惟セシニ支那兵退却ニ方リ窮余ノ極永定河ニ跳入リテ渡河セルヲ目撃セシヲ以テ追撃ニ當リテハ敢然渡渉ヲ敢行シ得タリ

即チ必要ノ際ハ水深大、河床不良ナルモ渡渉ヲ

敢行シ得ルノ信念ヲ大ナラシメタリ

第五、彼我兵力及敵兵團

一、豐台駐屯隊

人、駐屯隊全員

大隊本部　一
步兵中隊　三
機關銃中隊　一
步兵砲隊　一

ニシテ

大隊本部ニハ乘馬傳令三、聯隊通信班ノ一部（豐台通信班トシ無線班ヲ加フ）、
步兵中隊ハ一小隊、三分隊（三分隊ト擲彈筒一分隊ヨリナル）
機關銃中隊ハ四小隊一小隊ニ銃、
步兵砲隊ハ大隊砲ニ小隊、聯隊砲一小隊

尚當時豐台ニ在リテ教育中ナリシ銃縫裝蹄鐵

0889

エノ傭業兵ハ之ヲ既ニ配屬セル中隊ノ編成内ニ入レタリ

又、出動ハ豊台警備規定中ノ駐屯警備ノ場合ノ裝備ナリ 從ッテ服裝中特異ノ点ハ現時ノ衣袴ニ地下足袋、背負袋、携帶口糧甲乙各一日分ニシテ携行彈、一般中隊、一分隊 二、四〇〇 甲分隊 三〇

手榴彈（中隊ニ） 三〇〇

但シ第八中隊ハ小銃三十發、LG八百二十發

56

0890

機關銃　一銃　二四〇〇發
歩兵砲　大隊砲一門　六五發
聯隊砲　一門　四八發ナリ

二、支那軍

イ、第二十九軍第二百十九團全員ナリシ如ク團長吉興文、後ニ至リ長辛店高地ニ逐次増強セラレシ部隊ハ詳ナラス

ロ、其装備ハ優秀ニシテ自動小銃、拳銃、輕機及迫擊砲ヲ有セル事確實ナリキ　重機關銃ノ有無殊

0891

ニ使用ニツキテハ確證ナシ

第六　給養

一、朝食

朝食ハ豐台兵營ニテ調理セル分ヲ小畑主計大尉之ヲ乘合自動車（事變直後電話ニテ依賴セルモノ）ヲ利用シ搬送シ蘆溝橋城北側ヨリ「ガード」ヲ通リ（城壁ヨリ射擊セサリシ由）左岸ニ殘リアリシ步兵砲隊及第七、第八及機關銃中隊ノ一部ノモノニ給養ス

時ニ午前十時稍々過ナリ（次テ弾薬ノ補充ニ任セリ）第一線ハ携帯口糧乙ニヨル

二、晝食

携帯口糧乙ニ依ル

三、夕食

豐台ニテ調理シ自動車ニテ搬送シ龍王廟附近ニ前進シ第一線ニ連絡者來リ第一線所要ノ使役兵ヲ差出セルモ龍王廟ハ北方ヨリ射撃セラレ遂ニ分配困難ナルト聯隊命令ニ依リ大隊主力カ近ク

0893

後退スルヲ知リシヲ以テ午後七時頃盧溝橋驛附
近ニ後退シ大隊ノ到着ヲ待テ夕食及下給品ヲ給
養ス
配給開始時ハ正子ニ垂々トセリ

58

0894

作戰第二日（七月九日）

第一、戰鬪前彼我ノ態勢

一、敵軍ノ狀況

イ、盧溝橋城

交涉停頓シ敵ハ依然城壁上ヲ堅固ニ守備シ戰鬪意識ニ變化ナシ

ロ、永定河右岸

詳ナラス然レ共我ノ撤退ヲ偵知セハ必ス右岸近ク進出セシナラン

59

0895

長辛店北方高地ハ逐次増強セラレツヽアリ

六、我軍ノ状況

1、牟田口部隊ノ第一大隊（第二中隊欠）主力ハ既ニ到着シ一文字山附近ヲ占領シ拂曉攻撃ヲ準備シツヽアリ

2、歩兵砲隊ハ一文字山東北側附近ニ陣地ヲ占領シ同シク拂曉攻撃準備中ナリ

3、爾余ノ増援部隊タル機械化部隊及重砲部隊ハ未タ到着セス（昨八日夕刻到着セルモノト信シア

0896

リシモ夜半聯隊本部ニ到リ未到着ナルヲ知ル）

4、當第三大隊ハ正子概ネ蘆溝橋西南側附近ニ兵力ノ集結ヲ終リ夕食トシテ此時配當セラレタル握飯（出動後始メテノ飯）ヲ喫シ鋭氣ノ恢復中ナリ

第二　天候、氣象、地形

一、天候

八月ナク（陰曆六月二日）暗雲殊ニ深ク眞ニ暗黑黎明ノ長キヲ思ハシム

60

0897

2、午前六時頃ヨリ遂ニ雨トナリ終日熄マス冷氣ヲ加フ

二、地形

1、平漢、長豊支線間ノ地區ニシテ砂礫地穩密ノ行、動及工事ニ適セス而モ人工的起伏凹凸大

2、蘆溝橋城方面ニ對シテハ長豊支線平行ニ走リ該凸道ニ依リ蔭蔽近接容易ナリ

鐵道橋頭方面ニ對シテハ右側面ヲ暴露ス

3、兩鐵道線路ノ三角地帶ノ中央ニ敵ノ「トウチカ」

0898

（埋没セラレアリシモノヲ新ニ利用スヘク堀開セルモノ）アリ

第三　戦闘経過

一、拂曉攻撃ニ関スル聯隊命令受領

歩一作命第三號（聯隊ノ拂曉攻撃ニ関スルモノ）ヲ歩兵砲隊大高曹長来リテ午前一時稍過キ大隊長ニ通報ス

所見

當時大隊本部ハ蘆溝橋驛西南五十米附近ノ凹

61

0899

地ニアリテ此命令ヲ受領シ重要ナル命令ナルヲ以テ直ニ自ラ聯隊長ノ許ニ至リ或ハ副官ヲ派シテ意圖ヲ承知セントシ又ハ友軍第一大隊或ハ歩兵砲隊ニ連絡スルヲ至當トシ此着意ヲ必要トセルハ當然ナリシモ本戰況ト殆ト同一ノ戰況ニテ大隊長ハ既ニ部下准士官曹長ニ現地戰術ヲ實施シ加フルニ隊長以下熟知セル地形ナルヲ以テ特ニ部下ヘノ命令下達ヲ先ニシ此處置ヲ後ニセリ況ヤ時間ニ余裕少カリシヲ以テナリ

0900

二、大隊命令下達ト連絡協定

イ、聯隊命令受領後直ニ大隊命令受領者ニ左記拂曉攻擊ニ關スル命令ヲ下達シ一方中隊長（一歩兵砲小隊長含ム）ヲ召致シ意圖ヲ示ス時ニ午前一時三十分

左記

歩一ノ应作命第四號

大隊命令　七月八日午前一時四十分 於蘆溝橋停車場西端

一、敵ハ依然蘆溝橋ヲ占領シ一部ハ八寶山附近

62

0901

我アルモノヽ如

聯隊ハ明九日拂曉盧溝橋東北側ニ向ヒ砲兵ノ破壞射擊ヲ行ヒタル後突擊セントス

二大隊（8(中)欠、BIA小隊ヲ附ス）ハ聯隊ノ右第一線トナリ長豊支線辰析齋附近ニ展開シ午前二時マデニ攻擊準備ヲ完了シ砲兵ノ破壞射擊後突擊シ城内ヲ占領セントス

第一大隊BIA一小隊左第一線一文字山附近ニ展開ス

0902

三　第八中隊右第一線第九中隊ハ左第一線トナリ長豊支線凸道ヲ占領スヘシ

四　機関銃隊ハ両第一線ノ中央附近ニ陣地ヲ占領スヘシ

五　大隊砲ハ平漢線北側ニ陣地ヲ占領スヘシ

六　是等ニ関スル協定其他詳細ナル件ハ現地ニ於テ指示ス

七　第一線両中隊ニ擲弾筒三ヲ配当ス
各中隊ニ手榴弾百発配当ス

63

0903

八第七中隊（一小隊欠）予備隊トナリ長豊支線ト平漢線トノ中央第一線中間ニ位置スヘシ

特ニ一部ヲ以テ鐵道橋ノ方面並龍王廟方向ニ對シ警戒スヘシ

九予ハ予備隊ノ位置ニアリ

大隊長　一木少佐

下達法

命令受領者ヲ集メ口達筆記セシム

0904

2、大隊長ハ中、小隊長ニ左ノ如キ意圖ヲ示ス

イ、聯隊砲ハ右第一線タル第九中隊ニ直接協力シテ城壁東北角ニ突擊路ヲ作爲

ロ、大隊砲ハ左第一線タル第八中隊ニ直接協力シ突擊路ヲ作爲

ハ大隊主力ノ突擊ハ狀況ニ依リテ左右何レカ突擊容易ナル方面ヨリ前進ス

3、當時大隊砲小隊長川村准尉ヨリ砲車ノ轅輾折損シ運動困難ナルト昨八日ノ戰鬭末期ニ城壁

ニ直角ニ約六十發直射セルモ殆ト效果ナク突撃路ノ開設困難ナリ依ッテ現在地附近ニテ城内ニ對スル威嚇及破壞射擊ヲ可トストノ意見具申アリテ之ヲ採用ス依リテ大隊砲ニ依ル破壞射擊ハ取止ム

所見

隊長以下空腹ト睡魔ト暗黑トニ依リ下達者及受領者共ニ大ニ努力ヲ要セリ　蓋疲勞少キトキノ一夜限リノ拂曉攻擊ノ演習ト大ニ趣ヲ異ニシ味フヘキモノアリキ

0906

又事前ノ協定連絡等モ亦必ス出来得ルモノト考フヘカラス而シテ近時採用ノ二夜ノ払暁攻撃部隊カ後方ヨリ一挙第一線ニ進出シ正面ノ状況ヲ充分ニ承知セスシテ展開セサルヘカラサル場合ニハ此ノ如キ場合ヲ生スルコトモアラント判断セラル

三、展開

イ、各中隊ハ直ニ所命ノ位置ニ分進ス（此間部隊ハ殆ト無休憩）

65

0907

2. 大隊長ハ聯隊本部ニ至リ森田中佐及聯隊副官ニ會シ意圖ヲ承知シ大隊ノ部署及要領ヲ報告シ次テ歩兵砲隊ノ陣地ニ至リ歩兵砲隊長ニ會シ打合ヲナス

當時歩兵砲陣地ハ主トシテ蘆溝橋驛南側ニアリテ北方ヨリスル大隊ノ予想突擊点ト砲彈ニ依ル城壁ノ破壞点トノ関係ハ稍一致ヲ欠キアルヲ知ルモ大隊ノ北側ヨリ突擊スルハ城壁北側ニハ一連ニ砂丘アリテ突擊容易ナリ

0908

而シテ歩兵砲ノ射撃ハ東北側ヨリナレハ北側斜面ヘノ突撃路開設ノ射撃ノ為ニハ「弾着角ノ関係上不適當」然レドモ陣地變換困難ノ現況ニ於テハ致シ方無ク勉メテ東北角ヲ射撃シ協力セラレタク要求協定ヲナス

3. 各第一線中隊ハ夜暗ヲ利用シ長豊支線ニ沿ヒテ攻撃準備位置ニツク時ニ午前三時前後ナリ

第七中隊ハ福田准尉ノ小隊ヲ聯隊予備隊トシテ聯隊本部ニ残置シ更ニ聯隊命令ニ依リ大瓦

66　0909

案北側ニ熊澤軍曹ノ分隊ヲ殘置シテ北方ニ對シ警戒ス

4、各隊ハ黎明時ヲ利用シ比隣ノ協定及準備位置ノ修正ヲナスト共ニ鐵道線路ノ斜面ニ工事ヲ開始ス

5、當時敵ハ再ヒ蘆溝橋鐵橋附近ニ進出シ我側背ヲ射擊ス第八、第七中隊ハ共ニ右側ニ對シ直接警戒ス

6、兩鐵道線路ノ中間ナル大隊本部ノ位置ニハ

0910

聯隊本部ヨリ電話到着シ連絡ハ確實トナル

所見

八、基準物体ノ價値

第一線部隊ハ暗夜突然命令ヲ受ケ至短時間ニ所命ノ地点ニ進出準備ヲ爲シ得シハ一ニ長豊支線ナル延長物体ノ存在ニ負フ所大ナリ（熟地ナルモ夜間ハ彼此ノ比高過大視セラレ殊ニ現地ノ如ク凹凸多キ地形ニテハ錯誤ヲ生シ易ク良体驗ヲ各隊味フ）

之陣外ニ斥候等ノ皆無及出撃ノ皆無ノ價値

敵ハ城内ヲ專守シ城外ニ斥候等ノ派遣全然ナカリシ爲ニ容易ニ準備位置ヲ占領シ得タリ（單ニ時々射撃ヲ以テ妨害セラレシノミナリキ）

3、當時暗雲低ク黎明時ノ長カリシハ一ニ天祐トスルトコロナリ（從テ聯隊命令ノ配備時間ヨリ稍遲延セシモ何等支障ヲ生セサリキ

四　戰鬪

0912

1. 拂曉後敵ハ我企圖ヲ察知シ時々迫擊砲ニテ射擊スルト共ニ傳令連絡兵ヲ狙擊ス

2. 午前四時二十五分電話ニテ聯隊ハ軍ノ協定進行ヲ待ツ爲ニ敵ヲ監視ス

第一線ノ攻擊開始ハ別命ストノ命令ヲ受ク

3. 午前五時十五分同右ノ電話アリ

4. 午前六時步兵砲射擊開始シ城壁ノ東北角及城ノ東樓門ヲ射擊ス

5. 午前七時四十分敵ノ一部隊東五里店方面ニ進

出ス」一部ヲ以テ之ヲ撃退スヘシトノ聯隊命令アリ依リテ豫備隊タル第七中隊山本少尉ノ小隊ヲ西五里店方面ニ派遣ス

次テ中隊長穗積大尉ヲ中隊主力カ蘆溝橋驛及西五里店ニ位置スル結果トナリシヲ以テ状況ニ依リテハ之等部隊ヲ併セ指揮スルヲ便トシ該方面ニ派遣ス

此頃ヨリ降雨漸ク甚シ

6.

戰鬪部署及經過ヲ戰鬪要報トシテ報告ス

0914

7. 午前八時卅分、白旗ヲ揭揚セル支人來リ顧問櫻井少佐ノ手紙ヲ携行シ來ル（内容ハ射撃中止ノ件）依リテ傳令ヲ附シテ聯隊本部ニ派遣ス

69

8 午前九時二十五分顧問櫻井少佐及支軍周思靖參謀來リテ左ノ交渉ヲ受ク

左　記

一、蘆溝橋城内ノ兵ハ直ニ撤退セシメントス

二、之カ爲彼等ノ恐怖心ヲ去リ且撤退ヲ容易ナラシムル爲日軍第一線モ亦蘆溝橋驛附近迄

0915

後退セラレ度ヘ(現在ノ如ク近ク對峙セラレアリテハ不安ニテ撤退セスト)依リテ右要旨ヲ聯隊長ニ報告シ指示ヲ乞フ聯隊長ハ之ヲ承諾セラレ其旨ヲ櫻井顧問ニ通報ス

9. 午前九時卅分聯隊長ノ命ニ依リ一擧大瓦窑ニ撤退ヲ開始ス

10. 當時兵力ノ集結ノ爲メ、小隊ヘ(警戒等ニ任シアリシモノ)或ハ傳令等カ移動セシカ必ス蘆溝

0916

橋鐵橋附近ヨリ射擊ス又龍王廟方面ニ時々熾ナル射擊ヲ聽ケリ（之等射擊中止ハ櫻井顧問ノ制止ニヨリテ逐次熄ム）

所見

彼我近ク相對峙シアル時交渉ノ結果彼ヲ撤退セントスルヤ彼ハ必ス交渉員ヲシテ我ニ我配備ヲ撤セヨ然レハ彼撤退セント而シテ我配備シアル間ハ不安ニテ不可能ナリト

之ハ昨年九月十八日ノ豊台事件ノ際ニ於

70

0917

テモ亦同様ノ經過ナリキ
之ニ依リテ如何ニ彼等カ彼等間ニテ彼此不信ナル交渉ヲナシツヽアルカヲ窺知スルニ足ラン

11. 東五里店方面ニ派遣セル第七中隊ハ敵ハ保安隊ニテ交渉員ノ調停ニ依リ戰闘ニ至ラスシテ大井村方向ニ撤退シ第七中隊主力ハ撤兵開始稍前ニ復歸セリ

12. 後退ハ出撃等ヲ顧慮セサリシヲ以テ全線一齊

0918

行ス

13大隊長ハ盧溝橋ニテ聯隊長及旅團長ニ報告シ次テ大瓦窑ニ至リ待機ニ関スル大隊命令ヲ下達ス一大隊長ハ此際始メテ旅團長ニ會シ大隊長ハ豊台駐屯隊長ヲシテ旅團長用ノ非常警備司令官ニ對シ申告ヲナス

五 戰闘經過

別紙要圖第八ノ如シ

71

0919

第四　彼我ノ兵力其他

一、大隊ノ編成

作戰第一日ノ大隊ト概ネ同シ

配屬步兵砲小隊ハ川林准尉ノ小隊ニシテ大隊砲ニ門

二、敵ニ就テ

イ、城内ノ兵力ハ未詳ナリシモ迫擊砲ヲ有セシモノヽ如シ

ロ、鐵道橋頭附近ニ少クモ一小隊進出シ逐次工事

0920

ヲ增强シ戰鬪意識旺ナリキ
3. 龍王廟及其以東附近ノ敵情亦詳ナラス
然レトモ朝來增加セラレツヽアリシモノヽ如
シ

第五 戰死傷及射耗彈

一、戰死傷者
ナシ

二、射耗彈
イ、小銃輕機及重機ハナシ

72

0921

之：配屬大隊砲小隊　擲彈　四十四發

第六　戰場掃除

一、大隊ハ大瓦窰ニ位置後聯隊命令ニ依リ戰場掃除ニ關シ指示セラレ（聯隊ニテ支軍ニ交渉ノ結果）午後三時五十五分命令ヲ下達シ各中隊ヨリ准尉若ハ下士官ヲ長トスル五名計二十名ヲ（掃除ノ目的ハ主トシテ機關銃隊ノ兵一名不明ナリシト遺失品捜索ニアリキ）機關銃隊佐々木准尉ニ指揮

0922

セシム

二、午後四時十五分佐々水准尉ハ戰場掃除隊ヲ指揮シ聯隊本部ニ至リ次テ「トラツク」ニテ戰場ニ至リ支軍交渉員ヲ伴ヒ之ニ任ス

2、戰場ニハ彼我ノ遺留品殆ト一物モナキ現況ナリ（支那人カ掠奪セル結果ナラン）

3、此結果昨日來行方不明ナリシ機關銃中隊長谷川二等兵（原所屬ハ第一機關銃中隊ノ兵ニシテ裝工修業兵ナリ）ハ遂ニ發見スルニ至ラス

73

（此件ニ付キテハ機関銃中隊長獨断ニテ既ニ

二回モ捜索セルモ發見シ得ス）

ム攻擊當初龍王廟攻擊ニ當リテ突擊ヲ容易ナラ

シムル目的ヲ以テ背囊ヲ脱シテ攻擊セル第八

中隊ノ野地小隊ノ背囊及同中隊ニ配屬セル機

関銃小隊ノ駄馬ハ其監視兵（前記長谷川二等

兵）等ト共ニ迫擊砲ニ依リ擊ラレシモノヽ如

ク龍王廟東方約三百ノ地區ニ背囊及駄馬ノ破

片並馬ノ死体ヲ發見ス然レ共前記ノ如ク其他

ノ物品等ハ更ニナシ

0924

所見
長谷川二等兵ハ右ノ事實ヨリシテ龍王廟附近ノ戰鬭ニ於テ迫擊砲ノ射擊ニヨリ戰死シ次テ支軍ニ拉致セラレシカ或ハ永定河ニ流棄セラレシモノナラント判斷ス

74

0925

第九、戰鬪上ノ教訓

本戰鬪ハ大別左記ノ如キ種類ノ戰鬪ニシテ之ニヨリ各種ノ教訓ヲ體驗ス

(一)陣地攻擊（拂曉攻擊）

1. 既設陣地（但シトウチカヲ有スルモ鐵條網ハナシ）
2. 主要部ハ縱深百米
3. 陣地ノ後端ハ渡河困難ナル永定河
4. 側方ニ城壁アリテ側射背射ヲナス
5. 城外西側ヨリ逆襲ヲナス

(二)陣内攻擊（渡河追擊）

1. 陣内ト言フモ永定河ノ渡涉ナリ
2. 中洲及對岸ニ陣地アリ
3. 側防ハ既設（兵營）陣地ノ側防（距離二

一百米匣室ヨリナス

(三)河川渡河及追撃

1、渡渉困難ナル河川ヲ有力ナル敵ノ側防火ノ下ニテ渡渉ス

2、一部ハ鐵橋上ヲ主力ハ河川ヲ渡河ス

3、河ハ本支流ニ分レ中央ニ中洲アリ、之ヲ利用シ移動シ得

4、橋脚ハ死角ニ利用シ得

(四)側防火ノ制壓

(五)追撃後ノ陣地占領

1、晝間

2、夜間

(六)戰死傷者ノ收容ト後退

0927

(七)薄暮ノ戰鬪及夜間機動

以下列擧セルモノハ單ニ小部隊ノ爲ノ參考ナリ而シテ本文及本文中ノ所感ト併セ研究セラレ度

一、計畫ト實施ノ不一致

本事變ノ突發當初ハ平素計畫セル如ク蘆溝橋城ヲ攻擊スル案ナリシモ交渉ノ結果ハ豫定外ノ城壁攻擊以外ナル城外攻擊トナル

又黎明又拂曉攻擊ノ案モ交渉等ノ關係上時機ヲ失スル如クナレリ

更ニ白旗掲揚中ノ敵カ射撃ヲナシ豫期セルモ多
少損害ヲ被レリ
將來此種關係ハ多々生スルナラン。故ニ此種戰鬪ト交渉トノ点
顧慮シテ變通自在彈力性ヲ有セシムルヲ要ス
二、主力ノ關係殊ニ企圖及友軍ノ關係ノ明示
大隊ハ永定河右岸ニテ状況ノ通報ヲ受ケ既ニ乘
車歩兵部隊及戰車隊並重砲隊カ到着セリト考ヘ
居リシモ夜半歸來シ之等カ到着セサリシヲ知リ
左岸部隊ニシテ八寶山方面ヨリ敵ニ奇襲セラルヽ時

0929

ハ危険ナリシナラント考ヘタリ　依リテ當時友
軍ノ未到着ヲ知リシナラハ一部ヲ日没前ニ左岸
ニ後退セシモノヲト考ヘタリ（敵カ攻撃ヲトラサ
リシハ天佑ナリ）、

三、戰鬪前　基礎配置ノ必要（即展開ト兵力部署）
第八中隊ノ展開位置ト効果

四、敵ノ側背攻撃ノ價値
第八中隊ノ攻撃効果

五、幹部ノ率先奮鬪

77

0930

野地、席内、山本、會田、ノ各將校ノ奮鬪

六、陣内戰鬪ト友軍標示

第一線標示ハ砲兵等ノミナラス他ノ友軍ノ爲ニ

モ必要ノ事アリ　野地小隊ノ例

七、敵ノ動揺ノ機ニ乘スル戰力ノ集中發揚

敵ノ動揺点ニ向ヒ歩兵砲、機關銃ヲ集中シ之ニ

然突入シ全線ヲ退却ニ導ク

第七、八、及歩兵砲ノ攻撃

八、追撃射撃ト脚力追撃

0931

鐵道橋頭附近奪取時ノ戰鬪ノ例ノ如シ

（追撃射撃ヲ立射追シテ行ヒ脚ニヨル追撃ヲ忘レ脚力追撃遅レ勝ナリ、幹部ハ率先脚力追撃ヲ督勵シ之ニ移ラシムヘシ）

ノハ、渡渉ノ難易

必要アレハ身長ヲ没セサル限リ可能

側防火器ハ威力

第一線ハ敵ニ尾セル爲ニ損害少カリシモ第二線ニ前進セル部隊ハ殆ト之カ射撃ヲ受ケ行動ヲ制

附セラル　其威力極メテ大
中島既設陣地ノ側防ノ例ト我ノ損揚
二、側防火器ノ制壓ノ困難
1、之カ連絡通報ノ困難
2、目標指示ノ困難
3、射彈觀測ノ困難
中ノ島側防機關ノ制壓ノ例
三、第一線幹部ノ觀測ハ補助
中ノ島ノ歩兵砲射擊ノ觀測ヲ補助ス

0933

三、通信連絡ノ困難ト有線無線
戰場ノ地帯内ニ障碍（地形地物ニ依ルモノ或ハ敵ノ制壓地帯等）アルトキハ戰場ハ殆ント二分セラル　而テ此ノ際ノ連絡ハ優秀ナル傳令（本戰闘ニテハ将校）ニヨルノミナリ
有線電話ハ故障ヲ生セリ　又長時間水中ニアリテハ機能ヲ害ス　携帯無線（六号）電話アリセハト痛感ス
本戰闘ニテ永定河ト側防トノ二ツニヨリ戰場分

79

0934

断セラル

十四、待機間ノ死傷ノ豫防

追撃後ニ於テ敗惨兵或ハ附近ニ潜伏中ノ敵ヨリ狙撃セラレ負傷セルモノアリ

展望哨等ノ監視ニ於テ然リ注意ヲ要ス

十五、戰死傷（重傷）者ノ監視

戰闘間殊ニ追撃ニ於テ（敵ト相混淆シ追撃スル場合ニハ）戰死傷ニ着意ヲ要ス　然ラサレハ敵（或ハ附近ノ土人）ニヨリ兵器及貴重品ヲ掠奪セラレ加

0935

之戰死者ヲ汚サルヽニ至ル
（追）撃時最右側ヲ前進セル第九中隊ニ於テ其例ア
リ）

十六 晝夜配備ノ變更
特ニ支軍ニ對シテハ必要ナリ
（撤退後金線ヨリ舊陣地（晝間待機セル）ニ行ヘル射
撃ノ如シ）
敵ハ逆襲ヲナササルモ晝間標定シ置キ夜間我ノ
晝間ノ位置ニ對シ（？）射撃ヲ開始ス依リテ無益

ノ損害ヲ避クル爲ニモ必要ナリ

十七、敵ノ夜間射撃ノ利用

敵ハ擾乱ノ意味カ不安ノタメカ一点ニテ射撃ヲ開始セシカ各方面殆ント全線擧ケテ乱射シ其配備ヲ暴露ス

之戦法ハ各種意味ニテ利用シ得ルナラン

十八、戦死傷者ノ収容ノ困難

敵ヲ全ク撃退シ得サル場合殊ニ其側防火ノ制壓下ニ於テハ多数ノ犠牲ヲ生ス（一名ノ傷者ノ収容

0937

ニ當リ三名ノ死傷者ヲ生セシ例アリ）着意スヘキナリ

依リテ壕ノ端末作業ニ依リ又薄暮ヲ利用セリ

一九、戰死傷者ノ收容運搬ト勞力及時間

極メテ多クノ時間ト勞力ヲ要ス

殊ニ敵彈下夜間渡涉シ河岸僅ヲ攀ケ整理シ運搬スル場合ニ於テハ豫想外ナリ（本文參照）

二〇、戰死傷者ノ收容隊ト主力ノ戰列部隊トノ行動、

包圍セラレアル内ヲ夜●後退スルノ故ヲ以テ主

81

0938

各戰列部隊ニテ戰死傷者ノ收容班ヲ護衛シツヽ
後退セルモ全般ノ行動制肘セラレ行進遲滯シ不
可、別々ナルヲ要ス
十一、人員及戰死傷者ノ点檢
時機ヲ得ル每ニ部下ノ人員ヲ点檢スルヲ要ス
然ラサレハ殘置シ或ハ任務ヲ與ヘシ儘ニテ放置シ
不利ニ陷ラシム（戰鬭開始當初任務ヲ與ヘ其儘ト
セルモノヽ如シ）
又戰死傷者ヲ夜暗殊ニ危險ノ地區ヲ運搬スル時

0939

又他中隊等ノ分ヲ搬送スル時ニ於テハ不斷人數ヲ点檢スルヲ要ス

（然ラサレハ危險際ニ拋置シテ歸ルモノアリ）

第十、武功錄

一、第八中隊

戰鬪開始直前戰術上有利ナル龍王廟北側堤防上ヲ占領シ、開始セラルヽヤ速ニ前記ノ要点ヲ奪取シ一擧敵縱深陣地ノ後端地區ヲ北ヨリ南ヘ縱貫突破シ敵ニ退却ノ動機ヲ與ヘ且正面ノ抵抗ヲ牽

制断念セシム

二、第七中隊

戰闘開始後左後方蘆溝橋城壁上ヨリスル側射及背射ヲ省ミス敵ノ退路タル鐵道橋頭附近ニ突入シ以テ退路ヲ遮斷シ加フルニ左方城外西側ヨリスル逆襲ヲ撃退シ又永定河渡河ニ當リテハ先頭第一渡河急追ヲ開始シ敵ノ右岸既設陣地ヘノ占據及抵抗ノ機ヲ與ヘサラシム

三、將校准士官下士官略ス（但シ本文參照）

0941

四、兵、美谈集参照

83

0942

附表第一

昭和十二年自七月八日至七月九日支那駐屯牟田口部隊第三大隊職員表

部隊別	本部	七	八	九	MG	IA	通信班
中（砲）隊長	長 少佐 一木清直 副官 中尉 荒田武良 軍醫 大尉 菅沼惇 中尉 倉本統一 主計 大尉 小畑幸男	中隊長 大尉 穂積松年	中隊長 大尉 清水節郎	中隊長 大尉 安達禎作	中隊長 大尉 中島敏雄	砲隊長 大尉 久保田尚平	班長 中尉 小岩井光夫
小隊長	書記 曹長 小原春雄 軍曹 山口一男 同 太田早苗 同 川嶋日出男 衛生曹長 清宮[illegible]七 主計伍長 研山[illegible]夫	第一小隊長 少尉 山本重作 第二小隊長 准尉 康内清 第三小隊長 同 福田未八	第一小隊長 少尉 野地伊七 第二小隊長 准尉 高橋永次郎 第三小隊長 同 石井寅之助	第一小隊長 准尉 [illegible] 第二小隊長 同 倉田庄之助	第一小隊長 中尉 佐々木信三郎 第二小隊長 准尉 佐々木正右衛門 第三小隊長 同 三浦幸四郎 第四小隊長 曹長 桃竹源治	RIA小隊長 中尉 川村淳二郎 RIA第二小隊長 少尉 中島米斗利 第三小隊長 准尉 川村美平 [illegible]小隊長 曹長 大高吉次	
指揮機関		准尉 阿部浅吉 曹長 長谷川長三 同 原康司	准尉 三浦業次 曹長 岩谷兵治 同 谷邊[illegible]藏	准尉 [illegible] 同 伊藤精藏 曹長 中嶋秀[illegible] 同 南金治	曹長 秋元清作	准尉 佐藤興吉 曹長 安部升藏	

備考

一、小岩井中尉ハ七月八日聯隊長ノ指揮ニ入ル迄第三大隊通信班長タリ

一、亀中尉ハ六月八日連絡掛将校トシテ大隊本部ニ勤務シ、荒田副官ノ不在間同副官代理トナル

三、第九中隊ノ一小隊ハ豊台ノ警備隊トシテ残置ス

附表第二

戰鬥詳報第一號附表

支那駐屯牟田口部隊第三大隊死傷表

自昭和十二年七月八日至七月九日

部隊號 / 區分	戰鬥參加人馬 將校	戰鬥參加人馬 准士官下士官兵	戰鬥參加人馬 馬匹	死 將校	死 准士官下士官兵	死 馬匹	傷 將校	傷 准士官下士官兵	傷 馬匹	生死不明 將校	生死不明 准士官下士官兵	生死不明 馬匹
第三大隊本部	六	三三	(三一)		廿		一	一				
第七中隊	二	一三二			四			二〇				
第八中隊	二	一二三			一		一	八				
第九中隊	三	九一			三			七				
第三機關銃中隊	二	一〇六	(七八)			(三)		二			一	
總計	一五	四九五	(一〇七)		廿九	(三)	二	二八			一	

備考：一、馬匹欄中（ ）内ハ支那馬ヲ示ス

附表第三

戰鬪詳報第一號

自昭和十二年七月七日 至七月八日　支那駐屯牟田口部隊第三大隊武器彈藥損耗表

區分		隊號	第三大隊	計	備考
消費	彈藥	小銃	5150	5150	一、本表中（ ）ハ毀損ヲ示ス
		輕機關銃	4942	4942	
		機關銃	3670.	3670	
		八九式榴彈	86	86	
		十一年式曳火手榴彈	31	31	
		拳銃	48	48	
損	武器	小銃	（一）1	（一）1	
		輕機關銃			
		機關銃			
		三十年式銃劍	2	2	
	彈藥	小銃			
		輕機關銃			
		機關銃			
		榴彈			
失	其ノ他ノ武器	小円匙	43	43	
		小十字鍬	6	6	
		輕機関銃空包銃身	2	2	
		十四式拳銃	1	1	

86

0945

附表第四

戰闘詳報第一號附表

昭和十二年七月八日 支那駐屯牟田口部隊第三大隊鹵獲表

種類	區分	員數	備考
俘虜	將校	〇	
	准士官下士官兵	〃	
	馬匹	〃	
戰利品	銃	一〇	
	モーゼル拳銃	八〇	
	小銃實包	二三八	
	刀帶	一	
	銃劍	八	
	外套	七三	
	青龍刀	一七	
	チェッ式輕機關銃	七	
	同上實包	三六〇	
	モーゼル拳銃實包	七〇	

87

0946

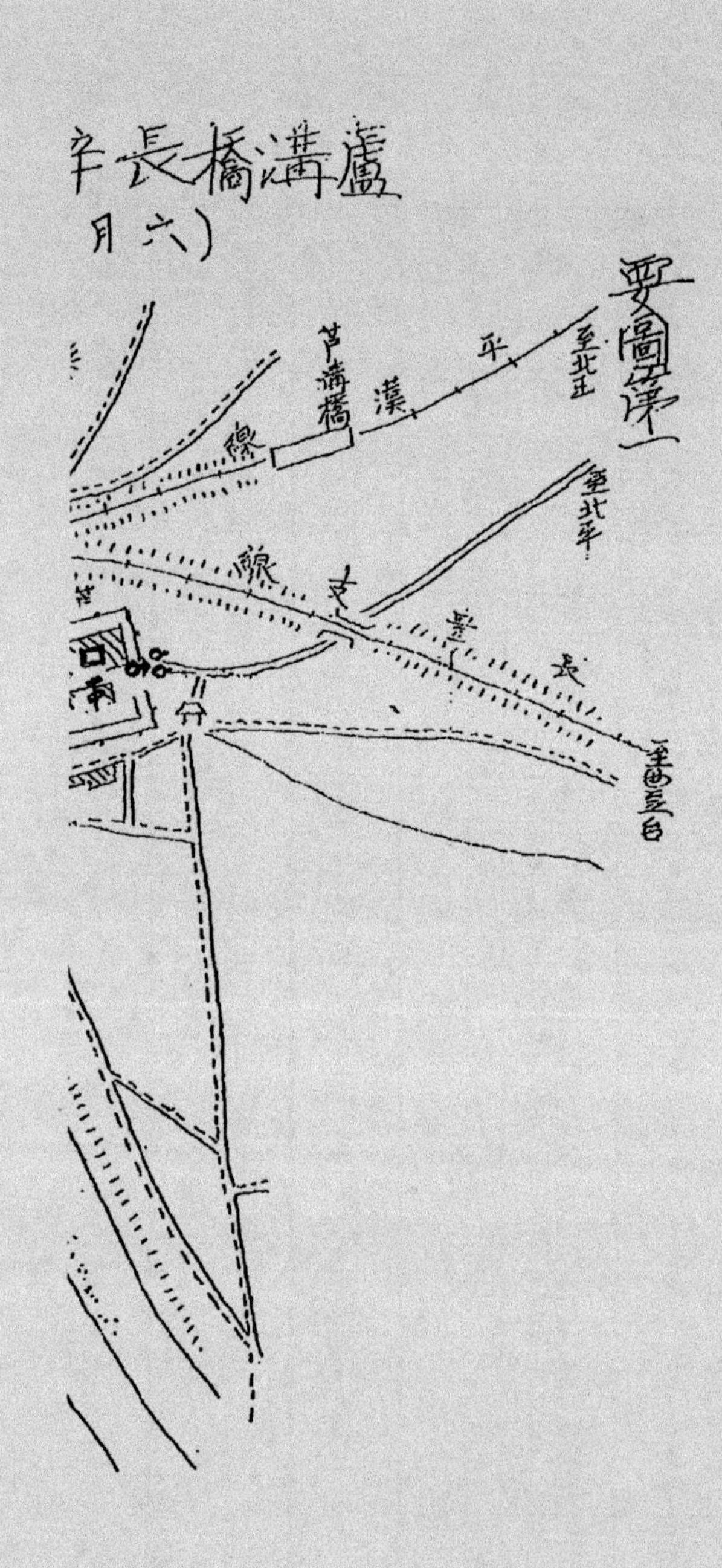
盧溝橋長辛
六月)
第一要圖
芦溝橋
至北平
至北平

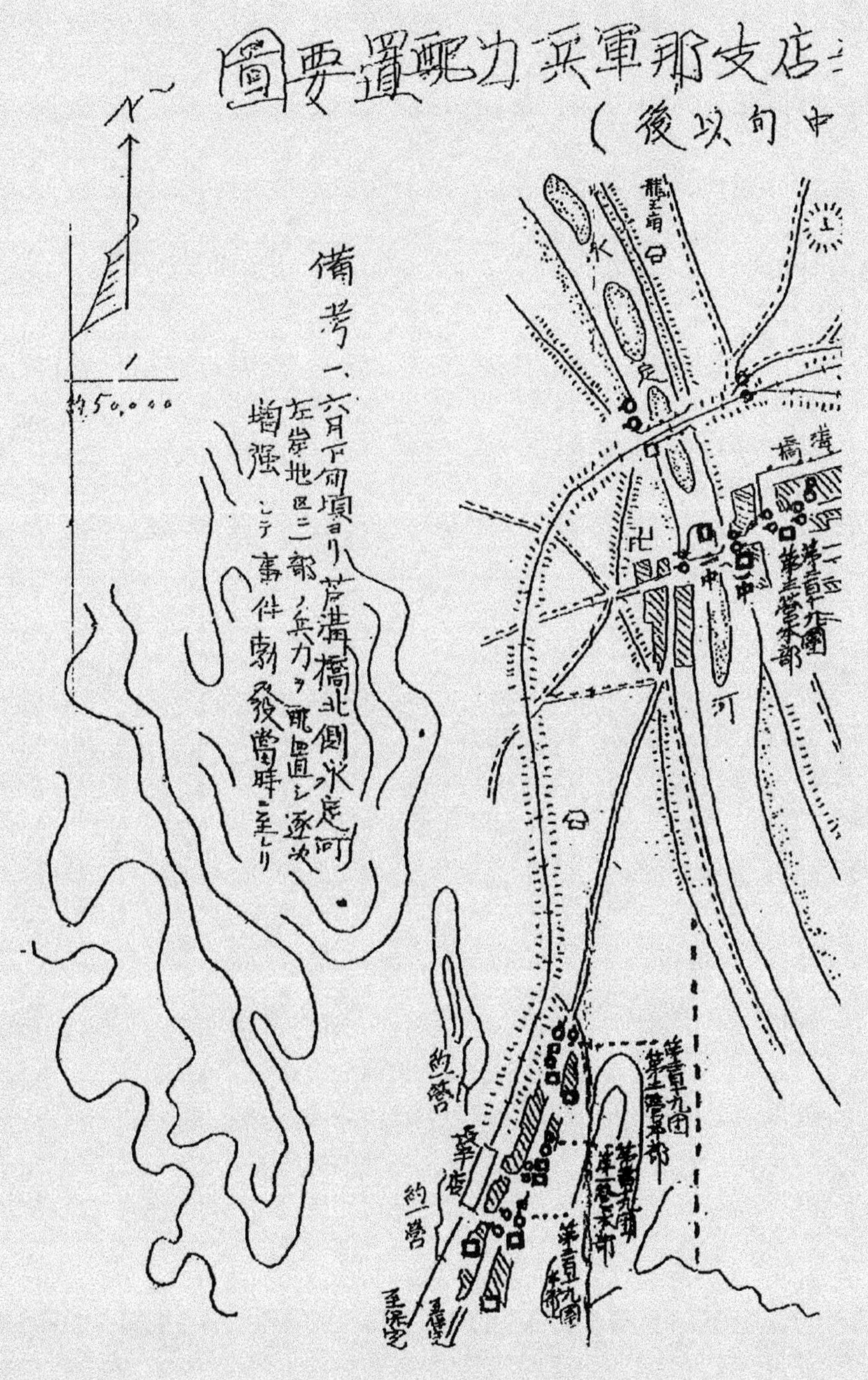
店支那軍兵力配置要圖
（中旬以後
備考一、六月下旬頃ヨリ蘆溝橋北側永定河左岸地区ニ一部ノ兵力ヲ配置シ逐次増強シテ事件勃發當時ニ至レリ
龍王廟
永定河
橋
約一營
約一營
至保定
1/50,000

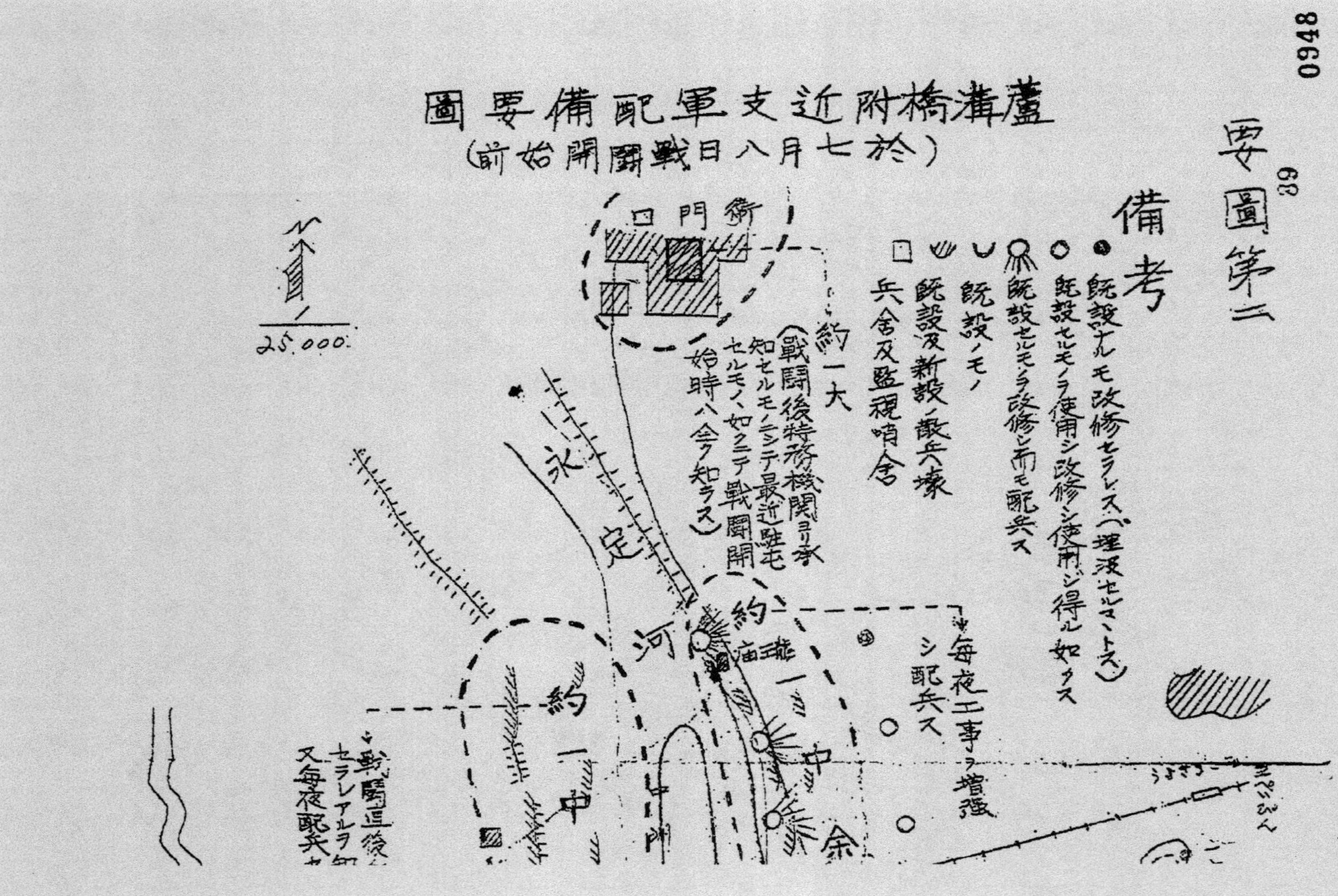
0948
蘆溝橋附近支軍配備要圖
（於七月八日戰鬪開始前）
要圖第二
89
備考
● 既設ナルモ改修セラレズ（埋没セルマヽトス）
○ 既設セルモノヲ使用シ改修シ使用シ得ル如クス
既設セルモノヲ改修シ而モ配兵ス
既設ノモノ
既設及新設ノ散兵壕
□ 兵舎及監視哨舎
衛門口
約一大
（戰鬪後特務機關ヨリ承知セルモノニシテ最近駐屯セルモノヽ如クニシテ戰鬪開始時ハ之ヲ知ラズ）
1/25,000
永定河
約一中
約一中
余
毎夜工事ヲ増強シ配兵ス

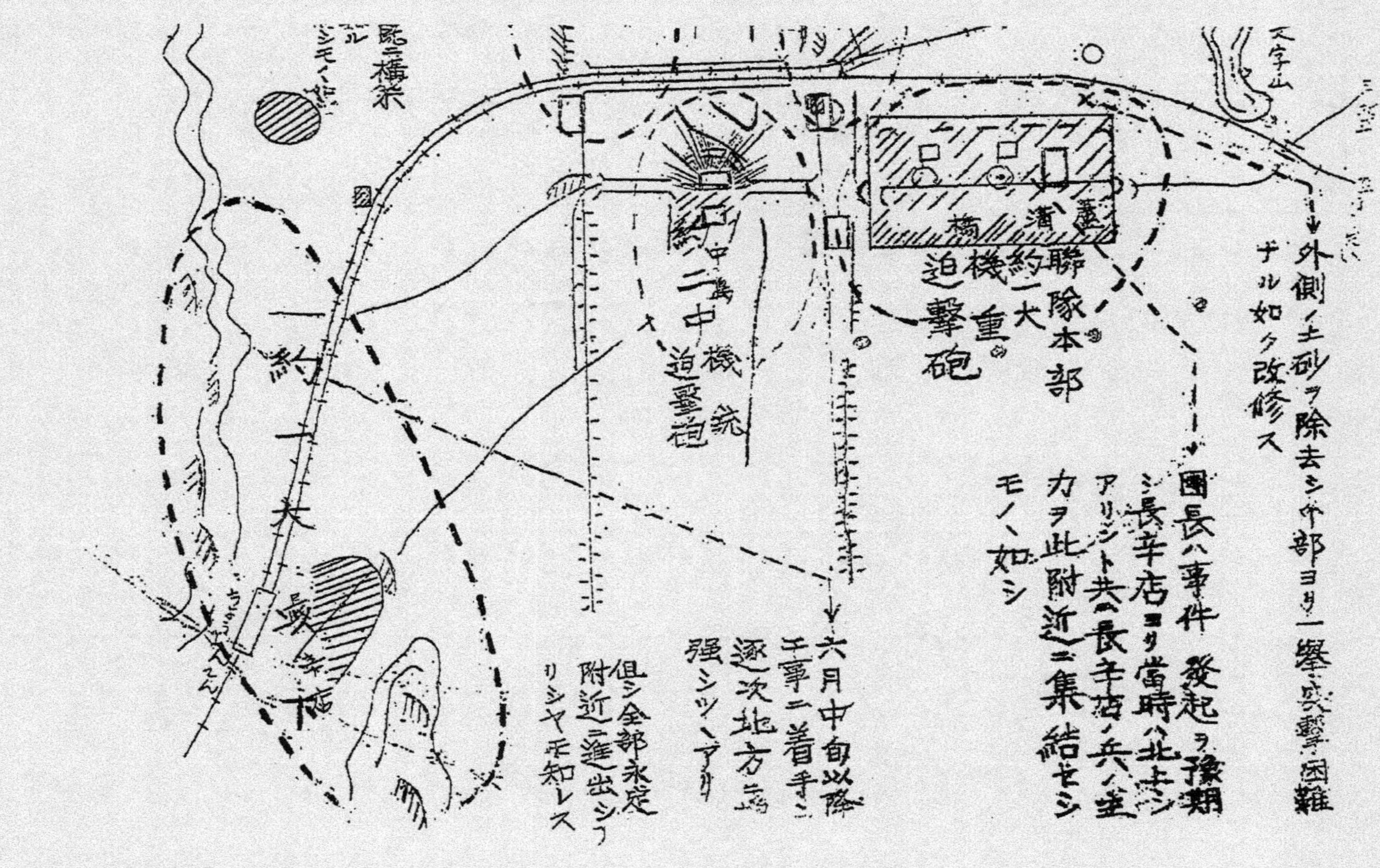
外側ノ土砂ヲ除去シ中部ヨリ一擧ニ攻擊ハ困難
ナル如ク改修ス
團長ハ事件ノ發起ヲ豫期
シ長辛店ヨリ當時ハ北上シ
アリシト共ニ長辛店ノ兵ハ悉
カヲ此附近ニ集結セシ
モノヽ如シ
六月中旬以降
工事ニ着手シ
逐次北方ニ向
强シツヽアリ
但シ全部永定
附近ニ進出シヲ
リシヤ否知レス
聯隊本部
約一大隊
重迫擊砲
約二中隊
機銃
迫擊砲
約一大隊
天字山

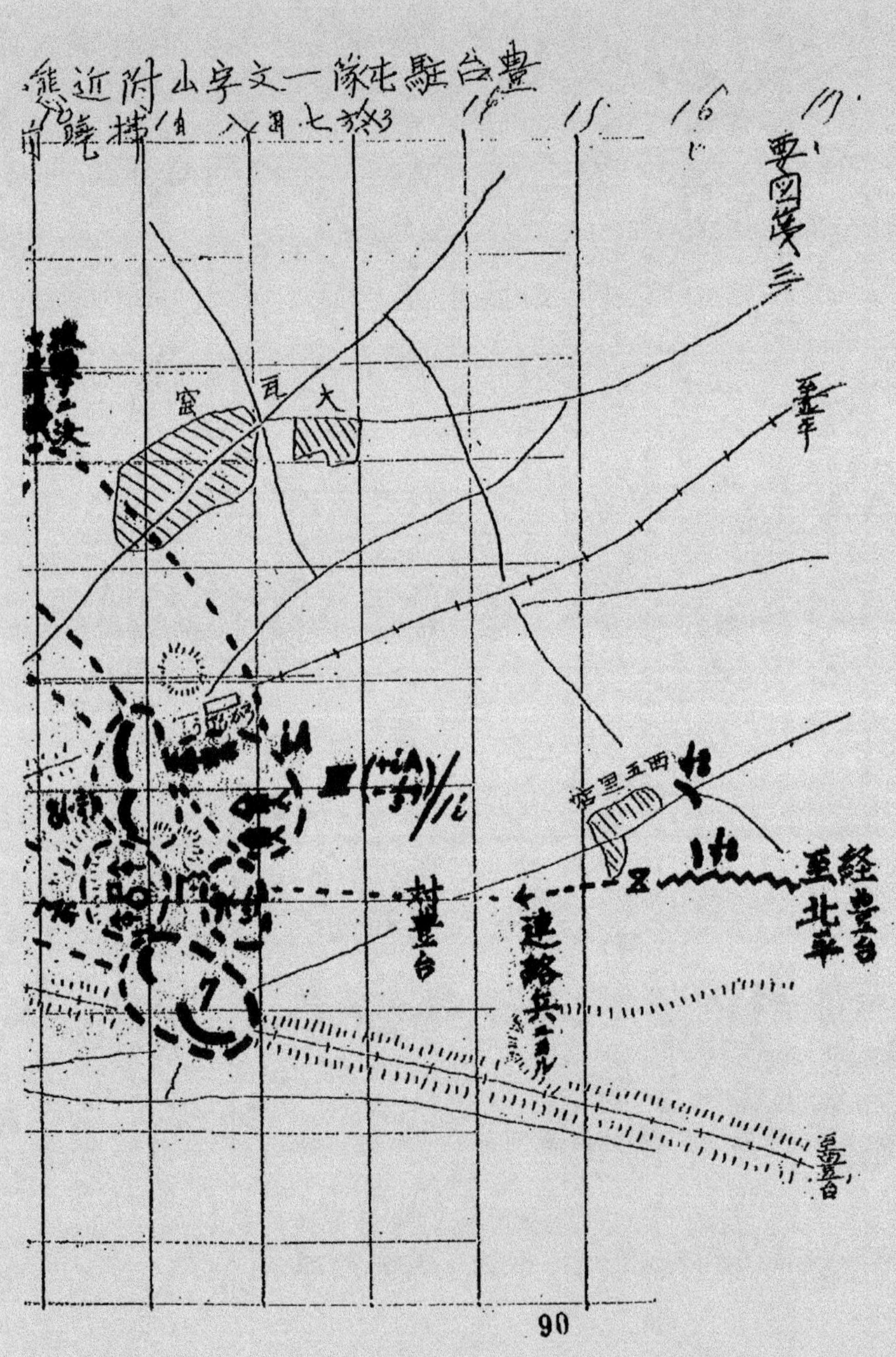
要図第三
大瓦窑
西五里店
経豊台至北平
90

攻撃前進要圖

夜暗ヲ利用シ戰術上有利ノ位置ニ進出

一齊ニ前進開始ス

龍王廟

永定河

盧溝橋

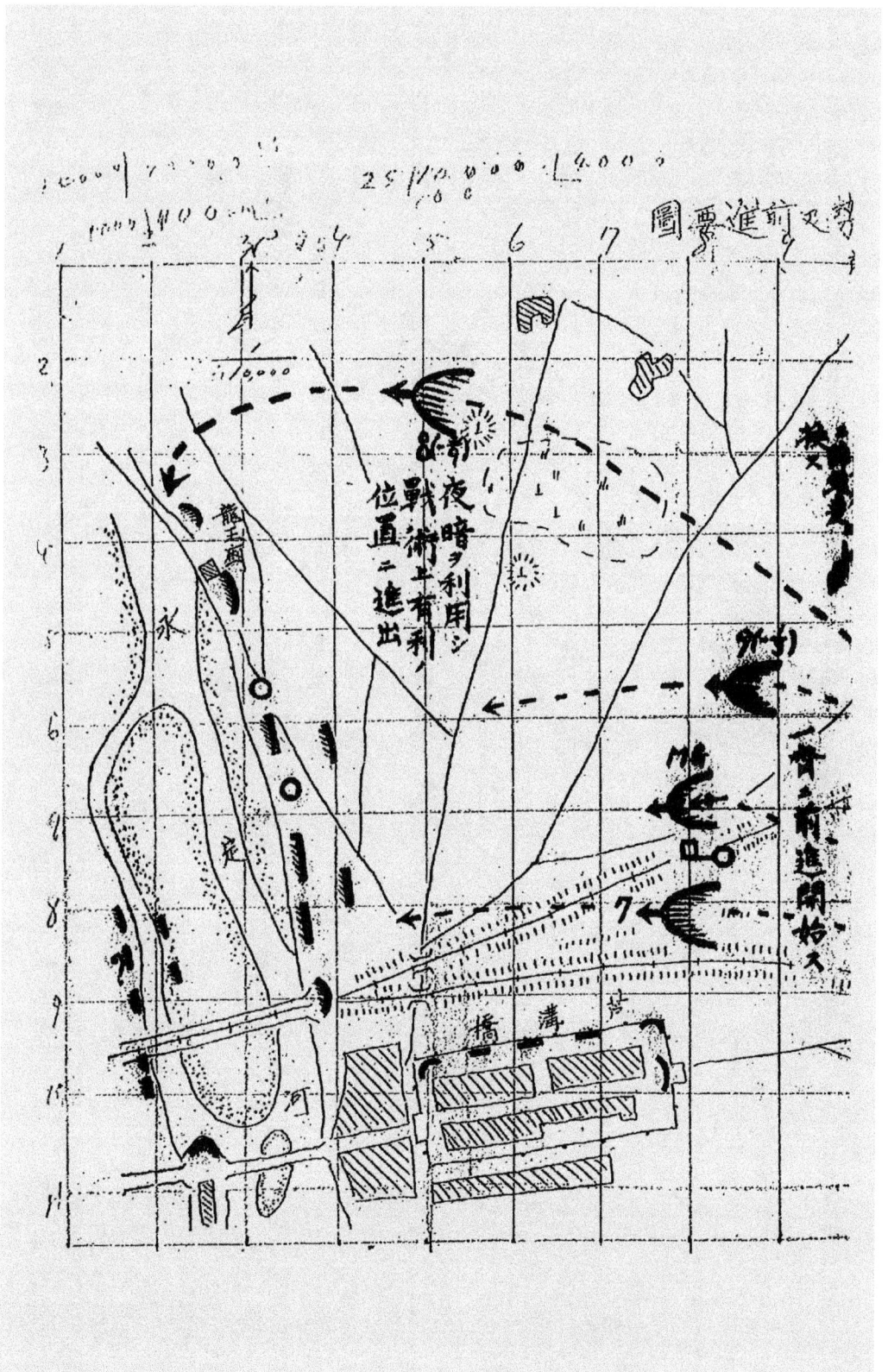

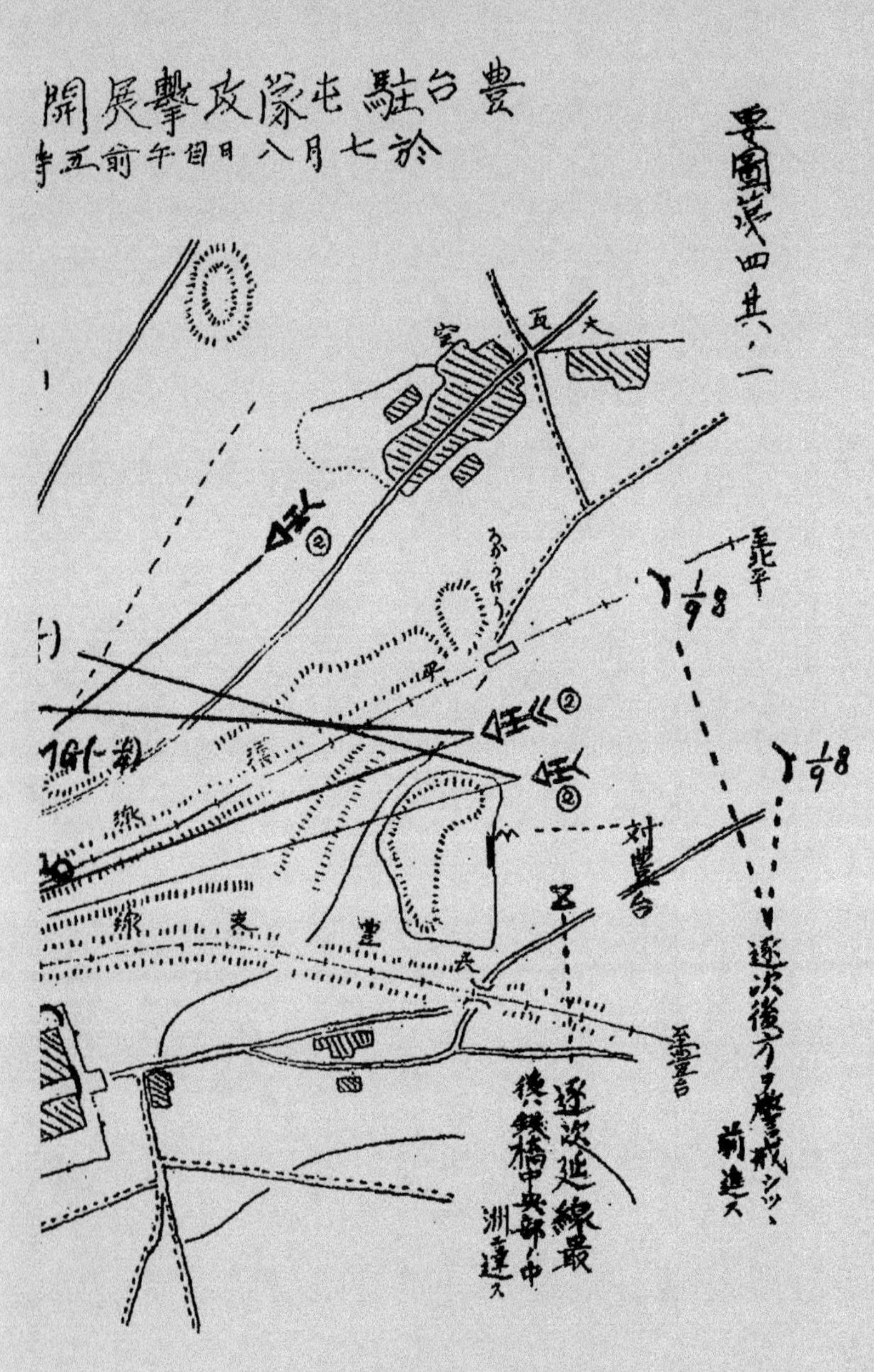

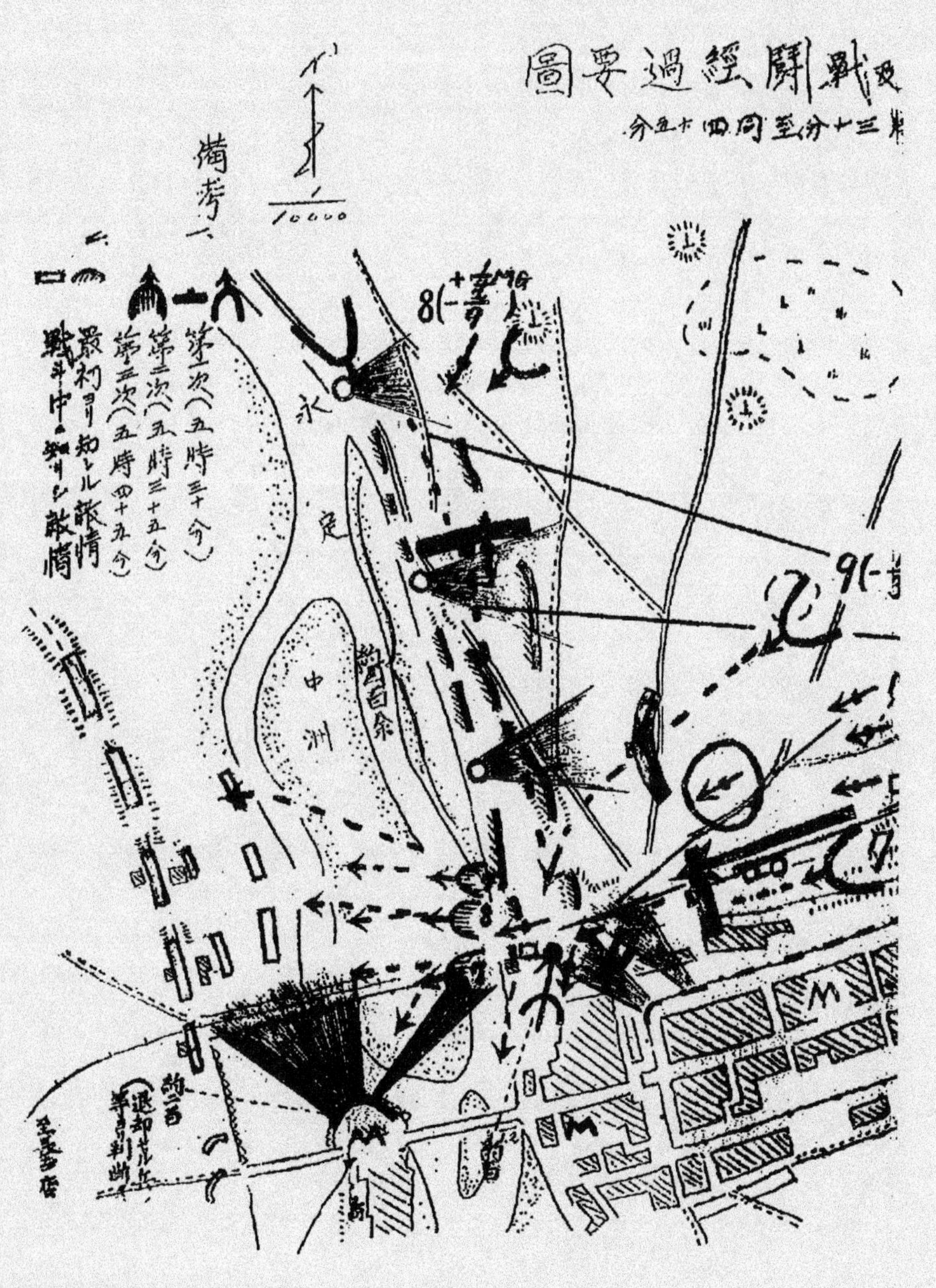
戰鬪經過要圖
備考
第一次（五時三十分）
第二次（五時三十五分）
第三次（五時四十五分）
最初ヨリ知レル敵情
戰斗中ニ知リシ敵情
1/10000
永
定
中
洲

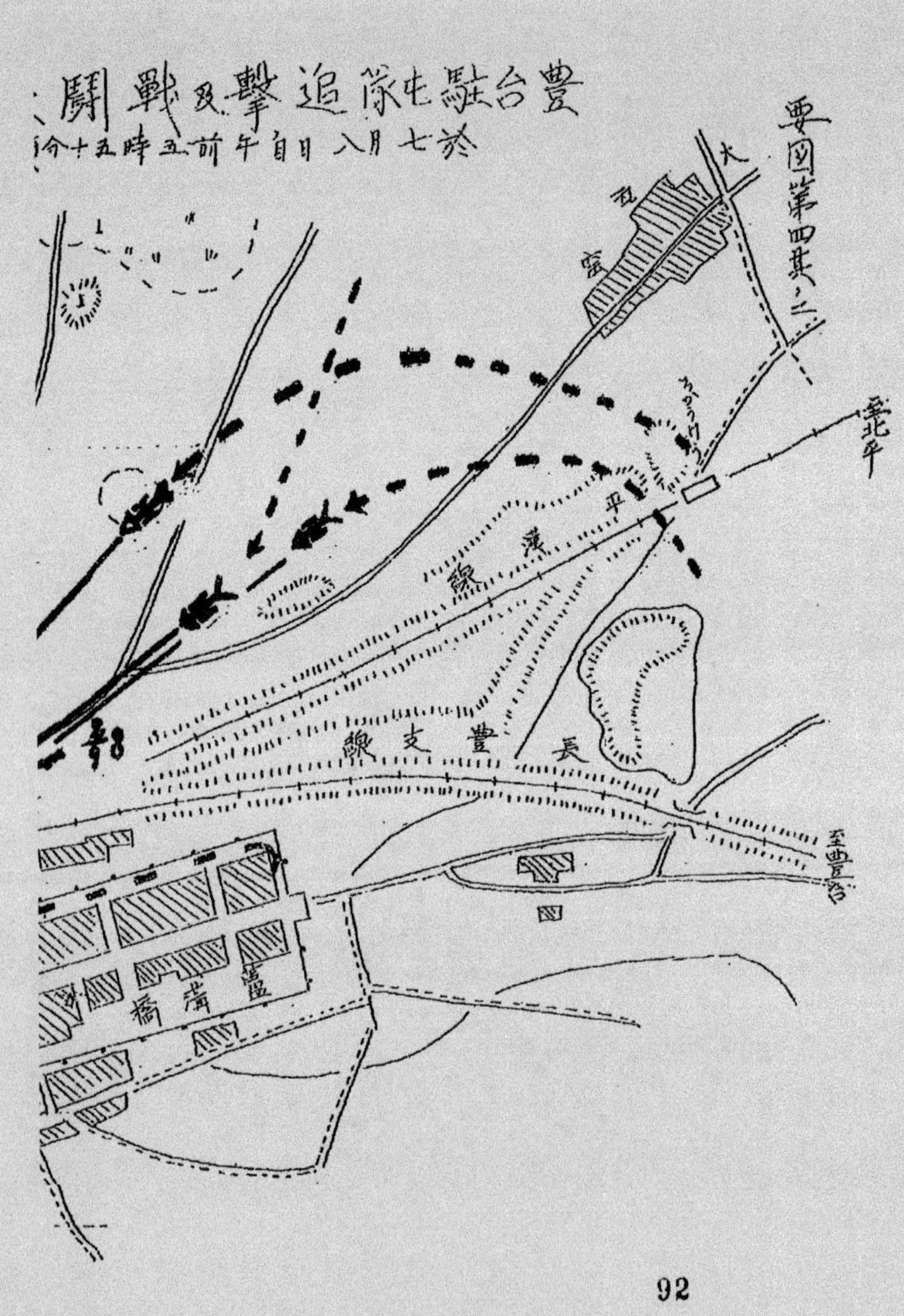
豊台駐屯隊追撃及戦闘
於七月八日自午前五時五十分
要図第四其ノ二
大瓦窑
至北平
平漢線
長豊支線
至豊台
92

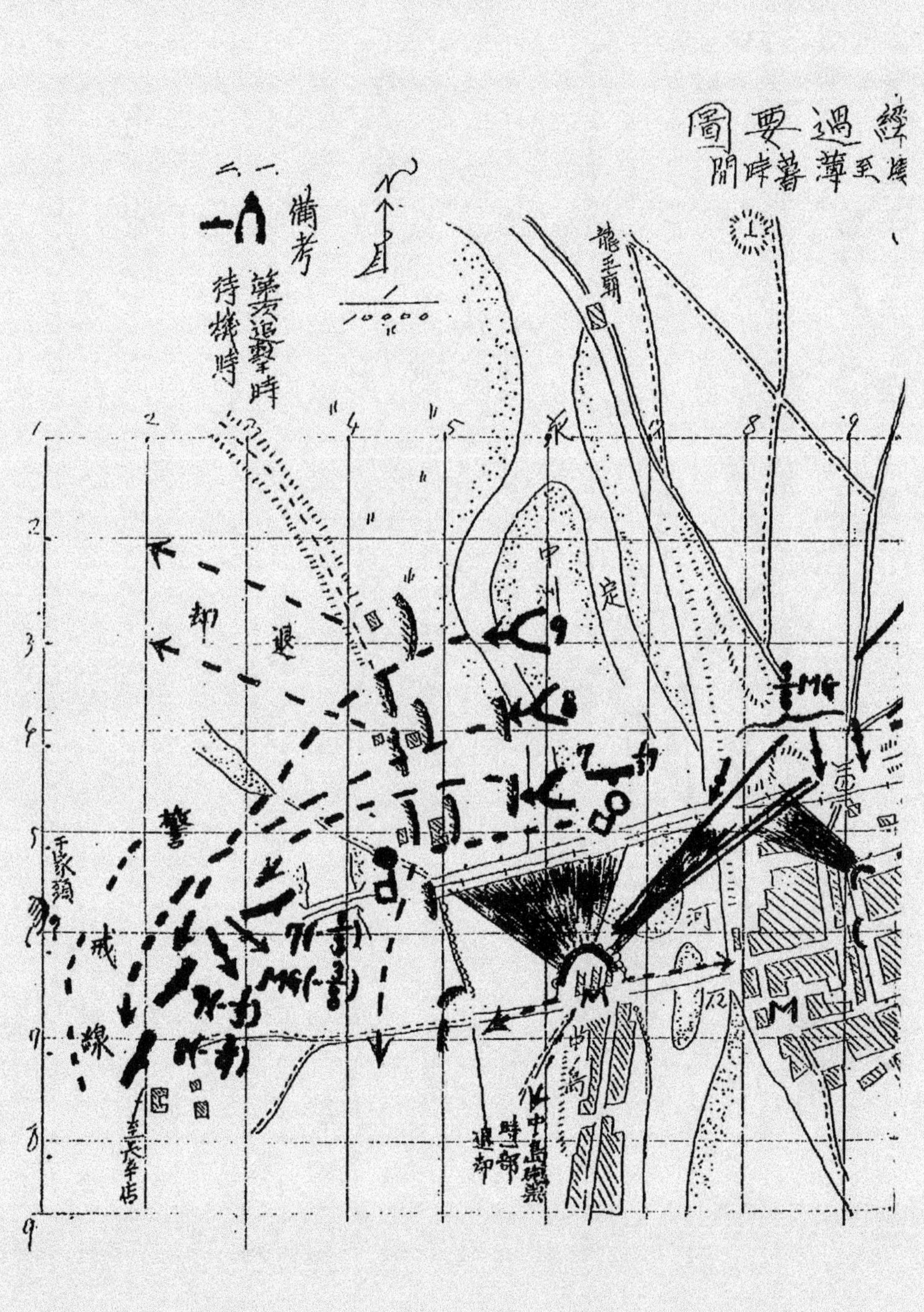
經過要圖
至薄暮時間
備考
追擊時
待機時
1/10000
龍王廟
中洲
定
河
退
卻
警
戒
線
中島
中島部隊退卻時
MG

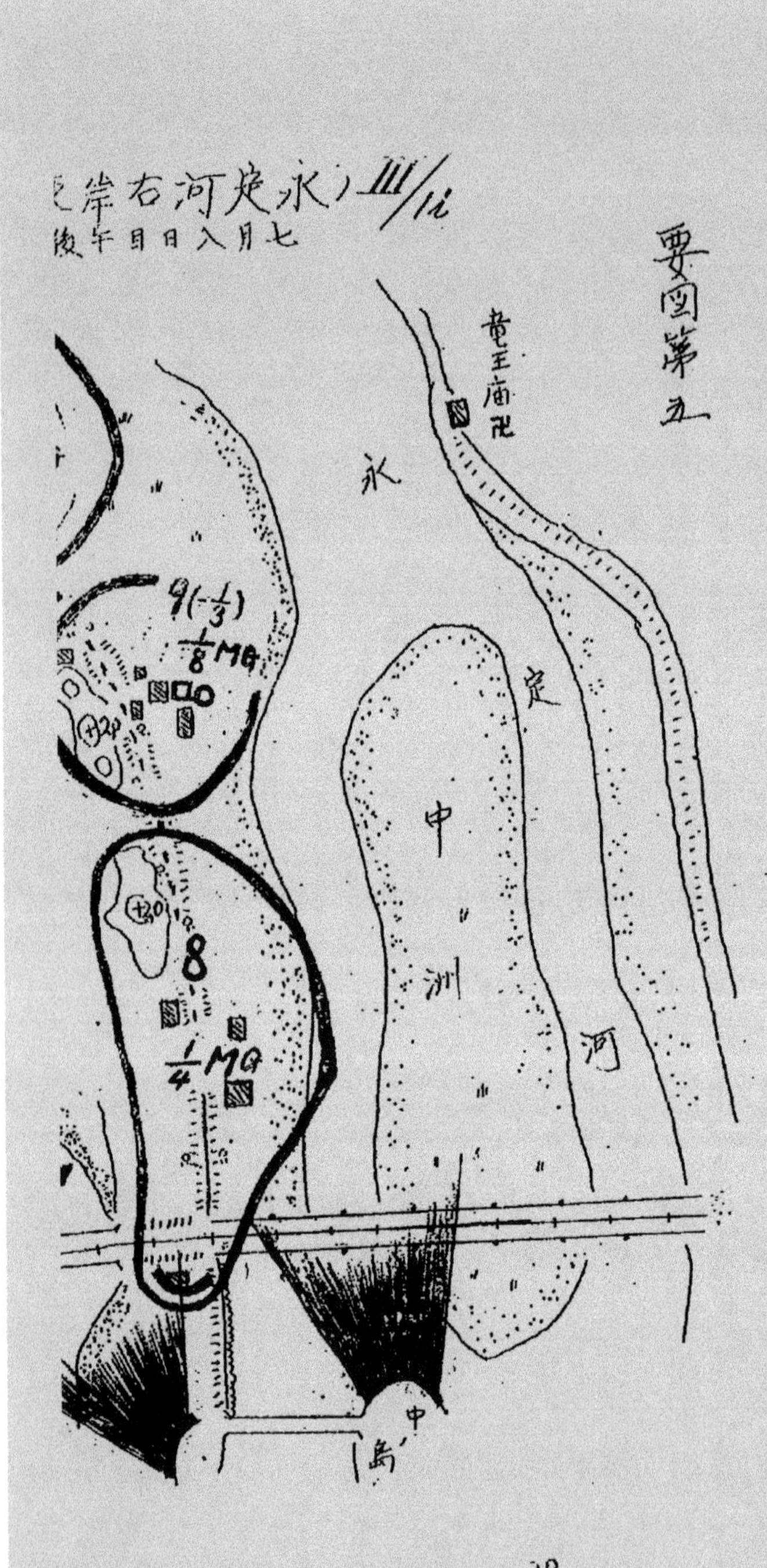

93

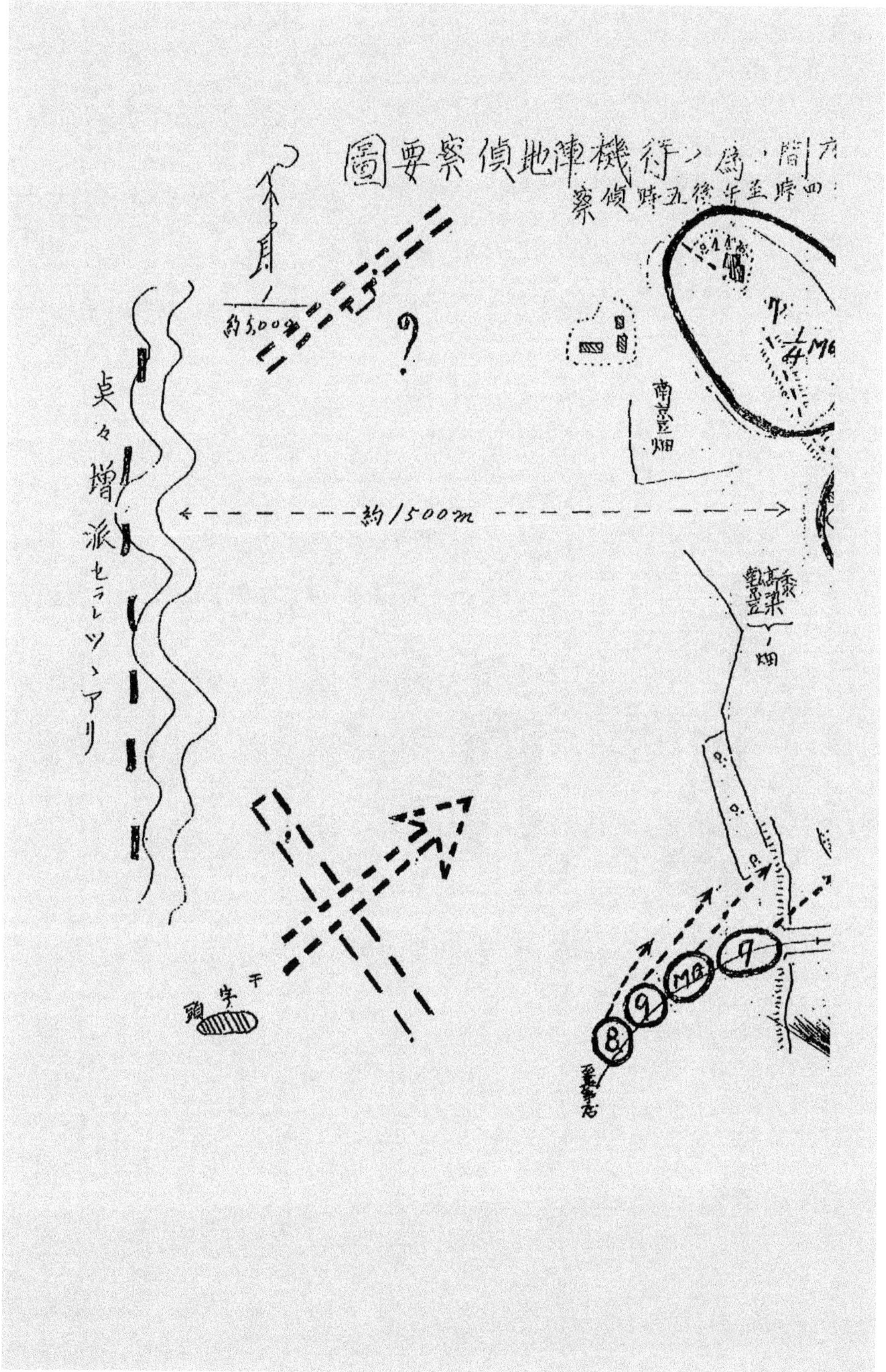
約1500m
約500m
南豆畑
点々増派セラレツヽアリ
MG

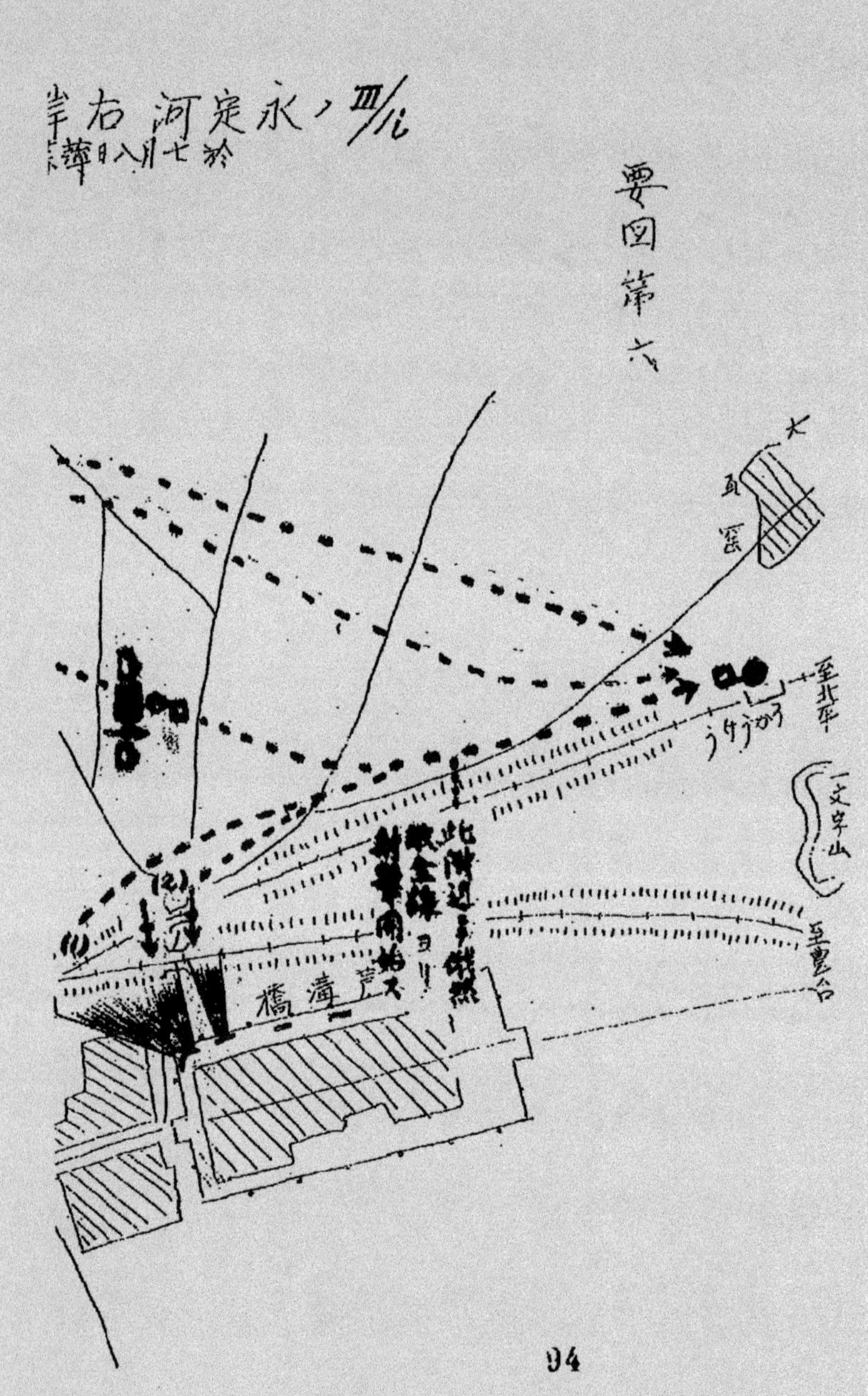

III/l
七月八日午前於
永定河右岸
要図第六
大瓦窯
至北平
一文字山
至豊台
盧溝橋
此附近ヨリ戦鬪ヲ新華門ニ始メル
94

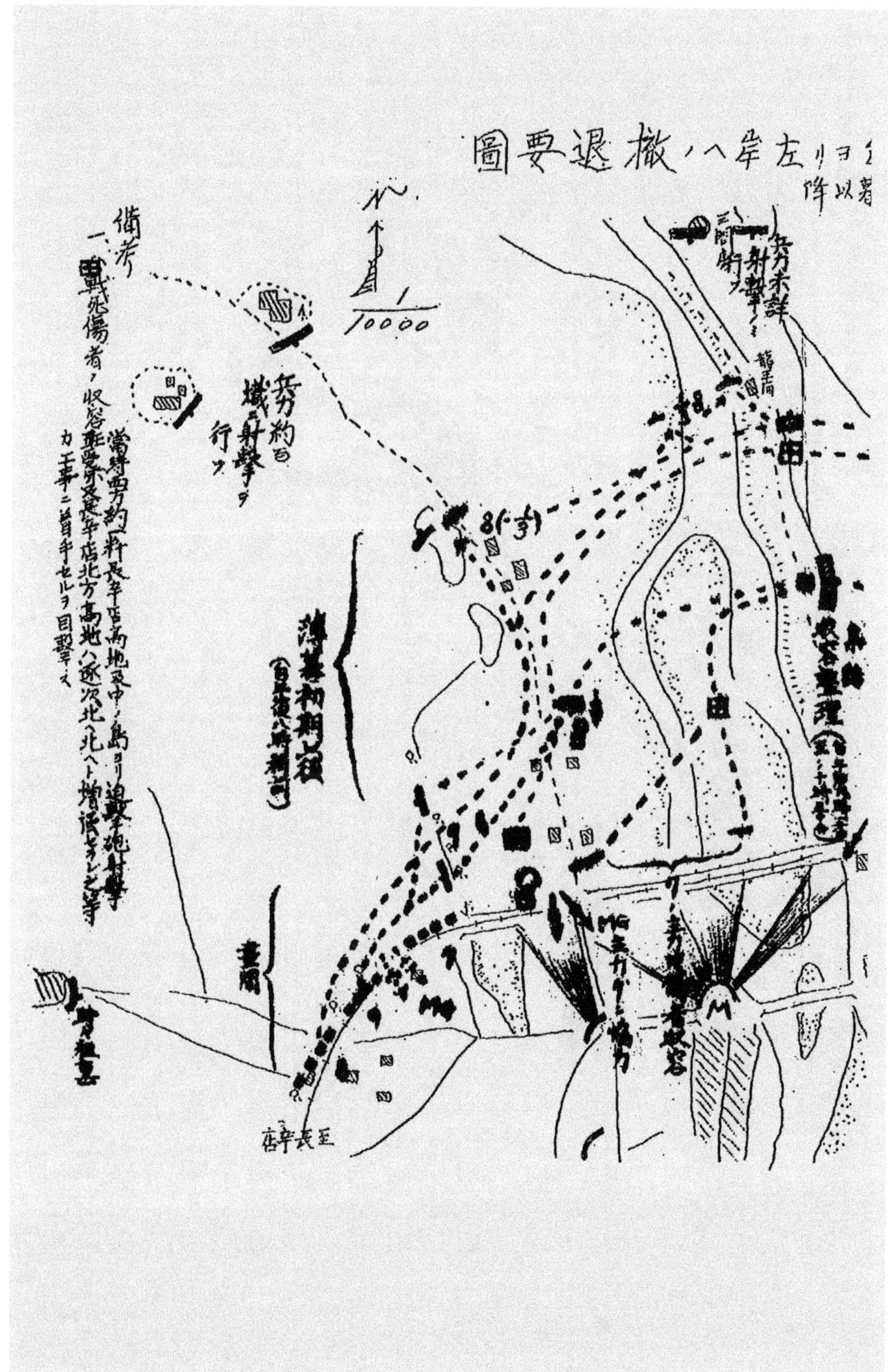
ヨリ左岸ヘノ撤退要圖
1/10000
備考
至長辛店

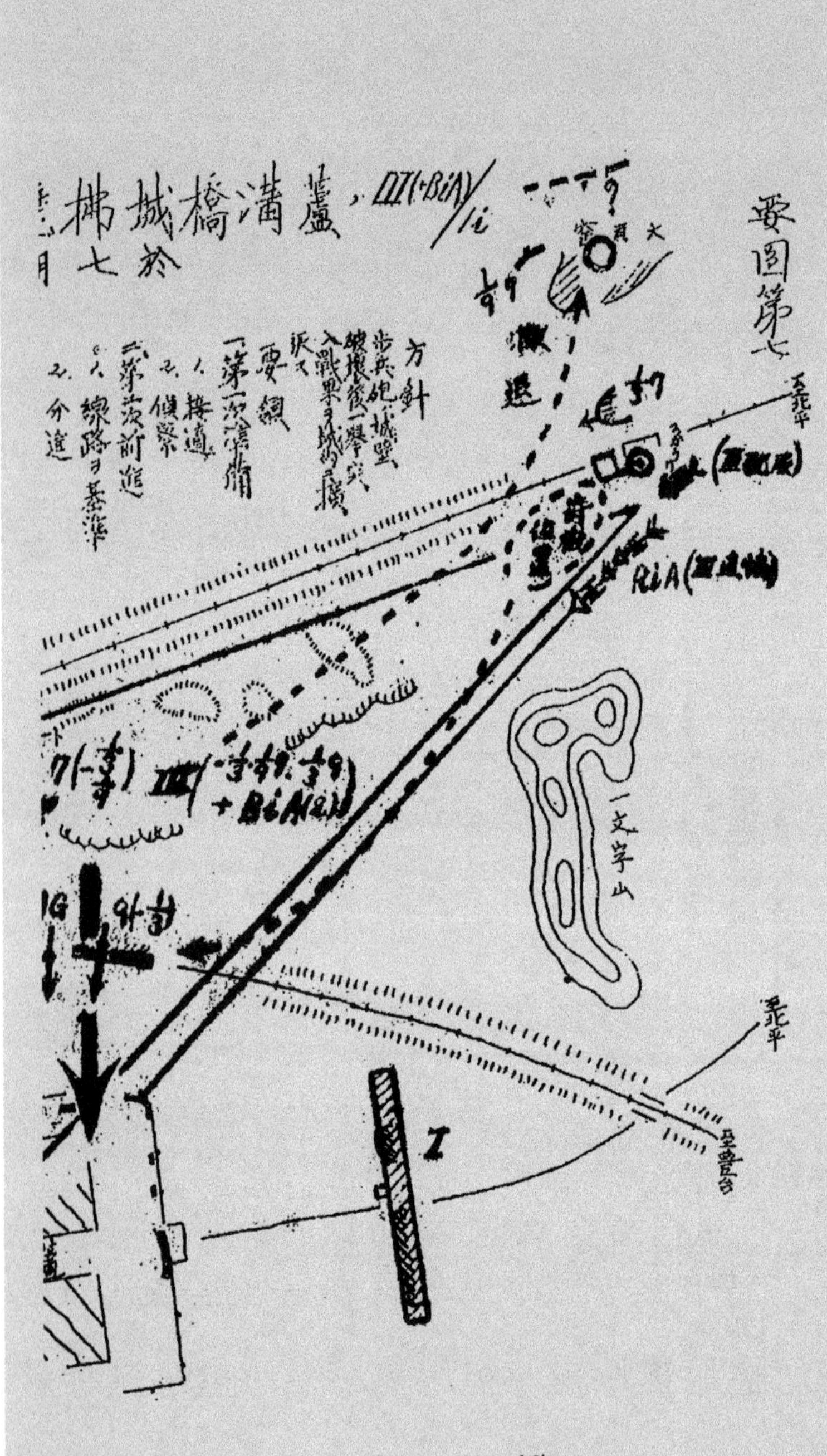
要図第七
方針
要領
撤退
一文字山
RiA
95

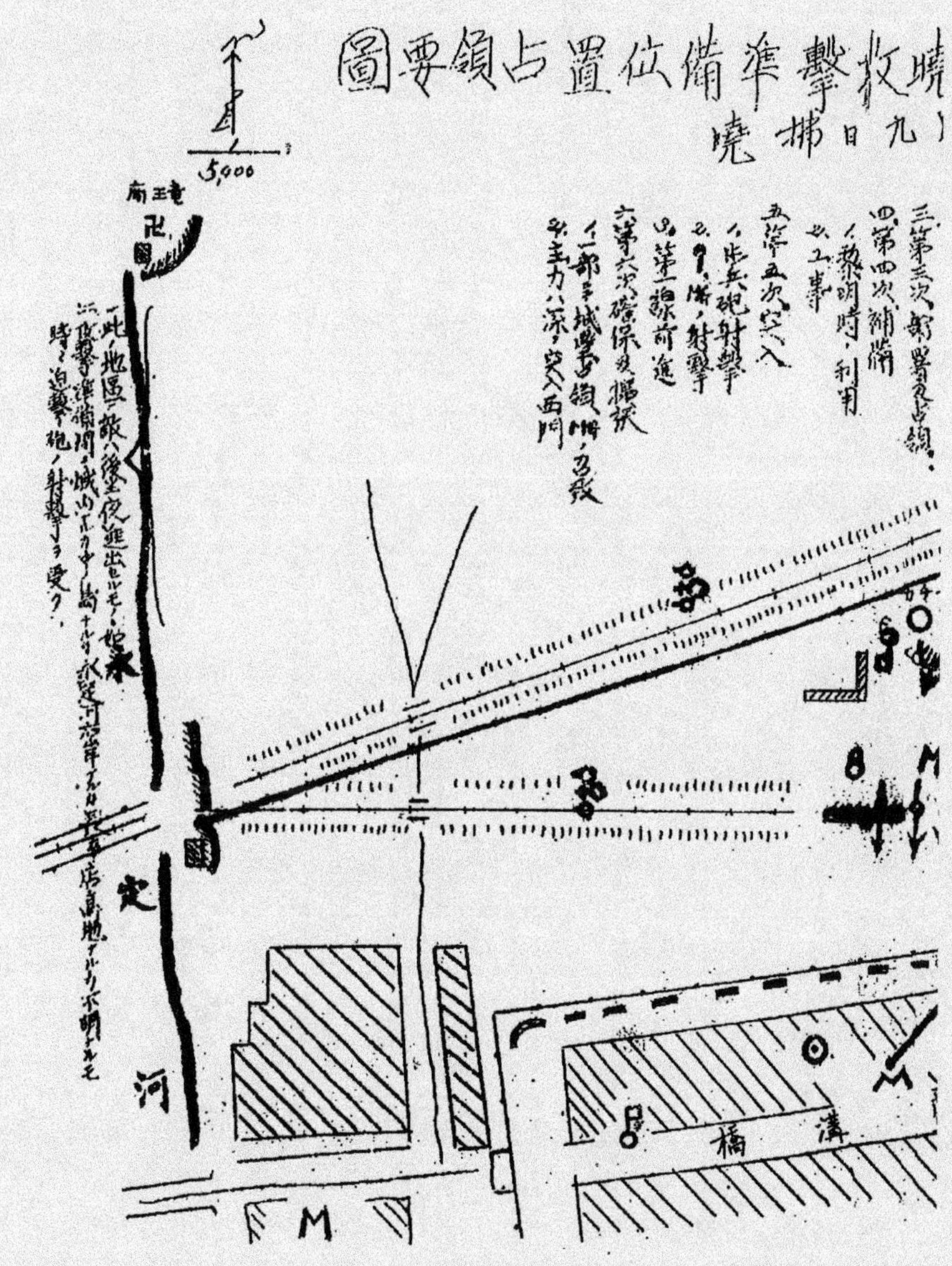

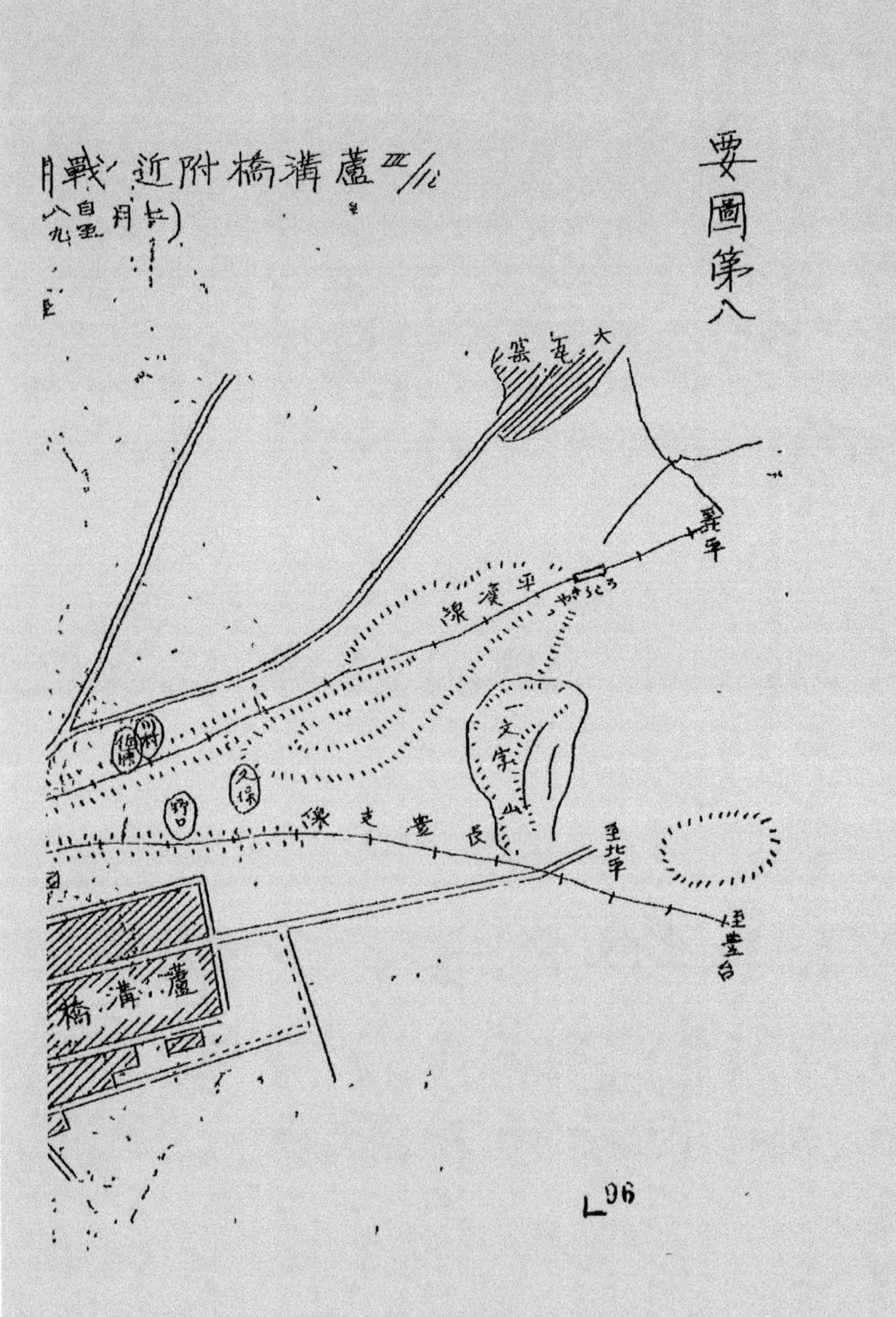
要圖第八
蘆溝橋附近戰鬪
大瓦窑
平漢線
一文字山
長豐支線
至北平
至豐台
蘆溝橋

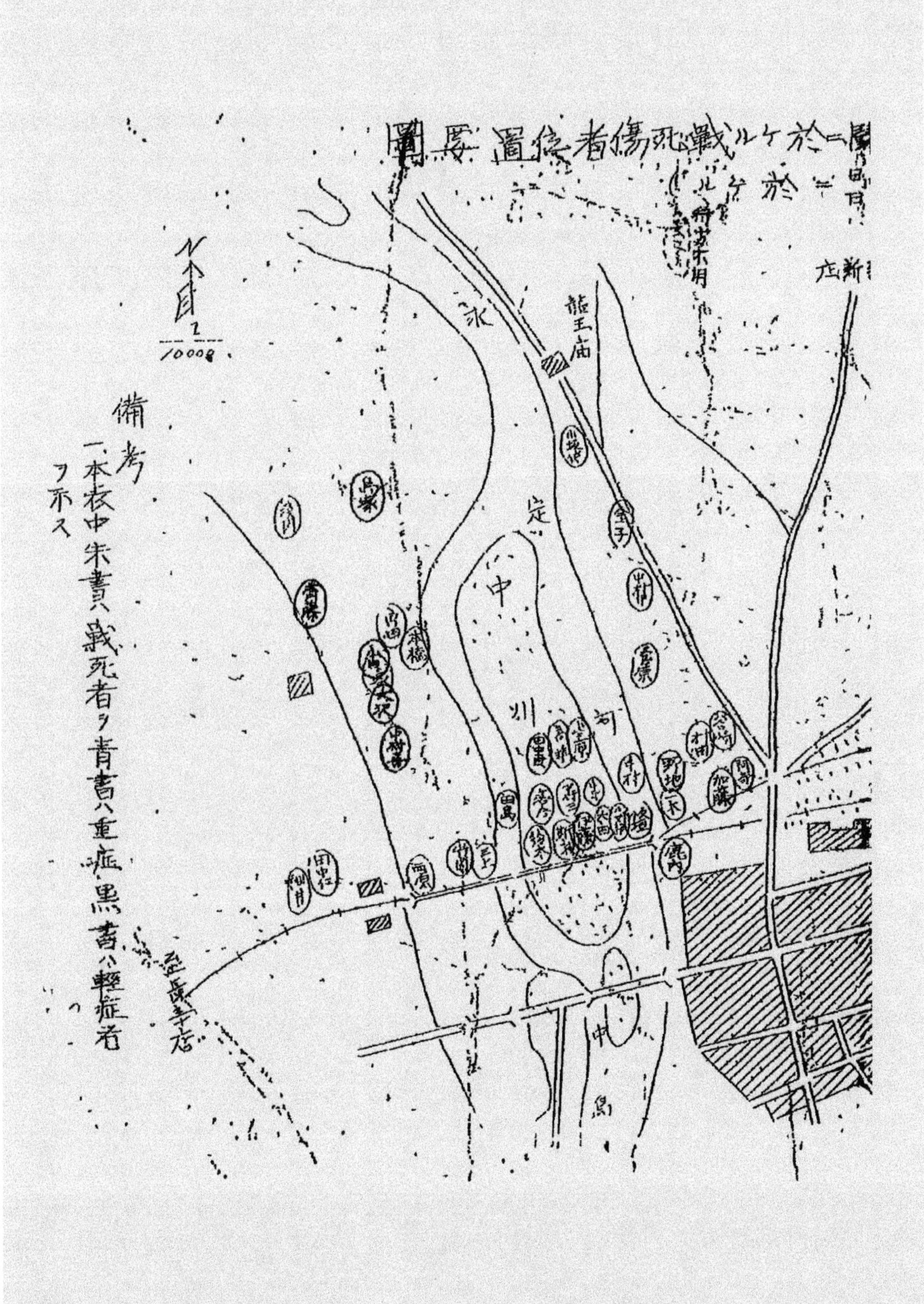
ニ於ケル戰死傷者位置要圖
龍王廟
新庄
永定河
中ノ島
長辛店
備考
一、本表中朱書ハ戰死者ヲ青書ハ重症黑書ハ輕症者ヲ示ス

四、日军对于华北的占领规划、作战行动与宣传动员

（一）华北驻屯军《七七宣传计划》

资料名称：七七宣傳計畫

资料出处：北博昭編・解説《十五年戦争重要文献シリーズ》⑦《支那駐屯憲兵隊関係盧溝橋事件期資料》，不二出版 1992 年版，第 1—9 頁。

资料解说：这是日军在 7 月 8 日凌晨 3 时发布的驻屯军参谋部《宣传计划》，署名为「军参谋」，长达 9 页。就文件规模及其内容来看，应该是七七事变之前的预案。文件中写道：「本次事端系由支那军队之不法行为而突发。」几小时后，日本各家报社报导：演习中的日军「遭受了支那军不法射击」。该份文件还规定了「事态诱导之基础工作」、「言论统制」、「宣抚工作」、「宣传实施」四大要领。文件提出的「不法行为」与「突发」等宣传战的关键词，迄今仍在日本右翼各界广为使用。该文件的作者与制作时间，还有待于具体考察。

北博昭編・解説

『支那駐屯憲兵隊関係盧溝橋事件期資料』

（十五年戦争重要文献シリーズ⑰、不二出版、一九九二・七刊）

宣傳計畫（七月八日午前三時（軍主任参謀起案）、（假定）

一、基礎

本計畫ハ事件勃發直後ノ宣傳ニ遺憾ナカラシメ併セテ主トシテ今後我ガ有利且主動的（宣傳上）地位ニ立チ得ベキ環境ヲ作為スル目的ヲ以テ策定セルモノナリ而シテ爾後事態ノ推移特ニ中央統帥部ノ方針確立ヲ見ルニ至レバ之ニ基キ要ニ施策ヲ強化ス

一

目次

第一　方針
第二　要領
一、事態誘導ノ基礎工作
（一）要人ノ監禁
（二）蘆溝橋占領
二、言論統制
（一）輿論誘導ノ方向
（二）言論取締ノ基礎工作
三、宣撫工作
（一）救療
（二）救恤
四、宣傳實施
（一）要旨
（二）實施要領

第一 方針

宣傳的見地ヨリ事態ノ推移ヲ主動的ニ誘導シ以テ我國ノ立場ヲ有利ナラシメ爾後帝國ガ和戰何レノ方針ニ進ム場合ニ於テモ政戰兩略ノ施策ヲ容易ニスルノ基礎ヲ作爲ス

之ガ爲以下記述ノ要領ニヨリ直チニ實行ニ移リ爾後情況ニ應ジ逐次計畫實施ス

第二 要領

一、事態誘導ノ基礎工作

(一)要人ノ監禁

人秦德純、馮治安ヲ即時北平城警備隊内ニ拉致シ其ノ自由言動ヲ封ズ

本件ハ北平特務機関長ヲシテ實施セシメ牟田口部隊ヨリ所要ノ兵力ヲ以テ援助セシム、具体的實行方法ハ特務機関長ノ意圖ニ委ヌ

二

2 宋哲元ハ済南特務機関長ニ即時電命シ次ノ如ク處置セシム

第一案、特務機関長同道ノ下ニ速カニ列車ニ依リ天津ニ歸任セシム

第二案、第一案不可能ノ場合ハ即時其ノ行動ヲ監視シ一兩日中ニ空路天津ニ歸任スル如ク處置ス

第三案、宋哲元ガ早急ニ天津ニ歸任ヲ欲セザル場合ハ強ヒテ之ニ逆フコトナク其ノ言動並ニ接觸要人ヲ嚴ニ監視シ爾後ノ方法ヲ考慮ス

第四案、情況ニ依リ青島ニ退避セシム

第五案、南京政府側ノ壓迫加ハリ萬止ムヲ得ザル場合ニ立至レバ済南特務機関長ニ於テ獨断最後的手段ニ出ヅルコトヲ認ム

但シ此ノ場合ノ責任ハ軍ニ於テ負フモノトス

(二)蘆溝橋占領

1、在天津歩一ノ第二大隊、砲兵隊ノ大部ハ工兵約一中隊ヲ速カニ豊台ニ急行セシメ歩兵旅團長指揮ノ下ニ遅クモ七月九日正午頃迄ニ宛平縣城ヲ占領セシム

之ガ為成ルベク無益ノ戰鬪ヲ避クルモ要スレバ彼我ノ損害ヲ顧ルコトナク断乎攻撃ヲ敢行ス、但シ豫メ住民ヲ避難セシムルコトニ萬全ヲ盡ス

軍作戰主任参謀ヲ現場ニ派遣ス

2、關東軍ト協議シ一部飛行隊ハ指揮連絡用、要スレバ爆撃)ノ援助ヲ求ム

二、言論統制

(一)輿論誘導ノ方向

1、國内

中央部ニ對シ速カニ且頻次ニ資料ヲ提供ス

2、在留邦人

各個人ノ論議ハ慎重ナラシム

三

二、公ノ報導機関（新聞及放送等）ニ對シテハ軍指導ノ下ニ

(イ)蘆溝橋事件ノ真相

(ロ)冀察並ニ南京政府ノ不法不信極マル態度

(ハ)今次事件ニ對処セントスル駐屯軍ノ公正ナル企圖等

ヲ正々堂々ト論ジ東亜ノ盟主タルベキ我國ノ断乎決意セザルベカラザルノ秋ナルノ輿論ヲ昂揚セシメ延イテ國内輿論ヲ動カスノ原動力タラシム

3、第三國人

各個人ノ言動ハ特別ナルモノノ外敢テ拘束セズ主トシテ欧字新聞及放送等ヲ通ジ「日本ノ行動ノ止ムヲ得ザルニ出デタル件」並ニ「日本ニハ在支第三國人ニ對シテハ出來得ル限リ迷惑ヲ及ホサザルノ用意アル件」ヲ明カニシ對日輿論ノ悪化ヲ防止シ且進ンデ好轉ヲ圖ル

但シ軍ハ中央部ノ意圖如何ニ拘ラズ現地ニ於テハ事實ヘ

上作戰行動ヲ採ラザル能ハザル狀態ナルニ鑑ミ悪質不逞ノ第三國人ニ對シテハ平時的禮讓ヲ以テ對スルコトナシ

以上ノ如クシテ列國人我國ノ自主的行動ヲ否定シ得ザル事態ニ直面セル眞相ヲ認識セシム

4、華人

主要々人ヲ監禁スルコトニ依リ大勢ハ左右シ得ルモノト思惟ス

其ノ他各人ノ言動ハ我作戰行動ニ直接害ヲ及ボスモノノ外差當リ干渉セズ

日本人經營並ニ親日華人經營ノ新聞等ヲ利用シ主トシテ知識階級ヲ對象トシ抗日絶望ノ大勢(輿論)ヲ誘致ス

(二)、言論取締ノ基礎工作

人在留邦人

(イ)、天津總領事ニ對シ軍司令部ニ來訪ヲ求メ軍參謀

四

長ヨリ所要ノ件ヲ協議ス

(ロ) 天津民團長其ノ他所要ノ有力者竝ニ新聞記者團ヲ軍司令官々邸ニ招致シ軍ノ意圖ニ基キ言論ヲ統制ス

2、第三國人

(イ) 外國新聞記者團ヲ天津偕行社ニ招請シ所要ノ件ヲ告知ス

爾後差別感ヲ露骨ニ表ハサザル程度ニ於テ獨伊京記者ニハ協調的態度ニ出ヅル如ク誘導シ英、米、佛系記者ニハ其ノ國ノ權益ハ充分之ヲ尊重スルノ意ヲ明カニシ感情ノ興奮ヲ緩和スル如ク對處ス

(ロ) 在天津及北平官憲（軍關係ヲ除ク）ニ對シテハ我ガ天津總領事及北平大使館參事官ニ委囑シ軍ト密ニ連絡ヲ保チツツ所要ノ工作ヲ行ハシム

(ハ) 在天津列國軍司令官ニ對シテハ文書ヲ以テ事件ノ眞相ヲ通告シ公正ナル我ガ態度ヲ表明ス

是ニヨリ軍憲ハ差當リ中立的態度ヲ採ルモノト豫想スルモ其ノ動靜ニ關シテハ憲兵隊ヲシテ深甚ナル注意ヲ拂ハシム

3、華人

(イ)一般民衆ニ對スル直接工作ハ各特務機關ノ計畫スル所ニ基ク諜者網ニ依ル

(ロ)抗日團体ノ策動ニ對シテハ憲兵隊指導ノ下ニ支那側警察局等ヲシテ嚴重ニ彈壓セシム

(ハ)抗日新聞等ニ對シテハ買收ハ威嚇適宜ノ手段ヲ用ヒ現行犯ニ對シテハ梅津—何應欽協定ニ基キ斷乎タル處置ニ出ヅ

(ニ)親日新聞等ハ有利ニ利用ス

但シ其ノ報導内容ニ關シテハ軍ノ機密ニ觸レ又ハ軍ノ企圖スル方向ニ一致セザルモノハ嚴重ニ取締ル

三、宣撫工作

直チニ着手スベキ事項左ノ如シ

(一)收療

彼我交戰ニ依リ生ジタル華人民衆中ノ傷者ハ直チニ我手ニ收容シ無料治療ヲ施ス　之ガ爲軍軍醫部長ノ計畫ニ基キ民間醫師（邦人ヲ主トスルモ必ズシモ國籍ヲ問ハズ）ヲ利用ス

敵軍ニ屬スルモノト雖モ殘置セラレタル傷者ハ右ニ準ズ

(二)救恤

彼我交戰ニ依リ被リタル華人民衆ノ家屋其ノ他財産上ノ損害ニ對シテハ速カニ軍（軍經理部長擔任）ニ於テ所要ノ賠償ヲ與フ

特ニ食需ヲ缺ガシメザルコトニ萬全ノ努力ヲ拂フ（我ガ軍事行動ノ結果ニ因ルニ非ルモノハ目下ニ於ケル救恤ノ範圍外トス）

四　宣傳實施

(一)要旨

宣傳實施ノ主義ハ左ニ準據ス

イ、宣傳ハ事實ノ公正ナル報導ナリトノ觀念ニ立脚シ能ク所謂空宣傳ニ墮スルコトヲ避ク

ロ、堂々我ガ立場ヲ主張シ且敵側ノ不信、不明ヲ衝クハ勿論ナルモ徒ナル自己辯護(又ハ宣傳)、敵側中傷(又ハ罵言)ハ深ク之ヲ戒ム

(二)實施要領

イ、新聞通信

(イ)日本紙

軍ハ同盟通信社ノミヲ支援シ他ハ之ニ合流セシム

合流ヲ欲セザルモノハ通信ヲ彈壓シ事實上ノ禁止ニ導ク

(ロ)外字紙

有力ナル外人通信記者ヲ有利ニ利用ス

特ニ進ンデ彼等ニ資料ヲ提供スルモノトス

(ハ)漢字紙

外字紙ニ準ズルモ特ニ抗日著シキモノニ對シテハ張

六

自忠其ノ他親日要人ヲ仲介トシテ之ヲ彈壓ス

2、放送

天津放送局（支那側二ヶ所、日本側一ヶ所）ヲ利用ス

爾後要スレバ其ノ組織ヲ強化ス

3、其ノ他ノ宣傳資料

「ポスター」、傳單、寫眞、映画ハ爾後情況ニ應ジ逐次活用ス

説明

一、宣傳ニ関スル原則的考察
宣傳ノ要諦ハ相手方ニ對シテ機先ヲ制シ事實ヲ報導シ
且我ニ有利ナル基礎的環境ヲ獲得スルニ在リ是ヲ努メ
ズシテ徒ラニ枝葉末節ノ所謂宣傳ニノミ没頭スルガ如
キ況ンヤ虚偽、誇張ノ空宣傳ニ墜スルガ如キハ邪道トシ
テ唾棄スベキモノトス
特殊ノ目的ニヨリ事實ニ非ルコトヲ報導スルコトアルモ是
モトヨリ權變ノ道ナリ
而シテ戰時事變ニ際スル宣傳ニ関シテハ平時ヨリ計畫シア
ルコト勿論ニシテ頭初ニ於テハ先ヅ之ヲ實行ニ移スニ過
ギズ本計畫ハ即チ此ノ範圍ニ屬スルモノニシテ爾後ノ實
施ニ関シテハ情勢ノ推移ニ應ジ逐次計畫實施サルベキモ
ノナリ
本計畫ハ右見地ヨリ一ノ著想ヲ示シタルモノニシテ就中事態
誘導ノ基礎工作ハ第一着手トシテ最モ重大ナル役割ヲ負

擔スル事項ナリ、然レドモ是等ノ一着想ニシテ當時ノ實情ガ果シテ之ヲ可能トシタルヤ否ヤニ関シテハ一抹ノ疑點ナキ能ハズ從ッテ當時軍當事者ガ此ノ擧ニ出デザリシヲ難ズルガ如キ意ハ毫モ有セザルナリ、唯何等カノ形式ニ依リ急速ニ强烈ナル威脅手段（例ヘバ瞬間的武力行使ノ如キ）ヲ執リ精神上ニ彼我ノ懸隔ヲ作爲シ置クコトハ爾後ノ交渉等ニ著シキ效果アルモノト信ズ、斯ノ如キハ寧ロ謀略ニ屬スル事項ナルモ元來宣傳、謀略、宣撫ノ三者ハ分離スベカラザルモノニシテ互ニ彼此或ハ前提トナリ或ハ結果ヲ爲スモノナリ

二、宣傳實施ノ主義ニ就テ

(一)方針

事件ノ眞相ヲ闡明シ本事端ハ全ク支那軍ノ不法行爲ニヨル突發的不祥事ニシテ軍ハ深ク之ヲ遺憾トスルト同時ニ之ガ解決ニハ断乎タル決意ヲ以テ當ルベキヲ明カニス而シテ右ハ簡潔ナル談話及文章ヲ以テ直チニ之ヲ公表シ

爾後支那側ニ虚構宣傳ノ虚隙ヲ與ヘザル如ク機ヲ失セズ頻次ニ眞相ヲ公表ス

(二)理由

1、我國ノ對支態度換言セバ大陸經營ノ理想ハ過去將來ヲ通ジ徹頭徹尾公明正大ナルヲ要ス

今ヤ對支態度ノ一節度ニ直面シ能ク公正ナル態度ヲ堅持スベク情勢ノ好轉ヲ欲スルノ餘リ誇張、虚構等宣傳ニ徒ラナル技巧ヲ弄スルハ深ク愼ムベキ所トス

即チ特ニ此ノ際單ナル眞相ノ發表ヲ以テ最上ノ宣傳ト爲ス

2、事件ノ眞相ヲ傳フル上ニ於テ本事端ガ支那軍ノ不法行爲ニ因リ突發セルコトニ關シテハ特ニ明確ニ說明スルヲ要ス

是即チ我ガ計畫的作爲ニ非ルノ證ニシテ此ノ說明以上ニ我ノ作爲ニ非ルコトニ多言ヲ弄シ自己辯護ニ陷ルハ徒ラニ第三者ニ許顧スルノ態度ノ如ク我ノ執ラザル所

八

ナリ
而シテ日支提携ヲ基調トスル我國ノ對支觀念ニ鑑ミ今回ノ如キ事件ヲ深ク遺憾トスルハ我國トシテ當然ノコトニ屬シ此ノ眞意ヲ披瀝セバ第三國竝ニ支那側ニ或程度我ノ微衷ヲ傳フルヲ得ベシ

3、本事件解決ノ爲斷乎タル態度ヲ採ルハ帝國ノ面目上當然ニシテ決シテ支那側ニ對スル一片ノ威嚇的意志表示ニ非ズ、況ンヤ對手國ノ國民性ニ徵スレバ斷乎トシテ極度ニ之ヲ強調スルノ要アリ

4、我ノ對事件態度如上ノ如シト雖モ過度ニ積極的態度ヲ表明スルハ徒ラニ對手方竝ニ第三國ヲ刺戟スル外得ル所ナシ又動モスレバ虛勢ニ墜スルノ嫌アリ中正ヲ得ルヲ要ス
然レドモ不擴大、現地解決等ノ意圖ヲ表示スルコトハ斷乎タル決意ヲ標榜スルコトト矛盾ヲ生ズル虞アルノミナラズ動モスレバ思ハザル言質ヲ與フル結果トナ

ルコトナキニ非ルヲ以テ斯ノ如キ用語ハ避クルヲ可トス

5、宣傳ノ要亦機先ヲ制スルニ在ルコト言ヲ俟タズ而カモ事態ハ不斷ニ變轉推移スルヲ以テ宣傳亦常ニ機先ヲ制シツツ事態ト變轉ヲ共ニセザルベカラズ即チ機ヲ失セズ而カモ頻次ニ宣傳ヲ實施スルヲ要スル所以ナリ

九

（二）华北事变与占领地统治纲要

资料名称：北支事變ニ伴フ占領地統治綱要

资料出处：支那駐屯軍參謀部第四課《支參統第一號》，1937年7月。

资料解说：本资料是日军发动事变之后，以原《北支占领地计划书》为基础，结合事变期间的具体情势，为规划应对措施、统治占领地等事项而制定。内容包括统治方针、统治机构、新政权指导机关、警备、保安、利权确保、金融、运输、交通、通信、司法、外事等等。

Ⅱ　盧溝橋事件後

1　北支事変ニ伴フ占領地統治綱要……………………昭和十二年七月

極秘

支參統第一號

昭和十二年七月

北支事變ニ伴フ占領地統治綱要

支那駐屯軍參謀部第四課

113

占領地統治綱要

本綱要ハ年度作戰計畫ニ基ク北支占領地統治計畫（以下軍年度計畫ト稱ス）ヲ基礎トシ現下ノ情勢ニ應シ實施スヘキ占領地統治ノ根本事項ヲ定ム

一、方針

一、軍作戰ノ進捗ニ伴ヒ野戰軍背後地域ヲ繼承シ迅速ニ治安ヲ確立シ以テ作戰軍ノ兵力ヲ節約シ其背後ヲ安全ナラシム

二、事變終了後ニ於ケル帝國ノ獲得スヘキ利權ニ對シ所要ノ施設工作ヲ行ヒ以テ事變後ニ於ケル日支經濟提携ノ基礎ヲ樹立確保ス

三、占領地統治ニ關スル業務ハ軍主力ノ集結ヲ終リ北平、天津ヲ占領シ其前方ニ進出セル時ヲ以テ先ツ北平及天津兩市ニ實施シ爾後第一線ノ前進ニ伴ヒ其地域ヲ擴張ス

冀東地區ニ對シテハ既ニ實質的ニ我意圖ニ合スル如キ狀態ニアルヲ以テ特ニ施設スルコトナク從來ノ施設ヲ續行ス

115

四、支那側カ戰ハスシテ我要求全部ヲ入レ軍カ集中地ヨリ進出スルコトナク終ル場合ニ於テハ本業務ヲ實施スルコトナシ
然レトモ利權獲得ニ就テハ所有工作ヲ施シ以テ事變後ニ於ケル經濟施設ニ資スルモノトス
尚天津市其他ニ於テ局部的ニ我軍ニ好意ヲ表スル局地政權アル場合ニ於テハ努メテ之ヲ利用スルモノトス

二、統治機構

一、占領地域ハ終局ニ於テ之ヲ一丸トシテ自治政府ヲ樹立ス
二、然レトモ之ニ到達スル道程トシテ概ネ左ノ如ク豫定ス
(1) 冀東地區ハ現冀東政府ヲシテ之カ統治ヲ續行セシム
但此機會ニ於テ從來ノ秕政ヲ一掃ス
(2) 北平及天津ハ占領後速ニ特別市トシテ獨立ノ行政ヲ施行セシム

116

(3)野戰軍ノ前進ニ伴ヒ河北省(冀東、北平、天津ヲ除ク)及察哈爾省ヲ以テ各々一ノ新政權ヲ樹立セシメ先ツ應急ノ治安維持ニ任セシム

(4)爾後ナルヘク速ニ前三項ノ諸政權ヲ合同シ親日防共ノ自治政權ヲ確立ス

(5)山東、山西兩地域ノ政權指導ニ關シテハ別ニ計畫ス

三、新政權ニハ當初新ニ軍隊ヲ編成セシメス

但シ支那軍閥中軍ヲ率ヒテ我ニ協力ヲ願出テタルモノノ軍隊ハ此限ニアラス

尚冀東政府ノ保安隊ハ之ヲ存置利用スルモ不良ナルモノハ斷然其武裝ヲ解除ス

三、新政權指導機關

一、新政權指導ノタメ軍ニ中央統治部ヲ編成ス(附表第一)

117

二、地方統治部ハ當初之ヲ設置セス中央統治部ニ於テ之ヲ兼ネルモノトス

四、警　備

一、占領地域ノ警備ハ軍ニ兵站部隊ヲ有セサル現況ニ鑑ミ主トシテ我野戰軍ノ一部ヲ基幹トシ之ニ冀東保安隊ノ主力ヲ加ヘテ實施ス

二、警備兵力ノ配置ハ情況ニ依リ異ルヘキモ概ネ左記要領ニ依ル

118

區分	警備物件	警備兵力 日本	警備兵力 保安隊
鐵道	北寧	一大	一區隊
	津浦（天津—德州間）	一大	一區隊
	平漢（北平—石家莊）	一大	一區隊
	平綏（北平—張家口）	一大	一區隊
都市	天津	二中	一區隊
	北平	一中	一區隊
其他	占領地區內ノ重要個所		四區隊
備考	一、北寧線ハ殘留護路隊（五〇〇—一、〇〇〇名ト豫想ス）ハ之ヲ利用シテ警備ニ使用ス		

五、保安

一、新ニ兵力ヲ以テ占領セル地方ノ治安維持ハ支那側ヲシテ現行ノ保安機關（公安局、保衞團）ヲ漸次復活セシメテ之ニ當ラシム

冀東地區ノ保安機關ハ現行ノ儘トス

六、利權ノ確保

一、占領地域內特ニ冀察政權區域內ニ於ケル各種利權ハ機ヲ失セス獲得保持ニ努メ以テ事變終了後我國ノ經濟進出ノ基礎ヲ確立ス

七、統治費及金融

一、從來南京政府ノ收納ニ歸シタル關稅、鹽稅北寧及平綏兩鐵道收入金ノ南京送金ヲ停止ス

120

二、冀東地區內ニ於テハ債務決濟ノ爲メニ冀東銀行發行貨幣以外ノ使用ヲ禁止シ之ノ流通普及ヲ圖ル

三、河北省銀行ヲ改組シ之ヲ支那側金融中樞機關トシテ金融網ヲ組成ス

八、運輸、交通、通信

一、鐵道ノ管理運用ニ關シテハ年度兵站計畫ニ依ル

九、司　法

一、軍軍法會議ハ天津ニ同分廷ハ隷下各師團司令部所在地ニ設ク

二、軍事法廷ハ當分ノ內天津ニ設置ス

121

一〇、外　事

一、涉外事項ハ中央統治部外事課ヲシテ管掌セシム

十一、其　他

一、占領地域内ニ於ケル支那側官有財産並逆産等押收ノタメ附表第二ノ如ク委員ヲ設ク

122

附表第一

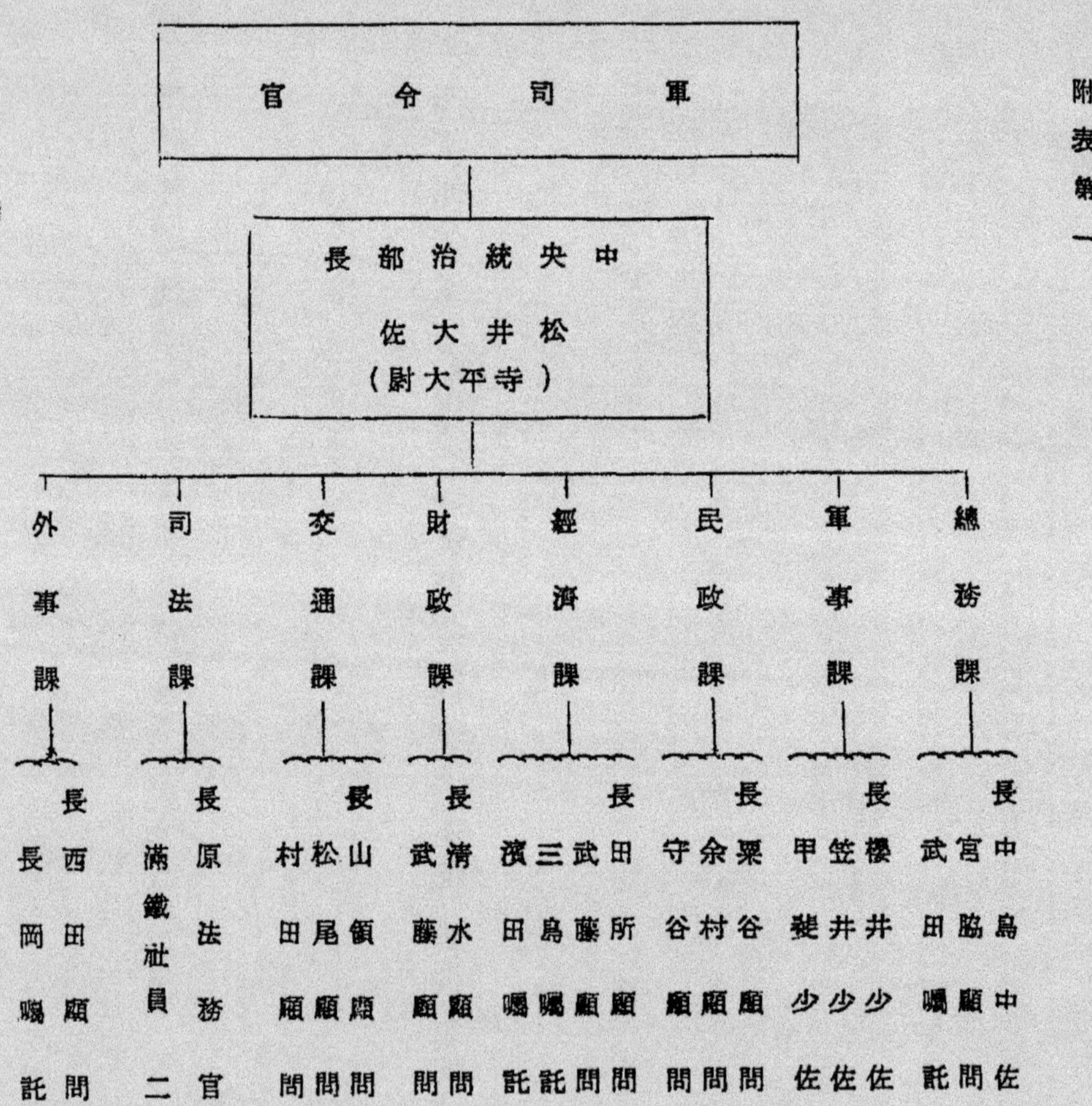
軍司令官
中央統治部長
松井大佐
（寺平大尉）
總務課
長 中島中佐
宮脇顧問
武田囑託
軍事課
長 櫻井少佐
笠井少佐
甲斐少佐
民政課
長 粟谷顧問
余村顧問
守谷顧問
經濟課
長 田所顧問
武藤顧問
三島囑託
濱田囑託
財政課
長 清水顧問
武藤顧問
交通課
長 山領顧問
松尾顧問
村田顧問
司法課
長 原法務官
滿鐵社員二
外事課
長 西田顧問
長岡囑託
123

附表第二

押收事務處理委員編成表

委員長	高級副官
委員	石川少佐 田所顧問 毛里顧問
附屬	内田囑託 江口屬 角田屬 三村雇員 其他若干名
備考	所要ニ應シ人員ヲ増加ス

124

（三）牟田口政治谈话录音速记录（第一部分）

资料名称： 牟田口廉也政治談話録音速記録（第一部分）

资料出处： 国立国会図書館藏《牟田口廉也政治談話録音速記録》（第一部分），昭和三十八年四月二十三日，第1—28頁。

资料解说： 本资料是卢沟桥事变的当事人、时任第一联队联队长的牟田口廉也于1963年在日本国立国会图书馆对卢沟桥事变的谈话录音，1993年公开发布。

○　　それでは、盧溝橋事件の起こりました前後、この事件を中心としまして、牟田口閣下から、ただいまから約二時間にわたっていろいろお話を承りたいと思います。

話を進めていただくために若干進行的な意味の発言をいたしますが、どうぞひとつ、ご列席の皆さん方から、閣下のご説明のありました折り、適宜お話しをいただきまして、肉のある話が盛り上がりますようにお願いいたします。

まず、北京のほうに閣下が駐在になられましたのがいつからいつ頃までであったか、それから、どういう軍部のほうの官職にお就きになっておられたか承っておきたいと思います。

○牟田口　北支の情勢が非常に険悪であるというので、それまで支那駐屯軍というのが天津に司令部がありまして、その天津の軍司令官のもとに、北京・天津等に、北京のほうには北京歩兵隊二個中隊、それから、天津には天津歩兵隊というのが三個中隊、合計、支那駐屯軍というのは約二千人の軍でございました。

それが、北支が少し険悪になったというので、これを増強しようと、増して強くしようということになりましたのが昭和十一年でございます。それで、昭和十一年の四月に増強になりまして、その結果、北京の歩兵隊は、支那駐屯歩兵第一連隊ということに、それから、天津のほうには、支那駐屯歩兵第二連隊。それからそのほかに、天津のほうに支那駐屯騎兵隊。

それから、それまで砲兵はなかったのですが、今度、支那駐屯砲兵隊というのが重砲の隊が三個大隊。それから工兵隊。その他、通信部隊が増強になりまして、結局、支那駐屯軍というのは、軍司令官以下約六千人、今までの三倍になったのが昭和十一年でございます。

それで私は、四月の初めに参謀本部の課長からその北京のほうに、それは最初は、北京歩兵隊長という名前で任命されたのでありまして、向こうに着いてから連隊長になったのでございます。

そして、六月の何日かちょっと覚えませんが、宮中に呼ばれまして軍旗を頂きます。それで明瞭に、それから支那駐屯歩兵第一連隊長とし北京におるようになりました。

それで私の隊は、連隊本部が北京、それから第一大隊は北京でございました。第二大隊は天津。第三大隊と歩兵砲隊が豊台に駐屯することになります。

その時の隊は、北京の兵隊は第五師団、広島の師団からなっております。それから、第二大隊は姫路の第十師団。それから豊台の第三大隊は、弘前の第八師団。歩兵砲隊も弘前で作りました。

そして、それを編成する時には、その時分は師団が四個連隊編成でございましたので、各連隊から一個中隊ずつを抜き出してその大隊を作り、連隊もそういうふうなことで出来ましたので、連隊を編成しました時には、それぞれ昔からの伝統を持っておる、違うその単位が三×四の十二、三個大隊を四個連隊から取りましたから三×四の十二と、元の北京歩兵隊の一単位、十三単位から出来た隊でございました。

それこそ伝統の力というのは恐ろしいもんで、随分これを私の指揮のもとに一括して任務に邁進するというためには、相当誰しも力を尽くしておりました。詳しいことはだんだん時間があとになりまして申し上げます。

それで、各大隊は一般の歩兵中隊が三個と、そのほかに機関銃中隊が一個ございました。機関銃とも四個中隊。一般の歩兵隊は、三個中隊に機関銃がついているという編成でございました。連隊長以下の総人員は一九六〇名でございます。これが北京歩兵隊の状態であります。

軍司令官は田代皖一郎。軍参謀長が、最初は永見俊徳という人でありましたが、あとで橋本群少将が参謀長になりました。それから、歩兵が二個連隊ございまして、その上に旅団がございまして、その旅団長には、少将の河辺正三という方が歩兵旅団長で北京におられました。

北京におられますが、軍隊統率上においては旅団長でございますが、また一方、警備のほうから言えば警備司令官という職がございまして、それは、北京と豊台と通州、これを一括した所が北京の警備地区となっております。旅団長は、同時に北京付近の警備司令官であります。

その時分の北支の情勢はどうかといえば、こちらはもう旅団長以下、全く支那では友軍、——その支那側のほうはちょっとあとのほうに回しましたが、——支那側は宋哲元が、日本で言えば軍司令官、軍長でございまして、その下に四個師団がありました。宋哲元以下、各師長、旅団長、連隊長を団長と申しますが、団長にはあんまり会いませんでしたが、宋哲元並びに各師団長ともに大いに日支親善を説いて、あらゆる機会に会合した場合においても、宋哲元は日支親善を説いておりました。

こちらもまた、二九軍は友軍ということで、出来るだけ彼らを誘導していくというので、大変その点は和やかに、裏面はとにかくとして、表面は和やかにやるように努めておりました。

ところが、各連隊長はどうか知りませんが、各営長——大隊を営と申しますが——大隊長、中隊長ぐらいのところは、満洲事変後でありまして、非常に抗日気分が、日本に抵抗する気分が強うございまして、私のほうの兵隊さんとか下級幹部の人が万寿山とかそのほかに市中を散歩していると、つまらないいたずらをする。目をこうやって、あるいは「あかんべえ」をしてやるとか、あらゆるいたずらをしますので、それを部下が怒る、「この野郎っ」って言って怒るけれども、「まあ、我慢せ、我慢せ」と言うので、そういうことにはこだわらないように部下を誘導しておりました。

でありますから、われわれのほうの将校の上のほうはいつも日支親善を説いてやるもんだから、出来るだけその方針でおりますけれども、中隊長以下のところは、「これ、また支那人がいたずらするっ！」ていうようなことで、それを宥めるのに苦労している状態でございました。

一般の情勢はそういうことでございまして、ただ、そのことが、そういう一般の空気と上のほうのあれがだいぶ実情は隔たっておりますので、それがいちばん最初に勃発しましたのが、昭和十一年の九月の十八日の豊台事件というのがそのきっかけとなったのでございます。

豊台事件と申しますのは、第三大隊が豊台に駐屯するようになりましてから、二九軍のほうで日本軍の状況を監視させるためと思いますが、二九軍の歩兵の一個中隊を豊台のすぐ、日本の兵営のそばに支那の旅館を改築いたしまして、そこにおらしたのでございます。

もともと豊台と申しますのは、北清事変の時に英軍がおりまして、英軍の倉庫があった所でございまして、日本の兵営は英軍の使った倉庫を改築して、そこにどうなり兵を入れるという状態の所でございまして、その豊台でそういうふうな状況で、ごく近くに宋哲元の部下の一個中隊がおるという状態で、その時に、その豊台の、——これが大隊は第三大隊でございまして、第七中隊、七・八・九というのが歩兵の番号でございました。その第七中隊が豊台から約一里西の方にありますこの盧溝橋の近くに夜間演習に行くべく、日本の兵営から豊台の駅の前を通って行く途中に、ちょうど支那側から言えば、満洲を失った失地回復の希望に燃えている九月の十八日で、豊台の支那の兵営の人は出先で何かしきりに排日的の空気をそそられたというので、それが豊台の支那の兵営に帰ってきた。

こちらは夜間演習に行く、向こうは支那の兵営に帰るという途中に豊台の駅の前ですれ違った。そのすれ違い様に、「あかんべえ」みたいにこうしていつもやる支那軍のことですから、こちらのいちばん第七中隊の後尾を歩いておった上等看護兵の頭を殴ったんです、その支那の奴が。

それから怒っちゃって、それを引率していたのが小岩井という中隊長——中隊長は穂積と申しまして、今、一関におりますが、その穂積大尉は週番大尉で週番をしておる、——だから、小岩井中尉が中隊長代理として中隊を引っ張って行く途中のことでございます。

それで非常にこちらは怒っちゃって、すぐに、その「殴った奴を出せ」と言って怒る。向こうは怖くて、いたずらするけれども怖い、怖いもんだから逃げ込んだのです。そうすると、小岩井中尉はすぐに大隊本部に伝令を飛ばして、「今、こういうことあった」というので、そうすると、大隊長の一木清直といって——一木喜徳郎さんのご親戚にあたる方ですが、——その一木大隊長の所に報告に行った。

そしたら、一木大隊長も怒っちゃって、すぐに大隊の警急集合って、——大急ぎで集まる警急集合——やりまして、その警急集合の上に、この豊台の支那の兵営を取り囲んじやった。そして、「犯人出せ」と迫る。向こうは出さない。出すまで支那の兵営を囲んどる。それは九月の十八日の午後の、私が聞いたのは午後の四時頃の話。

それで、旅団長の河辺少将は、直接指揮は統率から言えば連隊長が言うわけですけれども、警備上については直接旅団長が命じる。旅団長は一木大隊長に対して、「包囲はそのままでよろしい。しかし、射撃は一切ならん」というのでありました。その豊台の隊は、さきほど申し上げましたように、弘前の第八師団で編成した部隊でありますから、とっても正直で、「撃っていかん」と言ったらもう決して撃たない兵隊さんです。それで囲んでおる。

その時に私、旅団長から呼ばれまして、「牟田口君、ご苦労だが、ひとつこういう事件があって、お前にひとつ豊台に行って現地で交渉に当たってもらいたい」と言うので、私は支那人を相手に直接交渉に当たるということは生まれて初めてですから、どんなもんかしからと思っておりましたら、旅団長曰く、「実は、こういうことで事件を起こしたくないけれども、向こうがやった以上仕方ないんだ。『悪かった』って謝らせればいいから、あんまり難しい条件を出すなよ」と言うことで、「承知しました」と言うたものの、あまり難しい条件、軽い条件出したらばかにされますので、向こうにちょっと懲りたという感情を持たせるだけの条件は出さないかんと思って、「承知しました」っていうんで、、、

そして、午後の五時頃、数名の警備兵を連れて私は北京を発って自動車で豊台にまいりました。

豊台に着きましたのは、途中で大井村（だいせいそん）の所で支那軍から迫撃砲を受けましたけど、それを突き抜けて豊台にまいりました。豊台に着きましたのが午後の八時頃でございました。

それから、支那側から交渉員として許長林というのがまいります。それにその冀察政務委員会、政治の機関ですね。冀察政務委員会から外交部長の林耕宇がついてまいります。それと、二九軍の顧問をしておりました桜井徳太郎君が向こう側について来ました。

私のほうは、私と連隊副官と、それから浜田という特務機関の大尉がおりまして、それで交渉を始めることになったのでございます。交渉を始めましたのが、なんだかんだしておる間にやっぱり午前の二時か三時頃になりました。

それから、両方足して大隊本部の応接間ですからごく狭いところで会った。それから、許長林というのが、「自分が交渉に当たる」と言いました。こちらも名乗りを挙げていよいよ始めた。

そうしますと、許長林曰く、「この度のことは全く私のほうの誤解でありまして」と言い出した。「私のほうの誤解でありまして」ということを言い出したので、私は、「ちょっと待ってもらいたい。誤解ということは、一を二と間違うのが誤解であって、兵隊さんの頭を殴ることは誤解でなくて故意である」と。「故意である」と、こうやる。

そしたら許長林曰く、「しばらく考えさせてくれ」と言う。「いくらでもお考えなさい」と言うんで別室に下がって協議させた。

あとから考えますと、何も私は企んで言ったわけじゃない。こういう「故意である」とか「誤解である」とか、そんなことを咎める気もなかったんですけれども、「この野郎！」という感じもありましてね。兵隊さんの頭を殴るということは非常にこちらは怒っていますから、「誤解でなくて故意である」と。それがちょうど交渉の盲点を突いた感じが、今から考えましても、企んだ意味じゃないけれども、自然に発した私の抗議でありました。

そしたら、二〇分ぐらい別室で考えまして、また席に着いたのです。その時に許長林が、「さきほどは私の言葉の間違いで、連隊長の言われる『誤解でなくて、故意である』、これは悪うございました」と、こういうことを言いました。「つきましては、・・・・・のほうからご要求がありましたら聞かせていただきたい」と言うので、私、何をこれからやっていいものかと思って随分、旅団長から、「あんまり難しい条件を出すな」ということを言われておりますし、私、それまで考えておったことを四つ条件を出したのでございます。

私、出しました条件の第一は、日本軍の兵営の外周から三キロメートル外に出てもらいたい、これは第一の条件。もともと日本軍の兵営の近くにおるからこういうことが起こるので、あなたのほう、もう少し外にのけてくださいという、それが第一の、三キロ以外に出てくれというのが私のアイディアです。

第二の条件としましては、豊台におる二九、貴軍はわが豊台部隊の前に整列をして謝罪をしてもらいたい。これが第二の条件でございます。そして、謝罪の場所・時刻等は後刻現地でこちらから通知する。

要求の第三は、犯人を処罰するのはもとより、それぞれの責任者に対して処罰の上、日本軍に報告する。犯人の処罰はもとよりであるが、それぞれの責任者に対して処罰の上、わが日本軍に対してその結果について報告されることを要求する。

その責任者とは、中隊長、営長、団長、旅団長、旅長、——向こうは旅長と言うんです——それから師団長を師長。中隊長、営長の大隊長、連隊長、旅団長及び師団長を指すものと承知してもらいたい。これが要求の第三でございます。

要求の第四としては、「将来こういうことをいたしません」という保障をしてもらいたい、この四つでございます。

そうしておる間に、一木大隊長がファーッとドアを排して入ってきたんです。「何するんだ」と言ったら、「連隊長殿」と言いますから、「何だ」と言ったら、「豊台の支那軍を全部武装解除してください」ということを言い出したんです、この一木大隊長が。それから、「お前、黙っとれ。お前が出る幕じゃないっ！」って。そしたら大隊長が、「はい」って言って下がってまいりました。

それで私は許長林に対して、「連隊長、この度の中国側の所為は不埒千万であるし、『中国の豊台部隊の全部は武装解除してください』ということを今、大隊長、言うたが、私は、『何を言うか、今交渉の最中である。お前の出る幕じゃない、下がれ』というふうに厳命をここで出した。大隊長は、『わかまりした』という言を漏らして室外に下がりました。」

それで私は、その交渉をやっている許長林に対して、次の意味のことを説明いたしました。

「この度の貴国の軍隊の不法行為については、豊台の大隊長以下憤慨しておる。現に、大隊長はただいまお聞きのとおりに、豊台におる貴国の軍隊の武装解除を要求しておる。しかし、いやしくも不法を認めてわが軍に対して謝罪をする者に対して、さらに武装解除の汚名を着せることは私の武士道精神、これ許しません。諺にも、『窮鳥懐に入れば猟師もこれを捕らえない』と言われておる。あなたのほうから宋哲元に報告される際には私のこの気持ちをよく説明してもらいたい」、こういうことを許長林に申しました。

許長林は、日本軍の要求四項目を全部承諾いたしまして、かつ、宋哲元に対して、「日本軍が武士道精神に訴えて、武装解除せんとする部下の要望を退けたことをよく宋哲元に対して報告します」と、こういうことを彼は私に約束したのです。それで、午前三時過ぎから始めた中国側との交渉は、午前の六時過ぎには、中国側は全部私の要求を聞いて交渉は解決したのでございます。

交渉が終わると桜井徳太郎君が「連隊長殿」と言う。「なんだ」って言ったら、「あのね、『窮鳥懐に入れば猟師も捕らえない』って、あれはよろしうござんしたばい」って大変喜んでくれたんです。

（テープ№1A面終わり）

桜井君は福岡の人でね、「よろしうございましたばい」と言って大変喜んで。それから、中国軍隊はわが軍の前に、午前の八時に、豊台の兵営の外側広場で、中国側の豊台部隊はわが部隊の前に整列をして、許長林が代表して謝罪をいたしました。

それから、連隊長大いに意気揚々として北京に帰っておる。そうしたら旅団長は、「それはご苦労だった」ということでございました。大いに面目を施したつもりでおりました。「ただいま田代軍司令官から電話があって、『支那側と交渉してわずかに三時間か四時間で解決した例がない。ああ、連隊長、誠にご苦労だったと言うてくれ』」という。こちらも大いに鼻高々でおりました。

その日の午後になります。今度は豊台のほうから電話がかかりまして、一木大隊長の報告なんです。それによると、「豊台のほうには、支那軍隊はおったのは下がったけど、また別の軍隊を入れている」と言うのです。それから、私はすぐに旅団長の所に行って、「私をやってください」と言うて、「不都合千万だ」と言ったら、旅団長は、「まあ、そう怒るな。今度は特務機関に言わせるから」と言うので、胸がむしゃくしゃするのを抑えながら、旅団長の宥めの言葉を聞いておりました。結局、特務機関から交渉することになって、別な軍隊を入れることは止めたことになります。

それから、豊台事件が済みましてから約二週間ばかりたった時に、桜井徳太郎顧問が私の部屋にやってきた、「連隊長」って言うんで。それで何言うかと思ったら、「連隊長、この間は大変、『窮鳥懐に入れば猟師も捕らえず』、たくさん私は同意申し上げたところが、許長林がどういうふうに宋哲元に報告しているかということを報告を見た」と言うのだ。

ところが、「許長林の報告には、『日本軍は二九軍の勢いに恐れて武装解除もようしかねなかった』と報告してますばい」と言う、「この野郎」と言う、そういうことでありました。

それで私は部下の中隊長以上を全部北京に集めまして、「実は、交渉の途中に一木大隊長から『武装解除をしてください』と言うたけれども、『悪うございました』と謝罪をしているのにさらに武装解除を加えることはどうも僕の精神がこれ許さんので、実は、こちらの意志をよく説明をして宋哲元に報告するように言うて、許長林はこれを承知して行ったのが、しかし、こういうふうにすっかり向こうのペテンにかかっちゃった。それで、徒に宋襄の仁をやったような感じでした」と、こう言いまして、「私はあの時に、一木大隊長が言うように、武装解除をしていたく彼の不法をなじったほうがよかったように思われるが、済んだことは致し方ない。連隊長もこの度のことを胸に収めて、今後、もしこれに類したことが生じたならば、連隊長自身がこれを許しません。私が許しませんっ」とこうやった。「諸君もそのつもりで大いに訓練に精進してもらいたい」と述懐を述べたような次第でございますが。

しかし、この十カ月後に盧溝橋事件が起こりまして、あの時に一番感じましたことは、あの時に、連隊長、癪に障ったままに、「今度支那軍がいたずらしたらもう許さん」というふうに言うたのは悪かったなあと思いました。しかし、あとでまた盧溝橋事件の時に申し上げますが、そういうふうでございました。

それが豊台事件でございまして、豊台事件と盧溝橋事件というのはずっと同じ私が当たりましたので、非常にその感を深こういたします。

それが今の九月の十八日にありました豊台事件の経緯でございます。

○　その時分から少し時は若干遡りますが、冀東に政権が出来まして、あれを中心として日本辺りはどういうつもりであったか。

それから、今のお話のうちにも若干その空気は出ておりましたが、民国側のそれに対しての動向みたいようなものを簡単にお話しいただきたいんですけれども。

○牟田口　支那軍としては、表向きはやはりあくまでも日支親善ということを言うておりましたが、実情は、どうもほんとうに兵隊までそういうことに徹底しておるかというと、それはそうじゃなかったと私は断言するに憚りません。

それから、殷汝耕のいわゆる冀東政府が出来ましたのは、、

○　昭和十年の十一月の初めに出来ました。

○牟田口　それは、あそこを一つの、何も関係のない、、、

○　緩衝地帯みたいに、そんなつもりだったんでしょう。

○牟田口　緩衝地帯として設けたようなふうで、あれは北支の二二県で出来ております。というのも、実際から言えば、支那駐屯軍と関東軍の間はだいぶ支那人に対する意向が違うんです。関東軍は、あくまでも「言うこと聞かない奴は叩け」というような意向が強うございました。

これに対して支那駐屯軍のほうは、もう出来るだけ穏便に穏便にということで、ちょっとその点が私どもしょっちゅうそれを考えておった状態でございます。南方から、南京辺りから旅行してくる日本の旅行者の話によりますと、「これはもうまるつきり南京辺りの空気と違う、非常に穏やかだ」ということを言っておりました。それはちょっと来てすぐの感じはそういうことであったろうと思います。

きっと冀察政務委員のほうの——あと、いろいろ余りに冀東のほうとは交渉がございませんで、——とりあえず、演習をやるにも何も、一番先に交渉するのは冀察のほうでございます。それで何かあると、必ず盧溝橋の所を通ろうとすると、「いかん」と止めたりもしますから、そういう時には現地の兵隊さん相手に喧嘩せずに、それはそのままにして、すぐにそれを特務機関を通じて支那の冀察政務委員のほうに交渉しました。「こういうお前のほうにある、これは違う」と。それで、上のほうで解決をして下のほうにもって、下同士に喧嘩さんように努めておりました。万事がそれでやっておりました。

○　その事変の起こります前の時期について、山本先生やそのほかの方から、もし何かお聞き願うことがあれば。

○山本　それは幾つでもありますけどね、ただ、時間が限られているし、それから、強いて聞けば今の、冀東政権なるものが出来た経緯みたいなのはね、これは日本側としては、今の支那軍と関東軍がぶつかると困るから中間地帯を作る、日本人としては一応わかるけれどもね、向こうからすれば、これは支那の土地でだな、そこへそういう緩衝地帯を作られちゃっているというようなことが、この盧溝橋が起こる前にこういう問題があることも、なんか支那のほうとしちゃこれ、やっぱり、結局、通州事件みたいのが起こるあれも、ああいうふうなところに向こうとして、殊に冀東政権はだいぶ日本化しているというか、日本と近い関係にあったからね、日本には都合がよかったけども、それだけ支那には都合が悪かったんで、、、

ああいう所に、これはどこがああいう、冀察とか冀東とかいうのを作ることは、これは陸軍省なんですか、それとも参謀本部なんですか、あるいは現地なんですか。現地なら関東軍なのか、あるいはあなたのほうのあれなのか、そういうふうなとこ

ろがやっぱりわれわれははっきりしない。
○牟田口　はっきりした経緯をよく存じませんけれども、陸軍省、参謀本部合議の上に作ったものではございませんでしょうかね。
○山本　必ずしも関東軍のほうだけでもないんだね。
○牟田口　あ、そうと思います。
○山本　今の私が言ったように、支那人が、冀察もむろんそうだった、殊に冀東のほうに対しては非常に反感持っていませんでしたか。「あんまり日本人に自由になりすぎている」というような形で。
○牟田口　内々は持っとったと思いますね。直接支那人についてそれを聞いたことはございませんけれど、内々はもう確かにあったと思います。
○山本　あれはしかし、なんの必要があってああいうふうなものをこっちに、ま、満洲だけで我慢していて、——これは結果論になるかもしれんけどですよ、——しかし、満洲で我慢していていいのを北支にまで出てきた。北支で、——これあとにも関係してくることだけれども、——つまり、夜間演習をやるというような問題ね、これあとで出てくると思うが、こういうふうな問題がね、向こう側からすれば、こっちは北清事変の権利によってやってるんだと言うけどね、向こうからすれば、そんな古い話、あんまり一般の人は覚えてないだろうし、あるいは覚えているほうの人にしてでも、どうもなんだかね、支那側からすると、そういうのが結局は盧溝橋に行く一つのあれになるんで、豊台の今お話し承っていて、これまぁ一つのきっかけの一つですがね。豊台以前、すでにある意味から言うと、——もう満洲事変がむろんそうなんだけれども、——そのあとの冀察にしろ冀東にしろ、こういうふうにいろいろ、いろんな名目つけちゃ満洲が大きくなっていくんだから、支那のほうとしては「これじゃかなわん」という考えを持たないんですか。
○牟田口　やはりあとから考えると、冀東のほうは関東軍の意向を受けたあれがよほど多いと思いますね。よくその辺の経緯は連隊長としてはよく存じません。
○山本　あ、そうですか。もちろん世間でも、北支駐屯軍のほうは温和でね、つまり、比較的に平和的で、それから、関東軍のほうが強いと、これは前からも言われ、今日でもやはり同じあれだと思うんですがね。なんでその同じ日本軍で、片一方は弱くて片一方は強いのかと、これが疑問ですね、われわれ素人には。
○牟田口　今度の戦争そのものですけれども、幕僚というのは非常に跋扈したんですよ。これがもう非常に戦争の負けた有力な原因と思うんですよ、幕僚というのは。これは幕僚のことについてはまたあとで詳しく申し上げますけれども。
○山本　この問題、そのくらいで私は結構です。
○　また、時間あれでございますが、あとでまた補足してもらっても結構ですが。

その次には、事変がいよいよ起こりました前後のその空気。私どもも、日本人は各日本人なりに人からお話を聞いたり本を見たりして、まぁぼんやりながらはあれしておるんですが、実際、現地に責任者としておられて、自分の体で体験されたことのうち、また、ぜひこういう点は後世までしっかり心に止めておいたほうがよかろうと思われるような点を中心として、盧溝橋事件の頃のことをお話しいただきたいと思うのですが。

○牟田口　それじゃ、盧溝橋事件の始まる前の状況からずっとお話し申し上げることにいたします。

昭和十一年の暮れに例の西安事件というのが起こっておる。これは、張学良が一向誠意がなくて、蔣介石が言うたとおりやらんもんだから、これを督励する意味で蔣介石が西安に行ったところが、逆に張学良がクーデターによって蔣介石を捕まえたという事件でございますが。詳しくはその辺のところは、どういうことにその後、到ったかということも、連隊長の所にはよくわかりません。わからんけれども、これは蔣介石の威信がだいぶんこの件によって落ちたなという感じを持っております。

それから、十一年の暮れでございますが、例の綏遠事件が起こりまして、その時には、日本軍の援助しておった徳王の軍隊が、例の支那軍の傅作義のためにやっつけられたんです、これが綏遠事件。徳王を中心とする内蒙軍に対して、中国軍は成功を収めたものとして日本を軽蔑する観念を増長しました、それを動機として。

つまり、事変の年の四月、綏遠に於て、南京側はもとより冀察側の要人及び南方要人を集めまして、そして、戦死者の大慰霊祭を施行しまして、傅作義をもって救国将軍となしてその気勢を挙げました。これがその盧溝橋事件の始まる年の、その年の四月でございます。

それから、さきほど申し上げましたように、前年の十二月の西安事件の影響でだいぶ蔣介石の共産党討伐の勢いが削がれるだろうというふうに、われわれはそういうふうに考えておりました。

第二九軍の首脳部の空気については特に変わった様子も認めなかったが、事後から考えると、昭和十二年の五月、盧溝橋事件の始まるその年の五月六月頃は、私はずっと夕方、北京の市内を散歩しておりました。そうすると、盛んに武装した支那軍がせっせせっせ警備行軍と称して市中を行軍している状態によくぶつかりました。「なんのためにあいつらはやるか」というふうに、むしろこちらは疑問にしておった状態でございます。それが、昭和十二年の五月頃から六月にわたってそういうことがありまして、それから、その時分になりますと、盧溝橋付近に工事をやる。(図面を示し)この赤く印を付けたのは支那軍の工事でございますが、一番最初に当たった竜王廟、それからこの永定河の左岸地区にずっと転々工事をやる。

それから、盧溝橋の、——これはよくわかりませんでしたが——こっちのほうにも工事をやっていることが、盧溝橋事件の始まるその年の五月六月頃、しきりに工事をやることが見受けられました。

そして時には、この一文字山というわれわれの演習場にしておるここにも夜は、こちらが演習をやらん時には兵隊を配置しておるという状況が見受けられました。それがちょうど、あれは確かに何かをやろうという下準備しておったということが思い起こされます。

それから、その年の春、南京交渉というのが、南京において日中交渉が容易に進捗しなかったことは、南京側の策動と相まって冀察要人においても侮日観念を増長させ、われわれに対する態度も多少硬化したと感ぜしめられたということがございます。

特に、馮治安、この三七師長の馮治安とか、日本にまいりました秦徳純は、南京側と呼応して、状況においては日本軍と一戦を交える決心を固めておるとの情報もあったぐらいでございました。

それから、北京ではご承知のとおり十三の城門がございますが、その北京の城門の警備兵力は普段はせいぜい一個小隊ぐらいの兵力しかなかったのが、その時分になりますと、その城門を固めておる中国軍の兵力が一個中隊内外に増えました。

○山本　その一個中隊というのは一つの門でですか。

○牟田口　一つの門にそれだけの兵力。

それから、盧溝橋付近の中国軍の状況、これらを見ますと、盧溝橋付近の中国軍はその兵力を増加しまして、かつ、その態度がとみに不遜に、穏やかでない挙動をやるようになりまして、その変化の状況は次のとおりでございます。

兵力増加の状況。平素、盧溝橋付近には、城内に大隊本部、営本部と一個中隊を置いております。また、こちらの長辛店のほうには騎兵一個中隊を駐屯せしめておりましたが、その年の五月十日乃至下旬の間においては、城内兵力は変化はないが、城外に歩兵の一個中隊を、また、盧溝橋の橋の下の永定河の、この橋の下の中洲には歩兵二個中隊を配置。六月には長辛店に新たに歩兵第二一九団の本部及び第一、第二大隊を増加いたしました。

防御工事の増強としては、長辛店北方高地に、従来、高地脚側防のために機関銃陣地が二カ所設けられていたが、また高地上には野砲陣地が構築されていましたが、六月に入って新たに散兵壕を構築して、盧溝橋付近では竜王廟から鉄道線路付近にわたる間、堤防上及びその東方台地の既設散兵壕をも改修増強して、しかも従来土砂を持って埋まっておりましたトーチカを掘り出して、そして射撃が出来るような設備もやります。それが五月六月頃の状況でございます。

空気としましては、抗日意識濃厚となる。盧溝橋通過に関しては、昨年、豊台駐屯当時においてわが部隊の通過を拒否することがありましたが、われはこれに抗議をして通過に支障ないことになりましたが、特に豊台事件後においては、中国軍の態度が大いに緩和し、日本語を解する将校を配置して誤解がないように努むる跡は認めましたが、その盧溝橋の事件の始まる六月に入って再びわが部隊の城内通過を拒否する。わが方はその都度、二九軍首脳部に交渉する煩雑な手続きを要しました。

わが軍の演習実施に対する抗議。盧溝橋付近一帯は北寧線線路用の砂礫を取る荒蕪地でありまして、この付近の落花生とかいう耕作物があるにすぎませんが、夏、コーリャン繁茂期においては、この落花生を植えてコーリャンをやりませんので、この付近は唯一の豊台部隊の演習場となつておりました。

ところが、その時分になりますと、中国軍は畑に日本軍が入ったとか、夜間演習についても事前に通報を要求するような言を弄して、夜間の実弾射撃等をやらないのに、これを実施したと抗議してくるというような抗議の度数が増えました。

行動地区の制限。従来、竜王廟付近の堤防及び、同所南方鉄道にはわが部隊の行動は自由でありましたが、最近、殊に六月下旬頃からこれを拒否します。わが部隊の兵力が少ない時は、実弾を装塡して威嚇する等、不遜の態度を示すようになります。

警戒配備の変更。六月下旬より竜王廟付近以南地区に配兵して警備を

（テープ№１・B面終わり）

厳にし、殊に夜間はその兵力を増加しております。さきほども申し上げましたように、一文字山には従来全然警戒兵力を配置してなかったが、夜間、うちの日本軍で演習をやらん時には、そこにも兵力を配置するようになりました。

事件勃発直前における中国軍の状況を申し上げますと、七月七日の夜、演習部隊の報告によれば、竜王廟付近に鉄道橋及び城壁上の間に、——竜王廟との間に電燈で点滅して通信をやっていることが明瞭でございます。これは支那軍の状況はそうでございましたが、、、

こちらのほうの日本軍としてはどうかと言えば、ちょうど六月七月というのはもう一番軍隊で大事な中隊教練、中隊を戦闘単位と申しまして、中隊をしっかり固めることが一番大事でございますから、中隊教練の訓練の時期でございまして、七月の九日を第一次としまして豊台部隊の中隊教練の検閲をやるようにしております。

その時分は、日本軍の訓練の状況はどうかと言えば、支那駐屯軍という支那軍を相手に演習をしとるかというとそうじゃない。われわれのほうは蒙古のほうの張家口のほうに行って、あすこにソ軍が出てきた場合に、ソ連に備えるように、ソ連に対する戦法を訓練しておりました。したがって、ソ連に対する戦法としては、夜間戦闘が主であるという上のほうからの要求がございまして、検閲等も、三個中隊のその中隊を見るのに、二個中隊は夜間見る、一個中隊だけを昼見る。しかし、どの中隊をいつやるかということはその直前に示すというので、中隊はあらゆる場合に応ずる訓練をやっておりました。

それから、支那側の多少神経をそそったんじゃないかと思う

—12—

のは、そういう訓練が非常に激しかったのと、豊台の駐屯隊に対して軍司令官の随時検閲が五月下旬に実施せられまして、軍幕僚及び大分が一文字山に集まった、それ五月の下旬でございます。

それから、六月の末から七月上旬にかけて、歩兵学校の教官の千田という大佐です。これが、その時に訓練の戦法が変わりまして、それを普及させるために歩兵学校から千田大佐が我々に教えてくれるために一文字山付近で演習をやりました。それなんかも非常に支那側の神経をそそったんじゃないかと思う点が、そういう点があります。

ただ、私どもは非常に迂闊であったのは、我々の相手は二九軍に対して出来るだけ穏便に穏便にと、事を構えんように構えんようにと言っておりましたが、その影に、共産党に対する我々の、私ども非常に粗でございますから、共産党の活動ということに対して、非常にこれはもう上下ともに迂闊でございました。この点は確かにわれわれも迂闊であったということを未だに感ずるところでございます。

これが今までの事件の勃発の直前の状況でございますが、いよいよ事件勃発の時にはどうかということをこれからその点を申し上げたいと存じます。

七月の九日が検閲の第一日としてやりますので、大隊長は、検閲の直前の七月の八日は兵隊さんを疲れさせるといかんからと言うので、武器衣服の手入れに当てまして、演習は一切やらないと。それで七月の七日がもう訓練の一番の最終日だというので、各中隊ともに、もう昼夜を分かたず演習をやっております。

ところが、とにかく私のほうは豊台だけじゃなくて天津のほうも見なくちゃならないし、第一大隊も見なければならない。それで、七月の五、六、七という三日間、私は天津におりまして、天津の歩兵隊を見ます。検閲の時には、「よく出来た」というために、あらゆる私の気がついた点を注意するのは、検閲前の演習に行ってしきりに私はやっておりまして、それで五、六、七という三日間はもうくたくたになって、天津で、「私のも見てくれ、私のも見てくれ」と言うので、もう昼夜分かたず私は中隊教練の状況を見まして、私はくたくたになって七月の七日に北京に帰ってきました。そして、「あ、もうやれやれ」と思って、風呂でもつかって休んでおる時に、枕元に置いておった電話が鳴り出した。

それで、「どこだ!」と聞いたら、「豊台だ」ということでございます。それで一木大隊長の方からの電話。それで、「さきほど旅団長の所に電話したところが、旅団長は天津に行ってお留守でございました。警備司令官代理として連隊長にご報告します」と、「なんだ?」とそれ言ったらば、以下、大隊長の報告の要旨でございます。

第八中隊が竜王廟付近で演習をやっておったところが、竜王廟とおぼしい所から実弾射撃を受けたという。それで、すぐに中隊長は、部下中隊を集めて人員検査したところが一人兵隊が足らん。初年兵が足らんので今、探しているということでございます。

いろいろな点で、兵隊さんがその時、用便しておったとかいうようなことでちょっと記事に出たことでございますが、それは絶対にございません。もう演習中に、そういう時に用便するなんていうことは絶対にない。その時におった清水とかいう人です。それが初年兵でありまして、伝令に行って中隊長の所に帰る時に方角を間違えちゃって集合時間に遅れたというのです。

それで、「どうしましょうか」という大隊長からの報告なんですが、それで、前々からこういうふうな、だいぶ盧溝橋付近の状況が不穏な状況でございましたので、支那側がどういうふうに出るかわからんから、大隊はすぐに緊急集合して一文字山に集まれと、一文字山に行けと。そして、支那側が射撃したならば、その実砲の薬莢でも拾って証拠品を集めておけという私が命令をした。大隊長、「承知しました」ということでありまして、私は、「これからすぐに僕は連隊本部に行くから」と言うので電話を切ったのでございます。それが大隊長の報告を聞いた時の私の趣旨の点でございます。

そして私は、すぐに服に着替えまして、連隊本部の官舎は大使館の中に、満洲溥儀皇帝が宣統皇帝時代に日本の大使館におられました、その時使った宿舎でございまして、ごく粗末な建物で、それはとっても西の日が入ってきて暑くてたまらん官舎だったですけれども、それを我慢しておりましたが。そこから行くと大体五分でもう行けます、ずっと。それで五分たって連隊本部に行きますと、週番大尉のシラカイというのが週番大尉でございまして、それを私は揺り起こして、「おい、こういうあれがあったから、すぐ伝令を使って証拠を集めろ」と。

それは、あそこで日本の兵営はすぐ前がイギリスの兵営でございます。それから、すぐ門に向かって右のほうはイタリアの兵営がある。それから、後ろのほうにはフランスの兵営がある。それから、少し離れた所にアメリカの兵営があります。そこで暗夜にラッパでも吹こうもんならもう響き渡ってすぐに大騒ぎになりますので、そういう時にはすべて伝令を使って緊急集合のあれを伝えるようにしております。それで、その時には、北京のほうの将校は市内のほうに家を持っておりまして、そこに伝令を飛ばして集めに行く。

ところが、その時には、第一大隊は検閲準備の訓練のために通州に行っております。通州というのは北京から約東のほう八里ほどでございます。そこに行って訓練中で、北京のほうには歩兵一個中隊と機関銃の一小隊がおるだけでございます。それで、もう手元にはそれだけしかありませんので、すぐに電話で通県を呼び出しまして、第一大隊は朝陽門のすぐ東南のほうに射撃場がございまして、そこがだいぶ民家から遠ざかっておりますので、そこに集めようというので、そこに集合を命じました。とりあえず、それで兵力をいかにして集めるかということで随分私は面食らいましたが、しかし、どうにかみんなの助けによって、、、

旅団副官が二人おりまして、その一人の松山というのは、その日の私が天津から帰るのを待ち受けて、旅団長は天津のほうに行かれまして、それに旅団副官ついて行きまして、もう一人小野口というのが中尉副官というのがおりまして、警備司令官の仕事ですからそれが進んで私の援助をしてくれました。

連隊副官が河野又四郎という、非常に周到な副官でございましてよくやってくれまして、それで、特務機関のほうに早速、私、電話いたしまして、特務機関長は松井太久郎という私の士官学校の同期生でございまして、それから、そういうふうな支那側から射撃受けたということをあれしまして、支那側に抗議を申し込んでもらったんです。

ところが、それが特務機関と支那側との交渉のことが、——ここに書きましたんですが、——松井機関長から「不都合じゃないか」と責めたんです。ところが、その時には宋哲元は山東省が彼の郷里でございまして、郷里のほうに墓参に行って留守中なんです。こちらの旅団長も天津に行って留守中のことでございまして、その支那側は留守を預かっておったのは北京の市長をしておった秦徳純でございました。

それで、特務機関長から抗議を言うと、「いやあ、そんな所には支那軍はいないはずだ」と言う、竜王廟なんかにはいないはずだと。竜王廟の城内には支那軍隊はおるように指示してあるけれども、この城外にはいないはずだと彼は言う。「それは西瓜小屋の番人じゃないか」と。ここは南京豆とか西瓜が出来るような所で、「西瓜小屋の番人じゃないか」と。それから、「匪賊じゃないか」と。

それからもう一つ言うたのは、「それは共産党じゃないか」ということを言うておりました、「共産党じゃないか」と。

それから、「支那軍だったらどうする？」と松井がとっちめたわけでございます。そしたら、秦徳純曰く、「これは城内にはおるようになっておるが、そういう指定以外の所に行った奴だから、これは首脳部としては匪賊と考える。命令を聞かずに勝手に守地を離れたんだから匪賊である」とこう言う。

それで、「日本軍でいかにこの竜王廟付近の者に対して処理されようと、それは支那軍として責任負うわけにいかん。勝手になさい」というような返事でございました。これが支那側との交渉の結果の秦徳純の話。

それから、とにかく支那側から交渉人物を出そうということになりまして、この宛平県、この付近一帯宛平県の県長、県知事の王冷斉を向こうへ出すようになって、それを特務機関の寺平忠輔君がそれを伴って連隊本部に見えたのです。

その時に、冀察委員会の外部委員長の林耕宇がついてまいります。林耕宇は日本の早稲田出身でなかなか日本語達者でございました。前の豊台事件の時も林耕宇がやっておりますから、

それで私は林耕宇の顔を見るなり、「また、貴軍は不都合を働いたじゃないかって!」言ったら、「どうも済みません」と言って頭を下げました。

それから、私は心中に描いておりましたのは、この支那軍があったんだから、この付近の軍隊の長は西苑におる馮治安でございます。少なくとも旅団長もしくは師団長の馮治安が交渉に当たるのが至当だと思っている時に、その王冷斉が来ましたので、それで、「私が支那側の交渉人として任命された、私がやります」ということで。

それで私は、「君はどういう資格かね」と言ったら、「宋哲元の代理です」と言う。「宋哲元には二九軍の軍長の資格と冀察政務委員会の委員長という政治の長官と軍隊の長官の二つの資格があるが、君はどっちを代理するのか」と聞いた。王冷斉が、「どっちとも代理すると思います」とこう言う。「そうかね。文官たる君が武官の代理が出来ますか」と聞いた。そしたら、「あ、よくわかりませんから、秦徳純に電話しますから電話貸してください」と電話をした。三〇分ぐらいいろいろ言っている間に、一向来ませんから、私、河野副官を呼びにやったのです。そして、「王冷斉、呼んで来い」と言ったら呼びました。「電話ではよく埒があきませんから、今から秦徳純の所に行かせてください」と言うから、それから、そういう難しい時にはすぐに逃げますから、これを逃がしたら交渉も何も出来ませんので、「それはもう現地の状況はそんな呑気な場合じゃない。今、支那側と戦闘でもやろうという時だから、それに向かって今から秦徳純の所に行くなんていう時間の余裕はない。だから、こちらからも交渉をやるから、ただ、僕は、王君の腹を聞くために言うたので、現地の支那軍がどうしてもいきり立って日本軍に対して射撃すると、『それをいかん!』という君が確信をもって止めることが出来るか、それを僕は確かめるために君のあれを聞いたんだ」と、そう言いました。

それで、「もうそういう時間はないから、君はよく腹を決めて、大事な時だから、この際、支那軍のほうで勝手なことをやって、それに対しては断然君が腹を決めてそれだけの決めるだけの決意を持たなきゃいかん」と、そう言うて聞かせました。

緊張とかなんとか言いますけれども、まだその時分、私から見れば若造でございますから、いちいち支那人に対しては、強者が弱者に対する、幼年者に対して教え聞かせるような態度で私はしょっちゅう、そういうふうなことを訓戒がましく言うて聞かせておりました。それで、王冷斉に対しても私はそういうふうに言うたのでございます。

それから一方、森田が緊急集合でやって来まして、午前の二時頃か三時頃着きましたので、森田を呼んで、それで私、森田に言うた。それがその私が、さきほど豊台事件の時に、「今度、支那側が不都合働いたら、この連隊長が言うことを聞かんから」と言うておりまして、あ、悪いこと言うたなと私、思いましてね、そしたら森田に、「今度、支那側から交渉にお前が現地に現地に行ってもらいたい」ということを言う。「ちょっとお前、心得のために言うとくがね、今、非常に大事な時だ、今とてもこの時間が。それで支那側は、『暗夜のことで日本軍とわからずに射撃した』と言うに違いない。お前はそれを聞いてやらにゃいかんぞ。非常に寛容な精神でそれを聞いてやれよ」と言うた。そしたら森田が私に反問して曰く、「連隊長、交渉でやるんですか」と言うから、「無論そうだっ！」と私は言った。「無論そうだ」という私の言葉は、私自らを制する意味もあって「無論そうだ！」ということを声を荒らげて言うたので、「承知しました」ということでございます。

それがもう私、その時に、精いっぱい私の、「この際いかに穏便にやるか」という非常に一生一代の私は知恵を絞ったつもりでね、「『暗夜のことで日本軍とわからずに射撃した』と言えば、寛容の精神を持ってそれを聞いてやらないかんぞ」と、それを森田は私の次の期で、私とあまり年は変わりないんですけれども皆よくやってくれました。

そして、森田と支那側からは王冷斉と林耕宇、それから寺平というのが一つの車に乗り、こちらは森田君を車に乗せて別々な車で盧溝橋にやりました。それは午前の四時でございます。四時、連隊本部を出ました。それには警備小隊をつけて出しました。

ところが、そのことを豊台の大隊長に言わなければいけないと思って電話で言いましたら、「今度、支那側からは王冷斉、日本からは森田中佐が交渉に行くんだ。以後は森田中佐の指示に従ってやれよ」、「承知しました」と、こういうことで、それが一木大隊長の電話の返事でございました。

それからしばらくしますと、豊台の大隊長からまた「連隊長殿」という電話が来た。それから、「なんだ」と言ったら「また、支那側が射撃しました」と言うのです。それで私は、「いったいそれは何時頃か」と言ったら、「午前の三時四〇分頃だ」という。もう午前三時になりますと、北京は彼我の識別が見えるぐらいに明るくなるのです、緯度がずっと北のほうですから。

それで、「もう明るいじゃねぇか」と言ったら、「明るうございます」、「見分けつくね」と言ったら、「明瞭に見分けつきます」。そういう時に日本軍に対してまた射撃したと言う。それで私は、ようやくと「暗夜のことで」ということで、こちらいきり立っているのを抑え、自分自らも抑えてやった知恵をね、いよいよ明るくなってから、日本軍とわかってるのに射撃するという、これはいかんと。それで私は一木大隊長に対して「一度ならず二度までも日本軍に対して射撃するんなら、もう容赦あいならん。断然戦闘開始してよろしい」と、こうやりました。それで腕時計見ますと、ちょうど四時二〇分です。それで「明瞭にしとくが、連隊長が大隊長に対して戦闘開始を命じたのは午前の四時二〇分だぞ」と言ったら、大隊長も時計を見まして、「間違いございません。確かに四時二〇分です」と、こういう返答でございました。

それで、大隊長は私の命令に従って、「日本軍にいかに処理されようと支那軍では何の文句言わん」と、こういうことでありましたので、大隊長は竜王廟付近の敵を降服すべく歩哨いたしました。それで森田が現地に着いたのは午前の五時でございます。四時に北京を出まして五時に着いております。

ところが、森田に、「戦闘開始してよろしい」という命令を伝えたということを今ならラジオですぐに伝えますけど、その時分はございませんので伝えようがない。それで、「現地に行けばどうせわかるな」と思っていたら、一文字山に森田が着いたのは午前五時に着いて見たところが、「エエエッ」と大隊がこういうふうに兵力を展開しまして、

（テープ№2・A面終わり）

一個中隊はこっちの竜王廟の北にある。七、九、八という。それから、歩兵砲を一文字山のここに置いて、そして、森田が着いた時分に何言うとるかと言ったら、「歩兵砲撃て！」ってやったわけです。その歩兵砲隊長に命じておるわけです、大隊長が。それを見て森田が驚いちゃった。連隊長は交渉によってやろうというお考えなのに、大隊長が早まってもう戦さするつもりでやっておるという。それで、森田はすぐに一文字山の所におって、「歩兵砲射撃、相成らんっ！」と言って止める、「いかん」と言って。大隊長こっちの前のほうにおりまして、ここにおる。それで、一向撃たんもんですから、またこの「歩兵砲撃て！」ということをこちら声をかける所ですから、途中伝令も置いてやっておるから。そうすると、一向撃たんから催促したわけだ、大隊長が。

そしたら、この歩兵砲隊長から、「森田中佐殿が来て止められました」って言う。それで一木も、「どうも連隊長は『戦闘開始してよろしい』と言うたのに、また連隊長のお考えが変わったのかもしれない」というので、もういよいよ歩兵砲射撃ということを言わなくなりました。それでこれはもう夜の夜中から緊急集合で兵隊さんが集まって背負い袋で来てますから、それで、これはもう、この展開した先において、「その場に止まれ」というラッパがございます。「その場に止まれ」というラッパを吹かしたんです。それで兵隊さんは「やれやれ」というわけで、三々五々もう敵に後ろ向けたりなんかして背負い袋からカンメンポ（乾麺麭）を取り出して口に入れるという状況の時に、今度は支那側から猛烈に射撃が来たんです。それまで一発もこっちは撃っておりませんよ。それで、今度は森田が怒ったんだ。そして一緒に行った王冷斉を省みて、「お前、知っているとおりここに来たところが、大隊長が早まって戦さを始めようという状態だったから、皆にも説明したとおりに止めたんだ。然るにかかわらず、支那のほうは今、君が見られるような射撃をした」、もうこれは四、五百メートルしかないんです距離は。このままではどうしてもいかんと。

それで、今度は大隊長に対して森田が、「前進！」ってやっ

た、前進。「歩兵砲撃たしてよろしい」と。それを言ったのが五時半頃です。それで歩兵砲の射撃は、――ここには、ここの盧溝橋というのはやっぱり戦略要点なんです。永定河という障害があるのを、ここに橋頭堡式に出来ているわけです。それを今度はここにトーチカが幾つかここを中心にしてこういうふうにトーチカが掘ってある。それを支那側が掘り出しておって、そのトーチカに向かってこれは射撃したわけですね。そしたら、その第一発がトーチカに命中したんだ。それで、とっても兵隊さん「万歳」を唱えてね、午前の五時半に前進を起こしまして、そしてもう十五分ぐらいでもってダーッと行って、この竜王廟一帯の陣地を取っちやった。そして、支那側はズーッと永定河を下がる。こちらも永定河を渡って追撃する状態がございました。

　私はちょうど午後の十二時頃でしたか北京を発つ汽車があるんです。それで、ちょうど昼飯食っておる時に、天津に行っておりました森田が古参でその次の中佐の岡村勝美という中佐がおりました。それが兵器委員会議で帰ってきたんですね。そして、「大変でしたな」って、「ああ」って言って。「うん、お前が来たならお前に頼むぞ」というわけで、すぐに警備司令官の職務を岡村に命じて、「俺は現地に行くよ」と言ったら、岡村が「それはよろしゅうございましょう。すぐ行っていらっしゃい」と言うので、昼飯食べるか食べないかにして、それでチェンメン（前門）の停車場に行きまして豊台にまいったしだいでございます。

　それで、私が豊台のあれに着いたところが、豊台には警備小隊を残して大隊長は全部こっちに行っておりまして、警備小隊からいろいろ詳しく聞きまして、それからずっと現地にまいりましたところが、とにかく、その時分はもう午後の一時頃でしたが戦闘はちょっとやんでおりまして、連隊旗手の近藤というのが迎えに来まして、敵の弾が来たらいかんというので遠くからこう行って竜王廟に行きました。

　そしたら、その竜王廟付近の陣地には、二九軍の服装をした二七個の死体が転がっておりました。それで、匪賊であるとか共産党であるとかいうようなことはもう全然ありませんで、全く二九軍の服装をしたその者が死体で転がっておる。それから、あとで聞きますと、この中ノ島と申しておりましたが、そこの所に、こちらで気づいた百二、三〇の死体をこちらへ運んでおる。それから、長辛店のほうにも百以上の死体を運んだというようなことも聞きまして、こちらは戦死者が九名。それから負傷者が三〇出来まして、戦死者のうちには、小隊長の准尉の人も惜しいことに戦死いたしました。そういう状態でありましたのが、この事件の発端の時の状態でございます。ちょっとこの嘘を言ってはいけませんので、、、

（休憩　余談）

○牟田口　それから秦徳純は、「二九軍ではない。この盧溝橋の城の中には命じてあるけれども、そのほかに行ったのは、勝

手に自分の守地を離れてやったから、二九軍の首脳部としてはこれは匪賊と考える」とこうやった。それで、こちらも明瞭に、それじゃあひとつ竜王廟ということでやりました。

ところが、もう最初から、――支那軍と交渉するときはちゃんとした証拠を握らんといけませんので、――一木大隊長に、「薬莢でも拾ってしっかりした交渉の根拠を握らにゃいかんよ」と言いましたら、「承知しました」と言うておりました。それがもうここで明瞭にかたつけまして、二九軍の服装をしておりまして、明瞭にこれは二九軍がやったということが証拠立てられたわけです。

それで、この永定河の向こうまで行っておりますから、これだとちょっと始末に負えませんので、私はその晩、闇を利用してこちらに下がる、兵力を集結するという案をしておりまして、ちょうど午後の何時頃だったか、夕方でした。河辺さんが天津のほうに行って南大寺という所の野営地におりまして、変を聞いて飛んで帰られた。ここで、一文字山の上で河辺さんに会いましたのが午後の四時頃だと思います。その時分に会いました。

それから、委細それまでの報告をいたしました。それから、私の取りました考えは、どうもこのままだとあまりにも寄る所がないですから、この盧溝橋の城をひとつ取っちゃおうという、盧溝橋の城に立て篭もる。そうすると、ちゃんとしたこちらは防空壕でありますから、野原におるよりも安全だということでそれで河辺さんに申し上げましたのは、「盧溝橋を取らしてください、この城を取らしてください」と言った。それには私、成案があると。

これは盧溝橋の城はいつ頃出来たかずいぶん古いんですが、北風が激しくて、ズーッと城壁の上、六尺ぐらいまでは空いていますけれども、その下はズーッと砂で埋もれている。それで私のほうでは、豊台の部隊にはちゃんと前から準備していまして、いつ何時あっても六尺梯子を準備しておけというので、各中隊に六個以上六尺梯子を準備させました。

それでその晩、豊台から兵隊さんが六尺梯子をみんな持ってきまして、そして、この豊台から長辛店へ、これ長豊支線という鉄道線でございます。ここの北側にズーッと集めたわけです。

それで、あくる日になったらこれを梯子をかけて飛び込んで手榴弾を投げつければ支那軍を叩きつぶすのはわけはない。それから歩兵砲でもってこの城門を叩き壊すということで、「大丈夫、出来ます」と。

それで、河辺さんは天津の参謀長に、「実はこういうふうな盧溝橋を取るという計画があるが」と言ったら、「それは準備はよろしい。準備はいいけれどもちょっと実施は待て」ということでございました。

それで、兵隊さんはズーッとその六尺梯子を持ってかがんでおったところが、夜が明けてもなかなか「やっていい」という認可が来ない。支那軍のほうは、城の上から見ると目の下ですから、あ、日本軍が六尺梯子をいっぱいこうやっておるから、もうすぐ向こうは感づいた。「ああ、ここに梯子をかける」というので。

それで向こうは、その時は黙っておりましたが、夜になると城壁とここの間に三メートルぐらいの濠を掘ったんです、砂ですからすぐ掘れますから。また、工事が実に支那軍得意ですからどんどんやっている。とうとうこっちのほうの企図を暴露しただけでなんらの効果はありませんでしたが、そういうこともございました。とうとう盧溝橋の城を取ることはズーッと後になりましたが、そういうことがございました。

これが、二九軍の首脳部としても、自分のほうがやったかどうかということはわかっていないんですね。こちらのほうに兵隊がおるなんていうことも、下のほうは知っているけれども秦徳純なんていう男は知らんのですよ。それで、日本軍の守地を勝手に、支那軍の守地を守らずに守地を離れたなんて言って、実際はこういうふうにずっと支那軍が配置されました。

どうも実際これは、現地の状況を知らずに、七月七日の射撃事件について曖昧なる言辞を弄したのは、彼らの当惑ぶりを無意識のために洩らしたものと私はその時は考えたしだいでございます。

それで、今までのご説明でおわかりくださったと思いますが、盧溝橋事件というのは、最初、不法射撃をやったのが元でありましたけれども、いよいよこちらが戦闘開始しましたのは、森田が行って止めて、それが二度目です。

それから、三度目にまた向こうがもういっぺん射撃して初めてこちら側がやりまして、「仏の顔も三度」ということがございますが、全くこちらが隠忍に隠忍を重ねてとうとうやむを得ずやったというしだいでございますが、その辺は支那側も十分に承知しておるしだいでございます。

どうもこういうふうにしてやっても、大事に大事を踏んだことが、終戦後の腹立ち紛れに、皆が「出先で牟田口やった、牟田口やった」ということになっておるのです。それが、単にこちらだけでなくて米軍にしてもさらに言うものですから、「日本人さえもそう言うから本当かもしれん」というので、「満州事変の柳条溝は満洲軍がやったけれども、関東軍がやったけれども、この盧溝橋事件は、日本から始めたか支那側から始めたかわからん、『原因はわからん』」という結論になっておるそうでございます。　（テープ№2・B面終わり）

これは甚だどうも遺憾千万なことですが、日本人のあれがそういうところが甚だどうも。

それで、参謀本部に天津軍としては伺いを立てたそうです。「盧溝橋を取っていいか」と言って。そしたら、石原莞爾が参謀本部におりまして、「牟田口の奴が城をどうして取るかってそんな無茶なこと出来るか」って言うたそうです。それを私、聞いておりますが。何も現地知らずに石原莞爾が、「取れるもんか」って言う、取締ると言ってる、そういう状態でございまして、甚だどうも、こちらが無茶をやっているようにばかりとるので、そういうものではございません。石原莞爾が言うたことも私は知っております。

次に移ります。

宋哲元はどうしたかということです。宋哲元はその山東省の自分の郷里へ帰っておりましたが、変を聞いて彼は急遽北京に帰ってきました。そして、七月の九日に北京のほうの、——支那駐屯軍の参謀長が北京に来ておりまして、その旅館に彼は伺候しておりました。そして、「誠に申し訳ない」と言うて謝罪をしておる、宋哲元は。「誠に不都合をしました」と。そして七月の九日に橋本参謀長と宋哲元の間に停戦協定が出来たのです。

そのところをね、私甚だまだ橋本さんにも聞いておりませんが、私が最初これを書きました時には、宋哲元は天津のほうに行って平謝りに謝ったということを聞いておりましたが、そうじゃなくて、だんだん聞くと、橋本君の旅館に行って謝ったように聞いておりますから、その辺のところはもう少し確かめまして申し上げますが、停戦協定は確かに北京で出来た。

それで、その停戦協定の要旨を、ここのところはちょっと非常に私、一般の作戦にも関係しますのではっきり申し上げておきますが。

我軍との間の停戦協定が成立しましたのは九日の晩でございました。その要旨は次のとおりでございます。

これは、（図面を示し）西苑というのはこっちのほうで、万寿山の下です。その西苑方面の中国軍は——八宝山というのはこの近所で——八宝山衛門口の線以南には進駐しない、それが第一項目。

第二は、盧溝橋城内における支那軍は保安隊をもって治安に任ず。支那軍ではなくて保安隊をもってこの治安に任じさせて、中国軍隊は永定河の右岸の——こっちですね、右岸の——長辛店の線に下がる。ここにおる支那軍はこの永定河の右岸の長辛店のほうに下がる。

我軍は、東五里店、西五里店、一文字山の線、この線でございますが、大体、広安門から盧溝橋に来る道路のすぐ北側の線におって支那軍の状況を監視する。停戦協定実施の状況を監視する。そういう状況で停戦協定が出来た。そういうので、これから先に申し上げることが、ちょっと一般作戦にも関係しているので申し上げました。

十日の朝、河辺さんから、「もう停戦協定出来たから北京に帰ろうよ」と私に言われました。「もう北京に帰ろうよ」と言う。それから私、河辺さんに申し上げたのは、「北京にはいつでも帰れますけれども、まだ不穏な状況が到る所にありますから、われわれが北京に入ってスッと入れちまって、北京の城門ササッと塞がれたら、我々は北京の城内に缶詰になります。それよりもやはり行動自由な豊台付近におって状況の変化に応ずるというのがようございませんか」と申し上げた。そうしたら河辺さんは、「それもそうだな」と言われました。

いったい、今、非常に、もうそういう穏便にするならそれでもうそのまま行こうという河辺さんの真意はありますけれども、どうもその辺のところは、ちょっと私、腑に落ちないところが——あとでまた申し上げますが、——ございます。

ところが、十日の夕方になりました。七月の九日の晩に停戦協定が出来て十日の朝、河辺さんは、「北京に帰ろうよ」と言われたのを、「ちょっと待ってください、それはいつでも帰れますから、もうしばらく状況の変化に応じておろうじゃございませんか」と申し上げたら、「それもそうだな」と言われました。

それから、十日の夕方です。停戦協定の出来た明くる日の夕方、この竜王廟には敵が窺う機運があったもんですから、私のほうは山下という将校斥候をここへ置いておった。ところが、どうもこの竜王廟に二九軍の服装をした奴が転々出没するのが見えるのです。

それから、私は一文字山におってこれを見ていると、どうも竜王廟付近臭い。それで、山下将校斥候を交代させるべく手元におった世良小隊長を呼んで、「お前は竜王廟付近の敵を追っ払え」とやった。「竜王廟の敵を追っ払え」と。これがわずか六、七百メートルですが、一文字山がここですからね。そうしたらこれが、一文字山を下りてこの付近まで行くと、竜王廟の奴が盛んにこっち側の世良小隊に向かって射撃をします。

それから私は、「しようがない。世良小隊が行って追っ払うほかないから」って言うんで。

それで、この竜王廟というのは大体どれぐらいかと言うと、停戦協定で向こうは、「八宝山衙門口の線以南には出ない」と約束しておる。その八宝山衙門口の線から二千メートル以上こっちに出ておるんですよ。出ている。それで私も当時、「関知せんとす」というその命令の指揮官の決心を表す時にはこういうふうな文句を使っているんです、「苟も敵にして停戦協定違反の事実を認むるにおいては、連隊は直ちに立ってこれに膺懲を加うるの姿勢に至らんとす」というのが、私の命令の指揮官の決心の第二項に表すところの文句。「苟も敵にして協定に違反する事実を認むるにおいては、直ちに立ってこれに膺懲を加うるの姿勢に至らんとす」。こうして苟も・・・わけです。ここにあなた、敵は二千メートルの停戦協定を出て来ている。

それで、私は文句なく世良小隊へ、「追っ払え」とやったのはなんら疑問に思わずにやった。そうしたところが、一文字山と竜王廟の間に盛んに銃声が起きる。この付近におられた旅団長は一文字山に飛んできたんです。ここをちょっとお考えください、その場の状況をね。

そしたら、旅団長が来てね、「何するんだ」と。一言も発さない、一言も発さないで口を結んで、「余計なことをした」と言わんばかりの表情なんですね。それで、こちらはこちらとして、こちらは当然、敵の停戦協定実施の状況を監視しとる連隊長としては、何もそんなことまで旅団長にお伺い立てる必要ないと、伺いたてる必要ない、こういう、こちらも黙っていて、一文字山におってこうやって二人で無言の沈黙を守った。

それから、ここでちょっと一小隊ではいけませんので、ちょうど通州に行って朝陽門の所の射撃場に集結命じとった木原大隊長がちょうど、もう非常な強行軍で、永定門の北京の南側を通ってフーフー言って駆けつけてきました。ちょっとここまで北京から八里、ここまで九里だから十四、五里の所をフーフー言って駆けつけてくれたのが木原大隊です。それで「ただいままいりました」という木原大隊の申告なんですね。

それで私、ちょうどその時には河辺さんとにらみ合って、エーッとしておる時だから、それから木原大隊長を呼んで、「お前すぐにあの竜王廟に向かって夜を利用して、薄暮を利用して竜王廟の敵を殲滅せ」と言ったのです、こうやりました。

そしたらまた実に皆、連隊長を信頼しておりましてね、「承知しました」と言う。ただその「承知しました」という一言を残して木原大隊はすぐ夜襲の部署に就きましたよ。そこについたのはどうかって言えば、竜王廟の正面に向かって二個中隊、一個中隊はここから、この衙門口の方に下がる退路に一個中隊と。

それから、もうその時は支那軍も例の、「闇に鉄砲、当たりは太鼓」という、太鼓に当たらなければ鉄砲が当たったかどうかわからんということですが、日本軍は絶対に夜半の射撃はやらない。それにもう支那軍はとってもやるんですから。「また例のとおりやっているよ」とこう言ったら、盛んに竜王廟付近に銃声が聞こえる。

ところが、午後の九時五分と思いますが、今まで盛んに銃声がしとったのがピシャとやんどる。それで、間もなく竜王廟付近にどうも「天皇陛下万歳」というような声がしたんです。それで私は一文字山におりまして、旅団長はこの付近の民家におりまして、すぐに旅団長に、「木原大隊が夜襲に成功しました。敵は殲滅したと思います」と。そしたら初めて河辺さんがね、「それはよかった」と言われましたよ。

それで私の、その時のなんて言いますか苦衷というのはありますよ。なんか旅団長というのは、「竜王廟を取っちまえ」というようなことを命ずる・・・・・。それがもうそれで梢突く意味もありまして、私は、「あの竜王廟を殲滅せっ」って言ったら、「承知しました」と言ってやったのが午後の九時五分でした。正に成功しまして、ここにはもう死屍累々としておりました。

そういう状態でありまして、旅団長の当時の考えは、「せっかく停戦協定出来たから少々の向こうの間違いを多めに見てやれ」ということであったろうと思いますけども、私は苟も戦闘になったら、違反したらそれに拳骨を食らわせなければ停戦協定実施が出来るもんじゃないという、ほんとにその時は確信に燃えてやりましたですが、そういう状態でございまして、朝の「北京に帰ろうよ」というのは、「出来るだけ穏便に」ということでありましたでしょうけれども、もうすでに戦闘にという、今まで友軍として扱っておりましたけれど、それが日本といよいよ戦闘ということになったら、ピシャっと考えを改めて言わなければ、対さなければ威嚇というのは成り立たん。平時状態と戦時になった時のすっかりそこに判然と区別せないかんと、私はしょっちゅうそれでおりまして、もう未だになんにも僕は悪いことしていないと言う、それに向かって無言の叱責を受けたことに対して私、未だに残念に思っているような状態でございました。

ところがです、「少々のいたずらは多めに見てやれ」という旅団長の考えだったかもしれませんが、その竜王廟に出てきました約二百の敵は、その後のあれによりますと、これは寺平忠輔君がいろいろ支那側のあれにも調べてくれましたが、停戦協定に馮治安の部下の三七の若造どもが不満なんですね。それで「あんな停戦協定守らん」という奴で不満分子がここに出てきたことが見える。それを認めてやったらあとはもう停戦協定は成り立たんから、ピャアッと拳骨を食らわしたことでどうにかまとまったという感じでございまして、そこだけちょっとそれだけ申し上げておきます。

○　何かここらで質問されることはございませんか。

○　一つお伺いしたいんでございますがね。戦後のその当時の歴史を研究しておる人たちで非常に問題になっておりますのは、最初の七月七日の最初の第一発と、それから、停戦協定が出来ましてから今お話になりました竜王廟で撃ち出したと、これはいったいどちらがやったかと。

今の話で大体二九軍の不平分子がやったんだというあれでございますけれども、一つの研究としまして、二九軍の中に入っておりました共産党の系統の部隊がいる、こういう連中が、確かに二九軍の服は着ておるけれども二九軍じゃないと、そういう連中が、「停戦をしたんでは事変がこのまま収まってしまう。やはりこれは火をつけなきゃいけない」というので撃ったんだと、こういう説が最近はあるんですけれども。

○牟田口　実際はそうだったかもしれませんけれども、苟もそれにそのかされて停戦協定を乱す以上はこれは二九軍の責任ですわね。それは「共産党がやったから」というわけにはいかないんで、もうこっちは二九軍が相手ですから。だから私は未だにそういうふうなことは耳にしますけれども、それは何もこれして、こっちは「停戦協定を乱したからやった」というそれだけで、何もどちらが先に撃ったもくそもない、「停戦協定を乱したからそれに対して直ちに立ってこれに膺懲を加えた」ということだけでもう何も理由は言う必要ないと思うのです。

○山本　そこはまぁ、意見の分かれるところになるんだな。

○牟田口　それから以後、——これでもう大体ひととおり盧溝橋事件は片がついたんですよ。ついたけれども、その後、今度は日本内地の廟議がどうも拡大したような感じがしてしようがないんですね。なんでも「数個師団北支に派遣する」という、ちょっとこう焼け棒杭に火がついたような感じがいたしましたよ。何もする必要ないと、こっちは収まった、それ収まったのでいいじゃないかという、その時現地におった感じは。

　ところが、これはやはり今お話しの、蔣介石、国民党ですね、国民党がもうその時にはだいぶん西安事件のこともあるし、共産党に対してこれを討とうという蔣介石の決意がずっと鈍ってきたんだろうと思うんです。それで自然、その隙に乗じて共産党がますます跋扈したということじゃないかという感じがいたします。

　これから先の、支那、日本と兵力を増したりなんかされたことは、ちょっと出先としては、、、

○山本　出先としてはもっともだと思うんです。これは僕は、後に近衛に聞いているんですがね。近衛自身はこれは内閣総理大臣なんですけれども、戦争のことはこれ全然知らないと言うんですね。それで、「自分はいったい盧溝橋なんていうことはああいうふうな現地でもよく戦い始まるなぁ、西安事変以来何度でもある。またしようがないことを現地じゃやってやがるな」と。つまり、こんな大きくなるものと思っていないんですね、近衛自身は。

　ところが、それがまぁ、つまり、結局あれは陸軍大臣が言い出して、そして現地派遣ということになったんだと思うが、いったい陸軍省の内部というか、これはもう軍を出す時は、陸軍大臣の力だけで出せるんですか、参謀本部が賛成しないで出せるんですか、どっちのもんなんですか。

○牟田口　やっぱり参謀本部としてはありましょうね。

○山本　ありましょう？　われわれが聞いておるところ、あるいは近衛なんかに聞いておるところによると、まぁ、石原という人は、つまり、日本の相手にすべきはソ連であって中国じゃないんだと、これが石原という人の考え方なんだな。それで、石原一人でなしに参謀本部の大体の考え、——参謀本部の中にはむろん反対もあったらしいが、——大体としては、つまり参謀次長の石原氏の考え方だったらしく我々には思えるわね。

　ところが、陸軍の中にも石原氏と同じ考え方を持つ人があったんだけれどもだな、しかしまた、「ここはちょうど支那やっつけるのにいちばんいい時だ」と思った人もあるらしいんで、その間の、あそこでもってなぜあんなにたくさんの出兵をするようになったのかということを我々としては一番知りたいんですが、そういうことをわかる人は今ね、誰が生きているんですか。そういうのでわかりうる人は、今生きている人では。

　つまり、陸軍大臣が腹切って死んじゃったんだし、それから石原莞爾も死んじゃったし、誰か、あの時の首脳で少しそういう機密に通じている人は誰なんですか。

○牟田口　今井君が一番、、、

○山本　いや、今井氏には僕は二、三度会っているんです。僕

の湯河原の家にも来てくれてね、それはやっぱり北京におるから知りません、それは知りません。やっぱりこっちにいる人でなければだめです、それは、、、

○　荒木大将。

○山本　いや、全然だめです。これはもう君ね、外の人でもう内閣の人じゃない。あの時は何かしてたかもしれないけれどもこれは君、彼はいわゆる皇道派であって杉山のほうじゃないんだから、やっぱり本当のところは知らない。僕は荒木に聞いたけど、そういう大事なところはまぁ言わなかったなぁ。もっとほかにないですか、誰か。僕は誰かこれは聞いておきたいと思うんですがね。

　名目はつまり、ちょうど今のあれと同じことでだな、「ここのところで叩いちまえば支那は引っ込む」という考え方で、あれ一つの考え方だとは思うんですよ。ところがその逆手を取られちゃって、「不拡大、不拡大」と言いながら実は拡大になっちゃったんだあれが、あんな兵隊出したために。だけど、あの時、しかも参謀本部のほうでは、「不拡大」を言い内閣も「不拡大」を言い、民間も「不拡大」言っているにもかかわらず、兵隊出しちゃったんだから。

○牟田口　あれはどうも、その点がね、、、

○山本　内地でもって、あの時分でその時分のことをわかる人、これはもう陸軍のことは我々にはわからないんですが、誰ですかあの時分でもって内部のことがわかる人は。内地にいる人でなきやむろんわからんと思うんだがね。

　あるいはまた、関東軍なりなんなりから、「ここが今チャンスだから出兵しろ、出兵しろ」というような電報なりなんなり出しているような人があるかどうか。

○牟田口　まぁ出すとすれば、関東軍が一番あとは知っていますね。

○山本　そうでしょうね。そうすると、その時分の関東軍の参謀長は誰ですか。東条でしたか、盧溝橋の頃の参謀長は。

○牟田口　東条ですね、東条でしょ。

○山本　東条のような気がしますね私は。だけど、これもいないんだから。だけど、東条であれば、東条一人でやっている気づかいないんで、参謀のほうで和知というような人とか、なんかそういうの誰かいませんか。和知氏がそれに関係しているかどうか僕は個人的に名前出しちゃ悪いけれども、誰か、、、

○牟田口　田代晥一郎さんね、あれは、、、

○山本　あれは、むしろ柔らかいほうの人でしょ。

○牟田口　あの人が生きておればこういうことにならんで済んだ。あれは、実際、大事な時に病気になってね。

○山本　あれはむしろ、病気でなしに病気にさせられたようにも聞いてますね。

○牟田口　なんかそういうふうなところもあるが。

○山本　そういうふうに聞いてますね。

（テープNo.3・A面終わり）

あれの下には神保君がいたんで、それでちょっとそういう話は聞いておるんだ。だけど、神保君にしたって、これは外地にいるしまだ下ですからね。あの時分はまだ大尉ぐらいですからね。それはとてもそういう機密には通じてないですよ。誰かこの、内地で今残っている人で、これ非常に大事な点だから僕は知りたいと思っているんですがね。

我々が今あれすることはね、「どっちがいい」とか「悪い」とかそういうことでなくて、「事実はどうであったか」ということをこことしては資料として欲しいんですよ。批判は後にしてもらって。今、ここでやる大事な点は、「事実はこうであった」と、それを集めることがここの一番の仕事なんです。だけど、そういうほうの生きている人が亡くなっちゃうと困るから今、生きている人であるんなら、、、

○牟田口　その時分の中央部の名前を書いたのがございますから、ひとつそのつもりで検討してみましょう。

（このあと余談）

（四）卢沟桥事件的真相（寺平忠辅）

资料名称：寺平忠輔《盧溝橋事件の真相に就いて》

资料出处：中村元督編《講演筆記》（《会報》号外），日本工業俱楽部昭和十三年八月二十三日（1938年7月8日）发行（非卖品）。

资料解说：本资料是在1938年7月8日，曾任北平特务机关辅佐官、并参与事变夜两军交涉事务的日军步兵大尉寺平忠辅在日本工业俱乐部第十七回定例会员茶话会的演说笔记。内容涉及卢沟桥事变期间双方交涉及交战的情况。原编者在《凡例》后所署时间「昭和十二年八月」似为误记。

蘆溝橋事件の真相に就いて

號外

大本營陸軍部附步兵大尉　寺平忠輔君講演

蘆溝橋事件の眞相に就いて

社團法人　日本工業倶樂部

凡例

本輯は本年七月八日當倶樂部第十七回定例會員茶話會席上に於て來賓大本營陸軍部附步兵大尉寺平忠輔君の試みられたる演說の筆記であるが、會員の參考に資せんがため會報號外として茲に印刷に附した次第である。

昭和十二年八月

日本工業倶樂部

目次

挨拶……理事　中川末吉君……一
蘆溝橋事件の眞相に就いて……大本營陸軍部附歩兵大尉　寺平忠輔君……三

挨拶

理事　中川末吉君

大橋理事長が御見えになりませんので、甚だ僭越では御座いますが私が代つて一言御挨拶申上げます。

本日は大本營陸軍部附陸軍步兵大尉寺平忠輔氏をお招き申上げましたところ、寺平大尉殿には軍務御多忙の中を御繰り合せ御光來下さいまして寔に有難う御座いました。

寺平さんは事變勃發當時北支特務機關より補佐官として冀察政權の指導に當られて居られまして、昨年の今月昨日蘆溝橋事件の際、我軍使として宛平城内に於て宋哲元の二十九路軍の幹部と折衝せられまして我政府の御方針としての事件不擴大についで御盡力になつたのでありましたが遺憾乍ら事態は支那側の不誠意の爲惡化の一途を辿り遂に今日の長期戰と相成つた次第であります。

一

二

恰度昨日は其の事變勃發一周年に當りますので、その當時直接御關係のあつた寺平さんに御出でを頂きまして、そのころの眞相に就いてお話を願ひまして、吾々日本國民として其の記憶を新にし、以て今後の長期戰に處すべき覺悟を一層鞏固にいたしたいと存じます。

どうぞ御差支へのない限りに於きまして、當時の御話を下さいますれば、吾々は望外の仕合と存じます。甚だ粗略ではありますが、之を以て私の御挨拶といたします。

では只今から寺平大尉殿の御話を願ひますから、御靜聽を御願ひ致します。

（拍手）

講演筆記（日会報ロ号外）

蘆溝橋事件の眞相に就いて

大本營陸軍部附步兵大尉　寺平忠輔君

私が只今御紹介を戴きました寺平大尉でございます。事變の一周年に際しまして皆様に對して當時の蘆溝橋方面の情況に付て御話申上げますことは私の最も光榮とする所でございます。事變の起りました原因等に付きましては之を詳細に申上げますと隨分色々な事情もございますが、是は既に皆樣も十分御承知のことでございますから、本日は事變勃發前に於ける冀察政權の動きとか、何故に斯う云ふやうな事變が起らなければならなかつたか、と云ふやうなことに付きましては之を省略致しまして、直ちに事變勃發の所から御話を申上げることに致します。

七月七日卽ち昨晚の十一時稍々過ぎ宛平縣城の北方地區、廣漠たる原の眞中に於て演習をして居りました所の豐臺部隊の第八中隊（中隊長淸水節郎大尉）の部隊に

三

四

對して龍王廟附近から射擊をして參りました。十數發の實彈射擊をして來ました。直ちに此の部隊は演習を中止させて、さうして兵員を集めます爲に夜間で眞暗でございますから喇叭を吹奏しました所が、共の喇叭の音を聞つけて再び龍王廟方面から、一部を以て、宛平縣城方面から射擊をして來て居ります。此の時に於ける其の演習と云ふのは七月十日から豐臺部隊の第二期の檢閲が始ります。それで檢閲の準備の爲に每日每晚此の原で演習をして居りました。さう云ふ狀態で戰をすると云ふやうなことは考へて居りませぬ。それですから兵隊は一人が實彈を三十發持つてゐるだけで後は空包であります。實彈を何故持つて居つたかと云ふことに付ては既に御承知のことゝ思ひますが、滿洲より北支方面にかけて演習をします部隊はいつ何時何處でどのやうな匪賊にぶつかるとも限らない。さう云ふやうな場合に彈がないから戰が出來ないと云ふやうなことでは皇軍の一大恥辱であるから、萬一に應ずる爲に平時から三十發位の彈は常に準備をして居りました。であるが本日此の前面の敵に對して三十發の彈を以て戰鬪を開始すると云ふことは、平時の調査に依つても既に判つて居る如く、此の附近には約一箇大隊の支那軍が駐屯して居る。それに對して戰鬪を惹起して、若し三十發を射ち終つた時に後續部隊が來なかつたならば此の戰鬪が非常に不利な狀態になると云ふことも中隊長として考へました。もう一つ今此處で以てポン〱射擊を受けて居るが、河の西岸にはどの位の兵力が居るか判らない。僅か一箇中隊を以て此處で夜敵情も判らず戰鬪をやるよりか、一本々々の指を以て敵に當るよりか、取敢ず此の際忍び難き所を忍んでも一文字山方面に後退をして、さうして後から來る所の大隊主力の來着を待つて、五本の指が一つの握り拳となつて戰ふに如かず、是が其の時の淸水大尉の決心でございます。部隊を集結致しまして、一部を以て龍王廟方面の敵情を偵察させると共に、他の部隊は一文字山に集結し、傳令を馬で飛ばしまして一木大隊長に此のことを報告致しました。大隊長は夜十二時頃此の事件の情況を知りました。直ちに全部隊の非常呼集を命じました。さうして一文字山に向つて大隊全部を集結致しました。同時に直ちに龍王廟竝に宛平縣城方面に對して敵情の偵察を致します。一方大隊長は此の事件の勃發の

六

情況を天津の軍司令部竝に北京の聯隊長牟田口大佐の所に電話を致しました。天津の軍司令部からは電話を以て北京方面に連絡がございまして、卽ち軍の命令として七月七日十一時蘆溝橋附近に於て起つた事件に對しては、軍の方針は飽迄事件の不擴大と云ふことを基礎として局部的に此の問題を解決する考へである。就ては北京の特務機關からは直ちに軍使を現場に派遣をしてさうして支那側の代表と現地に就て此の事件に關して折衝を開始すべし。同時に第一聯隊は歩兵一箇中隊を基準とするものを以て宛平縣城の東の城門を占領して、さうして軍使の交渉を容易ならしむべしと云ふ命令が電話で傳へられました。それで特務機關に於きましては午前一時半頃機關長、それから私、其の他今井武官等が集りまして概略之に對する善處策を考へました。直ちに二十九軍の軍事顧問櫻井德太郎少佐をして支那側と折衝を開始させました。櫻井少佐は直ちに支那側の三十七師長馮治安—馮治安と云ふのは宛平縣城附近に駐屯して居る部隊の師團長であります。且つ河北省政府の主席をも兼ねて居ります。——及び秦德純—秦德純と云ふのは宋哲元が其の當時山東省の樂陵に行つて居りましたので其の代理として冀察政權を牛耳つて居り。且つ二十九軍の副軍長であり當時の北京市長も兼務して居まりした。—その馮治安及秦德純と交涉を命じました。櫻井少佐は秦德純の所に參りまして此の問題に關する解決策を連絡したのでありますが、之に對して北京市長秦德純が何と言つて居るか、「夜中に龍王廟方面で日本軍に對して射擊をして來た。それが二十九軍であると云ふので我々の所に掛合ひに來られたのだらうが、それは少し間違つて居りはしないか、斯んな所には平時から二十九軍は一兵たりとも配置して居らない。恐らく此の近所には水瓜畑が大分あつて每日每晚水瓜泥棒が出入するから、其の水瓜泥棒を追拂ふ爲に此處いらの百姓が空包か何かをぶつ放して居るのではないか、それを感違ひして二十九軍に向つて文句を言つて來るのは間違ひである」と云ふやうなことを申して居ります。そこで櫻井少佐は「お前の方で二十九軍を此處に置いてないと言ふならばそれで宜しい。然らば此處に居る者は便衣隊か或は農民か何か知らないが、日本軍に斯う云ふやうな不法な行動を敢てした以上は我々は斷乎として之に制裁を加へる。それから聯隊長牟田口大佐は此の際當然前線に速に馳けつけるべきでございましたが、當時北京の警備司令官河邊少將は山海關方面に檢閲の爲に行つて留守でございましたので北京の警備に任ずる頭がございませぬ、其の爲め牟田口聯隊長が其の代理をして居つた關係上牟田口聯隊長は北京を離れることが出來ない狀態であつたのであります。そこで聯隊長代理として森田中佐を現狀に派遣し、さうして第一線部隊の指揮を執ることになりました。森田中佐、櫻井少佐、それから私、其の他憲兵分隊長等、其の以外に亦支那側の代表として外交委員會の林耕宇、それから宛平の縣長王冷齋と云ふのを一緒に現場にやることになりました。私達は午前四時稍々前自動車に乘りまして北京を出發し、さうして廣安門を出まして北京街道をまつしぐらに宛平縣城に向つてやつて參りました。午前四時半頃と記憶しますが一文字山の南の所に到着致しました。丁度夜の明け方でした。一文字山と言ふのは山とは言ひますけれども高い山ではない。極めて平滑なちよつとした丘でございますが、一文字山の丘の所に點々として散兵の影が見えて居ります。取敢ず我々は宛平縣城内に交渉に行く爲には今迄の此の方面の事件の經緯を當面の指揮官一木大隊長から聽いて、それを材料として支那側に抗議をしなければならぬと云ふので、一木大隊長と連絡するのを目的に私達は一軒家の傍で自動車を降りてとぼ〳〵一文字山の砂山を登つて行きました。丁度私共が此の稜線附近迄參りました時に遙か前方に於て「攻撃前進」と云ふ號令が聞へました。又私共の直ぐ足下で分隊長の「第何分隊前へ!」と云ふ號令があつて此處らの凹地を散兵が前進を起して居ります。龍王廟に向つて大隊が接敵行動を始めたのであります。此の龍王廟と言ふのは極く小さな廟でございますが、赤い廟がぽこつと堤防上に見えて居ります。左の方には宛平縣城の城壁が横たはつて居りまして、其の城壁と一文字山との距離約千米、直ぐ目の前に見えて居ります。其の宛平縣城の城壁を支那の兵隊が右往左往行つたり來たりして居るのが肉眼でも手に取るやうに見られます。私達は此處に到着した時の情況が一向判りませぬ。何故なれば左の方の城壁上に支那軍が居るのに、一木大隊長の攻撃目標は遙か右の方龍王廟に向つて居ります、恰も支那軍の前で以て分列式をやつて居るやうで、

一〇

森田中佐とも話し合ひましたが一向に其の理由が判らない。私達は其の當時寧ろ暢氣に考へて居りました。任務を受けて此の一文字山に來る時にも、自動車の中で昨年九月十八日に起つた所のあの豐臺事件は日支兩軍が緊張したが、今日の此の問題は數發の不法射撃をやつたと云ふだけで、恐らく泰山鳴動して鼠一匹で大したことはない。餘り氣合を入れて飛んで行つても現場へ行つたらそれ程でもないだらうと云ふ風に考へて行つたのであります。それですから今大隊が龍王廟方面に向つて前進をして居ります情況を見ました時にも、是が支那事變の發端であると云ふやうなことは一向我々の頭には考へられませぬ。恐らく現地の第一線の部隊長と支那側の指揮官が昨夜の問題に付て既に解決が付いたんぢやないか、我々の交渉がなくても解決が付いて、此の部隊は十日が檢閲である。檢閲であると云ふことになれば忙しい。だから一分一秒の猶豫も此處でして居ることが出來ない。殊に近頃の檢閲と云ふことになれば拂曉攻撃の檢閲は必ず實施せられる。して見ると七月八日の拂曉を期して龍王廟の攻撃をやると云ふことは此の機會に於て是非やりたい事だらう。是は演習だらうと云ふやうな判斷を下して居つたのでございます。そこで一文字山の上で一木大隊長に對して聯隊長代理森田中佐は取敢ず此の行動を止めさせやうと決心致しまして、「演習中止、攻擊中止」と云ふことを吸鳴りました。大隊長は此の時一軒家附近迄前進をして、大隊は更にその前方を前進して居りました。部隊はどん〳〵龍王廟の方に向つて前進をして居ります。今からこの中の一箇中隊を引拔いて東の城門を占領させる。それから城内に行つて交渉を開始すると云ふことになると相當時間がかゝつて夜が明けてしまふ。ぐず〳〵して居るととんでもないことになる。一方私達は現地に於て不擴大の任務を以て速に解決しようと云ふ任務から言ひますと此處で時間を取られると云ふことが非常に殘念であつたのであります。一刻も速かに支那側と交渉を開始したいそこで山の上で私は森田中佐に對して「私達は直ぐ城內に行つて支那側と交渉を開始したいと思ひます。東の城門を日本軍に占領させるやうにと云ふことは軍の命令ではございますが、是は形式的に占領して置けば宜い。後で是は占領してあつたのだと云ふことになれば宜いから、私は取敢ず中に行つて交渉を開始する」と言つて森田中佐に別れて北京街道を宛平縣城に向つて進んで參りました。

是より先二十九軍の顧問櫻井徳太郎少佐は城門を早く開けさせて置かなければならぬ。城門を塞されては入ることが出來ないからと云ふので周永業と云ふ支那側の參謀を連れまして、先に自動車で宛平縣城に參りまして、宛平縣城の眞中にあります縣廳の應接間で支那側の大隊長と會見をして居りました。私は此處で自動車に乘りまして、それから支那側の林耕宇、王冷齋等を伴ひまして、宛平縣城の東の城門にやつて參りました。此の城壁上には先程申上げましだ如く灰色の支那兵が陣地を占領して居ります。殊に城門附近は約一箇小隊ばかりの者が極めて堅固に城門を取圍んで居ります。私共の自動車が參りますと、直ぐ其處で青龍刀、大刀或は拳銃、機關銃と云ふやうな物を持つて何時でも射撃し得る態勢をして車を降りろと云ふことを要求致しました。是は極く僅の時間の差でございますが、私共より少し先に行つた所の櫻井少佐軍事顧問に對してはどうかと申しますと、櫻井少佐は軍事顧問で二十九軍の兵隊とは能く顔を知つて居ると云ふやうな關係もありましたが。「俺は軍事顧問だぞ」と言つた所が、此の兵隊は軍事顧問の到着と云ふので頭右で敬禮をした。私が行つた時には青龍刀を振上げて來ると云ふやうな風に變つて居ました。それで私は名刺を出しまして「自分は昨晩起つた問題に關して現地に於て解決する爲に交渉に來た所の日本の軍使である。就てはお前の方の指揮官大隊長に會見させろ」と云ふことを向ふの下士官に言ひました。ところが其の下士官は私の名刺を持ちまして城内に入つて行きました。約十分間ばかりで出て來て「どうぞお通り下さい」それから自動車に乘つた儘城内にずつと入りまして、それから宛平縣城の縣廳の應接間に入りました。應接間と言つても極めてお粗末で周圍は紙で貼つてありまして、障紙なんか至る所ぼろ〳〵に破れて居ります。机や椅子も破れて貧弱でございます。其處で支那側の金振中少佐と會見致しました。丁度私が此處に參りました時に櫻井少佐が既に先に會見して何か金振中に對して呶鳴りつけて居ました。それから私が參りまして「斯う云ふ目的の爲に我々はお前の方と折衝をしよう。就てはお

一三

前は支那側を代表して此の問題を責任を以て解決することが出來るかどうか」と云ふことを取敢ず念を押して見ました所が、金振中は私に「此の附近は一體私の警備地區でございますから、此の問題に關しましては確實に責任を以て解決しませう」と云ふことを申しました。それで私は「それでは今から昨晩の不法射撃の問題に關して交渉を進めて行く。其の交渉に先立つて、日本軍に於ては既に軍命令を以て此の宛平縣城の東門を占領せよと云ふことを言はれて居る。就ては日本軍をして宛平縣城の東の城門に位置させる。支那側は西の城門に位置して、其の中間たる此の縣廳に於て支那側の代表と日本側の代表とが交渉を開始したい。現在來る時に私が城門に差かゝるとお前の部下が非常に澤山城壁上に居つた。あれは工合が惡いから取敢ず之を西の城門迄撤退させて貰ひたい」と申しました所が、支那側の大隊長金振中は暫く考へて居りましたが「日本軍をして此の東の城門を占領させると云ふことは止めて戴きたい」そこで私の方からそれに對して問ひ質しました「それは一體どう云ふ譯か、團匪事件の後に日本側と支那側と折衝して協定をした條文には日本軍の駐兵權を認め、駐兵權に伴つて此の附近に於ては演習をすると云ふことは當然日本側に與へられて居る權限である。つい昨日、一昨日迄日本軍は演習の爲には此の宛平縣城の城内にも入り、或は此の中洲附近に於て日本軍は射擊の演習迄やつて居る。平素は自由に此處に出入して居つたのに、今日に限つて東の城門迄日本軍を入れさせないと云ふことは條約違反になりはしないか、若しお前の方がどうしても之を日本側に渡さないと云ふやうなことを頑强に言ふならば、軍の命令一旦出た以上或は武力に訴へても日本軍は之を取ると云ふやうなことが起らないとも限らない。兎に角此の際東の城門を渡すとかなんとか云ふことは大した重大の問題ではないから、取敢ずお前の方は西の城門迄下つたらどうか」と言つて勸告を致しました。併し支那側はなか〳〵それに對して良い返事をしませぬ。其の時城外に於て猛烈な銃聲が起りました。私達が此の宛平縣城の中に於て交渉をして居ります頭の上を日本軍の小銃彈、砲彈が飛んで來て直ぐ隣の屋根がぶち抜かれた。そこで櫻井少佐と私とは、もう支那側に對する交渉は打切りませう。斯う云ふやうな事態になつた以上

一六

我々は何をしなければならぬか、先づ第一の問題は支那側に對して射擊を止めさせなければならぬ。日本側にも連絡をして射擊を止めさせる、それでなければ不擴大の交涉が出來ない。櫻井少佐もそれに同意をして金振中に對して「お前の部下の射擊を中止させろ、日本軍に對しては我々が連絡を取つて射擊を巾止させる」と言つて問詰めました。ところが「宜しうございます。直ちに私の部下には射擊中止を命じませう」と云ふことになりました。それから私は直ぐ其の部屋にありました電話を取りまして、北京を呼出して北京の特務機關長松井大佐に對して「今私達は宛平縣城內に居ります。縣廳に位置して居ります。支那側の代表金振中と交涉して居ります。午前五時三十分城外に於て日支兩軍が遂に衝突を致しました。現在此の狀態に於ては我々は現地調査の任務を達することが出來ないから、取敢ず機關長から戴いた任務を拋棄致します。支那側に對しては射擊中止を命じさせましたが、現在は未だ盛んに擊つて居ります」と云ふことを報告致しました所が松井特務機關長からは「さうか、それは御苦勞、旣に城外に於て戰鬭が惹起されたと云ふことになれば、此の局面の展開は戰闘を交へて居る所の第一線部隊の方に委せなければならぬ。特務機關は他の方面に於て又別の重要な仕事がある。直ちに宛平縣城を引上げて北京に歸つて來い」と云ふ電話でございました。ところが城門は私達が入りました時にもさうでございますが、平生から土嚢を積んで準備して居りました。それに射撃が始りまして間もなく此の方面からの報告に依りますと、既に鐵の城門はぴつたり締めてしまつて中から盛んに土嚢を積んで居ると云ふことも聞いて居ります。して見ると今更私達は宛平縣城外に出やうと思つても出ることが出來ない狀態になつて居ります。そこで特務機關長に對して「機關長殿の北京に歸つて來いと云ふ御考は能く判ります。誠に有難うございます。けれども現在は既に宛平縣城外に出られない狀態になつて居ります。ですから私達は北京に歸ると云ふことは只今の情況に於ては何時歸れるか期待出來ないが、或は是が最後の言葉になるかも知れませぬ、我々は十分我々の任務に基いてこちらでしつかりやりますから其の點に付ては御安心を願ひたい。又後程機會がありましたら改めて電話を致します。機關長より他の者にもど

一七

うぞ宜しくお傳へ下さい」と言つて電話を切りました。私が電話をかけて居ります間に櫻井少佐は其の部屋の隅にありました寢臺から敷布を外して、さうして竹の竿に結付けて軍使の白旗を拵へて居ります。さうして金振中も一緒に城壁上を廻つて支那軍の第一線に射擊中止を命ずるべく縣廳を出まして城壁上を廻り始めました。城壁上では盛んに射擊をして居りましたが、軍使、顧問が參り、又大隊長が參りましたのですから、射擊を中止せよと云ふことを申しますと、支那の兵隊は「軍使が來た、大隊長が來た」と云ふので射擊を中止しました。「お前達は射擊を中止したならば白旗を揭げろ」と申しました。さうすると手巾を出しまして棒に縛り付けて城壁上點々として白旗を揭げました。一時こちらの射擊は鎮靜したやうであります。そこで一行は城壁上を西に廻つて城門を降りまして縣廳に歸つて參りました。縣廳に歸りました所が城外の西の方の蘆溝橋、マルコポーロ橋と云ふのがございます。此の方面に於ては未だ依然として銃聲が聞へます。そこでもう一回あの方面の射擊中止をやらさなければ城壁ばかり中止させても仕方がないと云ふことになりまして、金振中大隊長及櫻井少佐に私の三人は自動車を飛ばして西の城門に來ました。此の城門の所に來ました時に、此の城壁上から一箇中隊ばかりの支那軍が降りて來まして、是は今の今迄日本軍と城壁上に於て交戰をして居りました部隊でございます。非常に殺氣立つて居ります。それが城門から降りて參りまして、私達の姿を見ますと直ちに私達を取圍んでしまひました、私達は自動車から降ります。さうすると支那側の指揮官が我々の前につかつかと出て參りまして、さうして突然私と櫻井少佐の方向に向つて拳銃を振上げて「日本人だ！殺してしまへ！」と言つて、拳銃を振上げて今にも引金を引くと云ふ態度を示しました。其の時私の降り居りました金振中が其の中隊長の振上げた拳銃をぴしやつと叩き落してしまつて、さうして拳で其の中隊長の横面をぶん撲つて、さうして胸倉を摑んで突飛ばした。「貴樣達は一體軍使や顧問に對して何を不禮なことをするか」と言つて呶鳴りつけました。非常な劍幕であつたので、其の部下の一箇中隊の兵隊は大隊長の前に手出しをすることが出來ない。そこで一人減り二人減りして段々西の方に影を隱してしまひましたそこで大隊長金振中は私達の方を振返りまして「私はあなた方と主義を同じくして自分の部下を抑へ日本軍と戰をしないやうに指導したいと思ひますが、如何せん、今あなた方が御覽になつたやうに私の部下は非常に昂奮して居ります。此の殺氣立つた部下を私の微力を以てどれだけ抑へ得るかと云ふことに付ては私自身非常に疑問を持つて居ります。就ては今あなた方二人共射擊を中止させる爲に宛平縣城外に出てしまはれると云ふことになりますと、城外に居る日本軍は此の城内に日本人なしと見てとつて必ずや全力を擧げて宛平縣城の攻擊に向つて來るかも知れません。又さう云ふ狀態になれば、此の宛平縣城に居る私の部下も益々頑强に日本軍に抵抗する。結局日支兩軍の戰鬪と云ふものはもう引分にすることが出來ないやうな狀態になつてしまふ。それでは困るからどうかあなた方二人の中一名は城外に行つて射擊中止を勸告する。一名は城內に殘つて戴きたい如何でございませうか」と申しました。櫻井少佐は「さうか、それも成程一理ある。其の通りにしてやらう。僕は今から城外に行つて勸告するから、君はこつちに殘つて居つてくれ」と云ふことでございました。それで私は城内に殘りました。櫻井少佐は先程の白旗を持つて特務機關の自動車の屋根の上に大の字に跨つて勇しく宛平縣城の西門を出て參りました。櫻井少佐から後に聞いた話でありますが、マルコポーロ橋の袂には五、六名の支那兵が死んで居つた。それから其の以外の支那の兵隊はマルコポーロ橋の欄干から日本軍に對して射擊をして居る。それに對して一々射擊中止を勸告しながら中の島にやつて參りました。中の島には相當の部隊が居りまして、此處には非常に厚い土塀の銃眼が掘拔いてある。其の銃眼の中から小銃を出して居る。そこで之に對し日本軍に對しては絕對に射擊してはいけないと云ふ事を勸告し、更に河の西にやつて參りました。そこには支那軍將校の指揮する輕機關銃が二つありましたが之又射擊中止を命じました。河の西岸の支那軍に射擊中止を命じて居る間に此の河の中洲に於ては今止めて來たばかりなのに拘らず又もや激しい銃聲が起りました。そこで引返して「今お前達に射擊中止を命じた許りぢやないか何故射擊を始めるか」と申しました所が「いや、我々は射擊していけないと言はれるから射擊を止めて居りましたが、

二三

日本軍は堤防を越えて、河を渡つてこつちに來る。之に對して射撃をしないで居られるか」「日本軍に對しては止めさせるからお前の方が先に止めろ」と言つて此の間を數回行つたり來たりして、さうして結局再び城内に引返して來ました。

一方櫻井少佐と別れました私はこの城内に支那軍の大隊本部がございます。大隊本部と言つても極めてお粗末のぼろ〳〵の壞れかゝたやうな家屋でございますが、其處で櫻井少佐の歸つて來るのを待つことに致しました。金振中大隊長が一名步哨を私の警戒の爲に付けてくれまして、それが大刀と拳銃を持つて私の居る部屋の入口に立つて居りましたが、私を保護してくれるのか、私の行動を監視して居るのか判りませぬ。其の入口の所に支那兵が一人、二人ちよい〳〵顏を出しまして、此の中には日本の妙な奴が來て居ると云ふので覗きに來ます。覗きに來た支那兵がさも憎らしさうに私の顏を見ますと、大刀を引拔いて振上げて斬殺すぞと云ふ姿勢を示すが、先程目の前で中隊長が大隊長に毆られて居るから、日本の軍使に手を出すと叱られる。その爲に斬ると云ふ事はやりきらない。威嚇するだけで鞘に納めて歸る。と云つた様な狀態でした。此の間城外の戰鬪情況は、或る時は銃聲、砲聲が盛んに起るかと思ふと、暫くすると又それが鎭靜する。是で一段落終つたのかなと思ふと又バリ〱やる。日本軍は私達の居る大隊本部を目がけて砲擊をします。私は隊附勤務をして居りました時代部下の精神教育の際「お前達は情況不利の場合戰場に於て萬が一捕虜になつたら、苟も捕虜と名が付いた曉に於ては、如何なることがあつても再び生きて祖國に歸ると云ふやうなことを考へてはいけない。立派に帝國軍人として敵の中に於て腹を切つて死んでしまへ。往々にして刀がないから腹が切れない。或は拳銃がないから自殺が出來ないと云ふやうな話も聞いて居るが、苟も男子が死を決した以上舌を嚙み切つても自殺することが出來るぢやないか。現に滿洲事變當時日本軍の或る將校の如きは飛行機の故障の爲に敵中に不時着をして遂に捕虜となつたが、自ら牢屋の壁に頭を叩き付けて自殺したと云ふ實例もある。それを考へたならば我々自殺が出來ないと云ふことは絕對にあり得ない」。さう云ふことを能く話して居りました。ところが現在自分は敵の大隊本部の中に居る。是はうつかりすると自分自ら何時も言つて居つた捕虜と云ふ形になつてしまつたんぢやないかと云ふことを考へて、それだつたならば此處で潔く腹を切らなければならぬ。併ながら振返つて考へて見ると、私が此處に殘つた原因は櫻井少佐が「お前は此處に殘れ」と云ふことを私に命じて居る。又捕虜であつたならば自由を拘束されるが、現在自分は刀も帶びて居る。拳銃も持つて居る。又自由の拘束だけは受けてない。更にもう一つは自分が此處に來た目的は軍使として兩國の折衝に當るべく來たのだ。軍使を捕虜にすると云ふことは今迄我々の研究した範圍内に於ては、國際法規上絶對に認めて居らない筈である。して見ると自分はまだ捕虜と云ふ身にはなつて居らないのかな。それにしても今のやうにドン〳〵バリ〳〵城外から日本軍の彈を受けると、結局是は支那側の青龍刀では殺されない迄も、日本軍の砲彈でやられること必然だ愈々七月八日。今日が自分の戒名のつく日かな。軍人は部下を提げて敵陣地に突撃をして雨霰と降る敵彈の中で死ぬものと許り考へて居つたのだが、自分が死ぬ時には斯んな穢い家屋の中で然も日本軍の彈で死なゝければならないのか。

て居りました。

こんな事は今の今迄豫期してなかつた事なのだが」と云ふやうなことを一人で考へ

さうして居る間に二、三時間經ちまして城外に居りました所の櫻井少佐も歸つて參りました。それで再び一緒に縣廳に入りまして、さうして櫻井少佐に對して「城外の情況はどんな風ですか」と云ふことを尋ねました。櫻井少佐の話に依りますと「日本軍は破竹の勢を以て此の堤防の線に殺到し、第一線部隊は更に永定河の濁流に飛込んで、ざぶ〳〵渡つて前進中である。が支那軍の火力が激しいから思ふやうに渡ることが出來ない。辛うじて中の島に取付いたが、是より上流、龍王廟方面を渡つた部隊は既に河の右岸に進出して此の方面から南の方に壓迫しつゝある」と云ふ情況を傳へてくれました。そこで支那側の射撃狀態はどうなつて居るか尋ねました。「射撃はもう駄目だ。射撃中止を要求しても、彼等は私の居る目の前に於ては射撃を中止するが、通り過ぎてしまふと、顧問は行つてしまつた。それ撃てと云ふので撃ち始める。寃に角萬策盡きた」と云ふことでありました。二人は昨夜から來だ一睡もして居らない爲大分睡くなつて參りました。それで今から晝寢をしようと云ふので安樂椅子の上で晝寢をはじめました。幾らも寢ない中に亦城外からドカンと城内にぶち込んで來ます。其の砲聲に目が覺めて、斯んな所で寢て居ても仕方がない。最後迄我々としては何とか任務を盡さなければならぬ。もう一遍今後の善後處置を考へやうぢやないかと云ふので又々地圖を開いて櫻井少佐と共に圖上の研究を始めました。卽ち現在の狀態を以て夜に入つたならば支那軍と日本軍とは河の東に於ては此の方面の日本軍が城壁に向つて攻撃して來るだらう。河の西に於ては一木大隊長の指揮する部隊が支那軍とぶつかつて夜襲を反覆するに違ひない。是では結局明日になつても、明後日になつても勝敗は決しないでごた／＼して事件は益々擴大する。此の狀態を最も簡單に解決させる爲には、圖上で判斷をすると、永定河の東に飛出して居る支那軍の一箇大隊を河の西に撤退させる。日本軍としては甚だ遺憾であるが、河の西に進出した一木大隊を河の東に移動させる。さうして永定河を挾んで日支兩軍が相對峙すると云ふ姿勢になつたならば、其の間に我々は兩軍の間を折衝して何とか此の問題を不擴大にする事が出來やう。これが一番宜いからそれにしようと云ふことになつて、大隊長金振中を呼びつけました「我々は今斯う云ふ案を考へた。就てはお前は之に對して同意をするかどうか、若しお前が贊成をしたならば、速かにお前の部隊を河の西に撤退させろ」と申しました所金振中は「あなた方の御趣旨に對しては全然同意見でございます。全然贊成致します。併ながら私としては師團長馮治安から、お前は宛平縣に常駐をして宛平縣城を守備せよと云ふ任務を受けて居ります。上官である馮治安の命令として撤退しろと云ふことならば何時でも撤退するが、今日立場を異にするあなた方の御命令に依つて私の部隊を河の西に退けると云ふことは現在の私としては出來ませぬ」と云ふことを申します。是は成程考へて見ますと理路整然として居ます。我々が宛平縣城を守備する部隊長であつた場合、いくら東洋平和のためだからとは云へ敵の方から退けと言はれて、「さうでございますか、それでは下りませう」と云つて退くことは絶對に出來ない。彼の立場としても同情すべき點がございます。之に對して丈けは我々も强要することが出來なかつたのであります。然らば第二の案として「どうしてもお前達が此處を退かないと云ふことになると、日本軍は全力を擧げて宛平縣城をぶち破るだらう。何れにしても河の東に斯う云ふものが出つ張つて居ると云ふことは邪魔になる。之を叩き付けなければ戰が有利に出來ない。叩き付けると云ふことは我々としては當然過ぎる程當然と認められる。就ては二十九軍と日本軍とが此の宛平縣城に於て猛烈な激戰を惹起すると云ふことは時間の問題となつて來る。して見ると宛平縣城内外に約二千人の支那の住民が住んで居る。之を日支兩軍交戰の犧牲として彼を兵火の巷に曝して苦めると云ふことは我々人道上の立場から言つて忍びない。日支兩軍の決戰を宛平縣城でやる場合に取敢ずお前は此の住民に對して河の西、長辛店の方面に移動させるやうに命令を出せ、さうしたならば日本軍は宛平縣城に對して決然攻撃をして來やう。さう云ふ事になつた場合、我々はお前一人を苦しい立場に立たして置いて我々丈け逃げて行かうと云ふ樣な事は決して考へてゐない、我々は軍使として折衝こそして居るが、その際にはお前達の大隊本部に於てお前達と一緒に日本軍の彈に中つて戰死をしよう。それだけの腹でかゝつて居るからお前も住民だけは退かせる様に努力せよ」と申しました。ところが之に對しては金振中「成程仰しやることは御尤もでございます。唯私は大隊長でございますから、自分の部下に對してはどうせい、斯うせいと云ふ命令權は持つて居りますが、一般民衆に對して撤退しろとか、どつちに行けと云ふやうな行政上の命令權は持つて居らない。立場を異にする民衆に對しては私として一言半句も言ふことが出來ない狀態であります」と言つて住民の撤退をすら承知しません。是は理屈から言つておかしいとは考へましたが、さう云ふ風に向ふが何と言つても私共の言ふことをきかないのですから致方ありません。我々の想像する所に依りますと日本軍は常に戰の時には罪のない一般民衆を苦しめると云ふことをしない。それをうまく利用して一般民衆を中に入れて置いたならば日本軍は敢て攻撃をして來ないかも知れない。即ち住民を「ダシ」に使つて日本軍の攻撃を避けやうと云ふやうな考があつたのかも知れませぬ。何れにもせよ支那側は之を實行しようとしない。結局後に殘された所の解決法はどう云ふ方法になるかと云ひますと一にも二にも上官の命令ならばと云ふことを主張して居る以上、彼等の上官に連絡をして、さうして命令に依つて之を撤退させるより外仕方がない。所が彼等の上官は悉く北京城内に居ります。秦徳純も馮治安も悉く北京に居ります。之に連絡して命令に依つて撤退させやうと考へまして、縣廳の電話を取上げて北京を呼びましたが、此の時には既に電話線は城外に於て切斷されてしまひまして北京との通話は出來ないやうな狀態になつて居りました。そこで、もう運を天に委せるより仕方がない。其の時に櫻井少佐が話しました「今我々は宛平城内に罐詰狀態になつて居るが、どうせ城内に居つても死ぬ。城外に飛出しても死ぬ。此の際一つ城外に飛出して、旨く行つたならば北京迄行つて秦徳純、馮治安に會つて、第一線の狀態は斯うであるから然るべく命令を出すやうにと云ふ勸告をしたらどうかな」、「さうしませう」と云ふことになつて、それに付てはどうして出て行くか、現在城外では日本軍が居つて撃ち合つて居る。あちらでもこちらでも撃ち合つて居ります。兎に角後は運を天に委せるだけである。「それでは櫻井さんあなた出ますか」と申しますと「午前半日は君を人質にしたから、午後半日は僕が人質とならう、君出て行け」、「出て行きませう」と云ふことになつて私は城外に脱出することになりました。金振中も城外脱出に付ては全然賛成の意を表して居りました。其の時此處に連れて行きました宛平縣長の王冷齋も一緒に城外に出る事になりましたが、此の王冷齋と云ふ男は臆病の男でございまして、此處に來てから交渉をして居る間何處に姿を隠して居つたのか會見室に來ない、王冷齋が居る筈だから探せと云ふので引つ張り出して「お前は北京迄行くのだ」と云ふことを申しました所が「さうですか、それでは寺平さんどうぞ宜しく御願ひします」と云ふ話でしたので私は直覺的に「戰線を突破するのが怖いのだらう」と判斷して「あなたは親船に乘つた積りで私に尾いて來い」と言つて出かけました。宛平縣城には幾つも門があります。一番初めの門を出る時に「宜しく願ひます」次の門を出る時にも「宜しく願ひます」最後の門を出て自動車に乘りました時に王冷齋は何處に居つたか判りませぬ。後で考へて見ると、彼は城外に出ると云ふことは怖くて出られない。「今から秦德純、馮治安を說いて命令を傳達すると云ふことは一切あなたがやつて下さい。私は行かないから宜しく願ひます」と云ふ意味の「宜しく」であつたのです。其處で自動車に乘りまして東の城門に來た。先程申上げましたやうに城門はすつかり土嚢で封鎖されて城外に出ることが出來ない。そこで城壁の所に繩を上から下げて、其の繩を傳はつて城外に脱出致しました。丁度私が繩にぶら下つて居る時に城外から確か北京にありますA・Pの通信員であつたと思ひますがそれが丁度私のぶら下つて居る所を後ろから寫眞を撮つて居りました。私は城外に出て、これから一文字山迄約千米ばかりも歩いて行かなければならぬ。そんなことをして居つたならばどつちかの彈に中つてしまふ。何か良い方法はないかと思つて居る所にA・Pの通信員の自動車を見つけたものですから、昔習つた極めて下手な英語で「お前の自動車を貸してくれないか」と申しました所が心持宜く貸してくれました。私は早速其の自動車に乘りまして、亞米利加の旗の影に隱れてゐては具合が惡い直ちに亞米利加の旗を下して、軍使としての白旗を揭げて城門から一文字山に向つて參りました。此の城門を降ります時に大隊長金振中は城門の所迄送つてくれた。さうして城門上に居る所の自分の部下に對して「此の白旗を持つた人は軍使であるから絶對に射撃をしてはいけないぞ」と言つて叮嚀に注意を與へてくれました。此處で金振中に別れて私共は眞直ぐ此の街道を一文字山の方にやつて參りますと、成程今の命令で城門上の支那兵は私共に對して射撃はしなかつたが、宛平縣城の東北角の兵隊が白旗が見えて居るにも拘らず猛烈にバリ〳〵射撃をして參りました。自動車の運轉手、是は支那人でございますが、是は大變だと許り突然非常な馬力をかけて一文字山の方に走らせはじめました。幸にして自動車は損害を蒙ることなく、僅に私が自動車の横の方に左手を出して居つたが跳彈か、石の破片で擦り傷を負つただけで一文字山の南に來ることが出來ました。其處で自動車を歸しまして、私は今から北京に行くのでありますが、一應第一線の指揮官と連絡をしなければいけないと思つて、とぼ〳〵歩いて又蘆溝橋の方に引かへしました。蘆溝橋の驛から鐵道線路の北側を通つて第一線にやつて參りました。未だ第一線はバリ〳〵やつて居ります。鐵橋附近に聯隊長代理森田中佐が居りました。

ここでちよつと城外に於て日支兩軍が朝の五時三十分に衝突した當時の狀況について申上げます。城外の部隊は初め龍王廟に向つて攻擊前進を始めて、昨晚支那側の不法射擊を受けた位置附近に到着致しました。そして隊長が一軒家附近を歩いて居る時に森田中佐が「攻擊中止」と呶鳴つて來たのです。一木大隊長が攻擊前進をした理由は、午前三時三十分頃第二回目の不法射擊を龍王廟から受けて居ります。櫻井少佐が大隊長に會つた時の話に依ると、支那側は斯んな所に居る奴は水瓜泥棒の番人である。二十九軍は絕對配置してない。然らば水瓜泥棒か匪賊か判らないが、之に對して日本軍が攻擊するのは自由である。城內に居るのは二十九軍であるから、之に對しては我々は絕對に攻擊しない。二十九軍と云ふものとは全然別個に龍王廟方面の匪賊討伐をやると云ふ意味で攻擊行動がはじまつた譯なのです。斯の情況の變化は私共丁度自動車の中に居りましたので一向知りませず、是より先牟田口聯隊長から「攻擊前進差支なし」と云ふ午前四時二十分の命令があつたと云ふことも聞いて居りませぬでした。森田中佐からは「攻撃中止」牟田口大佐からは「攻撃前進」と云ふ相反した二つの命令がある。而も現在聯隊長代理が一文字山で盛んに「攻撃中止」と呶鳴つてゐる、それで一木大隊長はどつちが本當なんだらう。兎に角代理にもせよ、現在聯隊長の權限を持つた人が此處に來て居るのだから、此の人の言ふことをきかなくてはいかぬだらうと云ふので取敢ず「前進中止」を命じました。さうして大隊長は馬を反轉することになつた。此の間大分時間もかゝるだらう、兵隊は未だ朝飯を食べてないから直ちに朝食をするやうに命じました。兵隊はパンを食べ始めました。

今迄勇しく攻撃して來た兵隊が急に停止して高い姿勢になつて背負嚢を下しはじめたので、此の正面に居りました支那軍は、是は今迄勇しくやつて來たけれども、我々が此處に居ると云ふことを知つて怖氣づいて攻撃行動が頓挫したのぢやないか、日本軍だつて大したことはない。此の頓挫した機會を利用して猛烈に撃ち掛れと云ふので、日本軍が停止すると同時に龍王廟一帶から猛烈に撃つて參りました。此の時は丁度夜が明けかゝつて、太陽がさーつと上つて來た時であります。支那側から斯う云ふ射撃をやつて來る以上もう現行犯だ。聯隊長代理が「攻撃中止」と言つた時と、今の情勢とは情況が違ふ。「攻撃再興！」一木大隊長は再び龍王廟に向つて攻撃をやらせたのであります。

是より先き一文字山には日本軍の歩兵砲が陣地を占領して居りました。大隊長は「第一線が此の一軒家附近を越えて向ふに前進したならば、歩兵砲は速かに龍王廟附近の敵を砲撃すべし」と云ふことを命じたのでありますが、部隊が前進しても一向歩兵砲は射撃しない。歩兵砲は何して居るのかと言つて傳令を飛ばして見ると、射撃しないのも道理、其處には森田中佐が來て居る。森田中佐の直ぐ足の傍に歩兵砲がある。さうして大隊長に對しては「攻撃中止」を命じ、足の下に居る歩兵砲隊長が攻撃しようとすると「聯隊長の命令だ、撃つちやいかぬ」と言ふので、指揮官としては撃つことが出來ない。それで一木少佐は何故歩兵砲は撃たぬのかと氣を揉んで居つた譯であります。

ところが此の支那側の午前五時三十分頃の不法射撃、森田中佐も之を確實に認められまして、もう斯うなつたら仕方がない。「撃て」と云ふ號令で第一線はバリ〳〵始めて居る。「歩兵砲も撃て」と云ふ命令で歩兵砲は龍王廟に向つて射撃したのであります。ところが此の第一發の歩兵砲の射撃は實に見事に命中して居ります。是は何故かと云ふと、先程も申しますやうに此の部隊は此の附近で十日から檢閲がある。檢閲には立派な成績を收めなければいかぬ。丁度學校の生徒が試驗前に試驗勉强をやる如く、部隊は檢閲準備の訓練をやる。其の場合には必ず拂曉攻撃が實行されるだらうし、其の場合には此の附近で敵の抵抗を受けるので、龍王廟を砲撃せよと云ふことを情況に於て示されるに違ひない。さうすると此處から射撃する爲には距離は幾ら、方向はどうと平時の演習の場合からちやんと測定してある。其處に砲を据えてあつた。ところが演習でなく本當の彈丸を入れて撃てと云ふのである。平常の訓練通りやつたから、非常に精密な照準であつたので、第一發から命中したのであります。支那軍はばら〳〵龍王廟方面から南の方に逃げるのが此の正面から眼に映

二七

ります。さう云ふ情況で、歩兵砲と歩兵との協力宜しきを得て龍王廟に向つて殺到致しました。

其の當時の情況に付て申しますと、最も勇敢な准尉が二三名の兵を連れて堤防に駈上つた時に、其の附近で日本軍の歩兵砲彈が一發炸裂致しました。同時に高い堤防から准尉がころ〳〵轉がり落ちました。二番目の兵隊も落ちました。あッ、死んだのかなと思つて居ると、起きて再び堤防を上つて行く。後で其の准尉に聞いて初めて判つたのでありますが、爆發の風靡力が强かつたので吹倒されたのださうであります。別に怪我はありませんでした。

さう云ふ狀態で、もう攻擊前進を開始すると瞬く間に前進する。支那軍は、或者は堤防の南に逃げ、或者は河を渡つて西に逃げる。日本軍は、西に逃げる奴を非常な勢で追擊に移り、堤防上にやつて來て、河の中をザブ〳〵逃げるのを堤防の上から狙ひ擊ちする。河の中ですから速度が出ない。而もそれを近距離射擊でやるので非常によく中る。兵隊は、射擊の場合は低い姿勢で擊つと云ふことも忘れて、堤防上に突立つて立上つて射撃して居る。それで大隊長は馬を飛ばして來て「お前達は一體何をして居るか、そんな所へ立つて射撃するやつがあるか、敵を追擊するならば射撃ばかりぢやいかぬ。追擊と云ふものは足の追擊をやらなくちやいかぬ。どん〳〵敵を追擊せい」と言つて追擊を督勵致します。さう云ふ狀態で上流方面は比較的早く右岸に進出することが出來ました。尤も此の永定河と云ふのは容易く進出することが出來たとは言ふものの胸を沒する深さで濁流であります。眞黃色い水でございますから、潜つてしまつたら何處に兵隊が沈んで居るか判らないと云ふやうな流れであります。

此の方面はさう云ふ風にして渡つたのでありましたが、鐵橋正面に來たのは一番此處で苦勞して居る。一步河に飛込むと同時に、先程の銃眼家屋からバリ〳〵やられて居る。支那軍が退却する時に河中で駈足が出來なかつた如く、日本軍も永定河の中に於ては駈足が出來ない。ピシ〳〵やられる。如何に射擊されるからと云つてオメ〳〵退がる譯にいかぬ。兎に角前進！　前進！　て中洲迄取着きましたが、河の眞中に於て敵の機關銃彈を受けて、而も後方から來る衛生機關の追及が間に合はなかつたので、河の中洲に於て出血多量の爲に戰死した者が少くありませぬ。

概略今申上げたやうな情況で此の方面の戰況は進んで參りました。丁度私が此處に參りました時には、此の正面は點々と支那の負傷兵が横つて居た。支那の戰死者も勿論あります。其の支那の負傷者に對しては日本の軍醫が叮嚀に繃帶を捲いて手當してやつて居りました。此處で聯長隊代理森田中佐に會ひました。さうして今城內に於て私と櫻井少佐とが圖上で研究した永定河の兩岸に撤退と云ふ第一案と、それから萬已むを得ざる場合に於ては、城內に居る一般民衆を河の西に撤退させると云ふ第二案、之を森田中佐に申しました所が、森田中佐も全然それには同意見でございまして「速かに今から北京に行つて馮治安、秦德純に對して交涉して欲しい」と云ふことでございましたので、私は憲兵分隊長の自動車を借りて此處から北京に行きました。

午後一時頃北京に到着致しました。取敢ず此の方面の戰況を松井特務機關長及び牟田口聯隊長に報告致しました。さうして直ぐ車を飛ばして三十七師長馮治安の所に參りました。馮治安の所に行く前に、豫め電話を以て「今から御相談に行きたいと思ふが、會見出來るだらうか」と申しますと「直ぐ來て下さい」と云ふ話であつたので馮治安の所に行きました。ところが馮治安の所に行つて見ますと門番が「いや居りませぬ、留守です」「電話をかけたら居ると言つたぢやないか」、「たつた今出掛けて行きました。西苑の兵營で軍事會議がありますので、そつちに行きました」と言ふ。門を入つて、ひよつと自動車の車庫を見ると、自動車が二臺竝んで居る。「乘物は何臺あるか」、「自動車は二臺ある」、「二臺とも此處にあるぢやないか」、「いや、今日は他人の自動車で行きました」。どうもそこの話がおかしく、會見を避けて居るやうに見受けられます。

併し今日馮治安が會はないと云ふならば、秦徳純の方に行つて會はうと思つて、今度は外交委員會から更に秦徳純の家に行つて秦徳純に會ひました。其の時には私ともう一人冀察政權の外交顧問、現在山東省顧問の西田畊一氏（濟南事件當時の濟南の總領事）と一緒に秦德純の所に行きました。秦德純に對して交涉を開始しましたが、平常の交涉に於ても、此の秦德純と云ふのは極めて八面玲瓏、要領の宜い外交官でありまして、私達が一つの事案を持出すと、是は支那側には極めて不利だから受付けないだらうと云ふ判定の下に持つて行つても、「是は日支提携の上に於ては是非やらなければならぬ問題でございます。是非之に對しては一肌脫ぎませう。唯もう少し研究したいと思ふから、もう一週間ばかり御猶豫願ひたい」と言つて私達を追ひ歸す。一週間經つて行くと「此の間の問題は主任者に研究を命じてありますが、主任者が旅行中ですからもう一週間ばかりお待ち下さい。誠に遺憾に思ひます」それから一二週間經つて行きますと「あれは全然贊成でございます。が、唯一部分ちよつと難點がございますので、そこを何とか研究中でございますからもう暫くお待ち下さい」と言つて段々遷延策を取つて、結局は一箇月でも二箇月でも長引かして、最後の土壇場になつて「あの問題は斯う云ふ所がちよつと具合が惡いので、此の問題は解決出來ませぬでしたが、併し全體的には贊成致しますので、後は時間が此の問題を解決すると思ひます。どうかそれ迄の間一箇月とも二箇月とも斷定出來ませぬが待つて貰ひたい」と云ふ調子で、極めて要領宜くこちらを憤慨させないやうにして胡麻化してしまふ。さう云ふ要領の宜い人間であります。

今日の日支衝突問題を秦德純に交渉するのに、其の調子で一週間も二週間も引つ張られたらどうなるか判らない。それで西田顧問と「今日は此處へ坐り込んでしまはうぢやないか」と相談して參りました。

ところが先づ交渉を開始しましたが、其の情況を説明しますと、秦德純は「成程あなた方の仰しやる永定河兩岸に撤退すると云ふ案は御尤もでございます。是非なんとか是は解決したいと思ひます。是は私の一存では參りませぬので、二十九軍の首腦部會議を開きまして、其の軍事會議の結果御返事することに致しますから暫くお待ち下さい」と言つて、私達を應接間に待たして、一時間も二時間も其儘にして置く。今日は席を外づすと云ふことに依つて時間の遷延を圖つて居るのではないかと想像されました。暫くすると出て來た。「私は全然贊成でありますが、二十九軍の馮治安以下が言ふことを聽きませぬので難しうございます」、「馮治安が聽かない所をお前が說きつけなければならぬ。苟くもお前は宋哲元の代理として、副軍長として馮治安を抑へて居るのだ。日本軍であつたならば、上官が斯うやると言つたら、下の者は不贊成の所があつても同意する。お前の方は部下が言ふことを聽かぬからと云つて、そんなことではいかぬ。一體お前は部下に抑へつけられて居るのか」「いや、そんなことはありませぬ」と云ふやうな譯で一向要領を得ませぬ。「それではもう一遍相談して來ます」と言つて出掛けた。私は交渉の内容に付て研究しなければならぬ點もあつたので、車を返して特務機關に歸り、松井機關長と連絡を取り、夜の六時頃になつて再び出掛けやうと思ひましたが、其の時は既に北京城内には戒嚴令が佈かれて、街の辻々には二十九軍の正規兵が頑張つて居ります。特務機關の車で公使館區域の外に出ると、二十九軍の兵隊が銃劍で抑へつけて絕對に通しませぬ。仕方がないので電話で秦德純を呼出して「折角お前の方に交渉に行かうと思つたのだが、戒嚴令が極めて嚴重の爲に我々を通してくれない。就てはお前の方から一つ特務機關にやつて來て、特務機關で此の交渉を續行したいと思ふから、今から直ぐ來てくれないか」と申しました。ところが秦徳純は「私の方も會議中で手が離せませぬから、甚だ恐入りますが、どうぞ來て下さい、其の代り乘物だけは私の方の車を差上げますから、是ならば戒嚴令下に於ても北京中何處でも通れます」と言つて、暫くすると北京市長秦徳純の乘用車を迎へに寄越した。私達はそれに乘つて公使館區域を出ました。出ると二十九軍の兵隊が「止れッ！」運轉手が「北京市長」と言ふと「宜し、通れ」私達は北京市長になつた形で秦徳純の所へやつて參りました。夜も續いて交渉を續行する。すつたもんだの結果、結局會議が夕方の六時頃から始まつて七時、八時、九時、十時、十一時と進んで午前一時頃になつた。問題は唯單に河の西に退がるか退がらないか、それが出來ないならば住民を撤退するかしないかの問題であつたが、解決出來ない。午前一時頃になつて、秦徳純はどう云ふ態度を執つたかと申しますと、私の方としては「此の際此の部隊を退げると云ふことは事件擴大の唯一の根本條件である。之をやらなければ擴大するぞ」と申したのでありますが「成程仰しやる御趣旨は能く判りますが、平時から駐屯を命じてある金振中の部隊に對して、戰が始まつたから直ぐ退がれと云ふことは、金振中は極く眞面目な立派な軍人である。其の彼に對して今退がれと云ふことは人情上彼に言ふに忍びない。もう一つ、彼の面子としても此の際勝つたとも負けたとも勝負がつかないのに退がれと云ふことは、如何にも金振中が惡いことをしたやうに思はれて、二十九軍の他の連中に對して彼の面子を保つことが出來ない。要するに金振中に對する人情と面子と云ふ問題上此の部隊を撤退させると云ふことは甚だ苦しい立場でございます」と云ふことを申します。私は話の最中に「人情」と云ふ字と「面子」と云ふ字を指先で机の上に書いて居りました。人情とか、面子と云ふやうなことを持出して來るやうになつたらばもうおしまいだ。秦德純が其のことを私に對して話し終ると同時に、私の方から反擊を加へました。「今あなたは最後の理由として人情と面子と云ふことを仰しやいました。が、若し金振中一個人の人情と面子の爲に、卽ち一箇大隊の人情と面子の爲に此の部隊を下げないと云ふことになれば、今後此の情況はどうなるか、支那軍は既に日支兩軍衝突を惹起したと云ふことを知ると同時に長辛店、保定或は更に南の方から大兵團を送つて來るだらう。其の部隊は蘆溝橋を渡つて、此の宛平縣城から東の方に增加して來る。又一方日本側も、既に天津に居る所の日本の部隊は蘆溝橋に向つて輸送されつゝある。斯くの如くして天津の部隊が之に增加をし、或は關東軍が萬里の長城を突破して來るかも知れない。更に情況の推移に應じては朝鮮軍或は內地の部隊が戰線に增加されるかも知れない。さうなつた曉に於ては、僅に蘆溝橋と云ふ河の東に一部隊が出て居ると云ふことの爲に、此の戰線は段々擴大して行く。さうすると結局是が西部戰場、中央戰場、東部戰場と云ふやうに戰線が擴大して來る。結局日支兩軍の全面的衝突である。大隊長の人情と面子の爲に仲宜くしたいと云ふ日支兩國が衝突すると云ふことをあなたは希望するのか、さう云ふ恐ろしい事情を招來しても尙且つ一箇大隊の人情と面子を保つてやりたいのか」と申しました所が、秦德純は「それはあなたの仰しやるやうな理屈で言へば成程それも御尤もです。もう一遍最後の會議を開きまして、さうして一かばちかどつちかの御返事を三時迄に差上げることに致しますから、それ迄お待ちを願ひ度い」「宜しい。一かばちかだ。戰をするか、妥協をするか、兎に角和戰何れかの蓋が午前三時には明けられますね。それだけあなたの言葉を聞いて置けば私は此處に居る必要はない。今から特務機關に歸る」と言つて、午前一時半に私達は秦德純の家を出て特務機關に歸つて參りました。午前三時になると秦德純の所から代表として張允榮を特務機關に寄越しました。「永定河の西に支那軍が撤退すると云ふことに付ては承認を致します。日本側は同時に永定河の東に退がつて貰ひたい。尙支那軍が宛平縣城から西に撤退した後は、宛平縣城内の治安が紊れる。其の爲に此の中に一部の保安隊を入れて治安の維持を保つ。是が御承認出來たならば撤退させませう」、「さう云ふやうな細かい點に付ては我々としては別に文句を言はない。退げると云ふことが先決問題である」。それで宜しいと云ふことになりまして「然らば如何にして、如何なる方法に依つて撤退させるか」と申しますと、支那側の方から申出がありました。「午前六時を期して宛平縣城の部隊を河の西に退げる。

午前六時に日本軍も河の東に引上げて戴きたい」。其のことを第一線部隊に傳達致しました。第一線部隊の方は傳達を受けると、午前六時を待つことなく、暗い中に……支那側のことであるから何時心境の變化を來たすかも知れない。日本軍がざぶ〳〵河を渡つてゐる時に上から撃たれるといけないから、どうせ撤退すると云ふならば、永定河を暗い中に渡らなければならぬ。それで六時以前に河の東迄退がつたのであります。午前六時から日本軍は一文字山方向に向つて廣い原を撤退をすると云ふことになつたのであります。

午前六時になりました、宛平縣城の城壁に居つた支那軍は撤退しはじめた日本軍に對して俄然一齊に猛烈な射撃を浴せかけて參りました。そこで第一線の指揮官は非常に憤慨をした。苟くも日支兩軍撤退をすると云ふ協定が出來て居るにも拘らず斯う云ふやうな無茶なことをやり出す。此の不信なる支那軍に對して幾らお人好しの日本軍でも默つて居れない。之に對して徹底的に膺懲射撃をやらなければならぬと云ふので、今退がりかゝつて居つた日本軍は反轉して宛平縣城の支那軍に撃つてかゝつたのであります。六時稍々過ぎでした。

ところが特務機關に對しては、第一線の旅團司令部から、「特務機關の補佐官電話口に出ろ」と云つて參りましたので私が出ました。「午前六時を期して日支兩軍が永定河の兩岸に撤退すると云ふ協定は、あれは一體誰があんな馬鹿げた協定を結んだのだ。現在日本軍はちやんと協定に基いて撤退したにも拘らず、支那軍から猛烈に射擊をやつて來た。あゝ云ふやうなインチキ協定を二十九軍を相手に誰が結んだのだ。特務機關のやつは二十九軍に舐られて居る。特務機關はまるで二十九軍の親戚だ。二十九軍の親戚みたいの者を相手に今後我々は連絡は取らない。日本軍は今から支那軍に對して徹底的に膺懲の砲擊をあびせかける。同時に此の部隊を以て宛平縣城を占領する。特務機關覺悟しろ」と言つて電話を切つてしまつた。其の時の私一個の氣持としては、兎に角此の事件が起ります前北支の雲行は惡くなつて來て居る。滿洲事變前の滿洲のやうな狀態になつて居る。何とか支那に對して一度は大きな鐵槌を加へてやらなければならぬ。さうしなければ此の冀察政權は日本の思ふ通りにはいかぬと考へて居りました。けれども中央の方針は飽迄不擴大である。我々は自分一個の感情を交へる事なく飽迄不擴大主義に基いて交渉をして來た。然るに支那側が撤退の協定を結んで置きながら斯う云ふ不信のことを敢てする。之に對して我々はもうこれ以上容赦は出來ない。秦德純でも、馮治安でも、宋哲元でも對手にして徹底的に戰をやつてやらう。第一線の指揮官が憤慨をして、特務機關を二十九軍の親戚と罵倒するのは當り前の事だ。それ位の氣持は當然起つて來るべき筈である。我々が不擴大、不擴大と言つて居つたのが間違つて居る、よし、それでは今から二十九軍をやつつけてやらう。二十九軍司令部をやつつけてやらうと思つて居る所に又別の電話がかゝつて來た。私が其の電話に出ると、今度は天津の軍司令部からでございまして、鈴木參謀から「昨日以來御苦勞だつた。お蔭で兩岸に撤退すると云ふ協定も纏つた。午前六時を期して撤退すると云ふことになつたが、其の時間にもなつて居る。昨日からの非常な努力を感謝する。最後をしつかりやれ。しつかり締めくゝりをつける爲には支那軍の撤退を監視すると云ふことが最も大切である。此の上とも十分二十九軍の方とは密接に連絡を取つてやるやうに、非常に御苦勞だつたが最後の五分間、もう一奮發だ。しつかりやつて吳れ」そこで私は第一線から來た電話に依つて「何くそ二十九軍をやつてやらう。徹底的に事件を擴大してやらう」と思つたのだが、天津からの電話に依つて心境に又々變化を來しました。此の際第一線の如きはドン〱バリ〱やつて居る渦中に卷込れて上氣して居る。此の際馬車馬の樣な調子でやつて居つては國策も何も誤つてしまふ。矢張り中央部と云ふものは大所高所から全般の大勢を見て正當な判斷を下して居る。そこで私は頭を冷靜にして、不擴大でやらなければいかぬと云ふ風に再び決心を變更致しました、それで依然不擴大で行かうと云ふことになりまして、直ちに二十九軍司令部に電話をかけて「今蘆溝橋の情況はどうなつて居るか」と尋ねました。「六時を過ぎて居るから支那軍は永定河の西に撤退を開始して居る筈です」、「筈とは何事だ。筈とは一體責任ある言葉か、開始して居ると云ふことに對して何か報告があつたのか」、「未だ報告にば接して居りませぬけれども、六時は過ぎて居ります」、「六時を過ぎて居る位のことはこつちにも判つて居る。現在日本軍の方から來た所の報告に依れば、日本軍は正々堂々撤退を開始したにも拘らず、支那軍は我々の撤退を退却と誤認したのか日本軍を射撃して居る。其の爲に日本軍は已むに已まれず支那軍に對して反撃を加へる狀態に立至つて居る。何故にお前の方はあんな出鱈目のことをやるのか、第一線の日本軍は昨夜結んだあの協定をインチキ協定だと言つて居るぞ」と言つてやりました。「一應連絡を取つて見ませう」と云ふので電話を切つた。十分ばかり經つて電話が來た。「誠に申譯ありません。實は速かにあの協定を宛平縣城內の金振中大隊長の所に傳達する爲に軍用電話をかけやうと思つたのですが、軍用電話は切斷されて通じない。そこで先づ市街電話を以て北京から豐臺に連絡を取り、豐臺から人をやつて宛平縣城內に傳達にやつたのです。ところが宛平城附近は交戰狀態になつて居る。だから宛平縣城內に入ることが出來ない。それで一文字山の附近から又豐臺に引戾して來て、今豐臺の停車場から電話がかゝつて、昨夜の命令は宛平縣城內に傳達することが出來ませんでしたと言つて謝つて來ました」、「だから云はぬ事じやない。こちらが交渉を圓滿に解決させやうと思つたにも拘らず結局斯う云ふことになつてしまつたのだ。命令が現地の部隊に屆いて居ない様な事では問題にならない。兎に角今は萬事お前の方を基準にして命令を下すから、更に撤退時間を改めて宛平縣城に命令を傳達しろ。確實に傳へ終つたならば何時何分に撤退すると云ふことを言つて來い。日本軍は十五分もあれば第一線の散兵に迄命令の徹底が出來るのだから十五分の餘裕を持つて日本軍に言つて來い」と云ふことを言ひ渡しました。今度は支那側は午前九時を期して撤退すると云ふことを宛平縣城内に傳へたらしい。今度はどう云ふ方法で行つたか知れませぬが、金振中の所にそれが傳はつたらしいのです。そこで午前九時になると支那軍は一齊にマルコポーロ橋を渡つて撤退を始めました。此の時に支那側の軍司令部は大きな過失をして居ます。「午前九時を期して撤退をすべし」と云ふことを金振中には命じて置きながら、傳達したと云ふことを日本側に言つて來るのを失念して居つたのです。復命はあつたのかも知れませぬが、午前九時を期して撤退すると云ふことを日本軍の特務機關に通告して來なかつた。それですから第一線では支那兵が退却を始めたものと判斷して益々猛烈に追擊を敢行して行つたのであります。

此の事件勃發以來七月八日、九日にかけて日支兩軍の間に屢々事件不擴大の目的を以て解決し得る所の機會があつたにも拘らず、それが常に齟齬して、支那側の命令傳達不確實と云ふやうなことに基因して、事態は段々擴大へ擴大へと辿つて行つたのであります。

只今申上げましたのは七月七日の晩から八日、九日の晝頃迄の概略の狀態であります。

それで曲りなりにもせよ、支那側は兎に角永定河の右岸に撤退を終つたのであります。

北京の北方に萬壽山と云ふのがございます萬壽山の傍に西苑と云ふ兵營がございます。此處には此の事件の責任者三十七師の師長、馮治安の部下が此處に一箇師團ばかり居ります。是が七月九日になりますと、西苑の兵營を出發してどん〱南にやつて來た。さうして八寳山と云ふ所に陣地占領をいたしました。日本軍は今迄一文字山に居つて。旅團長が指揮して居りましたが、實際の兵力は歩兵二箇大隊、永定河右岸には長辛店方面から增援して來た一箇聯隊以上の敵が居る。それに對して二箇大隊で睨合つて居つたのでありますが今度は腹背敵をうけることゝなりましたので永定河方面に對しては極く僅の部隊を以て相對抗し、主力を以て北の方に向つて相對峙すると云ふ狀態になつて參りました。戰線全般の態勢はまあ斯う云ふ風になつて居ります。

一方北京城內に於ては日本軍と支那軍との間に盛んに不擴大の折衝が續けられて居りました。卽ち是が本當の和戰兩樣の姿勢と申しますか、第一線に於ては睨合つて居るが、こちらでは交涉して居ります。さうして其の交涉の條件はどん〳〵電話を使つて兩軍に傳へられ、睨合つては居るが、支那軍は八寳山から前に出てはいけない。日本軍は蘆溝橋の停車場から出てはいけないと云ふので第一線を束縛して居ります。それのみならず絕對に兩軍とも射擊をしてはいかぬ。晝間射擊すれば何處で煙が上つた。どつちに彈丸が飛んで來たと云ふことが判るから勿論晝間は極めて靜粛であります。七月九日から雨が降り始めて、毎日雨ばかりでございます。兵隊はずぶ濡となつて、一文字山で夜、蚊に食はれながら頑張つて居つた。所が夜になると八寶山の方向に砲聲が聞へる。それから機關銃の音が聞へる。あれだけやかましく言つて協定を結んでも未だ銃聲が聞へる。併し晝になると聞へなくなる。晝間は敵も攻めて來ないから晝寢をして居ります。九日の晩も、十日の晩も、十一日の晩にも砲聲がありました。我々の方としては勿論支那側の不法射撃と斷定して居ると、支那側から明け方になると文句を言つて來る。「昨夜は日本軍が不法射撃をした」と言つて來る。我々の方は「絶對に射撃をしない」と言つて、結局どつちとも解決がつかない。斯んなことを言つて居つても水掛論だから、現地に人をやつて確めたら宜からうと云ふことになつて、二十九軍の軍事顧問中島中佐と支那側の參謀一名を現地にやつて調査することになりました。さうして日支兩軍の行動を監視することになりました。其の晩の十一時稍々過ぎに中島中佐から特務機關に電話がありました。聴きますと「俺は日本側の代表として八寶山の支那軍の陣地に來て居る。十一時稍々過ぎ八寶山の東南方に七發の砲聲、それに續いて斷續する銃聲が起つた。兎に角距離と方向から判定してあれは日本軍だ。今晩迄の砲撃は結局日本軍であつた。俺は今支那軍の司令部に來て居るが、あの方向は日本軍でせう。每晩やるのはあれですよと言はれ、俺は日本軍人として帝國陸軍を代表して來たが、どの面さげて支那側の旅團長や何かに會へる。軍服なんか脱ぎたくなつた」と云ふことを言つて來て居ります。「さうですか、それはお氣の毒です。併し日本軍が不法射擊をやる筈はないが、夜襲でもされゝば、それに對する正當防衛として射擊をしなければならぬ。何か支那側が畫策して居るのではないかとも思ひますから今日本軍とも連絡を取つて見ませう」と言つて電話を切りました。それと同時に蘆溝橋の停車場から電話がかゝつて參りました。「しまつた、是は支那側の參謀がこつちに對して文句を言つて來たんだな」と思ひました。盛んに「補佐官に出て欲しい」と云ふので電話に出ました。何と言つたかと申しますと「十一時稍々過ぎ一文字山の東北方遙に七發の砲弊と斷續する機關銃の音が聞へた距離と方向から判定して二十九軍であると云ふことを確認します。誠に相濟みませぬ。今晩迄の不法射擊は明瞭に支那軍であつたと云ふことを確認致しましたから、早速明日は私の方の部隊に對して斯う云ふことをやらないやうに申傳へます。今日の所はどうぞお許しを願ひます」と言つて來ました。そこで私の方は安心をした。まるで狐につまゝれたやうだ。それで取敢ず中島中佐にも安心するやうに電話をかけました。「日本側から見ると、あの砲擊は支那側であると云ふことを支那人は言つて居る。どうぞ御安心下さい。」それで夜が明けて密偵や何かを使つて、圖上で距離方向を測定しました。どうも八寶山と一文字山の中間地域の東に寄つた所があやしい。其處らの百姓や何かに聞いて見ますと、「每晚此の部落の近所で土砲と爆竹をあげて居る者がある」。との事、結局是は後になつて調べて判つたのですが、北京の西北方に燕京大學と云ふのと清華大學と云ふのがある。其の學生の中には可なり共產的の色彩に染まつた學生が居る。彼等が此處にやつて來て、此の間から日支兩軍がぶつかつて居るが、一向花々しく日本軍もやらなければ、支那軍もやらない。何とかして戰をやらせやうと云ふ連中が日支兩軍の中間に介在して、爆竹と土砲で、日支兩軍が衝突する樣に衝突する樣にと策動してやつたのであります。

こう云つた事は獨り八寶山ばかりではありません、蘆溝橋方面の情況が益々逼迫して來て西苑部隊が出動すると云ふやうな狀態でございますから、日本側も天津方面から增援しなければならぬ。北寧鐵道で軍隊輸送をすれば宜いが、其の方面は支那側の妨害の爲に列車が不通になつて居る。そこで天津部隊は全部トラックに依りまして通州經由で蘆溝橋に增援すると云ふ順序を辿つて居りました。ところが天津駐屯の砲兵聯隊が七月十四日通州から北京の南側を通つて豐臺に着きましたが其の日の午後になりまして、遲れたトラックが一臺砲兵四名ばかり乘せて道を迷つて北京の南、永定門の南側の道路に差かゝつたのであります。ところが此の附近を警戒して居つた支那軍の步哨は、日本軍の主力部隊が通る間は默つて居つたが、日本軍の主力が通り過ぎて、道を迷つたトラックが一臺やつて來ると、突然トラックに對して射擊を始めた。其の時の情況がどんな風であつたかは判定がつきませぬが、後で想像する所によりますと、乘つて居つた砲兵が手榴彈で之に對應する處置を採つたらしい所が安全栓を拔いた手榴彈をとり落した爲それが爆發して、トラックのガソリンに點火して、其ガソリンが爆發すると同時に、此のトラックは目茶苦茶に粉碎した。乘つて居つた四名の砲兵は、廣瀨中佐が一塊の肉片を殘して海底の藻屑となつたやうに、人間の體の主體が何處にあるのか判らない。其處で壯烈な戰死を遂げてしまひました。其の時の爆發の音は北京城内にも響いて來ました。何か城外で事件があつたらしいと想像された。まさか斯う云ふことが起つたとは考へ得ない。間もなく報告に依りますと、日本軍のトラックが爆發したことが判つた。其の時二十九軍の參謀周思靖と、二十九軍の軍事顧問笠井砲兵少佐が永定門外にやつて參りまして其の狀態を目擊致しました。取敢ず其の死體の收容、善後處置を講じました。其の時周思靖に對して申しました。「斯んな所にお前の方の步哨を何の必要があつて配置したか、さう云ふことをするから斯う云ふ事件が勃發したのだ。斯んな所に歩哨は要らない。南苑の兵營に撤退させろ。日本側は此處を通過する場合には支那側に通告をして通過する。今日も通告して居る筈だ。豫告をして居るにも拘らず此處に歩哨を配置して置くから斯う云ふことになる。絶對に今晩から兵を置いてはいかぬ」「承知致しました」と云ふことになつた。

それで既に其の晩は支那軍も居らなければ、日本軍も居らない筈です。ところが其の晩の午前一時稍々過ぎになりますと、又此の方面で盛んに砲聲、銃聲が聞へる。直ぐ永定門外の交番に電話をかけて調べました所が、其の報告に「今の砲聲、銃聲はあれは砲聲ではない。土砲と爆竹でございます。場所は豊間トラックの爆發したあの地點でございます。誰がやつたかは今の所まだみつかりませぬ」と云ふことでした。先日の八寶山の問題と云ひ今日の遣り口と云ひ同じ一派の者がやつて居るに違ひないと想像致しました。確實に證據づけられるやうになつたのは七月二十七日でございました。

七月二十六日の晩に廣安門事件がございました。北京城内にいつ何時火が飛んで來るかも知れない。北京城内に約三千の日本の居留民を散在させて置くのは危険である。北京の日本居留民は悉く公使館區域内に收容を命じたのであります。是は非常に整然として引揚が行はれました。外國人の如きも日本人の公使館區域籠城、引揚と云ふことに付ては必ずや雜然としてやるだらうと考へて居た所が、非常に立派に行つたと云ふことを外國人が褒めて居ります。是は非常に整然と引揚が行はれたのであります。二十七日の正午迄に完全に撤退が終りました。正午以後は北京城内には公使館區域以外日本人は一人も存在しない、日本側が引揚をやると同時に、外國側も心配をして引揚をやるやうになりました。こうして公使館區域以外には外國の手は全然及ばないと云ふ狀態になりました。二十七日の正午稍々過ぎ、午後一時頃でございます。北京の目抜きの大通り東單牌樓附近に於て二人の背の高い露西亞人が大道に於て何百人と云ふ民衆に對して大道演説をやつて居ります。其の演説の内容は「今度蘆溝橋附近に於て事件を惹起したと云ふことは日本側の計畫的行動である。日本は此の北支と云ふものを第二の滿洲國たらしめやうとして居る。此の千載一廻の好機に於て、支那は徹底的に日本に對して膺懲の策を講じなければいけない。其の爲には我々露西亞は本國から金と言はず、彈藥と言はず如何なるものでも、支那に必要なものならば之を補給する。だから此の機會に於て徹底的に日本をやつつけろ」と云ふやうな意味の演説をやりました。其の演説が終りますと、自動車に乘つて自動車の窓から道路上に宣傳ビラを撒きながら北の方に車を走らせました。其の宣傳ビラの一枚を特務機關の密偵が持つて參りましたがその内容を見ますと、内容は今演説をしました内容と略々同樣であるが、唯一番終りの所に署名がしてあります。其の署名は「中華民國共產軍總指揮、朱德、毛澤東」と書いてある。共產黨の策動は此の事變勃發後日本其の他の居留民が引揚げる迄は極めて裏面工作、地下工作をやつて居つたのでありますが愈々外國の力が北京城内に及ばない。唯城内に居るのは支那側ばかりであると云ふことを知りますと、其の日から俄然其の行動が表面化して露骨になつて參りました。さう云ふやうな狀態で兎に角今度の事件と云ふものを廻ぐつて共產黨が非常に策動して居つたと云ふことは其の當時から判明して居つたのでございます。勿論是が後になつて南京政權其の他の者が共產化し、共產黨とぐるになつて日本に刄向ふ現在の情況になつたと云ふことは當然過ぎる程當然でございます。

此の共產黨と云ふ問題に關係しましてもう一つ申上げて置きたいことは、先程御話しました北京西北方の燕京大學、淸華大學約一千名の學生が六月末から七月にかけて約一ケ月間馮治安の三十七師の兵營、西苑の兵營で軍事訓練を受けて居りました。勿論軍事訓練の內容は日本側に對して秘密にして居つたが、內容は飽迄も抗日意識の涵養であり、又一部共產的思想の培養でもある。其の敎育を受けました約一千名のインテリ學生は、七月二十六日廣安門事件のあつた日に愈々訓練を終りまして、普通であつたならば終ると同時に直ちに北京の自分の家に歸りまして、是から後は夏休みであるから、家に歸つて晝寢をするのが當然でございますが、目下非常時である。日本側と支那側が蘆溝橋附近に於て衝突して居る。此の非常時に安閑として北京城內で晝寢をすると云ふことは國家に對して申譯がない。我々は更に續いて營内で起居をやりながら軍隊生活をやつて行きたいと云ふ樣な事を云ひ出した者が居ります。彼等の服裝は支那兵と同じ灰色の服裝をして居りますが、兵隊は襟の所に階級があるが、訓練を受ける學生は「學員」と書いてある。それが正々堂々西苑の兵營を出發して二十七日には南苑の三十八師の兵營に移りまして營内生活をするやうになつたのであります。

七月二十六日には松井特務機關長及び私は、香月司令官から宋哲元に渡すべき最後の通牒を持つて北京の秦德純の所に參りました。さうして最後の通牒を突きつけた。其の内容は「お前の方は二十八日の正午に北京附近の二十九軍を悉く永定河の西岸に撤退しろ。然らずんば支那側は日本に對して交戰的意思あるものと認めて、日本軍は全面的に支那側に對して攻勢に轉ずる」と云ふ條件でございます。期間は二十八日正午を區切つてあります。

ところが其の抗議を提出する其の日に一方郎坊に於ては郎坊事件が起つて居ります。廣安門に於ては其の日の晩に廣安門事件が勃發して居ります。卽ち支那側はこちらから出した所の最後の通牒に對して返事を與へないのみならず、戰鬪と云ふ行動に依つて日本側に回答を齎して居る。斯うなつた以上我々は二十八日迄待つことなく、全面的に支那側をやらなければならぬと云ふやうな事情になつて來たのであります。そこで二十八日の正午と云ふことを限定してあつたが、斯う云ふやうな事件が勃發し、支那側に誠意がないと云ふことを確認された以上、何も二十八日の正午を待つ必要はない、二十八日の夜が明けると同時に猛攻擊を開始することゝなりました、是より先豫め北の方熱河方面から古北口を通つて、萬里の長城を突破して北京の北方五六里の所で待機して居た鈴木中將の指揮する混成旅團、朝鮮からやつて參りました川岸中將の指揮する一箇師團、これは南苑の南の方で態勢を整へて居りました。又天津から來た萱島部隊は南苑東北方に於て、それから蘆溝橋方面から轉進して來た河邊兵團は一文字山附近で八寶山と對峙して居つた騎兵一箇中隊丈けを一文字山に殘して、後は悉く南苑の西北方にやつて參りました。二十八日の夜が明けると同時に南苑の兵營に對して三面合擊、一齊に火蓋を切つて、爆擊と地上の射擊に依つて猛烈な攻撃を實行致しました。此の時の戰闘はどちらかと言ふと、南の方から北上して來ました川岸師團の南苑進出が一番早かつた。其の爲に南苑に居つた所の支那軍は大變だ。我々は速かに北京城内に飛び込まうと云ふので、北京街道を北の方に前進し始めた。其の時に蘆溝橋方面から參りました河邊旅團が西北方に居りました。一番最初蘆溝橋で事件を起した一木大隊は疲勞して居るから豫備隊と云ふことで後ろの方に置かれた。併し何時迄も後ろに置いてはいけない。來るか來ないか判らないが、北京街道に一部が逃げた場合に備へて、南苑と北京の中間にある天羅莊附近に於て待期することになつた。其の當時に於ける一木大隊長の心理狀態としては、我々は日本軍が全面的の攻撃をすると云ふ場合に、時の舞臺に於て我々の部隊も戰ひたかつた。今日の戰には我々は貧乏籤を引かされたものだと云ふので、ぶつ〱言ひながら散兵壕を掘つて居つた。ところが運と云ふものは何時何處に轉がり込んで來るか知れないもので、其の時の戰闘に於て川岸師團が眞先に攻撃した爲に結局川の上流の方から魚を追つて來るのを川下で網を張つて待つて居つたやうな形になつて、南苑街道を北に向つて逃げて行く敵をかねて待ち構へて居つた一木部隊が百五十米位の近距離に引つけて置いて、一箇大隊一齊に火蓋を切つて猛烈なる火力を三十八師にあびせた。其の當時一番最初に此處に逃げて來たのは誰であるかと云ふと、田舍からやつて來た所の百三十二師の師團長趙登禹であります。軍服は着て居りませんでした。普通の支那服を着て南苑街道を眞つしぐらにやつて來た。其の自動車の前方に騎兵一箇小隊がやつて來た。それが一木大隊の正面にぶつかつた。それを機關銃でバリ〳〵やつつけた。此の一箇小隊の騎兵は馬が飛上つて乘つて居つた兵が下に落ちる。落ちたのを機關銃で撃つ。後から來る者も前方が馬と死骸で埋まつて居るから進めない。それを機關銃で撃つ。趙登禹の自動車が走つて來た時はどう云ふ狀態であつたか能く判らないが、後で此の方面で戰鬪をした一人の兵隊に尋ねた所に依りますと、趙登禹の自動車を射撃した時には、自動車の正面から機關銃をあびせた。其の爲に自動車の前の硝子を破つて命中した。運轉手にも命中し、それから一緒に乘つて居つた旅團長の佟麟閣にも命中した。街道を一潟

六九

千里に走つて居たので、斃れた馬の死骸の上に自動車が乘つて車輪が空廻りして居つたと言つて居ります。或はさうすると運轉手が死んだので自動車は其の儘走つて馬の上に乘り上げて停つてしまつたのかも知れませぬ。趙登禹師長は自動車に乘つた儘手を前に組みまして、頭と胸を目茶苦茶に機關銃で撃たれて壯烈な最後を遂げて居つた。

以上は餘談でございますが、先程申上げました共產學生連中はこの二十八日の總攻擊で一千名の學生は悉く南苑に於て全滅をしてしまつたのであります。是は考へて見ますと、若し此の際共產的色彩を帶びたインテリ學生を此處で殺すことが出來なくて、彼等をして北京城內に歸して晝寢をさせたならばどうなるか、根強い抗日の思想、共產的の色彩と云ふものに依りまして、其の後臨時政權が出來やうが、或は治安維持會が出來上らうが、さう云ふものに對して彼等は必ずや非常に妨害を加へ、將來政治方面に於て非常に具合の惡い狀態になつただらうと思ひます。幸にして此處で彼等一千名を全滅することが出來たと云ふことは非常に幸であつたと考へることが出來ます。

以上申上げましたやうな狀態で概略此の事件の發端と云ふものは進んで參りました。尙其の當時北京には百五十萬の支那の住民が居ります。此の百五十萬の住民を兵火の巷に曝さないと云ふことに付きましては、日本軍當局としましても非常に苦心を致しまして、或は支那側に對する軍事折衝に依つて、或は一般民衆に對する宣傳に依つて、支那一般の民衆をして自發的に北京を兵火の巷から救へと云ふやうな叫びを擧げさせたこともございました。さう云ふやうな狀態で北京は安全に保たれましたけれども、二十六日の廣安門の衝突では愈々此の北京城に火がつきかゝつて極めて際どい狀態でございました。若し廣安門の事件が擴大して居つたならば現在の北京はどんなになつて居るか。一千年の文化を誇る所の此の北京の古い都も昨年の七月二十六日と云ふものを最後として目茶々々に燒野ケ原になつて居つたかも知れませぬ。北京に都が出來てから丁度一千年になります。此の秋の十月頃には一千年の祝典をやりたいと云ふことを申して居ります。實に北京が生きるか死ぬかと云ふ境であつたのであります。さう云ふやうな狀態で廣安門事件が一番際どい時期であつたのであります。是も皇軍の隱忍自重に依りまして事件を擴大するに至らず、さうして瞬く間に北支全般の態勢をひつくり返して宋哲元の脫出となつたのでありますが、結局此の方面から二十九軍悉く追つ拂つて、軈ては臨時政府の成立となり、現在の北支と云ふものが形造られたのであります。

未だ廣安門の戰鬪或は通州事件の情況等に付て申上げますと色々資料もございますけれども、時間が長くなりますから本日は此の程度で止めます。どうも長い間御淸聽を煩はしまして有難うございました。（拍手）

昭和十三年八月十九日印刷
昭和十三年八月廿三日發行

（非賣品）

不許
複製

發行所　東京市麹町區丸ノ内一丁目二番地
社團法人　日本工業倶樂部

編輯兼發行者　東京市麹町區丸ノ内一丁目二番地
日本工業倶樂部
中村元督

印刷所　東京市神田區西神田二丁目七番地
株式會社日英社

印刷者　東京市牛込區市ヶ谷臺臨町三番地
司城升

（五）牟田口手记：中国事变勃发时的真相及其前后事情

资料名称：第一章　支那事變勃發時ノ真相竝ニ其ノ前後ノ事情

资料出处：JACAR（アジア歴史資料センター）Ref.C11110922200《北支那作戦史要——最高統帥部》1／3，昭和十二年七月八日—昭和十三年十二月三十日，防衛省防衛研究所。

资料解说：本资料原件出自闲院宫春仁王转任陆大教官后所编写的讲义（未定稿）。讲义第二部第一章由牟田口提供，通常称牟田口手记（1941年4月）。牟田口叙述了驻屯军第一联队的编成及其部署情况，并介绍1936年丰台事变，以及丰台事变之后的中日对立氛围。对于事变的爆发，牟田口坚持称日军「遭受了不法枪击」，描述自己作为联队长下决心开战的「心境」，认为事变是全面征服中国的「天佑」机会。这一「手记」是研究卢沟桥事变的基础性资料，并可以和牟田口本人在战后撰写的第一联队史及多次政治谈话进行比较考察。

第一章　支那事變勃發時ノ眞相
並ニ其ノ前後ノ事情

昭和十六年四月十日記
陸軍中將　牟田口廉也

0064

目次

第一 聯隊創立並ニ創立ニ方リ聯隊長ノ企圖セシ點
第二 事變前ニ於ケル彼我形勢ノ概要
一、彼我ノ一般的態度
二、豐台事件
三、豐台事件後我ノ萬一ニ對スル準備
四、豐台事件後ヨリ事變直前ニ至ル迄ノ支那側ノ動向
1、支那軍内部ノ暗鬬
2、昭和十二年九月十八日ヲ期シ滿洲ノ失地恢復ヲ圖レトノ情報
3、綏遠事件ノ影響
4、昭和十二年春ニ於ケル南京交渉ノ影響
5、北平附近支那側ノ戒嚴令
6、蘆溝橋附近支那軍ノ狀況
イ、兵力增加ノ狀況

0065

ロ、防禦工事ノ增強
ハ、五月頃ヨリ支那軍ノ不遜態度濃厚トナル
ニ、日本軍ノ演習實施ニ對スル彼ノ
ホ、日本軍ノ行動地区ニ對シ制限セントス
ヘ、警戒配備ノ變更
五、事變直前ニ於ケル我軍ノ狀態
1、蘆構橋附近ニ於ケル我軍ノ行動
2、聯隊長ノ注意

第三、事件勃発ス
一、我カ演習部隊支那側ヨリ不法射撃ヲ受ク
二、大隊長ノ處置

第四、戰鬪開始ニ至ルマデノ經緯
一、聯隊長ノ大隊長ニ對スル指示
二、聯隊長ノ心境
三、北京部隊ニ對スル處置
四、北京憲兵隊長ニ一般情況ノ偵察ヲ命ス

0066

五、支那側交渉員來ル
六、彼我交渉員現地ニ向フ

第五、戰鬪開始並ニ戰鬪經過ノ概要
一、聯隊長ノ決心
二、第三大隊長ノ攻擊部署
三、森田中佐一行一文字山ニ到着ス
四、攻擊開始、龍王廟奪取支那軍ノ不法闡明
五、森田中佐ヲシテ出動部隊ヲ指揮セシム。第一大隊ハ一文字山ニ集結セシム
六、聯隊長戰場ニ到着シ聯隊ヲ指揮ス
七、河邊旅團長戰場ニ到着、聯隊ハ其ノ指揮下ニ入ル
八、其ノ後ノ狀況

第六、所感
一、盧溝橋事件ハ支那側ノ計畫的行爲ナリシヤ
二、盧溝橋事件ハ皇國ノ爲天祐的事件ナリ
三、事件ハ局所的ニ解決セサリシヤ

0067

四、支那側ノ準備特ニ教育ノ力ノ偉大ナルコト

五、責任觀

0068

支那事變勃發時ノ眞相竝ニ其ノ前後ノ事情

第一聯隊創立竝ニ創立ニ方リ聯隊長ノ企圖セシ點

聯隊ハ昭和十一年五月一日支那駐屯軍ノ増強ニ伴ヒ創設セラレタルモノニシテ舊ノ北京歩兵隊（本部及二中隊）ニ第五、第八、第十師團ヨリ夫々歩兵一大隊（一般中隊三ケ中隊及機関銃一中隊ヨリ成ル）ヲ編成シ第八師團ヨリハ右ノ外別ニ歩兵砲隊一ヲ編成シ又第五師團ハ北京歩兵隊ノ二中隊カ同師團ヨリ同年二月ニ派遣セラレタル直後ナリシヲ以テ一般中隊一中隊ト機関銃トヲ編成シ茲ニ聯隊ノ創立ヲ見六月十八日聯隊長ヲ宮中ニ召サレテ軍旗御親授被為在優渥ナル勅語ヲ拜シ六月二十七日北京城頭ニ於テ軍旗奉戴式ヲ擧行シ茲ニ完全ニ聯隊ノ出現ヲ見タリ

聯隊ノ創立上述ノ如ク而モ各大隊ハ師團内ノ歩兵各聯隊ヨリ

0069

蒐成セラレタルヲ以テ各中隊ニ依リ夫々傳統ヲ異ニセル十三單位ノ部隊ノ集合タルノ觀ヲ呈シ軍裝ニ於テモ脚絆ノ巻キ方、水筒雑嚢ノ吊リ方背嚢ノ附ケ方ハ元ヨリ不動ノ姿勢ノ銃ノ保持方擔ヘ銃ノ保持法ニ至ル迄夫々異レル状態ナリ　更ニ内部ヲ觀察スルニ於テハ内務ニ於ケル兵ノ躾ケ方ニ於テモ各異レル状態ヲ呈シ傳統ノ力カ如何ニ無言ノ裡ニ偉大ナル力ヲ有スルカヲ感セシメラルヽト共ニ傳統ヲ有セサル新ナル聯隊ヲ創立スルノ如何ニ困難ナルカニ想到シ省ミテ自カラノ力ノ微力ナルヲ憂慮セサルヲ得サル次第ナリキ　茲ニ於テ小官ハ一ニ團結ノ力ニ俟タサルヘカラス之カ為ニハ隊長カ明瞭ニ其ノ企圖ヲ示シ丸裸トナリテ邁進スルニ若カスト考ヘ次ノ如キ方針ニテ統率スルコトニ定メタリ

一、萬事戰鬪ヲ以テ基準トシ　苟モ之ニ反スル事項ハ一切ヲ擧ケテ之ヲ打破ス

二、一切ノ糊塗紛飾ヲ去リテ明朗闊達タル軍隊ヲ練成ス

0070

三、原隊ノ慣例ニシテ我カ聯隊ノ規定ト一致セサルモノハ之ヲ棄テ速カニ我隊ノモノニナリ切ルコト

等ナリ

而シテ事々物々從來ヨリノ成績本位・糊塗主義ノ顯レヲ打破セリ其ノ顯著ナル例ヲ示セハ左ノ如シ

一、演習ニ於テ一見手際ヨク活潑ナル如クニシテ其ノ實實戰ニ遠ク所謂觀覽演習的氣分ヲ打破ス

一、夜間演習ヲ極度ニ奬勵シ一兵ニ至ル迄必要地點其他演習地附近ノ一事一物ニ至ル迄暗識セシム

一、軍紀風紀ニ於テ犯罪者掩蔽ノ風ヲ打破ス

一、經理衛生ニ於テ此々成績本位ノ風アルヲ打破ス

等ナリ

元來良心ノ命スル儘ニ行動シ度キハ人間ノ眞情ニシテ下級者カ心ニモ無キコトヲ報告シ或ハ或種ノ事故ヲ掩蔽セントスルハ誰シモ好ム所ニアラス而カモ之ヲ敢テスル所以ノモノハ蓋シ上級者ノ心構ヘニ於テ確立スル所ナキニ起

0071

因スルコト其ノ多キニ居ル換言スレハ上級者特ニ聯隊長カ自我ノ念ニ捕ハル、ニ結果ニ因ルコト多キヲ痛感シアリシト永遠ノ生命ヲ有スル聯隊ノ傳統カ特ニ其ノ創立當時ニ於ケル氣風ニ負フコト大ナルカニ想ヒ致シ諸事總テ前述ノ方針ニ據リテ處理セリ其ノ結果明朗ノ氣自ラ湧出シ創立後半年内外ニシテ聯隊長ノ意圖ハ概ネ徹底スルコトヲ得タリ是レ一面當時ノ將兵ハ各隊ヨリ選抜セラレタル優秀者ナリシト第一線部隊トシテ何時如何ナル事態ノ發生ヲ見ルモ圖ラレサル環境ニ在リシコトモ聯隊長ノ意圖徹底ヲ速カナラシムルニ與ッテ力アリシヲ思ハシム

事變當初ノ体驗ヲ經タル今日ヨリ考フルモ創立當時採レル方針及之カ實行カ聯隊ノ戰力發揮上ノ基礎ヲ為セルヲ確信ス

0072

第二、事變前ニ於ケル彼我形勢ノ概要

一　彼我ノ一般的態度

北支政權タル宋哲元ヲ委員長トスル冀察政務委員會主腦部ノ我ニ對スル態度ハ表面日支親善ヲ說キ南京側ヲ罵倒シ共產主義排擊ヲ口ニスト雖モ政權內部ノ情勢ハ必スシモ然ラス南京政府ト密接ニ連絡シテ其ノ主旨トスル抗日主義ヲ採ラントスル者ト日本ト親善關係ヲ繼續セントスル者トノ間ニ幾多ノ暗鬪アリシカ如ク特ニ南京政府ノ壓迫逐次激シクナルニ從ヒ前者ノ勢力漸次增大セルハ否ム能ハサル所ナリ而シテ宋哲元ノ統率スル第二十九軍ニ於テモ其ノ影響著シク特ニ軍隊ニ於テハ志氣鼓舞ノ關係モアリタラシカ或ハ又南京側ノ意ヲ迎ヘテ自己ノ地位ヲ擁護スル爲ナルカハ明瞭ナラサリシモ部下ニ抗日教育ヲ實施シ日本軍ハ恐ルヽニ足ラストスル教育ヲ實施シアリタルハ諜者報及其ノ他ノ諸情報ヲ綜合シタル結果ニ依リ確實ナリ　一面第二十九軍將兵ノ一般情勢ニ對スル知識程度如何ヲ見ルニ第二十九軍ノ觀

0073

問タリシ櫻井少佐（現時大佐）ノ報告ニ徴スルモ多数ノ團長
（日本ノ聯隊長）中世界地圖ヲ閲シタル着僅々二三ニ過
キス況ンヤ極東情勢乃至日支關係等ニ至リテハ皆目承
知セサル状態ナリ更ニ下級將兵ニ至リテハ其ノ程度推シテ
知ルヘク第二十九軍全般ヲ通シテ全然山出シノ軍隊ナリト
稱スルヲ得ヘシ此等ノ將兵ニ對シテ吾人ノ敵ハ日本軍ナリ
日本軍恐ルヽニ足ラストシテ教育スル結果以テ知ルヘキナ
リ
之ヲ以テ小官ノ部下將兵カ行軍演習等ニ於テ直接觸接スル支
那軍ノ態度ハ不遜非禮ノ點多ク例ヘハ支那ノ歩哨ノ前ヲ通過
スル外出中ノ小官部下兵卒ニ對シ銃ヲ擬シテ虚勢ヲ示シ或
ハ豐台部隊カ演習ノ爲宛平縣城ノ城門ヲ通過セントスル際
之ヲ阻止スルカ如キ等一再ニシテ止ラス
一方我ノ彼ニ對スル態度、如何、我ハ日支ノ親善カ全般ノ情勢ニ
鑑ミ極メテ切要ニシテ特ニ又冀察政權成立ノ由來ニ徴シ第二
十九軍ヲ待ツニ友軍ヲ以テシ彼ノ非禮ノ事アルヤ小官部下ノ

憤懣ヲ抑止シテ彼ニ其ノ不法ナルヲ敎ヘ或ハ我ノ言分ヲ解セサレヤ之ヲ二十九軍首脳部ニ通報シテ將來此ノ如キコトナカラシムヘシトノ證言ヲ取リシコトモ亦数多シ而モ此ノ如キ不愉快ナル場面ニ遭遇スルヤ我モ亦彼ノ兒戯ニ類スル行爲ニ對シテモ當方ノ言分ヲ貫徹スル迄ハ我ノ正シキヲ示シ特ニ又事大思想ノ彼ニ對シテ事件ノ起リシ際彼ニ多少ニテモ讓ルカ如キコトアレハ益ミ彼ヲ増長セシムル所以ナルヲ以テ一歩モ讓歩スルコト能ハス其ノ間彼ハ機關銃ニ彈丸ヲ裝シ銃劍ヲ擬シ青龍刀ニ手ヲ掛ケル等兒戯ナリト思ヒツヽモ危險千萬ノコトニ屬シ又先方ト交渉スル爲長時間ヲ要シ爲ニ折角ノ演習モ成立セサル等ノ結果ヲ招來セシコトモアリタリ從ツテ我ハ彼ノ兒戯ニ類スルカ如キ下級者ハ不法行爲ヲ避ケンカ爲多少ニテモ彼ノ神經ヲ刺戟スヘシト思惟セラル、演習實施ニ當リテハ條約上何等支障ナキニモ拘ラス豫メ彼ニ通告シテ誤解ナカラシムル等只管事端ヲ醸サヽランコトヲ維レ努メアリく

0075

二、豐台事件

叙上ノ如ク彼等支那軍ノ非法行爲ハ枚擧ニ遑アラスト雖モ特ニ今次事變勃發時ニ當リ聯隊長ノ意識ニ潜在シテ其ノ決心處置ニ重大ナル關係ヲ有シ又聯隊將兵ノ支那軍戰力判斷ハ一助トナリ更ニ又聯隊長ノ部下將兵一同ニ對シ萬一ニ對スル心構ヘヲ確立セシムルノ一大動機ヲ爲セルハ前年ニ勃發セル豐台事件ナルヲ以テ左ニ其ノ概要ヲ記述セントス

昭和十一年九月十八日豐台駐屯第三大隊ノ第七中隊カ蘆溝橋附近ニ於テ夜間演習ヲ實施センカ爲同日午後五時頃兵舍ヲ出發シテ豐台驛前ニ差懸リシ際當時豐台駐屯中ノ支那兵約一中隊カ行軍ヨリ歸還スルニ遭遇ス然ルニ支那側ハ不法ニモ我カ第七中隊後尾ノ看護兵ニ對シ手ヲ以テ侮辱的行動ヲ爲シタルヲ以テ我モ亦其ノ不都合ヲ詰リ此ニ兩者ノ論爭ヲ生ス先頭ニ在リテ支那馬ニ乘リテ行進中ノ指揮官小岩井中尉後方ヲ振返リ此ノ論爭ヲ見テ後尾ニ來リテ支那側ノ不都合ヲ詰リ支那側中隊長ヲ捕ヘテ不都合ヲ働キシ

0076

支那兵ヲ我軍ニ引渡スヘク要求スル所アリ支那側ハ更ニ中尉ノ乗馬ヲ銃ヲ以テ毆打スルニ至ル兎角スル中支那側ハ恐レテ遂ニ支那兵營内ニ逃ケ歸リシカハ我ハ捕ヘタル支那側中隊長ニ對シ犯人ノ引渡シヲ要求シ支那兵營ノ直前ニ在リシ民家ノ屋根ニ軽機ヲ擬シ彼カ我カ要求ニ應セサレハ戰鬪行爲ヲモ敢テ辭セサルノ勢ヲ示ス此ノ報ヲ得テ豊台ノ大隊長タリシ一木少佐ハ直ニ警急集合ヲ命シ時ヲ移サス支那兵營ヲ包圍シ犯人ノ引渡シヲ要求シテ止マス

此ノ間豊台ノ南方約六百米ノ造甲庄村ニ駐屯シアリシ支那軍隊ハ豊台ノ我カ兵營ニ對シ射撃ヲ準備シ更ニ其ノ一部ハ豊台停車場ノ陸橋上迄出動シ挑戰的態度ニ出スル等將ニ一觸即發ノ狀態ヲ呈スルニ至ル

當時聯隊長ハ河邊旅團長ト共ニ北京ニ在リ旅團長ハ警備上ニ関シ北京豊台通州一円ヲ含ム警備司令官ニシテ警備上ニ関シ豊台通州部隊ハ北京部隊ト共ニ直接其ノ指揮下ニ在リ　河邊警備司令官ハ豊台ノ事態急迫セル報ニ接

0077

シ牟田口聯隊長ニ對シ現地ニ急行シ支那側交渉員ト交渉ニ任スヘシト命令シ更ニ注意トシテ日支ノ関係ニ照シ過酷ナル條件ヲ呈出スルコトナク面目ノ立ツ限リニ於テ條件ヲ緩和シ以テ事件ヲ急速ニ解決スヘキヲ以テセラル

斯クテ九月十八日夜半過即チ十九日午前三時頃支那側交渉員タル第三十七師長馮治安部下ノ旅長許長林豐台ニ來リ茲ニ日本側代表牟田口聯隊長ト支那側代表許長林トノ間ニ豐台大隊長ニ於テ交渉ヲ開始ス

支那側ニハ外交署員林耕宇、日本側ニハ特務機関員濱田少佐及二十九軍顧問櫻井少佐陪席ス

先ツ支那側ヨリ此ノ度ノコトハ全ク支那側ノ誤解ナル旨ヲ冒頭ニ述ヘシヲ以テ我ハ此ノ度ノコトハ誤解ニ非スシテ故意ナル旨ヲ強調シ彼ヲシテ其ノ失言ナル旨ヲ謝ラシメ次テ我ヨリ左ノ要求條件ヲ示シ折衝ノ結果午前五時ニ至リ支那側ハ我カ要求條件ヲ全部承認シ茲ニ該事件ヲ解決セリ

0078

一、豊台及造甲庄ニ駐屯中ノ支那軍隊ヲ速カニ撤去シ爾後豊台日本兵營ノ外周ヲ距ルコト三吉米以外ニ駐屯セシメス

二、日本軍ニ非禮ヲ働キシ豊台駐屯支那軍隊ハ日本軍隊ニ謝罪シ且関係責任者ヲ處罰シ日本軍ニ通報ス

三、將來ニ對スル保障

四、支那軍隊カ其ノ非ヲ覺リ謝罪セル以上我ハ窮鳥懷ニ入レハ獵師モ之ヲ捕ヘサルノ武士道的精神ニ訴ヘ平素ノ友好関係ニ還リ特ニ武装解除ヲ為サス武装ノ儘撤退スルコトヲ認ム

一、木大隊長ハ聯隊長ニ對シ支那軍ノ武装解除ヲ希望シテ息マス聯隊長ハ事件ヲ速カニ解決スルコトヲ主眼トシ其ノ希望ヲ却ケ前記ノ條件ヲ以テ解決セリ

本件ハ豊台事件後ニ聯隊長ノ部下ニ示セル訓示ニ関係ヲ有シ延イテ聯隊長ノ戰鬪開始ニ関スル指令ヲ與ヘシ動機ニ至大ノ感作ヲ有スルヲ以テ特ニ之ヲ附記ス

0079

敍上ノ如クニシテ事件ハ神速ニ解決シ聯隊長ハ恰モ凱旋將軍
ノ如キ意氣ヲ以テ北京ニ歸還スルヤ河邊旅團長ヨリモ
懇篤ナル賞詞ヲ頂キ又田代軍司令官ニ於テモ非常ニ滿足
ノ意ヲ表セラレタルヲ承リ大イニ面目施シタルヲ覺エ、
然ルニ何ソヤ同日午後ニ至リ支那側ハ他ノ部隊ヲ豐台ノ
支那兵營ニ入レタル旨一木大隊長ヨリ報告ニ接シ前述ノ
聯隊長ノ處置ハ全然支那側ニ翻弄セラレタル感アリ
憤懣ニ堪ヘサルト共ニ上司ニ對シ其ノ責任ヲ盡サ、ルヲ痛
感シ聯隊長ハ河邊旅團長ノ許ニ至リ心中ヲ披瀝シテ懇
ニ豐台ニ至リ實力ヲ以テシテモ彼ノ不法ヲ責メンコトヲ
歎願ス之ニ對シ河邊旅團長ハ聯隊長ノ意志ハ諒トスル
モ例ノ支那側ノコトナルヲ以テ何カ其ノ間ニ誤解モアリタ
ルナルヘシ其等ハ特務機關ヲシテ善ク支那側ニ交渉セシム
ヘキヲ以テ懸念スルニ及ハサル旨慰撫セラル、所アリ其
ノ後特務機關ノ盡力ニ依リ支那側ノ誤解ニシテ爾後豐
台日本兵營ノ外周ヨリ三粁以内ニ支那軍隊ヲ駐屯セシメサル

0080

コトヲ確實ニ實行スルニ至ル　然レトモ聯隊長ハ支那軍ノ心事ニ疑ヲ懷キ種々諜者ヲシテ偵知セシメシ結果彼ハ我ノ武裝解除ヲ為サヽリシ寛大ナル處置ヲ以テ日本軍ハ支那軍ノ勢ヒニ恐レタルノ結果ナリト高言シアルヲ知リ聯隊長ハ支那軍ノ不信行為ニ對シ憤懣ノ情禁スル能ハス我カ態度寛大ニ過キ却ツテ皇軍ノ威信ヲ傷ケタルナキヤヲ憂ヒ傷心措ク能ハス、若シ今後ニ於テ支那軍ニシテ不法行為アラハ決シテ假借スルコトナク直チニ起テ之ニ膺懲ヲ以テ以テ彼等ノ侮日抗日觀念ニ一撃ヲ加ヘ彼等ノ常套手段タル不信ヲ策スルノ逞ナカラシムルヲ絶對必要トス　是皇軍ノ武威ヲ宣揚シテ彼等ノ盲ヲ啓キ而モ事件ヲ小範圍ニ局限シテ其ノ解決ヲ神速ナラシムル所以ナリト確信スルニ至リ部下ニ對シテモ深ク之ヲ訓示シ一層訓練ニ精進セシムル所アリタリ

三　豐台事件後我ノ萬一ニ對スル準備

0081

支那側全般ノ情勢ハ日ヲ経ルニ従ヒ毎日抗日意識熾烈ヲ加ヘツヽアルノ情報ハ頻々タリ特ニ南方ヨリノ旅行者ノ言ハ皆之ヲ傳フ而モ我軍ノ支那軍ニ對スルヤ前述セルカ如ク常ニ友軍ヲ以テ遇シ非行アルモ之ヲ諭シ其ノ誤解ヲ解キ以テ和親ニ努メタリ然リト雖モ萬一ノ変ニ處シテ遺憾ナカラシムルハ第一線部隊ノ重大ナル責務ナリ（之カ為我ハ其ノ行動最モ神速ニシテ疾風迅雷的ナラサルヘカラス而モ数ニ於テ著シク劣勢ナル我ハ主トシテ夜戦ニ依ラサルヘカラサルヲ以テ聯隊全将兵薄暮黎明及夜間訓練ニ精励セリ　従ツテ駐屯地附近ノ地形ハ一兵ニ至ル迄之ヲ暗識シ又夜間行動ニ熟達スルニ至ル而シテ北京ニ駐屯スル第一大隊ニ對シテハ支那軍主脳者私邸兵営城門等ノ奇襲計畫ヲ豊台部隊ニ對シテハ南苑及宛平縣城（盧溝橋城）奇襲計畫ヲ策定シ各幹部ヲシテ一々實地ニ就キ数回ニ亘リ踏査セシメ又該模型ニ依リテ訓練ヲ實施シ或ハ砂盤ニ依リ或ハ圖上演習ニ依リ之ヲ實施シ又其ノ結果ニ徵シテ出動時ノ

0082

編成装備ヲ定ムル等準備ヲ周到ナラシメタリ
聯隊ノ編成ニ於テハ大行李小行李ハ元ヨリ機関銃、歩兵
砲ノ弾薬小隊ノ編成モ之ナキヲ以テ地方車輛及地方馬ノ徴
発ニ俟タサルヘカラス此等ハ一般中隊ヨリ所要ノ要員ヲ
出サシメ之ヲ訓練セシメサルヘカラス此等ノ準備ニ関シ
テハ一々上司ノ指令ヲ待ツ迄モナク一般情勢ヲ判断シ聯隊ノ
任務達成ノ為当然斯クナラサルヘカラストシテ積極的ニ
訓練ヘヽル所アリ事変勃発後ノ戦闘経過ニ徴シ此等ノ訓練
カ偉大ナル効果ヲ齎ラセルコトヲ痛感セリ

四、豊台事件後ヨリ事変直前迄ニ至ル
支那側ノ動向

(一)支那軍内部ノ暗闘
豊台事件後支那第二十九軍ノ状況ハ鎮静ニ帰シタル
外観ヲ呈セシモ諸種ノ情報ヲ綜合スルニ内部ニ於テハ
抗日意識ハ相当熾烈ナルモノアルヲ知ル

0083

(二)昭和十二年九月十八日ヲ期シ滿洲ノ失地恢復ヲ圖ルヘシトノ情報

事変勃発ノ年即チ昭和十二年五月頃ノ情報ニ依レハ支那軍ハ同年九月十八日滿洲事変記念日ヲ期シ山西省ヨリ察哈爾ヲ経テ外蒙古ニ於テ蘇軍ト提携シ一擧滿洲ノ失地恢復ヲ圖リツヽアルヲ聞キ且同日ハ前年ハ豐台事件ノ日ニ相當シアルヲ以テ右情報ノ如キ大規模ノコトハナキ迄モ何等カノ異変アルヘキヲ豫想セシメラレタリ

(三)綏遠事件ノ影響

昭和十一年末ノ綏遠事件ニ依リ支那軍ハ日本軍カ支持シタル蒙古軍ニ對シ成功ヲ收メタリト為シ益々侮日觀念ヲ增長シ昭和十二年四月綏遠ニ於テ南京側ハ元ヨリ冀察側及西南側要人ヲ集メ戰死者ノ大慰靈祭ヲ施行シ傅作義ヲ以テ救國將軍ト為シ大イニ抗日氣勢ヲ揚ケタリ

(四)昭和十二年春ニ於ケル南京交渉ノ影響

昭和十二年春南京ニ於ケル日支交渉有利ニ進捗セサルヤ

0084

南京側ノ策動ト相俟テ冀察要人ニ於テモ侮日観念ヲ増長セシメ冀察側ニ對スル我ノ交渉事項ニ於テモ其ノ空氣ヲ窺ハレタリ特ニ馮治安、秦徳純等ハ主戦論ヲ抱キアリシモノヽ如シ即チ南京側ト呼應シ状況ニ依リテハ一戦シ交フルノ決意ヲ固メアリシニハアラサルカ、北京附近支那軍ノ状況、昭和十二年晩春ノ候ヨリ次項ニ述フルカ如ク相當戦備ヲ進メアリタルヲ看取セラル而シテ本次事變ハ敵ク未タ十分ニ戦闘準備ヲ完成セサル時ニ於テ突発的ニ起レルモノナリ

（五）北京附近支那側ノ戒嚴令

昭和十二年六月ニ至ルヤ北京附近一帯ニ戒嚴令ヲ布告シタルヲ聞キ同時ニ北京城各門ノ支那側守備兵著シク増加シ多キハ歩兵一中隊内外ニ達シ且警備行軍ト稱シ特ニ夜間ニ於ケル北京市内及郊外ノ行軍シアル部隊ヲ屡ゝ目撃セリ

（六）蘆溝橋附近支那軍ノ状況

0085

事変発生前蘆溝橋附近ノ支那軍ハ其ノ兵力ヲ増加シ且其ノ態度頓ニ不遜トナレリ
其ノ変化ノ状況左ノ如シ

(1) 兵力増加ノ状況

平素蘆溝橋附近ニハ城内ニ営本部ト一中隊ヲ、又長辛店ニハ騎兵約一中隊ヲ駐屯セシメアリシカ昭和十二年五月十日乃至下旬ニ至ル間ニ於テ城内ニハ変化ナキモ蘆溝橋城外ニ歩兵約一中隊ヲ、蘆溝橋中ノ島(俗称)ニ歩兵約二中隊ヲ夫々配置セリ又六月ニハ長辛店ニ新ニ歩兵第二百十九團ノ約二大隊ヲ増加スルニ至レリ

(2) 防禦工事増強ノ状況

長辛店北方高地ニハ従来高地脚側防ノ為ニ二箇ノ機関銃陣地ヲ構築シ又高地上ニハ野砲陣地ヲ構築シアリシカ六月ニ入レヤ新ニ散兵壕ヲ構築シ豫テ蘆溝橋ヲ中心トシ北方龍王廟ヨリ一文字山ヲ

0086

經テ南方堤防上ニ亘リ圖形ニ十三箇ノ「トーチカ」ヲ構築シ土砂ヲ以テ埋没秘匿シアリタルカ六月ニ入リテ夜間ヲ利用シ龍王廟附近ノ「トーチカ」ヲ蔽ヒアル土砂ヲ除去シタリ

該「トーチカ」ハ何レノ時代構築シタルモノナルヤ不明ナルモ蘆溝橋ハ北京ヨリ保定ニ通スル主要道路カ永定河ノ障碍ヲ通過スル要衝ニ當レル關係上該地ヲ中心トシ永定河左岸ニ橋頭堡的ニ構築シタルモノニシテ平素ハ土砂ヲ以テ掩ヒ秘匿シアリシタルモノナリ

(3) 五月頃ヨリ支那軍ノ不遜態度濃厚トナル

蘆溝橋上通過ニ関シテハ豐台ニ日本軍駐屯セシ當初ニ於テハ我部隊ノ通過ヲ拒否スルコトアリ其ノ都度之ニ抗議シ通過ニ支障ナカラシメシカ前年豐台事件以後ニ於テハ支那軍ノ態度緩和シ日本語ヲ解スル將校ヲ配置シ誤解ナカランコトヲ努メシカ

0087

事變前五月ニ至ルヤ再ヒ我軍ノ城内通過ヲ拒否シ其ノ都度交渉ヲ要スル狀態ニ逆轉セリ

(4) 日本軍ノ演習實施ニ對スル彼ノ抗議

蘆溝橋附近一帶ハ北寧線路用砂利取場ノ地区ニシテ一帶荒蕪地ニ屬シ落花生等荒蕪地ニ適スル耕作物ニ過キス従ッテ夏季高粱繁茂期ニ於テハ豊台駐屯部隊唯一ノ演習場タリ

然ルニ最近ニ於テハ我演習實施ニ際シテモ支那軍ハ畑ヘノ侵入ヲ云々シ或ハ夜間演習ニ就テモ事前ノ通報ヲ要求スルカ如キ言ヲ弄シ或ハ日本軍ニ於テ夜間實彈射撃ヲ實施セル等無稽ノ抗議ヲ為シ來ル等著シク形勢ノ變化ヲ思ハシメタリ

(5) 日本軍ノ行動地区ニ對シ制限セントス

従來龍王廟附近堤防及同所南方鐵道橋附近ハ我軍ノ行動自由ナリシカ最近殊ニ六月下旬頃ヨリ之ヲ拒否シ我兵力少キ時ニ支那側警戒兵ハ銃ニ裝填シ不遜ノ態

0088

度ヲ示スルニ至ル

(6)警戒配備ノ変更

六月下旬ヨリ龍王廟附近及其ノ以南ニハ兵力ヲ配置シ殊ニ夜間ハ其ノ兵力ヲ増加セシムルモノヽ如シ

又従来一文字山ニハ全然警戒兵ヲ配置シアラサリシカ我カ軍カ夜間演習ヲ實施セサル場合ニハ該地ニ兵力ヲ配置シ黎明時之ヲ撤去セルヲ見ル

五、事変直前ニ於ケル我軍ノ状態

1、蘆溝橋ニ於ケル我軍ノ行動

我カ駐屯軍ノ支那第二十九軍ニ對スル態度ハ前述セルカ如ク常ニ友軍ヲ以テシ其ノ非行アレハ之ヲ諭シ特ニ帝國四周ノ情勢ニ鑑ミ我カ行動ヲ慎重ニシ事端ヲ醸サヽラシコトヲ維レ努メタリ然レトモ我カ駐屯軍本然ノ任務達成ニ遺憾ナカラシムル為鋭意訓練ニ精進シ特ニ夜間ノ演練ニ勉メタルコト前述ノ如シ而シテ蘆溝橋附近ハ地形特

(1)

0089

ニ耕作物ノ關係上豊台部隊ハ素ヨリ北京部隊ノ爲ニモ、演習ニ恰適ノ地ナリ

蘆溝橋附近ノ支那軍カ事変前ニ於テ著シク配備ヲ変更ヲ求セルハ南京側ノ指令ニ依ルカ或ハ彼ノ自ラ描ケル幻影ニ怯ヘタル結果ナルハ明カナルモ假ニ一歩ヲ譲リ我カ部隊ノ行動ニシテ彼等ノ神經ヲ刺戟シタリト思惟セラルヽ事項ヲ擧クレハ左ノ如シ

イ、豊台駐屯隊ノ中期訓練（三月乃至五月ヲ前期トシ主トシテ第一期訓練、六月乃至十月ヲ中期トシ其ノ間中隊及大隊教練ヲ演練シ特ニ中隊教練ノ練成期ヲ五月及六月トス）カ晝夜ヲ論セス實施セラレ特ニ夜間演習ハ前述聯隊長ノ練成上ノ方針ニ基キ各中隊一週少クモ二回ヲ實施スルノ状態ナリシコト

ロ、豊台駐屯隊ニ對スル軍ノ隨時檢閲ヲ五月下旬一文字山附近ニ於テ實施セラレ軍ノ幕僚ノ大部カ該地ニ參集セシコト

0090

ハ、聯隊長ノ實施スル中隊教練ノ檢閲ヲ一文字山附近ニ豫定シ隨ッテ檢閲補助官ハ度々該地ヲ踏査セルコト

ニ、旅團長、聯隊長ハ度々豊台部隊ノ蘆溝橋附近ニ於ケル演習ヲ視察セシコト

ホ、六月下旬ヨリ七月上旬ニ亘リ歩兵學校教官千田大佐ノ新歩兵操典草案普及ノ為ノ演習ヲ蘆溝橋上北方地區及一文字山附近ニ於テ實施シ北京及豊台部隊ノ幹部ノ多数ヲ之ニ参加セシメタルコト

2. 聯隊長ノ注意

聯隊長ハ支那側全般ノ空氣カ何ントナク險悪ノ状態ヲ呈シ抗日的策動濃厚トナリアルヲ看取シ部下一般ニ對シ注意ヲ倍蓰シ彼等ニ乘セラレサルコトニ注意シ聯隊創立當初ヨリ如何ナル演習ニ於テモ各兵實彈三十發ヲ携行セシメ又傳令ニハ常ニ拳銃ヲ携行セシメ又演習地ト駐屯地トノ間ニハ必ス連絡ノ方法ヲ講シ置カシムル等不覺ヲ取ラサル方法ヲ實施セシメアリシカ此等ニ関シ遺憾ナキ様

12

0091

注意ヲ倍蓰スルト共ニ出動準備ヲ完整シ置クヘキヲ命シ特ニ豊台部隊ニ對シテハ「トーチカ」ノ發掘狀態及工事增強ノ狀況ニ就キ注意スヘキヲ命シタリ

第三、事件勃發ス

一、我カ演習部隊ニ支那側ヨリ不法射撃ヲ受ク　聯隊ノ訓練ノ狀況前述ノ如ク特ニ豊台部隊ハ七月九日ヨリ聯隊長カ中隊教練ノ検閲ヲ實施スル豫定ナルヲ以テ八日ハ検閲直前ナルヲ以テ一般ニ休養セシムル爲七日ハ各中隊共晝夜ニ亘リ各中隊協議ノ上時刻ヲ異ニシ又地区ヲ異ニシテ蘆溝橋附近ニ於テ演習ヲ實施セリ

而シテ第八中隊ハ當日午後七時三十分ヨリ龍王廟東側地区ヨリ東方大瓦窑ニ向ヒ敵主陣地ニ對シテ薄暮ヲ利用スル接敵次テ黎明突撃動作ヲ演練スヘク終夜演習ヲ計畫實施セリ

而シテ該中隊長清水節郎大尉カ特ニ龍王廟ヲ背ニシテ東

0092

面シテ演習ヲ實施シタルハ豫テ龍王廟附近ニハ支那軍配兵アルヲ知リ其ノ誤解ヲ避ケンカ為ナリ

右演習中午後十時四十分頃龍王廟附近ノ支那軍隊ヨリ突如数発ノ射撃ヲ受ク是ニ於テ中隊長ハ直チニ演習ヲ中止シ集合喇叭ヲ吹奏シテ大瓦窑西方地區ニ集結ヲ命ズ然ルニ再ヒ蘆溝橋城壁ト覺シキ方向ヨリ十数発ノ射撃ヲ受ク

中隊長ハ集合地ニ於テ人員ヲ点呼セシニ初年兵一名不足セルヲ知リ之ヲ捜索スルト共ニ應戦ノ準備ヲ整ヘツヽ傳令ヲ派シテ豊台ニ在リシ大隊長ニ急報セリ

二、大隊長ノ處置

大隊長ハ午後十時頃迄蘆溝橋附近ニ於ケル各中隊ノ演習ヲ實視シ豊台ニ歸來シタルニ間モナク正子稍々前豊台官舎ニ在リテ第八中隊ノ報告ニ接シ直チニ現地ニ出動スルニ決シ非常呼集ヲ命スルト共ニ旅團長不在ナル為警備司令官代理タル聯隊長ニ電話報告ス

13

0093

第四、戰鬪開始ニ至ル迄ノ經緯

一、聯隊長ノ第三大隊長ノ一木少佐ニ對スル指示

當時北平警備司令官河邊少將ハ支那駐屯歩兵第二聯隊ノ中隊教練検閲實施ノ爲南大寺（秦皇島西方）ノ野營地ニ出張セラレシヲ以テ聯隊長之ヲ代理シアリ然ルニ七月七日夜正子前後突如トシテ一木少佐ヨリ第八中隊長ヨリ中隊カ夜間演習中龍王廟附近ヨリ数發ノ射撃次テ盧溝橋城壁ト覺シキ處ヨリ十数發ノ射撃ヲ受ケ中隊長ハ直チニ演習ヲ中止シ人員検査ノ結果初年兵一名不足シアルヲ知リ目下極力捜索中ナル報告ニ接シタルヲ以テ大隊ハ直チニ現地ニ出動善處セシトスル旨ノ電話報告ニ接シタルヲ以テ聯隊長ハ大隊長ノ決心處置ニ同意シ且左ノ注意ヲ與フ

情勢ノ變化ニ應スル爲戰鬪準備ヲ整ヘ先ツ部隊ヲ一文字山附近ニ集結シ盧溝橋城內ニ在ル營長ヲ呼出シ交渉ヲスヘシ而モ例ノ支那軍ノコトナルヲ以テ當方ニ確カナル證據ヲ握ラサルトキハ射撃セスト申スニ違ヒナキヲ以テ彼

0094

ノ射殺藥莢ニテモ可ナリ之ヲ証據トシテ交渉スルヲ要
スヘキ旨注意ヲ與フ
大隊長ハ「承知致シマシタ」ト答フ
二、聯隊長ノ心境
聯隊長カ事件勃發時ニ於ケル心境ヲ忌憚ナク左ニ述ヘ
一、當初心中ニ浮ヒシコトハ「遂ニヤツタナ」ト云フ感シニテ驚
キタルモサテ之ハ支那側カ計畫的ニ起セシモノナリヤ或
ハ局所的ニ突発的ニ起リシモノナルヤ而シテ突発的ニ起リ
シモノトセハ局所的ニ收拾スルヲ必要トシ然ラスシテ計
畫的ナルトキハ之ニ應スルノ覺悟ナカルヘカラストスル所
謂一般情勢判斷ナリ
更ニ又事件處理ニ對シ如何ニスヘキカニ當惑シタルモ
先ツ頭ニ浮ヒシハ前年ノ豐台事件ノ經驗ナリ此ノ經驗
ヲ有セシカ故ニ聯隊長ハ比較的速カニ冷静ニ復スルヲ
得タリ

0095

而シテ豊台事件ノ經驗ニ鑑ミ又事件後ニ部下将校ニ對シ不信ヲ敢テスル支那軍ニ對シテハ不法ヲ働キシ其ノ者ニ對シテ鉄槌ヲ加フルヲ要スヘキ旨豫テ申セシ次第ナルヲ以テ愈々其ノ場ニナッテ躊躇スルコトアルヘカラストスル大ナル積極的戰闘意識モ働キシハ事實ナリ

更ニ又冷静ナル考ニナリテ現在ノ日本ノ状態カ總ヘテ擴充ノ途上ニ在リ特ニ又北方蘇聯邦トノ關係ニ想到シ今大事ヲ惹起スルコトハ國家ノ為ニモ由々シキ大事ナリ何ントカ日本軍ノ面目ノ立ツ限リニ於テ事件ヲ最少限ニ限定シテ片附ケ得ル方法ハナキモノカト極メテ慎重ナル考ヲモ心中ニ浮上レリ

更ニ他ノ一方ニ於テ憂慮ノ余リ上司ノ指令ヲモ受ケ度キ心境絶無ト云ヒ難シ然レドモ此ノ事タルヤ過去ニ於ケル有ラユル此ニ類シタル事件ニ於テ現地ノ當時者カ當然決心セサルヘカラサルコトヲ決心シ得スシテ上司ニ指令ヲ仰キシ為ニ遂ニ適切ナル處置ニ出ヅルコトヲ得スシテ失

0096

敗セル例多キヲ豫テヨリ遺憾ニ思ヒ此ノ如キハ責任ヲ上司ニ轉嫁スルモノニシテ現地ノ責任者カ現地ノ狀況ニ應シ任務ニ基キ決心スルコトカ最モ適切ナル所以ナリトノ平素ヨリノ強キ決意ヲ有シタルヲ以テ上司ニ指令ヲ仰カントスル考ハ忽チニシテ消散セシムルコトヲ得タリ

叙上ノ如キ精神上ノ感作カ突嗟ノ間ニ心中ニ往來セリ

三、北京部隊ニ對スル處置

1、警急集合

聯隊長ハ急キ官舍ヲ出テ、隣地ニ在ル聯隊本部ニ到ル時ニ正子稍々過キナリ聯隊本部ニ於テハ未タ何事モ知ラス週番司令ハ熟睡中ナリ之ニ告クルニ事件突發セルヲ以テシ傳令ヲ急派シテ各官舍ニ在ル將校准士官ヲ召致セシメ且部隊ニ警急集合ヲ命ス

蓋シ聯隊本部ニ於テハ附近ニ各國兵營アリテ號音ヲ用フル時ハ我カ企圖ヲ暴露シ且一般住民ニ對シテ徒ラニ焦燥感ヲ起サシムルヲ以テ豫テ傳令ヲ以テ傳フルコトニ定メアリタル

15

0097

ヲ以テナリ

2. 通州野營中ノ第一大隊主力ヲ召致ス

北京駐屯ノ第一大隊主力ハ當時中隊教練ノ為通州ニ野營中ニシテ北京ニハ歩兵一中隊及機關銃一小隊ノミヲ残置シアリタルヲ以テ直ニ通州ニ電話シテ凡ユル運搬機関ヲ以テ北京朝陽門東南方ニ在ル我カ射撃場ニ集結シ後命ヲ待ツヘキヲ命ス　蓋シ北京城内ニ入ルトキハ城門ヲ閉鎖セラレ鑵結ニセラルヽ虞アリタルヲ以テナリ　北京ニ於テモ貨物自動車ヲ急遽徴発シ支那側ノ注意ヲ喚起スルヲ避ケンカ為南方永定門ヨリ通州街道ニ出テシメ第一大隊ノ射撃場集結ヲ容易ナラシメタリ

四、北京日本憲兵隊ニ支那側ノ動向偵知ヲ命ス

北京日本憲兵隊長赤藤少佐ニ對シ支那側ノ動向特ニ要人宅及西苑南苑黄寺等ノ支那軍ノ狀態偵察ヲ命ス時ニ午前零時半頃ナリ

憲兵隊ニ於テハ諜者ヲ各方面ニ派シ午前二時半頃支那軍

0098

及要人宅ハ寂トシテ聲ナク何等ノ異狀ヲ認メサルヲ確メ聯隊長ニ報告セラル　此ノ報告ハ警備司令官代理タル聯隊長ノ決心ニ重大ナル基礎ヲ與ヘタリ　即チ聯隊長ハ今次事件カ支那側ノ計畫的行爲ニアラスシテ全ク蘆溝橋附近ノ局所的突發事件ナルヘシト判斷スルヲ得タルヲ以テナリ

五、森田中佐ヲ現地交渉員トシテ派遣スルニ決ス

聯隊長ハ本事變解決ノ爲ノ手段方法ニ關シ熟慮シタル結果情勢ハ如何ニ變化スルヤ不明ナルヲ以テ今直チニ警備司令官カ北京ヲ離ルヽハ不適當ナリ　依リテ聯隊附タル森田中佐ヲ派遣シ現地ノ交渉ニ任セシムルヲ適當トシ同中佐ニ對シ左ノ要旨ノ指示ヲ與フ

森田中佐ハ現地ニ到リ事件ノ調査竝ニ支那側ノ責任者トノ交渉ニ任スヘシ　之カ爲ニハ愼重事ヲ處スルト共ニ必要ニ應シ斷乎タル處置ニ出テ得ル如ク戰鬪準備ヲ整ヘテ交渉スルヲ適當トス

聯隊長ノ考ヘテハ歩兵一中隊機關銃一小隊位ノ兵力ヲ

0099

同行セシメテ蘆溝橋城東門ヨリ入リ豊台部隊ノ主力ハ一文字山附近ニ集結シ何時ニテモ変ニ應シ得ルノ姿勢ニ在ルヲ可ナリト思惟ス

森田中佐ハ反問シテ曰ク「聯隊長ハ飽ク迄モ交渉ニ依リ解決セントスル御考ヘナリヤ」ト、聯隊長答ヘテ曰ク「然リ」予ハ飽ク迄モ交渉ニ依リ解決セントス

當時聯隊長ハ有ラユル点ヨリ考ヘ特ニ現下ニ於ケル帝國内外ノ状態ニ想到シ為シ得ヘクンハ事件ヲ最小限度ニ處理スルヲ適當ナリト思惟ス此ノ見地ニ立チテ熟慮シタル結果支那側ニ好意的ニ考フル時ハ支那側ノ射撃セルハ暗夜ノ事ニテモアリ恐怖ノ餘リ日本軍ト意識セスシテ射撃セリトノ彼ノ云ヒ分モ諒トシ得ラレサルニアラス然ル時ハ彼ノ不法ヲ責メテ謝罪セシムルト共ニ豊台事件ノ例ニ倣ヒ日本軍ノ演習スヘキ地域附近ニ支那軍ヲ屯營セシメサル如キ方法モ講シ得ヘク必スシモ非常手

0100

段ニヨルコトナク交渉ニ依リ事件ヲ解決シ將來ニ對スル
禍根ヲモ除キ得ヘシト考ヘタルニ由ル

六、支那側交渉員來ル

午前三時我カ特務機関員寺平大尉ハ現地交渉員タル宛平縣長王冷齊及冀察外交委員林耕宇ヲ伴ヒ聯隊本部ニ來ル。依リテ聯隊長ハ王冷齊ニ向ヒ
「貴官ハ如何ナル資格ヲ以テ現地交渉ニ當ルヤ」ト彼答ヘテ曰ク
「宋哲元ノ代理タル資格ヲ以テス」ト。依リテ聯隊長ハ更ニ問フテ曰ク「宋哲元ハ冀察政務委員會委員長タル資格ト第二十九軍ノ軍長タルノ資格トヲ有シアリ貴官ハ其ノ何レヲ代理スルヤ」ト、彼答ヘテ曰ク
「何レノ資格モ代理スルモノト考フ」ト。依リテ聯隊長ハ更ニ問フテ曰ク
「文官タル貴官カ軍長ノ資格ヲ代理シ得ルヤ」ト、彼曰ク
能ク諒解シアラサルヲ以テ秦德純ニ就キ確メ度依リ

17

0101

テ電話ヲ拜借致度シト即チ聯隊本部ノ直ク近傍ナル旅團司令部電話ヲ貸與シ秦德純ニ伺ハシメタリ
電話交渉ニ暇取ルコト約二十分ナルモ彼ハ席ニ復セサルヲ以テ聯隊副官河野少佐ヲシテ彼ヲ召致セシム、彼席ニ復シテ曰ク
「電話ニテハ明瞭ナラサル所アルヲ以テ今ヨリ秦德純直接面談シテ資格ヲ明瞭ナラシメン」ト、依リテ聯隊長ハ彼ハ事面倒ナリト見テ逃ケ去ルニ非スヤ、斯クテハ聯隊長カ交渉ニ依リテ事件ヲ解決セントスル希望ヲ達スルコト不可能トナルヲ恐レタルヲ以テ彼ニ諭シテ曰ク
「予カ貴官ノ資格ヲ特ニ訊シタルハ他意アルニアラス不法射擊ニ興奮セリト思惟セラルヽ現地支那軍隊ニ對シ貴官カ信念ヲ以テ之ヲ制スル爲ニハ自己ノ資格ヲ明確ニ承知シアルヲ必要トスヘシト思惟シタルヲ以テナリ、然レトモ現地ノ狀況ハ極メテ逼迫シアリ今ヨリ秦德純ト面談セントスルカ如キ悠長ナルコトヲ許サヽル狀況ニ在リ、貴官ハ予

0102

ノ真意ニ鑑ミラレ宋哲元ヲ代理シ責任ヲ以テ不法ヲ働
カントスル現地支那軍ニ對シ斷乎トシテ之ヲ制シテ調停
ニ任シ得ルノ覺悟アリヤト、彼答ヘテ曰クヤリマスト
聯隊長カ急遽ノ際ナルニ拘ラス特ニ交渉員ノ資格ヲ訊シ
タル理由ノ一トシテ當時左ノ考ヲ起シタルコトヲ附言ス
即チ支那側カ此ノ際當然武官ヲ派遣スヘキ場合ナルニ
拘ラス、文官タル王縣長ヲ以テシタルハ深キ魂膽ヲ有ス
ルニアラスヤ、當時宋哲元ハ山東省ノ郷里ニ歸省シテ
不在ナリシ為平素南京側ト策謀シアリト噂サレアル
秦德純之ヲ代理シアリシヲ以テ彼ハ同穴ノ貉ニシテ且盧
溝橋附近ノ支那軍ノ所屬師長タル第三十七師長馮治
安ト協議シ軍隊ニ對シ命令權ナキ文官ニシテ而カモ
豫テ秦德純ト親交アリ是亦南京派ト目サレシ王縣長
ヲ派遣シ以テ事件ヲ擴大セントスルコト是ナリ
王縣長カ秦德純トノ電話ニ長時間ヲ要シテ而カモ要領
ヲ得サリシハ好意ニ解釋スルトキハ事急遽ノ際ニテ何モ

18、

0103

考フル違ナク秦徳純ト親交アリ且現地ノ縣長タル彼ヲ派遣セシ為聯隊長ヨリ資格ヲ問ハレテ當惑シタリト見ルヲ得可キモ當時聯隊長カ北支ノ情勢上何カ支那側カ事件ヲ起スニ非スヤトノ深キ疑問ヲ有シタル際ナリシヲ以テ益〻彼ノ言動ヨリシテ事件ヲ擴大セントスル魂膽ナリトノ疑念ヲ深カラシメタリ

七、彼我交渉員現地ニ向フ

宛平縣長王冷齊ヲシテ調停ニ關スル堅キ決意ヲ言明セシメ我カ交渉員森田中佐ト同行シテ午前四時我カ聯隊本部ヲ出發シテ現地ニ向フ

聯隊長ハ直チニ現地一木大隊長ニ通報スヘク豐台ニ電話セシム、然ルニ豐台警備小隊長准尉山田考澄ニ依リ大隊ハ既ニ警急集合ヲ終リテ一文字山ニ向ヒタリトノ報告ニ接ス暫クシテ大隊長ヨリ電話アリ曰ク「先程御呼ヒテシタカ如何ナル御用テアリマスカ」ト、依リテ聯隊長ハ「貴官ハ今何處ニ居ルヤ」ト大隊長ハ大

0104

隊ハ今一文字山ニ集結ヲ終ル小岩井中尉ノ努力ニ依リ豊台ヨリ電話線ヲ西五里店迄架設シアリ今西五里店（一文字山東方約六百米）通信所ヨリ電話シ居ル旨報告ス

聯隊長ハ午前四時彼我ノ交渉員聯隊本部ヲ出発シテ現地ニ向ヘルコト聯隊長ハ交渉ニ依リ本事件ヲ解決スル希望ヲ有スルコトヲ大隊長ニ示シ現地ノ状況ニ就テハ克ク森田中佐ニ連絡スヘキ旨指示スル所アリ

大隊長ハ「聯隊長ノ御考ヘハ克ク分リマシタ」ト答フ

第五、戦闘開始並ニ戦闘経過ノ概要

一、聯隊長ノ決心

前記電話後数分ニシテ大隊長ヨリ報告アリ曰ク「午前三時二十五分龍王廟方向ニ三発ノ銃声ヲ聞ク、支那軍カ二回モ発砲スルハ対敵行為ナリト認ム如何ニスヘキヤ」ト、

0105

該ニ於テ聯隊長ハ受話器ヲ耳ニシナカラ夜半以來聯隊長ノ心中ニ往來セシ有ラユル考ヘカ更ニ急劇ニ脳中ニ往來シ日支全般ノ關係ニ鑑ミ事件ヲ交渉ニ依リ解決セントセシ努力モ大隊長ノ報告ニアルカ如ク午前三時二十五分ニ再度ノ不法射撃ヲ受ケ而モ昨夜ハ暗夜ニテ日本軍ナリト知ラスシテ射撃セリトノ彼ノ言ヒ分モ好意的ニ解釋シ得ヘキモ午前二時半ニハ既ニ黎明トナリ午前三時二十五分ニハ相當距離ニ於テ明瞭ニ識別シ得ル状態ナル時ニ射撃セルハ明カニ日本軍ナリト承知シテ射撃セルモノト認メサルヲ得ズ是明カニ日本軍ニ對スル敵對行為ナリ之ヲシモ忍フヘクンハ皇軍ノ武威ヲ奈何セン而モ一方聯隊長ノ頭ニハ今事件ヲ擴大スルコトハ全般ノ情勢ニ照ラシ決シテ望マシキコトニアラストノ考モ起リ來ル

最後ニ聯隊長ノ到達シタル心境ハ日本軍ニ對スル敵對行為ハ前年ノ豊台事件ノ経驗ニ鑑ミルモ之ヲ容赦スルヲ許サス断然タル處置ヲ必要トス而モ先ニ述ヘシカ如ク支那側ノ計

0106

書的行爲ニアラスシテ局所的事件ナリト判断シ得ルヲ以テ此ノ際不法ヲ働キシ支那軍ニ對シ大ナル鉄槌ヲ加フルコトク又一面事件ヲ局所的ニ收拾シ而シテ皇軍威武ヲ宣揚シ得ル所以ナリト 即チ聯隊長ハ大隊長ニ對シ左ノ如ク指示ス

支那軍カ一度ナラス二度迄モ射撃スルハ純然タル對敵行爲ナリ 断乎戦闘ヲ開始シテ可ナリ 時正ニ午前四時二十分ナリ

二、第三大隊長ノ攻撃部署

茲ニ於テ第三大隊長一木少佐ハ勇躍シテ西五里店通信所ヨリ馬ヲ飛シテ大隊ノ集結地タル一文字山ニ向フ途中第二十九軍顧問タル櫻井少佐ニ會シ左ノ件ヲ知ル

櫻井少佐ハ昨夜ハ事件ヲ聞キ直チニ支那軍師長馮治安ト會見シ蘆溝橋不法射撃ヲ詰リ所馮曰ク「馮ノ部下ハ蘆溝橋城外ニハ配兵セス 龍王廟ニ居リタリトセハ支那軍ニ非ルヘシ 西瓜小屋ノ番人カ然ラサレハ藍衣

0107

社系統ノモノナランヽ若シ支那軍ニシテ城外ニ配兵セラレアリトセハ恐ラクハ馮ノ部下ニアラサルヘシ又馮ノ部下トスルモ馮ノ命令ニ従ハザルヲ以テ日本軍ニ於テ攻撃セラルヽハ随意ナリヽト

右ハ全ク馮治安カ責任ヲ回避セントスル詭辯ニシテ支那軍ノ常套手段ニシテ心事洵ニ陋劣ナルヲ証シテ余リアリ

右ノ通リ櫻井少佐トノ會見ニ依リ大隊長ハ城外配兵部隊ニ對シ攻撃スルニ決シ第八中隊ヲ龍王廟北方約三百米ニ南面シテ展開セシメ主力ヲ以テ京漢線以北ノ地區ニ展開シ歩兵砲ノ主力ヲ一文字山ニ、一部ヲ大瓦窰西南側ニ陣地ヲ占領シテ主力ノ攻撃ニ協力セシムル部署ヲ採リ歩兵砲ノ射撃開始ヲ以テ一齊攻撃前進ノ企圖トナシ歩兵砲ノ射撃ヲ命シタリ

三、森田中佐一行一文字山ニ到着ス

第三大隊長ハ歩兵砲射撃ヲ命シタル時其ノ時森田中佐一行ハ支那側交渉員ト共ニ一文字山ニ到着ス

然ルニ第三大隊ハ全力ヲ展開シ歩兵砲將ニ射撃ヲ開始セントスル狀態ヲ見テ大イニ驚キ聯隊長カ出發時ニ與ヘラル、指示ニハ交渉ニ依リ事件ヲ解決セントスル聯隊長ノ意圖ニ反スルモノナリト判斷シ先ツ大隊ノ攻擊ヲ中止セシメントシ近傍ニ位置シテ將ニ射撃ヲ開始セントスル歩兵砲ノ射撃ヲ停止セシム

大隊長ハ時刻ヲ遷延スルトキハ龍王廟附近ノ支那軍カ城内ニ逃避シ昨夜來ノ不法射撃ノ責ヲ回避セシコトヲ恐レ急遽攻撃セントセシモ森田中佐之ヲ承知セザルヲ以テ大隊長ハ聯隊長カ其ノ後ニ於テ戰闘開始ノ決意ヲ飜シテ交渉ニ依リ解決セントスルニアラスヤト思惟シ部下大隊ニ對シ其ノ場ニ於テ攻撃ヲ中止シ朝食ヲ命ス

四、攻撃開始シ龍王廟奪取支那軍ノ不法闡明

茲ニ於テ全線ノ將兵一齊ニ適宜位置ヲ選定シ夫々背負嚢ヨリ乾麪麭ヲ取リ出シテ口ニ入レントスル其ノ際龍王廟附近ノ支

0109

那軍猛烈ニ射撃ヲ開始ス是ニ於テ大隊長ハ最早ヤ議論ノ餘地ナクシテ之ヲ膺懲セントシ直ニ攻撃前進ヲ命シ同時ニ歩兵砲射撃ヲ開始ス時正ニ午前五時三十分ナリ恰モ夜来ノ暗雲霽レテ旭日天ニ冲シ将兵一同旭日ヲ背ニシ一齊ニ攻撃前進シ歩兵砲ノ第一発ハ見事ニ龍王廟ノトーチカニ命中シ第一線将兵思ハス萬歳ヲ唱ヘ志氣大イニ振フ斯クテ大隊ノ攻撃ハ平時演習ノ如ク進捗シ約七分ニシテ龍王廟附近ノ支那軍陣地ヲ奪取シ更ニ大隊ハ永定河ヲ渡リテ逃クル支那軍ヲ追フテ永定河右岸ニ進出セリ時ニ午前五時四十五分ナリ

龍王廟附近ノ敵陣地ニハ二十七箇ノ敵死体遺棄セラレアリシカ何レモ二十九軍ノ服装ヲ為セルモノニシテ西瓜小屋ノ番人ニモアラス藍衣社系統ノモノニモアラスシテ二十九軍ノ所属部隊ノ不法ヲ證シテ餘リアリ

森田中佐ハ支那軍ノ不法射撃ヲ目撃シテ支那側交渉員ニ言ツテ曰ク、予カ我カ軍隊ノ支那軍ノ不法ニ憤慨シ

0110

テ攻撃ニ出テントスルヲ抑ヘタルニ不拘君等カ見ラル
ル通リ支那軍ハ不法ヲ働キタリ事態此ノ如クナル以
上我軍ハ断然起タサルヲ得サルモノナリ君等モヨク
此ノ支那軍ノ不法射撃ヲ記憶セヨト言明シ支那側ヲ
シテ之ヲ承諾セシメタリ

附記

一、歩兵砲ノ第一発カ敵陣地ノ「トーチカ」ニ命中セ
ルハ天祐的原因アリ
即チ聯隊長カ中期検閲ヲ七月九日ヨリ實施ス
ルヲ以テ歩兵砲隊長ハ検閲ノ山ヲカケテ陣地ハ
一文字山、假設敵ハ龍王廟ニ配置セラレ、ナラ
ント判断シ陣地観測所等ノ偵察ハ素ヨリ龍王廟
迄ノ距離ノ如キモ精細ニ測定シアリタルニ其ノ
検閲準備其ノ儘ノ状況カ實戦ニ現レ斯クテ第一
發カ命中シテ全將兵ノ一齊萬歳ヲ叫ハシメタル

0111

結果トナリテ現レタルモノナリ　是等ハ現地將兵カ常ニ萬一ニ備ヘテ訓練ニ精進セル結果ニ對スル天祐的現象ノ一ナリ

二、森田中佐ノ現地到着時大隊長ノ處置ニ干渉セシ件

森田中佐ハ出発時ニ當リ聯隊長ハ交渉ニ依リ事件ヲ收拾セントスル意圖ヲ承知シ其ノ後ニ於テ現地ノ狀態ニ鑑ミ聯隊長ノ戰鬪開始ニ關スル決心ヲナセシコトヲ承知セス為ニ森田中佐到着時ニ於ケル一木大隊長ノ處置ハ聯隊長ノ意圖ニ反スルモノナリトシ之ニ干渉セルハ森田中佐トシテ機宜ノ處置ナリ　而シテ飽ク迄モ增長セル支那軍ノ不法行為ヲ益々明瞭ナラシムル結果ヲ招來シタルモノナリ

五、森田中佐ヲシテ出動部隊ヲ指揮セシム

第一大隊ハ一文字山ニ集結ヲ命ス

聯隊長カ當初企圖セル交渉ニヨル事件收拾ノ案ハ敍上ノ經緯ヲ以テ無效ニ歸シ遂ニ戰鬪ヲ交フルニ至リタル

0112

ヲ以テ聯隊長ハ午前九時ニ十五分森田中佐ヲシテ出動部隊ヲ指揮セシメ盧溝橋支那軍ニ對シ永定河右岸ニ撤退ヲ要求シ要スレハ武装ヲ解除スヘキヲ命シタリ

通州野營中ニシテ先ニ日本射撃場ニ集結シテ後命ヲ待タシメタル第一大隊ニ對シ北京南側ヲ經テ一文字山ニ集結ヲ命ス

六、聯隊長戰場ニ到著シ聯隊ヲ指揮ス

事件発生以來聯隊長ハ警備司令官代理ヲシテ北平ニ於テ事件處理ニ任シアリシモ乘馬委員會議ノ為天津ニ出張シアリシ聯隊附岡村中佐ハ八日午後零時二十分歸隊セルヲ以テ岡村中佐ニ北平市內ノ警備ニ任スヘキヲ命シ聯隊長ハ自ラ第一線ヲ指揮スル為午後一時北京発列車ニ依リ聯隊副官河野少佐ヲ帶同シ午後一時四十分豐台日本兵營ニ到着シ盧溝橋一帶ノ状況ヲ承知シ直ニ一文字山ニ到リ同所ニ於テ森田中佐ヨリ第一線ノ状況並ニ爾後部隊ヲ京漢線ノ盧溝橋驛（一文字山北側）附近ニ集結

0113

スヘキ企圖ナルコトヲ承知ス

茲ニ於テ聯隊長自ラ現在スル第三大隊及歩兵砲隊ヲ指揮ス　時正ニ午後三時ナリ

七、河邊旅團長戰場ニ到着、聯隊ハ其ノ指揮下ニ入ル

河邊旅團長ハ南大寺ノ野營地ヨリ飛行機ニ依リ天津ニ次テ天津ヨリ汽車ニテ午後三時五十分豊台ニ到着午後六時三十分旅團命令ヲ受ケテ茲ニ旅團長ノ指揮下ニ入ル

八、其ノ後ノ状況

先是聯隊長ハ薄暮ヲ利用シ永定河右岸ニ進出セル第三大隊ノ蘆溝橋驛附近ニ集結シテ爾後ノ情勢ノ變化ニ應スルヲ適當ナリト認メ夫々部署スル所アリ、次テ旅團長聯隊長ノ部署ヲ是認セラレ第三大隊ハ午後十一時頃停車場附近ニ集結シ意氣衝天ノ勢ナリ

第三大隊ト前後シテ第一大隊一文字山ニ到着ス、同大隊ハ酷暑ヲ冒シテ北京南側ヲ通過シ急行軍ヲ以テ戰場

0114

ニ馳セ参シタルモノナリ
茲ニ於テ聯隊長ハ北京ニ残セル歩兵一中隊、機関銃一小隊及天津ニ在ル第二大隊ヲ除キ他ノ全部ヲ掌握スルヲ得タリ爾後ノ状況ニ就テハ戦闘詳報記載ノ通リナルヲ以テ之ヲ略ス

第六 所感

一、蘆溝橋事件ハ支那側ノ計畫的行為ナリシヤ
事件勃発ノ眞相叙上ノ如ク驕慢ナル支那軍ハ我ノ穏當ニシテ同情ニ満ル処置ヲ水泡ニ帰セシメ三度不法ヲ敢テシテ遂ニ干戈ニ訴ヘテ彼ヲ膺懲スルノ已ムナキニ至レリ俗ニ所謂佛ノ顔モ三度トハ正ニ當時ニ於ケル我軍ハ態度ヲ示スモノナリ
而シテ此ノ事タル果シテ支那側ノ計畫的行為ナリシヤト今日ヨリ推察スルモ小官ハ然ラストハ判断スルモノナリ、蓋シ事件ノ経過カ之ヲ証スルカ如ク當初ハ蘆溝

0115

橋ノ局所ニ限定セラレ全般的ニ支那側カ動キシ形跡ナク其他支那側要人等ノ狼狽振等ヨリ考察シ叙上ノ如ク判断スルモノナリ

二、蘆溝橋事件ハ皇國ノ為天祐的事件ナリ

然ラハ何故ニ起レルヤ、小官ハ第二十九軍ノ主脳部カ一面親日、一面抗日ノ両刀使ヒノ政策ヲ採リシカ故ナリト觀察スルモノナリ

蓋シ第二十九軍ハ全ク山出シノ軍隊ナリ日支ノ関係極東ノ情勢、世界ノ情勢等皆目承知セサル軍隊ナリ此等ノ連中ニ對シ平素我等ノ敵ハ日本軍ナリト教育セラレタル内情ニアリシハ既述セル所ノ如シ而モ事件勃発前ノ事情ハ極メテ緊迫シタル情勢ニ在リテ北京一帯戒嚴令ヲ布キ平素配兵セサル地點ニ配備シ城門ノ守備兵力ヲ増加スル等ノ事象ハ全般ノ情勢ヲ知ラサル下級ノ支那将兵ナル丈ソレ丈彼等ノ間ニ無稽ノ風説ヲ生シ流言飛語盛ンナリシハ想察スルニ難

0116

クラス此ノ結果ハ親ノ心子知ラスノ譬ノ如ク彼等ハ唯日本軍ニ敵對スルコトカ彼等ノ首脳部ノ意ヲ迎フル所以ナリトノ錯覺ニ陥リタルコトモ亦想察スルニ難カラス況ンヤ日本軍將兵ノ萬事愼重ニシテ所謂長者ノ幼者ニ對スルカ如キ態度ハ益々彼等ノ驕慢心ヲ唆ラシメタルニ於テ益々然ルヘキヲ思ハシム

其ノ結果ハ遂ニ二十九軍ハ素ヨリ南京政府ノ抗日戰鬪準備完整セサルニ先チ本事件ノ突發ヲ見ルニ至リシモノニシテ南京側ノ抗日準備カ如何ニ大規模ニ又如何ニ周到ニセラレシカヲ明カニセラレタル今日ヨリ考察スルモ若シ是等ノ準備カ完整セラレタル暁ニ於テ事変ヲ起サレタランニハ其ノ結果ハ果シテ如何ナリシヤニ想到シ蘆溝橋事件ガ皇國ニ取リ全ク天佑的事件ナリトシテ感謝セサルヲ得サルモノナリ

三、事件ハ局所的ニ解決セサリシヤ

事件當初ニ聯隊長カ企圖セシ如ク局所ニ於テ不法

0117

ヲ執テセル彼ニ對シ大鉄槌ヲ加フルコトカ事件ヲ局所的ニ收ムル所以ナルトノ斷案ハ果シテ誤リナカルヘシヤノ見地ニ立チ考察シ徐ロニ觀察シ遂ケラレンコトヲ希望ス

四、支那側ノ準備特ニ敎育ノ力ノ偉大ナルコト

四年有余ニ亘ル本次事変ノ經過ニ鑑ミ支那側ノ準備カ如何ニ大規模ニシテ周到ナリシカヲ知ルヘシ、即チ國家觀念ニ乏シカリシ國民ニ對シ之ヲ注入シ小學校敎育ニ於テ總テノ課目ニ抗日意識ヲ涵養シ軍ノ施設ニ於テ其ノ敎育ニ於テ其ノ編成ニ於テ其ノ英米、蘇ノ利用策ニ於テ着々其ノ歩ヲ進メ遂ニ彼ノ二十有余年ニ亘ル此等準備ノ結果ハ世界ノ強國ヲ以テ誇リシ皇國ニ對シ假令列國ノ援助ニ與ルコト多キニ居ルトハ言ヘ四年有半ノ長キニ亘リ抗戰ヲ續ケアル實績ヲ收メ得タルヲ知ルヘシ、特ニ小官ハ敎育ノ力カ如何ニ深ク且大ナルモノカヲ感歎スルモノナリ

0118

又一方今ヤ東亜新秩序建設ノ邁進途上ニ在ル皇國ハ其ノ教育ノ力ノ偉大ナルヲ感銘シ焦ラス迫ラス徐ロニ根底アル建設ニ努力スルノ要アルヲ痛感スルト共ニ他國ノ教育ノ状態カ多少ニテモ皇國ノ理想ニ反スルカ如キコトアラハ之ヲ是正スルニ吝ナルヘカラス殷鑑遠カラス蔣介石ノ抗日教育是正ニ関シ我國カ眞劍ナラサル結果カ今次事変ノ擴大セル所以ニ想到セハ思半ニ過クルモノアラン

五、責任観ニ就テ

人ハ何カノ際ニハ之カイケナケレハ腹ヲ切ツテ申譯スル」ト申スコトナルカ愈ミ重大場面ニ到達センク腹ヲ切ツテモ申譯出來ナイト苦シキ場面ニ逢着スルモノニシテ腹ヲ切ツテ申譯出來レハ何時ニテモ腹ヲ切リ度イトノ差迫レル感ニナルモノナリ小官ノ戰闘開始ニ関スル指示ヲ與ヘシ當時ノ心境ハ正ニ然リシモノナリ、責任カ

0119

如何ニ凡夫ノ小官ヲシテ神聖化セシメシカヲ回顧シ至誠
通天ノ體驗ニ至大ノ感謝ヲ表スルモノナリ

0120

五、日皇昭和实录摘选

资料名称：《昭和天皇実録》（第七）

资料出处：日本宫内厅编《昭和天皇実録》（第七），東京書籍株式会社 2016 年發行，第 331—405 頁。

资料解说：这是日本宫内厅于平成二十八年（2016）整理出版的史料，具有重要参考价值。现摘编其中与卢沟桥事变关系紧密的 1937 年 5—7 月的记录。从中可以看出，日本的对外用兵及日军在华北各地的诸多动态，都是在其皇室密切关注下加以推进的。由此可知日本炮制卢沟桥事变的计划性与必然性。

五月

枢密顧問官補充人事の上奏を裁可されず

一日　土曜日　午前十時、御学問所において枢密院議長平沼騏一郎に謁を賜い、陸軍大将奈良武次と元特命全権大使本多熊太郎を枢密顧問官として補充することにつき内奏を受けられる。本多については御嘉納なく、考慮する旨を仰せになる。ついで、御座所に内大臣湯浅倉平をお召しになり、内閣総理大臣林銑十郎より枢密院議長と同様の内奏を受けた場合の対応方につき御下問になる。内大臣より、総理大臣に対しても枢密院議長と同様の御対応が適切と考える旨の奉答を受けられる。十一時十分、御学問所において総理大臣に謁を賜い、昨日の衆議院総選挙の結果に伴う今後の政局運営に関する奏上、及び奈良と本多の枢密顧問官任命に関する内奏を受けられる。これに対し、本多につき外務大臣との相談の有無を、奈良につき陸軍大臣との相談の有無を御下問になる。その後、内閣より奈良と本多の顧問官任命書類の上奏を受けられるも、遂に御裁可なし。○侍従日誌、侍従職日誌、内舎人日誌、百武三郎日記、入江相政日記、木戸幸一日記、西園寺公と政局、奈良武次日記、読売新聞、東京日日新聞、東京朝日新聞

午後、二度にわたり内大臣湯浅倉平をお召しになる。○侍従日誌、侍従職日誌、入江相政日記

官幣大社賀茂御祖神社本殿遷座につき、勅使として掌典千種有秀に参向を仰せ付けられる。〇侍従職日誌、省中日誌、祭祀録、進退録、宮内省省報、官報

官幣中社金崎宮において祭神尊良親王及び恒良親王の六百年祭を、また別格官幣社結城神社において祭神結城宗広六百年祭をそれぞれ挙行につき、いずれも祭粢料を下賜される。〇省中日誌、恩賜録、例規録

臨済宗国泰寺派大本山国泰寺において後醍醐天皇六百年御忌法要執行につき、香華料を下賜される。〇省中日誌、恩賜録

独国国祭日

ドイツ国国祭日につき、同国宰相アドルフ・ヒトラーに祝電を御発送になる。翌日答電が寄せられる。〇省中日誌、外交慶弔録、宮内省省報、官報

二日　日曜日　故海軍大将黒井悌次郎葬送につき、勅使として侍従徳川義寛をその邸に差し遣わし、幣帛を下賜される。なおその死去に際し、祭資を下賜される。〇侍従日誌、侍従職日誌、省中日誌、恩賜録、宮内省省報、官報

三日　月曜日　午前二回、午後一回、内大臣湯浅倉平に謁を賜う。〇侍従日誌

林総理より総選挙の結果を受けての閣議につき奏上

午前十一時二十六分、御学問所において内閣総理大臣林銑十郎に謁を賜い、去る四月三十日に行われた第二十回総選挙の結果を受けての今朝の臨時閣議につき、奏上を受けられる。〇侍従日誌、侍従職日誌、百武三郎日記、読売新聞

四日　火曜日　午前、御学問所において、参謀次長今井清以下二十四名、海軍省人事局長清水光美以下四名に謁を賜う。○侍従日誌、侍従職日誌、内舎人日誌、省中日誌、宮内省省報、百武三郎日記

午前十一時三十分、鳳凰ノ間において、今般離任帰国の本邦駐箚ペルー国特命全権公使リカルド・リヴェラ・シュレイベルに謁見を仰せ付けられる。○侍従日誌、内舎人日誌、省中日誌、謁見録、侍従武官府歴史、宮内省省報、官報、百武三郎日記

親任式

午後二時、鳳凰ノ間において親任式を行われ、特命全権公使堀田正昭を特命全権大使に任じられる。堀田にイタリア国駐箚を仰せ付けられる。○侍従日誌、侍従職日誌、内舎人日誌、省中日誌、儀式録、宮内省省報、官報、公文別録、百武三郎日記

昨月下旬樺太において暴風により被害発生につき、この日天皇・皇后より御救恤として金八百円を樺太庁に下賜される。○省中日誌、恩賜録、宮内省省報、官報

去る一日陸軍士官学校生徒として満鮮旅行中の盛厚王が満洲国新京において受けた歓待に対し、この日、同国皇帝溥儀に礼電を御発送になる。翌日答電が寄せられる。○省中日誌、外交雑録、宮内省省報、官報

五日　水曜日　午前、内大臣湯浅倉平をお召しになる。○侍従日誌

馬術御覧

陸軍将校・同相当官の馬術御覧のため、午後一時五十分、御料馬白雪に乗御されて内苑門を発御、旧本丸跡御馬見所にお出ましになる。御先着の皇后を始め、宣仁親王妃喜久子・載仁親王・鳩彦王、李王垠・同妃方子女王・李鍵公妃誠子以下の陪観者・関係員一同の奉迎裡に玉座に就かれる。在京

近衛師団、残置部隊を含む第一師団留守部隊、憲兵隊所属の乗馬を有する佐官以上、近衛・第一各師団所属尉官の馬術優秀者、全国軍隊馬術優秀者代表全十三班による野外騎乗・馬場馬術・障碍飛越をそれぞれ説明を受けられつつ御覧になり、近衛師団長西尾寿造・騎兵監飯田貞固にしばしば御下問になる。終了後、御馬見所付近に設けられた賜茶場に臨御され、陪観者・天覧馬術実施者その他に茶菓等を供される。四時十五分、御乗馬にて還御される。○侍従日誌、侍従職日誌、内舎人日誌、供御日録、供御録、省中日誌、幸啓録、重要雑録、侍従武官府歴史、百武三郎日記、木戸幸一日記、近衛歩兵第一聯隊歴史

正仁親王初節句

正仁親王初節句につき、午後五時五十分、皇后・成子内親王・和子内親王・厚子内親王と御一緒に申ノ口にお出ましになり、側近奉仕者に茶菓を供される。○侍従日誌、女官日誌、侍従職日誌、内舎人日誌、供御日録、供御録、百武三郎日記、藤井種太郎日誌

麝香間祗候錦鶏間祗候定例拝謁

六日　木曜日　午前、御学問所において、麝香間祗候及び錦鶏間祗候の十八名に恒例の謁を賜う。なお、従来麝香間祗候・錦鶏間祗候の宮中における定例拝謁は奇数月第一木曜日のところ、次回以降、春秋二回に変更される。○侍従日誌、侍従職日誌、内舎人日誌、省中日誌、例規録、百武三郎日記

海軍特命検閲関係者御陪食

午前十時三十分、御学問所において特命検閲使大角岑生に謁を賜い、昭和十二年度第三艦隊の特命検閲につき復命の奏上を受けられる。正午、豊明殿に出御され、朝融王と午餐を御会食になり、大

角及び検閲使随員等総勢三十三名に御陪食を仰せ付けられる。〇侍従日誌、侍従職日誌、内舎人日誌、供御日録、供御録、省中日誌、海軍上聞書控簿、侍従武官府歴史、宮内省省報、官報、公文備考、百武三郎日記、海軍制度沿革、男爵大角岑生伝

七日　金曜日　午前、陸軍大将西義一元侍従武官に謁を賜う。〇侍従日誌

内大臣湯浅倉平をお召しになる。〇侍従日誌

離任ソ聯大使及び新任仏国大使と御会食

午後零時三十分、皇后と共に豊明殿において、今般離任帰国の本邦駐箚ソヴィエト聯邦特命全権大使コンスタンティン・ユレネフ並びに同夫人、去る三月に着任の本邦駐箚仏国特命全権大使シャルル・アルセーヌ・アンリー並びに同夫人のため午餐を催され、李王垠・同妃方子女王と御会食になり、内大臣湯浅倉平以下十九名に御陪食を仰せ付けられる。〇侍従日誌、女官日誌、侍従職日誌、内舎人日誌、供御日録、供御録、省中日誌、謁見録、侍従武官府歴史、宮内省省報、官報、百武三郎日記

昨月中旬の朝鮮総督府管下における暴風雨被害に対し、天皇・皇后より御救恤として同総督府に金一万二千円を下賜される。〇省中日誌、恩賜録、宮内省省報、官報

英国皇帝ジョージ六世より寄せられた同国皇族ケント公妃の王女分娩を報じる親書に対し、本日付を以て答翰を発せられる。〇省中日誌、外交慶弔録

道久王誕生

八日　土曜日　去る二日、永久王妃祥子が北白川宮邸において分娩、第一男子が誕生する。この日、

道久（みちひさ）と命名につき、天皇・皇后より誕生の御祝として、白羽二重・酒・鮮鯛を永久王に賜う。夕刻、永久王参内につき、皇后と共に奥内謁見所において御対面になり、御礼言上を受けられる。〇侍従日誌、女官日誌、侍従職日誌、内舎人日誌、省中日誌、皇親録、皇族身分録、贈賜録、宮内省省報、官報、百武三郎日記、木戸幸一日記

夜、皇后と共に奥内謁見所において、東宮仮御所における初の節句、成子内親王の三重・奈良両県下への旅行、内庭における運動会を撮影した映画を御覧になる。〇侍従日誌、女官日誌

中御門天皇二百年式年祭

十日　月曜日　午前十時、中御門天皇二百年式年祭につき、皇霊殿において御拝礼になる。また陵所において祭典を行われ、勅使として掌典伊藤博精を差し遣わされる。〇侍従日誌、侍従職日誌、女官日誌、内舎人日誌、省中日誌、儀式録、祭祀録、進退録、貞明皇后実録、宮内省省報、官報、百武三郎日記、高松宮日記

午後一時二十五分、御学問所において内閣総理大臣林銑十郎に謁を賜い、一般政務につき奏上を受けられる。〇侍従日誌、侍従職日誌、内舎人日誌、百武三郎日記、読売新聞

板沢武雄の講話

午後二時十分より、皇后と共に御学問所において、学習院教授板沢武雄の「中御門天皇ノ御事蹟ト御時代」と題する講話を御聴取になる。宣仁親王・同妃喜久子、並びに内大臣湯浅倉平・侍従長百武三郎・侍従武官長宇佐美興屋・皇后宮大夫広幡忠隆以下側近高等官が陪聴する。終わって、一同と共に茶菓をお召しになる。〇侍従日誌、女官日誌、侍従職日誌、内舎人日誌、省中日誌、進講録、供御日録、百武三郎日記、高松宮日記

十一日　火曜日　午前、宮内省御用掛山本信次郎に謁を賜う。○侍従日誌

離任英国大使と御会食

午後零時三十分、皇后と共に豊明殿において、今般離任帰国の本邦駐箚英国特命全権大使ロバート・ヘンリー・クライブ並びに同夫人のため午餐を催され、宣仁親王・同妃喜久子と御会食になり、内大臣湯浅倉平以下総勢十七名に御陪食を仰せ付けられる。御食後、牡丹ノ間において茶菓を供される。○侍従日誌、女官日誌、侍従職日誌、内舎人日誌、供御日録、供御録、省中日誌、謁見録、侍従武官府歴史、宮内省省報、官報、百武三郎日記、高松宮日記

午後二時十五分、御学問所において、陸軍大臣杉山元に謁を賜う。○侍従日誌、侍従職日誌、内舎人日誌、百武三郎日記

十二日　水曜日　午前、今般満洲国への視察に出発の守正王参内につき、皇后と共に奥内謁見所において御対面になる。○侍従日誌、女官日誌、侍従職日誌、内舎人日誌、宮内省省報、歩兵第三聯隊歴史

陸軍経理学校において卒業式挙行につき、春仁王を差し遣わされる。○侍従日誌、侍従職日誌、内舎人日誌、省中日誌、皇親録、宮内省省報、官報、百武三郎日記

英国皇帝・皇后戴冠式

英国ロンドンのウェストミンスター寺院において同国皇帝ジョージ六世・皇后エリザベスの戴冠式挙行につき、天皇御名代として雍仁親王が同妃勢津子を同伴して参列する。この日、天皇・皇后より英国皇帝・皇后に左の祝電を御発送になる。

陛下並皇后陛下ノ戴冠式ニ際シ朕及皇后ハ誠実ナル祝意ヲ致スト共ニ陛下ノ治世ノ悠久ニシテ

隆昌ナランコトヲ祷ル

十五日答電あり。〇省中日誌、外国差遣録、外交慶弔録、秩父宮同妃両殿下御渡英御日誌、秩父宮御渡欧関係書類、雍仁親王実紀、宮内省省報、官報、百武三郎日記

枢密院会議
企画庁官制

十三日　木曜日　午前十時五分、枢密院会議に臨御される。議題は「企画庁官制」ほか五件にて、いずれも全会一致を以て可決される。企画庁官制は翌日、勅令を以て公布される。企画庁は内閣総理大臣の管理に属し、総理大臣の命により重要政策及びその統合調整に関して案を起草し、理由を具えて上申すること、各省大臣より閣議に提出する重要政策案を審査し、意見を具えて内閣に上申すること、重要政策及びその統合調整に関して調査すること、重要政策に関する予算の統制に関して意見を具えて内閣に上申することをその職掌とする。〇侍従日誌、侍従職日誌、内舎人日誌、上奏モノ控簿、官報、内閣官房総務課資料、枢密院会議筆記、百武三郎日記

枢密顧問官補充人事を御裁可

午前十時四十八分より御学問所において、枢密院議長平沼騏一郎・内閣総理大臣林銑十郎に順次謁を賜い、それぞれより枢密顧問官の補充につき内奏を受けられる。十一時二十分、陸軍大将奈良武次及び荒木寅三郎を枢密顧問官に任ずる件につき、御裁可・御署名になる。〇侍従日誌、上奏モノ控簿、百武三郎日記、東京朝日新聞

麝香間祗候旧五摂家御陪食

正午、竹ノ間において永久王と午餐を御会食になり、麝香間祗候の公爵徳川家達・同近衛文麿ほか

二名、旧五摂家の公爵鷹司信輔ほか二名、その他総勢十五名に御陪食を仰せ付けられる。御食後、牡丹ノ間において珈琲を供される。〇侍従日誌、侍従職日誌、内舎人日誌、供御日録、供御録、省中日誌、宣召録、侍従武官府歴史、宮内省省報、官報、百武三郎日記、木戸幸一日記

午後、伯爵二荒芳徳に謁を賜う。〇侍従日誌

枢密顧問官親任式

十四日　金曜日　午前十時、鳳凰ノ間において親任式を行われ、陸軍大将奈良武次・荒木寅三郎を枢密顧問官に任じられる。〇侍従日誌、侍従職日誌、内舎人日誌、省中日誌、儀式録、宮内省省報、官報、公文別録、百武三郎日記、奈良武次日記、読売新聞、東京日日新聞

内大臣湯浅倉平をお召しになる。〇侍従日誌

十五日　土曜日　御夕食後、皇后及び成子内親王・和子内親王と共に奥内謁見所において、映画「ロンドンに於ける秩父宮両殿下」「神風号ニュース」「緑の放浪者」を御覧になる。両内親王退出後、「ソ聯邦の軍備、再建独逸陸軍」を御覧になる。〇侍従日誌、女官日誌、侍従職日誌、内舎人日誌

故商工省統制局顧問阿部房次郎葬送につき、勅使として兵庫県知事岡田周造をその邸に差し遣わし、幣帛を下賜される。〇省中日誌、恩賜録、宮内省省報、官報

デンマーク国皇帝即位二十五年祝典挙行につき、祝電を御発送になる。十七日、同皇帝クリスチャン十世・皇后アレキサンドリンより答電が寄せられる。〇省中日誌、外交慶弔録、宮内省省報、官報

地方長官御陪食

十七日　月曜日　正午、豊明殿に出御され、朝融王と午餐を御会食になり、各地方長官その他総勢

七十六名に御陪食を仰せ付けられる。御食後、千種ノ間において珈琲を供され、警視総監横山助成並びに各地方長官よりそれぞれ管下状況につき奏上を受けられ、地方の民情・行政・産業・教育等につき御下問になる。午後四時五分入御される。なお、今回より社会局の各部長をお召しになる。〇侍従日誌、侍従職日誌、内舎人日誌、供御日録、供御録、省中日誌、宣召録、侍従武官府歴史、宮内省省報、官報、百武三郎日記

十八日　火曜日　午前十一時、鳳凰ノ間において、今般オランダ国へ赴任の特命全権公使桑島主計に謁を賜う。ついで、今般外国へ出発の陸軍歩兵少佐大坪進ほか四名、逓信局長会議に参列の逓信局長藤川靖ほか十一名に謁を賜う。〇侍従日誌、侍従職日誌、内舎人日誌、省中日誌、祭祀録、拝謁参拝録、宮内省省報、官報、百武三郎日記

台湾総督の奏上

午後一時三十分より一時間余にわたり、御学問所において台湾総督小林躋造に謁を賜い、台湾統治の状況、特に産業状態、石油・移民問題、対支・対南洋関係等につき奏上を受けられる。〇侍従日誌、侍従職日誌、内舎人日誌、百武三郎日記、読売新聞

午後二時四十分、御学問所において陸軍大臣杉山元に謁を賜う。〇侍従日誌、侍従職日誌、内舎人日誌、百武三郎日記

守正王満洲国皇帝に謁見

この日、守正王は満洲国皇帝溥儀に謁見し、天皇よりの御伝言として、我が皇族が同国を訪問する際、毎次同国皇帝より歓待を受けることを感謝する旨を言上する。またその際、天皇・皇后より同皇帝・皇后に薩摩焼花瓶を御贈進につき、同皇帝・皇后より礼電あり。翌日、天皇より、同皇帝の

守正王に対する歓待に謝意を表する旨の礼電を御発送になる。〇省中日誌、外交雑録、外交贈答録、宮内省省報、官報、外務省記録

十九日　水曜日　午前、内大臣湯浅倉平をお召しになる。〇侍従日誌、百武三郎日記

雍仁親王英国皇帝に親書を捧呈

この日、雍仁親王・同妃勢津子はバッキンガム宮殿において英国皇帝ジョージ六世・皇后エリザベスに謁見し、戴冠式挙行に対する天皇・皇后よりの祝意を伝達するとともに、左の天皇の親書並びに菊花章頸飾を皇帝に、また勲一等宝冠章を皇后にそれぞれ捧呈する。

朕ノ良兄

大不列顛国皇帝陛下ニ白ス

陛下並陛下ノ親愛セラルヽ皇后陛下ノ戴冠式ニ際シ特ニ朕ノ弟雍仁親王ヲ朕ノ名代トシテ闕下ニ遣ハシ同式典ニ参列セシメ陛下並貴皇室ニ対シ朕カ常ニ懐抱スル友情ヲ表明セムカ為陛下ニ菊花章頸飾ヲ贈進シ併セテ皇后陛下ヲ我勲一等ノ班位ニ列シ宝冠章ヲ贈進スルハ朕ノ寔ニ欣快ニ堪ヘサル所ニシテ陛下並皇后陛下カ朕ノ友誼ノ徴証トシテ之ヲ受領セラレムコトヲ請フ

此ノ機ニ際シ朕ハ陛下ニ対シテ至高ノ敬意ト不渝ノ友情トヲ表ス

昭和十二年三月二日

東京宮城ニ於テ

陛下ノ良弟

御　名

○省中日誌、御覧モノ伺モノ控簿、外交贈答録、外国差遣録、秩父宮同妃両殿下御渡英御日誌、秩父宮御渡欧関係書類、雍仁親王実紀

天盃下賜

二十日　木曜日　有爵者及び同嗣子に天盃下賜につき、午前十時、西溜ノ間において、正五位公爵徳川慶光以下九十三名に列立の謁を賜う。ついで、鳳凰ノ間に出御され、侍従の奉仕により盃を取られ、酌を受けられた後、直ちに入御される。それより同間に参進の徳川以下に対し、天盃が下賜される。なお、天盃下賜の際の拝謁は、従来の千種ノ間より西溜ノ間に変更される。

○侍従日誌、侍従職日誌、内舎人日誌、省中日誌、拝謁参拝録、宮内省省報、官報、百武三郎日記

御学問所において、今般予備役編入の陸軍中将林桂ほか五名に謁を賜う。

○侍従日誌、侍従職日誌、内舎人日誌、省中日誌、宮内省省報、百武三郎日記

海軍特命検閲関係者御陪食

午前十時三十分、御学問所において特命検閲使高橋三吉に謁を賜い、昭和十二年度水路部等の在京各官衙・学校等に対する特命検閲につき覆奏を受けられる。正午、豊明殿に出御され、博恭王と午餐を御会食になり、高橋及び海軍大臣米内光政以下の海軍特命検閲関係者等総勢三十八名に御陪食を仰せ付けられる。

○侍従日誌、侍従職日誌、内舎人日誌、供御日録、供御録、省中日誌、海軍上聞書控簿、宮内省省報、官報、公文備考、百武三郎日記、海軍制度沿革、読売新聞

正午前、奥内謁見所において、博恭王と御対面になる。○侍従日誌

午後、宮内大臣松平恒雄に謁を賜う。○侍従日誌

内大臣湯浅倉平をお召しになる。○侍従日誌

二十一日　金曜日　午前、内大臣湯浅倉平をお召しになる。午後、再び内大臣をお召しになる。○侍従日誌、百武三郎日記

離任満洲国大使と御会食

午後零時三十分、皇后と共に豊明殿において、今般離任帰国の本邦駐箚満洲国特命全権大使謝介石のため午餐を催され、李王垠・同妃方子女王と御会食になり、外務大臣佐藤尚武以下十七名に御陪食を仰せ付けられる。御食後、牡丹ノ間において茶菓を供される。○侍従日誌、女官日誌、侍従職日誌、内舎人日誌、供御日録、供御録、省中日誌、謁見録、侍従武官府歴史、宮内省省報、官報、百武三郎日記

午後二時十三分、御学問所において陸軍大臣杉山元に謁を賜い、奏上を受けられる。○侍従日誌、侍従職日誌、内舎人日誌

故佐賀高等学校名誉教授生駒万治葬送につき、勅使として侍従岡部長章をその邸に差し遣わし、幣帛を下賜される。なおその死去に際し、祭資を下賜される。○侍従日誌、侍従職日誌、省中日誌、恩賜録、宮内省省報、官報

神風号搭乗員に賜謁

二十二日　土曜日　午前十時、鳳凰ノ間において、一等飛行機操縦士二等航空士飯沼正明及び二等

飛行機操縦士機関士塚越賢爾に謁を賜う。ついで賢所参拝を仰せ付けられる。両名は昨月、朝日新聞社の計画にかかる英国皇帝戴冠式奉祝並びに亜欧連絡記録作成飛行のため、純国産飛行機神風号に搭乗、世界航空史上の新記録を以てその所期の目的を完成し、昨日午後、羽田飛行場に帰着する。天皇は賜謁後、侍従長百武三郎を通じて今回の成功に対する御満悦と、今後さらに自重して航空界のため尽力すべき旨の御希望を両名に御伝達になる。なお昨日、今回の飛行に対し、両名に勲六等単光旭日章を授けられ、逓信大臣児玉秀雄より伝達される。○侍従日誌、侍従職日誌、内舎人日誌、省中日誌、上奏モノ控簿、祭祀録、拝謁参拝録、宮内省省報、官報、百武三郎日記、東京朝日新聞、飯沼飛行士遺稿並小伝、朝日新聞社史

土曜日定例の御夕餐御相伴の後、皇后と共に奥内謁見所において、雍仁親王・同妃の横浜出港の状況、赤坂離宮における満洲国皇帝を撮影した映画等を御覧になる。○侍従日誌、女官日誌、侍従職日誌

横須賀海軍病院において練習生卒業式挙行につき、侍従武官山澄貞次郎を差し遣わされる。○省中日誌、進退録、侍従武官府歴史、宮内省省報、官報

大垣市において故陸軍中将上田太郎葬送につき、勅使として岐阜県知事宮野省三をその邸に差し遣わし、幣帛を下賜される。なおその死去に際し、祭資を下賜される。○省中日誌、恩賜録、宮内省省報、官報

二十三日　日曜日　午後、皇后及び皇太子・成子内親王・和子内親王・厚子内親王御同伴にて紅葉

山御養蚕所にお出ましになり、各室を巡覧される。ついで付近を御散策になる。〇侍従日誌、女官日誌、侍従職日誌、内舎人日誌、省中日誌

夜、皇后と共に、朝日ニュースの英国皇帝戴冠式等の活動写真を御覧になる。〇侍従日誌、女官日誌、侍従職日誌、内舎人日誌

二十四日　月曜日　午後一時五十分、御学問所において内閣総理大臣林銑十郎に謁を賜い、一般政務につき奏上を受けられる。〇侍従日誌、侍従職日誌、内舎人日誌、百武三郎日記、入江相政日記、読売新聞

内大臣湯浅倉平をお召しになる。〇侍従日誌、入江相政日記

二十五日　火曜日　午前十一時、鳳凰ノ間において、外国航海へ出発の練習艦隊司令官古賀峯一ほかに謁を賜う。ついで千種ノ間において、将校相当官及び候補生に列立の謁を賜う。この日の拝謁者は単独・列立を合わせ、総勢三百十名に上る。翌日午前十時、鳳凰ノ間において、同じく外国航海へ出発の練習艦隊乗員海軍中佐崎山釈夫ほか三十名に謁を賜う。〇侍従日誌、侍従職日誌、内舎人日誌、省中日誌、祭祀録、拝謁参拝録、侍従武官府歴史、宮内省省報、官報、百武三郎日記

練習艦隊乗員に賜謁

午前十一時三十分、鳳凰ノ間において、高等師範学校長会議・高等学校長会議・実業専門学校長会議に参列の文部大臣林銑十郎内閣総理大臣ほか百十九名に謁を賜う。〇侍従日誌、侍従職日誌、内舎人日誌、省中日誌、拝謁参拝録、宮内省省報、官報、百武三郎日記

午後一時三十七分より五十分にわたり、御学問所において外務大臣佐藤尚武に謁を賜う。〇侍従日誌、侍従職日誌、内舎人日誌、百武三郎日記

海軍潜水学校において卒業式挙行につき、博恭王を差し遣わされる。〇侍従日誌、内舎人日誌、省中日誌、皇親録、宮内省省報、官報、百武三郎日記

二十六日　水曜日　午後、内大臣湯浅倉平に謁を賜う。〇侍従日誌

海軍記念日祝賀会

二十七日　木曜日　明治三十七八年戦役第三十二回海軍記念日祝賀会に臨御のため、午前十一時三十分御出門になり、水交社に行幸される。着御後、便殿において、宣仁親王・博恭王・朝融王・春仁王と御対面になり、ついで水交社長米内光政以下の親任官・同待遇、将官として日露戦役に従軍した社員等に謁を賜う。その際、米内より水交社社屋改築につき奏上を受けられる。正午、皇族を伴い祝賀会場に臨御され、米内の発声により大元帥陛下万歳の三唱を受けられた後、海戦料理を召され、各大臣・親任官ほか社員一同に御陪食を仰せ付けられる。終わって、大佐・同相当官として日露戦役に従軍の者より奉拝を受けられつつ、体技御観覧所に臨御され、横綱双葉山の初土俵入りを始め大相撲を御覧になる。賞品・優勝旗、及び天覧相撲記念章の各授与式あり。午後四時五分、還幸される。〇侍従日誌、侍従職日誌、内舎人日誌、供御日録、供御録、拝謁録、省中日誌、幸啓録、侍従武官府歴史、宮内省省報、官報、百武三郎日記、南雲忠一日記、高松宮日記、水交社記事

大相撲御覧

去る十五日、大邱神社並びに平壌神社を国幣小社に列せられる。この日大邱神社において列格奉告につき、勅使として朝鮮総督南次郎が参向する。また三十一日、平壌神社において列格奉告につき、同じく勅使として南が参向する。○省中日誌、祭祀録、進退録、宮内省省報、官報

柳原愛子八十歳の年賀

正二位柳原愛子八十歳年賀につき、天皇・皇后・皇太后より賜品・賜金あり。○女官日誌、侍従職日誌、省中日誌、恩賜録、贈賜録

二十八日　金曜日　午後、内大臣湯浅倉平をお召しになる。○侍従日誌

午後四時、御学問所において陸軍大臣杉山元に謁を賜い、奏上を受けられる。○侍従日誌、侍従職日誌、内舎人日誌、百武三郎日記

天長節内宴

二十九日　土曜日　天長節の内宴を催され、皇太后をお招きになる。正午前、皇后と共に奥御対面所において、皇太后と御対面になる。ついで、お揃いにて御祝御膳を御会食になる。午後は、成子内親王・和子内親王・厚子内親王を交えて御団欒になる。なお、皇太后より、近く関西行啓につき御暇乞を受けられる。○侍従日誌、女官日誌、侍従職日誌、内舎人日誌、供御日録、供御録、省中日誌、貞明皇后実録、宮内省省報、官報、百武三郎日記

夕刻、侍従武官平田昇に謁を賜い、聯合艦隊への御差遣につき復命を受けられる。平田は去る七日出発、山口・大分両県下及び九州・四国海面における同艦隊の戦技状況の実視に赴き、同二十四日

帰京する。なお、その間、伊号第三潜水艦において瓦斯爆発事故発生につき、十九日に平田を第一艦隊に差し遣わされる。〇侍従日誌、省中日誌、恩賜録、進退録、海軍上聞書控簿、侍従武官府歴史、宮内省省報、官報

三十日　日曜日　皇太子及び成子内親王・和子内親王・厚子内親王参内につき、正午前、皇后と共にお揃いにて花蔭亭にお出ましになり、御昼餐を御会食になる。午後は、御苑内及び生物学御研究所付近を御散策になる。〇侍従日誌、女官日誌、侍従職日誌、内舎人日誌、省中日誌、宮内省省報

三十一日　月曜日　午前、侍従武官後藤光蔵に謁を賜い、第六師管内徴兵署への御差遣につき御沙汰を下される。後藤は六月一日出発、熊本・鹿児島・宮崎・大分各県下の徴兵状況を実視し、同月九日帰京、十七日復命する。〇侍従日誌、省中日誌、進退録、侍従武官府歴史、宮内省省報、官報

午前九時五十一分より約五十分にわたり、内大臣湯浅倉平に謁を賜う。午後一時四十分、再び内大臣に謁を賜う。〇侍従日誌

林内閣総辞職

午後一時四十三分、御学問所において内閣総理大臣林銑十郎に謁を賜い、一般政情につき奏上を受けられる。二時十分、内大臣湯浅倉平に謁を賜う。五時四分、再び林に謁を賜い、臨時閣議の結果、内閣総辞職と決したことにより、閣僚全員の辞表の奉呈を受けられる。林の辞表には、「過般ノ解散奏請ニ関シ衆議院ノ一部トノ間ニ一種ノ行キ懸リヲ生ジタルハ寔ニ遺憾トス」との文言あり。天

後継内閣につき内大臣の奉答

皇は直ちに内大臣湯浅倉平をお召しになり、後継内閣の組織につき御下問になる。九時十分、内大臣より、枢密院議長平沼騏一郎及び宗秩寮総裁木戸幸一・内大臣秘書官長松平康昌との協議並びに公爵西園寺公望の推薦に鑑み、貴族院議長近衛文麿を首班候補者としたき旨の奉答を受けられる。○侍従日誌、侍従職日誌、内舎人日誌、公文別録、百武三郎日記、木戸幸一日記、入江相政日記、林銑十郎大将史料、近衛文麿公関係資料、畑俊六日誌

所沢陸軍飛行学校において終業式挙行につき、侍従武官酒井康を差し遣わされる。また、明野陸軍飛行学校において終業式挙行につき、侍従武官町尻量基を差し遣わされる。○侍従日誌、省中日誌、進退録、侍従武官府歴史、宮内省省報、官報

オランダ国皇帝ウィルヘルミナより寄せられた皇嗣ユリアナ内親王の結婚を報じる親書に対し、本日付を以て答翰を発せられる。○省中日誌、外交慶弔録

六月

一日　火曜日　午前十一時、鳳凰ノ間において、今般着任の本邦駐箚コロンビア国代理公使レオポルド・ボルダ・ロルダンに謁見を仰せ付けられる。引き続き、鉄道局長会議に参列の鉄道局長島岡浩一郎ほか七名に謁を賜う。○侍従日誌、侍従職日誌、内舎人日誌、省中日誌、謁見録、拝謁参拝録、侍従武官府歴史、宮内省省報、官報、百武三郎日記

近衛文麿に組閣を命じられる

午後五時十五分、内大臣湯浅倉平に謁を賜う。内大臣より、この日静岡県興津町に赴いて公爵西園寺公望と協議の結果、公爵近衛文麿を後継内閣首班の候補者としたこと、近衛当人とも会見し、大命拝受の意向を確認したことにつき奉答を受けられる。同四十八分、御学問所において、お召しにより参内の近衛に謁を賜い、内閣組織を命じられる。終わって、内大臣をお召しになる。〇侍従日誌、侍従職日誌、内舎人日誌、百武三郎日記、百武三郎関係資料、近衛文麿公関係資料、西園寺公と政局、木戸幸一日記、入江相政日記

二日　水曜日　午後五時、侍従大金益次郎より、公爵近衛文麿の組閣情報につき言上を受けられる。七時過ぎ、侍従入江相政より、組閣継続中につき本日中に閣員名簿の捧呈並びに親任式の実施はない旨の言上を受けられる。〇侍従日誌

故銀行検査官鈴木懃太郎葬送につき、勅使として侍従徳川義寛をその邸に差し遣わし、幣帛を下賜される。〇侍従日誌、侍従職日誌、省中日誌、恩賜録、宮内省省報、官報

宮中顧問官定例拝謁

三日　木曜日　午前十時、御学問所において、宮中顧問官川島令次郎以下十三名に定例の謁を賜う。引き続き、軍令部次長嶋田繁太郎以下の海軍参謀長会議参列者十三名に謁を賜う。なお、従来宮中顧問官の宮中における定例拝謁は偶数月第一木曜日のところ、次回以降、春秋二回に変更される。〇侍従日誌、侍従職日誌、内舎人日誌、省中日誌、例規録、宮内省省報、百武三郎日記、入江相政日記

内大臣湯浅倉平をお召しになる。〇侍従日誌

近衛内閣成立

四日　金曜日　午前、内大臣湯浅倉平をお召しになる。〇侍従日誌

午後一時二十分、御学問所において公爵近衛文麿に謁を賜い、閣員名簿の捧呈を受けられる。ついで内大臣湯浅倉平をお召しになる。その後、再び近衛を召され、閣員名簿を御聴許になる。二時二十五分、鳳凰ノ間において親任式を行われ、公爵近衛文麿を内閣総理大臣に任じられる。四時、再び親任式を行われ、広田弘毅を外務大臣に、馬場鍈一を内務大臣に、大蔵次官賀屋興宣を大蔵大臣に、大阪府知事安井英二を文部大臣に、有馬頼寧を農林大臣に、吉野信次を商工大臣に、永井柳太郎を逓信大臣に、海軍機関大尉中島知久平を鉄道大臣に、大谷尊由を拓務大臣にそれぞれ任じられる。なお、留任となる陸軍大臣杉山元・海軍大臣米内光政・司法大臣塩野季彦の辞表は、侍従長百武三郎より内閣書記官を経てお下げ渡しになる。〇侍従日誌、侍従職日誌、内舎人日誌、省中日誌、上奏モノ控簿、恩賜録、儀式録、宮内省省報、官報、公文別録、百武三郎日記、近衛文麿公関係資料、木戸幸一日記

五日　土曜日　午前、呉鎮守府管内簡閲点呼場へ御差遣の侍従武官山澄貞次郎に謁を賜う。山澄はこの日出発、兵庫・滋賀・愛知・京都各府県下に赴き、十八日帰京、二十三日復命する。〇侍従日誌、省中日誌、進退録、侍従武官府歴史、宮内省省報、官報

午後、内大臣湯浅倉平をお召しになる。〇侍従日誌

皇后と共に紅葉山御養蚕所にお出ましになる。この月十日にもお出ましあり。〇侍従日誌、女官日誌、侍従職日誌、内舎人日誌

皇太后関西行啓

皇太后が関西方面への行啓に御出発につき、勅使として侍従牧野貞亮を東京駅に差し遣わされる。七月十二日の還啓に際しても、同じく牧野を勅使として東京駅に差し遣わされる。〇女官日誌、侍従職日誌、省中日誌、行啓録、貞明皇后実録、宮内省省報、官報、百武三郎日記、木戸幸一日記

御田植

七日　月曜日　午後、生物学御研究所の水田において田植えをされ、愛国・農林一号・小針糯の苗をお手植えになる。〇侍従日誌、侍従職日誌、内舎人日誌、省中日誌、進講録、御生研沿革史、百武三郎日記

スペイン国大統領マヌエル・アサーニャ・イ・ディアスより寄せられた就任を報じる親書に対し、本日付を以て答翰を発せられる。なおこの年十二月一日、帝国政府は同国共和国政府と断絶し、フランコ政権を承認したことに伴い、翌昭和十三年三月に至り、答翰は返納される。〇省中日誌、外交慶弔録、外務省記録、読売新聞

八日　火曜日　午前十一時、鳳凰ノ間において、今般外国より帰朝の陸軍少将黒田重徳、及び外国へ出発の陸軍歩兵中佐若松只一に謁を賜う。引き続き、御学問所において、憲兵司令官中島今朝吾以下二十三名に謁を賜う。〇侍従日誌、侍従職日誌、内舎人日誌、省中日誌、祭祀録、拝謁参拝録、宮内省省報、官報、百武三郎日記

午前十一時四十二分、御学問所において内閣総理大臣近衛文麿に謁を賜い、奏上を受けられる。〇侍従日誌、侍従職日誌、内舎人日誌、入江相政日記

新旧内閣閣僚御陪食

正午、豊明殿に出御され、載仁親王と午餐を御会食になり、内閣総理大臣近衛文麿・前内閣総理大臣林銑十郎以下の新旧閣僚ほか総勢二十八名に御陪食を仰せ付けられる。御食後、千種ノ間において茶菓を供され、御談話になる。〇侍従日誌、侍従職日誌、内舎人日誌、供御日録、供御録、省中日誌、宣召録、侍従武官府歴史、宮内省省報、官報、百武三郎日記、入江相政日記

九日　水曜日　午前、内大臣湯浅倉平をお召しになり、一時間余にわたり謁を賜う。〇侍従日誌

英国皇帝御生誕祝日

英国皇帝ジョージ六世御生誕祝日につき、祝賀のため勅使として式部職御用掛渡辺直達を本邦駐箚同国大使館に差し遣わされる。またこの日、天皇より祝電を御発送になる。十二日、答電が寄せられる。なおジョージ六世の御誕辰は十二月十四日なるも、英国外務省に照会の結果、御生誕公式祝典挙行のこの日に祝電の御発送と勅使の御差遣を行うこととなる。〇省中日誌、外交慶弔録、儀式録、宮内省省報、官報

十日　木曜日　午前十時、御学問所において、海軍兵学校長出光万兵衛以下十名、海軍省軍務局長豊田副武以下七名、海軍省建築局長吉田直以下五名に謁を賜う。〇侍従日誌、侍従職日誌、内舎人日誌、省中日誌、宮内省省報、百武三郎日記

午前十時三十分、御学問所において軍令部総長博恭王に謁を賜い、昭和十二年海軍大演習計画書につき上奏を受けられる。〇侍従日誌、侍従職日誌、内舎人日誌、海軍御裁可書類交付簿、百武三郎日記

司法官御陪食

正午、豊明殿に出御され、朝融王と午餐を御会食になり、各控訴院長を始め司法官ほか総勢百四十五名に御陪食を仰せ付けられる。御食後、千種ノ間に設けられた賜茶の席に移られ、司法大臣塩野季彦に謁を賜う。ついで、大審院長・検事総長より奏上を受けられる。また、司法次官・司法省局長三名、大審院部長二名、大審院検事一名に謁を賜う。その後、東京・大阪・名古屋・広島・長崎・宮城・札幌の各控訴院長・各検事長に謁を賜う。そのうち、東京控訴院長・同検事長を始め六名より奏上を受けられる。さらに、朝鮮・台湾各高等法院長、関東高等法院検察官長より奏上を受けられる。引き続き、各地方裁判所長・検事正等百十二名に謁を賜う。午後二時三十五分、入御される。〇侍従日誌、侍従職日誌、内舎人日誌、供御日録、供御録、省中日誌、宣召録、侍従武官府歴史、宮内省省報、官報、百武三郎日記

十一日　金曜日　午前十一時、御学問所において、聯合艦隊司令長官永野修身・第二艦隊司令長官吉田善吾ほか九名に謁を賜う。〇侍従日誌、侍従職日誌、内舎人日誌、省中日誌、宮内省省報、百武三郎日記

満洲国より帰朝の守正王参内

午後、満洲国より帰朝の守正王参内につき、皇后と共に奥内謁見所において御対面になる。〇侍従日誌、女官日誌、侍従職日誌、内舎人日誌、宮内省省報、百武三郎日記、梨本伊都子日記

七月二十三日を以て帝国議会を東京に召集する旨の詔書、その会期を十四日とする旨の詔書を発せられる。〇侍従日誌、上奏モノ控簿、官報、百武三郎日記

東宮仮御所に行幸

十三日　日曜日　午前十時、皇后と共に御出門、東宮仮御所に行幸され、皇太子と御一緒に過ごされる。午後三時四十分、還幸される。○侍従日誌、女官日誌、内舎人日誌、供御日録、供御録、省中日誌、幸啓録、侍従武官府歴史、宮内省省報、官報、百武三郎日記

満洲より帰還の第九師団長に賜謁

十四日　月曜日　午前十一時、御学問所において、今般満洲より帰還の第九師団長蓮沼蕃に謁を賜い、軍状の奏上を受けられる。引き続き、同じく帰還の歩兵第十八旅団長井出宣時・歩兵第六旅団長秋山義兌・前関東軍司令部附安藤麟三に謁を賜う。○侍従日誌、侍従職日誌、内舎人日誌、省中日誌、侍従武官府歴史、宮内省省報、官報、百武三郎日記、読売新聞

陸軍平時編制の改定

午前十一時二十分より五十分にわたり、参謀総長載仁親王・陸軍大臣杉山元・教育総監寺内寿一に謁を賜い、陸軍平時編制の改定等につき上奏を受けられる。○侍従日誌、侍従職日誌、内舎人日誌、陸軍御裁可書類交付簿、百武三郎日記

故伝染病研究所技師山田信一郎葬送につき、勅使として侍従入江相政をその邸に差し遣わし、幣帛を下賜される。○侍従日誌、侍従職日誌、省中日誌、恩賜録、宮内省省報、官報

十五日　火曜日　午前十一時より約一時間にわたり、御学問所において参謀総長載仁親王に謁を賜い、北満において実施した参謀演習旅行等につき奏上を受けられる。○侍従日誌、侍従職日誌、内舎人日誌、陸軍上聞書控簿、百武三郎日記

総理の閣議決定奏上

午後一時五十分、御学問所において内閣総理大臣近衛文麿に謁を賜い、この日閣議決定の「我ガ国経済力ノ充実発展ニ関スル件」等につき奏上を受けられる。○侍従日誌、侍従職日誌、内舎人日誌、内閣官房総務課資料、百武三郎日記、読売新聞

夜、皇后と共に、英国皇帝戴冠式等に関する映画を御覧になる。○侍従日誌、女官日誌、侍従職日誌

前内閣総理大臣林銑十郎に、特に国務大臣たる前官の礼遇を賜う。○官報、公文別録

山口市において故山口県書記官辻野三郎葬送につき、勅使として同県知事戸塚九一郎をその邸に差し遣わし、幣帛を下賜される。○省中日誌、恩賜録、宮内省省報、官報

枢密院会議

十六日　水曜日　午前十時五分、枢密院会議に臨御される。議題は「拓務省官制中改正ノ件」「奏任文官特別任用令中改正ノ件二件」にて、いずれも全会一致を以て可決される。○侍従日誌、侍従職日誌、内舎人日誌、官報、枢密院会議筆記、百武三郎日記、奈良武次日記

内大臣湯浅倉平をお召しになる。○侍従日誌、百武三郎日記

朝鮮総督の奏上

十七日　木曜日　午前十時十分より四十五分にわたり、御学問所において朝鮮総督南次郎に謁を賜い、朝鮮統治の現状並びに今後の方針につき奏上を受けられる。○侍従日誌、侍従職日誌、内舎人日誌、百武三郎日記、入江相政日記、読売新聞

東条英機の講話

午後二時五分より御学問所において、関東軍参謀長東条英機の「関東軍ト満洲国ノ実情ニ就テ」と題する進講を御聴取になる。○侍従日誌、侍従職日誌、内舎人日誌、供御日録、進講録、侍従武官府歴史、百武三郎日記、入江相政日記

故判事天野宗太郎葬送につき、勅使として兵庫県知事岡田周造をその邸に差し遣わし、幣帛を下賜される。○省中日誌、恩賜録、宮内省省報、官報

十八日　金曜日　午後二時、御学問所において内閣総理大臣近衛文麿に謁を賜い、一般政務につき奏上を受けられる。引き続き、外務大臣広田弘毅に謁を賜い、最近の外交事情につき奏上を受けられる。○侍従日誌、侍従職日誌、内舎人日誌、百武三郎日記、木戸幸一日記、読売新聞

吹上御苑における最後のゴルフ

二十日　日曜日　午後、吹上御苑において、側近奉仕者を御相手にゴルフをされる。終わって、呉竹寮にお出ましになり、夕刻まで成子内親王・厚子内親王と過ごされる。皇后は御風気のためお出ましなし。なお、吹上御苑におけるゴルフ御運動はこの日が最後となる。○侍従日誌、女官日誌、侍従職日誌、内舎人日誌、呉竹寮日録、侍従武官府資料、皇居の植物、那須の植物、宮中門前学派

二十一日　月曜日　午後、宮内大臣松平恒雄に謁を賜う。○侍従日誌

二十二日　火曜日　午前十一時、鳳凰ノ間において、今般イタリア国へ赴任の特命全権大使堀田正昭、スイス国へ赴任の特命全権公使天羽英二、スウェーデン国へ赴任の同栗山茂、シャム国へ赴任の同村井倉松に謁を賜う。○侍従日誌、侍従職日誌、内舎人日誌、省中日誌、祭祀録、拝謁参拝録、宮内省省報、官報、百武三郎日記、天羽英二日記・資料集

午後、内大臣湯浅倉平をお召しになる。○侍従日誌

枢密院会議

二十三日　水曜日　午前十時七分、東溜ノ間における枢密院会議に臨御される。議題は「外務省官制中改正ノ件」「農林省官制中改正ノ件」にて、いずれも全会一致を以て可決される。○侍従日誌、侍従職日誌、内舎

人日誌、官報、法令全書、枢密院会議筆記、百武三郎日記、奈良武次日記

定例進講の改定案を御聴許

侍従長百武三郎をお召しになる。侍従長より、これまで御修学として継続されてきた定例進講は外交事情を除いてこの際廃止し、改めて御政務の一部として政治経済及び軍事に関する時事解説的な進講を設定することにより時間を整理し、余裕の時間を以て、さらに御修徳の意味にて経史の進講を設ける案につき言上を受けられ、御嘉納になる。翌二十四日、経史御進講の件につき二回にわたり侍従長をお召しになり、一部の宣伝又は批判を招かないよう、進講者の人選に注意を要する旨の思召しを伝えられる。〇侍従日誌、百武三郎日記

陸軍戸山学校において終業式挙行につき、侍従武官酒井康を差し遣わされる。〇侍従日誌、省中日誌、進退録、侍従武官府歴史、宮内省省報、官報

道久王初参内

二十四日　木曜日　午前、皇后と共に奥内謁見所にお出ましになり、永久王妃祥子に伴われて初参内の道久王と御対面になる。〇侍従日誌、女官日誌、侍従職日誌、内舎人日誌、省中日誌、儀式録、祭祀録、宮内省省報、官報、百武三郎日記、木戸幸一日記

乾岔子島事件

二十五日　金曜日　午前十時、侍従武官酒井康より、去る十九日に発生の黒龍江上の乾岔子（カンチャツ）島（露名センヌハ島）及び金阿穆河（チンアムホウ）島（露名ボリショイ島）に対するソ聯軍兵士の不法侵入事件（いわゆる乾岔子島事件）につき上聞を受けられる。〇侍従日誌、陸軍上聞書控簿、侍従武官府歴史、外務省執務報告、戦史叢書

内大臣湯浅倉平をお召しになる。○侍従日誌

午後、宮内大臣松平恒雄に謁を賜う。○侍従日誌

北支問題につき海軍大臣・参謀総長に御下問

侍従武官長宇佐美興屋をお召しになり、海軍大臣米内光政・参謀総長載仁親王に北支問題に関する御下問の伝達を命じられる。○侍従日誌、百武三郎日記

陸軍野戦砲兵学校において終業式挙行につき、侍従武官町尻量基を差し遣わされる。○省中日誌、進退録、例規録、侍従武官府歴史、宮内省省報、官報

二十六日　土曜日　富士裾野演習場において陸軍重砲兵学校終業式挙行につき、永久王を差し遣わされる。○侍従職日誌、内舎人日誌、省中日誌、皇親録、宮内省省報、官報

二十七日　日曜日　故海軍中将大谷幸四郎葬送につき、勅使として神奈川県知事半井清をその邸に差し遣わし、幣帛を下賜される。なおその死去に際し、祭資を下賜される。○省中日誌、恩賜録、宮内省省報、官報

二十八日　月曜日　午後七時四十分、侍従武官酒井康より、乾岔子島事件に関する参謀総長の関東軍司令官に対する指示、並びに事件のその後の状況につき上聞を受けられる。この日、参謀総長載仁親王より関東軍に対し、攻撃中止及び外交交渉の推移を待つべき旨の指示が出される。翌二十九日、ソ聯邦外務人民委員リトヴィノフは、乾岔子島・金阿穆河島より撤兵して原状を回復すること

に異存はなく、日本側においても形勢の緩和に資せんことを希望する旨を提議する。〇侍従日誌、陸軍上聞書控簿、侍従武官府歴史、外務省執務報告、戦史叢書

陸軍士官学校卒業式

二十九日　火曜日　陸軍士官学校における卒業式に臨御のため、午前九時御出門、同校に行幸される。便殿において、参校の崇仁親王・載仁親王・守正王・鳩彦王・恒憲王・永久王、同校勤務の李王垠と御対面になる。ついで、教育総監寺内寿一・陸軍大臣杉山元以下に単独並びに列立の謁を賜い、校長篠塚義男より書類の奉呈を受けられる。終わって、御料馬白雪に召されて予科中庭の観兵式場に臨御、閲兵を行われ、分列式を御覧になる。ついで大講堂において卒業優等生徒二名による講演を御聴取の後、卒業生徒による剣術を御覧になる。また、講堂において戦術・測図作業を御覧になる。さらに本科中庭において、卒業生徒若干名による馬術を御覧になる。それより便殿において、この日卒業の盛厚王と御対面になる。ついで卒業証書授与式場に臨御される。卒業証書授与、優等生徒十名に銀時計の下賜あり。午後零時七分還幸される。〇侍従日誌、侍従職日誌、内舎人日誌、省中日誌、幸啓録、皇族身分録、侍従武官府歴史、宮内省省報、官報、百武三郎日記

北支対策に関し御前会議開催の思召

午後、内大臣湯浅倉平をお召しになる。内大臣に対し、北支地方の中央化は時間の問題にて必然と思われることから、むしろ先手を打って我が国より支那の希望を容れること、また、北支対策につ

き御前会議を開いて方針を決定することにつきお尋ねになる。内大臣は、従来の支那のやり方から見て、我が国が先方の希望を容れてもこれを徳とせず、かえって侮日の因を作ることになるべきを以て検討を要すること、また御前会議を催しても十分な効果は期待し難く、要は統帥の確信さえあれば差し支えないと考える旨を奉答する。これに対し天皇は、七月二日予定の午餐御陪食後に陸軍大臣・参謀総長に統帥に関して直接下問する旨を仰せになる。

思召を西園寺公望に伝達

なおこの夜、内大臣は宗秩寮総裁木戸幸一に対し、北支問題に関する天皇の思召しにつき公爵西園寺公望へ伝達するよう依頼する。翌三十日、木戸は静岡県興津の西園寺邸に赴き、天皇と内大臣との御用談の内容を伝達する。木戸から伝言を聞いた西園寺は、御前会議の開催について内大臣と同じ意見を述べる。七月一日、木戸は内大臣及び宮内大臣に対し、西園寺邸の訪問について報告する。〇侍従日誌、百武三郎日記、木戸幸一日記

夜、皇后と共に奥内謁見所において、ニュース映画のほか、皇后御撮影の正仁親王に関する映画を御覧になる。〇侍従日誌、侍従職日誌、内舎人日誌

三十日　水曜日　午前十時、御学問所において、海軍航空本部長及川古志郎以下七名に謁を賜う。〇侍従日誌、侍従職日誌、内舎人日誌、省中日誌、宮内省省報、百武三郎日記

枢密院会議

午前十時八分、枢密院会議に臨御される。議題は「内務省官制中改正ノ件」にて、全会一致を以て

可決される。○侍従日誌、侍従職日誌、内舎人日誌、官報、枢密院会議筆記、百武三郎日記、近衛文麿公関係資料、奈良武次日記

午前十一時七分、御学問所において内閣総理大臣近衛文麿に謁を賜い、昭和十三年度予算編成方針及びその他の政務につき奏上を受けられる。○侍従日誌、侍従職日誌、内舎人日誌、百武三郎日記、近衛文麿公関係資料、読売新聞

節折の儀

午後二時、鳳凰ノ間に出御され、節折の儀を行われる。また、賢所前庭において大祓の儀あり。○侍従日誌、侍従職日誌、内舎人日誌、省中日誌、儀式録、祭祀録、宮内省省報、官報、百武三郎日記

宮内大臣松平恒雄に謁を賜う。○侍従日誌、百武三郎日記

宣仁親王・同妃喜久子参内につき、奥御対面所において皇后及び正仁親王を交えて御対面になり、御機嫌伺いを受けられる。○侍従日誌、女官日誌、侍従職日誌、供御日録、供御録、百武三郎日記、高松宮日記

雍仁親王・同妃勢津子の英国到着以来受けた歓待並びに親王にヴィクトリア勲章鏈鎖章を贈進されたことに対し、この日同国皇帝ジョージ六世に礼電を御発送になる。七月二日、答電が寄せられる。○省中日誌、外国差遣録、秩父宮御渡欧関係書類、宮内省省報、官報

七月

一日　木曜日　午前十時三十分、鳳凰ノ間において、今般来航の仏国極東艦隊司令長官海軍中将

ジュール・ル・ビゴ、同艦隊参謀長海軍大佐アルフレッド・ルメールほか二名、本邦駐箚同国大使館附海軍武官海軍大佐ジョゼフ・ロザティに謁見を仰せ付けられる。引き続き、イラン国へ赴任の特命全権公使中山詳一に謁を賜う。〇侍従日誌、侍従職日誌、内舎人日誌、省中日誌、謁見録、祭祀録、拝謁参拝録、侍従武官府歴史、宮内省省報、官報、百武三郎日記

内大臣湯浅倉平をお召しになる。〇侍従日誌

乾岔子島付近の戦闘

午後一時三十分、御学問所において、海軍大臣米内光政に謁を賜い、黒龍江上のソ満国境乾岔子島付近に不法侵入したソ聯邦海軍の砲艦が我が軍隊を射撃したため、応戦の上、一隻を撃沈する事件が昨日午後に突発したことにつき、奏上を受けられる。これに対し、事件の見通しにつき御下問になり、戦争には発展しない旨の奉答を受けられる。三時三十分、軍令部総長博恭王に謁を賜い、右事件に関し海軍艦船部隊を派遣する件、並びにその任務及び行動等につき奏上を受けられる。総長に対しても事件の見通しにつき御下問になり、戦争には発展しないと思われるも相当の紛糾は予想される旨の奉答を受けられる。〇侍従日誌、侍従職日誌、内舎人日誌、海軍上聞書控簿、侍従武官府歴史、百武三郎日記、近衛文麿公関係資料、嶋田繁太郎大将備忘録、外務省執務報告、戦史叢書、読売新聞

乾岔子島事件に関し海軍艦船部隊派遣

午後二時より一時間十分余にわたり、御学問所において大蔵大臣賀屋興宣に謁を賜い、昨月二十九日閣議決定の昭和十三年度予算編成につき奏上を受けられる。〇侍従日誌、侍従職日誌、内舎人日誌、百武三郎日記、昭和財政史、読売新聞

午後四時五分、御学問所において商工大臣吉野信次に謁を賜い、政務奏上を受けられる。○侍従日誌、侍従職日誌、内舎人日誌、百武三郎日記

二日　金曜日　午前、稔彦王・盛厚王参内につき、皇后と共に奥内謁見所において御対面になり、盛厚王より陸軍士官学校卒業の御礼言上を受けられる。○侍従日誌、女官日誌、侍従職日誌、内舎人日誌、皇親録、百武三郎日記

陸軍特命検閲関係者御陪食

午前十時三十分、御学問所において第一特命検閲使鳩彦王・第二特命検閲使稔彦王に謁を賜い、鳩彦王より第十一師団・第十六師団に対する特命検閲につき、また稔彦王より航空兵団に対する特命検閲につき、それぞれ覆奏を受けられる。正午、豊明殿に出御され、載仁親王・守正王・鳩彦王・稔彦王と午餐を御会食になり、陸軍大臣杉山元以下の特命検閲関係者等総勢四十二名に御陪食を仰せ付けられる。御食後、千種ノ間において茶菓を供され、鳩彦王・稔彦王より言上を受けられる。○侍従日誌、侍従職日誌、内舎人日誌、供御日録、供御録、省中日誌、侍従武官府資料、侍従武官府歴史、宮内省省報、官報、百武三郎日記

満洲国大使信任状捧呈式

午前十一時十分、鳳凰ノ間において、本邦駐箚満洲国特命全権大使阮振鐸に謁見を仰せ付けられ、信任状並びに前任大使の解任状の捧呈を受けられる。引き続き、随伴の同国大使館参事官原武ほか館員六名に謁見を仰せ付けられる。○侍従日誌、侍従職日誌、内舎人日誌、省中日誌、謁見録、侍従武官府歴史、宮内省省報、官報、百武三郎日記

宮内省御用掛山本信次郎に謁を賜う。ついで内大臣湯浅倉平をお召しになる。○侍従日誌

朝鮮における陸軍特別大演習実施問題

正午前、侍従長百武三郎に謁を賜い、宮内大臣よりの伝奏として、朝鮮における陸軍特別大演習実施問題に関する奏上を受けられる。これより先の六月二十九日、宮内大臣松平恒雄は宗秩寮総裁木戸幸一に対し、陸軍が明年秋の陸軍特別大演習を朝鮮において実施したき旨を申し出たため、目下における外交・治安等の点から大演習実施に関する政府の意向を照会中である旨を公爵西園寺公望へ伝えるよう依頼する。翌三十日、木戸は静岡県興津の西園寺邸に赴く。西園寺よりは朝鮮における大演習実施は治安上憂慮すべき旨の発言あり。七月一日、木戸は内大臣・宮内大臣に西園寺邸訪問について報告する。○侍従日誌、百武三郎日記、木戸幸一日記

参謀総長・陸軍大臣への御下問

午後一時五十五分、御学問所に参謀総長載仁親王・陸軍大臣杉山元をお召しになり、五十分余にわたり謁を賜う。乾岔子島事件に伴う対ソ戦備の状況、並びに支那と開戦した場合における陸軍の見通しにつき御下問になる。これに対し、総長と大臣より、陸軍としては対ソ戦備は憂慮に及ばず、また万一支那との戦争となっても短期間にて処理できる旨の奉答を受けられる。終わって、内大臣湯浅倉平をお召しになる。○侍従日誌、侍従職日誌、百武三郎日記、木戸幸一日記、小倉庫次侍従日記、尾形健一大佐日記、昭和天皇独白録、読売新聞

昌子内親王・房子内親王・聰子内親王参内につき、皇后と共に奥御対面所において御対面になり、茶菓を共に召され、御歓談になる。○侍従日誌、女官日誌、内舎人日誌、供御日録、供御録、百武三郎日記

三日　土曜日　午後二時五分、御学問所において参謀総長載仁親王に謁を賜い、乾岔子島事件のこの数日の状況、及び同事件の処理方針につき奏上を受けられる。○侍従日誌、侍従職日誌、内舎人日誌、陸軍上聞書控薄、侍従武官府歴史、百武三郎日記

皇后と共に呉竹寮にお出ましになり、成子内親王・和子内親王・厚子内親王の成績品を御覧になる。○侍従日誌、女官日誌、侍従職日誌、内舎人日誌、藤井種太郎日誌

天台宗総本山延暦寺において開創千百五十年に際して根本中堂修理完成につき、載仁親王代筆の勅額「伝教」を同寺に下賜される。○省中日誌、例規録

四日　日曜日　午前、崇仁親王参内につき、皇后と共に奥御対面所において御対面になる。○侍従日誌、女官日誌、侍従職日誌、内舎人日誌、百武三郎日記

正午前、皇后及び成子内親王・和子内親王・厚子内親王と共に花蔭亭にお出ましになり、御昼餐を御会食になる。それより御苑を散策され、鶏舎、生物学御研究所にお立ち寄りになる。○侍従日誌、女官日誌、侍従職日誌、内舎人日誌

五日　月曜日　午前、侍従武官平田昇に謁を賜い、軍艦足柄への御差遣につき御沙汰を下される。平田は翌日出発、英国皇帝戴冠式観艦式参列を終えた足柄の佐世保帰還状況を実視し、九日葉山御

用邸において復命する。○侍従日誌、省中日誌、進退録、侍従武官府歴史、宮内省省報、官報

葉山御用邸に行幸

午前十時三十五分、皇后と共に御出門、葉山御用邸に行幸される。正午、着御される。内務大臣以下関係者に賜謁後、附属邸に滞在中の皇太子と御対面になる。午後、採集された海洋生物を整理され、ついで水泳をされる。なお、十二日までの御滞在中、八日まで毎日水泳をされ、九日に海洋生物を整理される。○侍従日誌、女官日誌、侍従職日誌、内舎人日誌、内舎人供奉日誌、供御日録、省中日誌、行幸録、幸啓録、侍従武官府歴史、宮内省省報、官報、百武三郎日記、入江相政日記、近衛文麿公関係資料、木戸幸一日記

海洋生物御採集

六日　火曜日　午前、皇后及び皇太子と共に小磯にお出ましになり、海洋生物を御採集になる。以後十日までほぼ毎日海岸及び名島・鮫島等において御採集あり。○侍従日誌、女官日誌、内舎人供奉日誌、行幸録、幸啓録、百武三郎日記、入江相政日記

乾岔子島事件外交交渉進捗の上聞

この日、参謀総長載仁親王より書類を以て、乾岔子島事件に関する日ソ両国政府の外交交渉が進捗し、ソ聯邦政府は係争地点からの兵力撤退を既に実行中につき、外交交渉の推移に応じるべく関東軍に指示すること等につき上聞あり。○陸軍上聞書控簿、侍従武官府歴史、百武三郎日記、嶋田繁太郎大将備忘録、近衛文麿公関係資料、外務省執務報告

七日　水曜日　午後、宮内大臣松平恒雄に謁を賜い、明年秋の朝鮮における陸軍特別大演習実施に関する問題につき奏上を受けられる。○侍従日誌、百武三郎日記、木戸幸一日記

福岡市において故福岡高等学校長秋吉音治葬送につき、勅使として福岡県知事畑山四男美をその邸に差し遣わし、幣帛を下賜される。なおその死去に際し、祭資を下賜される。〇省中日誌、恩賜録、宮内省省報、官報

盧溝橋事件勃発

八日　木曜日　午後二時三十五分、水泳のため海岸にお出ましの際、御庭において侍従武官長宇佐美興屋に謁を賜い、この日払暁、北支地方盧溝橋付近において日支両軍が衝突、戦闘行為に及んだ旨の上聞を受けられる。水泳よりお戻りの後、再び武官長より同事件に関する上聞を受けられる。〇侍従日誌、侍従武官府歴史、百武三郎日記、近衛文麿公関係資料、支那事変陸戦概史

九日　金曜日　この日鮫島方面において御採集、御昼餐の御予定のところ、北支における日支両軍の衝突事件のため、お取り止めになる。〇幸啓録

午後一時二十七分、沼津御用邸御滞在中の皇太后の御使として皇太后宮大夫大谷正男参邸につき、皇后と共に謁を賜う。〇侍従日誌、女官日誌、内舎人供奉日誌、幸啓録、行啓録、百武三郎日記、入江相政日記

参謀総長事件拡大防止策を奏上

午後二時十九分、謁見所において参謀総長載仁親王に謁を賜い、北支における日支両軍衝突事件の拡大防止のため、昨日支那駐屯軍司令官に対して兵力行使を回避するよう指示した旨の奏上を受けられる。ついで同五十五分より約一時間にわたり、内閣総理大臣近衛文麿に謁を賜い、事件の原因・経過、閣議において決定の事件に対する不拡大方針等につき奏上を受けられる。なお、この日

近衛総理不拡大方針を奏上

未明、現地において停戦交渉が妥結した結果、両軍共に盧溝橋の衝突現場を退却するも、翌十日夕刻に至り、龍王廟付近において再び衝突する。○侍従日誌、内舎人供奉日誌、行幸録、幸啓録、陸軍上聞書控簿、侍従武官府歴史、百武三郎日記、入江相政日記、近衛文麿公関係資料、北支事変業務日誌、「参謀本部」臨参命・臨命「大本営陸軍部」大陸命・大陸指総集成、支那事変陸戦概史、読売新聞

十一日　日曜日　午前七時五十二分、侍従武官長宇佐美興屋に謁を賜い、この日参邸の陸軍省人事局長阿南惟幾より依頼の支那駐屯軍司令官田代皖一郎の病気に伴う更迭人事につき内奏を受けられる。引き続き、常侍官候所において元侍従武官としての縁故を以て阿南に謁を賜う。なお、本件人事は即日発令され、新任の司令官香月清司は直ちに天津へ向けて出発する。○侍従日誌、上奏モノ控簿、行幸録、幸啓録、侍従武官府歴史、官報、近衛文麿公関係資料、戦史叢書

支那駐屯軍司令官の更迭

午前九時三十五分、内大臣湯浅倉平に謁を賜う。内大臣より、昨夜の日支両軍再衝突を受け参謀総長より拝謁の願い出があった件に関し、北支への派兵は日本と支那との交戦、ついで日本対支那・ソ聯邦との戦争につながる恐れがあり、参謀総長の奏請に対する勅答は重大なる結果を生ずべきにつき、参謀総長への賜謁に先立ち総理を召されては如何との言上を受けられる。その際、天皇は、満洲事変時の如く陸軍が統帥権干犯論を持ち出す恐れがあるため、総理を召すのは参謀総長奏上後にすべきこと、及び参謀総長の奏上内容によっては、総理の意見を聞くまでは裁可を保留する旨を

参謀総長の奏上

仰せになる。十一時二十五分、参謀総長載仁親王に謁を賜い、日支両軍衝突事件の昨日の状況及び事件への対策につき奏上を受けられる。これに対し、万一ソ聯邦が武力を行使した場合の措置につき御下問になる。

近衛総理を御召

北支派兵の決定

午後五時四十一分、お召しにより参邸の内閣総理大臣近衛文麿に謁を賜い、この日午後の臨時閣議において、事態不拡大・現地解決の条件の下に北支への派兵を決定した旨の奏上を受けられる。六時十九分、陸軍大臣杉山元に謁を賜い、北支派兵につき奏上を受けられる。七時二十八分、軍令部総長博恭王に謁を賜い、海軍の作戦事項として海軍特設聯合航空隊等を編制することにつき上奏を受けられる。引き続き、参謀総長載仁親王に再び謁を賜い、朝鮮軍隷下の第二十師団を応急動員し、同師団と関東軍司令官隷下部隊の一部を北支へ派遣することにつき上奏を受けられる。

北支での事件を北支事変と称する

なお、この日午後五時三十分、政府は今次北支において発生の事件を「北支事変」と称する旨を発表、ついで六時二十五分、北支派兵に関して帝国の方針を声明する。〇侍従日誌、内舎人供奉日誌、省中日誌、行幸録、幸啓録、陸軍上聞書控簿、陸軍御裁可書類交付簿、海軍上聞書控簿、海軍御裁可書類交付簿、侍従武官府歴史、百武三郎日記、入江相政日記、近衛文麿公関係資料、風見章日記・関係資料、西園寺公と政局、支那事変処理日誌、北支事変業務日誌、嶋田繁太郎大将無標題備忘録、「参謀本部」臨参命・臨命「大本営陸軍部」大陸命・大陸指総集成、日本外交年表並主要文書、戦史叢書、支那事変陸戦概史、大東亜戦争海軍戦史、読売新聞

宮城への還御を仰せ出される

この日午前、侍従長百武三郎をお召しになり、北支方面の情勢窮迫に鑑み、宮内大臣・内大臣と宮

城への還御につき協議すべき旨を命じられる。午後八時三十五分、還御の日程につき伺いを受けられる。同四十分、行幸主務官より、翌日午後に還御の旨が発表される。〇侍従日誌、侍従職日誌、内舎人供奉日誌、省中日誌、御覧モノ伺モノ控簿、幸啓録、宮内省省報、官報、百武三郎日記

十二日　月曜日　午前十一時、第四戦隊司令官小林宗之助に謁を賜い、軍艦足柄の英国皇帝戴冠式観艦式への参列を始めとする特別任務の概要につき復命奏上を受けられる。〇侍従日誌、内舎人供奉日誌、供御日録、幸啓録、海軍上聞書控簿、加藤寛治日記

今般農林書記官へ転任の前宮内事務官兼宮内書記官久保覚次郎、及び滋賀県書記官へ転任の前皇宮警察部長内藤三郎、また満洲国宮内府へ転出の前帝室林野局事務官武宮雄彦に謁を賜う。〇侍従日誌、内舎人供奉日誌、供御日録、省中日誌、幸啓録、進退録、宮内省省報、百武三郎日記

還幸

午後一時五十分、皇后と共に葉山御用邸を御出門、三時十九分宮城に還幸される。〇侍従日誌、女官日誌、侍従職日誌、内舎人日誌、内舎人供奉日誌、省中日誌、行幸録、幸啓録、侍従武官府歴史、宮内省省報、官報、百武三郎日記、木戸幸一日記、高松宮日記

外務大臣を御召

十三日　火曜日　午前、御学問所に外務大臣広田弘毅をお召しになり、十一時四十五分より約四十五分間、北支事変に関する外交事情を御聴取になる。〇侍従日誌、侍従職日誌、内舎人日誌、百武三郎日記、入江相政日記、読売新聞

御健康維持につき侍従長の言上

午後、侍従長百武三郎より、炎暑並びに時局重大の際、御健康の維持がいよいよ必要につき、毎日

短時間でも涼しい時間に御運動ありたき旨の言上を受けられ、御聴許になる。その後、成子内親王・和子内親王・厚子内親王参内につき、皇后と共に御対面になる。夕刻、御奥のプールにおいて、三内親王と御一緒に水泳をされる。以後も頻繁に水泳をされる。〇侍従日誌、女官日誌、内舎人日誌、百武三郎日記

侍従武官酒井康に謁を賜い、朝鮮駐屯の第二十師団への御差遣につき御沙汰を下される。酒井は即日出発、同師団の北支事変地への派遣状況を実視し、十九日帰京、復命する。〇侍従日誌、省中日誌、進退録、侍従武官府歴史

参謀総長・陸軍大臣北支事変処理方針を奏上

参謀総長載仁親王・陸軍大臣杉山元の願い出により、午後七時三十八分、御学問所において両名に謁を賜う。北支事変処理方針につき、陸軍は局面不拡大、現地解決の方針を堅持し、全面戦争に陥るが如き行動を極力回避すること、よって去る十一日現地の両軍代表者間にて調印した解決条件の実行を監視すること、内地部隊の動員は暫時状況の推移を見てこれを決すること、ただし支那が現行解決条件の実行に誠意を示さない場合、又は中央軍の北上により攻勢を企図する場合は、断乎たる決意に出ること等の奏上を受けられる。〇侍従日誌、侍従職日誌、内舎人日誌、陸軍上聞書控簿、侍従武官府歴史、百武三郎日記、入江相政日記、嶋田繁太郎大将備忘録、近衛文麿公関係資料、支那事変処理日誌、西園寺公と政局、太平洋戦争への道、戦史叢書、読売新聞

枢密院会議

十四日　水曜日　午前十時十二分、枢密院会議に臨御される。議題は「教学局官制」ほか五件にて、いずれも全会一致を以て可決される。

教学局官制

教学局官制は、この月二十一日、勅令を以て公布される。教

学局は文部大臣の管理に属し、国体の本義に基づく教学の刷新振興に関する事務を掌る。〇侍従日誌、侍従職日誌、内舎人日誌、官報、枢密院会議筆記、百武三郎日記、奈良武次日記

午後、内大臣湯浅倉平をお召しになる。〇侍従日誌、西園寺公と政局

臨時航空兵団の満洲派遣につき政府の了承の有無を御確認

十五日　木曜日　午前八時三十分、御学問所において参謀総長載仁親王に謁を賜い、北支事変に伴う臨時航空兵団の編成及び満洲派遣命令等につき上奏を受けられる。ついで侍従長百武三郎をお召しになり、参謀総長の上奏に対する政府の了承の有無を確認するよう命じられる。後刻、侍従長より閣議において決定済みである旨の奉答を受けられる。〇侍従日誌、侍従職日誌、内舎人日誌、陸軍御裁可書類交付簿、侍従武官府歴史、百武三郎日記、嶋田繁太郎大将備忘録、近衛文麿公関係資料、支那事変処理日誌、北支事変業務日誌、「参謀本部」臨参命・臨命「大本営陸軍部」大陸命・大陸指総集成、読売新聞

航空兵団長徳川好敏に賜謁

十六日　金曜日　午前十時、御学問所において、北支事変につき動員出征の航空兵団長男爵徳川好敏に謁を賜う。なお今般、外地出征の親補職以上に対しては、出発前に賢所の参拝を仰せ付けられることに定められる。よって拝謁後、徳川は賢所を参拝する。〇侍従日誌、侍従職日誌、内舎人日誌、拝謁参拝録、侍従武官府歴史、百武三郎日記

十七日　土曜日　午前、北支事変の状況、第二十師団の応急動員完結に関する陸軍上聞を受けられる。〇侍従日誌、陸軍上聞書控簿

生物学御研究所へのお成りお取止め

葉山より還幸後初めての定例御研究日のところ、北支事変への御軫念より生物学御研究所へのお成

りは取り止められる。以後、本年中は御研究所へのお出ましなし。〇御生研沿革史、百武三郎日記

十八日　日曜日　午前、この日千葉県津田沼町より上京の崇仁親王（騎兵第十五聯隊附）参内につき、皇后と共に御対面になり、御機嫌伺いを受けられる。親王は即日帰任する。〇侍従日誌、女官日誌、侍従職日誌、内舎人日誌、宮内省省報、百武三郎日記

杉山陸相の奏上

午後五時二十三分、御学問所にお出ましになり、陸軍大臣杉山元に謁を賜い、北支事変解決の促進につき奏上を受けられる。〇侍従日誌、侍従職日誌、内舎人日誌、陸軍上聞書控簿、侍従武官府歴史、百武三郎日記

十九日　月曜日　午前、春仁王参内につき、御対面になる。〇侍従日誌、侍従職日誌、内舎人日誌、百武三郎日記

午後、内大臣湯浅倉平に謁を賜う。〇侍従日誌

広田外相の奏上

午後四時六分、御学問所において、お召しにより参内の外務大臣広田弘毅に謁を賜い、北支事変の情勢と政府の方針に関する奏上を御聴取になる。〇侍従日誌、侍従職日誌、内舎人日誌、百武三郎日記、読売新聞

夜、皇后と共に奥内謁見所において、北支事変関係のニュース映画を御覧になる。〇侍従日誌、女官日誌、侍従職日誌

二十日　火曜日　午前、内大臣湯浅倉平をお召しになる。〇侍従日誌

午後、載仁親王参内につき、皇后と共に奥内謁見所において御対面になり、土用入りにつき暑中の挨拶を受けられる。〇侍従日誌、女官日誌、侍従職日誌、内舎人日誌、百武三郎日記

御学問所において新任の侍医稲田淳に謁を賜う。○侍従日誌、侍従職日誌、省中日誌、宮内省省報

三個師団動員の決定

午後九時四十分より五十分にわたり、御学問所において外務大臣広田弘毅に謁を賜う。昨夜現地の宋哲元軍との間に停戦協定の実施条項が成立したものの、国民政府がこれを拒絶したこと、及び盧溝橋方面における両軍間の戦闘再発のため、この夜の閣議において三個師団の動員を決定した旨の奏上を受けられる。○侍従日誌、侍従職日誌、内舎人日誌、侍従武官府歴史、百武三郎日記、嶋田繁太郎大将備忘録、近衛文麿公関係資料、支那事変処理日誌、北支事変業務日誌、読売新聞、戦史叢書

枢密院会議

二十一日　水曜日　午前十時十二分、枢密院会議に臨御される。議題は「陪審法中改正法律案帝国議会へ提出ノ件」「裁判所構成法中改正法律案帝国議会へ提出ノ件」にて、いずれも全会一致を以て可決される。○侍従日誌、侍従職日誌、内舎人日誌、官報、枢密院会議筆記、百武三郎日記、入江相政日記、奈良武次日記

陸相の奏上に御下問

午前十一時十分、御学問所において陸軍大臣杉山元に謁を賜い、内地三個師団の北支派兵の必要につき奏上を受けられる。これに対し、今後国民政府側が当方の解決条件を受諾した場合につき御下問になり、その場合には派兵は行わない旨の奉答を受けられる。○侍従日誌、侍従職日誌、内舎人日誌、陸軍上聞書控簿、侍従武官府歴史、支那事変処理日誌、北支事変業務日誌、嶋田繁太郎大将備忘録

博恭王参内につき、皇后と共に奥内謁見所において御対面になり、暑中の挨拶を受けられる。○侍従日誌、女官日誌、侍従職日誌、内舎人日誌、嶋田繁太郎大将備忘録

午後、皇后と共に、成子内親王・和子内親王・厚子内親王と御対面になり、明日葉山へ出発につき暇乞を受けられる。ついで、御一緒に水泳をされ、御夕餐を御会食になる。御食後、お揃いにて北支事変のニュース映画を御覧になる。〇侍従日誌、女官日誌、侍従職日誌、内舎人日誌、供御日録、省中日誌、百武三郎日記

英子女王誕生

この日、朝融王妃知子女王は久邇宮邸において分娩し、第四女子が誕生する。誕生の女子は、二十七日、英子（ひでこ）と命名される。同日、天皇・皇后より誕生の御祝として白羽二重・酒・鮮鯛を朝融王に賜う。〇侍従職日誌、省中日誌、皇親録、皇族身分録、宮内省省報、官報

動員派兵の一時見送り

二十二日　木曜日　午前十一時七分、御学問所において、陸軍大臣杉山元に謁を賜う。陸軍大臣より、冀察政務委員会委員長宋哲元による停戦協定の漸次実行の状況に鑑み、内地三個師団の動員派兵を一時見送り、情勢を静観することに決した旨の奏上を受けられる。午後三時二十五分、御学問所において参謀総長載仁親王に謁を賜い、北支情勢の緩和に伴う動員実施の延期につき奏上を受けられる。〇侍従日誌、侍従職日誌、内舎人日誌、侍従武官府歴史、陸軍上聞書控簿、百武三郎日記、嶋田繁太郎大将備忘録、高松宮日記、北支事変業務日誌、戦史叢書、読売新聞

午後二時過ぎより、宣仁親王・同妃喜久子、稔彦王・同妃聰子内親王、故恒久王妃昌子内親王、故成久王妃房子内親王が相次いで参内につき、皇后と共に奥内謁見所において御対面になり、茶菓を共にされる。ついで永久王・同妃祥子参内につき、同じく御対面になる。〇侍従日誌、女官日誌、侍従職日誌、内舎人日誌、供御日録、

英国滞在中の雍仁親王同妃の旅程変更

供御録、百武三郎日記、高松宮日記

この日、侍従長百武三郎より、雍仁親王・同妃勢津子の欧洲旅行の予定変更につき言上を受けられる。親王・同妃はロンドンにおける公式日程終了後の五月下旬より流行性感冒に罹る。天皇は六月二十二日、特に重症の同妃のため、独国出張中の侍医高橋信を英国へ差し遣わされる。親王・同妃はこの月よりのスコットランド及びノルウェー・スウェーデン両国訪問を取り止め、十四日ロンドンを出発、十五日よりスイス国グリンデルワルトにおいて静養し、三十一日同地よりオランダ国へ出発する。○侍従職日誌、省中日誌、外国差遣録、秩父宮同妃両殿下御渡英御日誌、秩父宮御渡欧関係書類、宮内省省報、百武三郎日記、雍仁親王実紀、読売新聞

夜、御杉戸前において、侍従武官酒井康より、昨夜までの北支事変の状況に関する上聞を受けられる。○侍従日誌、陸軍上聞書控簿

故陸軍中将大野豊四葬送につき、勅使として侍従徳川義寛をその邸に差し遣わし、幣帛を下賜される。なおその死去に際し、祭資を下賜される。○侍従日誌、省中日誌、恩賜録、宮内省省報、官報

陸軍軍医学校において卒業式挙行につき、守正王を差し遣わされる。○侍従日誌、侍従職日誌、内舎人日誌、省中日誌、皇親録、宮内省省報、官報、梨本伊都子日記

二十三日　金曜日　午前、内大臣湯浅倉平をお召しになる。○侍従日誌

陸軍獣医学校において卒業式挙行につき、春仁王を差し遣わされる。○侍従職日誌、内舎人日誌、省中日誌、皇親録、宮内省省報、官報

二十四日　土曜日　陸軍騎兵学校において終業式挙行につき、侍従武官四手井綱正を差し遣わされる。○侍従日誌、省中日誌、進退録、侍従武官府歴史、宮内省省報、官報

帝国議会開院式

二十五日　日曜日　第七十一回帝国議会開院式に臨御のため、午前十時三十五分御出門、貴族院に行幸され、勅語を賜う。十一時三十二分還幸される。○侍従日誌、侍従職日誌、内舎人日誌、省中日誌、帝国議会録、侍従武官府歴史、宮内省省報、官報、百武三郎日記、近衛文麿公関係資料、高松宮日記

故陸軍少将津田金次葬送につき、勅使として侍従岡部長章をその邸に差し遣わし、幣帛を下賜される。また、大連市において故陸軍中将森連葬送につき、勅使として関東州庁長官御影池辰雄をその邸に差し遣わし、幣帛を下賜される。なお森の死去に際し、祭資を下賜される。○侍従日誌、省中日誌、恩賜録、宮内省省報、官報

貴衆両院の勅語奉答

二十六日　月曜日　午前十一時、鳳凰ノ間において、貴族院議長松平頼寿・衆議院議長小山松寿に謁を賜い、それぞれ第七十一回帝国議会開院式勅語に対する奉答を受けられる。これに対し、それぞれ勅語を賜う。○侍従日誌、内舎人日誌、省中日誌、帝国議会録、宮内省省報、官報、百武三郎日記、読売新聞

北支状況悪化

午後一時三十分、御学問所において参謀総長載仁親王に謁を賜い、昨夜北平近郊の廊坊において日

支両軍再衝突につき、南満洲に待機中の臨時航空兵団を支那駐屯軍司令官の隷下に入れる件につき上奏を受けられる。七時三十三分、御学問所において、参謀総長・陸軍大臣杉山元に謁を賜い、北支状況急変悪化のため、支那駐屯軍司令官に対して兵力行使の制限解除を指示したことにつき奏上を受けられる。なおこの夜、北平の広安門において日支両軍が衝突する。○侍従日誌、侍従職日誌、内舎人日誌、陸軍上聞書控簿、陸軍御裁可書類交付簿、侍従武官府歴史、百武三郎日記、入江相政日記、近衛文麿公関係資料、嶋田繁太郎大将備忘録、支那事変処理日誌、北支事変業務日誌、「参謀本部」臨参命・臨命「大本営陸軍部」大陸命・大陸指総集成、戦史叢書、読売新聞

支那駐屯軍司令官に兵力行使の制限解除を指示

帝国議会演説案

午後二時五分、御学問所において内閣総理大臣近衛文麿に謁を賜い、第七十一回帝国議会における施政方針演説案につき上奏を受けられ、併せて二・二六事件被告真崎甚三郎に対する大赦の件、北支事変の状況等につき奏上を受けられる。引き続き、外務大臣広田弘毅・大蔵大臣賀屋興宣に順次謁を賜い、同じく帝国議会における外交方針演説案・財政方針演説案につきそれぞれ奏上を受けられる。○侍従日誌、侍従職日誌、内舎人日誌、上奏モノ控簿、百武三郎日記、入江相政日記、木戸幸一日記、木戸幸一関係文書、嶋田繁太郎大将備忘録、読売新聞

夕刻、内大臣湯浅倉平をお召しになる。○侍従日誌、入江相政日記

陸軍工兵学校において終業式挙行につき、侍従武官後藤光蔵を差し遣わされる。○侍従日誌、省中日誌、進退録、侍従武官府歴史、宮内省省報、官報

北支への増派

二十七日　火曜日　午前九時三十五分、御学問所において、陸軍大臣杉山元に謁を賜い、廓坊・広

安門両事件発生による北支の事態急変に伴う第五・第六・第十・第二十の各師団その他の動員につき奏上を受けられる。十時三十六分、参謀総長載仁親王に謁を賜い、右各師団等への動員下令、関東軍隷下の一部部隊その他の北支増派命令、支那駐屯軍司令官の任務に関する命令等につき上奏を受けられる。

自衛行動との政府声明

なおこの日、帝国政府は、我が軍が北支において自衛行動を採るの已むなきに至った所以を声明する。○侍従日誌、侍従職日誌、内舎人日誌、陸軍上聞書控簿、陸軍御裁可書類交付簿、侍従武官府歴史、百武三郎日記、近衛文麿公関係資料、嶋田繁太郎大将備忘録、支那事変処理日誌、北支事変業務日誌、「参謀本部」臨参命・臨命「大本営陸軍部」大陸命・大陸指総集成、外務省記録、読売新聞

海戦要務令続編の策定

午前十時、御学問所において軍令部総長博恭王に謁を賜い、海戦要務令続編の策定につき奏上を受けられる。○侍従日誌、侍従職日誌、内舎人日誌、海軍上聞書控簿、百武三郎日記

午後、宮内大臣松平恒雄に謁を賜う。○侍従日誌

恒憲王・同妃敏子参内につき、皇后と共に奥内謁見所において御対面になり、暑中御機嫌伺いを受けられる。○侍従日誌、女官日誌、侍従職日誌、内舎人日誌、百武三郎日記

陸軍砲工学校において終業式挙行につき、侍従武官酒井康を差し遣わされる。○侍従日誌、省中日誌、進退録、侍従武官府歴史、宮内省省報、官報

枢密院会議

二十八日　水曜日　午前十時十分、枢密院会議に臨御される。議題は「満洲拓植公社設立ニ関スル

協定締結及関係公文交換ノ件」「朝鮮総督府官制中改正ノ件」「樺太庁官制中改正ノ件」「南洋庁官制中改正ノ件」「奏任文官特別任用令中改正ノ件」にて、いずれも全会一致を以て可決される。なお、満洲拓殖公社の設立に関する協定並びに附属文書は、八月二日、新京において日満両国代表者により署名調印され、四日に公布される。○侍従日誌、侍従職日誌、内舎人日誌、官報、枢密院会議筆記、百武三郎日記、奈良武次日記

満洲拓殖公社

御学問所において、今般皇宮警察部長を拝命の高橋静男に謁を賜う。○侍従日誌、侍従職日誌、内舎人日誌、省中日誌、進退録、宮内省省報、百武三郎日記

米内海相の奏上

午後一時三十分、御学問所において海軍大臣米内光政に謁を賜い、北支事変の情勢とそれに伴う中支・南支における海軍の配備状況につき奏上を受けられる。○侍従日誌、侍従職日誌、内舎人日誌、海軍上聞書控簿、百武三郎日記、読売新聞

軍令部総長より兵力増派の上奏

午後二時、御学問所において軍令部総長博恭王に謁を賜い、北支事変に対処するための海軍兵力増加、及び聯合艦隊司令長官永野修身等への命令等につき上奏を受けられる。本日午後十時、軍令部総長より聯合艦隊司令長官に対し、左の大海令第一号が発電される。

大海令第一号

一、帝国ハ北支那ニ派兵シ平津地方ニ於ケル支那軍ヲ膺懲シ同地方主要各地ノ安定ヲ確保スルニ決ス

二、聯合艦隊司令長官ハ第二艦隊ヲシテ派遣陸軍ト協力シ北支那方面ニ於ケル帝国臣民ノ保護

昭和十二年七月　三八二

並ニ権益ノ擁護ニ任ゼシムルト共ニ第三艦隊ニ協力スベシ

三、聯合艦隊司令長官ハ第二艦隊ヲシテ派遣陸軍ノ輸送ヲ護衛セシムベシ

四、細項ニ関シテハ軍令部総長ヲシテ指示セシム

○侍従日誌、侍従職日誌、内舎人日誌、海軍上聞書控簿、海軍御裁可書類交付簿、百武三郎日記、嶋田繁太郎大将備忘録、現代史資料、大東亜戦争海軍戦史、戦史資料・支那事変関係大海令集、読売新聞

朝融王参内につき、皇后と共に奥内謁見所において御対面になり、暑中御機嫌伺い及び昨日の英子女王命名につき御礼言上を受けられる。○侍従日誌、女官日誌、侍従職日誌、内舎人日誌、供御日録、供御録、百武三郎日記

杉山陸相の奏上

午後三時十五分より約一時間にわたり、御学問所において陸軍大臣杉山元に謁を賜い、北支の形勢急迫につき奏上を受けられる。○侍従日誌、侍従職日誌、内舎人日誌、百武三郎日記、北支事変業務日誌

夜、皇后と共に、皇太子及び正仁親王の葉山・那須における動静等に関する映画を御覧になる。○侍従日誌、女官日誌、侍従職日誌、内舎人日誌

田代皖一郎死去

佐賀市において故陸軍中将田代皖一郎葬送につき、勅使として佐賀県知事小山知一をその邸に差し遣わし、幣帛を下賜される。田代は上海派遣軍参謀長・関東憲兵隊司令官・憲兵司令官・第十一師団長等の要職を歴任、支那駐屯軍司令官として勤務中に発病し、参謀本部附を仰せ付けられるが、去る十六日天津において死去する。なおその死去に際し、祭資を下賜される。○省中日誌、恩賜録、侍従武官府資料、宮内省

報、官報

軍事参議会に臨御

二十九日　木曜日　午前十一時より東一ノ間における軍事参議会に臨御され、海戦要務令続編の策定に関する審議を御聴取になる。○侍従日誌、侍従職日誌、内舎人日誌、海軍御裁可書類交付簿、侍従武官府歴史、百武三郎日記、入江相政日記

午後、内大臣湯浅倉平をお召しになる。○侍従日誌

亀山天皇分骨所修理起工奉告の儀につき、勅使として掌典町尻量弘を差し遣わされる。○省中日誌、儀式録、祭祀録、進退録、宮内省省報、官報

故陸軍軍医中将牧田太葬送につき、勅使として侍従久松定孝をその邸に差し遣わし、幣帛を下賜される。なおその死去に際し、祭資を下賜される。○侍従日誌、侍従職日誌、省中日誌、恩賜録、宮内省省報、官報

エジプト国皇帝ファルーク一世成年式及び即位祝典

エジプト国皇帝ファルーク一世成年式並びに即位祝典挙行につき、祝電を御発送になる。翌日答電が寄せられる。○省中日誌、外交慶弔録、宮内省省報、官報

昨日、北支事変に関して満洲国皇帝溥儀より親電が寄せられたため、この日、答電を御発送になる。○省中日誌、外交雑録、宮内省省報、官報、百武三郎日記

明治天皇例祭

三十日　金曜日　午前、明治天皇例祭につき、皇霊殿において御拝礼になる。○侍従日誌、女官日誌、侍従職日誌、内舎人日誌、省中日誌、儀式録、祭祀録、貞明皇后実録、宮内省省報、官報、百武三郎日記、高松宮日記

第五・第六・第十師団及び門司へ御差遣の侍従武官四手井綱正に謁を賜う。四手井は即日出発、広島・福岡・岡山・兵庫・鳥取各県下に赴き、各師団の動員及び事変地への乗船状況を実視し、八月六日帰京、同日及び十二日の二回にわたり復命する。〇侍従日誌、進退録、侍従武官府歴史

午後、内大臣湯浅倉平に謁を賜い、内閣総理大臣の参内を御要望になる。〇侍従日誌、百武三郎日記

参謀総長より対支作戦計画の大綱奏上

午後四時十分、御学問所において参謀総長載仁親王に謁を賜い、参謀本部策定の対支作戦計画の大綱につき奏上を受けられる。作戦目標に関し御下問になり、作戦上の見地より保定の線まで前進すべき旨の奉答を受けられる。また、北支派遣部隊の編成派遣、関東軍司令官隷下一部部隊の北支派遣命令につき上奏を受けられる。〇侍従日誌、侍従職日誌、内舎人日誌、陸軍上聞書控簿、陸軍御裁可書類交付簿、百武三郎日記、嶋田繁太郎大将備忘録、読売新聞、現代史資料

総理より北支事変に関する五相会議決定方針を御聴取

午後五時二分、御学問所において、お召しにより参内の内閣総理大臣近衛文麿に謁を賜い、北支事変に関する五相（内閣総理大臣及び外務・大蔵・陸軍・海軍各大臣）会議決定方針を御聴取になる。その際、永定河東方地区平定後の軍事行動取り止め如何につき御下問になり、なるべく速やかに時局を収拾すべき旨の奉答を受けられる。〇侍従日誌、侍従職日誌、内舎人日誌、侍従武官府歴史、百武三郎日記、近衛文麿公関係資料、嶋田繁太郎大将備忘録、石射猪太郎日記、高松宮日記、読売新聞

午後五時二十六分、侍従武官長宇佐美興屋より、去る二十七日より二十九日夕刻までの北平・天津付近の戦闘経過につき上聞を受けられる。また八時三十分、侍従武官酒井康より、この日正午まで

の北支事変の状況につき上聞を受けられる。〇侍従日誌、陸軍上聞書控簿、支那事変処理日誌

石原莞爾の奏上

三十一日　土曜日　午前十時四十二分、御学問所において、参謀総長載仁親王に謁を賜う。ついで総長帯同の参謀本部第一部長石原莞爾より、参謀次長代理の進講として、北支の戦況並びに今後の対支作戦の見通しにつき奏上を受けられる。その中で第一部長より、兵力上保定の線への進軍が限度であり、その線まで進む前になるべく速やかに外交折衝による撤兵の機会を得ることが急務である旨の奏上あり。〇侍従日誌、侍従職日誌、内舍人日誌、侍従武官府歴史、百武三郎日記、嶋田繁太郎大将備忘録、高松宮日記、読売新聞

内大臣湯浅倉平をお召しになる。〇侍従日誌

八月

親補式

二日　月曜日　午前十時、鳳凰ノ間において親補式を行われ、軍事参議官陸軍中将中村孝太郎を兼東京警備司令官東部防衛司令官に、陸軍中将古荘幹郎を台湾軍司令官に、陸軍中将中島今朝吾を第十六師団長兼中部防衛司令官に、陸軍中将藤田進を第三師団長に、陸軍中将侯爵前田利為を第八師団長にそれぞれ補される。〇侍従日誌、侍従職日誌、内舍人日誌、省中日誌、儀式録、侍従武官府歴史、官報、百武三郎日記、畑俊六日誌

今般野砲兵第一聯隊長に転出の元侍従武官酒井康に謁を賜う。〇侍従日誌、侍従職日誌、省中日誌、侍従武官府資料

宣仁親王参内

午後三時前、宣仁親王参内につき、奥御対面所において御対面になり、時局談を交わされる。その後皇后お出ましにつき、御一緒に御茶を召される。○侍従日誌、女官日誌、侍従職日誌、内舎人日誌、高松宮日記、百武三郎日記

夕刻、御学問所において大蔵大臣賀屋興宣に謁を賜い、奏上を受けられる。○侍従日誌、侍従職日誌、内舎人日誌、百武三郎日記

陸軍の対支作戦の見通しを近衛総理に伝達

この日、侍従長百武三郎に対し、去月三十一日参謀総長等より奏上の陸軍の対支作戦の見通しにつき、内閣において今後の北支事変処理策を定める上での必要性から、内閣総理大臣近衛文麿に伝達するよう命じられる。侍従長は内大臣と諮り、この夜内大臣秘書官長より近衛に伝達させる。○百武三郎日記、西園寺公と政局

三日　火曜日　午前、内大臣湯浅倉平に謁を賜う。○侍従日誌

午後、皇后と共に奥内謁見所において、昨日陸軍騎兵少佐に陞進の春仁王及び同妃直子と御対面になる。○侍従日誌、女官日誌、侍従職日誌、内舎人日誌、皇親録、皇族身分録、百武三郎日記

四日　水曜日　午後、侍従武官町尻量基に謁を賜い、第八師管内簡閲点呼場への御差遣につき御沙汰を下される。町尻は翌日出発、山形・秋田・青森・岩手各県下において簡閲点呼状況を実視し、十一日帰京、十九日復命する。○侍従日誌、省中日誌、進退録、侍従武官府歴史、宮内省省報、官報

この日、天皇より、雍仁親王・同妃勢津子がオランダ国において受けた厚遇と、親王への獅子大綬

章贈与に対する礼電を同国皇帝ウィルヘルミナに御発送になる。翌日答電が寄せられる。〇省中日誌、外国差遣録、秩父宮御渡欧関係書類、宮内省省報、官報、百武三郎日記

近衛総理に賜謁

五日 木曜日 午後二時三十分より五十分余にわたり、御学問所において内閣総理大臣近衛文麿に謁を賜う。近衛より、去る二日の聖旨伝達を受け、昨四日の閣議において決定の北支事件第二次追加予算案、及び検討中の日支両国間の外交交渉開始に関する方針案等につき奏上を受けられる。これに対し、迅速な和平交渉の開始を御希望になり、戦況有利な我が国より提議すべき旨を仰せになる。〇侍従日誌、侍従職日誌、内舎人日誌、百武三郎日記、嶋田繁太郎大将備忘録、石射猪太郎日記、読売新聞

日支両国の和平交渉開始を御希望

六日 金曜日 午前、宮内大臣松平恒雄に謁を賜い、オランダ国滞在中の雍仁親王・同妃勢津子が医師の判断に基づき、今後の欧米旅行の日程を全部取り止める旨の奏上を受けられ、これを御聴許になる。翌日午後、宮内省は、親王・同妃が流行性感冒のため今後の欧米旅行を全部取り止め、十分静養の上帰朝することに決定した旨を発表する。なお、天皇は、独国出張中の侍医高橋信を再度親王・同妃の許へ差し遣わされる。〇侍従日誌、省中日誌、御覧モノ伺モノ控簿、秩父宮同妃両殿下御渡英御日誌、外国差遣録、重要雑録、秩父宮御渡欧関係書類、雍仁親王実紀、百武三郎日記、木戸幸一日記、読売新聞

雍仁親王同妃今後の欧米旅行中止

内大臣湯浅倉平をお召しになる。〇侍従日誌

軍令部総長の奏上

午後四時四十五分、御学問所において軍令部総長博恭王に謁を賜い、支那沿岸及び揚子江流域の警戒並びに用兵上の諸手配に関する奏上を受けられ、聯合艦隊司令長官永野修身への命令等につき上奏を受けられる。その際、上海において船津辰一郎（在華日本紡績同業会総務理事）が行う予定の和平交渉につき、日本側の和平条件に支那が同意しない場合にはむしろ公表し、日本の公明正大な和平条件が支那により拒否されたことを明らかにすれば、各国の輿論が日本に同情するとのお考えを示される。また、できる限り交渉を行い、妥結しなければ已むを得ず戦うほかなく、ソ聯邦の存在を考慮する必要上から用い得る兵力に限りがあっても可能な限り戦うほかはない旨を述べられる。○侍従日誌、侍従職日誌、内舎人日誌、海軍上聞書控簿、海軍御裁可書類交付簿、百武三郎日記、嶋田繁太郎大将無標題備忘録、戦史資料・支那事変関係大海令集

船津工作

上海における和平交渉に関する思召

御進講室において生物学御研究を行われる

七日　土曜日　昨月葉山より還幸後、事変に対する御軫念から生物学御研究所へのお出ましなきところ、この日午前、御進講室において、葉山より還幸後初めてヒドロゾアについて御研究になり、また雍仁親王より進献の研究書を御覧になる。以後、御研究は御進講室において行われる。○侍従日誌、内舎人日誌、御生研沿革史、昭和記念筑波研究資料館所蔵資料

午後、元侍従武官酒井康に謁を賜う。また、土曜恒例の御夕餐御相伴に酒井をお召しになる。○侍従日誌、女官日誌、侍従職日誌、内舎人日誌

帝国議会閉会

八日　日曜日　午前、第七十一回帝国議会の閉会を命じる勅語が下される。また閉院式後、病気の内閣総理大臣近衛文麿に代わって参内の外務大臣広田弘毅に謁を賜い、覆奏を受けられる。その際、対支政策の成案についても奏上を受けられる。○侍従日誌、侍従職日誌、内舎人日誌、省中日誌、恩賜録、帝国議会録、宮内省省報、官報、百武三郎日記、近衛文麿公関係資料

午後、内大臣湯浅倉平をお召しになる。○侍従日誌

九日　月曜日　午前、内大臣湯浅倉平をお召しになる。○侍従日誌

帝国議会関係者に賜饌

午前十一時五十分、正殿に出御され、昨日第七十一回帝国議会閉院につき、国務大臣・貴衆両院議長・副議長・議員を始め議会関係者総勢七百二十六名に謁を賜う。終わって賜饌あり。○侍従日誌、侍従職日誌、内舎人日誌、省中日誌、拝謁参拝録、供御日録、宮内省省報、官報、百武三郎日記、石射猪太郎日記

米内海相の奏上

午後三時、御学問所において海軍大臣米内光政に謁を賜い、最近における山東省及び中支・南支方面の状況、並びにこれに対する海軍の処置につき奏上を受けられる。○侍従日誌、侍従職日誌、内舎人日誌、海軍上聞書控簿、百武三郎日記

参謀総長の上奏

午後六時十二分、御学問所において参謀総長載仁親王に謁を賜い、察哈爾（チャハル）省方面の支那軍掃滅に関する支那駐屯軍司令官及び関東軍司令官への命令につき上奏を受けられる。○侍従日誌、侍従職日誌、内舎人日誌、陸軍御裁可書類交付簿、侍従武官府歴史、百武三郎日記、北支事変業務日誌、「参謀本部」臨参命・臨命「大本営陸軍部」大陸命・大陸指総集成

夜、侍従武官平田昇より揚子江方面の居留民引き揚げにつき上聞を受けられる。○侍従日誌、海軍上聞書控簿、侍従武官

府歴史

十日　火曜日　午前、内大臣湯浅倉平をお召しになる。〇侍従日誌、入江相政日記

宮内大臣松平恒雄に謁を賜い、蘭国ハーグに滞在中の雍仁親王・同妃勢津子の許に英国滞在中の日本赤十字社看護婦長井上なつゑを派遣した旨につき奏上を受けられる。なおこの日夜、独国出張中の侍医高橋信がハーグに到着し、親王・同妃を診察する。〇侍従日誌、外国差遣録、秩父宮御渡欧関係書類、百武三郎日記

杉山陸相の奏上

午後五時十分、御学問所において陸軍大臣杉山元に謁を賜い、北支事変の経過等につき奏上を受けられる。〇侍従日誌、侍従職日誌、内舎人日誌、百武三郎日記、読売新聞

十一日　水曜日　午前、内大臣湯浅倉平をお召しになる。〇侍従日誌

十二日　木曜日　午前、御学問所において、今般侍従武官を拝命の陸軍歩兵大佐清水規矩に謁を賜う。〇侍従日誌、侍従職日誌、内舎人日誌、侍従武官府資料、百武三郎日記

午後、内大臣湯浅倉平をお召しになる。〇侍従日誌

午後二時、御学問所において陸軍大臣杉山元に謁を賜い、奏上を受けられる。〇侍従日誌、侍従職日誌、内舎人日誌、百武三郎日記

第三艦隊司令長官への命令

午後十時四十五分、海軍上奏書類「長谷川第三艦隊司令長官ニ命令ノ件」ほか一件を御裁可になる。

「長谷川第三艦隊司令長官ニ命令ノ件」は、現任務のほかに上海を確保し、同方面における帝国臣民を保護すべきことにあり。天皇は御裁可に当たり、当直侍従武官に対し、状況的に既に已むを得ないと思われる旨の御言葉、また、かくなりては外交による収拾は難しいとの御言葉を述べられる。本件命令は午後十一時四十分、軍令部総長より大海令を以て発出される。ついで同五十五分、軍令部総長より第三艦隊司令長官に対し、左の指示が発電される。

一、第三艦隊司令長官ハ敵攻撃シ来ラハ上海居留民保護ニ必要ナル地域ヲ確保スルト共ニ機ヲ失セス航空兵力ヲ撃破スヘシ

二、兵力ノ進出ニ関スル制限ヲ解除ス

○侍従日誌、海軍御裁可書類交付簿、侍従武官府歴史、嶋田繁太郎大将備忘録、現代史資料、戦史資料・支那事変関係大海令集

軍令部総長の奏上

十三日　金曜日　午前九時十五分、御学問所において軍令部総長博恭王に謁を賜い、上海方面における情勢並びに用兵上の諸手配につき奏上を受けられる。○侍従日誌、侍従職日誌、内舎人日誌、海軍上聞書控簿、百武三郎日記

内大臣湯浅倉平をお召しになる。○侍従日誌

午後、宮内大臣松平恒雄に謁を賜う。○侍従日誌

広田外相の奏上

午後五時五十五分、御学問所において外務大臣広田弘毅に謁を賜い、奏上を受けられる。○侍従日誌、侍従

職日誌、内舎人日誌、百武三郎日記

大山事件

第二次上海事変勃発

午後八時、御学問所において海軍大臣米内光政に謁を賜い、上海方面への陸軍の派兵の必要とその経緯につき奏上を受けられる。去る九日の支那保安隊による上海海軍特別陸戦隊第一中隊長大山勇夫ほか一名の射殺事件以来、同地の情勢が悪化、昨夕、第三艦隊司令長官長谷川清は緊急電報を以て陸軍の出兵促進を要請する。これを受け、この日午前緊急閣議が開かれ、居留民の保護のため陸軍部隊を上海方面へ派遣することが決定される。午後五時、戦闘配置に就いた上海海軍特別陸戦隊は、支那便衣隊と交戦状態に入る。○侍従日誌、侍従職日誌、内舎人日誌、海軍上聞書控簿、侍従武官府歴史、百武三郎日記、入江相政日記、近衛文麿公関係資料、嶋田繁太郎大将備忘録、支那事変処理日誌、北支事変業務日誌、現代史資料、読売新聞、大東亜戦争海軍戦史、戦史叢書

御格子前、当直侍従入江相政を経て、外務大臣より電話を以て侍従長に対し内奏依頼のあった情報につき、奏上を受けられる。○侍従日誌、拝診録、百武三郎日記

十四日　土曜日　午前、内大臣湯浅倉平に謁を賜う。○侍従日誌

元侍従武官出光万兵衛（海軍兵学校校長）に謁を賜う。○侍従日誌

午前十時四十三分、御学問所において内閣総理大臣近衛文麿に謁を賜う。総理より、昨日来の支那軍の攻勢による上海戦局の悪化に伴い、この日の緊急臨時閣議において陸軍三個師団の動員と現地

上海派遣軍の編成

親補式

派遣を決定したこと等につき奏上を受けられる。引き続き、陸軍大臣杉山元に謁を賜う。

午後一時二十五分、御学問所において参謀総長載仁親王に謁を賜い、第三・第十一・第十四各師団ほかへの動員下令、第三・第十一両師団を基幹とする上海派遣軍の編成とその任務等につき上奏を受けられる。二時三十分、鳳凰ノ間において親補式を行われ、陸軍中将山室宗武を第十一師団長に補される。五時五分、御学問所において再び陸軍大臣に謁を賜い、上海派遣軍司令官の親補に関する人事内奏を受けられる。○侍従日誌、侍従職日誌、内舎人日誌、省中日誌、上奏モノ控簿、陸軍上聞書控簿、陸軍御裁可書類交付簿、儀式録、侍従武官府歴史、宮内省省報、官報、百武三郎日記、入江相政日記、近衛文麿公関係資料、支那事変処理日誌、北支事変業務日誌、戦史叢書、読売新聞

聯合艦隊司令長官・第三艦隊司令長官への命令

午後四時二十一分、侍従武官遠藤喜一より、上海方面における海軍の戦況と用兵上の諸手配に関する上聞を受けられる。なおこの日、聯合艦隊司令長官永野修身・第三艦隊司令長官長谷川清に対し、上海へ派遣の陸軍と協力して各々作戦を遂行することを命じる旨の海軍上奏書類を御裁可になる。○侍従日誌、海軍上聞書控簿、海軍御裁可書類交付簿、百武三郎日記、現代史資料、戦史資料・支那事変関係大海令集

土曜日定例の御夕餐御相伴に特に大膳頭黒田長敬をお召しになる。先般葉山において成子内親王・和子内親王・厚子内親王の水泳の相手を務めた黒田より、三内親王の様子等をお聞きになる。御食後、皇后の繃帯巻きの御様子等に関する映画を御覧になる。○侍従日誌、女官日誌、侍従職日誌、内舎人日誌、供御日録、入江相政日記

市川市において故陸軍中将隈元政次葬送につき、勅使として千葉県知事多久安信をその邸に差し遣わし、幣帛を下賜される。なおその死去に際し、祭資を下賜される。〇省中日誌、恩賜録、宮内省省報、官報

本月初旬朝鮮平安北道において豪雨により被害発生につき、天皇・皇后より御救恤として金一万円を朝鮮総督府に下賜される。〇省中日誌、恩賜録、宮内省省報、官報

上海派遣軍司令官等の親補式

十五日　日曜日　午前十時、鳳凰ノ間において親補式を行われ、陸軍大将松井石根を上海派遣軍司令官に補される。引き続き、陸軍中将吉岡豊輔を留守第十一師団長に、陸軍中将田中稔を留守第三師団長に、陸軍中将小畑敏四郎を留守第十四師団長にそれぞれ補される。なおこの日、上海派遣軍司令官松井石根に対して海軍と協力して上海付近の敵を掃滅し、上海並びにその北方地区の要線を占領して在留邦人の保護を命ずる件の陸軍上奏書類を御裁可になる。〇侍従日誌、侍従職日誌、内舎人日誌、上奏モノ控簿、陸軍御裁可書類交付簿、儀式録、侍従武官府歴史、百武三郎日記、入江相政日記、「参謀本部」臨参命・臨命「大本営陸軍部」大陸命・大陸指総集成、偕行社記事

緊急臨時閣議における政府方針の決定

午前十時二十分より一時間余にわたり、御学問所において内閣総理大臣近衛文麿に謁を賜い、昨夜の緊急臨時閣議において決定した、上海における新事態に適応するための政府方針につき奏上を受けられる。なお今晩、帝国政府は支那軍の暴戻を断乎膺懲すべき旨の声明を発表する。〇侍従日誌、侍従職日誌、内舎人日誌、百武三郎日記、入江相政日記、近衛文麿公関係資料、嶋田繁太郎大将備忘録、風見章日記・関係資料、支那事変処理日誌、日本外交年表並主要文書、読売新聞

午後、内大臣湯浅倉平をお召しになり、一時間余にわたり謁を賜う。○侍従日誌

米内海相の奏上

午後五時過ぎ、御学問所において海軍大臣米内光政に謁を賜い、上海及び各地の情況、並びにこれに対する海軍の処置につき奏上を受けられる。終わって海軍大臣に対し、海軍の従来の態度、対応に対して充分信頼していたこと、及びこれ以後も感情に走らず、大局に着眼して誤りのないよう希望する旨の御言葉あり。○侍従日誌、侍従職日誌、内舎人日誌、海軍上聞書控簿、嶋田繁太郎大将備忘録

陸軍特別大演習の中止

この日、参謀総長よりの上奏書類「昭和十二年特別大演習御取止相成度件」を御裁可になる。十一月三重県を中心として挙行が予定されていた本年度特別大演習の中止は、九月二十日、陸軍省より公表される。○省中日誌、幸啓録、陸軍御裁可書類交付簿、偕行社記事、読売新聞

十六日　月曜日　午前、内大臣湯浅倉平をお召しになる。○侍従日誌

海軍航空部隊の渡洋爆撃

午後二時、御学問所において軍令部総長博恭王に謁を賜い、この日朝までの中支方面の戦況につき奏上を受けられる。その際、昨日海軍航空部隊が台湾から大暴風雨を冒して南京及び南昌飛行場への渡洋爆撃を敢行したことを御嘉賞になるも、各国大公使館がある南京への爆撃には注意すべき旨を仰せられる。また、上海その他の犠牲者につき、誠に気の毒ながら已むを得ない旨の御言葉を述べられる。○侍従日誌、侍従職日誌、内舎人日誌、海軍上聞書控簿、侍従武官府歴史、百武三郎日記、嶋田繁太郎大将備忘録、北支事変業務日誌、大東亜戦争海軍戦史

宣仁親王・同妃喜久子参内につき、皇后と共に奥御対面所において御対面になり、御機嫌伺いを受けられる。〇侍従日誌、女官日誌、侍従職日誌、内舎人日誌、供御日録、供御録、百武三郎日記、高松宮日記

上海派遣軍司令官松井石根への勅語

十七日　火曜日　午前十時、御学問所において今般出征の上海派遣軍司令官松井石根に謁を賜い、勅語を下される。

朕卿ニ委スルニ上海派遣軍ノ統率ヲ以テス宜シク宇内ノ大勢ニ鑑ミ速ニ敵軍ヲ戡定シ我威武ヲ中外ニ顕揚シ以テ朕カ倚信ニ対ヘヨ

ついで松井に対し、派遣軍の任務達成のための方針につき御下問になる。なお、十九日の松井の出発に際しては、侍従武官町尻量基を東京駅に差し遣わされる。〇侍従日誌、侍従職日誌、内舎人日誌、省中日誌、拝謁参拝録、侍従武官府歴史、百武三郎日記、外務省記録

内大臣湯浅倉平をお召しになる。夕刻、再び内大臣に謁を賜う。〇侍従日誌

正午過ぎ、皇后と共に奥御食堂において、宣仁親王妃喜久子と御昼餐を御会食になる。翌十八日、再び同妃と、また二十一日には宣仁親王も交えて、それぞれ御昼餐を御会食になる。予て皇后は、

皇后傷痍者に繃帯等下賜

今回の北支事変により、軍人・軍属にして傷痍を受けた者、失眼又は四肢切断の者に対し、繃帯・義眼・義肢を下賜される旨の御沙汰を下され、炎暑中連日繃帯巻きの作業に勤しまれる。宣仁親王

妃は皇后の繃帯巻き作業を手伝うため、この日より二十一日まで毎日、その後も本月中は二十三、二十四、二十六、二十七、三十日に参内する。なお本月中、皇后より陸軍又は海軍に対し五回にわたり、繃帯・義眼・義肢が下賜される。○侍従日誌、女官日誌、侍従職日誌、内舎人日誌、供御日録、供御録、省中日誌、侍従武官府歴史、海軍公報、百武三郎日記、高松宮日記

不拡大方針を拋棄

午後二時三十二分、御学問所において内閣総理大臣近衛文麿に謁を賜い、この日の閣議決定につき奏上を受けられる。この日午前の閣議において、北支事変に関する従来の不拡大方針を拋棄し、戦時態勢上必要な諸般の準備対策を講じること、また事態の拡大に対する経費支出のため、明月三日頃、臨時議会を召集すること等が決定する。○侍従日誌、侍従職日誌、内舎人日誌、百武三郎日記、近衛文麿公関係資料、現代史資料

今般出征の第三・第十一・第十四各師団の動員及び乗船状況実視のため、侍従武官後藤光蔵を差し遣わされる。後藤はこの日出発、香川・愛媛・愛知・静岡・栃木・群馬の各県下に赴き、二十五日帰京、二十八日復命する。○侍従日誌、省中日誌、進退録、侍従武官府歴史

十八日　水曜日　午前、内大臣湯浅倉平をお召しになる。○侍従日誌

軍令部総長に賜謁　事変の支那全土拡大を危惧し早期収拾を御希望

午後四時十五分、御学問所において軍令部総長博恭王に謁を賜い、中支方面の作戦につき奏上を受けられる。これに対し、事変の支那全土への拡大を危惧され、事態の早期収拾のため、北支又は上海のいずれか一方に作戦の主力を注いで打撃を与えた上、我が国あるいは支那側より和平条件を提

出することの可否につき御下問になる。また、政府にも事変の早期収拾の要を伝達すべき旨を御下命になる。ついで五時五分、参謀総長載仁親王に謁を賜い、同じく陸軍の将来の作戦につき御下問になる。〇侍従日誌、侍従職日誌、内舎人日誌、海軍上聞書控簿、百武三郎日記、嶋田繁太郎大将備忘録、北支事変業務日誌

我が練習艦隊がイタリア国において受けた歓待に対し、この日同国皇帝ヴィットリオ・エマヌエーレ三世に礼電を御発送になる。翌日答電が寄せられる。今回の練習艦隊の伊国訪問に際し、シシリーにおいて陸海空軍聯合大演習御統監中の同国皇帝は、我が練習艦隊寄港中のパレルモに行幸され、専用ヨット上において練習艦隊司令官以下に謁見を仰せ付けられ、ついで練習艦隊旗艦を御訪問になる。また、司令官以下に破格の叙勲の御沙汰を下される。なお一般官民よりも熱烈な歓迎あり。〇省中日誌、外交雑録、宮内省省報、官報

十九日　木曜日　午前、内大臣湯浅倉平をお召しになる。〇侍従日誌

北一輝等の死刑執行

午前十一時四十分、二・二六事件被告の村中孝次・磯部浅一・北輝次郎・西田税の死刑執行（この日午前五時五十分）に関する陸軍上聞を受けられる。〇侍従日誌、陸軍上聞書控簿、侍従武官府歴史、特高外事月報、読売新聞

午後、昭和十二年海軍大演習延期に関する上奏書類を御裁可になる。〇侍従日誌、海軍御裁可書類交付簿

二十日　金曜日　午前十時、御学問所において前台湾軍司令官畑俊六に謁を賜い、在職中における

台湾軍の一般軍状につき奏上を受けられる。○侍従日誌、侍従職日誌、内舎人日誌、省中日誌、宮内省省報、百武三郎日記、畑俊六日誌

宮内大臣松平恒雄に謁を賜う。○侍従日誌

上海中立化案の拒絶

午後一時四十分より約一時間にわたり、御学問所において外務大臣広田弘毅に謁を賜う。その際、英米仏各国より提議の上海中立化案を拒絶した旨の奏上を受けられる。○侍従日誌、侍従職日誌、内舎人日誌、百武三郎日記、北支事変業務日誌、外務省執務報告、外務省公表集、読売新聞

午後四時、陸軍大臣杉山元に謁を賜う。○侍従日誌、侍従職日誌、内舎人日誌

通州事件遺族へ祭粢料を賜う

昨月二十九日の北支通州における事変いわゆる通州事件に際し、多数の邦人犠牲者発生につき、天皇・皇后より遺族への祭粢料を外務大臣広田弘毅を経て下賜される。○省中日誌、恩賜録、侍従武官府歴史、宮内省省報、官報、百武三郎日記、入江相政日記

日本競馬会に銀製洋盃下賜

競馬法の改正により従来の社団法人競馬倶楽部は消滅し、本年秋季より競馬はすべて新設の日本競馬会において施行につき、従来馬匹改良奨励のため日本競馬倶楽部ほか六競馬倶楽部東京・阪神・福島・札幌・函館・小倉において開催の計十競馬会に対して下賜されていた帝室御賞典は自然消滅する。よって、今秋以降日本競馬会に対し、春秋各季の競馬会に際して御紋附銀製洋盃を一箇ずつ下賜することを御治定になる。日本競馬会においては秋季の帝室御賞典を東京競馬場に、ついで春季の帝室御賞典を阪神競馬場に限定する。改正後の第一回御賞典は十二月二日、宮内大臣より日本競馬会理事長松平頼

寿に伝達される。〇省中日誌、御覧モノ伺モノ控簿、例規録、日本馬政史、読売新聞、天皇賞競走１００年の記録

参謀総長・軍令部総長に賜謁

二十一日　土曜日　午前十時、御学問所において参謀総長載仁親王・軍令部総長博恭王に謁を賜う。両総長より、陸海軍の作戦方針に関する八月十八日の御下問に対し、可及的速やかに敵の戦意を喪失させ、その後領土尊重主義により適時和平に導く旨の奉答を受けられる。引き続き、軍令部総長に謁を賜い、中支方面における海軍の戦況と青島作戦に対する海軍の方針等につき奏上を受けられる。〇侍従日誌、侍従職日誌、内舎人日誌、海軍上聞書控簿、侍従武官府歴史、百武三郎日記、嶋田繁太郎大将備忘録、西園寺公望関係文書、支那事変処理日誌、北支事変業務日誌

内大臣湯浅倉平をお召しになる。午後、再び内大臣をお召しになる。〇侍従日誌

午後二時五分、御学問所において、お召しにより参内の内閣総理大臣近衛文麿に謁を賜い、一般政務に関する奏上を御聴取になる。〇侍従日誌、侍従職日誌、内舎人日誌、百武三郎日記、読売新聞

盛厚王の任官と叙勲

午後四時三十分、御学問所に出御され、本日陸軍砲兵少尉に任官の盛厚王に勲一等旭日桐花大綬章を授けられる。終わって、皇后と共に奥内謁見所において盛厚王と御対面になり、叙勲と任官の御礼言上を受けられる。〇侍従日誌、女官日誌、侍従職日誌、内舎人日誌、省中日誌、皇親録、皇族叙勲録、皇族身分録、官報、百武三郎日記、高松宮日記、偕行社記事

二十二日　日曜日　崇仁親王参内につき、皇后と共に御対面になり、御昼餐を御会食になる。〇侍従日誌、女官日誌、侍従職日誌、内舎人日誌、供御日録、供御録、百武三郎日記

二十三日　月曜日　午前、内大臣湯浅倉平をお召しになる。〇侍従日誌

南京の外交事情臨時特別進講

二十四日　火曜日　午前十時、御進講室において、北支事変のため南京より引き揚げ帰朝の大使館参事官日高信六郎に謁を賜い、事変勃発以来の南京における外交事情に関する臨時特別進講を御聴取になる。なお、今回の進講は通常の例によらず、陪聴者・陪席者一切なく行われる。〇侍従日誌、侍従職日誌、内舎人日誌、進講録、百武三郎日記、西園寺公と政局

北支への増派と臨時議会の召集を閣議決定

午前十一時三十七分、御学問所において内閣総理大臣近衛文麿に謁を賜い、北支地域の自衛強化のための軍隊増派、臨時議会の召集等を閣議において決定した旨の奏上を受けられる。この日、九月三日を以て臨時帝国議会を東京に召集し、五日を以て会期となすべき旨の詔書を発せられる。〇侍従日誌、侍従職日誌、内舎人日誌、官報、百武三郎日記、近衛文麿公関係資料、風見章日記・関係資料、嶋田繁太郎大将備忘録、読売新聞

陸相・総長より四個師団動員の上奏

午後四時、御学問所において陸軍大臣杉山元に謁を賜い、新たに四個師団を動員する旨の奏上を受けられる。五時五分、参謀総長載仁親王に謁を賜い、動員下令及び一部兵力を上海に増派する件等につき上奏を受けられる。この日以降、京都駐屯の第十六師団、東京・弘前・金沢にそれぞれ特設の第百一・第百八・第百九各師団が動員される。〇侍従日誌、侍従職日誌、内舎人日誌、陸軍上聞書控簿、陸軍御裁可書類交付簿、侍従武官府歴史、百武三郎日記、近衛文麿公関係資料、風見章日記・関係資料、嶋田繁太郎大将備忘録、北支事変業務日誌、「参謀本部」臨参命・臨命「大本営陸軍部」大陸命・大陸指総集成

二十五日　水曜日　午前十時、御学問所において陸軍大臣杉山元に謁を賜い、奏上を受けられる。〇侍従日誌、侍従職日誌、百武三郎日記、読売新聞

御学問所において、新任の侍従戸田康英に謁を賜う。〇侍従日誌、省中日誌、進退録、宮内省省報、百武三郎日記

午前十一時二十分、御学問所において、参謀総長載仁親王に謁を賜う。〇侍従日誌、侍従職日誌、内舎人日誌、百武三郎日記

午後、内大臣湯浅倉平をお召しになる。〇侍従日誌

二十六日　木曜日　午前、宮内大臣松平恒雄に謁を賜う。〇侍従日誌、百武三郎日記

内大臣湯浅倉平に謁を賜う。〇侍従日誌

午後一時三十分、御学問所において、大蔵大臣賀屋興宣に謁を賜う。〇侍従日誌、侍従職日誌、内舎人日誌、百武三郎日記

北支那方面軍編成に伴う親補式

今般支那駐屯軍の編制を改正し、北支那方面軍を編成につき、午後五時、鳳凰ノ間において親補式を行われ、陸軍大将寺内寿一を北支那方面軍司令官に補される。また、陸軍中将畑俊六を教育総監兼軍事参議官に、陸軍中将西尾寿造を第二軍司令官に、陸軍中将飯田貞固を近衛師団長に、陸軍中将中岡弥高を留守第十六師団長に、陸軍中将下元熊弥を第百八師団長に、陸軍中将山岡重厚を第百九師団長にそれぞれ補される。〇侍従日誌、侍従職日誌、内舎人日誌、省中日誌、恩賜録、儀式録、陸軍御裁可書類交付簿、侍従武官府歴史、官報、百武三郎日記、畑俊六日誌、偕行社記事

米内海相の奏上

午後五時三十分、御学問所において海軍大臣米内光政に謁を賜い、上海方面作戦開始以後における

海軍関係事項につき奏上を受けられる。○侍従日誌、侍従職日誌、内舎人日誌、海軍上聞書控簿、百武三郎日記

二十七日　金曜日　午前、内大臣湯浅倉平に謁を賜う。○侍従日誌

午後、御学問所において、元支那駐屯軍参謀長橋本群に謁を賜う。○侍従日誌、侍従職日誌、内舎人日誌、省中日誌、宮内省省報、百武三郎日記

夕刻、侍従武官町尻量基に謁を賜い、第八・第九・第十六各師団への御差遣につき御沙汰を下される。町尻は即日出発、京都・石川・福井・青森・三重・秋田・山形・奈良各府県下における第百八・第百九・第十六各師団の動員状況を実視し、九月三日帰京、復命する。○侍従日誌、省中日誌、進退録、侍従武官府歴史

二十八日　土曜日　午前、宮内大臣松平恒雄に謁を賜う。○侍従日誌

午前、内大臣湯浅倉平をお召しになる。午後、再び内大臣に謁を賜う。○侍従日誌

夜、ニュース映画及び南洋海底実写映画を御覧になる。○侍従日誌、内舎人日誌

エジプト国皇帝御婚約

エジプト国皇帝ファルーク一世御結婚成約につき、祝電を御発送になる。翌日答電が寄せられる。○省中日誌、外交慶弔録、宮内省省報、官報

軍旗親授式

三十日　月曜日　午後二時、正殿において軍旗親授式を行われ、第百八師団隷下の歩兵第百五聯隊・歩兵第五十二聯隊・歩兵第百十七聯隊・歩兵第百三十二聯隊、及び第百九師団隷下の歩兵第百七聯隊・歩兵第六十九聯隊・歩兵第百十九聯隊・歩兵第百三十六聯隊の各聯隊長に軍旗を授けられ、

それぞれ勅語を賜う。歩兵第百五聯隊に対する勅語に曰く、

歩兵第百五聯隊ノ為軍旗一旒ヲ授ク汝軍人等協力同心シテ益々威武ヲ宣揚シ我帝国ヲ保護セヨ

なお、歩兵第五十二聯隊・歩兵第六十九聯隊に対しては、去る大正十四年五月還納の軍旗を再親授につき、再親授の勅語を賜う。歩兵第五十二聯隊に対する勅語に曰く、

歩兵第五十二聯隊ノ為皇祖考ノ賜ヒシ軍旗ヲ再ヒ授ク汝軍人等協力同心シテ益々威武ヲ宣揚シ我帝国ヲ保護セヨ

終わって、各聯隊長より、侍従武官長宇佐美興屋を経て「敬テ明勅ヲ奉ス臣等死力ヲ竭シ誓テ国家ヲ保護セン」との奉答書の奉呈を受けられる。〇侍従日誌、侍従職日誌、内舎人日誌、省中日誌、御覧モノ伺モノ控簿、陸軍上聞書控簿、侍従武官府資料、侍従武官府歴史、百武三郎日記、畑俊六日誌

宮内大臣松平恒雄に謁を賜う。〇侍従日誌

故宮内事務官鈴木重孝葬送につき、勅使として侍従久松定孝をその邸に差し遣わし、幣帛を下賜される。なおその病気に際し、御尋として天皇・皇后・皇太后より葡萄酒を賜い、死去に際し、天皇・皇后・皇太后より祭資を下賜される。〇侍従日誌、侍従職日誌、省中日誌、恩賜録、宮内省省報、官報

北支那方面軍の派遣

三十一日 火曜日　午前九時、御学問所において参謀総長載仁親王に謁を賜い、北支那派遣部隊の

戦闘序列及び編成、北支那方面軍司令官に対する任務附与、同方面軍の派遣等につき上奏を受けられる。〇侍従日誌、侍従職日誌、内舎人日誌、陸軍御裁可書類交付簿、侍従武官府歴史、百武三郎日記、「参謀本部」臨参命・臨命「大本営陸軍部」大陸命・大陸指総集成、戦史叢書

北支那方面軍司令官への勅語

午前十一時三十分、御学問所において、今般出征の北支那方面軍司令官寺内寿一・第二軍司令官西尾寿造に謁を賜う。その際、寺内に左の勅語を賜う。

朕卿ニ委スルニ北支那方面軍ノ統率ヲ以テス卿宜シク宇内ノ大勢ニ稽ヘ速ニ敵軍ヲ平定シ威武ヲ四表ニ発揚シ以テ朕カ望ニ副ヘヨ

翌九月一日、寺内の出征を見送りのため、侍従武官清水規矩を立川飛行場に、また九月三日、西尾の出征を見送りのため、侍従武官四手井綱正を東京駅に差し遣わされる。〇侍従日誌、侍従職日誌、内舎人日誌、省中日誌、進退録、重要雑録、拝謁参拝録、侍従武官府歴史、百武三郎日記

広田外相に賜謁

午後二時五十三分、御学問所において外務大臣広田弘毅に謁を賜い、奏上を受けられる。〇侍従日誌、侍従職日誌、内舎人日誌、百武三郎日記

夕刻、宮内大臣松平恒雄に謁を賜う。〇侍従日誌

李鍵公の満洲国巡行の際、同国皇帝溥儀より受けた歓待に対し、礼電を御発送になる。即日答電が寄せられる。〇省中日誌、外交雑録、王公族録、宮内省省報、官報